思想觀念的帶動者
文化現象的觀察者
本土經驗的整理者
生命故事的關懷者

Master

對於人類心理現象的描述與詮釋
有著源遠流長的古典主張，有著迷簡華麗的現代議題
構築一座探究心靈活動的殿堂
我們在文字與閱讀中，尋找那奠基的源頭

神聖的 顯現

TRAITÉ
D'HISTOIRE
DES
RELIGIONS

by

MIRCEA
ELIADE

比較宗教、
聖俗辯證,
與人類永恆
的企盼

著—米爾恰·伊利亞德
譯——晏可佳·姚蓓琴
審閱————蔡怡佳

目錄

【推薦序1】神話原型理論的聖經／楊儒賓 ⋯⋯⋯⋯⋯⋯⋯⋯ 10

【推薦序2】伊利亞德論宗教「原型」的史詩／蔡源林 ⋯⋯⋯⋯ 14

【審閱者序】走向神聖，鬆綁受苦的心靈／蔡怡佳 ⋯⋯⋯⋯⋯ 19

【導讀】神聖顯現的跨文化探索：一種閱讀伊利亞德的方式

　　　／王鏡玲 ⋯⋯⋯⋯⋯⋯⋯⋯⋯⋯⋯⋯⋯⋯⋯⋯⋯⋯ 24

喬治・杜梅齊爾序 ⋯⋯⋯⋯⋯⋯⋯⋯⋯⋯⋯⋯⋯⋯⋯⋯⋯⋯ 36

縮語表 ⋯⋯⋯⋯⋯⋯⋯⋯⋯⋯⋯⋯⋯⋯⋯⋯⋯⋯⋯⋯⋯⋯⋯ 45

前言 ⋯⋯⋯⋯⋯⋯⋯⋯⋯⋯⋯⋯⋯⋯⋯⋯⋯⋯⋯⋯⋯⋯⋯ 47

I　概述：神聖的結構和形態 ⋯⋯⋯⋯⋯⋯⋯⋯⋯⋯⋯ 53

1・「神聖」和「世俗」／2・方法的困難／3・聖顯的多種樣態／4・聖顯的多樣性／5・神聖的辯證法／6・禁忌和對待神聖的矛盾態度／7・瑪納／8・聖顯的結構／9・聖顯的重估／10・「原始」宗教的複雜性

II　天和天神 ⋯⋯⋯⋯⋯⋯⋯⋯⋯⋯⋯⋯⋯⋯⋯⋯⋯ 95

11・天的神聖性／12・澳大利亞土著的天神／13・安達曼群島和非洲各民族的天神／14・「退位神」／15・替代天神的新的「神靈形式」／16・融合與替代／17・源遠流長的至上天神／18・北極圈和中亞各民族的天神／19・美索不達米亞／20・特尤斯、伐樓那／21・伐樓那和最高統治權／22・伊

朗的天神／23・烏拉諾斯／24・宙斯／25・朱庇特、奧丁、塔拉尼斯／26・風暴之神／27・豐產神／28・大母神的配偶／29・耶和華／30・以豐產神補充天神／31・天的象徵體系／32・登天神話／33・登天儀式／34・登天的象徵體系／35・結論

III　太陽和太陽崇拜 ·· 191

36・太陽的聖顯和「理性化」／37・至上神的「太陽化」／38・非洲、印度尼西亞／39・蒙達人中間出現的太陽化過程／40・太陽的祭祀／41・太陽的子嗣／42・作為聖顯和靈魂引路人的太陽／43・埃及人的太陽崇拜／44・古代東方和地中海的太陽崇拜／45・印度：太陽的兩重性／46・太陽英雄、死者和選民

IV　月亮及其奧祕 ·· 227

47・月亮和時間／48・各種月亮聖顯的連貫性／49・月亮和水／50・月亮和植物／51・月亮和豐產／52・月亮、女人和蛇／53・月亮的象徵體系／54・月亮和死亡／55・月亮和入會禮／56・作為「變化」之象徵體系的月亮／57・宇宙－生物學和神話生理學／58・月亮和命運／59・月亮的形而上學

V　水和水的象徵體系 ·· 269

60・水和事物的種子／61・宇宙起源於水／62・作為全宇宙母親的水／63・「生命之水」／64・浸入水中的象徵體系／65・洗禮／66・死者的乾渴／67・奇蹟的、發佈神諭的泉水／68・水的聖顯和水神／69・自然女神／70・波塞頓、埃

吉爾等／71．水生動物和水的象徵／72．洪水的象徵體系／73．總結

VI　石頭：顯現、記號和形式 ································· 303

74．作為顯示力量的石頭／75．葬禮巨石／76．具有豐產作用的石頭／77．「滑蹭」／78．有洞的石頭：「雷石」／79．隕石和石柱／80．石頭的聖顯和象徵體系／81．聖石、翁法洛斯、「世界的中心」／82．記號和形式

VII　大地、女人和豐產 ······································ 331

83．地母／84．最初的夫婦：天和地／85．大地聖顯的結構／86．大地的母性／87．人類生於大地／88．再生／89．由土壤而來的人／90．宇宙的團結一致／91．土地和婦女／92．婦女和農業／93．婦女和犁溝／94．綜述

VIII　植物：再生的儀式和象徵 ····························· 363

95．初步的分類／96．聖樹／97．作為小宇宙的樹／98．居住在樹裡面的神／99．宇宙樹／100．倒置的樹／101．雨格德拉希爾／102．植物的聖顯／103．植物和大母神／104．圖像的象徵體系／105．大母神－生命樹／106．知識樹／107．生命樹的守衛者／108．妖怪和獅鷲獸／109．樹和十字架／110．返老還童和長生不死／111．藥草的原型／112．作為宇宙之軸的樹／113．人類為植物後代的神話／114．變形為植物／115．人和植物的關係／116．再生的樹／117．樹的成婚／118．五月樹／119．「國王」和「王后」／120．性和植物／121．代表植物的形象／122．儀式性的競賽／123．宇宙的象徵體系／124．總結

IX　農業與豐產崇拜 ──────────── 443

125・農業儀式／126・婦女、性與農業／127・農業獻祭／128・收穫的「力量」／129・神祕的人格化／130・人祭／131・阿茲提克人和孔德人的人祭／132・獻祭和再生／133・收穫結束的儀式／134・種子和死者／135・農業和喪葬之神／136・性生活和田野的豐產／137・狂歡的儀式功能／138・狂歡和重新整合／139・農業的神祕文化和救贖

X　聖地：神廟、宮殿，「世界中心」 ──────── 481

140・聖顯和重複／141・空間的聖化／142・神聖空間的「建造」／143・「世界的中心」／144・宇宙範型和建築儀式／145・「中心」的象徵體系／146・「對樂園的鄉愁」

XI　神聖時間和永恆更新的神話 ─────── 505

147・時間的非均質性／148・聖顯時間的統一性和毗連性／149・週期性再現－永恆的現在／150・神話時間的恢復／151・非週期性的再現／152・時間的再生／153・每年重複的創世行為／154・特定場合下對創造世界的重複／155・整體的再生

XII　神話的形態與功能 ──────────── 531

156・創世神話－典範神話／157・宇宙起源於蛋／158・神話揭示了什麼／159・對立統一－神話範型／160・神聖的雙性同體／161・人類雙性同體的神話／162・更新、建造、入會禮等等的神話／163・神話的編造：伐樓那和弗栗多／164・作為「歷史典範」的神話／165・神話的衰變

XIII 象徵的結構 ·· 563

166‧象徵的石頭／167‧象徵的退化／168‧幼化／169‧象徵和聖顯／170‧象徵的連貫性／171‧象徵的功能／172‧象徵的邏輯／

結論 ·· 587

附錄一　原書建議參考閱讀 ······································ 595

附錄二　索引 ··· 647

【推薦序 1】

神話原型理論的聖經

楊儒賓／國立清華大學哲學研究所講座教授

　　伊利亞德（Mercia Eliade）生於 1907 年，辭世於 1986 年，完完全全是二十世紀的人物。他是一位好的小說家，是修行者，是羅馬尼亞重要的公共知識人，但最重要的身分是宗教學者。如果要數二十世紀的宗教學者，不論是從神話面入，或是從教義面入，或是從儀式面入，伊利亞德都是影響極大的人物。他對宗教的關心幾乎涵蓋了此一領域重要議題的完整歷史，他是《宗教史》期刊的奠立者，他晚年撰寫的《世界宗教理念史》三大卷也是目前以人類的宗教為著眼點所撰寫的重要著作。事實上，學界對於伊利亞德的學術定位，就是宗教史家。

　　伊利亞德以「宗教史家」之名名之，不能說不對，伊利亞德承擔得起。但伊利亞德的宗教學與其說落在歷史面解釋，不如說落在現象面解釋，他關心的宗教議題相當廣泛，從巫教（shamanism）、瑜珈、煉丹術、大母神……宗教各層面的議題幾乎無不涉入。而就他關心的宗教議題來看，他對非西方的宗教（如印度宗教）或古代宗教（如薩滿教）顯然更有興趣。他年輕時期（1928-1931）即曾留學並求道於印度，差一點成了印度學者的女婿，印度這個神祕的宗教國度對他產生了一生的影響。而他出生的羅馬尼亞，據他自己的說法，表層雖是耶教國家，但民

間社會仍浸潤在深層的原始宗教的氛圍中，那是橫跨歐亞大陸的前歷史的土地崇拜。前歷史的、非西方的因素在他的宗教學著作中，一直起著軸心線的引導作用。筆者翻譯他的《宇宙與歷史：永恆回歸的神話》一書（原書名直譯即《永恆回歸的神話》），蓄意將他的名字譯成耶律亞德，帶有濃濃的遼金遊牧民族之風，即源於他的思想與非西方世界的連結。

從非西方的、前歷史的角度進入伊利亞德的宗教學世界，比從歷史的角度進入，應當是條更正確的途徑。伊利亞德的名作極多，幾乎是位百科全書型的人物。說及百科全書，1987 年出版的《宗教百科全書》十六卷即是他主編的大套百科全書，此書至今仍是學界常參考的重要典籍。他的龐大著作中，何者最重要，或者何者可以代表他的主要關懷，很難判斷。他不少著作都是那個領域的經典作，而且極風行。但他推薦《宇宙與歷史：永恆回歸的神話》作為進入他自己的宗教學的指引。此書的宗旨建立在人是宗教人，宗教人的核心內涵在於他對「聖」（numinous）的追求。「聖」的情感內在於人的意識，見之於他對回歸「原型」的嚮往。原型乃非時間的，反歷史的，或是拯救歷史的。原型見之於遙遠的神話事件，或見之於此世的神聖地點（如宗廟、祠堂、聖山、祭壇等），宗教人常於神聖的宗廟、祠堂、祭壇，透過戲劇、舞蹈、吟唱，重演太初的神聖事件。他進入儀式場合時，即可轉化俗世的意義，此世因而重新進入神聖事件發生的神祕時刻。神聖時刻一般指的就是開闢的時刻（如農作之始、兵器之始、房舍之始或生民之始等等），最重要的開闢時刻即是宇宙開闢的創世紀。對於神聖（也可說是神祕）時刻的永恆回歸乃是非西方世界以及前近代的西方世界的人民之生命軸線，他們厭倦

無原型保證的創新，害怕無價值承諾的歷史。他們需借助返回原型以淨潔世間的俗惡，也淨化歷史的重擔。世間自有一種可以體現聖之意識的歷史觀，如耶教的救贖哲學、《易經》的翕闢哲學或黑格爾（Hegel）的精神現象學等等。但除了這些特殊的例子外，純粹的歷史人，也就是一種脫原型化的歷史人的生命型態只見於近代的西方的社會。如果我們借韋伯（Weber）的話語翻譯伊利亞德的觀點，可以說近代的西方世界是「除魅」的世界，價值女神已從此世告退。相對之下，近代之前的西方世界，或西方之外的世界都是聖光籠罩的社會。

如果《永恆回歸的神話》傳達的是初民對聖化時間的渴求，他於 1949 年出版的這本《神聖的顯現：比較宗教、聖俗辯證，與人類永恆的企盼》（法文原書名直譯為《宗教史論》），則是探討初民對聖化空間的渴求。伊利亞德在此書中，廣泛地討論重要的自然現象的宗教意義，如天、地、日、月、山、川、水、火等物。在唯物論者的世界中，這些重要的自然物是材料因的集結；在浪漫主義時代詩人的眼中，這些自然現象透露了神祕的天籟，是美的朗現。但從人是宗教人的觀點看，自然之物大有事在。

伊利亞德宣稱這些重要的自然現象，恰好不是自己而然，不是認知心的認知對象，也不是美感的意象，而是一種聖顯（hierophany），也就是神聖所衷。神聖是「聖」的價值的彰顯，但也是創造力量的彰顯，所以聖顯之物也是力顯之物。伊利亞德此書所列的重要意象，其內涵和《易經》所說的八卦意象（天、地、水、火、山、澤、雷、風）或五行（金、木、水、火、土）頗為接近。事實上，四行（地、水、風、火）也見於古

印度文明及古希臘文明，可見這些重要的自然現象在人類文明初期，應該分享了共同的象徵意義，它們都是聖（道、天、上帝）之所聚。我們可稱呼這些重要的象徵為原型象徵，自然即非自然是名自然，它們代表初民智慧的結晶。

伊利亞德此書可視為神話原型理論的聖經，他的論點可和榮格（Carl Gustav Jung）和巴舍拉（Gaston Bachelard）的原型論相對照。但此書所論更平實切題，也更可能引發其他人文社會科學的響應。

【推薦序 2】

伊利亞德論宗教「原型」的史詩

蔡源林／國立政治大學宗教研究所專任副教授

　　伊利亞德是二十世紀下半葉最具影響力的宗教學者，也是宗教研究成為現代學術專門領域的主要奠基人之一，其著述包羅萬象、奇幻絢麗、視域宏闊的特質，與其充滿傳奇性的學術與生命歷程密不可分。伊利亞德出生於二十世紀初的羅馬尼亞，其祖國剛從俄羅斯、奧匈、鄂圖曼三大帝國的陰影之下走向民族獨立的道路，處在東正教、天主教、伊斯蘭三大宗教傳統的交匯處，孕育出其不同尋常的跨宗教與文明的慧根與見識，但也預示其顛沛流離的前半生。

　　十九、二十世紀之交的東歐，處在現代西方文明的邊陲地帶，傳統文化與現代思潮交互激盪，當時東歐知識份子大多承載著為其民族在強權與強勢文明夾縫中尋找未來出路的使命感。伊利亞德亦在此新舊交替的時代潮流之下，前往東方世界尋求超脫現代文明危機的精神資糧，並選擇在印度遊學且修鍊瑜珈，隨後決定以瑜珈的歷史考察為博士論文主題。1933 年從印度返國取得博士學位後，伊利亞德在母校布加勒斯特大學任教，但並不滿足於學術象牙塔的專職工作，積極參與傾向於民族主義的右翼政治組織，為羅馬尼亞的民族復興奉獻心力。但是，1930 年代正是東歐國家左、右兩派激烈對抗的動盪年代，伊利亞德因被視為

激進右翼組織的文人而遭當局逮捕入獄，出獄後因其學術成就與
國際經歷，被派任為羅馬尼亞駐英大使館的文化專員，隨後數年
的文化外交經歷，為其後半生遠走異鄉的流亡學者生涯鋪路。
1945 年二次大戰結束，前蘇聯勢力向東歐擴張，羅馬尼亞共產
黨取得執政權，隨後右翼政黨皆被整肅，伊利亞德不願再返回祖
國，首先前往法國繼續其學術專職工作，隨後芝加哥大學宗教史
教授瓦赫（Joachim Wach）邀請他為籌備中的獨立宗教學科貢獻
所學，1955 年瓦赫壯志未酬即過世，隔年伊利亞德決意定居大
西洋彼岸，接替瓦赫領導芝加哥大學草創的宗教學系，開創了宗
教學的「芝加哥學派」，從此結束其顛沛流離的生活，潛心教學
與著述，最後亦在芝大終老。

《神聖的顯現：比較宗教、聖俗辯證，與人類永恆的企盼》
的法文版於 1949 年問世，當時正是伊利亞德遠離祖國的政治
紛擾，前往法國沉潛於學問後為宗教學建構理論基礎的主要成
果。本書不但綜合前代宗教學者的兩種研究途徑，即由馬克斯·
穆勒（Max Müller）所代表的語言文獻學，以及魯道夫·奧托
（Rudolf Otto）所開創的宗教現象學，並廣泛吸收當時東方學研
究對東方古老宗教的經典文獻與考古發掘所累積的學術成果，以
及新興的人類學與民俗學透過實地田野調查在遙遠的部落與鄉野
蒐集的神話傳說、祭祀儀式等民族誌資料，結合歷時性與共時性
的實證資料來應證其理論，兼具系統性、邏輯一貫性及百科全書
式的包羅萬象，成就其為宗教學的經典名著之列。

本書為伊利亞德宗教學理論的兩個核心概念——「聖顯」
（hierophany）與「永恆回歸」（eternal return）做了最系統與完
整的闡述，並以各種宗教傳統的神話、儀式、象徵、禁忌、神

明、鬼怪、聖物、聖殿為案例應證其理論。簡而言之，伊利亞德將宗教定義為人類由「世俗」進入「神聖」的動態過程，該過程的起點是宗教人體驗到「聖顯」——「神聖」事物超乎尋常的顯現，其終點則是宗教人抵達「永恆回歸」——與「神聖」融合為一體、無分彼我、超越善與惡、真實與虛幻、光明與黑暗等二元對立。從最簡單的膜拜與獻祭行為、乃至參與廟會、祭典、禮拜等集體儀式，甚至個人獨自修行的禪坐、瑜珈、練功等身心鍛鍊，都是宗教人從俗入聖、邁向「永恆回歸」可能運用的法門。在伊利亞德的宗教學理論體系之中，各宗教一律平等，沒有正邪、真偽之分，亦無「高級」與「低級」宗教之別，所有人類社會與文明所孕育的各種宗教形式都是追求超凡成聖的可能途徑，或許「聖顯」的起點不同，但皆具備共同的「原型」，包含：「神聖」透過其象徵事物所顯現的基本型態，以及其時間與空間場域的轉換，從同質性、可量化與分割的「世俗空間」（即三度的物理空間）轉換為非同質性、呈現突破點與中心點的「神聖空間」；從遷流不息、一去不復返的「世俗時間」轉化為回歸原點、永恆無生滅的「神聖時間」。

伊利亞德的宗教「原型」論，建立於對同時代另外兩種宗教研究模式的反省與批判。其一，是進化論模式，即將人類社會、文明與宗教按照一套標準區分從「低級」到「高級」的演進序列。本書具體陳述他反對此種理論模式的理由，並強調無論宗教與文明如何進化，人類複雜分殊的宗教經驗具有共同的「原型」，透過跨文明與宗教的比較研究可以歸納得出，無須預設宗教發展的等級高下之別。某種程度而言，伊利亞德的學說站在進化論的對立面，反映在其偏好用遠古文明的神話傳說、偏遠部落

的原生儀式、民俗與傳說，反而較少引用制度性宗教的經典與儀式做為印證其宗教「原型」的素材。但是，伊利亞德並非主張徹底回歸自然與原始的「文明退化論」，採用來自民間非制度化的神話或儀式為素材，主要是基於學術方法論的考慮。相較於制度性宗教因在複雜分化的高度文明社會環境發展，其宗教信仰與儀式經過理性化、社會化與人文化的詮釋與再現，更難以辨識其「原型」的本來面貌；反過來說，生活世界更接近大自然、社會文化功能更少結構分化的遠古民族或部落民族，其宗教「原型」的展現更易於辨識與分析。

其二，伊利亞德也反省了宗教化約論，即企圖通過生理學、心理學、社會學、語言學、哲學、文學與藝術等學科，將宗教現象化約為社會、心理與人文現象的一部分。伊利亞德堅持宗教現象的獨特性與不可化約性，宗教的本質是以「神聖」整合「世俗」，但前述學科卻以特定的「世俗」層面化約「神聖」。即便如此，伊利亞德並不反對當時興起的宗教心理學、宗教社會學或宗教人類學，因為宗教現象確實也有「世俗」層面，上述學科的研究得以理解「神聖」如何透過「世俗」而展現，但卻無法揭示宗教「神聖」的獨特內涵及其「原型」。

伊利亞德這本宗教學的經典鉅著出版已超過半個世紀才有中譯本，筆者不禁感慨現代華人學術體制對宗教學的延誤。宗教學在西方學界發展成為獨立學科，一直受到來自相反方向的兩種力量所牽制，一方是來自世俗主義、科學主義與人文主義的反宗教思潮，導致如前述的宗教消解論與化約論相繼出現；另一方則是堅持單一宗教本位的學術傳統，認為只須有神學、印度學、佛學等各種宗教傳統分門別類的宗教研究，並無跨越宗教傳統的宗教

學單獨存在之必要。但透過伊利亞德等前輩學術宗師們的努力不懈，宗教學在西方大學體制的地位早已穩固，部分國家甚至有因世俗化而導致神學逐漸被宗教學取代的趨勢。百年之前華人知識界因被西方現代文明的「德先生」與「賽先生」等反傳統的意識形態所誤導，無法正視華人傳統文化亦有獨特的宗教性，知識界菁英倡導的宗教消解論與化約論比之西方世界猶有過之，所以直到上個世紀末，台海兩岸的公私立大學才開始設立宗教研究相關科系，然而再度重演西方宗教學在百年前草創初期的爭論，以世俗學科或單一宗教研究來消解宗教學的論調仍不絕如縷。無論是站在該論調的正方或反方，筆者建議先好好研讀伊利亞德這本經典之作，再來重新省思要採取何種觀點看待宗教此一人類文明最古老的精神遺產。

【審閱者序】

走向神聖，鬆綁受苦的心靈

蔡怡佳／輔仁大學宗教學系教授

　　伊利亞德從 1950 年起參加艾瑞諾斯論壇（Eranos Conference），一直到 1962 年。他曾經在回憶錄中提到與心理學家榮格（C. G. Jung）的第一次見面，在半個小時的交談中，他發現榮格既健談，也善於聆聽。伊利亞德在這次會面中對榮格留下特別的印象：「他看起來像是一位中國的聖賢，又像個東歐的農夫。植根於大地母親，卻同時與天接近。」他們最後一次的談話是 1959 年，在榮格庫斯納赫特（Küsnacht）住家的花園，談到了密契經驗。伊利亞德在回憶錄中提到，榮格當時以酸苦的語氣說，精神科醫師或是心理學家，要嘛是過於愚蠢，要嘛是「缺乏教養」，以至於無法理解密契經驗。榮格所說的「缺乏教養」指的並不是科學的認識，而是對於密契經驗所指向之心靈實在的理解能力。榮格對於心靈懷有超越個人經驗幅度的理解，這也使得他提出對於心理治療的獨特看法：「我的工作的主要興趣不在於治療精神官能症，而是走向神聖的事物。然而，事實卻是，走向神聖的事物才是真正的治療，當你得到神聖的經驗，就脫離了疾病的詛咒。甚至就是疾病會具有神聖的特徵。」[1] 要協

1　摘自馮・法蘭茲（von Franz），《榮格心理治療》，第 172 頁。

助人走向神聖的事物，心理治療師就要熟悉保存在神話與儀式中的象徵系統，才有能力辨識心靈朝向神聖時的種種徵象。從這樣的觀點來看，伊利亞德在本書中所討論的「神聖的顯現」，可以作為理解密契經驗所指向之心靈實在的入口，也可以當作心理工作者認識神聖的重要參考。

辨識「神聖的顯現」牽涉到認識現實的雙重性，也就是「神聖」與「世俗」的辯證。我們若只生活在科學給出的單一現實或歷史中，就會失去體驗神聖的能力。神話與儀式是人類歷史中保有雙重識見的所在，對神話與儀式之象徵的探究，可以讓我們恢復雙重的識見，以及對於實在的整體認識。伊利亞德在本書中從天、太陽、月亮、水、石頭、大地、植物、農業、聖地、神聖時間與神話等主題討論神聖顯現的象徵體系。以太陽和月亮為例，其象徵都有原始的兩重性，表達了對立的統一。太陽象徵是「心靈的白晝地帶」，但也與黑暗與死亡有緊密的聯繫，是靈魂的引路人。月亮象徵則表達了人類真實境況的奧祕：「月亮揭示人類的真實境況，在某種意義上人類透過月亮生命看到自己，發現自己的生命更始。」月亮的象徵體系和神話有著一種既痛苦，也帶來安慰的因素；既象徵無常的流變，也表達了永恆的回歸。這些象徵透過光明與黑暗的循環將「生」與「死」聯繫起來。

象徵建立在直觀的能力上，透過象徵的協調所體認到的相似性將不同的碎片「捆綁」在一起：「月亮的節律將和諧、對稱、相似，以及分享編織成一塊無邊的『布』、一張看不見線團組成的『網』，同時也把人類、雨、植物、豐產、健康、動物、死亡、再生、死後生命，以及其他更多事物『捆綁』在一起。」宗教（religion）的拉丁文字根本有「捆綁」之意，透過「捆綁」

而照見整體，原來就是「宗教」的原初意涵。宗教象徵的作用在於從碎片到整體的基本整體性的揭露。象徵匯聚多樣意義，尤其是表達「對立統一」的能力，呼應了榮格所指出的「超越功能」。心靈透過夢境或積極想像產生超越對立的象徵，可以視為內在的神話；而神話與儀式則像是源於宇宙心靈的夢境或想像，表達了宇宙統一的整體性。

　　「綑綁」出現在許多宗教象徵中，其對立面的「鬆綁」也常用來表達生命難題的解決。伊利亞德指出「捆綁」和「鬆綁」的象徵體系揭示了人類在宇宙中的特殊處境：「唯有這個捆綁的象徵體系向人類充分揭示出他的終極處境，並且使他能夠連貫地向自己表達這樣一個處境。」精神分析或是分析心理學的「分析」（analysis），其字根有鬆綁、釋放、使之自由的意涵。作為心理治療的方法，「分析」意味著從令人受苦的「症狀」中鬆綁。當「分析」與「宗教」的字根在此匯聚時，當代精神病理學對精神受苦的理解，便可以在宗教象徵中連結至生命終極處境的宇宙性意涵，得到豐富與擴展：「象徵將表面上完全不相協調的各個層面和各種實在等同、同化和統一起來……只有人類本身變成一個象徵，所有體系以及所有人類─宇宙的經驗才有了可能，而且實際上，人的生命本身在這裡得到極大的豐富和擴張。」在這樣的視野中，心理治療所面對的人的種種難題，存在著一個長久被忽視的宇宙性幅度，仰賴著宗教象徵的中介才得以表達與開啟：「人類再也不會感覺自己是一塊『密閉的』碎片，而是一個生機勃勃的宇宙，向著周圍其他所有生機勃勃的宇宙開放。世界的普遍經驗再也不是某種外在於人、因而最終『陌生』和『客觀』的東西；它們不再和人自身相疏離，而是相反，引導人走向自己，

向他揭示它自己的存在和命運。」

　　伊利亞德在本書所討論的「聖顯」是以神話與儀式的材料為基礎；而分析心理治療透過夢境與積極想像進行象徵的解讀，可以類比為心靈的「聖顯」，引導人尋找自己的神話，踏上自性化的歷程。伊利亞德認為神話是人類心靈自發的創造活動，揭示了膚淺的邏輯經驗所不可企及的本體論區域，比任何理性的經驗更能深刻揭示神聖性的真實結構。儀式提供新入會者跨越世俗門檻、參與超越對立的神聖結構：「對於原始人而言，宇宙的神話和整個儀式的世界成為生存的經驗：當他實現一個神話、參與一個儀式的時候，他沒有喪失自己，沒有忘記自己的存在。恰恰相反，他發現了自己並且逐漸理解了自己，因為那些神話和儀式表達了宇宙的實在，最終他意識到這個宇宙的實在就是存在於他自身之中的實在。」與現代人割裂與異化的存在樣態相反，生活於神聖之中的人感受到實在的每一個層面對他敞開，「走向神聖事物」也就意味著在內在重新創造世界原初的整體性。

　　神話的象徵表達了人類心靈擁抱實在的方式。在原初的整體性當中，「人類生命中的每一件事情，甚至肉體生命，在其宗教經驗中都有迴響。狩獵、農耕、冶金等技術的發現並非僅僅改變人類的物質生活。它會更進一步，也許更富有成果地改變和影響人類的靈性。」雖然這種整體的識見已經在現代生活中隱沒，人們自古以來在神話與儀式中所經歷的內心感受也已經被遺忘，但伊利亞德認為象徵體系的結構仍然是存在的。榮格從當代人的心靈之中重新「見證著那些史前象徵」，並「重新發現」神話的意義，指出神話對於當代心靈的重要性，這在伊利亞德的這本書中可以得到許多互相呼應的啟發。伊利亞德認為神話的宇宙性象徵

誕生於人類的無意識和超意識，對心理學或是心理治療有興趣的讀者可以在本書中看到許多心靈與宇宙互相映照的豐富故事。對宗教研究、心理學，以及心理治療有興趣的讀者來說，本書是不容錯過的經典之作。

【導讀】

神聖顯現的跨文化探索：
一種閱讀伊利亞德的方式 [1]

王鏡玲 [2] ／真理大學宗教文化與資訊管理學系教授

　　羅馬尼亞裔的美國宗教史學派領導者伊利亞德（Mircea Eliade, 1907-1986）在二十世紀中期撰寫了這本《神聖的顯現：比較宗教、聖俗辯證與人類永恆的企盼》，身為當時歐洲宗教研究的菁英，他反思二十世紀早期對宗教研究的各種社會科學理論的侷限，並反省了研究者如何跳脫原先以西方自身基督宗教文化為主體的意識形態。從當時法國神話學家喬治·杜梅齊爾（Georges Dumézil）為本書法文版所撰的序言，可以感受到伊利亞德的著作提供了當時歐美宗教學研究如何從一神論色彩、歐洲白人族群優越感的主流跳脫，逐漸另立非西方宗教為主體的跨領域宗教學門的新趨勢。

　　本書的英譯版在 1996 年版重新出版時 [3]，導論作者為伊利

1　本文改寫自王鏡玲，《神聖的顯現：重構艾良德宗教學方法論》（臺灣大學哲學研究所博士論文，2000）。

2　真理大學宗教文化與資訊管理學系教授，靈性與當代藝術的探索者。研究領域為宗教現象學、靈性探索與當代藝術、宗教與性別、神話學、宗教儀式與當代文化。

3　法文版書名為 *Traite d'histoire des religions*，英譯第一版為 *Patterns in Comparative Religion*. Trans. by R. Sheed. New York: Sheed & Ward, 1958.

亞德的學生約翰・克里弗・霍特（John Clifford Holt），他提到，伊利亞德以及他的門派在 1960-1970 年代之後已在美國宗教史、人類學、哲學、史學、藝術史、文學領域上產生影響力。可見伊利亞德跨領域、跨文化的宗教研究方向，逐漸成為歐美宗教研究在神話、儀式與象徵上的重要發展路線之一。在本文有限的篇幅，我想簡要地針對台灣的華文宗教研究者如何看待伊利亞德與這本宗教研究經典《神聖的顯現：比較宗教、聖俗辯證與人類永恆的企盼》的重要性，提出我的見解。

一、發展「宇宙宗教」的靈性共同體

伊利亞德揭示了一位西方學者思索二十世紀時代靈性（spirituality）的理想。伊利亞德認為，藉由讓「他者」——非西方的宗教人（homo religiosus），尤其原始社會、古老民族和歐洲鄉民文化（peasant culture）——在宗教信仰、神話、儀式習俗的關聯之中相互對照，能挖掘宗教人對「神聖」（the Sacred）的根源、變遷、整體性的了解，可以挽救當代西方人與「超越界」（the Transcendent）日益疏離的關係，以對抗現代「去神聖化」科技社會對存在秩序的機械化宰制，與心靈虛無化的趨勢。

伊利亞德曾留學印度，對他來說，印度不只是一個學術研究的場域而已。曾在喜馬拉雅山修行團體待過半年的他發現，若能對印度所隱藏的奧祕加以揭露，也將同時揭示伊利亞德自身存在的奧祕。那時，伊利亞德已經將人類的精神當成一整體，印度是這整體之中他尚未發現的潛在另一半。印度的經驗讓伊利亞德洞

察到如何從日常塵世當中超越，在最受苦的極限中看見解脫與逍遙。在印度的生活，也打開了伊利亞德對於鄉民文化本質的思索，藉著對中國、東南亞、前亞利安印度原住民、地中海世界、伊比利半島等等文化的涉獵，他發展出「宇宙宗教」（cosmic religion）的思想。

對前雅利安印度原住民的靈性世界的重新發現，讓伊利亞德與自己出身的東南歐文化，特別是影響羅馬尼亞現今文化的「在地人的基礎」（autochthonous base）的古代丹閃（Dacien）文化，有所比較與綜合。他相信東南歐鄉民文化的根基，經由與希臘、羅馬、拜占庭、基督教文化的融合得以被保存迄今。他並且意識到自身的文化從被文化列強遺忘的邊陲，轉而能成為東西文化橋樑的關鍵性角色。「宇宙宗教」也成為伊利亞德對於宗教人（包括他自己）維持人與自己、與人、與天地、與自然萬物之間，各種關係的座標與安身立命的依據。

伊利亞德經歷過兩次大戰，而在羅馬尼亞的苦難遭遇，更讓他成為流亡海外的奧德賽。因此，肯定人在歷史中為了超越苦難與不幸的奮鬥，正是在他宗教史研究裡所透露出的個人理想。他拒絕那些被視為世俗的、破碎、無意義而一去不返的歷史軌跡。在生命的迷宮裡，他肯定的是人類靈性所照耀出的中心指標。上述這些對伊利亞德宗教論述的文化視域影響重大，讀者在本書中，將可以從天、日、月、水、石、大地、植物、農業、聖地、神聖時間等十種神話、儀式與民俗的範型，來掌握伊利亞德如何建構「宇宙宗教」的靈性共同體。

二、「神聖」體驗的獨特性

伊利亞德和二十世紀早期另一群被稱為是宗教現象學（phenomenology of religion）學者的人，如奧托（Rudolf Otto）、范德雷（G. van der Leeuw）、瓦哈（Joachim Wach）等一樣，反對只從經驗主義或功能論的本位出發，將宗教現象簡化為某種後天的人類社會或心理因素產物。他們反對只透過歸納法驗證不同宗教現象的資料是否符合某人文科學的前提，卻不考慮對所研究對象的信仰生活的親身參與。他們認為，宗教經驗自身是獨特而自成一格（sui generis）的，宗教的本質在於「宗教人」對於「神聖」的體驗。這種體驗屬於全人的，不可被分割、變成個別的學科化概念，亦即，宗教體驗必須涵蓋人的生理、心理、社會、語言等等方面。

伊利亞德要問的是：如何去探究這種既在生活中、又與生活有所區分的神聖體驗呢？他的出發點不是將宗教視為社會、歷史進展的產物，或是個人心理活動的結果，而是探尋神聖的對象如何顯現在人的意識之中、被人所意識到，藉以找出宗教人所感受到的表象之顯現形式背後真正的力量來源是什麼。他主張回到宗教人的經驗自身，擱置之前帶有基督宗教色彩或是科學價值中立預設的研究立場，也擱置宗教作為虛假的慾望投射的批判觀點。伊利亞德認為，研究者應以宗教人的經驗為出發點，藉著宗教人所體驗的實存處境及其參與在其中普遍的結構，去理解那無法被化約的意義，把研究者與宗教人的區分再次合而為一。

三、聖俗的對立辯證性

聖顯或顯聖（hierophany），從希臘文的字源來看，hiero是神聖的，phainein 是顯現。Hierophany 的字義如伊利亞德所言，就是神聖顯現自身。伊利亞德認為，闡釋宗教現象的關鍵在於宗教研究者必須掌握「讓神聖顯現自身」的概念。但是，什麼是顯聖或神聖的經驗呢？從原始宗教、歐洲鄉民信仰與東方傳統宗教（泛指亞洲與中東地區）的研究，伊利亞德發現，神聖對宗教人的意義並非單指對於上帝、諸神或是靈界的信仰，而是意識到生命的來源、力量或是生命的實在（reality）、存有者（being）、意義、真理相關的觀念等。因為體驗到神聖，意味著讓人超越混沌脫序、危險事物或無意義的變動，找到生命的定向。

那麼，問題是：如何去發現這些所謂原初的顯聖經驗呢？伊利亞德採取的方法是藉由各種聖顯範型（如象徵、神話、儀式等）的詮釋，來理解聖與俗的辯證（dialectic）過程。所謂的聖俗辯證過程，簡言之，是指神聖經由世俗之物來顯現自身，但是在顯現自己的同時，也因為顯現於世俗之物，反而因此遮蔽、隱瞞了自身。

聖顯的媒介舉凡生物層面（飲食、交媾、繁衍）、藝術方面（舞蹈、音樂、詩、平面藝術）、職業與貿易（打獵、農業、各種營造）、科技與科學（冶金術、醫學、天文學、數學、化學）等，生活世界裡無所不在。換言之，過去將宗教經驗界定在隸屬於某一種宗教傳統的信念與儀式現象所進行的分類，對伊利亞德而言顯然是狹隘不足的。他希望打破以宗教傳統或制度作為

宗教活動唯一界定範圍的認知，轉而以生活裡最根本的活動，作為「宗教的」的範圍[4]。

聖俗的對立辯證性包含兩方面：一方面顯聖之物可以是任何一件世間存有者；另一方面，當「這個」存有者顯現出神聖特質之際，它既參與在周遭世俗之物的存在秩序，又與它們在價值秩序上區分開來。沒有任何存有者永遠穿戴聖顯的光環，也沒有任何存有者永隔聖顯氛圍之外。

伊利亞德認為，聖顯並非抽離於日常生活之外，而是具體鮮活地存在於我們生活世界的每個細節。至於什麼樣的事物可以成為聖顯之物，絕不是我們既有的認知分類可以完全掌握的，對於聖顯之物，我們永遠介於知與未知之間。神聖不是直接顯現自身，而是穿梭歷史，遍及自然萬物。從生物或物理層面的聖顯類型，例如本書的天、日、月、水、石、大地、植物、農業、聖地、神聖時間等十種神話、儀式與民俗的範型，莫不是神聖顯現的範圍。

從本書的各種聖顯範型中，讀者可看到伊利亞德強調的神聖辯證的對立統一（coincidentia oppositorum）本性，例如慈悲與令人戰慄、潔淨與汙穢、創造與毀滅、光明與黑暗、雌雄同體（androgyny）等等。這些兩極對立或矛盾的宗教經驗並非來自思辨哲學的概念，而是活現在人實存生活的張力當中——人在對立的張力中尋求合一的可能性。

聖顯永遠是辯證的，宗教人的追尋也是無盡的，因為凡有天地萬物、大化流行，就有神聖現身的可能性，有神聖現身的

4　詳見本書第一章〈概述：神聖的結構與形態〉。

可能性，就有生生不息的盼望。另一方面，任何一個世間存
有者皆可以是神聖的隱藏，伊利亞德認為基督宗教道成肉身
（incarnation）成就神聖歷史，耶穌就是神聖以人的存在模式來
顯現自己，也隱藏自己的例子。聖顯在價值上形成二元對立，一
方面讓宗教人體驗到那是實實在在的根基，另一方面又對照出
世俗處境的庸庸碌碌、禍福無常，耗損生命 [5]。宗教人渴望常駐
「樂園」，常駐在那個原初諸神創世時完美的宇宙，彷彿身在一
個孕育生命的子宮之內。宗教人總是帶有「樂園的鄉愁」，一旦
沒有顯聖向他顯示聖境，他就按照宇宙的法則來尋求「中心」的
再現。

四、「多元」聖顯範型共譜靈性永恆關切

伊利亞德在本書中所使用的範型（pattern），包含了和榮格
（C.G. Jung）重要概念，「原型」（archetypes），之間的相關
與差異。榮格的「原型」關注在集體無意識，伊利亞德雖然和
榮格都關注古老的意象（archaic images）、象徵、對立的統一。
但伊利亞德講的「原型」與範型，都指向來自超越人之外的源
頭，讓宗教人得以獲得啟示，並透過神話和儀式，在人類社會建
立並重複著原型與範型。伊利亞德的「原型」是最初發生的諸神
創世（cosmogony）的神話事件，並且成為往後宗教人重複的典
範 [6]。伊利亞德將人與宇宙同一（anthropocosmic）的象徵系統

5　詳見本書第一章〈概述：神聖的結構與形態〉。

6　Mircea Eliade, *The Myth of the Eternal Return*. Trans. by W.R. Trask. (Princeton: Princeton University Press,1954), xiv.

整體化，引導讀者去探索被科學理性「去神聖化」之前，人與古往今來、各地宇宙自然信仰之間的靈性共同體。

伊利亞德的聖俗辯證、聖顯與類型學的思想，預設了一個超越個別宗教傳統之外的普遍宗教本質。我們可以從本書看到他企圖站在宗教人之中與之上的理解與詮釋立場，來賦予宗教現象既獨特又普遍的象徵結構辯證性，找尋差異中的統一秩序。論及聖顯範型與象徵的關係，對伊利亞德而言，所有神聖的彰顯都具有象徵的特性。象徵作為中介，一方面指出了神聖的要素在個別歷史當中的彰顯，另一方面則將個別的宗教現象關連到普遍性的結構。象徵像是一條迂迴小徑，曲徑通幽、柳暗花明。[7]

以「天」的聖顯範型為例，從對自然天象變化現象中，伊利亞德發現天空所引出的是宇宙創造、宇宙主宰的聖顯意含，天本身所揭示的原初意象，帶有無限的、超越的、強有力的、不變的等等意含。一方面，「天」的聖顯範型形成了不同歷史時期出現的擬人化形象，在各種神話故事裡，「天」成為天神，擁有創造、控制、維持、保護宇宙萬物、生命與秩序的權柄。另一方面，「天」則成為形上學的宇宙與道德法則自身，觀天際穹蒼令人體認自己在浩瀚無垠的宇宙氛圍的身分，或渺小、無常，或自由自在。

再者，在天的顯聖類型學裡出現「融合」（fusion）與「替代」（substitution）的現象，亦即隨著歷史文明的變遷，天神與其他神靈之間產生功能上的融合與替代。天神的「殊相化」（specialization）意即天神成為另一種與人們生活更接近、更具

7　詳見本書第十三章〈象徵的結構〉。

體的神靈，例如成為風暴與雨水之神，成為至高的男神、大母神的配偶，以豐沛雨水讓大地繁衍，生生不息，在此殊相化的天神，一種是作為至高無上的宇宙萬物主宰者、律法捍衛者的天神，另一種是成為大母神配偶的天神類型。

伊利亞德還提出，面對天的「高」、「無限」，宗教人在神話與儀式去膜拜神靈，而作為人與神媒介的巫師，同樣也具有回應天的「高」與「無限」的修行之路。「高」的物理與心理現象本身，意味著接近神與迎向無限的願望。擁有巫術者，能通過儀式的天梯或飛天術而與天接近[8]。

再舉本書的「月」的聖顯類型來看，就「月」的盈虧變化而言，死亡不是最後的結局。「月」的象徵特色在於繁衍的能力、重生、通過蛻變（metamorphosis）達到不朽。而這種蛻變、死亡、重生的聖顯意義，讓伊利亞德將「月」與「入會禮／啟蒙禮」（initiation）統合在一起。月的聖顯系統，也和（1）繁衍（水、植物、女人、神話祖先）；（2）週期性的再生（蛇和所有具此生命韻律的動物、入會禮後經歷死與再生的新人）；（3）時間與命運（月像全能的魔法師，預測、編織眾生的命運，將不同宇宙層級的實體統合為一）；（4）明暗對立的變化（滿月與新月、天上與地下、善與惡、存在與不存在）都在變與化的韻律之中[9]。

此外，多元聖顯範型之間的動力關係，共譜了對靈性的永恆關切，例如第 81 節和第 145 節探討石頭和中心的象徵，如何從

8　詳見本書第二章〈天與天神〉。

9　詳見第四章〈月和月的奧祕〉。

萬物的能量顯示，到轉化為希臘神話主角的神能，再到被基督宗教轉化為神與人的契約。又例如第九章農業與豐產崇拜所提到，在歐洲土地的豐產、性能量和婦女生理的神祕聯繫。透過女性裸身的播種，來展示性能量與繁衍的生殖力。這些一方面詮釋基督宗教和歐洲在地民間信仰的宗教儀式與象徵，如何歷經時間變遷的轉化，成為「宇宙」層面的靈性共同體；另一方面，也呈現了不同區域文化所展示的聖顯，如何影響宗教制度、政治權力的建立與更動。這些對於進入工業社會、資訊時代的台灣，多元宗教、多元族群之間靈性上的差異、衝突與共通處，都提供了進入機械化、疏離大自然和農漁牧獵的社會的心靈一個跨越傳統與現代的靈性智慧與反思。

五、「自我」宛如「他者」的宗教探索

伊利亞德在 1930 年代的瑜珈修行研究中，就已經提出要藉由「他者」——非西方的宗教人，來追尋宗教人對「神聖」整體性的想法 [10]。「作為非西方的「他者」，我們（華文讀者）在閱讀時，也產生了和伊利亞德對話的跨文化主體互動。伊利亞德提出，非西方的宗教心靈是當代西方宗教文明所遺忘或隱藏的另一

---

10 Mircea Eliade, *Yoga: Immortality and Freedom*. Trans. by W.R. Trask (London: Routledge and Kegan Paul,1958). 伊利亞德對整體性的主張，後繼者例如在芝加哥大學任教的溫蒂・道寧格（Wendy Doniger）、布魯斯・林肯（Bruce Lincoln），或是從芝大轉到哈佛大學的勞倫斯・索勒門（Lawrence Sullivan）則紛紛選擇了進到特定的區域研究，例如印度、歐洲、美洲宗教現象的研究，他們意識到伊利亞德百科全書式研究的限制，希望開出另一片深入區域文化的宗教詮釋。

半，他並透過聖顯範型之間互相關聯的動力關係，提醒讀者不同宗教之間是不分價值高下的。

這些環環相扣的跨時空聖顯類型，經過了六、七十年以上的時代嬗遞，對於有著豐富多樣的在地傳統與外來宗教並存的台灣社會，具有鏡面折射般的啟發性。面對台灣的泛靈信仰、多神信仰、一神信仰、宗教融合與新興靈性運動等諸多新時代「神聖」探索的現況，本書提供了貌似百科全書，卻站在宗教人立場，以非基督宗教中心的靈性共同體視角來切入導覽。

除了多元宗教的靈性探索交流，伊利亞德的著作自 1970 年代以來在台灣基督宗教神學研究圈，也常做為宗教對話的媒介，例如董芳苑以伊利亞德聖顯類型來詮釋八卦牌現象。從台灣民間信仰與基督宗教對話的重要神學對話 [11]，到最近基督宗教與原住民神話象徵的對話，伊利亞德仍是重要理論媒介之一 [12]。

台灣 1980 年代基督宗教神學院和當時剛成立的宗教學研究所課程中，伊利亞德的著作經常被引介，成為往後台灣宗教與靈性研究上的理論參考光譜之一。我個人的研究也承繼這樣思潮。我曾從以伊利亞德的聖俗辯證和「神聖空間」，探究台灣民間廟宇建構儀式如何在華人宇宙秩序中，經由一系列儀式性轉化，將空間由俗入聖而成為聖顯的象徵，擴充伊利亞德尚未觸及的華人宇宙聖俗辯證關係 [13]。

11　董芳苑，《台灣民宅門楣八卦牌守護功用的研究》（稻香，1988）。本書源自董芳苑東南亞神學研究院神學博士論文（1981）。

12　例如 Vuruvur Ruljadjeng，《從莫特曼神學的基督終末盼望探討排灣族百步蛇象徵神學意涵》（台灣神學院神學碩士論文，2022），嘗試以伊利亞德的神話與象徵，來找尋一神論與原住民信仰的對話路徑。

13　王鏡玲，《台灣廟宇建構儀式初探 —— 以 Mircea Eliade 神聖空間建構的觀

　　我的博士論文也從伊利亞德的神聖辯證性與各種聖顯類型，探討宗教經驗之間的各種差異，以及差異中動力的相通性如何對抗並超越生命的虛無與死亡。伊利亞德的聖俗辯證與多重象徵詮釋，使我這二十年多年來發展靈性與台灣當代藝術的論述上，也深受啟發[14]。我透過對伊利亞德神聖理論的轉化，從宗教、藝術現象去發現聖俗辯證，以及那些被藏匿、被壓抑、解脫或療癒的靈性動能。

　　誠如呂格爾（Paul Ricoeur）對宗教象徵的詮釋者發出的問題：「我自己相信這些象徵嗎？我個人如何對待這些象徵的意義呢？」[15]。宗教研究者穿戴「理論」盔甲，來企圖掌握宗教奧祕時，是否也得以反思自身既有價值觀的侷限與可能性呢？面對巫士、瑜珈士、乩士、道士執行使命的第一現場，研究者誰能不被震撼？誰能在面對進入神人鬼魔、生老病死、悲歡離合的生死戰場時置身事外？就在這時，這種震撼還必須冒著另一種被冷靜如金鐘罩般的理論秩序保護或馴服的危險！這是宗教研究者必須不斷面對的歷練。

　　欣見這二十多年來伊利亞德著作的中譯版不斷現世。這有助於從華人文化各種豐富多元的宗教現象去和伊利亞德聖俗辯證的宇宙自然類型學說對話。這也正是擴展、轉化伊利亞德尚未充分發揮的「他者」——華人靈性世界，互相對話的新世紀開始。

點》，輔仁大學宗教學研究所碩士論文（1991）。

14　伊利亞德對我在台灣跨宗教的靈性和儀式現象研究，詳見王鏡玲，《分別為聖：長老教會・普渡・通靈象徵》（2016）。伊利亞德對我在當代藝術與靈性探索研究的啟發，詳見王鏡玲，《慶典美學》（2011）。

15　Paul Ricoeur, *The Symbolism of Evil (La Symbolique du mal)*.Trans. by Emerson Buchanan (Boston: Beacon Press, 1967)，p.354.

喬治・杜梅齊爾序 [1]

（吳雅凌 譯）

在我們的世紀裡，人們不能說科學迅速衰老，因為科學擁有不必奔赴死亡的特權。但科學是多麼飛速地變換著面貌呵！宗教的科學如此，數字或星辰的科學同樣如此。

五十年前，甚至不到五十年前，人們還在把諸種宗教現象簡化做某個共同元素，濃縮進某個共同概念，自以為足以憑此解釋一切。人們用南方海域打撈來的一個字眼為這個共同概念命名，於是乎，從未開化的宗教到最理性的宗教，一概被說成是瑪納 [2] 這種神力的作品。這種力量神祕卻散亂，沒有特定形樣卻又隨時可被裝點成任何形樣，無從定義卻又帶著讓言辭陷於無力的鮮明特點。這種力量在一切可能談及宗教之處無所不在，致使拉丁文的 *sacer*（神聖的）和 *numen*（神意）、希臘文的 *hagnos*（潔淨的）和 *thambos*（驚懼的）、印度的婆羅門、中國的道，乃至基督宗教的神恩，無不淪為瑪納一詞的別稱或派生語彙。整整一代學者為建構這種同質性而奮鬥。他們也許有道理。但人們隨後

1　譯註：此序言係法國著名宗教學家、1978 年當選法蘭西院士的喬治・杜梅齊爾（Georges Dumézil, 1898-1986）為本書的法文版《宗教史論》（*Traité d'historoire des religions*, Payot, 1949 年）所撰。

2　譯註：Mana，超自然神力，大洋洲語系的普遍用語，十九世紀末起成為人類學概念。

發覺，這一做法收效甚微：他們用一個外來詞命名某樣東西，然而，從古至今的旅行家和探險家憑藉對這樣東西的特質的準確把握，從未錯認他們在旅途中遇見的宗教性活動。現如今，這種分散混亂的力量不再打動人心，也不再值得研究，瑪納概念儘管處處依然可見，卻處處不再是同一概念，只剩一個共同點，那就是人們對這個概念再也無話可說。取而代之的是用以建構一切宗教、用以或有爭議或象徵性地定義一切神學、神話和敬拜儀式的**結構、機制**和**均衡狀態**。人們形成（不如說重新形成）如下觀念：一種宗教即是一個完整體系，有別於這種宗教的各個組成元素的殘餘。一種宗教即是一種得到清晰表達的思想，一種宗教即是一種對世界的解釋。簡言之，今日宗教研究必須具備的特徵不是**瑪納**，而是**邏各斯**（logos）。

五十年前，甚至不到五十年前，英國人類學家或法國社會學家團結一致地提出兩個雄心勃勃的問題：宗教現象的起源和宗教形式的譜系。學者圍繞大神（Grand Dieu）和圖騰展開讓人難忘的論辯。有的學派把澳大利亞人視為宗教生活基本形式的最後見證者，有的學派則用俾格米人予以反駁：既然澳大利亞人從某種程度上屬於舊石器時代，那麼，尚未脫離原始生存狀態的俾格米人豈不是更古老嗎？人們爭論神的觀念的起源：神的觀念究竟來源自靈魂觀念還是與之獨立？祭祀亡者先祖的儀式是否先於敬拜自然力量的儀式？重要卻無結果的問題。這些論戰在當時往往激烈紛呈，也促生了一批值得讚賞的著作。更有價值的是，這些論戰在當時大力激發觀察思考並增長見聞。不過這番努力最終沒有實現目標。今天的學者從中掙脫出來。宗教學把起源問題交給哲學，正如語言學在早些時候所做的那樣，事實上其他學科也是

這麼做的。不妨說，宗教學與此同時還放棄了**經驗式地**[3]為以往宗教形式規定某種演變類型，某種必要進程。從二十世紀追溯至六千年前，人類生活在人性問題上相去不甚遠。今天的我們無非是一次進化加上充斥十來個世紀的意外事件的結果。人們轉而思量，玻里尼西亞人、印歐人、閃米特人和中國人儘管起初不乏相似之處，卻通過迥異的途徑而形成各自的宗教概念和諸神形象。

總之，當前的趨勢在於，如亨利‧休伯特[4]所言，「感悟」並記錄世界各地曾經奉行或正在奉行的諸種宗教體系，在這麼做時保存這些宗教體系的獨創性和複雜性。那麼，這種趨勢應該獲得何種方式的表達？它又支持何種類型的宗教研究？

首先是越來越深入細緻的描述。在跟蹤研究過程中，民族誌學者或歷史學者不斷積累各個領域和各個時代的考察結果或文獻材料，嘗試理解其中的統一性，理解既有資料在清點之下所呈現的組織特徵。準確說來，每個時代都有人在做這種努力，或有效或無效，但通常總是相當有效。

其次，如果說宗教學已然放棄了絕對意義的起源問題和譜系問題，那麼，關乎前面提及的描述，在每個受到地理歷史限定的描述中，起源問題和譜系問題以更節制合理的方式出現。在宗教方面正如在語言方面，每一種**狀態**通過並且僅僅通過某種**演變**得到解釋，從某種**先前**狀態說起，並且受到或者未受到**外在**影響。由此產生同等重要的多種研究領域和多類研究方法：

第一，對於那些在或長或短的歷史中沉澱下文明經典或至少

3　譯註：拉丁文：*a posteriori*。

4　譯註：亨利‧休伯特（Henri Hubert, 1872-1927），法國考古學家和社會學家。

留下書寫文獻的社會，宗教史研究不過是文明史或廣義歷史的個例。無論批評還是建構這類研究，學者不會運用歷史學以外的其他手段。諸如佛教、基督教、摩尼教‧伊斯蘭教等「大宗教」最大限度地體現了這種研究類型，這是因為，我們能夠查閱的相關經典大致可追溯至每種宗教的演變初期。一切稍微久遠的宗教均在一定程度上並且自一定發展階段起建構同樣的方法，前提條件是我們能夠解釋這些宗教經典確定的最早形式。

第二，上述前提條件通常卻難以實現。同樣的困難也發生在那些晚近才得到考察的宗教。閱讀斯屈勞[5]著作的人和閱讀吠陀的人同樣欠缺判斷力，兩者均面對某種複雜的宗教結構，甚而可以說某種宗教經典，但兩者均缺乏歷史性的解讀方法，也就是前人的解讀。而這恰恰是最常見的情況：十六世紀至二十世紀的探險家所記載的諸種異域宗教，包括古代希臘羅馬在內的歐洲非基督宗教，古代閃米特宗教，古代中國宗教，無不屬於這種研究類型。對於這個研究領域，宗教學具有多重任務：

（一）首先是某種清理性工作。奧革阿斯的牲口棚擁堵不堪。[6]前人處處給我們留下或荒唐或合理的解釋，總的說來，這些解釋全有待駁斥。歷史學家在追溯幾世紀長河之後到達半明半暗之處乃至黑暗地帶，自然會傾向於想像某個短暫的史前歷史，**無中生有**，[7]以最省力的辦法把早期文獻延伸至某個假設性的

5　譯註：斯屈勞（Ted Strehlow, 1908-1978），澳大利亞人類學家。

6　譯註：奧革阿斯（Augias），希臘神話人物。傳說奧革阿斯的牲口棚三十年未打掃，骯髒不堪，或喻「積累成堆棘手問題之處」。

7　拉丁文：*ex nihilo*。

絕對起源。拉丁學家從含糊的**複數神意**[8]——即**瑪納**神力的諸中心！——出發解釋羅馬宗教的生成，其中只有若干神意受益於歷史形勢，逐漸明確變成人身化的神。眾多印度學家迄今難以擺脫繆勒[9]以來的幻覺，堅信吠陀頌唱者表現了原始人面臨重大自然現象時的自然反應，還有人傾向於認為吠陀經文潛藏有精神和文風的純粹技藝——這算得上另一種形式的**無中生有**。所有這一切全係人為因素所致。必須承認這一點並且辨認其中的人為手法。

（二）其次是某種講求實效的工作，借助比較研究方法，在客觀意義上延長歷史，爭取史前的幾世紀。通過比較阿蘭達人的圖騰和其他澳大利亞原住民所奉行的相似而又相異的宗教儀式，學者得以定義從古老狀態（當然，不是原始狀態）出發、從共同狀態出發的某種演變的大致意思：要麼因為原初的生活共同體，要麼因為數百年間相互影響，澳大利亞人實際形成了某種「文化圈」。不妨再對上述說法做點**必要的修正**，[10] 我們可以將比較研究方法運用於探究澳大利亞人的宗教和文明。語言學家在掌握一組因大量借用外來語而彼此類似或相近的語言時，借助比較研究方法，有可能就這些語言的來龍去脈歸納出若干明確肯定的資訊。玻里尼西亞人分散在撒哈拉以南的非洲和美洲的不同地區，相關領域的探究即需大量應用這種比較研究方法。

8　譯註：拉丁文：*numina*。編註：一般認為羅馬人一開始信仰的是渺茫無形體、非人格無意志的精神，稱為 numina，其後受到希臘和伊特魯里亞宗教的影響，其所信仰之神漸漸形象化，擁有人類的個性和行為。本書譯者將 numina 譯作「複數神意」，不知出於何種考量；也有人譯作「威力」（周作人譯）、「守護靈」或直接音譯為「努米娜」。特加編註於此，讀者可自行意會。

9　譯註：繆勒（Max Müller, 1823-1900），德國東方學家。

10　譯註：拉丁文：*mutatis mutandis*。

　　同樣，有些族群自有歷史以來既不互相認識也不彼此親近，但我們今天通過考察其語言得知，它們源自同一個史前族群。通過比較這些族群經得起確認的最早宗教儀式，我們有可能對該史前族群的宗教做出大致歸納，並從這個重新修復卻並非任意形成的定點出發，進一步歸納出隨後散落的族群如何經歷不同演變走向各自的歷史開端，進入我們已知的宗教初期穩定狀態。學者們以此修復了閃米特人在**未知時間**[11]中的一兩千年歷史。現如今在印歐人的研究方面同樣如此。相比泰勒或涂爾幹的雄心壯志，這麼做的好處微乎其微。但這麼做的好處更可靠，學者模糊地預感到，這麼做在極大程度上有利於建構人類精神的自然史。

　　第三，最後一種研究與前兩種研究相互衝突彼此影響。以當前的語言學為例，在描述語言學、歷史語言學（又分不同類別，如每種語系內部的比較語言學）之外，還有一種普遍語言學。同樣，為了不犯從前犯過的錯誤，宗教學的比較研究不應再以譜系學，而應以類型學為方法基礎。必須在最紛繁多樣的宗教結構和宗教演變中比較那些可比較之物，諸如無處不在的儀式功能或概念功能、不論哪種人都必須要有的表現，以及這些表現共存時相互作用的通常樣態。必須研究神話思想機制、神話與其他宗教部分的關係，必須研究神話、寓言、歷史、哲學、藝術和夢的交流，以此確立這類比較研究的不變性和多樣化。必須站在每個可能存在的「綜合觀察台」（其數目是無窮盡的）的高度建立資料庫，這樣的資料庫通常不會導向明確問題，更少帶來解決問題的方案，而會如一切詞典那樣是臨時且不完整的。但對於致力於預

11　譯註：拉丁文：*tempora incognita*。

先被規定的歷史研究、分析研究或比較研究的學者來說，這樣的
資料庫會帶來便利、啟發和靈感。這項工作迄今已儲存為數可觀
的文庫，因為長久以來，正當那些更熱鬧的理論接二連三吸引世
人目光時，始終有人在默默開展這項工作。諸如曼哈特[12]和弗雷
澤[13]在「田野調察」中收集資料，或者不屬於任何學派的作者所
撰寫的各類專題論著，我在這裡隨機舉例，比如專題研究神殿、
聖壇、獻祭、聖地入口、舞蹈、**血約**[14]、樹的崇拜，乃至專題研
究高地、水域、厄運、宇宙起源說、作為神話表現元素的多樣動
物、數字的奧義、性交行為，等等。這其中顯然有為數眾多的粗
製濫造的作品，也許遠甚於嚴肅可靠的奠基性作品：類似的實地
調查持續吸引著尚未準備好或過分倉促或缺乏責任感的作者，由
此成為江湖騙術最易鑽空子之處，他們貼著「社會學」或其他標
籤，佔領研究高地，武斷下結論，偶爾還擺權威架子。不過這不
重要。身為「宗教歷史學」（不太準確的說法）教授，使命恰恰
在於揀選好穀子並預先警示青年學生。

　　上述即是當今宗教學分化出的三大研究領域，或三大研究觀
點。我們不妨留存一絲希望，在遙遠未來的某一天，這三類研究
有可能整合為一體，形成某種無爭議的科學的恰切範疇。我們的
孫侄輩看不到如此幸運的時代來臨。學者還須在三種中的任一種
研究領域長期奮戰，堅守各自的角落。專題研究的歷史學者也

12　譯註：曼哈特（Wilhelm Mannhardt, 1831-1880），德國人類學家、神話學家，
　　以波羅的海地區神話研究著稱。

13　譯註：弗雷澤（James George Frazer, 1854-1941），英國社會人類學家、神話學
　　家，比較宗教學先驅。

14　譯註：英文：*blood-covenant*。

好，依循譜系學或類型學的兩類比較研究者也好。在這個過程
中，他們常常會忽視彼此的存在，偶爾還會發生衝突，僭越各自
的權限。然而，一切科學不就是這麼發展起來而無從遵照某個耗
時百年的計畫嗎？

　　有時候，強調這一點還有額外的理由。這也是伊利亞德先生
這部論著的首要意義。伊利亞德先生擔任布加勒斯特大學宗教史
教授以來，很快發現有必要開一堂「入門課」：人人自視為這門
學科的行家，但相關的學科內容實有難度。本書即是他開課七
年的成果結晶。伊利亞德先生熱情膽大，博覽群書，精通印度
學，在相關研究領域建樹頗豐。我想起他撰寫的著作《瑜伽》
（*Yoga*），他主編的羅馬尼亞宗教史雜誌，即三卷極美的《查
莫西斯》（*Zalmoxis*），還有他近期在法國的《宗教史雜誌》
（*Revue de l'histoire des religions*）發表的談薩滿教的出色論文。

　　乍看之下，本書的各章標題突出強調水、天和太陽等，有些
讀者可能會想到繆勒。類似的聯想對他們不無好處。從標題進入
正文，讀者則會看到，今日宗教學如何經歷過駁斥自由主義盛行
的反應過度時期，如何重新承認關乎水、天和太陽的描述的重要
意義，而這些描述本是神話思想最普遍的基本文獻。與此同時，
讀者還會看到，本書作者對水、天和太陽的解釋與從前迥然有
別。依據伊利亞德先生的說法，宇宙的聖顯只是某種深奧言說的
外衣，神聖存在的形態學象徵性地傳遞某種神聖存在的辯證法，
而自然在其中只是載體。本書作者悉心考察最微小的宗教，顯示
出解釋和統一的努力，致力於形成名副其實的理論學說，從而成
就了某種「哲人以前的哲學」。本書帶有讓人印象鮮明的嚴謹和
高貴，體現不同大陸（包括歐洲）之間的同質性。當然我們不應

過分誇大這種同質性，但它確乎有效地緩解了初學者陷入宗教史料迷宮的眩暈。

伊利亞德先生顯然比任何人清楚，這一類綜合研究法按需取材，往往帶有若干公設，而此類公設往往只是因為有效而合理，帶有個人化和臨時性的特點，至少是有待改進的。此外，這種研究框架並非本書最不突出之處。關乎神話思想的結構和功能、關乎作者本人極看重的**原型**（*archétype*）概念和**重複**（*répétition*）概念，讀者有望在本書中收穫清晰而有啟發的觀點：我們期望看到的不是這些觀點經久不衰（這不重要），而是這些觀點迅速且豐富地開花結果。

本書對今天的巴黎乃至法國學界有特別的借鑒意義。不得不承認，法國擁有為數眾多的專攻基督宗教、佛教以及各門宗教的出色歷史學家，卻太少有研究學者（我是指名副其實的研究學者）致力於比較性和一般性的研究，要麼因為從事這類研究的學者必須接受比通常更繁重的訓練，要麼因為業餘人士（好些是相當正規的業餘人士）早已導致這類研究聲名掃地。這類研究的未來前景卻不失為有必要有影響的。索邦大學每年組織「宗教史資格考試」，一次考好幾門科目。有趣且矛盾的是，它從未設置專門的宗教史教程。這門資格考試實際上變身為古典語文學所規範並且嚴格要求的幾門科目的考試。真正涉及「宗教學」科目的考試內容乏善可陳。弗雷澤先生除英語母語、法語和德語以外，只通希臘語和拉丁語，我不敢肯定他若來參加「未開化族群宗教」這門科目的考試能夠過關，真乃一大憾事。

喬治・杜梅齊爾

縮語表

Acta Orientalia   AOA
American Anthropologist   AA
American Journal of the Semitic
   Languages and Literatures   AJSL
Annales Academiæ Scientiarum Fennicæ
   AASF
Année sociologique   AS
Anthropos   APS
Das alte Orient   AOR
Archiv für Religionspsychologie   AFRP
Archiv für Religionswissenchaft   AFRW
Archiven für Völkerkunde   AFV
Archiv Orientálnį   AOI
Ars Islamica   AI
Art Bulletin   AB
Asiatica   ASA
Atharva Veda   AV
Bernice P. Bishop Museum Bulletin
   BMB
Bulletin de la société française de
   philosophie   BSFP
Bulletin of the Museum of Far Eastern
   Antiquities, Stockholm   BMAS
Bulletin of School of Oriental Studies
   BSOAS
Corpus Inscriptionum Græcarum   CIG
Deutsche-Forschungen   DF
Eranos Jahrbuch   EJ
Ethnos   ES
Etudes asiatiques   EA
Folklore   FRE
Folklore Fellowship Communications
   FFC

Gazette des beaux-arts   GBA
Germanisch-Romanische Monatsschrift
   GRM
Globus   GBS
Glotta   GLA
Harvard Journal of Asiatic Studies
   HJAS
Hermes   HE
Indian Historical Quarterly   IHQ
Indogermanische Forschungen   IGF
Internationales Archiv für Ethnologie
   IAFE
Jahrbuch des deutschen archäologischen
   Instituts   JDAI
Jahrbuch des Kaiserlichen deutschen
   archäologischen Instituts   JKDAI
Journal asiatique   JA
Journal de la société des africanistes
   JSA
Journal of American Folklore   JAF
Journal of the American Oriental Society
   JAOS
Journal of the American Society for
   Semitic Languages   JASS
Journal of Egyptian Archæology   JEA
Journal of the Indian Society of Oriental
   Art   JISOA
Journal of the Polynesian Society   JPS
Journal of the Royal Anthropological
   InstituteJRAI
Journal of the Royal Asiatic Society JRAS
Man   MN
Mana   MA

Mannus-Bibliothek MB

Mitteihungen der anthtopologischen
  Gesellschaft in Wien MAGW

Mitteihungen der Instituts für
  österreichische
  Geschichts-forschungen MIOG

Mnemosyne ME

Le Monde orienta lMO

Nova et Vetera NV

Oceania OA

Orientalia ORA

Osterreichische Zeitschrift fürPflege
  religiöser Kunst OZK

Patrologia Latina PL

Philologus PS

Préhistoire PHE

Revue anthropologique RAN

Revue archéologique RAR

Revue celtique RC

Revue des études grecques REG

Revue des études slaves RES

Revue d'ethnographi et des traditions
  populaires RETP

Revue de l'histoire ancienne RHA

Rg Veda RV

Revue d'histoire des religions RHR

Revue des sciences religieuses RSR

Revue hispanique RH

Rivista del reale istituto d'archeologia e
  storia dell'arte RIASA

Rivista di studi orientali RSO

Studia Ægyptica SA

Studia Orientalia SO

Studi e materiali di storia delle religion
  SMSR

Transactions of the American Association
  of philosophy TAAP

T'oung Pao TP

Wiener Beiträge zur Kulturgeschichte und
  Linguistik WBKL

Wiener Zeitschrift für die Kunde des
  Morgenlandes WZKM

Wörter und Sachen WS

Zalmoxis (Cahiers de Zalmoxis) ZCZ

Zeitschrift der deutschen
  morgenländischen Gesellschaft
  ZDMG

Zeitschrift für Ethnologie ZFE

Zeitschrift für neutestamentlische
  Wissenschaft ZNW

Zeitschrift für Sozialwissenschaft ZFS

Zeitschrift für Völkerpsychologie und
  Sprachwissenschaft ZVS

前言

現代科學已經恢復了一條曾因十九世紀的思想混亂而陷入 xi
極大險境的原理：「**尺度造就現象。**」昂利·彭加勒（Henri
Poincare）曾語帶嘲諷地質疑：「一位只在顯微鏡下研究大象的
博物學家會不會認為他對這些動物已有足夠的認識呢？」顯微鏡
所揭示的大象細胞，其構造和機制與一切多細胞有機體並無二
致。然而，這就是我們所要認識的全部嗎？這在顯微鏡層面上還
無法確定。在人眼的層面上，在這個至少承認大象是一個動物學
現象的層面上，一切的不確定性就煙消雲散了。同樣，一個宗教
現象只有在其自身的層面上去把握它，也就是說，只有把它**當成**
某種宗教的東西，才有可能去認識它。企圖透過生理學、心理
學、社會學、經濟學、語言學、藝術或是其他任何研究去把握它
的本質都是大謬不然的——這樣做只會丟失其中的獨特性和不
可化約的因素，也就是它的神聖性。顯然，沒有**純粹**的宗教現
象；沒有一種現象可以僅僅被當作獨一無二的宗教現象。因為宗
教是人類的，正是由於這樣一個原因，它也必然是社會的、語言
學的、經濟學的——我們不能認為人類可以脫離語言和社會。但
試圖按照這些基本功能中的任何一種來解釋宗教都註定毫無希
望，它們只不過是用另外一種方式說明人是什麼而已。這和你羅
列一份寫滿社會的、經濟的和政治的事實的清單，以為憑著它
就能解釋《包法利夫人》一樣無的放矢；不管這些事實多麼真
實，都不會影響它成為一部文學作品。

我並不是要否認從各種角度研究宗教的有用性，但是我們必
須首先將宗教看作它自己，它只屬於它自己，不可以用其他術語
來解釋它。這並非易事。這樣做，即使不是要給宗教現象下一個
準確的定義，至少也要明確它的範圍，設定它與心靈中的其他事

物的關係。正如羅傑・加魯瓦（Roger Caillois）在其出色的短篇著作《人和神聖》（*L'homme et le sacré*）的開場白所言：「歸根到底，從總體上談論神聖的唯一希望就包含在對該術語的定義裡面：它是世俗的對立面。當人們試圖清楚地描述這種對立的性質和**模態**（*modality*），就會陷入困境。沒有一個公式，無論它多麼基本，能夠涵蓋這些事實所構成的迷宮一般的複雜性。」在本研究中我主要感興趣的正是這些事實，這種由完全無法形成任何公式或者定義的因素所構成的、如迷宮般的複雜性。禁忌、儀式、象徵、神話、魔鬼（demon）、神靈──這些只是其中一部分而已，僅憑這樣一份清單來鋪陳故事的全部，未免太過簡單化了。我們真正所要著手處理的是一大堆各不相同的、實際上混亂無序的行為、信仰和體系，它們匯集在一起，構成了我們所說的宗教現象。

本書所探討的問題包含兩個方面：第一，什麼是宗教？第二，我們能夠在何種深度上談論宗教的歷史？我相信，在一開始就為宗教現象下一個定義是沒有任何意義的，因此我只是打算考察各種「聖顯」（hierophanies）──我在最寬泛的意義上使用這個術語，就是指任何顯示神聖的事物。因此，只有在考察了一定數量的宗教形式之後，我們才能夠考慮回答其**歷史**的問題。就我在本書所確立的目標而言，一部從最簡單的現象開始，向最複雜的現象發展，如此綜論宗教現象的學術著作，在我看來並非合乎時宜──我是指這類學術著作：先是討論最基本的聖顯（**瑪納**、異常現象等等），接著討論圖騰崇拜、拜物教、自然崇拜和精靈崇拜，然後是諸神和魔鬼，最後是一神教的上帝觀念。這樣的鋪排過於武斷了。它預設宗教現象有一種從最簡單到最複雜的

進化過程，但這種進化不過是一種無法證明的假設而已；我們還沒有遇到一種僅僅包含最基本聖顯的簡單宗教呢！除此之外，那也與我所要達到的目標相抵觸——我只是要看一看哪些事物在本質上**是**宗教的，它們揭示了什麼。

我所採取的路徑即使不是比較容易，但至少也是比較穩妥的。我從敘述某些宇宙的聖顯，也就是在不同的宇宙層面——天、水、大地、石頭——所顯現出來的神聖，開始這樣的研究。我之所以選擇這些類型的聖顯，不是因為認為它們是最古老的（現在還談不上歷史問題），而是因為對它們的描述一方面可以說明神聖的辯證法，另一方面也可以說明神聖會以哪些形式顯現。例如，對於天和水的聖顯的研究，能提供一些材料，讓我們既可以準確地理解在這些特定的宇宙層面上神聖的顯現究竟意味著什麼，也了解這些聖顯在何種程度上能夠構成獨立存在的形式。然後我將繼續討論生物的聖顯（月亮的盈虧、太陽、月亮、植物和農業、性等）、地方性的聖顯（祝聖的地方、神廟等），最後討論神話和象徵。在考察如許數量充足的材料之後，我們就可以另外再寫一本書，討論其他一些宗教史問題了：「神聖的形式」、人與神聖的關係以及人類如何對待神聖（儀式等）、巫術和宗教、靈魂和死亡的觀念、被祝聖者（祭司、巫師、國王、入會者）、神話、象徵和表意符號等，以及為宗教史奠定基礎的可能性等。

這並不意味著我要像在一部百科全書中的每一個條目中那樣分別討論每一個主題，例如在關於水或月亮之聖顯的章節裡，我小心翼翼地避免提及任何神話或象徵；我也不會承諾將所有關於神靈的討論僅僅局限在關於「諸神」一章裡面。事實上，讀者會

驚奇地發現，在關於天的聖顯的章節中，大量討論各類天和大氣之神，並且發現在同一章中還提及甚至討論象徵、儀式、神話和表意符號。我們所討論的主題性質必然導致在不同章節中的主題經常相互重疊。不可能談論屬於天的神聖性而不提到那些反映或分有此一神聖性的神靈、某些天的神話、與這種崇拜相關聯的儀式，以及它所藉以人格化的象徵和表意符號。它們各自以自身的方式表明天的宗教（the sky religion）的某種模態或其歷史。但是，既然每一個神話、儀式以及「神靈」都得到了恰如其分的討論，那麼在關於天的章節中我就會毫不猶豫地使用這些有著明確意義的術語。同樣，在涉及大地、植物和農業的聖顯時，我關注這些生物－宇宙層面上的神聖的顯現，所有對植物神和農業神的形式的分析都將留在關於這些形式的章節中予以討論。但是這也不意味著我在初步的研究中絲毫不提到關於這些植物和農業的諸神、儀式、神話或象徵。這些初步論述的章節旨在盡可能切近地考察在宇宙聖顯中發現的範型，看一看我們在天、水、植物等等所表達的神聖中能夠發現一些什麼。

如果要衡量這種處理問題方法的利弊，我認為前者可能會大大勝過後者，因為：（1）我們可以避免任何**先天的**宗教定義。讀者可自行對神聖的性質進行思考；（2）透過在不同神聖模態之間進行一種自然的劃分，透過證明它們如何適合於一個有條理的體系，能對每一組聖顯進行的分析，同時也為最後關於宗教本質的討論奠定基礎；（3）同時考察所謂「低級」和「高級」的宗教形式，並且同時發現它們之間的共同因素，我們就不會犯**進化論**（*evolutionist*）或**偶因論**（*occidentalist*）的觀點所導致的錯誤；（4）宗教的整體不可碎片化地進行考察，因為每一類聖顯

（水、天、植物等）都以各自的方式從形態上（因為我們必須處理諸神、神話和象徵等等）和歷史上（因為這類研究必須涵蓋大量在時空上迥異的文化）構成一個整體；（5）每一章都將闡述一個特定的神聖模態、一系列人與神聖之間的關係，以及一系列處在這些關係中的「重大歷史時刻」。

　　這就是我將本書稱為「比較宗教的範型」（Patterns in Comparative Relogion，編按：此為本書英文版書名）的用意所在，而且這也是我唯一的用意；我的意圖就是要向讀者介紹宗教材料的這種迷宮般的複雜性，它們的基本範型，以及它們所反映的文化的多樣性。我在每一章都盡力給出一個不同的計畫甚至不同的風格，以避免對每一本教科書都構成威脅的那種單調乏味，我也用同樣的方式劃分段落，以使論述盡可能簡明扼要。但是除非從頭至尾讀完本書，否則就不能把握其中的要點。本書也絕非一本參考手冊。本書的書目意在鼓勵開展基礎性的研究，難免挂一漏萬。然而，我試圖把諸多的學派和方法的代表性作品盡量囊括在內。

　　本書的形態學分析和方法論總結的大部分內容，我在布加勒斯特大學的宗教史課程、巴黎高等研究實踐學院（Ecole des Hautes Etudes of the Sorbonne）的兩場系列講座（神聖的形態學研究，1946 年；神話結構研究，1948 年）都有論述。本英文版作了一些文字校訂，書目也做了更新。

米爾恰‧伊利亞德

I

概述：神聖的結構和形態

1·「神聖」和「世俗」

所有對宗教現象所下的定義，迄今為止都有一個共同之處：每個定義都用自己的一套方式表明了神聖的、宗教的生活就是神聖生活和世俗生活之間的對立。但是，一旦著手規定神聖這個概念的範圍，就會遭遇到各種困難——既有理論的困難，也有實際的困難。因為，在嘗試給宗教現象下定義的時候，你必須知道去哪裡尋找證據，而且首先必須尋找到那些可在「純粹」狀態下看到的各種宗教的表現，亦即那些盡可能「簡單的」、盡可能接近其源頭的表現。不幸的是，根本找不到這類證據；在任何我們已知歷史的社會裡，在任何「原始人」、當今未開化的民族中間，都找不到。我們在任何地方看到的宗教現象幾乎都是一個複合體，這說明著漫長的歷史演化的存在。

因此，就是整理材料也會遭遇相當嚴重的實際困難。甚至一個人只滿足於研究一種宗教，雖終其一生，亦不克告成，若想做比較宗教的研究，則好幾輩子也不足以達到目的。然而我們想要的正是這樣一種比較研究，因為惟其如此，我們才能發現神聖不斷變化的形式及其歷史發展。所以在著手這項研究之際，我們必須從歷史學或人種學已發現的宗教中挑選出若干種，然後僅僅去研究它們的某些方面和某些階段。

這種選擇，即使僅限於某些主要的神聖的顯現，也頗為棘手。如果說我們想對神聖作出一些限定和規定，我們將不得不取得一些數量可控的宗教表達。如果這已經夠困難，那麼，這些表達的紛繁複雜將逐漸變得令人目瞪口呆。我們會面對各種儀式、神話、神聖形式、神聖和敬拜的對象、象徵、宇宙觀、

關於神的話語、被祝聖的人、動物和植物、聖地，不一而足。每一個範疇都各有其自身的形態（morphology）——各有衍生的、繁複的豐富內涵。我們不得不處理大批雜亂無章的材料，美拉尼西亞的宇宙起源神話或者婆羅門獻祭、聖女大德蘭（St. Teresa）或日蓮宗的神祕著作、澳洲土著的圖騰、原始民族的成年禮（initiation）、「婆羅浮屠」（Borobudur）、西伯利亞薩滿舉行儀式的服飾和舞蹈、許多地方發現的聖石、大女神（the Great Godnesses）的神話和儀式、古代國王的登基以及附麗於寶石之上的諸種迷信，都值得我們關注。每種現象都必須視為一個聖顯，因為它以某種方式表達了神聖在歷史上的某個瞬間所表現出來的某種模態（modality），也就是人類已有的諸多神聖經驗中的某一種。每一個現象皆因其告訴我們兩件事情而不同凡響：因為它是一個聖顯，所以它揭示了神聖的某種模態；因為它是一個歷史事件，所以就揭示了當時人類對於神聖的態度。例如以下送給一位死者的《吠陀》文本：「爬回你的母親，大地那裡去吧。願她將你從虛無中拯救出來！」[1] 這份文本表明了大地崇拜的特點：大地被視為母親，即**地母**（*Tellus Mater*）。但是它也表明了印度宗教歷史的某個特定階段，當時地母——至少在某個團體裡面——被當作抗拒虛無的女保護神而具有意義，而在《奧義書》的改革和佛陀的開示中，這種意義被清除出去了。

我們且回到開始之處，如果我們想要對宗教現象有所理解，則每一種範疇的證據（神話、儀式、諸神、迷信等）在我們看來實際上都同等重要。對宗教現象的理解總是和歷史聯繫在一起。

1　《梨俱吠陀》（*RV*），Ｘ，18，10。

我們所觀察到的每一個聖顯也都是一個歷史事實。神聖的每一種顯現都發生在某種歷史處境裡，甚至最個人化和最超越的神祕經驗也要受到它們所發生的那個時代的影響。猶太先知要歸功於歷史事件，這些歷史事件證明了他們的正確，也證明了他們消息的真實性；他們也要歸功於以色列的宗教史，那使他們能夠解釋所體驗到的一切。作為一種歷史現象，而不是作為一種個人經驗——某些大乘佛教神祕家的虛無主義和本體論若是沒有《奧義書》的沉思、梵語的發展等等，便絕無可能。我並不是說每一種聖顯和每一種宗教經驗，都是在神性的做工中獨一無二、不可重複的偶然事件。最偉大的經驗不僅在內容上相似，而且在表達上也經常是相似的。魯道夫・奧托（Rudolf Otto）在艾克哈大師（Meister Eckhardt）和商羯羅（Sankara）的語彙和術語中就發現了許多共同之處。

每個聖顯都是一個歷史事件（也就是說，總是在某種特定的處境中發生），這個事實並不削弱其普遍特質。某些聖顯純粹是地方性的，而其他的聖顯則擁有，或者獲得了世界性的意義。例如，印度人敬拜菩提樹（*aśvattha*），在這種特定的植物中顯現的神聖僅對他們有意義，那是因為對他們而言，菩提樹不僅是一棵樹，因而它不僅是特定時間（每一個聖顯均無例外），也是特定地點的聖顯。然而，印度人也有宇宙樹（**宇宙之軸**〔*Axis Mundi*〕）的象徵，而這個神話－象徵的聖顯則是普遍的，因為我們在各種古代文明中都能找到宇宙樹。但是請注意，菩提樹之所以受到敬拜，是因為它體現了生命在不斷更新的宇宙的神聖意義；事實上，它之所以受到敬拜，是因為它就像各種神話中的各種宇宙樹所表現的那樣，體現了這個宇宙或這個宇宙的一部分，

或者說，它象徵著這個宇宙（參見第 99 節）。但是，雖然我們可以用在宇宙樹中發現的同樣象徵意義來解釋菩提樹，然而這種將一棵特定植物形式轉變為一棵神樹的聖顯，只是在那個特定的印度社會中才有意義。

我們再舉一個例子——一個聖顯被相關民族的現實歷史所遺棄的例子：閃米特人在歷史上曾經崇拜颶風和豐產之神巴力（Ba'al）和豐收女神（尤其是大地的豐收）貝利特（Belit）這對神界夫妻。猶太先知稱這些崇拜是瀆神的。從他們的觀點——也就是從摩西改革後那些獲得了一個比較純粹、比較完全的上帝觀念的閃米特人的觀點——來看，這種批評是有其道理的。不過古老的閃米特人對巴力和貝利特的崇拜是一種聖顯：它表現了（儘管有著反常的、怪物的形式）有機生命、血液的基本力量、性和豐產的宗教價值。這種啟示的重要性即使沒有延續數千年，至少也有數百年的歷史了。作為聖顯，它一直具有支配地位，直到被另外一個聖顯所取代。那個聖顯在精英的宗教經驗中形成，自身更令人滿意、更趨圓滿。耶和華的「神聖形式」勝過了巴力的「神聖形式」，它顯現了一種更加圓滿的神聖性，賦予生命以神聖，卻不聽任集中在巴力崇拜中的那些基本力量的肆意放縱，它揭示了一種靈性計畫（a spiritual economy），人的生命和命運可以從中獲得一種全新的價值；與此同時，通過它可以獲得一種更為豐富的宗教經驗，一種更純潔、更完善的，與神交流的形式。耶和華的聖顯最終獲得了勝利，因為它代表著一種普遍的神聖模態，而且正是因著這個特性而向其他文化開放；它透過基督宗教變成了全世界的宗教價值。由此可見，某些聖顯擁有，或者透過這種方式而變得擁有普遍的價值和意義，而其他一些聖顯依

4

舊是地方性和階段性的——它們不向其他文化開放，甚至最終消失在產生它們的社會裡面。

2・方法的困難

但是，我們暫且回到前面提到的巨大的實際困難上來：那就是材料的極端多樣性。更為嚴重的是，每當我們將這些成千上萬的零碎證據收羅在一起的時候，它們涉及的領域似乎數不勝數。首先（正如所有歷史材料一樣），我們必須處理的材料留存至今的原因多少是偶然的（文獻如此，紀念建築、碑銘、口頭傳說和習俗亦概莫能外）。此外，這些偶然留存下來的材料來源各有千秋。例如，我們如果想要拼接出早期希臘宗教的歷史，只有少量留存至今的文獻、少數殘存的紀念建築以及某些還願品；在日耳曼和斯拉夫宗教那裡，我們只有一些簡單的民間傳說可以運用，處理和解釋這些傳說必然險境重重。一份北歐古文碑銘、一部在不知其意已經數世紀之後方才記載下來的神話、一些具有象徵意義的繪畫、一些史前紀念建築、大量的儀式，以及大約一個世紀以前的民間傳奇——日耳曼和斯拉夫宗教的歷史學家手頭就只剩下這些材料了。如果只研究一種宗教，把這些東西混在一起還差強人意，但要進行比較宗教的研究，或者理解大量不同的神聖模態的時候，情況就會變得非常嚴峻。

這恰似一位批評家，手頭只有一些拉辛（Racine）的手稿、一份拉布魯耶（La Bruyère）的西班牙文翻譯、一些外國批評家曾經引用的文本、一些遊客和外交家的文字回憶、一份外省圖書

館的書目，以及一些諸如此類的文獻，就不得不去寫一本法國文學史一樣。一個宗教史學家能夠得到的全部材料大抵如此：大量殘缺不全的祭司口傳知識（這是一個階層獨有的產物）、旅行家的筆記摘錄、外國傳教士收集的資料、世俗文獻反映的內容、一些紀念建築、一些碑銘，以及依舊保存在當地的傳統。當然，所有歷史科學就是要將這類零碎的偶然的證據串聯起來。但是宗教史家面對的是一個相對歷史學家而言更為重大的任務，歷史學家只是將保留在他那裡的一些證據組合成為一個事件或者一系列事件；宗教史家不僅必須追溯一個特定聖顯的**歷史**，而且必須首先理解並且解釋該聖顯所揭示的神聖模態。不管怎樣，要解釋一個聖顯的意義就已經夠困難了，而現有證據的歧義性和偶然性更是令其難上加難。想像一個試圖理解基督宗教的佛教徒，他有一些福音書的殘篇斷簡、一本天主教的每日祈禱書、各式各樣的裝飾物（拜占庭的圖像、巴洛克的聖徒雕像，也許還有一件東正教的聖袍），但是另一方面也能夠研究某個歐洲村莊的宗教生活。毫無疑問，我們這位佛教徒觀察家將會首先注意到，農民的宗教生活方式與鄉村教士的神學的、道德的以及神祕主義觀念之間明顯有別。他能注意到這種區別固然不錯，但是，如果他因為那位教士只是一個個人——哪怕此人真正擁有作為一個社團的村莊的經驗——而拒絕根據這位教士所保存的傳統來判斷基督宗教，那麼他就大謬不然了。基督宗教所揭示的神聖模態實際上更加真實地保存在教士所代表的傳統（儘管具有很強的歷史色彩和神學色彩），而不是村民的信仰裡面。這個觀察家感興趣的，不是基督宗教歷史上的一個瞬間或者基督宗教世界的一個部分，而是基督宗教本身。在整個村莊裡面只有一個人可能擁有關於基督宗教的

6

儀式、教義和神祕主義的正確知識，而該共同體的其他成員所得到的相關知識都是錯誤的，他們所過的宗教生活沾染了迷信成分（也就是被拋棄了的聖顯的殘餘），這個事實至少對於他的研究而言是無足輕重的。重要的是，要認識到這個人保存了比較完整的，即使不是原創的基督宗教經驗，至少也是其最基本的因素，以及其神祕的、神學的和儀式的價值。

我們經常可在人種學研究中發現這種方法上的錯誤。由於傳教士古興德（Gusinde）在其研究中僅僅局限於一個人，保羅・拉定（Paul Radin）就認為應當拒絕他所得出的結論。只有在研究物件屬於社會學範圍時，這一種立場才是正確的：如果我們只是研究某個特定時期火地島社群的宗教生活的話，不妨採取這樣的立場；但是當我們要發現火地島民有多少宗教經驗的能力，那麼我們的立場就完全不同了。原始人認識不同模態的神聖的能力，是宗教史上最為重大的問題。實際上，如果我們能夠證明（正如在最近數十年中所做到的那樣），最原始的民族的宗教生活實際上是極其複雜的，它們不能被化約為「泛靈（萬物有靈）論」（animism）、「圖騰崇拜」甚至是祖先崇拜，它們包含各種擁有一個造物主－上帝的一切全能的至上神的想像，那麼，那些否認原始人能夠接近「較高形式之聖顯」的進化論假設就是無效的。

3・聖顯的多種樣態

當然，我為了說明宗教史家所掌握的證據稀缺所進行的比

較，是一些假想的事例，但我得這麼做。我主要是為了證明在本書中使用的方法有其合理性。考慮到證據的多樣和稀缺，我們究竟在多大程度上能夠談論不同的「神聖的模態」呢？這些模態的存在，得到了一個事實的證明——即一個特定的聖顯可以被一個社群中的宗教菁英和其餘成員以極其不同方式所共用和解釋。對每年秋天大批湧入加爾各答的迦梨戈特（Kalighat）神廟的信徒而言，杜爾迦（Durgā）只不過是一個恐怖女神，得向她獻祭山羊；但是對於少數受禮的（initiated）的虔敬者（śāktas）而言，杜爾迦展現了宇宙生命持續不斷的、粗暴的再生。諸多供奉濕婆的林迦（lingam）的人，很可能將其視為一個陽具，但是也有人將其視為一個記號、一種「想像」，代表宇宙節律性的成住壞滅——宇宙本身表現為諸相，並週期性地回到自己初始的、先於任何形式的統一體，然後再復生。杜爾迦和濕婆的真正意義究竟是什麼——是受禮之人的解讀還是大量信眾的觀點？在本書中我將試圖證明兩者具有同等意義。大眾所賦予的意義與受禮者的解釋一樣，都是代表著杜爾迦和濕婆的神聖的真實模態。我能夠證明這兩種聖顯是一致的，它們所顯示的神聖的模態絕非矛盾，而是相互補充，是一個整體的不同組成部分。這就確保我賦予大眾經驗的記載與僅僅反映於菁英的記載，都具有同樣的重要性質。這兩類範疇都是必不可少的——使我們不僅能夠追溯聖顯的歷史，而且，甚至更重要的是，確立聖顯顯示自己的神聖模態。

　　我們觀察到的這些現象——本書還將予以大量說明——也適用於我前面談論到的大量不同的聖顯。正如我所說的那樣，這種證據不僅在來源上不均衡（有的來自祭司和受禮者，有的還來自大眾，有的僅僅是片言隻語、殘經和語錄，有的卻是完整的經

8

文），而且在形式上也不均衡。例如，植物的聖顯（或者在植物
中顯現的神聖）可以在象徵（如宇宙樹）或者「民間」儀式（如
「把五月帶回家」、燃木或者農業慶典），也可以在與人類起源
於植物的信仰中，在某些樹木與某些個人或者社會之間存在的關
係中，在與果實或者花草有關的生殖力量的迷信中，在死去的英
雄化為植物的故事中，在植物之神和農業的神話和儀式中找到。
這些事物不僅在其歷史（例如，請比較印度和阿爾泰民族的宇宙
樹與某些原始民族認為人類從一棵植物那裡流傳下來的信仰）
上，甚至在其結構上都千差萬別。在試圖理解植物聖顯的過程中
究竟應以那一種作為我們的模式呢？是象徵，是神話，還是神聖
的「形式」？

　　顯然，最穩妥的方法就是充分利用所有這些證據，絕不忽略
任何重要的類型，並且總是自問，這些聖顯究竟揭示怎樣的**意
義**。由此我們將收集到一系列前後一貫的共同證據，正如我們以
後會看到的那樣，能將各種植物崇拜的不同模態組成一個**前後一
貫**的體系。由此我們將看到，每一個聖顯事實上都假定這樣一個
體系的存在；一個與「把五月帶回家」有某種關聯的習俗同樣表
達了宇宙樹的表意符號中的神聖意義；某些聖顯並不是清晰的，
而是隱祕的，因為它們只是部分地，或者似乎以編碼的形式，
揭示了在植物生命中體現或者象徵的神聖的意義，而其他（比較
真實的**顯現**）則整體展現了作為各種模態中的神聖。例如，在開
春之際手舉綠枝舉行莊嚴巡遊的習俗，就是我所要描述的一種隱
祕或者不甚清晰的、**地方性**的聖顯；我所稱的「清晰」的聖顯就
是宇宙樹的象徵。不過這兩者都揭示了某種具體體現在植物生命
中的同樣的神聖模態：植物生命所蘊含的再生節律、生命的永

9

不止息、顯現在重新發生的創造中所顯示的真實等（參見第 124
節）。同時必須強調，**所有**這些聖顯都指向一個前後一貫的陳
述，指向一個植物的神聖意義的理論，指向其他一些比較隱祕的
聖顯。

這些論述所帶來的理論結果，我們將在本書的結尾對材料進
行充分考察之後予以討論。此刻我們只要證明，證據來源的多樣
性（部分來自宗教菁英，部分來自未受教育的大眾；有的來自開
化的文明，有的來自原始民族等等）及其所採取的形式的多樣性
（神話、儀式、神聖的形式、迷信等等）都不能妨礙我們對任何
聖顯的理解。不管其在實踐上造成多大困難，正是這種多樣性使
我們有可能發現各種神聖的模態——象徵和神話可以使我們清晰
地看到儀式完全不能表達的清晰觀點。一個象徵和一個（例如）
儀式處在完全不同的層面上，以至於儀式根本不能揭示象徵所揭
示的內涵。但是我們還要再說一遍，在一個農業儀式中表現出來
的聖顯是以整個體系為前提的——植物的不同神聖模態透過全世
界其他各種農業的聖顯向我們顯示出來。

如果我用其他方式來表達這個難題，也許就能把這些開頭的
話表達得更清晰一些。當一位女術士燒掉含有其犧牲者一束頭
髮的蠟像時，她心中並不存有這個小巫術背後的全部理論-—但
是這個事實並不影響我們對交感巫術（sympathetic magic）的理
解。對於我們的理解而言，關鍵是要知道，人們只有經過試驗，
或者在理論上證明一個人的指甲、頭髮或任何東西即使與那個人
相分離，仍然可與他保持著某種密切的聯繫之後，這種行為才有
可能發生。這種信仰是基於對遙遠的事物之間具有一種「空間聯
繫」的觀念：它們透過一種受到以自身具有的特殊規律所制約的

10

交感作用——有機的共存、形式上的或象徵性的相似，以及功能上的對稱而被聯繫起來。女術士相信，正是由於這樣一種「空間聯繫」的存在，她所做的才會發生作用。她是否知道那是怎樣一種聯繫，是否理解將一束頭髮與那個相關的人聯繫起來的「交感作用」，都無關緊要。今天我們發現的這類女術士都不大可能持有一種和她們所行的巫術活動相關聯的世界觀。不過，即使那些行巫術的人並不認可巫術背後的理論，他們的行為本身也能夠告訴我們這些行為所來自的那個世界的許多內容。我們並不是要透過合乎邏輯的研究和人類清晰的信仰而達到古人的精神世界；這個世界就是透過神話、象徵和習俗而保留下來的，雖有各種變化，但是仍然清楚地表明它們當初的含義何在。在一定的意義上它們就是「活化石」——有時僅憑一件化石就足以構築整個有機界了。

4‧聖顯的多樣性

在本書的結尾，我將回到在這裡所引用的事例並且更加充分地提供我的證明。此刻就讓它們給出一個初步的評價——不是要定義神聖的觀念，而是要讓我們熟悉必須處理的證據。我將每一個證據都冠以**聖顯**的稱號，因為每一個證據都表達了神聖的某種模態。這種模態的表達以及與之相應的本體論價值，必須留待本書結尾再進行討論。此刻我們將對各自分別的種種——儀式、神話、宇宙起源或者上帝——各自作為一種聖顯而加以考察。換言之，我們將把它們都視為在那些信仰者精神世界中的一種神聖的

顯現。

　　我的計畫並不總是容易付諸實行的。西方思想幾乎總是把一切神聖的、宗教的甚至巫術的觀念，都自動地與某種歷史形式的猶太教－基督宗教的生活聯繫起來，因而在他們看來，異教的聖顯從基本上講必然是畸形的。甚至對於那些懷著極大同情心去考察各種充滿異國情調的——尤其是東方的－神聖的人而言，也很難理解附著於石頭或者諸如神祕的性文化之上的神聖價值。即使他能夠看到這些稀奇古怪的聖顯（給它貼上「拜物教」等的標籤）中所包含某些合理因素，但是還有其他現代人根本無法接受的東西，認為它們根本不具任何聖顯的價值，從而無從辨別出神聖的模態來。沃爾特・奧托（Walter Otto）在《希臘大地上的諸神》（*Die Götter Griechenlandes*）[2] 一書中指出，對於一個現代人而言，要在「完美形式」——一個流行於古希臘人中間的神性範疇——中發現任何宗教意義有多麼困難。當我們把一個象徵視為一種神聖的顯現，當我們把四季、節律或者形式（任何一種形式）的圓滿當成諸多神聖的模式而加以思考的時候，這種困難甚至就會變得更大。我將在下文證明，原始文化將它們都視為神聖。我們如果擺脫演講廳裡的偏見，就能更好地理解原始文化中神聖的過去以及現在的意義，同時，我們理解宗教的歷史和模式的機會也會隨之增加。

　　我們必須習慣於這樣一個觀念，即認識到聖顯無疑存在於任何地方，存在於任何心理學的、經濟學的、精神的以及社會生活的每一個領域裡面。實際上，我們不能確定，在人類歷史上的某

11

2　波恩，1929。

時、某地的**任何事物**──物體、運動、心理功能、生命甚至遊戲──還有未曾被轉化為一個聖顯的。要發現**為什麼**某個特定的事物居然會變成一個聖顯，或者在某個特定時期又突然不再是一個聖顯，是一件相當困難的事情。但是可以確定的是，任何人類所直面的、感受到的、接觸到的或者所熱愛的事物都**能夠**成為聖顯。例如孩子們的所有手勢、舞蹈和遊戲以及他們的許多玩具，都有某種宗教的起源──它們曾經也是崇拜的手勢和對象。同樣，音樂和建築、運輸工具（動物、車駕、舟楫等等）一開始也是神聖的物件、神聖的行為。世界上任何動物或者重要的植物在宗教中竟無一席之地，是不大可能的。同樣，每一種貿易、藝術、工業和技術要麼一開始就是神聖的，要麼經過若干年後被賦予了宗教的價值。這份清單可以將人的日常活動（起床、散步、奔走）、各種活動（狩獵、釣魚、耕作）、所有生理活動（食、色等等）都囊括進來，也許還有語言的基本用語等。顯然，想像人類都經歷過所有這些階段，是錯誤的；想像每一個社會都分別能夠達到這些神聖的所有階段，也是錯誤的。這樣一種進化論的假設也許在若干代人之前是可以設想的，但是現在則完全不可能了。但是，在某些地方、在一定時間裡，每一個人類社會都會為自己選擇一些事物、動物、植物、手勢等等，並且將它們轉變為聖顯。宗教生活就是這樣延續了數千年，因此似乎不大可能存在某些東西在某個時間裡沒有被轉化為神聖的情形。

5・神聖的辯證法

　　我在本章一開始就曾經提到，迄今所有對宗教現象下的定義都是將神聖與世俗對立起來。我剛才所說的，即不管怎樣的事物都有可能在某個時間裡成為聖顯，這與所有這些定義似乎是相互矛盾的。如果任何事物都可以體現各自的價值，則神聖－世俗的兩分法還有什麼意義呢？事實上，矛盾僅僅是表面的，因為任何事物一方面可以變成一個聖顯，而且極有可能沒有事物不在某個地方、某個時間被賦予一種神聖的價值，但是仍然可以看到，沒有一種宗教能夠同時將這些歷史上的聖顯悉數囊括。換言之，在每一個宗教的結構裡，在神聖之外，總是有世俗的存在和事物（生理行為、技能、手勢等等不在此列，但是我們以後再來討論這種差別）。此外，即使發現某一類事物適於充當神聖的工具，總還是有同屬該類的事物無此殊榮。

　　例如，在所謂的「石頭崇拜」中，並不是所有石頭都是神聖的。我們總是發現，**某些**石頭備受敬奉是因為它們具有某些形狀，或是非常巨大，或是與某種儀式有關。我們還要注意，人們崇拜這塊石頭實際上並不是問題的關鍵；這塊石頭之所以受到崇拜正是因為它們不僅是石頭，而且是聖顯，是某種超常態的東西。聖顯的辯證，表明有一種多多少少明確選擇，是一種挑選。一個事物變成神聖是由於它體現了（也就是，顯示了）某種與自身有所不同的東西。在這裡，我們不需要關注這種不同是否來自它與眾不同的形狀、它的靈驗或「力量」（power），或者它是否來自與其象徵體系等等相一致的事物，或者是否是通過某種祝聖儀式而賦予它的，或者由於它被置於某種充滿神聖性（神聖的

13

地區、神聖的時間、某種「偶然事件」——霹靂、罪行、醜聞或者諸如此類的東西）的地方。問題的關鍵在於，一個聖顯就意味著一次**選擇**，意味著把這個顯現作為神聖的事物，與它周圍的任何其他事物作一次截然的區分。總是有某種**其他**事物，甚至在某個領域——例如天或者某個熟悉的景觀，或者「祖國」全都變成神聖的時候也是如此。變成神聖的事物與其本身也是有所不同的，因為只有當它不再是某種世俗的事物的時候，當它獲得了一個新的神聖的「維度」的時候，它才變成一個聖顯。

　　這種辯證本身非常清楚地揭示了這些在人種學作品中經常提到的，鮮活的基本層面的聖顯。每一個與眾不同的、獨特的、新奇的、完美的或者巨大的事物，同時充滿著巫術－宗教的力量，並且在不同狀況下變成敬奉或者恐懼的對象（因為神聖通常產生這種雙重反應）。克魯特（A. C. Kruyt）寫道：「當一條狗狩獵的時候總是運道極佳，那麼它就是一個米薩（*measa*，招徠不幸的、邪惡承擔者），因為在狩獵中運道太好會使托萊加人（Toradja）感覺不自在。因為這隻動物所依憑的捕捉獵物的神祕技能對於其主人而言是必然致命的——他很快就會死去，或者他的莊稼會顆粒無收，他飼養的牛或豬會生流行病。這種信仰在西里伯斯（Celebes）群島中部地區甚為流行。」[3] 任何領域裡的完美都是令人恐怖的，這種完美的神聖的或巫術的品質可以解釋即使在最開化的社會裡，面對一個天才或者聖徒，人們也會感到恐怖。完美不屬於這個世界。它是某種與眾不同的東西，某種來

14

3　列維－布留爾（Lévy-Bruhl），《原始人和超自然》（*Primitives and the Supernatural*），1936，第4546頁，翻譯並引用。

自別的什麼地方的東西。

這種同樣的恐怖、同樣的審慎沉默也適用於每一種外來的、陌生的、新奇的事物——諸如此類令人驚奇的事物竟然會存在。這就是一種力量的記號，不管我們如何對其敬奉有加，它也是危險的。在西伯里斯人看來，「如果香蕉不是生長在枝條的末端而是中間，那就是米薩……人們通常會說，它會使那些擁有的人死去……當南瓜出現某種變異，在一根藤條上長了兩個南瓜（雙胞胎也是如此），那就是米薩。不管是誰，只要擁有這塊田地，他家裡的人就會死去。南瓜必須摘掉，誰也不可以吃它。」[4] 正如艾德溫·史密斯（Edwin W. Smith）所言，「正是那些陌生而與眾不同的事物、不同尋常的景象、新習慣和奇異的食物和行為方式，會被視為諸種隱蔽力量的顯現。」[5] 在新赫布里底（New Hebrides）的塔納（Tana），所有災難都歸因於新的白人傳教士。這份清單很容易再添加得更長一些。[6]

6·禁忌和對待神聖的矛盾態度

我以後還要討論這個問題，就是這些事物在何等程度上可以被視為聖顯。無論如何，它們都是一些力顯（kratophanies），

---

4 克魯特（Kruyt），轉引自列維－布留爾，第 191 頁。

5 轉引自列維－布留爾，第 192 頁。

6 參見例如列維·布留爾，《原始思維》（*Primitive Mentality*），倫敦，1923，第 36、261-264 頁等；參見韋伯斯特（H. Weberster），《禁忌：社會學研究》（*Taboo, A Sociological Study*），斯坦福，1942，第 230 頁以下。

15　也就是力量的顯現，因此讓人既恐懼又尊奉有加。這種神聖的矛盾不僅體現在心理（層面的）秩序（又吸引又排斥）上，也體現在價值秩序上；神聖是「神聖的」又是「玷汙的」。在對維吉爾（Virgil）的詩句「對黃金的可詛可咒的欲望」（*auri sacra fames*）的評注中，塞維烏斯（Servius）十分正確地評論道，此欲望（*sacer*）是可詛可咒的，但同時又是神聖的。[7] 烏斯塔修（Eustathius）發現，「聖者」（*hagios*）也有同樣的雙重含義，[8] 既可表達「純潔」，也可表達「汙染」的概念。[9] 我們發現同樣的矛盾在早期閃米特人[10]和埃及人[11]的世界裡就已經出現了。

對於一切「汙穢」（與屍體、罪犯等等接觸）的否定評價均由這種聖顯和力顯的矛盾所致。在世俗的，亦即沒有做好適當儀式準備的狀態下，接近任何汙穢或神聖的對象都是危險的。所謂禁忌（taboo）——人種學家借用的一個玻里尼西亞人的用語——指的正是這個意思：某些事物、地點或人物，要麼出於天然，要麼由於某種本體論層面的轉變而擁有了某種本質上多少有些不甚確定的力量，從而變成為一個禁忌。關於禁忌的本質、作為禁忌的事物、地點或人物的本性的研究可謂汗牛

7　《埃涅阿德評注》（*Ad. Aen*），III，75。

8　《伊利亞特評注》（*Ad Iliadem*），XXIII，429。

9　參見哈里森（Harrison）《希臘宗教研究導論》（*Prolegomena to the Study of Greek Religion*）第 3 版，劍橋，1922，第 59 頁。

10　參見羅伯遜・史密斯（Robertson Smith）《閃米特人的宗教》（*The Religion of the Semites*）第 3 版，倫敦，1927。

11　參見奧爾布賴特（W. F. Albright）《從石器時代到基督教》（*From the Stone Age to Christianity*）第 2 版，巴爾的摩，1946，第 321 頁，注 5。

充棟，只要瀏覽一下弗雷澤（Frazer）的《金枝：禁忌和靈魂的險境》（*The Golden Bough: Taboo and the Perils of the Soul*）第二部，或者韋伯斯特（Webster）在《禁忌》（*Taboo*）一書所開列的龐大書目就可以留下大致的印象了。在這裡我只是引用范·熱內普（Van Gennep）的專著《馬達加斯加的禁忌與圖騰》（*Tabou et totémisme à Madagascar*）。[12] 與禁忌相對應的馬拉加西（Malagasy）話是法第（*fady*）、法雷（*faly*），意思是「神聖的、禁止的、不准入內的、亂倫的、帶有凶兆的」[13]——換句話說，實際上就是危險的。[14] 法第包括「最早帶到該島上來的馬匹、傳教士帶來的兔子、一切新奇的商品，尤其是歐洲醫藥」（鹽、碘、蘭姆酒、胡椒等）。[15] 各位可以看到，我們再次發現了不同尋常的、新奇的事物轉化為力顯。這些禁忌總體上來去匆匆，因為它們在本質上不能持久；這些事物只要得到認知並加以處理，融入原始人的宇宙，它們破壞事物秩序的力量就會喪失。另外一個馬拉加西字是羅紮（*loza*），字典告訴我們它的意思是：「一切外在的，或與自然秩序相對抗的；任何公共災難或者異常的不幸事件、違反自然律法的罪孽或者亂倫。」[16]

死亡和疾病顯然也屬於異常和恐懼的範疇。在馬拉加西等地，病人和死者是要由「禁止令」加以隔離的。不可觸摸死者、眼望死者，也不可提到他的名字。還有一系列適用於婦女、

16

---

12 巴黎，1904。

13 范·熱內普（Van Gennp），第 12 頁。

14 范·熱內普，第 23 頁。

15 范·熱內普，第 37 頁。

16 同上，第 36 頁。

性、誕生以及某些特別場合的禁忌。例如，士兵不可以吃戰死的鬥雞，不可以吃任何一種被標槍（sagaie）殺死的動物，也不可以在一個攜帶武器或者正在戰鬥中的男子家門口殺死任何雄性動物。[17] 在上述情況下，由於某種力量暫時集中於某人或者某物（婦女、屍體、病人），或者某人處在危險的狀況下（士兵、獵人、漁夫等等），因而禁止令是一種臨時措施。但是也有一些永恆的禁忌：它們附加在國王或聖人，一個名字或鐵金屬，或是宇宙中的某個區域（如無人敢於接近的安邦德羅姆〔Ambondrome〕山、湖泊、河流甚至整個島嶼）上面。[18] 在這種情形下，禁忌是以被禁忌的人或物的特殊存在狀態為基礎的。一個國王僅僅因為他是一個國王，因而絕對就是一種力量之源，在接近他之前要做好種種預防措施，不可直接看他或摸他，也不可直接和他說話等等。在某些地區，君主不可直接碰到地面，因為他有足夠的力量將大地徹底毀滅；他必須被人抬著或者一直走在地毯上面。與聖人、祭司和醫師接觸的時候，預防措施是必不可少的，其中的原因也是由於恐懼。至於某些金屬（例如鐵）或者某些地方（島嶼和山脈）成為「禁忌」，則有許多原因：如金屬的新奇，或它被（如術士或者冶煉者）用於某些祕密工作；某些山脈的崇高或者神祕，或者它們不能或尚未融入當地的世界等等。

　　儘管如此，禁忌本身的諸要素也總是相同的：某些事物、個

17　同上，第 20 頁以下；亦可參見，勒曼（R. Lehmann）《波利尼西亞人的禁忌》（*Die Polinesischen Tabusitten*），萊比錫，1930，第 101 頁以下；韋伯斯特，第 261 頁以下。

18　范・熱內普，第 194 頁。

人或者地點在某種程度上屬於與眾不同的存在秩序，因此任何與它們的接觸都將在本體論上產生劇變而造成致命的後果。你將會發現，對於這些劇變的恐懼——由於在世俗和聖顯或力顯之間的這種存在秩序的差異時刻存在——甚至在人們接近神聖的食物或者被認為包含有某種巫術－宗教力量的食物時，這種恐懼也是存在的。「某些食物如此神聖以至於必須立刻吃掉或者只吃一小塊。」[19] 這就是為什麼在摩洛哥，人們朝拜聖龕或齋戒時只吃他們奉獻中的很少一部分。當小麥送到打穀場的時候，人們要嘗試增加它的「力量」（*baraka*），但是假如力量積聚太多，就會變得有害無益。[20] 由於同樣的原因，如果蜂蜜中的力量太多，同樣也是危險的。[21]

這種又吸引又排斥的神聖的矛盾狀態，將在本研究第二卷進行更為有益的討論。現在我們要注意到的是人類在面對各種神聖（在該語最寬泛意義上使用）時自相矛盾的態度。一方面希望通過獲得與聖顯、力顯最富有成果的聯繫而確保並加強自己的現實。另一方面，又害怕如果被完全提升到一個比所處自然的世俗狀態更高的狀態，就會徹底失去與它的聯繫；人希望超越它卻不完全離開它。這種對待神聖的矛盾態度不僅在否定的聖顯和力顯（對屍體、靈魂、任何汙穢的食物的恐懼）中存在，甚至在最發達的宗教形式裡面也都能夠找到。甚至那些基督宗教神祕主義者所揭示出來的神顯（theophanies，或「神靈顯現」），對大多數

18

19　韋斯特馬克（Westermarck），《伊斯蘭教文明中的異教殘餘》（*Pagan Survivals in Mahommedan Civilization*），倫敦，1933。

20　同上，第 126 頁。

21　同上。

人而言也是既排斥又為之吸引的（厭惡表現為許多形式——憎恨、鄙視、畏懼、故意視而不見或者諷刺挖苦）。

我已經說過，不習慣的、不尋常的顯現一般會引發恐懼和退縮。某些禁忌、某些被視為禁忌的行為、事物和人物的特定事例表明，不尋常、悲慘、神祕等等的力顯所發生作用的方式與日常經驗的領域是有所區別的。這種區別有時具有積極的作用，不僅區隔而且昇華。例如醜陋和異形，既使得那些擁有它們的人與眾不同，又使他們變得神聖。因此，奧吉布瓦（Ojibwa）印第安人認為，「許多人取一個巫師的名字卻完全無意操此職業，只是因為他們長得畸形或者難看而已。」在這些印第安人中，所有受到尊敬的巫師或者術士無一例外都是「長相極端邪惡、皮糙肉厚，一副令人生畏的面孔」。里德（Reade）敘述道，在剛果，所有的矮子和白化病患者都被奉為祭司。「人們毫不懷疑，這些人由於外表的緣故而被公認為是令人敬畏的，這也說明人們相信他們具有神聖的力量。」[22]

在神經質和神經失常者中間招募薩滿、術士和醫師，也是出於對這些令人不習慣也不尋常的人物之相同評價。這些印記（stigmata）表示一種挑選，擁有這些印記的人必須服從神或聖靈的挑選而成為祭司、薩滿或者術士。顯然，這一類天然的外在品質（醜陋、虛弱、神經錯亂等等）不是做出這種挑選的唯一手段。宗教職業經常是由於被挑選的人有意無意地經受了某種儀式活動所致，由於拜物教的祭司所做的選擇所致。[23] 但是在每一種

---

22 蘭德曼（G. Landtmann），轉引自索德布魯姆（N. Söderblom），《活著的上帝》（*The Living God*），牛津，1933，第 15 頁。

23 索德布魯姆，第 13 頁以下。

情況下，都已經做了一種挑選。

7 · 瑪納

　　未知的、超常的事物都是令人深感不安的聖顯：它們表明**不同於**自然的某物的存在；某物的存在，或者至少是那個某物的召喚。一隻特別機靈的動物、任何新奇的事物、任何怪物——所有這些都是非常清楚明白的標誌，就像一個人，由於相貌極醜、神經質或者某種特別的印記（不管是自然形成的印記，還是通過某種旨在標記其「被挑選的」特徵的儀式而獲得這個印記）而與整個共同體的其他部分相隔絕。這些事例可以幫助我們理解美拉尼西亞人瑪納（Mana）的觀念，有些論著者曾經認為，宗教現象的起源可以追溯到瑪納這個觀念。美拉尼西亞人認為，瑪納就是神祕卻積極的力量，屬於某個民族、普遍屬於亡靈和一切神靈。[24] 創造宇宙的重大活動只有神靈的瑪納能夠為之。一家之主也擁有瑪納，英國人之所以能夠征服毛利人就是因為他們的瑪納更強大，一個基督傳教士的崇拜儀式比古老儀式的瑪納更強大。甚至公共廁所也有某種瑪納，因為它們是「力量的容器」——人體及人的排泄物也擁有瑪納。[25]

　　然而人和物之所以擁有瑪納，只是因為它們已經從更高的存

---

24 科德林頓（Codrington），《美拉尼西亞人》（*The Melanesians*），牛津，1891，第 118 頁。

25 參見范德雷（Van der Leeuw），《宗教的本質和現象》（*Religion in Essence and Manifestation*），倫敦，1938。

在那裡接受了瑪納，換言之，因為他們已經分有了神聖的生命。「如果一塊石頭被發現具有某種超自然力量，那是因為一個神靈與它發生了聯繫；死者的骨頭之所以擁有瑪納，那是因為鬼魂與骨頭在一起；人與神靈或者鬼魂的關係甚為密切，瑪納在人的身體裡面，因此也能夠指使瑪納去實現欲望。」[26] 瑪納是一種在性質上不同於物理力的力量，它隨意而動。某人之所是英勇善戰的武士，不是因為他自己的力量或者裝備如何，而是因為他從某個死去的武士的瑪納得到了力量。這種瑪納可以儲存在他掛在頸部的小石塊製成的護身符裡面，或者儲存在繫於腰部的樹葉裡面，或者藏於某些口中說出的咒語裡面。某人家裡的豬生了小豬，或者他家的園子生長茂盛，是因為他擁有某種寶石，裡面含有豬和樹木需要的特殊瑪納。小舟航行速度快是因為它有瑪納，同樣的道理也適用於漁網或者致死的弓箭。[27] 一切至高無上的事物都有瑪納。事實上，一切人們看似有效的、活躍的、有創造性的或者完美無缺的事物概莫能外。

英國人類學家馬雷特（Marrett）認為，從這種對於非人格力量的信仰中可以探查到一種前泛靈論階段的宗教──與泰勒及其學派正好相反，他們主張，宗教的第一階段只能是泛靈論。此刻我不想確切分辨關於宗教「第一階段」的討論孰是孰非，也不想判斷發現這種初級階段是否就找到了宗教本身的「起源」。我只是列舉若干瑪納的例子，以便說明在這種最基本層面上的力顯－聖顯的辯證法。（各位一定要清楚地認識到，「最基本」絕非意

---

26 科德林頓，《美拉尼西亞人》，第 119 頁以下。

27 科德林頓，《美拉尼西亞人》，第 120 頁。

味著心理學上最原始的，也不是指時間上最古老的：基本層面的意思就是指一種簡單的、直接的神聖顯現的樣態。）我引用這些事例是要闡明這樣一個事實，即，有一個力顯或者聖顯將某個事物從其周邊事物中挑選出來，它被挑選出來的方式與未知的、超常的以及新奇的事物被挑選出來的方式是一樣的。儘管如此，我們需要指出，首先，儘管在美拉尼西亞以外的地區也可以發現同樣的觀念，但是瑪納的觀念卻不是一個普遍的觀念，因此不能代表一切宗教的初級階段，其次，將瑪納視為非人格的力量也不完全準確。

　　當然，還有一些非美拉尼西亞民族也相信類似的力量。[28]　21
這種力量可以使事物真正變得強大、**真實**。蘇族人稱它為瓦康（*wakan*）。它存在於宇宙各處，但是只在一些異常的現象（例如太陽、月亮、霹靂、風等等）和強人（術士、基督宗教傳教士、神話和傳說人物等）那裡顯現自己。易洛魁人（Iroquois）用奧倫達（*orenda*）來表達同樣的觀念：風暴擁有奧倫達，一隻飛鳥很難打下來是因為它的奧倫達非常狡猾，一個人怒氣衝天是因為受到他的奧倫達的折磨，等等。奧吉（*oki*）之於休倫人（Huron）、則米（*zemi*）之於西印第安人、瑪格比（*magbe*）之於非洲俾格米人（Pygmies，班布提人〔Banbuti〕）——所有這些術語與諸如瑪納的意思是一樣的。但是，我要再次說明，並

28　除此之外，瑪納並不是所有美拉尼西亞人都信奉的觀念，因為在安通（Antong，位於東北所羅門群島）的爪哇人、（新幾內亞的）沃吉奧人（Wogeo）（赫格賓[Hogbin]〈瑪納〉〔Mana〕，載於 MN，1914 年，XIV，第 268 頁以下），以及圖貝圖比（Tubetube）的瓦加瓦加人（Wagawaga）等等，都不信仰瑪納（卡佩爾〔Capell〕〈論瑪納一詞〉〔The Word 'Mana'〕，載於 OA，第 IX 卷，第 92 頁）。

不是每一個人都擁有奧吉、則米、瑪格比和奧倫達等等，只有神靈、英雄、死者的靈魂或者某種程度上與神聖有關係的人和事，例如術士、拜物教徒、偶像才擁有這種力量。我們只需引用一位描述這些巫術－宗教現象的現代人種學家保羅‧謝巴斯塔（Paul Schebesta）的話就可以了。當時他正在研究一個古代民族，對於這個民族的瑪納信仰人們聚訟紛紜，他寫道：「瑪格比無所不在，但是它的力量不是以同樣的強度也不是以同樣的方式顯現出來的。有的動物被賦予大量瑪格比。某個人擁有的瑪格比多，而另一個人擁有得少。一個能人僅僅因為大量擁有瑪格比而出類拔萃。術士也擁有許多瑪格比。但是它似乎是一種和靈魂－幽靈有密切聯繫的力量，人死就必定消失，轉移到其他人那裡去，或者本身變成一個圖騰。」[29]

雖然某些學者給這份清單增補了其他一些術語（馬塞人的恩迦伊〔ngai〕、馬拉加西人的安德里亞馬尼塔〔andriamanitha〕、達雅克人的佩塔拉〔petara〕等等），也有一些人對印度的大梵（brahman）、伊朗人的靈（xvarenah）、羅馬人的統治權（imperium）、北歐人的哈敏加（hamingja）作了類似的解釋——但是瑪納的觀念並非在任何地方都可以找到。瑪納並沒有出現在所有宗教裡面，甚至在有瑪納的地方，它也不是唯一的或最古老的宗教形式。「換言之，瑪納絕非普遍存在，因此把它當作一般原始宗教理論的基礎，不僅是誤導，而且是悖謬。」[30]實際上，甚至各種術語（瑪納、瓦康、奧倫達等等）即使相互之

29　《俾格米人》（*Les Pygmées*，法文譯本），第 274 頁。
30　赫格賓（Hogbin），第 274 頁。

間沒有什麼明顯差別，也肯定存在著某些細微不同，而這在早期的研究並沒有被充分地察覺到。例如，在對瓊斯（Jones）、弗萊徹（Fletcher）和赫維特（Hewitt）從蘇族人和阿爾衮琴人（Algonquins）的瓦康達（*wakanda*）和瑪尼陀（*manito*）的研究結論進行分析的時候，保羅・拉定（Paul Radin）評論道，這些術語的意思是「神聖」、「奇怪」、「引人注目」、「奇妙」、「不尋常的」、「強有力」——但是一點也沒有表達「內在力量」的意思。[31]

　　馬雷特等學者認為，瑪納代表著一種「非人格的力量」，不過科德林頓已經注意到一個事實：這種力量，雖然「本身是非人格的，但是仍然與某個指使它的人格有關……沒有人自己擁有這種力量，他所做的一切無不是在某個人格存在、自然之靈或者他的祖先之靈的幫助下做的。」[32] 最近的研究（如霍卡特〔Hocart〕、赫格賓〔Hogbin〕、卡佩爾〔Capell〕）則更為清楚地指出了科德林頓所證實的這些差別的實質所在。「如果說總是與某個人格存在必然相關，又如何能說它是非人格的呢？」霍卡特問道。例如，在瓜達卡納爾和馬來塔（Malaita）群島上，納納瑪（*nanama*）僅為那些死者的靈魂所擁有，不過它們能夠運用這一力量造福於人。「一個人固然可以辛勤勞作，但是除非得到靈魂的許可，否則絕不會擁有財富。」[33]「不斷努力確保得到精靈的寵愛，以便使得瑪納總是不離身邊左右。獻祭是爭取許

31　〈北美印第安人宗教〉（Religion of North American Indians），JAF，1914，第27卷，第349頁。

32　《美拉尼西亞人》，第119頁、121頁。

33　赫格賓，第297頁。

可的最常見方法，但是其他某些儀式據說也是取悅於這些精靈的。」[34]

拉定還指出，印第安人並沒有將人格與非人格，或者肉體和非肉體對立起來。「他所感興趣的似乎就是存在的問題、現實的問題。凡是通過感官、思想、感情和夢幻所感知到的一切都是存在的。因此，大多數和有人格的或者非人格的精靈本質的問題，並不存在。」[35] 看來我們必須從本體論方面處理這個問題：**存在的、真實的事物，不存在的事物**，而不是用人格的或者非人格的、肉體的或非肉體的術語來表達，「原始人」並沒有像後來的文化一樣，為這些概念賦予同等的意義。任何事物，只要擁有瑪納，在本體論層面上就是存在的，因此也是靈驗的、多產的、豐饒的。所以，我們不能真正討論什麼「非人格的」瑪納，因為在原始人的心智範圍內，這樣的概念沒有任何意義。我們找不到一個獨立存在的瑪納，一個與事物、宇宙事件、存在或者人類相分離的瑪納。此外諸位將會發現，若是仔細分析起來，一個事物、一種宇宙現象，事實上任何一種事物之所以能夠擁有瑪納，都是因為某種精靈的干預，或是和某種神聖存在的顯現發生聯繫。

事實上，將瑪納視為一種非人格的巫術力量似乎是沒有道理的。繼而將其視為一個前宗教發展階段——一個巫術占主導地位的階段，因此也同樣是錯誤的。這樣的學說在任何情況下都是無效的，因為並非所有民族（尤其是最原始的民族）都有類似瑪納的信仰，而且巫術——雖然多少在其他地方有所發現——

---

34 同上，第 264 頁。
35 同上，第 352 頁。

絕不能脫離宗教而存在。實際上，巫術絕沒有在每個地方的「原始」社會的精神生活中都佔據主導地位。相反地，在比較發達的社會裡面它倒是變得十分流行。（我可以引用澳大利亞的庫耐人〔Kurnai〕和火地島的民族作為例證，在這些民族中幾乎不存在巫術；與鄰居阿伊努〔Ainu〕和薩莫耶德〔Samoyed〕相比，某些愛斯基摩人和科里雅克〔Koryak〕人也不知巫術為何物，但阿伊努人和薩莫耶德人在文化和其他方面都比後者要高出很多）。

8・聖顯的結構

我們且回顧一下，在論及種種驚人的、瞬息萬變的聖顯、力顯、瑪納等等時，我們的目的究竟是什麼。我們不是要對它們展開討論（似乎表明我們關於神聖、宗教與巫術的平衡等等已經有了明確的概念似的），而是要展現神聖的最基本的模態，目的是為了得出某種粗略的評價。所有這些聖顯和力顯表明有某種挑選，被選中的事物被認為就是**強大的**、靈驗的、令人敬畏的或者是多產的，即使該物「被挑選」出來是因它與眾不同、新奇或畸形；如此通過聖顯或力顯而選擇和表現出來的東西經常是危險的、禁止的或者褻瀆的。我們經常發現，力量或有效性的概念常與聖顯相關聯，我之所以將它們稱之為力顯，是因為它們的神聖特徵尚未得到證明。儘管如此，我已經證明草率的歸納是不明智的。例如，將瑪納當成一種非人格的力量是極其錯誤的，因為只有通過某種形式的人格化或者具體化，瑪納才能夠為宗教的經驗所獲得，或者被一雙世俗的眼睛看見。我還表明，比較明智的

24

做法是要從本體論方面理解問題，說一切**充分存在的**事物都有瑪納；人格與非人格的差別在原始人的心智世界裡沒有什麼確切意義，因此最好將其委諸一旁。

然而必須指出，前文所論之基本的聖顯和力顯，絕非「原始人」的全部宗教理論和經驗。迄今還沒有發現一種宗教僅由這種基本的顯現構成。與這種不同尋常的、瑪納的，或者祖先崇拜、靈魂信仰，以及自然崇拜的顯現相比，神聖的範疇總廣泛得多。換言之，不管多麼「原始」（例如澳大利亞的部落、安達曼群島的島民、俾格米人的宗教），沒有一種宗教能夠還原為一種初級階段的聖顯（瑪納、圖騰崇拜或者泛靈論）。圍繞著所有這些素樸的宗教理論和經驗，我們多多少少還會發現其他經驗和理論的明顯跡象，例如對一個至上神的崇拜。這些跡象與一個部落日常的宗教生活幾乎沒有什麼關係，這一點並不是我們在這裡所要關注的。我將會提到（第 12 節以下）至上神、造物主、萬能者等。他住在天上，透過天的聖顯而表現自己，這種信仰似乎普遍存在於全體原始人中間。但是這種至上神在崇拜儀式中幾無容身之地──他的位置被其他一些宗教力量（圖騰崇拜、祖先崇拜、太陽和月亮的神話、豐產的聖顯等等）所取代了。為什麼這類至上神會從日常的宗教生活中消失了呢？這顯然是一個**歷史**問題：它是由於我們部分考證出來的宗教力量所致。然而，雖然至上神不會作為一種非常重要的力量而出現在日常生活中，但它卻是「原始人」的宗教遺產，因此在早期人類的神聖經驗的研究中不能被漠視。基本的聖顯和轉瞬即逝的力顯僅僅是古代宗教的經驗的要素之一，雖然在古代宗教中常常佔有重要地位，但絕不代表它的全部。

除此之外，這些基本的顯現並不總是「封閉的」或單一的。它們會有所發展，即使不在其宗教的內容上，也會在其形式的功能上。一塊神聖的石頭在某個歷史時期顯現一種神聖模態：這塊石頭表明神聖與其周圍的宇宙事物迥然有異，就像石頭一樣，神聖是絕對的、堅硬的、牢固的、不變的。這種透過石頭表現出來的（在宗教層面上的）**存在**能夠在歷史的長河中改變其「形式」；同樣，這塊石頭以後還受到敬奉，不是因為它所**直接**顯示的事物（亦即不是作為一種基本的聖顯），而是因為它變成了某個神聖場所（寺廟、祭壇等等）的一部分，或是被當成一個神的顯現，或者其他什麼原因（參見第 74 節）。它仍然與它周圍事物迥然有異；由於曾被挑選出來成為一個最初的聖顯，它仍然是神聖的，但是依附於其上的價值，則根據適合於某個特定時間的宗教理論而發生變化。

我們將遇到許多對於原始聖顯的價值重估，因為從科學的方面看，宗教的歷史大體上就是那些構成關於神聖表達過程的價值貶抑和重估的歷史。例如偶像崇拜以及對它的譴責就是面對聖顯現象極自然會想到的兩種立場，雙方都有證明自己的理由。對於任何接受了新啟示的人類而言（例如在閃米特世界中摩西的啟示，或者希臘－羅馬世界中基督宗教的啟示），早期的聖顯不僅已經喪失了其原初的意義——亦即揭示一定的神聖模態，而且變成了宗教經驗發展的障礙。而不論屬於哪種類型、哪種宗教的偶像，攻擊它們的人都從自身的宗教經驗以及該經驗所產生的那個歷史節點尋找理由。在他們的生命中，有一種啟示更加「完善」，與他們的精神的、文化的力量更加協調，而且他們**不能**相信，也**不會**看見以前宗教發展階段上人們所接受的聖顯裡面的任

26

何宗教價值。

　　另一方面，相反的立場──為了我們的研究方便姑且稱之為「偶像崇拜」──在宗教經驗本身以及歷史上也都具有充分的理由。這種在一定意義上保存並且不斷重估古代聖顯的立場，恰恰也得到了神聖辯證的支持，因為神聖總是通過某物顯現出來的。這個某物（我稱之為「聖顯」）究竟是身邊之物，還是像世界本身一樣大的某物、一個神靈、一個象徵、一條道德律甚或是一個觀念，並不重要。辯證也是以同樣方式發生作用：神聖通過某種與自身不同的東西來表達自身；它不是整體、直接地，而是通過某些事物、神話或者象徵表現自身。因此，由是觀之，一塊神聖的石頭、一個毗濕奴的化身（avatar）、一座朱庇特的雕像或者一次耶和華的降臨，只是因為其中的每一次神聖的自我顯現都是有限的、具體的，信仰者**都會**把它們當成一次真實同時也不充分的聖顯。在宗教的歷史上，這種終究使聖顯──不管是最基本的聖顯，還是上帝的話在基督裡面的至高無上的道成肉身──得以化現（incarnation）的悖論可謂俯拾即是，以後我還要回到這個問題上來。不管怎樣，我所稱的偶像崇拜的立場是（無論有意還是無意地）基於這樣一個觀點，即一**切**聖顯都是一個整體的一部分。這種立場可以在不同宗教的層面上協調古老聖顯的價值，協調其功能的發揮，從而保留古老的聖顯。在這裡，我只舉兩個過去不同環境、不同時代的例子。

9 · 聖顯的重估

　　我已經說過（第 5 節），任何不同於日常生活的、巨大的
或者新奇的事物都可以變成聖顯；從原始人的靈性觀點看，它
都可以當成神聖的一種顯現。坦噶尼喀（Tanganyika）的孔蒂
（Konde）部落相信一個至上神，吉亞拉（Kyala）或者勒薩
（Lesa）。就像所有非洲的至上神一樣，他擁有一個創造的、萬
能的以及立法的天神所具有的一切尊嚴。但是勒薩並不只是透
過天的聖顯表現自己：「任何諸如此類的偉大事物，如一頭大
牛，甚至一隻公山羊，或者任何給人印象深刻的對象都被叫做吉
亞拉，意思是說神暫時住在這些事物裡面。當一場大風暴降臨到
湖面，掀起滔天巨浪，神就是以巨浪的面目行走。當瀑布的聲響
超過往常，那就是神的聲音。地震是他強大的腳步所引起的，而
閃電就是勒薩神在怒氣中降臨。有時候，神也降臨在獅子或者
蛇的身體裡面，通過這樣的形式在人群中間走動，觀察他們的
一舉一動。」[36] 在石魯克人（Shilluk）也是如此，至上神約奧柯
（Juok）的名字也可以用來指稱任何神奇的或巨大的東西、任何
來自異域的東西、任何石魯克人所不能理解的東西。[37]

　　從這個例子中我們看到，基本的聖顯以及驚人的、轉瞬即逝
的力顯由於被視為至上神的部分顯現而被賦予價值：凡是與眾不
同的、特別的、新奇的事物，作為勒薩或者約奧柯的模態而被賦

36　弗雷澤（Frazer），《自然崇拜》（*The Worship of Nature*），倫敦，1926，第
　　189頁。

37　同上，第312頁；參見拉定（Radin，轉引自塞里格曼），《原始宗教》
　　（*Primitive Religion*），倫敦，1938，第260頁。

予了宗教的價值。此刻我並不試圖對這種現象條分縷析，或去弄清楚其發展的歷史——也就是說去考察在與眾不同的事物，即神聖的概念出現之前，是否已經存在至上神的信仰，或者相反，這兩種宗教經驗是否同時發生。我們現在所關注的是，基本的聖顯被整合進至上神的顯現這樣一種宗教行為——它和偶像崇拜完全不同，偶像崇拜寬宏大量地將偶像、神物以及有形的符號視為某個神靈的一系列悖論的具體體現。這個例子非常具有啟發性，因為人們一般認為，非洲各民族沒有經歷過由神學家和神祕家強加給他們的嚴格系統化過程。我們可以說，這是基本的聖顯與複雜的至上神（一個人、一個創造者、全能者等等）概念自發地相互結合的一個事例。

　　我的第二個例子試圖通過對偶像崇拜的立場進行細緻的分析，從而為之辯護。印度神祕主義學派毗濕奴派用 arka（禮敬）這個名字稱呼一切已經為人尊奉數世紀的有形物（印度羅勒〔tulasī〕、石像〔śālagrāma〕或毗濕奴像），由此將它們都視為這位大神的顯現。然而，神祕主義者和神學家將這種悖論的聖顯視為聖顯辯證的一個瞬間。在這個瞬間，永恆的、絕對的和無拘無束的神聖透過不確定的、偶然的有形物顯現自己。當毗濕奴由此化身為一尊石像或者一個偶像時，按照毗濕奴派的教導，它就具有了一種救贖的目的（神因著對於人類的大愛，不惜通過低級的形象向他們**顯現**自己）。但是這也具有一種神學的意義：藉由這樣的具體化，神顯示了自己的自由，即能夠隨意採取任何他所想採取的形式，就像神聖能夠吊詭地與世俗協調一致而不必

削減自身存在的形態。這種吊詭尤其得到路迦阿闍黎[38]的讚頌：
「毗濕奴無所不知，卻在禮敬中顯現自己，好像他無所知；雖然
是精神的卻顯現為物質的；雖然是真神卻顯得聽人使喚；雖然法
力無邊卻顯得軟弱；雖然看護萬物卻顯得不關心一切；雖然（感
官）不可觸及卻顯得觸手可及。」

　　人們的第一反應是將這種悖論的現象視為這位神祕主義神學
家對一種古老的民間宗教行為做了誇張的解釋，而這個行為本身
完全不像神祕主義神學家所理解的那樣。然而，這種反對意見雖
然貌似有理，但很難經得起推敲。誠然，毗濕奴的偶像在我們發
現路迦阿闍黎這種高尚的神學和神祕主義之前早已存在多時。而
且，一個虔誠的印度村民崇拜一個禮敬不為別的，只是因為他認
為它就是毗濕奴的化身。然而問題是，要知道這種對偶像的宗教
評估——即認為偶像在某種程度上分有毗濕奴的本質——是否真
正說出了和路迦阿闍黎一樣的東西，即僅僅是將宗教的價值賦予
了有形的事物。事實上，這位神學家只不過是將在偶像（以及一
切其他的聖顯）的悖論中所表達的內容，翻譯成了更為清晰的表
達方式而已：**神聖**在某種**世俗**事物中顯現自己。

　　事實上，這種和神聖與世俗、存在與非存在、絕對與相對、
永恆與生成等等俱來的悖論正是每一個聖顯，哪怕是最基本的聖
顯所要揭示的，路迦阿闍黎這樣的神祕主義者和神學家只不過是
向同時代人解釋了這個悖論而已。透過這種清晰的解讀，他實際
上做了一次重新評估，也就是說，他將這個聖顯重新綜合進了一

29

38　譯註：毗萊伊・路迦阿闍黎（Pillai Lōcacārya, 1205-1311），南印度毗濕奴派神
　　學家。

種新的宗教體系裡面。因為，事實上，禮敬和路迦阿闍黎的解釋之間的差異只不過是在用語和表達上的差異而已：神聖與世俗俱來的悖論在偶像那裡獲得了具體的表達，在語言解釋那裡通過分析性的描述獲得了表達。這種神聖與世俗的相遇實際上造成了一種不同存在層面上的突破。它隱含在每一個聖顯裡面，因為每一個聖顯都表現、彰顯了矛盾本質的共存：神聖與世俗、精神與物質、永恆與暫時等等。神聖的辯證、神聖在有形事物中顯現自己的辯證，竟然也曾經是中世紀那樣的複雜神學追求的對象，這有助於證明，神聖與世俗的辯證正是任何宗教的核心問題。甚至可以說所有的聖顯都只不過是道成肉身之奇蹟的預兆，每一個聖顯都是揭示上帝與人類相遇奧祕的一次功敗垂成的嘗試。例如，奧卡姆甚至更進一步，他寫道：「有一個信條是說，上帝設定了人類的本質。同樣可以毫無矛盾地說，上帝也可以設定其他事物的本質。同理，上帝也可以設定石頭和木頭的本質。」因此，根據基督宗教神學來研究原始人的聖顯的本質一點也不荒謬：上帝通過任何形式──甚至通過石頭和木頭──而自由地顯現自己。我們暫時不用「上帝」這個字，這個意思也可以表達為：可以在任何形式，甚至在最為陌生的形式中看見神聖。事實上，吊詭而超出我們理解範圍的，不在於神聖可以在石頭或者樹木裡面顯現，而在於神聖居然能夠顯現，居然可以由此而變成有限、相對。[39]

30

---

39 人們可以根據基督宗教的教訓，通過證明道成肉身的奇蹟之前聖顯，作為道成肉身的一系列預兆的重要性，嘗試為它們辯護。因此，他們不是認為異教的宗教方式（拜物教、偶像崇拜等等）是錯誤的，是陷於罪惡之中的人類宗教情感的退化階段，而是將其認為對道成肉身奧祕的一種急切的預想。從這樣一種觀點來看，人類的全部宗教生活──通過聖顯而表達出來──都只不過是對基督的一種等待。

10 · 「原始」宗教的複雜性

我以為，迄今所援引的例證有助於我們確定某些指導性的原則。

（1）神聖與世俗有性質上的不同，不過它可以在世俗世界顯現自己，不論以何種途徑或者在何地點。因為它本有力量，可以透過聖顯而將任何自然的對象轉變成一種悖論（聖顯**作為**一個自然對象，不再是它自己，雖然從表面上看它並沒有發生變化）。

（2）這種神聖的辯證為一切宗教所有，不僅僅存在於假設的「原始」宗教中間。它在對石頭和樹木崇拜裡面，在印度關於化身的神學或道成肉身的至高奧祕裡面，都得到了充分的表現。

（3）在任何地方都不會**僅僅**發現基本的聖顯（異常的、特別的、新奇的、瑪納等等的力顯），也可以發現進化論者所說的高級宗教形式（至上神、道德律、神話等等）的蹤跡。

（4）在每個地方，甚至在這些高級宗教形式的蹤跡之外，我們也都能夠找到基本的聖顯所能夠適合的一個體系。這個「體系」總是規模宏大：它由所有部落的宗教**經驗**（瑪納、異常的力顯等等、圖騰、祖先崇拜以及其他許多事物）所組成，但也包含一批不可化約為聖顯的傳統**理論**：例如，關於世界起源和人類種族起源的神話、解釋人類現狀的神話、作為各種儀式、道德概念等基礎的種種理論等等。最後這一點需要重點強調一下。

只需要瀏覽一些人種學的著作（例如，斯賓塞〔Spencer〕和吉蘭〔Gillen〕或者斯屈勞〔Strehlow〕論澳大利亞人、謝巴斯塔〔Schebesta〕或特里耶〔Trilles〕論非洲俾格米人、古興德論

31　火地島原住民）就一定會注意到：首先，「原始人」的宗教生活超出了一般人們所規定的宗教經驗和理論；其次，宗教生活也總是複合型的——對它們所作的簡單化、單一化的論述，在一些綜合的普及著作裡比比皆是，完全出乎作者多少有些隨心所欲的挑選。我們當然可以發現，在宗教的圖景中某些形式佔據了主要地位（例如澳大利亞的圖騰、美拉尼西亞的瑪納、非洲人的祖先崇拜等等），但是它們都不是宗教生活的全部。我們同樣發現大量的象徵，宇宙的、生物的或社會的事件，表意符號和觀念，它們在宗教層面上具有重要作用。不過，對於我們現代人而言，它們與實際的宗教經驗的聯繫可能就不那麼清晰了。例如我們能夠理解對於早期人類而言，月亮的盈虧、四季的變換、性別意義或社會意義的成年禮或者空間象徵體系如何逐漸擁有宗教意義，又如何變成聖顯。但是要考察它們如何被運用到食、色行為等生理活動，或者如何運用到表意符號「年」，就會困難得多了。事實上我們面臨著一個雙重的困難：首先要接受一個觀念，那就是一切生理活動都具有某種神聖性；其次，要將某些類型的思想（表意符號、神話符號、自然規律或者道德律等等）都視為聖顯。

　　實際上早期文化的人類和現代人有一個重要的區別，那就是後者實際上無法將他們的有機生命（尤其是食、色）視為聖事。精神分析和歷史唯物主義極其肯定地證明了他們的論點，食、色對於仍然處在人種學研究對象的民族中至關重要。然而他們並不清楚，這些民族的食、色觀的價值甚至功能和它們的現代意義相比究竟有什麼實質性的區別。對於現代人而言，這些只不過是生理活動。而對原始人而言，它們卻是用以同代表生命本身的**力量**進行溝通的聖事、儀式。正如我們以後還看到的那樣，這種力量

和生命都只不過是終極實在的表達而已，而這些基本行為對於原
始人而言則變成了一種幫助人們接近實在的儀式，有助於切入存
在，使他們從自動的（沒有道理或者沒有意義的）行為中解放出
來，從變化、世俗和虛無中解放出來。

　　我們將會看到，正如儀式總是包含有重複祖先或者諸神（在
歷史開始之前的）「**從前**」（*in illo tempore*）[40] 所做的原型行為
一樣，人類試圖透過聖顯賦予甚至是最普通不過的、毫無意義的
行為一種「存在」（beings）。藉由這種重複，這些行為就與其
原型對應起來了，時間也就被取消了。也就是說，我們見證了在
宇宙黎明之際發生的同樣行為。因此，透過將其全部的生理行為
轉變為儀式，原始人努力「到達彼岸」，將自己拋出時間（和變
化）之外而進入永恆。我不想在這裡強調儀式所實現的功能，但
是同時必須指出，原始人把生物行為轉變為儀式，因而賦予其精
神價值，是一種正常的傾向。當他進食或做愛的時候，他把自己
放在一個不只是食、色的層面上。這不僅對於最初的經驗（初熟
的果子、第一次性經驗）是這樣，對於整個食、色的行為都是如
此。人們會說，在這裡你經歷了一次模糊的宗教體驗，在形式上
與異常的、超常的、瑪納等等的聖顯所代表的清晰經驗不一樣。
但是這種經驗在原始人的生活中所發生的作用並非無足輕重，儘
管因其特性，極易逃離觀察者的眼睛。這就解釋了我此前提出的
命題，原始民族的宗教生活超出了瑪納、聖顯以及驚人的力顯的
範圍。人們將最基本的生理行為轉化為儀式，以此努力進入真實
的、神聖的世界，最終形成了一種真正的宗教經驗，即便在形式

40　審閱者註：伊利亞德使用 *in illo tempore* 時，指的是歷史時間之前的時間。

上模糊不清。

因此，任何人類初民階段的集體的宗教生活總是包含有某種理論的要素（象徵、表意文字、自然神話和家譜神話等等）。正如我們將會看到的那樣，這些「真理」被原始民族當成聖顯——不僅因為它們揭示了神聖的模態，而且因為它們有助於人們保護自己，避免陷入無意義和虛無；事實上，也就是逃離世俗領域。人們常常說原始人的理論多麼落後，即使情況確實如此（許多觀察者認為並非如此），人們也經常會忘記，原始思維並不只是表現在概念或者感性因素，而主要是表現在象徵裡面的。我們以後還會看到，象徵如何按照其自身的象徵邏輯而「運行」，這便意味著，原始文化顯而易見的概念貧乏並不是在說明他們沒有能力構建理論，而是說明他們有與我們根源於希臘人沉思的現代風格完全不同的思維風格。實際上，我們甚至能夠在人種最不發達的群體中找到一些非常適合於一個體系或者理論的真理（例如在澳大利亞土著、俾格米人以及火地島人）。這些真理不僅構成一種世界觀，是一種實用主義本體論（我甚至願意說是救世論），因為在這些「真理」的幫助下，人們試圖把自己和實在合為一體而獲得拯救。

我們只需舉一個例子，就會看到大多數原始人的行為在他們看來，只是在重複一種神聖的存在或者神話人物在時間開始之際所做的最初行為。一種行為只有重複一種超越模式、一種原型才有意義。這種重複的目的也是為了確保該行為的**正常**，透過賦予其本體論地位而使之得以合法化；它只有重複一種原型才會變得真實。現在，原始人的每個行為都假定具有一種超越的模式——他的行為有效，只是因為它們是真實的，因為它們模仿了那個範

型。這個行為既是一種儀式（因而它使得人類稱為聖域中的一部分），也是一種現實的切入。所有這些觀察說明，當我們討論以下各章提出的例證時，那些韜晦不明的意義就會變得更加清楚。儘管如此，我覺得有必要從一開始就指出這些意義，以便證明「原始」宗教的理論方面經常被遺漏了。

II

天和天神

38　# 11·天的神聖性

　　世界上最著名的祈禱就是獻給「我們在天上的父」[1]的。人類最早的祈禱很可能就是獻給太陽這位在天上的父親，這也能夠解釋為什麼一個埃維（Ewe）部落的非洲人會有這樣證言：「天在彼，神亦在彼。」人種學的維也納學派（尤其是施密特神父〔W. Schmidt〕，他撰寫了一部迄今最充分論述神聖觀念起源問題的著作）甚至主張，他們已經證明存在一種原始一神教，其論據主要就是在大多數原始社會裡都存在天神信仰。現在我們暫且不論原始一神教的問題。毫無疑問，天神信仰幾乎普遍存在，天神創造宇宙（普降甘霖），確保大地的豐產。這些神靈擁有無限的預知能力和智慧，道德律令以及很多部落儀式都是他們短暫造訪人間時所確立的。

　　我們將考察一系列天神，但是首先必須把握天本身的宗教意義。無須探究諸般神話傳說就能領會，天直接揭示一種超越性、力量和神聖性。只要遙想天穹就可以在原始人的心靈裡產生一種宗教體驗。這並不是指對天的「自然崇拜」。對於原始人而言，自然根本不是純「自然的」。「遙想天穹」一語實際上是指，原始人善於接受在一定程度上我們覺得難以想像的日常生活中的奇蹟。這樣的沉思同樣也是一個啟示。天顯明它自己實際所是的那

39　個樣子：無限的、超越的。天穹首先是與人類及其生命中的微不足道之事「迥異的事物」，其超越性的象徵體系來自對其無限高邈的樸素認識。「那最高的」自然成為這個神靈的特點之一。在

1　譯註：《馬太福音》6：9-13，基督宗教認為係耶穌親授給門徒的祈禱詞。

人類難以企及的地方，在佈滿星星的地方，充滿著超越的、絕對真實的、永遠存在之神性的尊榮。這些地方是諸神的住所，某些擁有恩寵的人可通過儀式登天。「高處」是人類自身無法抵達之處，天然屬於超人的力量和存在；一個人行禮如儀，踏上通向聖壇的台階，或者踏上登天儀式的天梯，他就不再是一個凡人了；那些賦有特權的死者在升入天堂之際也將捨棄人類的狀態。

所有這些觀念都來自對天的素樸的思辨，但將這種思辨視為邏輯的、理性的過程，則是大錯特錯。「高遠」，或上天、無限的超越性特徵是同時顯現給人類的，作為一個整體，既顯現給人的理智又顯現給人的心靈。這個象徵體系是關於人對自身整體意識最直接的概念，人意識到自己是一個人，認識到自己在宇宙中的地位；這些初始的認識必然與其生命有機地緊密結合在一起，以至於同樣的象徵體系既決定了人無意識的行為，又決定了人靈性生活最高貴的表達。因此，關於天的象徵體系和宗教價值，雖非從對天體的平靜而客觀的觀察中合乎邏輯地推導出來的，但絕不僅僅是虛構的活動和非理性的宗教經驗的產物，認識到這一點相當重要。我們需要重複的是：甚至在宗教價值尚未賦予天之前，天就已經突顯出其超越的性質了。天「象徵」超越性、力量和亙古不變，僅僅因為它就是那樣存在著。它正是因高渺、無限、不可移易、強大而存在。

天又高又遠（在宗教意義上）就意味著有力量，意味著其本身充滿神聖，這一事實從一些神名的起源那裡就可以得到證明。在易洛魁人看來，凡是具有奧倫達（*orenda*）的都稱之為奧吉（*oki*），但是奧吉這個字的意義似乎就是「那在高處的」。我

40　們甚至還能找到一個至上天神奧基（Oke）。[2] 蘇族人（Sioux）用瓦康（*wakan*）一詞來表達巫術－宗教的力量（power），此字和達科他語的 *wakan*、*wankan* 的發音相似，而它們在達科他語中的意思是「在高處、在上面」；太陽、月亮、閃電、風都擁有瓦康，雖然不盡徹底，但這種力量在「瓦康」中被人格化了。傳教士將這個字翻譯為「主」，但是事實上他是指至上的天神，本身首先就顯現為閃電。[3]

毛利人的至上神叫做埃荷（Iho）：埃荷的意思是「升起的、在高處」。[4] 阿克頗索（Akposo）尼格羅人有一個至上神沃魯烏（Uwoluwu），這個名字的意思是「那在上的、上界」。[5] 人們還可以找到的例子可謂不勝枚舉。[6] 我們很快就會看到，「那最高的」、「那閃耀的」、「天」多少都是原始文明用於明確表達神性的用語。神的超越性直接顯現為天的不可企及、無限、永恆和創造力（雨）。天的全部本質就是一個永不枯竭的聖顯。因此，在眾星之中或者在大氣的上層區域發生的事情——星星有節律的運行、流雲、風暴、霹靂、隕石和彩虹——都是這個聖顯的重要時刻。

這個聖顯何時變得人格化，那些天之神何時顯示自身，或者

2　貝塔佐尼（Pettazzoni），《論神》（*Dio*），1922，第 1 卷，第 319 頁。凡涉及貝塔佐尼的著作的，都引自第 1 卷，第 2 卷尚未問世。施密特（schmidt）《上帝觀念的起源》（*Der Ursprung der Gottesidee*），明斯特，1926，第 2 卷，第 399 頁。

3　貝塔佐尼書，第 90 頁以下；施密特書，第 2 卷，第 402、648-653 頁。

4　貝塔佐尼，第 175 頁。

5　同上，第 244 頁。

6　同上，第 358 頁，注解 2。

取代天的神聖地位，還難以確切說清楚。可以肯定的是，天神總是至上神，他們的顯現以各種方式通過神話而被戲劇化，並且因為這個原因而仍是天的聖顯。我們大體可以稱天神的歷史就是「力量」、「創造」、「律法」或者「君主」的歷史。我們將對若干天神略做考察，有助於更好地理解這些神靈的性質，以及他們的「歷史」發展脈絡。

15

12・澳大利亞土著的天神

白亞米（Baiame）是澳大利亞東南地區諸部（卡米拉魯瓦人〔Kamilaroi〕、維拉朱利人〔Wiradjuri〕、尤阿西拉伊人〔Euahlayi〕）的至上神，他居住在天上，附近有一條大河（銀河），悅納純潔無罪之人的靈魂。他端坐在水晶寶座上，太陽和月亮是他的「兒子」，也是他派遣到人間來的信使（確切地說，在火地島的哈拉克烏魯普人〔Halakwulup〕、塞芒人〔Semang〕和薩莫耶德人〔Samoyeds〕那裡，信使則為太陽神的眼睛）。[7] 霹靂是他的聲音；他普降甘霖，令大地蔥翠、富饒，在這個意義上他也是創造者。白亞米自我創造，並從虛無中創造萬事萬物。就像其他天神一樣，白亞米遍聽遍聞。[8] 東部沿海的其他部落（例如慕林人〔Muring〕）則相信一個類

7　參見施密特（Schmidt），第 3 卷，第 1087 頁。

8　豪維特（Howitt），《東南澳大利亞的當地部落》（*The Native Tribes of South-East Australia*），第 22 頁以下；施密特，第 1 卷，第 416 頁；第 3 卷，第 846 頁以下。

似的神靈——達拉慕魯姆（Daramulum）。這是一個祕不外傳
的名字（白亞米也是如此），只有入會（initaite）的男子才能
知道這個名字，婦女和孩子只知道他是「父親」（papang）和
「主」（biambam）。同樣，他們臃腫的陶製神像只在入會禮
（initiation）[9]上展示，儀式結束之後就打碎，毫不含糊地將碎片
散亂丟到各處。達拉慕魯姆曾暫住人間，首創入會禮，然後再次
升到天上，從那裡發出的聲音（霹靂）、降落雨水。入會禮首先
包括隆重展示「牛吼器」。那是一片長約六英寸，寬不過一英寸
半的木片，有一根弦穿過末端的洞眼。當繞著轉的時候，就會發
出霹靂或牛吼的聲音。牛吼器和達拉慕魯姆的身分只有入會的男
子才會知道。夜晚叢林中傳來的奇怪聲響在那些沒有行入會禮的
人心中造成恐懼，因為他們將其視為神的到來。[10]

42　　　庫林（Kulin）諸部的至上神叫做邦吉爾（Bunjil）。他住在
天上，在「黑暗天空」（這個黑暗天空是採藥人登臨的地方，就
像他們登臨山頂一樣）以外。另一個神伽格梅奇（Gargomitch）
在那裡迎候他們，帶領他們去見邦吉爾。[11] 這裡我們可以試比
較另一座山，山頂上有一個比白亞米身分低的神靈，他把人們
的祈禱轉告給白亞米，再將他的答覆轉告給人們。[12] 邦吉爾創
造了大地、森林、動物和人本身（他用泥土造人，通過鼻、嘴

9　編註：initiation 有成年禮、入會禮的意涵，也有啟蒙、新生、重生之意；其字根
　　有兩個意思：一是初始、開始，一是加入祕密會社。文中有些地方的脈絡較接近
　　成年禮的意思，其餘則以入會禮來理解更為合適。本書譯者將這個字統一譯為入
　　會禮。

10　豪維特，第 494 頁以下，第 528 頁以下。

11　同上，第 490 頁。

12　施密特，第 3 卷，第 845、868、871 頁。

和肚臍吹入靈魂）。但是邦吉爾將統治大地的權柄交給了兒子比姆比爾（Bimbeal），將統治天空的權柄交給女兒卡拉卡魯克（Karakarook），自己就從世界隱退了。他高居雲端，像「主」一樣，手中緊握一柄寶劍。[13] 天的特徵也被賦予了其他一些澳大利亞的至上神。幾乎所有的至上神都可憑藉雷鳴、閃電（例如普利亞納〔Pulyallna〕）、風（白亞米）、北極光（例如蒙甘加納〔Mungangana〕）、彩虹（邦吉爾、努蘭德爾〔Nurrendere〕）等等。如我所言，白亞米在天上的住所有一條銀河穿流其間，星星是埃特吉拉和圖庫拉（Altjira and Tukura，阿蘭達和羅里伽部落〔Aranda and Loritjia〕的至上神；見參考書目）的營火。

大體而言，確實可以說這些澳大利亞的神靈保留了與天、星星和流星直接的、具體的聯繫。[14] 我們還知道，他們創造宇宙和人類（也就是人類的神祕的祖先）。他們暫居人間、揭示諸般奧祕（幾乎所有的奧祕都可以歸結到與部落的神話譜系的交流以及霹靂的聖顯如牛吼器等等）、頒佈民事法律和道德律令。他們善良（被稱為「我們的父」），犒賞正直的人、捍衛道德。他們在一切入會禮中扮演重要作用（例如在卡米拉魯瓦人、維拉朱利人，以及猶英和庫里〔Yuin and Kuri〕人那裡就是如此）。但是對這些至上神的信仰在宗教生活中並不占重要地位。澳大利亞宗教的特有因素並不是對天神、至上創造者的信仰，而是圖騰崇

43

13 同上，第 3 卷，第 656-717 頁。

14 但是不可像貝塔佐尼教授那樣，將他們簡單歸結為天穹的人格化。原始在於他們的人格有著人類－宇宙的結構。例如，烏約布魯克人（Wotjobluk）就說邦吉爾是一個「偉人」，他原先住在地上，現在就在天上（豪維特，第 489 頁）。天空的自然性質在蒙甘加納（「我們的父」）那裡幾乎不見，但他仍為澳大利亞最早的至上神（參見豪維特，第 616 頁；施密特，第 3 卷，第 591 頁以下）之一。

拜。我們發現，在其他地方也有同樣的情形：至上天神經常被推到宗教生活的邊緣而幾乎被完全遺忘了，其他更接近人、在日常經驗中更有求必應、對人更有用的神聖力量，才是扮演著重要角色的。

13・安達曼群島和非洲各民族的天神

　　例如，萊斯利和傑登（Risley and Geden）在印度的土著民族中找到了一種幾被遺忘的至上神信仰，「一種模糊的記憶而不是一種積極的力量」，[15]「閒散的、不受崇拜的至上神」。[16] 儘管這個至上天神的各種蹤跡幾乎全無文字記載，但是它們和天與氣象的聯繫仍然保留了下來。在安達曼群島，普魯加（Puluga）是至上神，被認為有人的形象和性格，[17] 但是他居住在天上，他的聲音就是霹靂，他的呼吸就是風，颶風是他憤怒的跡象，因為他派遣雷電懲罰觸犯他的誡命的人。普魯加遍知一切，但是只在白天知道人類的思想（一種自然論的性質——萬能意味著能夠看見一切）。[18] 他創造自己的妻子，生下孩子。他住在天上，在太陽（男性）和月亮（女性）附近，他的孩子就是群星。要是普魯

15　傑登（Geden），載於《宗教和倫理百科全書》（*Encyclopedia of Religion and Ethics*）第 6 卷，第 289 頁。

16　萊斯利（Risleu），《印度民族》（*The People of Indian*），倫敦，1915，第 226 頁以下。

17　謝巴斯塔（Schebesta），《俾格米人》（*Les Pygmées*），巴黎，1940，第 161 頁。

18　貝塔佐尼，第 1 卷，第 96 頁。

加睡著了，天下便會大旱。天上下雨就是這個神降臨大地並在尋找食物。[19] 普魯加創造世界、第一個人托摩（Tomo）。人類生養眾多，分散各地，托摩死後就逐漸忘記了他們的創造者是誰。有一天，普魯加生氣了，一場洪水淹沒整個地球，毀滅了人類，只有四個人得以逃脫。普魯加施恩於他們，但是人們卻依舊桀驁不馴。在最後一次提醒他們神的誡命之後，神就隱退了，從此人們再沒有看到過他。這個人神疏遠的神話與祭祀的闕如正相符合。最近一位研究者保羅‧謝巴斯塔（Paul Schebesta）寫道：「安達曼島民並不崇拜這位神靈，不對他祈禱，也不上供，也不謝恩。他們只是畏懼普魯加，所以謹守他的誡命。有的誡命十分苛刻，比如在雨季的時候不得食用某種水果。也許寬泛地說，他們有的習俗也可以稱之為一種祭祀吧。」[20] 在這些習俗中，包括在狩獵成功之後獵人應當「保持神聖的緘默」回到村莊。

在火地島的塞爾克納（Selk'nam）獵人那裡，神被稱作特馬庫爾（Temaukel），但是出於對神的敬畏，他的名字從來是不會說出口的。一般稱之為索恩哈斯卡（*so'onh-haskan*），意思是「那住天上的」，以及索恩哈卡斯派墨（*so'onh-ha kas pémer*），「那在天上的」。他是永恆、遍知、萬能的創造者——但是創造過程則是由一位神話祖先完成的，他也是至上神在退回星空以前創造的。事實上，這位神與人類分離，不關心人間的事務。他沒有神像，也沒有祭司。他是道德律的制定者、法官以及全部神靈的主人。但是人們只是在生病的時候才向他祈

19　植物的出現：施密特，《上帝觀念的起源》，第 1 卷，第 161 頁以下，第 3 卷，第 122 頁以下。

20　《俾格米人》，第 163 頁。

44

禱：「你這在天上的，不要奪走我的孩子。他還太小！」人們在天氣惡劣的時候也給他奉上特殊的祭品。[21]

整個非洲都能找到對大天神的祭祀幾乎或在正在消失的證據（參見參考書目）。他的地位被其他宗教力量，尤其是被祖先的祭祀所取代。艾理斯（A. B. Ellis）爵士說，「尼格羅人心靈的普遍偏見，就是喜歡選擇天為主要的自然神，而不是太陽、月亮或者大地。」[22] 瑪麗・金斯黎（Mary Kinsley）寫道：「我相信，天總是置身事外的、被忽略的大神，包括茲維人（Tschwis）的尼揚庫蓬（Nyan Kupon）、班圖人的安贊貝（Anzambe）、南（Maam）等等。非洲人認為，他只要發作，力量還是相當大的。」[23]

我一會還將回到這位大神的置身事外。現在我們要注意他具有的天的形式。例如，切維斯人用尼揚庫蓬（Nyankupon）這個字稱呼至上神——意思是天和雨，尼揚庫蓬阿巴（*Nyankupon aba*，尼揚庫蓬來了）表示「下雨了」。[24] 卡夫峽谷的班圖部落的巴伊拉人（Ba-Ilas）相信，天上住著一位萬能的至上神和創造者，名字叫雷扎（Leza）。但是在口語裡「雷扎」也用於描述氣象。「雷扎下來了」，意思就是下雨了，[25] 「雷扎生氣了」，意

---

21 參見馬丁・古興德（Martin Gusinde），〈論火地島塞爾克納人的至上神〉（Das *höchste* Wesen bei den Selk'nam auf Feuerland），載於《施密特－費斯謝裡夫》（W. Schmidt-Fesschriff），維也納，1928，第 269-274 頁。

22 弗雷澤，《自然崇拜》（*The Worship of Nature*），倫頓，1926，第 99 頁。

23 《西非遊記》（*Travels in West Africa*），倫敦，1897，第 508 頁。

24 艾理斯，轉引自弗雷澤，第 99 頁。

25 弗雷澤，第 288 頁。

思就是打雷了，等等。[26]蘇克人（Suks）稱他們的至上神為托羅魯特（Tororut），也就是天的意思，又稱之為伊拉特（Ilat），意思是雨。[27]在所謂真正的尼格羅人中，尼亞姆（Nyame）也意味著天穹（字根為 *nyam*，意思是「照耀」；參見 *div*，第 20 節）。

在大多數埃維族人那裡，麻烏（Mawu）是至上神的名字（該名源自 *wu*，「延伸」、「覆蓋」），也指天穹和雨。藍天是麻烏的面紗，雲彩是他的衣衫和裝飾，藍色和白色是他喜歡的顏色（他的祭司不可以穿著其他顏色的衣服），光明是他用以塗抹自己的油彩。麻烏送雨，無所不能。但是，雖常有供奉，他卻逐漸遠離人們的祭祀儀式。[28]在馬塞伊人（Masai）那裡，恩該（ngai）是一個高高在上的神性形象。他仍保留天的特徵：不可見、住在天上、星星是他的兒子等等。其他的星星則是他的眼睛，隕落的流星是他一隻眼睛落到地上，要看得更加清楚一些。何利斯（Hollis）認為，恩該伊（即恩該）的意思就是「雨」。[29]

保尼斯人（Pawnees）相信，提拉瓦·阿提烏斯（Tirawa Atius），即「萬物之父提拉瓦」，是一切存在的創造者和生命的賦予者。他創造群星引導人的腳步，閃電是他的一瞥，風是他的呼吸。他的崇拜仍然有明確的、強烈的天空色彩的象徵體系。

46

26　史密斯和達勒（Smith and Dale），《北羅得西亞的伊拉語民族》（*The Ila-Speaking Peoples of Northern Rhodesia*），倫敦，1920，第 2 卷，第 198 頁。

27　弗雷澤，第 288 頁。

28　斯皮耶斯（J. Spieth），《埃維人的宗教》（*Die Religion der Eweer*），哥廷根和萊比錫，1911，第 5 頁以下。

29　《馬塞伊人》（*The Masai*），牛津，1905，第 264 頁以下。

他的家高踞在亙古不變的天空的雲彩裡。提拉瓦變成了一個高貴的神話和宗教人物。「白人談論天父，我們則談論在天的父提拉瓦・阿提烏斯，但是我們認為提拉瓦不是一個人。我們認為他存在於一切事物裡面……他長什麼模樣誰也不知道。」[30]

14・「退位神」（Deus Otiosus）

沒有祭祀——尤其沒有任何季節性儀式的曆法——是大多數天神的特徵。[31] 麻六甲半島上的塞芒人也有一位至上神，叫做卡里（Kari）、卡萊（Karei）或者塔佩丁（Ta Pedn），他比人的個子要高，看不見。塞芒人談他的時候，並不明確說他是不死的，而是說他總是存在。他創造除了大地和人之外的一切，人是另外一位次要的神普里（Ple）創造的。[32] 卡里沒有創造大地和人的這個細節相當重要。這是至上神的超越性和消極性的普遍表現，至上神離人太遠了，以至於無法滿足其數不盡的宗教的、經濟的以及生命的需求。就像其他至上天神一樣，卡里住在天上，施放閃電以表達憤怒，事實上他的名字的意思就是「霹靂」

---

30 貝塔佐尼，第 287 頁。

31 貝塔佐尼（Dio，第 365 頁）。該書提供了這些原始天空神靈的一分名錄，然而這份名錄必須根據施密特所著《上帝觀念的起源》前六卷收集和討論的材料（根據謝巴斯塔的關於俾格米人的研究、古興德和科佩斯關於塞克那姆人的研究以及凡諾維伯格〔Vanoverbergh〕關於菲律賓的尼格利陀人〔Negritos〕的研究等等）加以修正。參見本章評論性參考文獻。

32 斯基特（Skeat）和布拉登（Blagden），《馬來半島上的異教種族》，1906，第 3 卷，第 239、297 頁和第 737 頁以下。

（「風暴」）。他無所不能，因為他洞悉人間發生的一切，所以他「首先是立法者，統治森林人的集體生活，心懷嫉妒，密切關注他的誡命是否得到遵守。」[33] 但是他並不受到真正意義上的崇拜，只是在刮龍捲風的時候，人們才用贖罪的血求告他。[34]

47

大多數非洲民族的情況也是如此：天上的大神、至上神、全能的創造者在部落宗教生活中扮演了極為重要的角色。他也是極為遙遠、極為善良，以至於不需要恰到好處的所謂崇拜，人們只是在極其需要它的時候才求告他。例如，西非的約魯巴人相信一位名叫奧洛倫（Olorun，意思是「天空的擁有者」）的天神，他在創造完世界之後就將收尾和治理的事情移交給了一位較低級的神奧巴塔拉（Obatalla）。奧洛倫永遠地擺脫了人世間的一切事務，雖然他是至上神，但是既沒有神廟、塑像，也沒有祭司。儘管如此，在災難降臨的時刻他卻是人們求告的對象。[35]

在法屬剛果的樊（Fang）人那裡，恩札米（Nzame，又名恩桑貝〔Nsambe〕）是天地的創造者和主人，在該部落的宗教生活中曾經扮演了十分重要的角色，但是現在卻隱退了。[36] 班圖人

33　謝巴斯塔，第 148 頁。

34　謝巴斯塔是最早目睹這種儀式的歐洲人。在暴風雨來臨之際，塞芒人用一把竹刀劃破自己的大腿，讓一些血落到大地上面，作為奉獻給女神馬努瓦（Manoid）的祭品，將餘下的血拋向四方，喊道：「去！去！去！」他們呼喚雷神：「塔·佩丁！我並非桀驁不馴，我要為我的錯誤付出代價！請接受我的代價吧。我不騙你！我付出我的代價。我害怕你，風暴啊！」（謝巴斯塔，第 149 頁；施密特，第 3 卷，第 178 頁以下；第 190 頁以下）。這個贖罪的血祭——塞芒人以此作為他們反叛（天空）雷神所犯罪過付出「代價」——是他們對此神的唯一崇拜。除此之外，他們根本沒有其他的禱詞。

35　弗雷澤，第 119 頁以下。

36　同上，第 135 頁。

的恩贊比（Nzambi）也是一位大天神，如今也退出了一切崇拜形式。當地土著視其為全能的、善良的和公正的。但正是因為這個原因，他們並不讚美他，這位神也不像其他神靈和精靈一樣，有任何有形的東西代表。[37] 在巴松哥人（Basongos）那裡，天上的創造者埃菲勒·蒙庫魯（Efile Mokulu）沒有祭祀，只有詛咒發誓的人才會求告他。[38] 西南非洲的一個班圖族部落赫勒羅斯（Hereros）人稱呼他們的至上神為恩迪亞姆比（Ndyambi）。

48 他退回到了天上，將人類遺棄給較低的神靈。正是因為這個原因，沒有人讚美他。「為什麼我們還要獻祭給他呢？」有個土著民說，「我們不需要害怕他，因為他不會像那些死者的靈魂（*ovakuru*）那樣來傷害我們。」儘管如此，赫勒羅斯人在獲得意想不到的幸運時也會向他致以祈禱。[39] 另外一個班圖族部落阿隆達人（Alundas）則相信他們的恩贊比與人類相距遙遠，不可企及。他們的宗教生活完全浸潤著對靈魂的恐懼和崇拜，甚至為了求雨也會向阿基士（*akishi*），即他們的祖先祈禱。[40]

我們在安格尼絲人（Angonis）那裡也發現了同樣的情形。雖然有一位至上神，但安格尼絲人卻讚美他們的祖先；通布卡人（Tumbukas）的造物主也是太不為人知，「對於人間俗務」而言他太崇高了；[41] 溫姆巴人（Wembas）知道雷扎的存在，但是只有在祖先問起時才舉行崇拜他的儀式；瓦赫希人

37　同上，第 142 頁以下。
38　同上，第 149 頁。
39　同上，第 150 頁以下。
40　弗雷澤，第 168 頁。
41　同上，第 85 頁。

（Wahehes）將至上神恩古魯西（Eguruhi）描繪成為一個無所不能的造物主，但是他們也明白真正掌控人間事務的是死者的靈魂（*masoka*），因而只定期崇拜他們等等。吉力馬札羅山一個重要的班圖族部落的瓦查加人（Wachaggas）讚美魯瓦（Ruwa），他們的造物主、善神、道德律令的保護神。他在神話傳說中非常活躍，但在宗教中的作用卻極其普通。他非常善良溫和，以至於人類根本不需要害怕他，所有的焦慮主要集中在死者的靈魂身上。只有當祈禱和奉獻給靈魂的祭品沒有得到答覆的時候，尤其是在遇到乾旱或者嚴重疾病的情況下，他們才向魯瓦獻祭。[42]

西非說茲維語的黑人之於尼揚庫蓬也是如此。尼揚庫蓬並沒有受到讚美。沒有對他的祭祀，甚至沒有任何固定的祭司，只是在極少情況下才對他表示敬意──在饑荒或時疫爆發，或者颶風降臨之後人們就會問他，究竟在什麼地方冒犯了他。[43]津布（Dzingbe，「宇宙之父」）統領著埃維人的萬神殿。與其他大多數至上的天神不同，津布有一位特定的祭司叫加賽伊（*dzisai*，「天的祭司」），在遭遇乾旱的時候祭司就向他祈求：「哦，天啊，我們感謝你，乾旱是這樣的嚴重。叫天上的雨水落到土地上面來吧。叫雨水落下土地，重新煥發生機，田野茂盛吧！」[44]至上天神的遙不可及和公正無私，在東非的基里馬斯人（Gyriamas）描繪天神的一句俗話中得到極好的表述：「天神（姆隆古〔Mulumgu〕）在上界，祖先的靈魂在下界（意思是在

49

42　同上，第 205 頁以下；見參考書目。

43　貝塔佐尼，第 239 頁。

44　斯皮耶斯，《埃維人的宗教》，哥廷根和萊比錫，1911，第 46 頁以下。

大地上）。」[45]

班圖人有言：「神在創造人之後就再也不關照人類了。」尼格利羅人（Negrilloes）則反覆說：「上帝離我們遠著呢！」[46] 赤道非洲的樊人用下面這首歌表達他們的宗教哲學：

> 恩札米（神）在上界，人類在下界。
>
> 神是神，人是人。
>
> 各得其所。

沒有恩札米的祭祀，樊人只是在求雨的時候向他表達敬意。[47] 霍屯督人（Hottentots）祈求祖尼－哥安（Tsuni-Goam）也是為了求雨：「祖尼－哥安啊，你是父親中的父親，你是我們的父親，叫納努布（Nanub，也就是雲）在久旱的土地上降下甘雨吧！」這位神無所不知，知道每一個人的罪過，因此人們也這樣求告神：「祖尼－哥安啊，只有你知道我是沒有罪的。」[48]

這些困厄之人獻給神靈的祈禱詞完美地概括了天神的特點。赤道非洲的俾格米人相信神（Kmvum）願意通過彩虹與人類發生聯繫。因此，每當彩虹出現的時候，他們就舉起弓，指向彩虹，唱道：「……你，戰爭中的勝利者啊，在你的腳下投下滾滾驚雷，這驚雷是何等的巨響、何等的憤怒。這憤怒是針對我們的

---

45 勒羅伊（Le Roy），《原始人的宗教》（*The Religion of the Primitives*），巴黎，1932，第 74 頁。

46 特里耶（Trilles），《赤道雨林的俾格米人》（*Les Pygmées de la forêt equatoriale équatoriale*），巴黎，1932，第 74 頁。

47 同上，第 77 頁。

48 貝塔佐尼，第 198 頁。

50

嗎？」諸如此類。在問答連禱結束時，有一段祈禱獻給彩虹，求
彩虹在至上天神之間調停，再也不要對他們發怒了，再也不要降
下驚雷擊殺他們。[49] 人類只有在遇到直接來自天的威脅時才想
起至上天神。在其他時候，他們的虔敬只是因日常需要而產生，
宗教活動和敬奉直接指向主宰這些需要的力量。但是，毫無疑
問，至上天神的自主性、崇高和首要的地位絕沒有降低。上述情
況至多不過說明「原始的」民族和開化民族一樣，在覺得對神靈
已無所求的時候就會很快忘卻他們。生活的艱難迫使他們更多關
注大地而非天空，人類僅僅在面臨來自天空的死亡威脅時才發現
天空的重要性。

15·替代天神的新的「神靈形式」

在原始人那裡我們確實沒有發現至上天神扮演什麼主導作
用。在澳大利亞占主導地位的宗教形式是圖騰崇拜。在玻里尼西
亞，雖然存在著對天神或最初的一對神靈的崇拜（參見下文），
但宗教活動突出表現在一種豐富的多鬼崇拜或者多神崇拜。在
西加羅林群島的雅浦（Yap）島，對耶拉法茲（Yelafaz）——一
位至上神、創造者、善神等等——有一種非常明確的信仰，但
是事實上那卻是崇拜精靈（*taliukan*）。印尼維特群島（Wetter
islands）的原住民雖然奉行拜物教，卻仍然信仰一位至上神，一

---

49 特里耶，第 78、79 頁；《非洲俾格米人的心靈》（*L'Ame du Pygméesd d'
   Afrique*），萊比錫，1933，第 109 頁。

位住在太陽或天上的「老人家」。一般而言，在印尼，至上天神與太陽神混合或者為太陽神取代。例如西里伯斯群島的原住民所信仰的伊萊（I-lai）就與太陽神相混同，不過這些原住民認為，在伊萊創造世界之後，這位太陽神還在繼續他的工作。帝汶島以及其他不計其數的島嶼上都有類似的情形。[50]

在美拉尼西亞，占宗教生活統治地位的是對瑪納的信仰，但是在這裡你也會發現泛靈論以及信仰天神的遺跡。斐濟人的宗教生活採取了泛靈論的形式，但是也還遺留了一些至上天神恩登吉（Ndengei）的信仰。頗具反諷意味的是，恩登吉被表現為一條穴居大蛇或蛇首石身，一運動就會發生地震。他們仍然相信它就是世界的創造者，遍知萬物、懲罰邪惡等等。[51]正如我們所見，非洲各民族雖然可能多少保留了一些對至上天神的信仰，但是仍以一種和一神教或單一神教有所不同的宗教生活為其主導地位。在迪尼印第安人（Déné Indians）的宗教中，薩滿教和精靈崇拜為主要因素，但是也有對至上天神尤圖埃爾（Yuttoere，意思是「那在高處的」）的崇拜。

在其他地方，月神崇拜超過了對至上天神的崇拜。班克斯群島（Banks islands）[52]和新赫布里底（New Hebrides）[53]原住民的情況便是如此。很不常見的是，至上天神是一位女神——這顯然受到母系社會的影響。例如新愛爾蘭群島的興圖布赫（Hintubuhet）具有所有至上天神的特徵（消極等等），但她卻

50　參見貝塔佐尼，第 130 頁以下。

51　貝塔佐尼，第 155 頁以下。

52　科德林頓（Codrington），《美拉尼西亞人》（*The Melanesians*）。

53　貝塔佐尼，第 161 頁。

是一位女神。有時一位大女神（Great Goddess）取代了原始的至上神，例如托達斯（Todas）和阿薩姆邦的卡維斯（Kavis）就是如此。在南印度，至上天神幾乎不扮演任何角色，宗教生活完全與鄉村女神（grāma-devatā）崇拜相關。

　　原始對偶神——天空（男性）和大地（女性）——的主題十分普遍。在印尼的凱薩爾島（Keisar）便是如此，男性原則瑪卡洛姆・曼諾維（Makarom Manouwe）住在天上，有時還住在太陽上，而女性原則瑪卡洛姆・瑪娃庫（Mawakhu）則在大地現身，他們是主要的崇拜對象。[54] 在玻里尼西亞和密克羅尼西亞也有頗具特色的第一對夫妻和相對應的創世神話，尤以毛利人的蘭基和帕帕（Rangi and Papa）的版本最為著名。第一對夫妻神的信仰的遺跡在非洲也可以見到。在南部的班圖人，尤其在巴維利人（Bavili）和斐約特人（Fjort）那裡，至上天神恩贊比退到了背景中，讓位於一位大地之神，她甚至與天神同名，而且只將自己的祕密透露給婦女聽。[55] 天－地為一對夫妻，這個神話主題在南加利福尼亞的皮馬族（Pima）印第安人（他們是兄弟，他們的結合誕生了萬事萬物）、新墨西哥的平原印第安人、蘇族人和保尼斯人，以及在西印度群島民族那裡也都能夠見到。[56]

52

54　貝塔佐尼，第 134 頁。

55　同上，第 210 頁以下；弗雷澤，《自然崇拜》，第 130 頁以下。

56　參見沼澤喜市（Numazawa），《日本神話中的世界起源》（*Die Weltanfange in der japanishen Mythologie*），盧塞恩（Lucerne），1946，第 301 頁以下。

16・融合與替代

　　顯然，各地的至上天神都讓位給了其他宗教形式。在形態上，這種替代在各地雖有不同，但是其中的意義卻大抵相似：從天神的超越性和消極性轉移到更加活潑、主動和容易接近的神靈形式。人們固然可以說我們觀察到了一種「由神聖到具體的逐漸下降」，人的生命及其身邊的自然事物越來越具有神聖事物的價值。對瑪納、奧倫達、瓦康等等，對泛靈論、圖騰崇拜、敬奉死者靈魂，以及本地神靈的信仰，使人類採取一種與對至上天神的信仰完全不同的宗教態度。宗教經驗的結構發生了變化，例如，一個達拉慕魯姆或者一個提拉瓦與圖騰、鄉村女神以及死者的靈魂以全然不同的方式為人所知。每一種替代都標誌著充滿活力的、戲劇性的、神話意義的宗教形式，勝過崇高然而消極的、遙遠的至上天神。

　　例如，對於紐西蘭的毛利人而言，蘭基（Rangi）雖然出現在他們的神話裡面，卻不是崇拜的對象。取而代之的是坦加盧瓦（Tangaroa），毛利人萬神殿裡面的至上（太陽？）神。在美拉尼西亞不斷可以遇到兩兄弟的神話，他們一個明亮、一個灰暗（月亮的兩個月相），至上天神創造他們最終又被他們取代。一般而言，至上神會讓位於一個巨匠造物神（demiurge），而這個巨匠造物神本身也是受造的，以至上神的名義按照至上神的指令將世界管理得井井有條，或者另一情況是，至上神讓位於一個太陽神。例如在某些班圖族部落裡，巨匠造物神恩庫隆庫魯（Unkulunkulu）創造了人類，但是卻服從至上天神烏提克索（Utikxo），即便他從此將後者推到了幕後。在（西北太平洋

的）特林吉特（Tlingit）印第安人那裡，核心神聖人物是一隻烏
鴉。這位最初的英雄和巨匠造物神創造世界（或者更確切地說，
將世界安排得井井有條，將文明和文化傳遍整個世界），創造並
且解救太陽，等等。[57] 但是有時候這隻烏鴉卻是奉一個更高的神
靈（可能是他的父親）的命令做這些事情的。在圖皮（Tupi）印
第安人中間，取代至上天神的是一位神話祖先、太陽神化的巨匠
造物神塔莫希（Tamosci），而在瓜拉尼人（Guarani）那裡，則
是塔莫伊（Tamoi）取代了至上天神。

　　北美的至上天神一般傾向於融合為具有神話人格的霹靂和大
風，表現為一隻大鳥（或者烏鴉等等）。他展翅高飛，鼓起大
風，他的話語就是閃電。[58] 霹靂從開始到現在都是天神的基本屬
性。有時霹靂被挑選出來並被賦予一種自主性。例如，蘇族印
第安人相信星星和一切氣候現象、太陽、月亮、霹靂——尤其
是霹靂——都充滿瓦康。堪薩斯印第安人說他們從來沒有看到
過瓦康本身，但是他們經常聽見霹靂。實際上，在達科他印第
安人那裡，瓦康坦卡（Wakantanka）「這個字的意思就是霹靂」
（道爾賽〔Dorsey〕）。奧馬哈人（Omahas）將霹靂奉為瓦康
達（Wakanda），有一種崇拜儀式就是以瓦康達命名。尤其是在
春回大地之際，人們登上山頭抽菸，向他表示敬意，還為他帶去
菸草作為祭品。[59] 阿爾袞琴印第安人每當颶風威脅或者霹靂逼近
的時候，就對著切巴尼亞坦（Chebbeniathan）這位「天上的人」

57　施密特《至上神》，（*Ursprung*），第 ii 卷，第 390 頁。
58　冉德爾‧哈里斯（Rendel Harris），《雷子》（*Boanerges*），劍橋，1913，第
　　13 頁以下；施密特，第 ii 卷，第 44 頁以下、第 66 頁以下、第 299 頁以下。
59　貝塔佐尼，第 290 頁以下。

許下諾言。

我曾經說過（第 12 節），在澳大利亞土著的入會儀式（initiation rituals）中，霹靂的聖顯是通過牛喉器發出的聲音來表現的。同樣的器物和儀式在奧菲斯教（Orphic）的入會儀式中也保留了下來。在一切神話中，霹靂是天神的兵器之一，任何他用閃電擊中的地方都變成神聖（希臘人稱之為 *enelysion*，羅馬人稱為 *fulguritum*）[60]，被閃電擊中的任何人都得到祝聖。經常遭到雷擊的樹木（橡樹）被賦予至上神的榮耀（我只要提醒諸位宙斯在多多納〔Dodona〕和朱庇特・卡匹托利努斯〔Jupiter Capitolinus〕在羅馬的橡樹、蓋斯瑪爾〔Geismar〕在多納爾〔Donar〕的橡樹、羅摩維〔Romowe〕在普魯士的聖橡樹、佩隆〔Perun〕在斯拉夫的橡樹就足夠了）。與霹靂相關的無數信仰在世界各地都可以見到。人們相信所謂的「雷」石——其實大多不過是史前時代的燧石而已——正是閃電射出的箭頭，它們倍受敬仰，得到虔誠保存（第 78 節）。一切自天而降的東西都分有了天的神聖性，因而絕對充滿著這種神聖性的隕星就會受到極大的尊敬。[61]

---

60 參見烏斯奈爾（Usener），《短文集》（*Kleine Schriften*），萊比錫 - 柏林，1912，第 iv 卷，第 478 頁。

61 伊利亞德，〈冶金術、巫術和煉金術〉（Metallurgy, Magicand Alchemy），巴黎，1938，*CZ*，第 i 卷，第 3 頁以下。在某些西非部落裡，各種石頭被作為天神崇拜儀式的一部分而受到尊敬。例如，卡蘇納斯人（Kassunas）和布拉斯人（Buras）稱這些石頭是威（We，天神的名字）；卡蘇納斯人和弗拉斯人（Fras）敬奉這些石頭，並且為它們奉獻祭品；哈比斯人（Habés）向他們認為與天神阿瑪（Amma）有關的巨石獻祭；在非洲其他地方，人們敬奉雷石（參見弗雷澤，第 91 頁以下）。

17 · 源遠流長的至上天神

　　我們不能確定對天神的敬奉是否是原始人最早的、唯一的信仰，是否其他各種宗教形式都出現較晚，並且由它變化而來。雖然在大多數最古老的原始社會裡都普遍能夠見到對至上天神的信仰（俾格米人、澳大利亞土著、火地島人等等），但有些就沒有（如塔斯瑪尼亞人、維達人〔Veddas〕、庫布人〔Kubu〕等）。不管怎樣，我以為，這種信仰未必一定排斥其他信仰形式。毫無疑問，從遠古時代開始，人們就從他們對天的經驗中認識到神聖的超越和全能。天不需要神話想像或概念闡述就可以被視為一個神界。但是，無數其他聖顯也能與這種天的聖顯共存。

　　有一件事情我們可以確定：一般而言，天的聖顯和對至上天神的信仰已被其他宗教概念取代。而且，一般而言，這些對於至上天神的信仰在以前代表著宗教生活的核心，而不只是像它們在當今的原始社會那樣處於邊緣地帶。如今這些天神崇拜的殘餘只是純粹而清晰地表明，宗教生活的大部分內容已經轉向其他宗教形式，而絕非表明這些天神是原始人（或者他們「祭司」）的抽象創造，或者說他沒有或不能與這些天神建立真正的宗教關係。此外，正如我所言，崇拜的闕如主要是沒有宗教曆法，每一個天神都隨時、偶爾地以祈禱和祭品得到敬拜。有時他們甚至有一種真正的祭祀，正如我們所見，在北美各民族就有敬拜至上天神（提拉瓦、切巴尼亞坦、阿沃納維隆納〔Awonawilona〕）的隆重儀式。甚至在非洲也不乏其例：布須曼人敬拜卡根（Cagn）的夜舞；阿克頗索人為沃魯烏定期舉行的崇拜儀式，沃魯烏也有自己的祭司、有崇拜和獻祭的場所；伊比比奧斯人（Ibibios）定

55

期將人祭奉獻給雷神阿巴西・阿布莫（Abassi Abumo）；伊比比奧斯人的鄰居卡拉巴爾人（Calabar）的庭院裡都有敬奉阿巴西的聖龕，並有敬奉雷札的祈禱詞和祭品，等等。孔蒂人用舞蹈、歌詠和祈禱讚美他們的至上神姆巴姆巴（Mbamba）：「姆巴姆巴啊，讓我們的孩子茁壯成長！願牛群生養眾多！願我們的玉米和山芋豐收！趕走鼠疫吧！」[62] 瓦查加斯人向魯瓦祈禱並且奉上祭品：「天人啊，首領啊，請接受這隻牛頭吧。我們祈禱，驅走肆虐人間的疾病吧。」[63] 虔誠的人們每天早晚向魯瓦祈禱一次，只是不獻祭品而已。獻給姆魯古（Mulugu）的祭品是公羊，而艾吉庫尤人（Akikuyus）則向恩蓋伊（Engai）獻上他們收穫的初熟果實和頭生的綿羊。[64]

　　對澳大利亞不同階段宗教的分析清楚地表明，天神在最原始民族的宗教生活中佔有重要地位。最初，蒙甘加納與人類一同生活在大地，只是到了後來才隱退並且離開人類。在整個澳大利亞，某種程度上都能夠找到神靈逐漸隱退的神話。無論如何，很難將這些天神信仰追溯到任何更早一些的信仰。例如，有人說這種信仰起源於對死者的祭祀，但是在澳大利亞東南部（也許那裡有最古老的神話）並不存在對死者的祭祀。[65] 而正是在這裡，這個入會慶典最為興盛的地方，我們發現了與祕密儀式相關的天神崇拜。另一方面，在祕傳宗教逐漸消失（正如在大多數澳大利亞中部的部落那裡——阿隆塔〔Arunta〕和洛里加〔Loritja〕部落

56

62　弗雷澤，第190頁。
63　同上，第212頁以下。
64　同上，第248頁以下。
65　施密特，第3卷，第106頁。

就是如此）的地方，天神（埃特吉拉和圖庫拉）也似乎喪失了其
全部宗教力量，而僅存於神話領域。這無疑意味著天神信仰一度
是比較發達、興盛的。在入會禮上，人們能夠獲知真正的神靈下
凡、部落譜系的神話、道德的和社會的法律大全，總之，獲知人
類在宇宙中地位的知識。因而，入會禮也是一個學習的場合，而
不僅僅是一個再生的儀式。對於世界的整體性認識、對自然統一
性的解釋、對存在背後之最終原因的啟示等等——所有這些知識
多虧了對天、天的聖顯以及至上天神的思考才有可能形成。

　　然而，如果我們就此認為這些行為和反思只是理智的結果
（例如施密特所認為的那樣），便大錯特錯了。相反，它們都是
整體的人（whole man）的行為，這些人當然對某種因果關係有
所關注，但是首先他們要面臨生存的問題，事實上他們深陷其
中。所有這些在入會禮的框架中形成的一種形而上學的本質（人
類的起源、神與祖先的神聖歷史、變型、符號的意義、祕密的名
字等等）的啟示，並不旨在滿足那個參加入會禮的年輕人對知識
的渴望，更主要是為了將其生存整合為一個整體，推進生命的延
續、豐產，並且確保獲得死後更為幸福的生命。

　　總之，最有意義的事情在於，在澳大利亞宗教最原始的層
面，在入會禮的結構裡面，都有天神的存在。正如我說過的那
樣，這種入會禮確保了入會者的再生，同時向其揭示了一種形而
上學的本質的祕密；它同時提供了生命、力量和知識。這就表明
在聖顯（因為在入會禮中神的真名和本質都得到揭示）、救贖論
（因為不管多麼初級的入會都能夠確保參與者獲得拯救），以及
形而上學（因為得到了關於宇宙的作用和起源的啟示）之間的聯
繫是何等密切。但是在這種祕密儀式的最核心處，諸位將會發現

57

天神，也就是那個最早創造宇宙和人，並且來到人間，確立了文明教化和成年儀式的神。

這些天神首先擁有作為創造者、無所不能的特點，還擁有遍知萬物、無上「智慧」的特點，這就解釋了為什麼諸位會發現，在某些宗教中他們轉變成為抽象神、人格化的概念，被用來解釋宇宙或者表達抽象實體。紐西蘭和塔希提的天神埃荷就更像一個哲學概念而不是一個真正的神，他只向參加入會禮之後接受神祕的祭司知識的人顯現自己。[66] 而其他的天神——例如班圖族的恩贊比、錫亞（Sia）印第安人的蘇希廷納克（Sussitinako）則是沒有性別的：這種抽象化的現象標誌著神轉變為了一種形而上學的原則。實際上，祖尼（Zuñi）印第安人的阿沃納維隆納（Awonawilona）就被表現為沒有任何人格特徵，既可以被視為女性也可以被視為男性（朗〔Lang〕稱之為「他－她」）。[67]

這些至上天神之所以轉變成哲學概念，只是因為天的聖顯本身可以轉變為一種形而上學的啟示。因為，對於天的本性的思考使得人們不僅可以獲知其自身的不確定性，而且獲知知識的或者精神「力量」的神聖價值。白天遙望清澈、蔚藍的天空，夜晚遙望滿天的繁星，無論身在何處，都更加能夠分辨出知識的神聖起源和神聖價值，分辨出那位**看見**和**理解**、那位「遍知」一切的全能者，因為他無所不在、俯視萬物、創造並主宰萬物。當然，在現代人看來，這些有著含糊神話描述的神靈——埃荷和梵天等——似乎非常抽象，容易將他們視為哲學概念而不是神

---

66 貝塔佐尼，第 174 頁。

67 儘管如此，人們一定不會忘記雙性同體在原始人看來也是神性的一個標誌，它是整體性、對立面的結合、對立統一的一種表達方式。（第 159 節）

靈。但是切記，在那些發明了這些概念的原始人看來，知識和理解力正是——而且仍然是「力量」和「神聖力量」的顯現。那看見萬物、知道萬物的，**就是萬物**，就是**無所不能**。有時，這樣一個起源於天界的至上神就變成了宇宙的基礎、自然節律的締造者和控制者，並且容易和宇宙的原則或形而上學本質混為一體，或者和律法、在時間和流變的現象界中永恆而普遍的事物融合為一體——這律法就是諸神本身也不能抹殺。

18・北極圈和中亞各民族的天神

當從「原始」民族的宗教轉到所謂多神論宗教的時候，我們遭遇到的差別來自它們自身的「歷史」。「歷史」自然會修正原始人的聖顯，沒有一個原始民族的天神是「純粹的」，也不能代表原始的形式。它們的「形式」或是由於外來的影響，或是僅僅因為它們成為了人類傳統的一部分而發生了變化。但是涉及所謂多神論宗教的時候，歷史往往會產生非常巨大的影響。宗教概念，就像這些歷史上頗具創造力的民族的全部精神和思想生活一樣，經歷了影響、共生、轉換和消亡。神聖的「形式」，就像這些文明所創造的一切其他「形式」一樣，也是由許多因素構成的。所幸的是，宗教生活及其各種產物均受制於某種我們可以稱之為「朝向一個原型的傾向」。任何宗教創造（任何神聖形式、儀式、神話或者崇拜）的組成部分，不管如何變化多端，都恆常地表現為向某個原型的回歸。正是由於這個原因，我們才能夠約略提到某些多神論宗教中的天神，而不必為瞭解他是如何形成以

59

及他生平怎樣而去知道他們各自的「歷史」；對於每一個這樣的神靈而言，不管以前有著怎樣的歷史，都傾向於回歸其原初的「形式」，傾向於回歸到他的原型。然而，這並不是說這些天神的形象是簡單的，也不是說我們能夠將他們過分簡單化。

通過與前文我們考察的神靈相比較，這些神靈首要的新元素就在於他們的統治地位。神靈顯現（theophany，神顯）不能簡單地化約為天文現象以及宇宙中發生的事情，他們的力量也不僅表現在宇宙的創造。他們成為「主人」、宇宙的主宰。因此，在所謂多神論宗教裡，我們不能只談論天神而不將他們的統治地位這個新元素包括進來；它來源於同樣的天界的優勢，但事實上是對「力量」的宗教意義的一種全新表述，對神聖概念的面貌造成了一種重大改變。

我們的概述可以從北極地區各民族，以及北亞和中亞遊牧民族的至上天神開始。薩莫耶德人崇拜努姆（Num），一位住在天（或者七重天）上的神，他的名字意思就是「天」。[68] 但不可以將其等同於有形的天空，因為正如施密特所指出的那樣，[69] 薩莫耶德人也認為努姆是大海和大地，也就是說努姆是整個宇宙。在科里雅克人中，至上神被稱為「那在上的」、「那在上的主」、「監督者」、「那存在者」、「力量」、「世界」。阿伊努人（Ainu）認為他是「天上的神主」、「天上的神」、「世界的創造者」、「保護者」等等，但是也叫做凱姆（Kaimui），意思

68　卡斯滕（Castren）《1838-1844 年在遊牧民族中間的旅行》（*Reisen im Norden in den Jahrn 1834-1844*），萊比錫，1953，第 231 頁以下。

69　《上帝觀念的起源》，第 3 卷，第 357 頁。

是「天」。[70] 科里雅克人的至上神住在「天上的村莊」。中部愛斯基摩人相信，他們的至上神住在天上，並稱之為「天神」。[71] 但是，毋庸贅言，這些名字和性質並沒有窮盡北極民族至上神的人格。首先，他是一個無所不能的神，而且經常是唯一的神，是宇宙的主人。但是其神顯的天的性質是清晰的，也是古老的。就像「原始人」的天神一樣，這個至上神與其他較低的神靈和靈魂一起分享北極民族的宗教生活。有時，在祈禱靈魂無效的時候，他們就去祈禱這位至上神。在獻祭時經常向其供奉動物的頭和長骨，而靈魂和冥神則直接得到熱血。[72]

60

　　蒙古人的至上神名叫騰格里（*tengri*），意思是「天」（此處可比較布里亞特人的 *tengeri*、伏爾加流域韃靼人的坦格里〔*tangere*〕、別爾季爾人〔Beltirs〕的丁格爾〔*tingir*〕、雅庫特人的坦加〔Tangar〕，或許還有楚瓦什人的圖瓦〔*tura*〕）。[73] 在車列米西人〔Cheremisses〕那裡，天神叫做雨彌〔Yume〕，

70　巴切勒（Batchelor），《阿伊努人及其民間傳說》（*The Ainu and their Folk-Lore*），倫敦，1901，第 248 頁以下、第 258 頁以下。

71　參見施密特，第 3 卷，第 345 頁。Schädel

72　戈斯（A. Gahs）〈游商民族的頭骨、顱骨和長骨獻祭〉（Kopf, - Schädel, und Langknochenopfer bei Rentievolkern），載於《W. 施密特神父》（*W. Schmidt-Festschrift*），維也納，1928，第 231 頁以下。因此，例如尤拉克 - 薩莫耶德人（Yurak-Samoyeds）敬奉他們的天神努姆，在高山頂上獻上白色馴鹿（亦可參見前揭書第 243 頁），通古斯人以同樣方式獻祭布噶（Buga）這位天空之靈（第 243 頁），等等。在科里雅克人、楚科奇人（Chukchi）和愛斯基摩人那裡，對天神的古老崇拜已經與圖騰崇拜、泛靈論以及父系社會的因素混合在一起，戈斯認為這些因素都是次要的（第 261 頁）。

73　霍姆貝格 - 哈爾瓦（Holmberg-Harva），《論古代民族的宗教想像力》（*Die religiösen Vorstellungen der altaischen Völker*），赫爾辛基，1939 年，第 141 頁以下。

其原意就是「天」）。[74] 奧斯佳克人（Ostyaks）以及沃古爾人（Voguls）最流行的神名為努姆－圖勒姆（Num-Turem），意為「天上的圖勒姆」或者「住在高處的圖勒姆」。[75] 在額爾齊斯河南部的奧斯佳克人中，天神的名字起源於 senke，原意為「光照、照耀、明亮」。[76] 例如努姆－申科（Senke，「從高處來的努姆」）、耶姆－申科（Yem-Senke，「善良的耶姆」）等。[77]

天神的其他稱號進一步完善了我們對其性質和功能的認定。別爾季爾人的祈禱是獻給「至仁的可汗」（Kaira-Khan）和「主人」（cajan）。[78] 米努辛斯克的韃靼人稱他們的至上神為「大地的創造者」（car cajany）；[79] 雅庫特人稱其為「智慧的主人創造者」（urun ajy tojon），或者「最高的主人」（ar tojon）；阿爾泰的韃靼人稱其為「那偉大的」（ulgan, ulgen）或者「那極其偉大的」（bai ulgen），在他們的祈禱裡，他甚至還是「白光」（ak kan；可以比較奧斯佳克人的申科〔senke〕，以及「最光耀

---

74 霍姆貝格-哈爾瓦，〈論車列米西人的宗教〉（Die Religion der Tscheremissen），波爾夫（Porvoo），1926 年（FFC，第 61 號）第 63 頁。

75 卡雅萊納（Karjalainen）《尤加拉民族的宗教》（Die Religion der Jugra Völker），波爾夫-赫爾辛基，1921，（FFC，第 44 號），第 2 卷，第 250 頁。

76 卡雅萊納，第 2 卷，第 260 頁。

77 凱·多納爾（Kai Donner）試圖用粟特語 nom（法律）來解釋這個字（比較希臘文 nomos），這個術語可能在回鶻人統治時期被中亞各民族帶到極北地區。即使這點得到了證明（實際並非如此；參見書目），這樣一種起源也只能是從這個字假借而來，因為一個至上天神的概念是一切北極和北方遊牧民族宗教具有的概念。

78 霍姆貝格-哈爾瓦，《論古代民族的宗教想像力》，第 144 頁。

79 霍姆貝格-哈爾瓦，《論古代民族的宗教想像力》，第 149 頁。

的可汗」〔*ajas kan*〕）[80] 奧斯佳克人和沃古爾人還在圖勒姆這個神名上加上了「偉大的」、「照耀的」、「黃金般的」、「雪白的」、「至高的」、「君主、主人、我父」、「來自高處的黃金般的光芒」等等屬性。[81] 在祈禱文和書面文獻裡，天神還經常被稱為「父親」。[82]

　　只要列出這些名字和稱號，就能證明烏拉爾－阿爾泰各民族的至上神具有在天上、最高統治者和創造性等特徵。他住在天上，在七重天、九重天或十六重天上（Bai Ulgen，參見第 33 節）。[83] 他的寶座在天的最高處或者宇宙山的山頂（參見第 143 節）。阿巴坎的韃靼人甚至談到天神的「穹廬」，布里亞特人談到「閃耀著黃金和銀子的屋子」，阿爾泰各民族也談到有著「金門」和「金座」的「王宮」。[84] 這位天神有兒子和女兒，[85] 還有眾多僕從和信使，薩滿在出神狀態中登天就會遇到他們。（其中一個信使叫做雅基克〔Yajyk〕，住在人間，在烏耳幹〔Ulgen〕和人類之間充當信使；還有一個信使叫蘇伊拉〔Suila〕，監督人類的行為並通報主人。）[86] 但是我們在烏拉爾－阿爾泰民族中並沒有找到任何有關神族婚姻（hierogamy）的神話，只是布里亞特人在祈禱文中稱天為「父」，稱地為「母」。[87]

80　同上，第 154 頁。

81　卡雅萊納，第 2 卷，第 250 頁以下。

82　霍姆貝格 - 哈爾瓦，《論古代民族的宗教想像力》，第 284 頁。

83　參見卡雅萊納，第 2 卷，第 257 頁。

84　霍姆貝格 - 哈爾瓦，《論古代民族的宗教想像力》，第 154 頁。

85　同上，第 156 頁以下。

86　同上，第 155 頁以下。

87　霍姆貝格 - 哈爾瓦，《論占代民族的宗教想像力》，第 152 頁。

　　至上天神創造大地和人類。他是「萬物的設計師」和「父親」。他創造了可見和不可見的事物，還使大地出產豐厚。[88]在沃古爾人中間，努米－圖勒姆（Numi-Turem）不僅創造了人類，還是一個教化者，教會人類捕魚等活動。[89]創造和宇宙律法這兩個概念密不可分。天是宇宙秩序的原型。天神確保宇宙節律的連續和不可捉摸，確保人類社會的穩定。他是「可汗」、「領袖」、「主人」，即宇宙的主宰。因此他的命令必須受到尊重（由神的稱號有「命令」、「領導」可以明確看出這一點）。[90]蒙古人相信，天看得見萬物，他們發誓的時候宣稱「願上天知道」。[91]他們可以從天上的徵兆（彗星、乾旱等）讀到神的啟示和命令。作為創造者、遍知遍觀者、律法的捍衛者，這位天神是宇宙主宰，然而，他的統治並不是直接的，凡有政治團體的地方，他通過在人間的代言人，也就是可汗，實行統治。

　　在蒙哥汗要魯不魯克轉交給法國國王的一封信中，我們發現了可能是關於蒙古人信仰的最清楚明白的表述：「此為長生天的訓誡：天上只有一個長生天，地上只有一個君王，天子成吉思汗！」[92]而成吉思汗的印璽鑴有如下銘文：「天上只有一個神，地上只有一個汗。世界主人之印。」整個宇宙之君主，即天子或者天的代表，在中國人（以及某些玻里尼西亞人）那裡也可發現。在古代中國的典籍裡，天神有兩個名字：天（「天」和「天

88　同上，第 155 頁；卡雅萊納，第 3 卷，第 262 頁。

89　卡雅萊納，第 2 卷，第 254 頁。

90　參見霍姆貝格 - 哈爾瓦，《論古代民族的宗教想像力》，第 144 頁。

91　同上，第 150 頁。

92　譯註：參見《柏朗嘉賓蒙古行紀、魯布魯克東行紀》（耿昇、何高濟譯），北京：中華書局，2002，第 309 頁。

神」）和上帝（「天上的帝王」、「天上的君主」）。天確立宇
宙秩序，作為至上的君主居於九天之上。「天就是王朝的命運，
一種遍觀一切、制定法律的力量。天乃誓言之神。人們對著白晝
和黎明起誓，籲求蒼穹、青天，普照一切的上天作證。」[93]

　　皇帝是「天子」，是天神在人間的代表。中國人的天命和蒙
古人的「天的命令」（*dzajagan*）相對應。君主不僅要確保一個
社會恰到好處的組織結構，還要確保大地的豐產，以及自然節律
的連續性。每當發生地震和其他災難的時候，中國的君王就要
思過，虔誠舉行潔淨的禮儀。在《詩經》中，面對大旱，國王
不由悲歎道：「我們究竟因何罪過，遭此責罰？天降死亡和痛
苦？……但願全國的災情和衰敗落在到我一人身上！」[94]因為皇
帝是「予一人」，宇宙秩序的代表和法律的守護者。

　　天－創造者－宇宙－主宰的聯合確保宇宙秩序和人間生命生
生不息，這一點只有藉由諸天神的一個特性——消極性——才能
夠真正實現。在中華帝國和蒙古帝國這樣龐大的政治機構裡，
君王的神話以及一個帝國的存在本身就強化了天神的靈驗。但
是，一旦天神不能得到「歷史」的幫助，烏拉爾－阿爾泰人的至
上天神在崇拜者的心目中就會變得消極和遙遠。因為在某些西伯
利亞的和中亞民族裡，天神如此遙遠，以至於對人類幹什麼毫無
興趣。在通古斯人看來，布噶（「天」、「世界」）遍知一切，
卻不介入人間事務。雅庫特人的 *Uran ajy tojon* 或者 *aibyt aga*

93　葛蘭言（Granet）《中國的宗教》，（*La Religion des Chinois*），巴黎，1922，
　　第 57 頁。
94　譯註：《詩經・大雅・雲漢》，「何辜今之人？天降喪亂，饑饉薦臻……耗斁下
　　土，寧丁我躬。」

（Aga，「父親」）住在第七天的王座上，統轄萬物，然而只行善事（換言之，不行賞罰）。圖魯汗斯克（Turukhansk）的通古斯人相信天神有時帶來好運，有時也會帶來厄運，但是又說不知道他是按照什麼樣的標準來做這些事情的。[95]

不過一般而言，可以說烏拉爾－阿爾泰諸部落的天神比其他民族的天神保留了更多的原初特徵。他們沒有聖顯，沒有轉變為風暴、霹靂之神。（像北美神話一樣，這些烏拉爾－阿爾泰人會把霹靂描繪成為一隻大鳥，但是從來不向它獻祭。）[96] 他們廣受尊敬，人們會向他們祈求食物；[97] 他們獲得真正的祭祀，但是沒有被表現形象。[98] 祭品一般包括白馴鹿和犬。[99] 但是，整個宗教生活並非都為這種至上神信仰所統轄，當地還存在著一整套與他毫無關係的儀式、信仰和迷信。

19・美索不達米亞

蘇美人關於神的用語 *dingir*[100]，最早的含義就是天的顯現：

95　霍姆貝格 - 哈爾瓦，《論古代民族的宗教想像力》，第 151 頁。

96　霍姆貝格 - 哈爾瓦，《論古代民族的宗教想像力》，第 205 頁以下。

97　參見 Numi tarem：卡雅萊納，第 2 卷，第 255 頁。

98　卡雅萊納，第 280 頁。

99　同上，第 273 頁。

100　赫美爾（Hommel）將蘇美字 *dingir*，「神」、「照耀」，同突厥 - 蒙古語騰格里，「天」、「神」聯繫起來。巴爾吞（P. A. Barton）認為天神安努（Anu）是一個在史前時代結束之際由中亞引入美索不達米亞的外來詞（《閃語和含語的起源》〔*Semitic and Hamitic Origins*〕，費城，1934，第 245 頁，第 369 頁）。實際上我們可以發現，早在西元前第四千年，某些原始東方文化（以攔〔Elam〕

「明亮的、閃耀的」（*dingir*，翻譯成為阿卡德語就是 *ellu*，「明亮的、閃耀的」）。表示「神」（*dingir*）的字和表示「天」（*ana, anu*）的字，其實是同一個表意符號。起初，這個文字符號是一個象形文字，表示星星。拼寫成 *an*（*a*）、*an*（*u*）時，它就表示空間的超越性：「高高在上、那高高在上的。」

符號 *an* 同樣也用來表示「雨天」，其延伸意就是雨。因此，這種對神（*dingir*）本身的直覺就基於天（高處、明亮、閃耀、天、雨）的聖顯。這些聖顯顯然與神（*dingir*）本身的觀念很快就分離了，並集中於某個特定的人格化的神，亦即安努（Anu）身上了。安努這個名字的意思就是「天」，在西元前第四千年時就確切地出現歷史上了。安努起源於蘇美，並成為巴比倫人的主神。但是就像其他天神一樣，經過一段時間之後他就不再具有很大重要性。安努多少像是抽象神，至少在有文獻記載時期就是這樣的。他的祭祀流傳並不廣泛。[101] 在宗教文獻裡，很少有人向他祈求，在諸神名錄裡也不突出。[102] 他不是像

文化）和「裏海」以及阿爾泰文化（例如原始突厥人；參見參考書目所引，M. Ebert、G. Hermes、W. Amschler、W. Koppers、E. Erzfeld 的研究）。但是這些文明究竟作出多大的貢獻迄今未明。另一方面，人們也可以追蹤西元前第三千年俄羅斯北部的東方文化的影響（參見 Tallgren 的著作）。無論如何，顯然，早期原始的突厥人信仰一位天神，與印歐人的天神有著驚人的相似，並且一般而言，印歐人宗教生活的結構與任何近東或者地中海民族的宗教相比更接近於原始突厥人。

101 葉斯特羅（Jastrow），《巴比倫和亞述宗教》（*Die Religion Babyloniens u. Assyrienss*），吉森（Giessen），1902，第 1 卷，第 84 頁。

102 富拉尼《巴比倫 - 亞述宗教》（*La Religione Babilonese-Assira*），博洛尼亞（Bologna），1928，第 1 卷，第 110 頁。

馬杜克（Marduk）那樣的創造之神。我們也沒有發現安努的神像[103]——似乎這也證明他從未在巴比倫宗教生活或者有文獻的歷史時期發揮積極的作用。

當然安努居住在天上。他的宮殿坐落在蒼穹頂端，洪水侵襲不到的地方。[104]諸神趕到那裡朝拜他，就像希臘神話中諸神趕到奧林波斯山上那樣。

他在烏魯克的神廟叫做伊娜娜（E-an-na），即「天宮」。安努端坐在天上的寶座，身上裝點著最高統治者的各種屬性：節杖、王冠、帽飾、旗杆。[105]他是至高無上的統治者，作為國王身分的象徵，是其他國王用來展示權威的源泉和理由；國王象徵性地從安努那裡獲得權利。[106]這就是為什麼只有國王而不是老百姓才能夠求告他。他是「諸神之父」（abu ilani）、「諸神之王」。他是在至高無上的權威而不是親屬的意義上的「父親」。[107]

在《漢摩拉比法典》中，人們求告他，稱他為「安努納基（Anunnaki）國王」，而他最常見的名號為：伊勒－沙梅（il shame），意為「天神」；阿爸－沙梅（ab shame），意為「天父」；沙爾－沙梅（shar shame），意為「天王」。王權本身也

---

103 富拉尼，前揭書，第 115 頁。

104〈吉爾迦美什〉（Epic of Gilgamesh），XII，第 155 頁。

105 多爾默（Dhorme），〈巴比倫和亞述宗教〉（Les Religions de Babylonie et d'Assyrie），MA，巴黎，1945，第 67 頁。

106 參見拉巴特（Labat），《亞述 - 巴比倫王室宗教的特徵》（Le caractère religieux de la royauté assyro-babylonienne），巴黎，1939，尤其是第 33 頁以下。

107《漢摩拉比法典》，42，46。

來自天上。[108]

群星是安努的軍隊，因為宇宙之主安努是一位戰爭之神（參見聖經之語「萬軍之主」）。他的主要節日是在新年之始，人們紀念世界的創造（第 153 節）的時候。但是隨著時間的推移，新年節用來紀念馬杜克，一位更加年輕（他的興起可以追溯到漢摩拉比時代，大約公元前 2150 年）、更加充滿活力（他大戰海怪提阿馬特並殺死它）、更加具有重要性的造物之神（馬杜克用提阿馬特的身體創造世界）。安努的節日轉移到了馬杜克，與風暴神恩利勒－貝勒（Enlil-Bel）被推到了至上神的位置（第 27 節）正好遙相呼應。這些更具活力、創造力，更加平易近人的神靈取而代之所造成的後果，在我們以後的深入探討中會越來越明顯。

66

20・特尤斯、伐樓那

在這裡我們無需就一個假設所有雅利安部落共同信仰的光明之神蒂烏斯（Dieus）展開討論。可以肯定的是，印度人的特尤斯、羅馬人的朱庇特、希臘人的宙斯以及日耳曼人的曲爾－瑣爾（Tyr-Zio），都是從原初的一個天神經過漫長的歷史演變而來。他們的名字揭示了最早的兩層含義，「光明（白晝）」和「神聖」（比如梵文 *div*，「照耀」、「白晝」；*dayus*，「天」、「白晝」；*dios*，*dies*；*deivos*，*divus*）。這些印度－雅

---

108 參見多爾默，第 68 頁。

利安神名揭示了他們與光明燦爛、陽光普照的天之間的有機聯繫。但並不像有些學者所認為的那樣，[109] 這就意味著蒂烏斯這個概念與任何大氣現象——風暴、閃電、霹靂——沒有任何聯繫。最原始的天神（例如白亞米和達拉慕魯姆，參見第 12 節）主宰這些現象，閃電就是他們的屬性。雅利安天神的真名突出他普照大地、祥和的性質，這個事實沒有將其他天的聖顯（颶風和雨水等等）從蒂烏斯的人格中排除出去。誠然，如同我們將要看到的那樣（第 26 節），許多天神都「專門化了」，變成了風暴之神或豐產之神。但是這些專門化必須視為宗教史上一種常見的傾向（亦即朝向具體化的傾向；「創造」的概念轉變成為「豐產」的概念等）所致，不管怎樣，明亮的天神的概念並不排除氣象功能的存在。

很難將印度－雅利安人天神的各種歷史形式化約為任何一個單一的神靈顯現，或者單一系列的天的神靈顯現。他們的人格更為豐富，功能更為複雜。他們蘊含或主宰的神聖力量似乎可以傳播到許多領域——這些領域並不總是採取宇宙的形式。在所有這些神靈的人格中有一個決定性因素，那就是他們的統治地位，而這一地位不能僅僅用天的神聖性來解釋。例如，我們考查一下印度－雅利安人的天神吧。作為一位真正天神的特尤斯（Dyaus）很少出現在吠陀或後吠陀的作品中。[110] 一般而言，他的名字用來表示「天」或者「白晝」（dyavi dyavi：「一天

---

109 例如尼赫林（Nehring），〈印度 - 日耳曼文化和起源研究〉（Studien zur indogermanischen Kultur- und Urheimat），WBKL，第 4 卷，第 195 頁以下。

110 夏布蘭特（Hillebrandt），《吠陀神話》（*Verdische Mythologie*），布列斯勞（Breslau），1929，第 3 卷，第 392 頁。

又一天」）。當然有一段時期特尤斯享有一個真正神靈的自主性，我們看到，在吠陀作品中也保留了一些遺跡：特瓦波哩提毗（Dyāvapṛthivi），即「天和地」、[111] 向「天父」、「遍知萬物的天」的祈禱。[112] 神族婚姻、遍知萬物、創造性，這些都是一個真正天神特有的屬性。但是特尤斯已經成為「自然崇拜」（naturist）的專門化過程的目標。換言之，他不再是天之神聖性的啟示者，而是日常天空現象（「天」、「白晝」）的一種表現。這也是他的消極性所造成的結果。神聖的因素從宇宙現象中分離出來，曾經用來描述神聖的語詞最終變成世俗的用語，天神被一個意為「天空」和「白晝現象」的字所取代。但是，特尤斯的這種「世俗化」，絕沒有破壞或者削弱天的神靈顯現。它只不過意味著特尤斯讓位於另外一個神靈。特尤斯變得「自然化了」、不再表達天的**神聖性**，因而也不再實現至上天神的功能。

這種變化在很早的時候就已發生，因為自從吠陀時代開始後不久，特尤斯的地位就已經被另外一個神靈，也就是伐樓那（Varuna，西元前第十四世紀的博茲科伊〔Boghazkeui〕銘文寫作 *u-ruva-na*）所取代。伐樓那保留了所有天神的特點，但是不能僅僅稱之為天神。我們可以肯定，伐樓那是 *viśvadarśata*，「處處可見的」。[113] 他「分開兩個世界」，[114] 風是他的呼吸。[115] 他和密多羅（Mitro）被尊稱為「世界上兩個最強大最高貴的主

68

---

111 《梨俱吠陀》，i, 160。
112 《阿闥婆吠陀》（*AV*），i, 32，4。
113 《梨俱吠陀》，viii, 41，3。
114 同上，vii, 86，i
115 同上，vii, 87，2

人」，「令天空烏雲密佈，在第一聲驚雷中顯現自己，通過神聖的奇蹟讓天普降甘霖」，正是他「展開天上奇蹟般的工作」，[116]等等。早期階段的伐樓那還擁有月亮的品質，[117] 和雨的關係十分密切，以至於成為一位海神。[118] 這兩種變化都可以視為源於他最初具有的天的形式。遠方的神靈取代月神，或者更概括地說，吸收了月亮的因素，在宗教史上經常可以遇到。月亮的節律主宰降雨和大海，而掌管雨水的特權則從天神轉到了月神手裡。

其最初的天神結構還可以解釋伐樓那的其他許多功能和榮耀。例如，他的無所不知。「他的密探自天而降，他們的一千雙眼睛窺探人間。伐樓那大王看見一切……甚至算得出人眨過幾次眼睛……」[119] 伐樓那無所不能、永無謬誤，「他知道飛鳥在天空留下的痕跡……他知道風運行的方向……他認識一切，探聽一切祕密、一切行為和一切意向……」[120] 他和密多羅一起，在草木和房間裡布下密探，因為這些神靈從不闔眼。[121] 伐樓那是 *sahsrākṣa*，即「千眼」，[122] 而千眼是指星星的一種神話用語——這種隱喻，即使不是以後，至少也是最初，表明他是一位天上的神靈。[123] 伐樓那並非唯一擁有「千眼」，因陀羅（Indra）和伐

116 同上，v, 63，2-5。

117 夏布蘭特，第 3 卷，第 1 頁以下。

118 參見梅耶爾（Meyer）在《古印度統治權力的三部曲和植物節日》（*Trilogie altindischer Mächte und Feste der Vegetation*）中的大量引文，蘇黎世 - 萊比錫，第 3 卷，第 206 頁以下、第 269 頁以下。

119 《梨俱吠陀》，iv, 16，2-7。

120 同上，i, 25，7 以下。

121 同上，vii, 61，3。

122 同上，vii, 34，10。

123 參見貝塔佐尼〈佈滿眼睛的身體〉（Les corps parsemé d'yeux），CZ，I，第 1

由（Vāyu）[124]、阿耆尼，[125] 以及原人（Puruṣa）[126] 也都擁有。我們可以在前兩位神與天界（雷雨、風等等）之間確立某種關係，但是阿耆尼是一位火神，而原人則是一位神話巨人。他們擁有千眼，不是因為任何天界的權威，而是因為在所有獻給他們的頌歌中都被視為無所不知、無所不能的神，換言之他們都被視為統治者。

21 · 伐樓那和最高統治權

讓我們回到伐樓那是否可被視為唯一天神這個問題上來——在吠陀作品中，作者並沒有特意強調他的天神特徵而是經常強調他的最高統治者的性質：「確實，伐樓那才是真正至上的帝利（Kṣatra）」。[127] 龔特爾特（Güntert）[128] 和杜梅齊爾 [129] 找到了能夠非常清楚地說明伐樓那這一基本性質的術語。虔信者在他降臨的時候感覺自己就像「奴隸」一樣，[130] 而謙卑的態度體現在絕不拜其他的神。[131] 作為宇宙的最高統治者，伐樓那是宇宙秩序之範

頁以下。
124 《梨俱吠陀》，i · 23，3。
125 同上，i · 23，3。
126 同上，X · 90，1。
127 《百道梵書》（Śatapatha Brāhmaṇam），ii，5，2，34。
128 載於《古代世界之王和聖地》（Der arische weltkönig und heiland），海牙，1923，第 97 頁以下。
129 載於《烏拉諾斯 - 伐樓那》（Ouranos-Varuna），巴黎，1934，第 39 頁以下。
130 《梨俱吠陀》，i · 25，1。
131 參見蓋格（Geiger），《論阿梅沙 · 斯潘達》（Die Amesa Spentas），1916，第

型的守護者。因此他「遍觀」萬物，一切罪過隱藏再深也絕不能逃脫懲罰；人們受到挫折也祈禱伐樓那，問他自己犯了什麼罪過，或冒犯了他什麼。[132] 他保護人類的契約，用他們的誓言「捆綁」他們。任何人想要破壞誓言，伐樓那就「捆綁」他們；[133] 伐樓那的「羅網」是令人畏懼的，[134] 因為它們是令人氣餒、筋疲力盡的繩索。伐樓那是「捆綁」之神，而這也是其他擁有最高統治權的神靈所特有的一種權力（第 23 節），顯示他既擁有各種巫術力量，也擁有一種屬靈的力量、至上的王權。

甚至伐樓那的名字也可以從這種捆綁的力量得到解釋，因為現在該字的詞源 var（vṛnoti），即「覆蓋」、「靠攏」（表明其具有天的品性）已被放棄，從而支持了彼得森（H. Petersson）提出並得到龔特爾特 [135] 和杜梅齊爾認可的釋義，[136] 即該字來源於印歐詞根 uer「捆綁」（梵語 varatra，「束縛、捆紮」；立陶宛語 weru，wert，「編織、刺繡」；俄語 verenica，「摘斷的繩索」）。伐樓那總是被描繪為手持一根繩索；[137] 人們還舉行許多

154、157 頁。

132 參見《梨俱吠陀》，vii，86；《夜柔吠陀》（AV）iv，16 等。

133 《梨俱吠陀》，i，24，15。

134 同上，i，24，15。

135 第 144 頁。

136 第 49 頁。

137 參見貝爾迦涅（Bergaigne）《〈梨俱吠陀〉以前的宗教》〔La religion védique d'après les hymnes du Rig-Veda〕，巴黎，1878-1883，第 3 卷，第 114 頁；列維（S. Lévi）《婆羅門的獻祭概念》（La Doctrine du sacrifice dans les Brahmanas），1898，第 153 頁以下；霍普金斯（Hopkins）《史詩神話》（Epic Mythology），斯特拉斯堡，1920，第 116 頁以下。

解除「伐樓那的繩索」（甚至繩結也是他所特有的）的儀式。[138]

伐樓那的這種捆綁的力量，雖然受冥間的或月亮的影響而有所強化，[139] 但卻表明該神的最高統治權本質上仍然是巫術性的。杜梅齊爾進一步完善了龔特爾特關於「捆綁」和「羅網」的巫術意義的解釋，[140] 他極為正確地指出，這些功能是屬於國王的。「伐樓那是至高無上的摩耶（maya）之主、巫術力量之主。伐樓那的繩索是巫術性的，他的最高統治權也是巫術性的；它們是酋長擁有的那些神祕力量的象徵，是公正、管理、王族和公眾的安全等等各種力量。在印度等地，王杖和繩索，即 danda 和 pāśāḥ，都享有代表所有這一切力量的榮耀。」[141] 例如，印度國王的祝聖慶典由伐樓那主持。總之，即位禮（rājasūya）無非是重複第一個最高統治者伐樓那自身祝聖之原型而已。[142]

因此，認為伐樓那僅是一個天神，純粹按照其天神的元素來解釋他的一切——性格、神話和儀式——是錯誤的。就像其他被稱為天神的諸神一樣，伐樓那是一個複合型的神靈，既不可化約為「自然崇拜」的聖顯，也不可侷限於若干社會功能。最高統治者的特性有所發展，強化了天的特徵；伐樓那遍知、遍聞，因為他從佈滿星星的住所俯臨寰宇；然而，他同時也是無所不

71

---

138 參見杜梅齊爾《烏拉諾斯 - 伐樓那》，巴黎，1934，第 21 頁，注 1；參見伊利亞德，〈「捆綁的神」與 Neud 的符號〉（Le 'Dieu lieur' et le symbolism des Neuds），*RHR*，第 21 頁，1947-1948，第 CXXXIV 卷，第 5-36 頁。

139 參見克婁斯（A. Closs），〈塞姆內諾斯人的宗教〉（Die Religions des Semnonenstamnes），*WBKL*，第 iv 卷，第 625 頁以下。

140 《古代世界之王和聖地》，海牙，1923，第 120 頁以下。

141 杜梅齊爾，第 53 頁以下。

142 杜梅齊爾，第 42 頁以下。

能的，因為他統治宇宙；他（用疾病和孱弱）「捆綁」那些違反他律法的人作為懲罰，因為他是宇宙秩序的守護神。在所有這些屬性和功能裡面，有一個共同點是非常清楚的：他的「力量」具有寧靜的、神聖的，幾乎可以說是消極的特點。他並不掌握任何權力，既不征服任何事物，也不（例如因陀羅那樣）努力去戰勝一切；他**是**強有力的神，**是**君主，但依然是一個沉思者（「時常出入於會眾之間的祭司」）。[143] 伐樓那稱王，不是憑著他自己（*svarāj*，就像因陀羅一樣），而是憑著他就是 *saṁrāj*，宇宙之王。[144] 也就是說，他的力量恰恰出乎他的本性，這種力量使他能夠透過巫術、「心靈的力量」、「知識」而行動。

透過這種方式，我們就能夠觀察到在所謂伐樓那的「天神的一面」與「最高統治者的一面」存在一種異乎尋常的對稱，它們相互適應、互為補充；天是超越的、獨一無二的，宇宙的統治者同樣也是如此；消極的傾向則表現為所有天神都住在高處、遠離人類，對人類的日常需要多少是漠不關心的。原始的至上天神的消極性在伐樓那這裡也可以找到。諸位可以看見，他具有沉思的特性，他的行動不是像因陀羅那樣訴諸物質的手段，而是訴諸巫術的、精神的力量。諸位還將發現，在原始人的天神的屬性和宇宙的統治者的屬性之間也存在相同的對稱性。兩者都保護自然的秩序和豐產，只要律法得到遵守。雨水使大地豐產，但是任何破壞律法的行為、任何「罪」，都將使四季的正常運轉陷入險境，因而威脅到社會和自然的命。正如我們將會看到的那樣，這位最高統治者，不僅在神話裡，而且在現實的崇拜活動中充當了

---

143 《梨俱吠陀》，vi，68，3。

144 同上，vii，82，2；貝爾迦涅，第 iii 卷，第 140 頁；杜梅齊爾，第 40 頁。

人間善的秩序以及大地的豐產的保證者。但是，我們同時也要指出，這種純粹運用靈性和巫術手段的宇宙最高統治者的概念，其發展和形成主要歸功於天的超越性的概念。正是這樣一個概念在各種不同的層面上的發展，使「巫術的最高統治者」的全貌成為可能。但是另一方面，「巫術的最高統治者」的理論對於最初天神的形象亦有至關重要的影響。正是因為如此，至少從**歷史**上看（亦即在吠陀時代和後吠陀時代作品裡的伐樓那），伐樓那不可以簡單地稱之為天神，就像他不能被簡單地稱為月神或海神一樣。他是，或者說傾向於是，所有這些事物，而同時又是一個至上的最高統治之神。

22 · 伊朗的天神

伊朗人也有一個至上天神。據希羅多德記載，[145]「他們的習慣是到最高的山峰上去，在那裡向宙斯奉獻犧牲，因為他們是把整個穹蒼稱為宙斯。」我們不知道這個最初的天神的名字在伊朗人的語言裡叫作什麼。我們在《阿維斯陀》裡找到了那個神靈。查拉圖斯特拉（Zarathustra）試圖改變形象、將其置於宗教改革核心位置的神靈名叫做阿胡拉·馬茲達（Ahura Mazda），「智慧之主」、「無所不知的」。他有一個稱號叫弗魯·卡薩尼（vouru casani），意思是「視野寬廣的」，[146] 表明他有一種天

---

145 《希羅多德歷史》，i，131。
146 尼貝戈（Nyberg），《古代伊朗的宗教》（*Die Religion des alten Iran*），萊比錫，1928，第 99 頁。

界的結構。但是在查拉圖斯特拉的改革裡，阿胡拉‧馬茲達的自然因素被清除掉了，倒是在那些反映向伊朗人之前的多神教回歸的後期文獻裡，我們找到了這個關於古代伊朗天神最清晰的蹤跡。

起初，宗教的比較研究表明阿胡拉‧馬茲達是一個與伐樓那相對應的神。雖然有些學者反對這個說法，[147] 但是我看不出有什麼真正的理由可以放棄它。早在五十年前歐登貝格（Odenberg）就已經（在其〈伐樓那和阿底提亞斯〔Adityas〕〉一文中）證明兩者之間存在的共同特徵，這些特徵是令人信服的。就像伐樓那一樣，阿胡拉‧馬茲達是「最高統治之神」。[148]《阿維斯陀》裡面一個十分古老的用語是密特拉－阿胡拉（Mitra-Ahura）。[149] 在這裡，密特拉與一個阿胡拉聯繫在一起，這個阿胡拉還沒有變成不同歷史時期的阿胡拉‧馬茲達，這更加令人聯想到吠陀作品中那個至上的阿修羅（Asura）即伐樓那。因而，《阿維斯陀》中的密特拉－阿胡拉對應於《吠陀》的雙名密多羅－伐樓那。我不能像赫爾特爾（Hertel）[150]、尼貝戈（Nyberg）[151] 以及維登格倫（Widengren）[152] 那樣走得更遠，進

---

147 例如隆美爾（H. Lommel），《論古代雅利安人》（*Les Anciens Aryens*），第 99 頁以下。

148 杜梅齊爾《大天使的誕生》，（*Naissance d'Archanges*），巴黎，1945，第 82 頁。

149 參見本文尼斯特－勒諾（Benveniste-Renou），《弗栗多和弗瑞斯勒格納》（*Vrtra et Vrthragana*），巴黎，1935，第 46 頁。

150 《論〈阿維斯陀〉中的 Sonne 和密特拉》（*Die Sonne und Mithra im Awesta*），萊比錫，1927，第 174 頁以下。

151 《古代伊朗的宗教》，第 99 頁。

152 《古代伊朗的至上神的信仰》（*Hochgottglaube im alten Iran*），烏普薩拉，

而將密特拉視為夜晚的天空，而阿胡拉‧馬茲達則是白晝的天空。但是在阿胡拉‧馬茲達的顯現中有著天界的結構則是毫無疑問的。因為他「用堅固的天穹作他的衣衫」；[153] 他讓天普降甘霖，滋潤「虔誠的人和有用的動物」；[154] 他被稱為「看得甚多、看得最清、看得遙遠、從遠處就一目了然、偵查、知道、知道得最清楚」；[155]「不欺」；[156]「他知道……他永無謬誤，他有一顆永無謬誤、無所不知的心。」[157]《耶斯納》說：「絕不可能欺騙阿胡拉，他能看見一切。」[158] 就像其他天神一樣，阿胡拉‧馬茲達從不入睡，因此沒有任何祕密能夠「逃脫他敏銳的目光」。[159] 阿胡拉‧馬茲達確保契約的不可踐踏、諾言的遵守；當阿胡拉‧馬茲達向查拉圖斯特拉闡明他為什麼創造密特拉的時候，他說任何人破壞協定（mitra =「契約」）都將給整個土地帶來厄運。[160] 因此他維繫人與人之間良好的契約關係，維繫諸種自然力量和普遍繁榮之間恆常的平衡。因而這也是為什麼說密特拉無所不知的原因，為什麼說他有千眼、千耳，[161] 就像阿胡拉‧馬茲達一樣永無謬誤、強大、從不睡覺、警覺；[162] 他還被稱作「不可欺騙」

74

1938，第 94 頁以下。

153 《耶斯納》（Yasna），30，5；參見《耶斯特》（Yast），13，2-3。

154 《驅魔書》（Videvdat），5，20。

155 《耶斯特》，i，12-13。

156 同上，i，14。

157 同上，12，1。

158 同上，45，4。

159 《耶斯納》，31，13-14。

160 《耶斯特》，10，1-2。

161 同上，17，16；參見貝塔佐尼《佈滿眼睛的身體》，第 9 頁。

162 同上，10，7。

（*adaoyamna*）和「無所不知」（*vispo, vidva*）。

但是所有這些屬性和功能不僅暗示一種天的聖顯，而且也表達出其他的特點——例如他的最高統治權。[163]阿胡拉‧馬茲達看見一切、知道一切，不僅因為他是天神，而且因為他是一位最高統治者，是法律的捍衛者、惡徒的懲罰者；由於他的最高統治權，他必須維持良好的組織以及自然和社會的繁榮，因為稍有閃失就足以打破宇宙各個層面的秩序平衡。我們關於伊朗宗教文獻所知甚少——這主要是因為查拉圖斯特拉的改革所致——因此不能重構阿胡拉‧馬茲達最初的天神形象。人們甚至可以懷疑阿胡拉‧馬茲達是否真是一個純粹而單一的天神，是否他作為一個至上神而不能成為命運之神，[164]亦即國王和祭司的原型，[165]也不能成為雙性神，[166]是否他事實上從他「歷史」的一開始就沒有表現為一種複雜的聖顯，其中天的因素自然扮演著重要卻絕不是唯一的作用。

同樣，必須指出前查拉圖斯特拉的阿胡拉‧馬茲達作為**退位神**的概念，他不是直接地而是通過善神（*spenta mainyu*）[167]、通過一個「善靈」的中介來創造世界，這善靈頗似原始宗教中伴隨天神出現的那樣一個巨匠造物神。這種現象極為普遍，以至於似乎必定和宗教生活裡面的某種非常基本的傾向相對應，我以後還要回過來討論這種傾向。就阿胡拉‧馬茲達而言，這種傾向

---

163 參見維登葛蘭，第 260 頁以下。
164 同上，第 253 頁。
165 同上，第 386 頁。
166 同上，第 251 頁。
167 《耶斯特》，44，7。

為查拉圖斯特拉的改革所挫敗——就像許多的宗教改革家（例如摩西、先知和穆罕默德）那樣將古老的至上天神重新帶回到生活裡面一樣，這些天神已經成為**退位神**，在大眾宗教生活中的地位被更為具體的、更具有活力的神（豐產之神、大母神〔the Great Goddesses〕等等）所取代。但是宗教改革隱含著一種神聖經驗，它與我們此處所討論的完全不同，我們還是在別處做更有意義的討論。

23・烏拉諾斯

在希臘，烏拉諾斯（Ouranos）更為清晰地保留了其自然特點：他**就是**天。古希臘詩人海希奧德（Hesiod）描寫他走上前來，[168] 四下延展，「渴望愛情」，帶著黑夜之神，覆蓋大地。這個宇宙婚姻清楚地說明了天的功能。但是除了這個神話以外，烏拉諾斯什麼也沒有保留下來，甚至連婚姻也沒有。他那不確定的祭祀儀式被其他神，尤其是宙斯所褫奪。烏拉諾斯事實上也見證了一個天神被漸次驅逐出宗教的生活和活動，在經歷無數的侵犯、代替和混合之後，最後竟至於被徹底遺忘了。隨著宗教的發展，烏拉諾斯只是在海希奧德保留下來的神話中還依稀尚存。這個神話表明起初並不只存在天，還存在著一對天空－大地之神。[169] 從這個忠貞的神聖婚姻中誕生出一些最早的神靈（歐開

---

168 《神譜》（*Theog*），126 頁以下。

169 在海希奧德的神話裡，大地（蓋亞）生育了烏拉諾斯。這是前希臘時代冥府宗教的殘餘。

諾斯〔Oceanos〕、許珀里翁〔Hyperion〕、忒亞〔Theia〕、忒彌斯〔Themis〕、福柏〔Phoebe〕、克洛諾斯〔Kronos〕）以及庫克洛佩斯（Cyclops）和其他巨人。烏拉諾斯性欲極其旺盛，就像所有天神一樣，特尤斯也是這樣（他以 *suretah*，即「善種子」而出名，[170] 他和妻子波哩提毗〔Pṛthivī〕擁抱，生下了人類和諸神。）[171]

但是，與其他天神不同，烏拉諾斯的多產給他帶來了危險。他的後代與我們知道的這個世界的居民迥異，都是一些怪物（有一百條臂膀、五十隻眼睛、極其高大等等）。烏拉諾斯「打一開始就憎恨他們」（海希奧德），將他們藏匿在大地（蓋亞）的身體裡面，於是她痛苦並且呻吟。在蓋亞的慫恿下，他的小兒子克洛諾斯守候著，在深夜時分來到大地的父親，割下他的陽具，丟進大海。這個閹割終止了烏拉諾斯巨大的創造力，也因此終結了他的最高統治權。正如杜梅齊爾證明，這個神話在伐樓那的陽痿神話和印度統治者的登基儀式中也有對應之處。[172] 我在其他不同語境下還將回頭討論「最高統治權的危險」這個複雜問題，但是現在必須指出，這兩個神話以及它們各自相應儀式的本質意義（對豐產的掌控和保障）。伐樓那和烏拉諾斯的最高統治權的對稱性也是相當令人吃驚的。雖然烏拉諾斯向自然崇拜（naturism）的方向發展，但他是「宇宙的第一位統治者」。[173] 他有長女名巴西利婭（Basileia）。[174] 正如伐樓那是「行捆綁」

---

170 《梨俱吠陀》，iv，17，4。

171 參見《梨俱吠陀》，i，106，3；159，1；185，4；iv，56，2 等等。

172 參見他所著的《烏拉諾斯－伐樓那》。

173 阿波羅多魯斯（Apollodorus），《希臘編年史》（*Bibliotheca*），i，1。

174 狄奧多魯斯·希庫魯斯（Diodorus Siculus），3，57。

的至上神，烏拉諾斯也「捆綁」他的孩子，把他們一個接一個藏
匿在蓋亞的身體裡面。伐樓那「扼住」兒子布古（Bhrgu）的呼
吸，把他送到地下世界去學習知識。[175] 而烏拉諾斯用鎖鏈捆綁庫
克洛佩斯，擲入塔耳塔洛斯（Tartarus）。[176] 克洛諾斯繼烏拉諾
斯作了宇宙之主以後，也把他的對手用鎖鏈捆住，俄耳普斯教徒
也將同樣的力量賦予宙斯。

標誌著烏拉諾斯與其他天神的不同之處在於他的巨大的創造
力，以及他對撫養親生的孩子的憎恨。所有天神都是創造者，創
造世界、諸神和一切的活物。多產只是他們作為創造者的基本職
能之一。「神聖的天神深入大地之神的身體，就醉了」，埃斯
庫羅斯在他已佚的悲劇三部曲之一《達娜伊得斯》中如是說。[177]
這就是為什麼所有印度－地中海宗教中的天神都多少等同於公
牛。《梨俱吠陀》稱特尤斯是「公牛」，[178] 而且正如我們所見，
大多數愛琴海－東方的神靈都有著相同的特點。但是在烏拉諾斯
這裡，這種多產是危險的。正如馬松（Mazon）在海希奧德《神
譜》評注中提到的那樣，[179] 烏拉諾斯慘遭閹割，終結了他憎恨的
徒勞的多產，而且阿芙蘿黛蒂（Aphrodite）出現（從烏拉諾斯
陽具的血沫中誕生）為世界帶來了秩序、物種的確定性，可以防
止以後再出現各種混亂和危險的生育。

烏拉諾斯的這種獨特之處——至少如海希奧德的神話所敘述

---

175 《娑摩吠陀》（*Jaiminiya Br*），I，44；列維《教義》（*Doctrine*），pp. 100ff.；
　　杜梅齊爾，p. 55。
176 阿波羅多魯斯，i，1，2。
177 諾克（Nauck），《希臘悲劇殘篇》（*frag*），44。
178 參見 i，160，3；v，6，5；v，58，6 等等。
179 高勒·布德（Coll. Budé），1928，第 28 頁以下。

的那樣——尚未得到充分解釋。為什麼位列天神的他繼續無限地生育如此多的活物卻又「憎恨」他們，竟至於將他們「藏」在塔耳塔洛斯或者大地的肚腹裡面呢？是不是這正是以某種諷刺的形式對神話時代，也就是**彼時**（*illud tempus*）的回憶？那時的創造還沒有固定的模式，任何東西都可能生出別的什麼東西，狼可以生下羔羊。在黎明的「時間」或者天堂的時間中的事物實際上非常隨意，可以在現實的任何一個層面存在，因而存在於各種不同的物種裡面。有許多傳說都談到，在世界開始的時候神創造了各種不確定的、怪物般的生物。人們會問，烏拉諾斯生養怪物是否會是希臘思想所產生的一種理性化過程，反襯阿芙蘿黛蒂以及之後宙斯所實行統治的價值？在這種統治裡面，物種都是固定的，秩序井然、平衡、等級森嚴的。抑或烏拉諾斯的孩子的抗爭可以被視為只是反映希臘諸神取代前希臘時代的神靈的過程？

24‧宙斯

　　不管我們對這些反常的創造作何解釋，事實仍然就是，烏拉諾斯在歷史時代開始之前就已經沒有被祭祀了。他的地位被宙斯所取代了。宙斯的名字表明他本質上也是一位天神。和特尤斯一樣，宙斯在名字中保留了「光明」和「白晝」（參見梵文，*div*，「照耀」，「白晝」；克里特文稱白天為 *dia*）的意義，[180] 而且在語源上和 *dios*、拉丁文 *dies* 大致相同。但是

---

180 墨高庇（Macrobius），《薩圖耳努斯節》（*Saturnalia*），I，15，14；參見庫克

顯然，我們一定不可將他的範圍侷限在「晴朗的、明亮的、陽光普照的天空」，也不可把他與氣象有關的活動看作以後的發展或者外來的影響。宙斯的兵器是霹靂，凡是被霹靂擊中的地方，即 *enelysia*，就是敬拜他的場所。宙斯的一切稱號都是十分明確的，而且多少證明他與風暴、雨水和豐產有直接聯繫。例如，他叫做普降甘霖的（Ombrios and Hyetios）、和風吹拂的（Urios）、帶來光明的（Astrapios）、打雷的（Bronton）等等。他被稱作農夫（Georgo）和住在大地上的（Chthonios），[181] 因為他統治雨水，決定大地的豐產。甚至他的動物形象（宙斯·利開俄斯〔Lykaios〕是一頭狼，要用人向它獻祭）[182] 也可以用同農事有關的巫術來解釋（在乾旱、風暴等的時候舉行獻祭）。

人們早就觀察到，宙斯雖然是希臘萬神殿中的至上神，但與其他許多諸神相比，它的節期和祭祀相對較少，並對這種反常現象有各種解釋。[183] 我認為，事實上就像其他類似的天神一樣，他同樣不在宗教生活中起重要作用，但主宰著其中的兩個重要因素——農業和贖罪。一切確保可以獲得好收成的（雨水、所有與天氣有關的事物）、從罪惡中恢復潔淨的事物都屬於天的管轄範圍。「潔淨禮」和「入會禮」——通過霹靂或者某種代表霹靂的事物（如牛吼器或雷石）——都是原始人的儀式（第

（Cook），《宙斯》（*Zeus*），劍橋，1924-1940。

181 參見海希奧德（Hesiod），《工作與時日》（Work and Days），465，「創造」。

182 參見尼爾松（Nilsson），《希臘宗教史》（*Geschichte der griechischen Religion*），慕尼黑，1941，第 1 卷，第 371 頁以下。

183 參見尼爾松，第 369 頁。

12 節），它們不僅見證了這些天神本身的古老，也見證他們古老的戲劇般的、暴風般的因素。許多學者對蒂烏斯（Dius）的語源甚為著迷，以至於忘記了原始人的天神概念有著統一的結構。宙斯當然是最高統治者，但是與其他天神相比更清楚地保留了「父親」的特徵。他是宙斯·父親（Zeus Pater）（參見特尤斯·父親〔Dyaus Piter〕、朱庇特），家族族長的原型。他被描繪成一家之主（*pater familias*），反映了雅利安諸民族的社會學概念。這也說明了保護財產的宙斯（Zeus Ktesios），也就是古希臘人在遷移的時候一直帶在身邊的**家長**（Hausvater），一個表現為蛇的外形的真正的家庭保護神。作為「父親」和「最高統治者」，宙斯自然常常變成城市之神，即宙斯·波利諾斯（Zeus Polienos），而正是從他這裡國王獲得自己的權威。但是這種多面性總是要回歸到同一個基本形式：最高權力總是屬於父親（Father），也就是造物主（Creator）、萬物的製造者。這個「創造性」因素在宙斯這裡十分突出，它不是在宇宙起源的層面上（因為宇宙不是他創造的）而是在生物－宇宙的層面上：他掌管豐產的資源，是雨水之主。他之所以是創造者，是因為使得「一切果實累累」（他有時會變成一頭公牛；參見歐羅巴的神話）。他的「創造」主要依靠天氣，尤其是降雨。因而他的最高權力是父親般的、國王般的。他用自己的創造力、用作為萬物秩序之保護者的權威確保家庭和自然的福祉。

25・朱庇特、奧丁、塔拉尼斯

　　就像宙斯一樣，義大利的朱庇特也是備受人們崇敬的神。許多象徵體系都與高山有關（第 31 節），它們「高聳入雲」，它們更加接近天堂，它們是白雲彙聚之處、施放霹靂的地方。當然，奧林帕斯是諸神尤其喜歡的地方，但是宙斯和朱庇特一樣會在每一座山頭現身。朱庇特的稱號也同樣頗能說明問題：光芒四射（Lucelius）、霹靂（Fulgur）、閃電（Fulgurator）。橡樹對於朱庇特（就像對於宙斯一樣）是神聖的，因為此樹經常被雷電擊中。卡比多（Capitol）山上的橡樹歸朱庇特・菲勒特里烏斯（Jupiter Feretrius）——即 *Qui ferit*，「那擊殺的」——所有。他又名朱庇特・拉皮斯（Jupiter Lapis），表現為一塊燧石。就像所有的神靈一樣，朱庇特用霹靂實行懲罰，凡是違背諾言的、凡是毀壞契約的尤其要予以懲罰。朱庇特・拉皮斯祝聖國與國之間簽訂的條約；一個十二祭司團的祭司（*fetialis*）用燧石刀殺死一頭豬，宣佈：「如果羅馬人民違背條約，願朱庇特擊殺他們，如同我現在用石刀擊殺這頭豬一樣！」朱庇特是一位至上神，絕對的最高統治者，是無所不能的朱庇特（*Jupiter Omnipotens*）、最樂善好施的朱庇特（*Jupiter Optimus Maximus*）。甚至在文學作品裡，可以找到這樣一些稱號：神最高的統治者（*summe deum regnator*）；[184] 我的父親、諸神的統治者、萬物的建造者（*meus pater，deorum regnator, architectus omnibus*）；[185] 諸　神

---

184 奈維烏斯（Nævius），殘篇 15。譯者按：奈維烏斯（B.C. 270-201），為羅馬文學三大奠基人之一，擅長戲劇。

185 普勞圖斯（Plautus），《安菲特律翁》（*Amphitryon*），44 頁以下。譯者按：普

的統治者，在黑夜裡，天離開你的面前（*deums regnator，nocte caeca caelum e conspectu abstulit*）[186] 等等。作為真正的宇宙最高統治者，朱庇特不僅像瑪爾斯（Mars）一樣用物質的、軍事的力量，而且用他的巫術力量干涉歷史。杜梅齊爾[187] 透過回顧羅馬歷史上的一個事件，清楚地呈現了朱庇特施展的巫術：薩賓人佔領卡匹托爾山，要在羅馬人中間製造恐慌，將羅馬軍隊斬盡殺絕，羅慕洛（Romulus）就求告朱庇特，「讓羅馬人免於恐怖吧，制止他們可恥的潰逃吧！」這時，仿佛是一個奇蹟，他們恢復了勇氣，反擊並戰勝了敵人。[188] 朱庇特透過「巫術」，透過直接的行為激發他們的精神力量，從而進行了干預。

塔西佗曾經論及塞姆諾內斯人（Semnones）的宗教，[189] 他注意到，這支日耳曼部落相信一位至上神，萬物之主的尊神（*regnator omnium deus*），不過他並沒有記下他的尊名。[190] 日耳曼人（仍是依據塔西佗的觀點）崇拜墨丘利（Mercury）和瑪爾斯，也就是沃坦（Wotan，或者沃坦納茲〔Wutanaz〕，即斯堪的納維亞人的奧丁）和曲爾（Tyr，提瓦茲〔Tiwaz〕；古日耳曼文做 Zio；安格魯撒克遜文作 Tio；起源於 *tiwaz*，對應於 Dieus，*deivos*，*divus*，「神」的總稱）。提瓦茲也被視為萬

勞圖斯（B.C. 254-184），羅馬最著名的喜劇詩人。

186 阿克齊烏斯（Accius），《克呂泰涅斯》（*Clytemnestra*），殘篇，iii。譯者按：阿克齊烏斯（B.C. 170-90），古羅馬文學家。

187 《密特拉 - 伐樓那》（*Mitra-Varuna*），巴黎，1940，第 33 頁；《朱庇特，瑪爾斯、季理諾》（*Jupiter, Mars, Quirinus*），巴黎，1941，第 81 頁。

188 普魯塔克（Plutarch），《羅慕洛》（*Romolus*），18；李維（Livy），i，12。

189 《日耳曼尼亞志》（*Germania*），39。

190 參見克婁斯，《論塞姆諾內斯人的宗教》，文中各處。

物之主，[191] 古日耳曼人的天神索爾（Thor，多納爾〔Donar〕；
Thunraz）與因陀羅、朱庇特一樣，也是一位風暴和戰爭之神。
烏拉諾斯「捆綁」他的敵人並且預知未來（他曾警告克洛諾斯將
會遭遇險境），而宙斯則「英雄般地」用他的霹靂戰鬥，伐樓那
行「巫術」，而因陀羅勇猛戰鬥，這兩者之間的差別同樣也存在
於日耳曼的神話，當然略有差別。索爾在諸神中間總是位居高
位，是日耳曼英雄的原型；奧丁雖然也投入無數的戰鬥，但是憑
著他的「巫術」（無處不在、變化多端，能使他的敵人因為恐懼
而麻痺，束手就擒）投入巫術的戰鬥。正如杜梅齊爾所證明的那
樣，[192] 在這裡保留著原始印度－雅利安人的「巫術的統治者」和
「英雄的統治者」、精神力量和物質力量的擁有者這樣的雙重圖
景。[193]

例如在奧丁（沃坦）和索爾（多納爾）這裡，我們所面對的

81

---

191 例如參見赫美爾（Hommel），〈透過塔西佗看日耳曼人的天神〉（Die
Hauptgottheiten der Germanen bei Tacitus），*AFRW*，xxxvii。

192 《日耳曼神話》（*Mythea et lieux des Germains*），巴黎，1930，第 19 頁以下。

193 我們發現在巴比倫神話中也有同樣的雙重觀念。伊亞（Ea），水神和智慧之神，
並不願與鬼怪阿卜蘇（Apsu）和穆姆（Mummu）進行「英雄般的」戰鬥，而是
用巫術的符咒將它們「捆綁」起來，然後殺死它們（《巴比倫史詩》〔*Emuma
elish*〕，ii，60-74）。馬杜克被諸神賦予絕對的最高統治地位的特權（在這之前
這種特點僅僅屬於天神安努，iv，4，7），在從他們那裡得到節杖、王冠和 *palu*
（iv，29）之後，便踏上了征服海怪提阿瑪特的征途。我們看到一場名副其實的
「英雄般的」鬥爭。馬杜克的重要兵器總是「網罟」、「他父親安努的贈禮」
（iv，49；在 i，83，馬杜克是伊亞之子，但是不管他父親是誰，他都本質上擁
有巫術的最高統治權）。馬杜克「捆綁」提阿瑪特（iv，95），「用鐵鍊把它
鎖起來」，殺掉它（iv，104）。同樣，他鎖住了所有幫助提阿瑪特的諸神和魔
鬼，把他們投入牢獄和洞穴（iv，111-14，117，120）。馬杜克通過英雄般的鬥
爭而獲得統治權，但仍保留有巫術的最高統治權。

天神完全擁有這兩種不同類型的最高統治權力，只是在影響力和一些枝節方面的發展有所不同。尤其是奧丁（沃坦）的情況比較棘手，不能簡單歸類到任何一個定義裡面去。他向不同的方向發展，擁有了農業神和豐產神的屬性，還成了一個冥府之神，死去英雄的靈魂的主人。沃坦的宗教與亞洲北方和西北部的薩滿教之間存在的相似之處，最近也變得越來越清晰起來了。[194] 沃坦是個「大薩滿」，在宇宙樹上吊了整整九個晚上，[195] 發明了魯尼文字，從而獲得了巫術的力量（這無疑是指某種入會儀式）。他的名字表明他是狂暴（宗教的狂暴和憤怒）之主（「沃坦，他就是狂暴」，不來梅的亞當〔Adam of Bremen〕如是說）。沉浸於醉酒的歡樂、先知般的興奮狀態、在吟唱詩人學校中傳授巫術——所有這些在薩滿教的技術中都有對應之物。這並不一定是說奧丁－沃坦是日耳曼人從外部引進的神（有的學者經常企圖作這樣的論證），只是不同的力量被賦予他，從而變得「專門化」了，使他比較像一個外來的神而已。

82　　凱爾特人信仰塔拉尼斯（Taranis）。這當然是一位司風暴的天神（凱爾特文詞根 taran，「施放驚雷」，參見愛爾蘭文 torann，「驚雷」）。波羅的海的柏庫納斯（Perkunas，起源於 perkunas，「照耀」）以及原始斯拉夫人的佩隆（參見波蘭文 piorum，「驚雷」），也是至上天神。他們的名字和吠陀時代的神波羅闍尼耶（Parjanya）和古日耳曼人的斐約耳金（Fjorgyn），即索爾的母親有聯繫，最近人們還認為和普勒阿

---

194 參見克羅斯，第 665 頁，以及注解 62。
195 《至高者說》（Havamal），139-141 行。

得斯（Pleiades）的父親福耳庫斯（Phorkys）也有聯繫。[196] 而在他們的兩個名字（*perkus*，*quercus*）以及他們的祭祀中，這些天神都顯示出與橡樹，與各種預報天氣的小鳥（預報風暴或者春天的鳥類）有關係。[197] 但是至少出現在歷史中的時候，他們都表現出了一種「專門化」的特徵。他們主要為風暴之神，但也統治四季，帶來雨水，從而又成為豐產之神。多多納的橡樹是獻給宙斯的，但是在它附近是聖鴿，大地之母的象徵，表明在遠古時代天上的風暴神和豐產女神之間的神族婚姻。我們還會在其他地方發現許多這樣的現象。

26 · 風暴之神

天神之「專門化」而成為風神和雨神，以及對他們的豐產力量的強調，大抵上可以用天神的被動性質，以及他們具有一種讓位於其他更加具體、具有更加清晰的人格、更加直接涉及人們日常生活之聖顯的傾向加以解釋。之所以造成這樣的結果，主要是由於天的超越性以及人類對「具體事物的渴望」日益增長。天神的「進化」過程十分複雜。簡而言之，我認為可以區分為兩種發展方向：第一，天神、世界之主、絕對的統治者（暴君）、法律的捍衛者；第二，天神、創造者、至高無上的男性、大地之母的配偶、雨水的施與者。無須贅言，在任何地方我們都不會只遇上

83

---

196 克拉佩（Krappe），《論普勒阿得斯》（*Les Péléiades*），載於 RAR，第 XXXVI 卷。

197 參見哈里森（Harrison），《忒彌斯》（*Themis*），劍橋，1927，第 94 頁以下。

其中一種類型，這兩種發展方向從來就不是平行的，而是經常相互交叉。最高統治者通常是雨水的施與者，而「豐產神」經常也是暴君。但是我們可以毫不猶豫地說，這種專門化過程極為清晰地描述了這兩種類型的神施展其力量的社會環境。

天、伐樓那、阿胡拉·馬茲達屬於典型的第一種類型──最高統治者和律法的捍衛者。第二種類型──即「豐產神」──在形態上就比較豐富多彩。但是我們要注意這一類型的神靈中反覆出現以下主題：與大地之母的婚姻；雷電、風暴和雨水；與公牛的儀式和神話的聯繫。在第二種類型──也就是「豐產」和「風暴」之神──中，有宙斯、閔（Min）以及赫梯人（Hitties）的神，還有波羅闍尼耶、因陀羅、樓陀羅（Rudra）、哈達德（Hadad）、巴力、朱庇特·多利遷努斯（Jupiter Dolichenus）、索爾。事實上所有這些神靈都是風暴之神。上述每一個神靈自然都各有其「歷史」，使他們相互之間有著明顯的區別。若將化學術語用於神話學，則可以說不同的元素組成了他們的「化合物」。但是關於這一點，我們在著手研究諸神的「形式」而不僅是其「力量」的時候，還將更仔細地加以考察。我們在本節中主要關注的是他們的共同元素、他們的共同價值。其中最重要的有創造生命的力量（因而他們與公牛有聯繫──大地經常被描繪成為母牛）、雷電和雨水，事實上的力量和暴力的聖顯、宇宙中的生命所依賴的這些能量的必不可少的源泉。掌管氣象之神靈肯定也是天神的專門化，但是不管這種專門化達到何種程度，它都沒有破壞這些神靈的天神特徵。因此我們必須將所謂的風暴之神和名副其實的天神相提並論，而且在這兩類神靈中我們將會發現相同的力量和屬性。

　　我們且以印度的颶風之神波羅闍尼耶為例。他的天神特徵十分明顯：他是特尤斯之子[198]而且有時候與他混為一談，例如被說成是大地女神波哩提毗（Pṛthivī）的丈夫。[199]波羅闍尼耶統治水和一切有生命的事物，[200]普降甘霖，[201]確保男人、動物和植物的多產。[202]當他捲起風暴的時候，整個宇宙都為之顫抖。[203]波羅闍尼耶比特尤斯更加具體、更加充滿活力，更加能夠在印度萬神殿中保持他的統治地位。但是其地位已經不再是至高無上的了。波羅闍尼耶不再像特尤斯那樣「遍知」一切，也不能像伐樓那那樣統禦萬物。他的專門化限制了他的統治範圍。更為重要的是，甚至在這些範圍裡面他也不是不可戰勝的。另外一個風暴的聖顯或者豐產的能量能夠輕而易舉地取代他，如果新的儀式和新的神話創造需要的話。

　　這正是吠陀時代所發生的情況。波羅闍尼耶讓位給了吠陀諸神中最著名的神靈因陀羅（《梨俱吠陀》中不下於二百四十首頌歌是獻給他的，只有十首獻給伐樓那，三十五首共同獻給密特拉、伐樓那和阿底提）。因陀羅是至高無上的「英雄」、力大無窮的勇敢武士，他征服阻攔一切流水的妖怪弗栗多（Vṛtra），愛飲蘇摩（soma）酒。我們不論怎樣解釋因陀羅，都不能忽視他在宇宙中的重要性以及他作為巨匠造物神的功能。因陀羅遮蔽

---

198 《梨俱吠陀》，vii，102，1。
199 《阿闥婆吠陀》（AV），xii，1，12，42。
200 《梨俱吠陀》，vii，101，2。
201 同上，vii，101，102。
202 同上，v，83，1；vi，52，16；vii，101，1，2。
203 同上，v，83，2。

天空，[204] 比大地更大，[205] 天是他的王冠，[206] 他喝的蘇摩酒數量驚人——一口就喝乾了三個大湖。[207] 醉了酒之後他殺死了弗栗多、施放旋風，讓整個世界顫抖。因陀羅所做的一切似乎都來自他的力量和勇敢。他是繁盛生命的人格化，是宇宙和生物能量的人格化：他讓萬物的元氣和血液流動、播撒生命的種子、讓河流和大海自由奔騰、撥雲見日。霹靂（*vajra*）是他用來殺死弗栗多的兵器，而摩錄多（Marutas）這位因陀羅手下的小旋風神，也有這種神聖的兵器。摩錄多「在閃電的笑聲裡誕生」，[208] 人們經常求告他不要把霹靂「投入」人和牛群中間，[209] 不要殺死他們。[210]

　　風暴是創造力的極大釋放。因陀羅令大雨如注、潤溼萬物，所以既是豐產之神 [211] 也是創造生命之力量的原型。[212] 他是 *ūrvavapati*，「田野的主人」和 *śiraspati*，「犁鏵的主人」。他是「世界的公牛」，[213] 他使田野、動物和女人豐產；[214] 人們在婚禮上求告他使新娘生十個男孩子，[215] 無數的求告都提到他永不枯

---

204 同上，i，61，8，9。

205 同上，i，102，8；iii，32，11。

206 《梨俱吠陀》，i，173，6。

207 同上，vi，17，11。

208 同上，i，23，12。

209 同上，viii，56，9。

210 同上，vii，56，9。

211 同上，v，55，9；vii，56，17 等。

212 參見霍普金斯《作為豐產之神的因陀羅》（*Indra as God of Fertility*），JAOS，第 xxxi 卷。

213 《梨俱吠陀》，vi，46，3，在這裡他被稱為 *sahasramuka*（有一千隻睪丸的）。

214 《阿闥婆吠陀》（*AV*），xii，1，6。

215 參見梅耶爾（Meyer），《三部曲》（*Trilogie*），第 3 卷，第 154 頁以下。

竭的創造生命的力量。[216] 因陀羅的一切屬性和力量都有聯繫，他的統治範圍也是如此。我們看到他用霹靂打擊弗栗多、施放雨水、在大雨滂沱之前電閃雷鳴、豪飲蘇摩酒，我們看到他令大地豐收，看到他奇妙的性的力量，我們所面臨的是生命力量的表現。他的哪怕最細小的動作，甚至炫耀和展示，也是來自他至高無上的源泉。因陀羅的神話完美展現了各種生命現象本質上的一致性。追求豐產的驅動力在事物的每一個層面上都是共同的，而這些用詞本身也表明造成豐產的事物之間也是相互聯繫的，或者有著同樣的詞根。*varṣa*，即「雨」，在詞源上非常接近 *vṛṣa*，即「男子」。因陀羅擁有各種宇宙的力量，不斷推動整個宇宙中的生物－生殖能量的周行不殆。他是生命力取之不盡的寶藏，而人類的希望正是建立在這座寶藏之上的。[217] 但是因陀羅不是一位創造者，他推動生命，將它們勝利地分佈到宇宙各處，但是並不**創造**生命。每個天神都具有的創造功能在因陀羅這裡都被「專門化」為一種生產性的、充滿活力的使命。

86

---

216 《金髮家範經》（*Hiranyakesin- Grihyasûtras*），i，6，20，2。

217 這種因陀羅聖顯的扼要表達，至少如同我們在其神話中所看到的那樣，並沒有窮盡因陀羅印度的宗教中的功能。每一個神靈總是涉及到無數儀式，在這裡無法一一詳述。（例如我們要記得因陀羅和他對摩錄多的護衛是印度 - 雅利安「男性社團」的原型，參見斯第格‧維干德（Stig Wikander）《論雅利安人的男性社團》（*Der arische Männerbund*），隆德，1938，第 75 頁以下，這一點非常重要）。這同樣適用於此處所討論的其他神靈。

27・豐產神

因陀羅常被比作公牛。[218] 伊朗與之對應的神是弗瑞斯勒格納（Vrthraghna），他向查拉圖斯特拉現身為公牛、牡馬、公羊、公山羊和野豬，[219]「如此之多的陽性的、好鬥的神靈的象徵，如此之多的血腥的基本力量。」[220] 因陀羅也是如此，他有時候被稱為公羊（meşa）。[221] 這些動物的顯身也可在樓陀羅那裡找到。這是一個前雅利人的安神靈，被因陀羅同化。樓陀羅是摩錄多的父親，有一首頌歌吟唱「公牛樓陀羅如何在波利濕尼（Prsni）明亮的胸脯上面創造他們」。[222] 作為一頭公牛，這位生殖的天神同一頭和宇宙一樣大小的母牛女神交媾。波利濕尼只是她的一個名字，她還叫薩巴爾杜嘉（Sabardugha），但是通常仍是一頭生育萬物的母牛。《梨俱吠陀》說道，[223]「有一頭母牛名叫維斯瓦魯波（Viswarupa），把生命賦予萬物」；在《夜柔吠陀》裡，這頭母牛又和諸神交媾，產生了宇宙不同層面的事物。[224]「諸神有了這頭母牛的生命，人也有了她的生命，母牛變成了這個和太陽的國度一樣大的世界。」[225] 阿底提（Āditi），諸至上之神阿

---

218 參見歐登堡（Oldenberg）在《吠陀宗教》（*Religion des Veda*）（柏林，1849）中收集的文獻；夏布蘭特《吠陀神話》，布列斯勞，1929，第 2 卷，第 148 頁。

219 《耶斯特》，xiv，7-25。

220 本文尼斯特－雷諾（Benveniste-Renou），《弗栗多和弗瑞斯勒格納》，第 33 頁。

221 《梨俱吠陀》（*RV*），ii，51，1。

222 譯註：根據印度神話，摩錄多有七、二十七、四十九和一百零八之數。

223 iii，38，8。

224 x，10。

225 《阿闍婆吠陀》，x，10，34。

底提亞斯的母親就表現為一頭母牛。[226]

　　這種氣象神和豐產神向公牛－生殖的「專門化」並不侷限於　　　87
印度，在非洲、歐洲和亞洲這一廣袤的區域中都可以找到。但同
時我們也要注意，這樣一種「專門化」也透露出了外來的影響，
有時是種族的，有時也是宗教的。例如，因陀羅表明受到來自非
雅利安（樓陀羅）影響的痕跡。但是，我們現在更感興趣的是，
他的個性被不屬於他作為雨神、風暴神和宇宙豐產神的因素所改
變並且有所發展。例如，他與公牛和**蘇摩**的聯繫賦予其某種月
神的特性。[227]月亮統轄大海和降雨，一切豐產都是她的賜予（第
49 節以後）；公牛角很早就與新月發生了聯繫。以後我還要回
過頭來討論這些複雜的發展過程。但是切記，生殖的「專門化」
迫使天神將他們的人格帶給每一個和宇宙豐產有直接聯繫的聖
顯。當重點落到一個天神的氣象的（風暴、閃電、雨水）和生殖
的功能時，他未必只是變成偉大的大地－月亮之母的伴侶，而是
吸收了她的屬性。在因陀羅這裡，這些屬性就是**蘇摩**、公牛以及
也許還有摩錄多（因為他們使到處流浪的死者靈魂得以人格化）
的某些性質。

　　早在公元前 2400 年，公牛和霹靂就已經成為同天神和氣象
神有聯繫的象徵了。[228]在古代文化裡，公牛的咆哮與霹靂和颶
風有聯繫（參見澳大利亞人的「牛吼器」），兩者都是生殖力

---

226 歐登堡，第 205 頁。

227 參見科佩斯（Koppers），〈印度日耳曼人的馬祭和馬崇拜〉（Pferdeopfer und
　　Pferdekult der Indogermanen），*WBKL*，1935，第 338 頁以下。

228 參見瑪律滕（Malten），〈在祭祀和神祕象徵中的公牛〉（Der Stier in Kult und
　　mythischen Bild），*JDAI*，1928，第 lxiii 卷，第 110 頁以下。

的聖顯。正因如此我們才會在整個非洲－歐亞大陸地區所有和氣象神有聯繫的圖像、儀式和神話中一再遇到這個形象。在印度前雅利安時代的摩亨佐－達羅（Mohenjo-daro）和俾路支斯坦的原史時期的崇拜儀式中就有公牛。早在印度吠陀時代以前就存在的公元前第三千年的「公牛的遊戲」（大約公元前 2500 年之前的喬胡達羅〔Chauhudaro〕的一枚印章可以證明）在德干和南印度仍然保留了下來。[229] 前達羅毗荼人、達羅毗荼人以及印度－雅利安人都尊奉公牛，它既是氣象和生殖之神的聖顯，也是他的屬性之一。濕婆神廟裡擺滿了公牛的圖像，因為濕婆的交通工具（*vahana*）就是公牛納丁（Nadin）。堅那勒語（Kanarese）[230]*ko* 的意思是公牛，也指天、閃電、光線、號角、山脈。[231] 由天空－閃電－豐產組成的複雜的宗教整體在這裡完美地保留下來。泰米爾語 *ko*（n）的意思是神靈，但是複數 *Konar* 的意思卻是牛群。[232] 這些達羅毗荼文語詞和梵文 *gou*（印歐語 *gu-ou*）、與蘇美語 *gu*（d）之間可能有某種聯繫，而後兩個詞的意思是「公牛」和「有力或勇敢」。[233] 我們也可以注意到，閃語、希臘語和拉丁語指稱公牛的字（參見亞述語 *shuru*、希伯來語 *shor* 以及腓尼基語 *thor* 等等，還有希臘語 *tauros* 和拉丁語 *taurus*）都證明了這個宗教範型的統一性。

---

229 奧特蘭（Autran），《截止到基督教的史前史》（*Prehistoire du Christianisme*），巴黎，1941，第 i 卷，第 100 頁以下。

230 譯註：即坎納達語（Kannada），屬達羅毗荼語系，卡納塔克邦的官方語言，受梵語影響較大。

231 奧特蘭，第 99 頁。

232 同上，第 96 頁。

233 關於 *gu-ou*，參見尼赫林（Nehring），《印歐文化和原始故鄉研究》（Studien zur indogermanischen Kultur und Urheimat），載於 WBKL，第 iv 卷，第 73 頁以下。

在伊朗，公牛獻祭非常流行，對此查拉圖斯特拉曾堅持不懈地加以反對。[234] 在公元前第三千年的吾珥（Ur），氣象神表現為一頭公牛，[235] 在古代亞述和小亞細亞，「人們對其發誓的神」（起初也就是一位天神）就現形為一頭公牛。[236] 就此而言，近東宗教中的特蘇卜（Teshub）、哈達德和巴力等風暴神所擁有的崇高地位也值得注意。我們可以比較詳細地分析這些神靈。我們不知道赫梯人的至上神、女神阿麗娜（Arinna）配偶的名字，曾將他誤稱為札斯哈普納（Zashhapunah）。[237] 他的名字用兩種起源於巴比倫的表意符號寫成，烏（U）和伊姆（IM）。用盧維語來釋讀這些表意符號，則它的名字是達塔斯（Dattas），而胡里人稱之為特蘇卜。它是天神和颶風、風和閃電之神（在阿卡德語中，表意符號IM的意思是 *zunnu*，「雨」，*sharu*，「風」，*remanu*，「雷」）。[238] 他的各種稱號都見證了他的天神屬性，以及作為絕對的最高統治者的地位：「天之王」，「哈提（Hatii）人的國君」。他最著名的稱號是「那最強有力的」，他的象徵是閃電、一把斧子或者一條大棒。[239]

89

　　我們要記得，在近東文化中公牛主要是用來象徵「力量」

---

234 《耶斯納》，32，12，14；44，20，等等。
235 瑪律滕，第103頁。
236 同上，第120頁。
237 弗蘭尼（Furlani），《赫梯人的宗教》（*La Religion degli Hittiti*），波隆那，1936，第35頁；比較杜索（Dussaud）〈赫梯人的宗教和胡裡人的宗教，腓尼基人的宗教和敘利亞人的宗教〉（Les Religions des Hittites et des Hourrites, Phéniciens et des Syriens），載於 MA，第 ii 卷，第 ii 卷，43 頁。
238 參見讓（Jean），《蘇美人的宗教》（*La Regligion sumérienne*），巴黎，1931，第101頁。
239 弗拉尼，第36頁。

的，在阿卡德語中「打碎牛角」的意思就是「摧毀那種力量」。[240] 阿麗娜的神也表現為公牛的形象（他的圖像在不少神廟中都可以發現），而公牛也是他的神獸。在書面的文獻裡，有兩頭神話公牛，塞利斯（Seris）和胡利斯（Hurris），都是獻祭給他的。[241] 也有部分學者認為，他們甚至就是他的兒子。[242] 我們僅知的神話就是他和蛇怪伊魯揚卡什（Iluyankas）的戰鬥，[243] 在這裡我們再次遇到了風暴神和豐產神與爬行怪物的鬥爭（就象因陀羅和弗栗多或者宙斯和堤豐〔Typhon〕，而其原型是馬杜克和提阿馬特）。我們還要注意的是，此神有很多地方性的聖顯。蘇毗盧留瑪斯（Suppiluliumas）的記述中提到了二十一個烏神，證明了他們是赫梯人居住的不同地方的本地神靈。[244] 烏是整個小亞細亞和西亞都十分流行的神，只是人們用不同的名字求告他而已。

蘇美－巴比倫人是從恩利勒和貝勒的名字知道這個神的。他在三大宇宙之神中位列第三，卻是整個萬神殿中最為重要的一個神，是至上天神安努之子。諸位可以看到，在這裡天神讓位給一個積極的豐產神的著名現象。在蘇美，他的名字的意思是「狂風之子」（*lil*，「大風、颶風」）。因此他又被稱作 *lugal amaru*，「風和颶風之神」，以及 *umu*，「風暴」，*En-ug-ga*，即「風暴之主」。[245] 與此相似，恩利勒統治諸水，正是他造成了

---

240 參見奧特蘭，第 74 頁。

241 格茨（Götze），Kleinasien，慕尼黑，1933，第 133 頁。

242 瑪律滕，第 107 頁。

243 弗拉尼（Furlani），第 87 頁以下；杜索，第 345-6。

244 弗拉尼，第 37 頁。

245 弗拉尼，《巴比倫 - 亞述宗教》（*Religione Babilonese-Assira*），波隆那，

大洪水。他被稱作「那個強有力的」，*alim*，牛角之神，宇宙之主、天地之主、父親貝勒、偉大的武士等等。[246] 他的妻子叫寧加拉（Nigalla），「偉大的母牛」，*unnum rabbetum*，「偉大的母親」，一般在求告她的時候稱之為貝爾圖（Beltu）或者貝利特，即「女主人」。[247] 他的天神起源和氣象功能，在尼普爾那裡的神廟中也有所表現，「大山之殿」。[248]「大山」也是天神的象徵，甚至在他已經「專門化」為豐產之神和統治者之後也是如此。

在迄今所知最古老的聖所特勒－哈法耶（Tel-Hkafaje），有一頭公牛站在母神的旁邊。此神名以勒（El），在早期腓尼基的神廟裡面位列首席，被稱作公牛（*shor*），又叫以勒（*El*）（「強大的公牛」）。[249] 但是他很早就被巴力，即「主、主人」排擠掉了，杜索認為有充分的理由將他視為哈達德。[250] 巴力和哈達德是同一個神，這在阿馬納（El-Amarna）圖版中也得到證實。[251] 哈達德的聲音就是人們聽到的驚雷，他還投下閃電、普降甘霖。原始腓尼基人將哈達德比作一頭公牛：不久之前剛剛釋讀出來的文獻描述「孔武有力的巴力（也就是哈達德）用他那像

1928，第 i 卷，第 118 頁。

246 同上，第 118 頁以下。

247 同上，第 120 頁。

248 弗拉尼，第 121 頁。

249 杜索，《烏加里特的發現和舊約》（*Les Decouvertes de Ras Shamra et l'ancien testament*），巴黎，1941，第 2 版，第 95 頁。

250 〈烏加里特圖版背後的腓尼基神話〉（La Mythologie Phénicienne d'après les tablettes de Ras Shamra），載於 *RHR*，1936，文中各處；Decouvertes，第 98 頁以下。

251 "腓尼基神話"，第 362 頁。

野牛角一樣的角打擊莫特（Mot）……」[252] 在「巴力的狩獵」神話中，巴力之死被比作一頭公牛之死：「於是巴力倒下了……就像一頭公牛」。[253] 無怪乎巴力－哈達德有一位配偶亞舍拉（Asherat，又作 Anat、Ashtart），而他的兒子阿雷翁（Aleion）是水、豐產和植物之神。[254] 公牛獻祭給了巴力－哈達德（參見以利亞和巴力的先知在迦密山上鬥法的著名情節）。[255] 亞述神貝勒（Bel），安努和恩利勒的繼承者，被描述為一頭「神牛」，有時候也叫作谷（Gu），「牛」或者「偉大的羊」（Dara-Gal）。[256]

值得注意的是，在所有這些風暴神中，「生殖」和「天界」象徵的相互依存。哈達德經常表現為一頭公牛，帶著閃電的號角。[257] 閃電有時也表現為儀式性的牛角。[258] 閃神，埃及阿蒙（Ammon）的原型也同樣被描述為「他母親的公牛」、「偉大的公牛」（Ka er）。閃電是他的屬性之一，他的降雨和賦予生命的職能，從描述他的一句話——「他撕碎了含雨的雲層」可以一目了然。閃不是一個源於本地的神。埃及人知道他和他的配偶

---

252 杜索（Dussaud），〈烏加里特的腓尼基人的聖所和神〉（La Sanctuaire et les dieux Phénicienne de Ras Shamra），載於 RHR，1932，第 CV 卷，第 258 頁。

253 杜索，〈巴力的真名〉（Vrai nom de Ba'al），第 19 頁。

254 杜索，〈神話學〉（Mythologie），第 370 頁以下；《發現》（Découvertes），第 115 頁以下。

255 編註：參《聖經·列王紀上》18。

256 奧特蘭《截止到基督教的史前史》（Préhistoire）第 1 卷，第 69 頁以下。

257 沃德（Ward），《西亞的圓筒印章》（The Seal Cylinders of Western Asia），華盛頓，1910，第 399 頁。

258 奧特蘭，第 1 卷，第 89 頁。

母牛哈托（Hathor）都來自普溫特（Pwnt），即印度洋。[259] 為了對上述約略概括的極其豐富的主題（參見書目）作一個總結，我們還要指出，正是化作一頭公牛帶走歐羅巴（大母神的聖顯）的宙斯，與安提俄珀（Antiope）私通並玷汙她的姐姐狄密特（Demeter）。在克里特，我們可以讀到一種非常奇怪的稱呼：「在這裡躺著一頭叫作宙斯的偉大公牛」。

28・大母神的配偶

正如我們所見，這種由多雨的天空、公牛和大母神（the Great Goddesses）組成的結構是所有歐洲、非洲和亞洲所有原史時期的宗教共有的元素之一。無疑在這裡主要是強調了以公牛形式出現的天神對誕生和植物生命產生影響的那些功能。閔、巴力、哈達德、特蘇卜以及其他施放閃電的公牛神、大母神（Great Mother）的丈夫，他們最受尊敬的地方不是他們天神的特徵而是豐產神的潛能。他們是神聖的，因為他們與地母（Earth Mother）的神婚。天神的特徵對於他們帶來生命的功能極為重要。天空主要是驚雷「咆哮」的地方，那裡雲層彙聚，主宰大地的豐產，實際上是確保大地生命延續的地方。天的超越性被認為主要是透過氣象來表現，其「力量」在於它是萬物之種的無限寶藏。這一點有時從當時使用的語言中也可以得到證明。蘇美語 *me* 的意思是「人、男人」，但是同時也有「天」的意思。

92

---

259 參見奧特蘭，《有著魚形圖案艦旗的艦隊》（*La Flotte a l'enseigne du poisson*），巴黎，1939，第 40 頁以下。

氣象神（驚雷、風暴、雨水）和生殖神（公牛）喪失了他們天神的自主性、絕對最高統治權。每一個神都有一位大女神相伴隨而且經常受其宰制，宇宙的豐產最終仰仗這位大女神。他們再也不像原初的天神那樣是創造宇宙的造物主了，而只是在生物層次上的豐產神和生殖神。和女神的婚姻成為了他們的基本功能。這就是我們為什麼在各種豐產儀式，尤其是在大地的豐產儀式中總是會遇到他們。但是他們從來也未在這些儀式中扮演重要角色。起重要作用的通常是大母神或者一個「兒子」、一個週期性死去並且復活的植物之神。

天神的「專門化」終於將他們自己徹底改變了。由於放棄了他們的超越性、變得「親民」，因而也變得與人類生活須臾不可分離；由於從**退位神**變成了**雨神**（*dei pluvios*）、現身為公牛的生殖神，因此不斷地承擔與他們不相干的功能、屬性和榮耀，以他們高貴的超越性而言，這些他們都不會予以任何關注的。[260] 就像每一種神聖「形式」一樣，在其傾向於變成每一種宗教現象的核心、統轄宇宙的每一個區域的過程中，風暴神和施與生命之神把那些起初不屬於他們的天神的元素吸收進人格、吸收進他們的崇拜儀式（尤其是通過他們同大母神的婚姻）裡面去了。

因此，大氣現象並不總是也不一定用一個天神來解釋。閃

---

[260] 我們還看到相反的情況也會發生：一個地方神由於其「歷史」環境所致，變成了一個至上神、本身擁有了天神的屬性。亞述（Assur），同名城鎮的神聖創造者和保護者後來變成了一個與天神同列的神靈（參見諾特‧塔基斯特〔Knut Tallquist〕《論亞述的神》〔Der assyrische Gott〕，赫爾辛基，1932，第40頁以下）。過去在巴比倫新年第四日，在馬杜克面前朗讀的《巴比倫史詩》變成在亞述的亞述像前朗讀（拉巴特〔Labat〕《關於創造的史詩》〔Le Poème de la Création〕，巴黎，1935，第59頁）。

電－風暴－雨水的聯合，有時——例如在愛斯基摩人、布須曼人和秘魯印第安人那裡——就被視為月亮的聖顯。[261]公牛角很早以前就被比作新月和月亮。門格欣（Menghin）已經證明在新月和奧瑞納文化（Aurignacian）的女性神像（手持一隻牛角）之間存在聯繫；[262]現形為一頭公牛的偶像經常與大母神（月亮）崇拜有聯繫，在新石器時代屢見不鮮。[263]亨慈對於這種存在於非常廣泛的文化區域中的月亮－施予生命的範型進行了研究。[264]地中海和東方的月神表現為一頭公牛的形象而且擁有公牛的屬性。例如，巴比倫的月神欣（Sin）被稱作「恩利勒的大力小牛犢」，吾珥的月神納納珥（Nannar）被描繪成為「天上的大力小牛犢、恩利勒最可愛的兒子」，或者「那個大力的、長著大力牛角的牛犢」等等。在埃及，月神則是「眾星之牛」。[265]我們在後面還會看到，這種在大地－月亮崇拜與生殖崇拜之間具有怎樣的內在聯繫。雨水——風暴之神的「播種」——最適合於月神在水中顯現，而水則是月亮最重要的轄區。與豐產有聯繫的每一件事物多少都直接屬於月亮－水－女子－大地這樣一個龐大的範圍。天神「專門化」為陽剛的或生殖的神靈，從而與這些史前的範型發生密切聯繫，不是將他們吸收進自己的人格，就是變成他們的一部分，從而使他們繼續存在下去。

---

261 科佩斯，〈馬祭〉（Pferdeopfer），第 376 頁。

262 《世界石器時代史》（*Weltgeschichte der Steinzeit*），維也納，1931，第 148 頁。

263 門格欣，第 448 頁。

264 《月亮的神話和符號》（*Mythes et symbols lunaires*），安特衛普（Antwerp），1932，第 95 頁以下。

265 科佩斯，第 837 頁。

29・耶和華

　　雖與無數的大母神建立了關係，卻仍設法保留其自主性的掌管雨水和豐產的天神，正是那些沿著最高統治者的方向發展的天神。他們牢牢掌握著權杖、霹靂和生殖力，因而繼續成為宇宙秩序的保衛者、規範的捍衛者以及法律的人格化。宙斯和朱庇特就是這樣的兩位天神。這兩位統治神靈自然都有所改造，更加貼近希臘和羅馬對於規範和法律概念的特殊傾向性。但是這種理性化必須基於對自然的節律及其和諧性和無限性的宗教和神話的直觀為基礎。天（T'ien）也是如此，它總有一種傾向，表現為一種法律和宇宙節律的聖顯，所以也是天的最高統治地位的一個絕好例子。我們在研究最高統治地位和最高統治者之宗教範型時，對於這些方面會有更好的認識。

　　希伯來人的至上神的「進化」在某種方面可以找到相似之處。耶和華的人格和耶和華的宗教歷史絕非三言兩語可以概括。儘管如此，我們還是可以說，這種天和氣象的聖顯很早就成為日後有可能產生各種啟示的宗教經驗的核心。耶和華以風暴顯示他的力量，霹靂是他的聲音，閃電被稱為耶和華的「火炭」或者他的「箭」。[266] 以色列人的主宣稱他的臨在「……在山上有雷轟、閃電和密雲」，[267] 此時他將律法傳授給了摩西。「西奈全山冒煙：因為耶和華在火中降於山上。」[268] 底波拉懷著神聖的畏懼回

---

266 參見《詩篇》17 等。

267 《出埃及記》19：16。

268 同上，19：18。

想在主的腳步下如何「地震天漏，雲也落雨」。[269] 耶和華告誡以利亞，他的到來「有烈風大作，崩山碎石，耶和華卻不在風中；風後地震，耶和華卻不在其中；地震後有火，耶和華也不在其中；火後有微小的聲音。」[270] 先知祈禱耶和華顯現，挫敗巴力，主的火落就在以利亞的燔祭上面。[271] 摩西故事裡燃燒的荊棘、那引導以色列人穿越沙漠的火柱和雲就是耶和華的顯現。而耶和華以天中一道彩虹來表示與躲過大洪水的挪亞的後代立約：「我把虹放在雲彩中，這就可作我與地立約的記號了。」[272]

這些天和氣象的聖顯，與其他那些風暴神的聖顯有所不同，主要是顯示耶和華的「能力」。「神行事有高大的能力：教訓人的有誰像他呢？」[273]「他以電光遮手，命閃電擊中敵人。所發的雷聲顯明他的作為……因此我心戰兢，從原處移動。聽啊，神轟轟的聲音，是他口中所發的響聲。他發響聲震遍天下，發電光閃到地極。隨後有人聽見有雷聲轟轟，大發威嚴……」[274] 耶和華是宇宙唯一的主人。他創造一切，也能毀滅一切。他的「能力」是絕對的，因此他有無邊的自由。他是無可抗拒的統治者，他隨心所欲地表現仁慈或者怒氣：主擁有的絕對自由，這正是他的絕對超越性和自主性的最有效啟示；因為沒有任何事物能夠「限制」主——什麼也限制不了他，甚至行善或服從他的律法也不能限制他。

---

269 《士師記》5：4。
270 《列王紀上》19：11-12。
271 同上，18：38。
272 《創世記》9：13。
273 《約伯記》36：22。
274 同上，36：32-37：4。

神的「能力」是唯一的絕對實在，這個概念是以後一切關於
人類自由以及藉由服從律法和嚴格的道德行為而獲得救贖的神祕
思想和沉思的出發點。在神的面前沒有一個人是「清白的」。耶
和華與他的子民立「約」，但是他的最高統治地位意味著他也可
能在任何時候毀掉此約。他之所以沒有這麼做，不是因為約的本
身——因為沒有任何事物可以「束縛」神——而是因為他無限的
善。在以色列人的全部宗教歷史上，耶和華自我顯示為天神和
風暴之神，創造者、無所不能、絕對的最高統治者和「萬軍之
主」、支持出自大衛子孫的列王、制定令一切大地生命得以延續
的規範和律法。各種形式的「律法」在耶和華的啟示中都有其基
礎和理由。但是與其他至上神不同，其他的神都不能違背他們所
定的法律（宙斯不能讓薩耳佩冬從死亡中活過來），[275] 但是耶和
華卻能維持其絕對的自由。

30・以豐產神補充天神

風暴之神和生殖之神取代天神的現象也發生在獻祭儀式之
中。在新年齋戒中，馬杜克取代了安努（第 153 節）。至於吠
陀時代著名的馬祭（aśvamedha）之前獻給伐樓那，但最終還是
奉獻給了生主（Prajāpati，有時也獻給因陀羅）。既然伐樓那取
代了天神特尤斯，那麼很有可能最早的馬祭就是獻給印度－雅
利安人的天神的。現代烏拉爾－阿爾泰民族也向至上天神獻祭馬

---

275 《伊利亞特》（Iliad），16，477 以下。

匹（第 33 節）。馬祭最基本、最原始的因素在它與世界的創造相關。馬和宇宙等同，祭馬象徵創造（亦即，**繁殖**）的行為。我在這裡要強調一個事實，那就是馬祭必須被視為一種適合於創造的範型，但另一方面也具有入會禮的意義。馬祭同時也是一種入會禮的儀式，這在以下《梨俱吠陀》的詩句中清楚明白地表現出來了：「我們成為仙人，我們看見了光明，我們找到了神。」[276] 凡是知道這個入會禮奧祕的人便戰勝了第二次死亡（*punamṛtyu*），再也不會懼怕死亡了。事實上入會禮是永生的勝利，是從凡人變為神靈。將永生的勝利與重複的創造行為聯繫起來頗有意義，獻祭者超越了人類的狀態，通過儀式而變成仙人。我們將會在密特拉祕儀中的入會禮和宇宙起源之間發現同樣的聯繫。

就像生主——以後馬祭轉而奉獻給他了——一樣，被獻祭的馬象徵宇宙。伊朗人認為所有穀類和植物都是從阿赫里曼（Ahriman）殺死的一頭原初的公牛身體裡面產生；在日耳曼傳統中，宇宙從巨人尤彌爾（Ymir）的身體裡面誕生。[277] 在這裡，我們不需要考察這些創造神話的含義究竟是什麼，也不需要考察和遠東（例如盤古開天地）或者美索不達米亞（馬杜克用怪獸提阿瑪特的身體創造世界）並行的神話。我們感興趣的只不過是在這些神話中所看到的創造行為的**戲劇性**本性：宇宙不再是一

97

---

276 viii，48，3。

277 龔特爾特（Güntert），《雅利安人的世界觀》（*Arische weltkönig*），第 315 頁以下；克里斯滕森（Christensen），《伊朗傳說中的初人和初王》（*Le Premier Homme et le premier roi dans l'histoire légendaire des Iraniens*），烏普薩拉，1918，第 1 卷，第 11 頁以下；科佩斯，《馬祭》，第 320 頁以下。

個至上神從虛無中創造出來的，而是通過神（生主）、原初的怪物（提阿瑪特和尤彌爾）或者一個原人（Purua）或者一個原初的動物（伊朗人公牛伊卡達特〔Ekadath〕）獻祭（或者自我獻祭）而創造出來。所有這些神話的資料都可以在真實的或者象徵性的人類獻祭（Purua 的意思是「人」）中找到；這正是戈斯在許多民族中都找到的一種範型，而且總是與祕密會社的入會禮相關。[278] 這種由一個原初神靈進行的創造世界的獻祭，所具有的戲劇性特點本身表明這些創世故事並不是「原始的」，而是反映了一種甚至在史前時代就已經高度發達的漫長而複雜的神話－宗教過程。

馬祭便是一個極好的例子，它證明崇拜天神的儀式所具有的複雜內涵。崇拜的歷史與神靈本身的歷史一樣經常會發生替代、融合以及共生的現象。在已經舉到的那個例子裡面，我們還可以發現另外一種替代：印度人馬祭替代了更為古老的牛祭（伊朗也有牛祭，而創造神話則講述了一頭原牛的故事。事實上最初對因陀羅的描繪是有許多公牛環繞他的身邊，只是到了後來才改為牡馬。「生主實際上就是偉大的公牛」）。[279] 在吠陀作品裡，他們認為雙馬童（Aśvins）——顧名思義即與馬有聯繫——的坐騎不是馬而是背部長肉瘤的公牛。[280]

雙馬童就像狄奧斯庫洛伊（Dioscuri，又作 *Dios Kuoi*，參見列托語 *dewa deli*、立陶宛語 *diewo sunelei*）一樣是天神的兒

98

---

278 參見科佩斯，第 314 頁。

279 《百道梵書》（Śatapatha *Brāhmaṇa*），iv，4，1，14；參見 vi，5，2；5，17，等等。

280 參見奧托（R. Otto），《雅利安人的神靈》（*Gotteit d. Arier*），第 76 頁以下。

子。關於他們的神話多與天的聖顯（黎明、金星、月相）以及對雙子座的崇拜有關。孿生子的誕生預示著一位凡人和神靈相結合的信仰廣為流傳。雙馬童總是代表女神一面，不是黎明女神烏莎（Uā）就是蘇里耶（Sūrya）；狄奧斯庫洛伊則總是有一位女性人物相伴隨，或是他們的母親或是他們的姐妹：卡斯托爾（Castor）和波盧克斯（Pollux）有海倫伴隨，安菲翁（Amphion）和澤托斯（Zethos）有他們的母親安提俄佩（Antiope）相伴，赫拉克勒斯（Heracles）和伊菲克勒斯（Iphikles）有他們的母親阿爾克墨涅（Alcmene）相伴隨，而達耳達諾斯（Dardanus）和伊阿西翁（Iasion）則有哈耳摩尼亞（Harmonia）相伴隨，等等。請注意：

（1）雙馬童、狄奧斯庫洛伊，或者不管這些神話的孿生子還有其他什麼名字，他們都是天神的兒子（而且在大多數情況下都是他與一位人間女子相結合的結果）；

（2）他們總是與母親或者姐妹在一起；

（3）他們在人間的行為總是慈善的。雙馬童就像狄奧斯庫洛伊一樣，治病救人、救人於危難之中、保護稅收等等。在一定意義上他們是天的神力在人間的代表，不過他們的形式無疑更為複雜，不能只是被描繪成那種力量的施與者。但是不管狄奧斯庫洛伊的神話和儀式屬於哪一類的範型，他們都行善的這一點卻是明確的。

狄奧斯庫洛伊從未在任何地方的宗教生活中扮演重要角色。凡是在「神之眾子」失敗的地方，就是神之子成功之處。戴奧尼索斯（Dionysos）就是宙斯的兒子，他在希臘宗教歷史上的出現是一種精神啟示。歐西里斯（Osiris）同樣也是如此，他是天

空（女神）和大地（男神）的兒子；腓尼基的阿雷翁是巴力的兒子，等等。不管在何種情況下，這些神靈都與植物、痛苦、死亡和復活、入會禮有著密切聯繫。所有這些神靈都是積極的、對痛苦有所感受，並且具有救贖的作用。不僅愛琴海地區和東方祕儀宗教，而且主流的民間虔誠運動都圍繞這些神靈形成。這些神靈有著植物之神的名稱，但是更主要的是他們是一些有活力的神靈，承擔人類的命運，向人類一樣體驗情欲、痛苦和死亡。神靈從未如此接近人類。狄奧斯庫洛伊幫助、保護人類。救主－上帝甚至分享人類的痛苦，為了拯救人類，他們死亡且從死亡中復活。同樣是這種將天神——連同消極以及對日常鬥爭的無動於衷——永遠拋入到背景中去的「對具體的渴望」，在天神的「兒子」——戴奧尼索斯、歐西里斯、阿雷翁等等被賦予重要地位上表現得一覽無餘。「兒子」經常向天神祈求，但是他在宗教史上所扮演的角色並不是靠父子關係，而是他的「人性」，也就是他肯定分有了人類的命運，即使他在週期性的復活中超越了這種命運。

31・天的象徵體系

我們已經考察了一系列天神或者說一系列與天的聖顯密切聯繫的神靈。在每一種情況下，我們都觀察到天神在面對更有活力、具體和親近的聖顯時發生的隱退現象。儘管如此，我們若將天的聖顯侷限在這些天神或者他們所生的半神人物身上則大錯特錯。天的神聖特性還出現在數不勝數的儀式和神話裡面，它們至

少在表面上並不與天神直接相關。天所顯現的神聖即使在天神退入背景之後仍然存在於人類的宗教經驗裡面，存在於「高渺」、「登天」、「中心」等象徵體系裡面。因此我們還經常發現，在這種象徵體系裡，雖然一個豐產神取代了天神，但是這個象徵體系仍然保留著天的性質。

高山最接近天，因而具有雙重的神聖性：一方面它們分享了超越性的空間象徵體系——它們「高遠」、「巍然聳立」、「至高無上」等等——另一方面，它們又是各種氣象聖顯的特定領域，因此，高山是神的居所。每一個神話都有其聖山，有些多少是從希臘奧林帕斯山變化而來。所有天神都有高山祭壇以供獻祭。高山的象徵和宗教意義是無窮盡的。高山經常被視為天空和大地相遇之處，因而也是「中心點」，是宇宙之軸穿過的地方、充滿神聖的地方，是人們能夠從一個宇宙區穿越到另外一個宇宙區的地方。所以，在美索不達米亞人的信仰裡，「萬國的高山」連接天和地，[281] 而印度神話的妙高山（Mount Smeru）則矗立在世界的中心，北極星從山頂放出光芒。[282] 烏拉爾－阿爾泰民族也有一座中央山脈蘇布林（Sumbur，又稱 Sumur 或 Semeru），北極星高懸其上。[283] 伊朗人信仰聖山哈拉貝拉札提（Haraberazaiti，又稱 Harburz），它位於大地中央，固定在天

100

---

281 耶利米（Jeremias），《古代東方精神文化手冊》（*Handbuch der altorientalischen Geisteskultur*），柏林，1929，第 130 頁。

282 基爾費爾（Kirfel），《印度人的宇宙圖景》（*Die Kosmographieder Inder*），波恩 - 萊比錫，1920，第 15 頁。

283 這些是指布里亞特人的信仰：霍姆貝格 - 哈爾瓦（Holmberg-Harva），《生命之樹》（*Der Baum des Lebens*），赫爾辛基，1923，第 41 頁。

上。[284]《埃達》中的希敏約格（Himingbjorg）的意思是「天山」，彩虹（Bifrost）和天穹在那裡相交。這些信仰也可以在芬蘭人、日本人和以及其他民族中找到。

正因其為天地交匯之處，高山位於世界中心，當然也是大地的最高處。正因如此，許多神聖的地方——「聖地」、神廟、宮殿、聖城——都和「高山」有關，本身就形成了「中心」，以某種奇妙的方式變成了宇宙之山（參見第 145 節）的頂峰。巴勒斯坦的他泊山和基利心山也是「中心」，而聖地巴勒斯坦本身也被認為是世界的最高處，不受大洪水的影響。有篇拉比文獻寫道「以色列的土地洪水淹沒不了」。[285] 在基督徒看來，各各他是世界的中心，因為那裡是宇宙之山的頂峰，也是亞當創造和埋葬的地方。[286] 根據伊斯蘭教傳統，人間最高處在克爾白，因為「北極星證明……它位於天園的中央」。[287]

有些神廟和聖塔見證了這種將宇宙之山吸收進來的過程：

101 「山上小屋」、「萬國之山的上小屋」、「風暴之山」、「天

---

284 轉引自克里斯滕森，《原初之人和原初之王》（*Le Premier Homme*），第 2 卷，第 42 頁。

285 轉引自溫辛克（Wensinck），《西部閃米特人論大地之臍》（*The Ideas of the Western Semites concerning the Navel of the Earth*），阿姆斯特丹，1916，第 15 頁；其他文獻參見巴羅斯（Burrows），〈巴比倫宗教的一些宇宙範型〉（Some Cosmological Patterns in Bsbylonian Religion），載於胡克（S. H. Hooks）《迷宮》（*The Labyrinth*），倫敦，1934，第 54 頁。

286 編註：各各他山又譯為加爾瓦略山或哥耳哥達，意為「髑髏地」。在羅馬統治以色列時期此地位於耶路撒冷城郊，耶穌在此被釘上十字架受難。猶太傳統認為挪亞的兒子閃將亞當的髑髏埋在耶路撒冷附近，早期教父俄利根（Origen）承此說，提出亞當的髑髏埋在各各他。其中含意，就是新亞當（基督）流出的血，洗淨了始祖亞當的罪。

287 文見吉薩伊（Kisa'i），轉引自溫辛克所著書，第 15 頁。

地相連處」等等。[288] 用來稱呼塔廟（*ziqqurat*）的蘇美語是 *u-nir*
（山），葉斯特羅解釋它的含義為「可從遠處看見的」。[289] 塔廟
實際上是一座宇宙之山，也就是關於宇宙的象徵性的想像。它分
為七層，代表七大行星（如在博爾西巴〔Borsippa〕），或者代
表世界的顏色（如在吾珥）。婆羅浮屠神廟本身就是關於宇宙的
想像，被建造成為一座大山的樣子。神廟（高山、世界的中心）
的神聖性延伸到整座城市，使得東方的某些城市本身也成為「中
心」，成為宇宙山的頂峰、各宇宙區的連接點。例如，拉薩首先
就被稱為「連接天地的家園」，而巴比倫則是「構成天地之始基
的家園」、「天地的連接處」、「光明山的家園」等等。[290] 在中
國，完美君主的都城正是宇宙的中心，[291] 也就是說，位於宇宙山
的頂峰。

我們在下一章還將要回過頭來討論這種高山扮演重要作用的
宇宙中心的象徵體系（第 143 節）。現在我們要注意到的是「高
處」所具有的聖化力量。高處的祭台充滿了神聖力量。離天更近
的事物都不同程度地分享它的超越性。「高處」、「那在高處
的」變成了超越的、超人類的。每一次登臨高處都是一次突破，
對於不同層次的存在而言，也是一次向彼岸世界的過渡、一次對
世俗空間和人類狀況的逃避。毋庸贅言，「高處」的這種神聖價

288 多姆巴特（Dombart），《聖壇：第一部：塔廟》（*Der Sakralturm: I Teil: Ziqqurt*），慕尼黑，1920，第 34 頁。

289 〈蘇美人和阿卡德人關於起源的觀點〉（Sumerian and Akkadian Views of Beginnings），載於 *JAOS*，1917，第 XXXVI 卷，第 289 頁。

290 多姆巴特（Dombart），第 35 頁。

291 葛蘭言（Granet），《中國人的思維》（*La pensée chinoise*），巴黎，1934，第 324 頁。

值可以用天本身的神聖性加以解釋。高山、神廟、城市等等由於它們具有了「中心」的屬性而聖化了。也就是說，起初它們被等同於宇宙的最高點以及天地的交匯之處。後來，通過登天的、登高的以及爬梯的儀式而得到聖化，這是由於它擁有使信仰者登臨一個更高天界的能力。登天的象徵體系的豐富性和多樣性乍一看混亂不清，但整體而言，所有這些儀式都可以用「高處」也就是天界的神聖性加以解釋。進入聖地（神廟或者祭壇）而超越人類的狀況則具體地通過「通道」、「提升」和「登天」得到表達。

32・登天神話

死亡意味著超越人類的狀況而「過渡到彼岸世界」。在那些將來世置於天上或者某高處的宗教中，死者的靈魂要艱難地走過山間小路或者攀登上一棵大樹甚或一根繩套。[292] 亞述人關於死亡有一個通俗的表達，就是「那人抓住高山了」。埃及人的說法，*myny*，「抓住」或者「扭打」也是死亡的一個委婉說法。[293] 太陽落山以及死者進入另一世界的道路也有同樣的意思。閻魔（Yama），印度神話傳說中第一個死去的神走過「高處的

---

292 關於最後這個例子，參見范·熱內普（Van Gennep），《澳大利亞人的神話和傳說》（*Bericyte iiber d. Verhandl*），巴黎，1906，第 17 和 66 頁，以及相關注解。

293 齊默恩（Zimmern），〈論巴比倫人的新年節〉（Zum babylonischen Neujahrsfest），載於《薩克森科學學會研究通訊》（*Berichte über d. Verhandl d. Kgl. Sächs.. d. Wiss*），萊比錫，1918，第 5 號；第 7 卷，第 5 頁，第 2 號。

道路」，向「許多人顯示要走的路」。[294] 烏拉爾－阿爾泰民族的民間信仰認為死者是踏上了一條通往高山的道路；卡拉－吉爾吉斯人的英雄波羅特（Bolot）就像蒙古人的傳奇英雄格薩爾王一樣，穿過隧道，登上山頂——此行頗似一種入會禮。薩滿的地獄之旅就是登上若干座高山。[295] 埃及人在他們的葬禮文獻中保留了一種說法，asket pet（asket 的意思是「台階」），說明瑞（Ra）神登天用的是一把真正的梯子。[296]《亡靈書》寫道，「這梯子的位置正好讓我看見諸神」。[297]「諸神為他製作一把梯子，好叫他用梯子登上天堂。」[298] 在許多古王國和中王國的墳墓裡面發現了許多護身符都描繪有梯子（maqet）或者樓梯的圖像。[299]

那些由於具備某些特殊條件或舉行了某些靈驗的儀式而在活著時候就能夠設法進入天堂的人，也要走上與死者的靈魂到另外一個世界去所走的相同道路。這種用一條繩索、一棵大樹、一把梯子「登天」的觀念在五大洲都有廣泛發現。我在此只是略舉幾個例子罷了。[300] 澳大利亞的迪耶里（Dieri）部落流傳一個神

---

103

294 《梨俱吠陀》，xiv，14，1。

295 伊利亞德，《薩滿文化》（Le Chamanisme et les techniques de l'extase），巴黎，1951，第 184 頁以下。

296 巴基（W. Budge），《古埃及 - 從拜物教到上帝》（From Fetish to God in Ancient Egypt），牛津，1934，第 346 頁。

297 威爾（Weill），《在喪葬宗教和一般宗教中的蘆葦之地和獻祭之地》（Le Cjanp des roseaux et le Champ des offrandes dans la religion funéraire la religion générale），巴黎，1936，第 52 頁。

298 威爾，第 28 頁。

299 巴基（Budge），《木乃伊》（The Mummy），劍橋，1925，第 324、326 頁。

300 有關的深入研究，參見伊利亞德，第 404 頁以下。

話，在魔力的作用下一棵大樹越長越高直抵天堂。[301] 努姆加布朗（Numgahburran）人傳說有兩棵神奇的松樹，由於觸犯了某種禁忌而長高，樹頂一直觸及天庭。[302] 馬拉人（Mara）亦談到一棵相似的大樹，他們的祖先曾經爬到樹上登入天堂，然後又從樹上爬下來返回人間。[303] 毛利人的英雄陶哈基（Tawhaki）的妻子是一位天上下凡的仙女，與陶哈基住在一起，生下了第一個孩子，後來就爬上屋頂上消失了。陶哈基順著一棵葡萄樹爬到天上，又把她帶回了人間。[304] 這個故事還有其他的版本，說的是爬上椰子樹、踩著繩索、爬上蜘蛛網、騎著鳶鳥等等。在夏威夷群島，人們傳說他爬上了彩虹；在塔希提島，他登上一座高山，途中遇到了他的妻子。[305] 在大洋洲有一個廣為流傳的仙女神話，講述了英雄如何用一連串箭到達天上：他向空中射出一箭，再射出第二支箭，鑽入第一支箭裡面，如是循環直到一連串的箭將天地連接起來。[306] 用一根繩索登天的故事在大洋洲、[307] 非洲、[308] 南美

104

---

301 同上，第 32 頁。

302 同上，第 44 頁。

303 同上，第 49 頁。

304 格雷（Grey），《玻里尼西亞神話和紐西蘭古代傳說史》（*Polynesian Mythology and Ancient Traditional History of the New Zealanders*），奧克蘭，1929，第 42 頁以下。

305 查德威克（Chadwick），《文學發展史》（*The Growth of Literature*），劍橋，1930，第 iii 卷，第 273 頁。

306 貝塔佐尼，〈串箭〉（The Chain of Arrows），載於 FRE，第 xxxv 卷，第 151 頁以下。

307 迪克森（Dixon），《大洋洲神話》（*Oceanic Mythology*），波士頓，1916，第 156 頁以下。

308 威爾納（Werner），《非洲神話》（*African Mythology*），波士頓，1916，第 135 頁。

洲[309]和北美洲都有發現。[310]在幾乎同樣這些地方還存在著靠蜘蛛網登天的神話。埃及、[311]非洲、[312]大洋洲[313]和北美洲還有天梯神話。而登天也可以借助樹、[314]植物或者高山完成。[315]

33 · 登天儀式

所有這些神話和信仰都有相對應的「飛升」和「登天」儀式。確定並聖化獻祭的場所可使世俗空間具有崇高的性質，《泰迪黎耶梵書》（*Taittiriya Brāhamaa*）說：「實際上行禮如儀的祭司把自己變成了登天的梯子和橋樑。」[316]這本經典的另外一段文字表明，舉行儀式的人要登上一座樓梯，登上祭壇的最高處，伸出手臂，高聲吟唱：「我登天了，見到了神靈；我已成仙！」儀式性的登天是一種「艱難的攀登」（*dūrohaṇa*）。吠陀時代的文獻裡也有許多類似表述。[317]科辛加（Kosingas），某些色雷斯

---

309 亞歷山大（Alexander），《拉丁美洲神話》（*Latin-American Mythology*），波士頓，1925，底 271 頁。

310 史迪斯·湯普森（Stith Tompson），《民間傳說主題索引》（*Motif Index of Folk Literature*），赫爾辛基，1934，第 iii 卷，第 7 頁。

311 繆勒（Muller），《埃及神話》（*Egyptitian Mythology*），波士頓，1918，第 176 頁。

312 威爾納，第 136 頁。

313 查德威克，第 481 頁。

314 達雅克人的神話，參見查德威克，第 486 頁；埃及的神話，參見繆勒，第 176 頁；非洲的神話，參見威爾納，第 136 頁以下，等等。

315 參見史迪斯·湯普森，第 iii 卷，第 8-9 頁。

316 vi，6，4，2

317 參見庫馬拉斯瓦米（Coomaraswamy），《梵天》（*Svayamatrnna*），各處。

民族（科布勒尼奧人〔Kebrenioi〕和斯卡波埃人〔Sykaiboai〕）的祭司－國王威脅要離開他的臣民，爬上一架木梯子到女神赫拉那裡去。[318] 儀式性地爬上一架梯子登天也許是奧菲斯教的入會禮的一項內容。[319] 我們當然在密特拉教的入會禮中也可以發現梯子。在密特拉祕儀中，儀式性的梯子（climax）有七根橫檔，每根橫檔都用不同的金屬製成。根據塞爾索（Celsus，載於奧利金所著《駁塞爾索》）的說法，第一根橫檔是鉛，對應於「土星」的天，第二根是錫（對應於金星），第三根是銅（對應於木星），第四根是鐵（對應於水星）、第五根是「錢幣的合金」（對應於火星），第六根是銀（對應月亮），第七根是金（對應太陽）。至於第八根，塞爾索告訴我們，代表天上恆星的區域。爬上這架儀式性的梯子，那個入會者事實上就穿過了「七重天」而到達最高天。

甚至在當今的烏拉爾－阿爾泰民族中間，薩滿也舉行幾乎同樣的登天儀式和入會禮。「登天」可以在日常獻祭活動的框架中舉行——薩滿帶著祭品到至上神白烏耳干（Bai Ulgen）那裡——或者在給那些求問的病人用法術治病的場合舉行。祭馬是突厥－韃靼人的主要儀式，每年舉行一次，持續兩三個夜晚。第一夜樹立一個氈包，裡面有一顆樺樹，除掉枝葉，在樹幹上刻七道階梯（tapty）。挑選一匹白馬獻祭。氈包裡點亮火把，薩滿提著鼓穿過煙火，以便逐一呼喚諸位神靈，然後出門，絞斷一只用碎布頭做成的鵝的身體，填入乾草，舞動雙臂，就好像要飛起來

---

318 波利阿姆斯（Polyæmus），《計謀》（*Stratagematon*），各處。
319 參見庫克《宙斯》，第 ii 卷，第 2 頁、124 頁以下。

似的，口中唱道：

> 在白色的天空之上，
> 在白色的雲彩之下，
> 在蔚藍的天空之上，
> 在蔚藍的雲彩之下，
> 飛到天堂去吧，鳥兒啊！

這個儀式的目的是要抓住被獻祭馬匹的靈魂（*pura*），據說薩滿到來的時候它就已經逃走了。抓住了靈魂並且把它帶回來後，薩滿就放走「鵝」，只獻祭馬。這個儀式的第二部分在第二夜繼續舉行，薩滿把馬的靈魂帶到白烏耳干面前。薩滿手提薩滿鼓經過煙火，穿上袍子、祈求天鳥默庫特（Merkyut）「鳴唱」，「站在他的右肩上」，之後薩滿就開始登天了。他敏捷地蹬著樺樹上的階梯逐一登上九重天，向聽眾詳述一切見聞以及在每一重天上所發生的一切。在第六重天他敬拜月亮，在第七重天他敬拜太陽。最後，在第九重天俯伏在白烏耳干腳下，獻上馬的靈魂。這個場景是薩滿登天儀式的高潮。他會發現他的獻祭是否被白烏耳干悅納，神靈是否會向他預告天氣。然後薩滿僕倒在地，默不作聲，好似睡死過去一般，之後才起身。[320]

樹幹上的凹槽或者台階象徵行星所在的區域。在儀式的進程中薩滿祈求各路神靈幫助，他們特定的顏色代表行星之神的性

106

---

320 拉德洛夫（Radlov），《論西伯利亞人》（*Aus Sibiren*），萊比錫，1884，第 ii 卷，第 19-51 頁；霍姆貝格 - 哈爾瓦，*Rel. Vorst*，第 553 頁以下；伊利亞德《薩滿教》（*Le Chmanisme*），第 136 頁以下。

質。[321] 正如在密特拉教的入會禮以及在埃克巴坦納（Ecbatana）城牆一樣，不同的顏色象徵不同的行星，月亮在第六層天，太陽在第八層天。數字九取代了更為古老的七條溝的數字，因為在烏拉爾－阿爾泰民族看來，「世界之柱」有七條凹槽[322]而神樹有七條分枝，象徵天界的不同區域。[323] 爬上儀式的樺樹就相當於爬上位於世界中央的宇宙之樹。帳篷頂上的開口就是正對北極星的開口，通過這個開口可以進入另外一個層次的宇宙。[324] 因此，這個儀式實際上是發生在宇宙的「中心」。

在薩滿的入會儀式裡也有相同的登天。在布里亞特人中，九棵樹一字排開，新入會者要登上第九棵樹，然後在其他樹頂上行走。[325] 有一棵樺樹放置在帳篷裡面，樹枝伸出帳篷頂端的開口。新入會者手執寶劍爬上樹梢，穿過帳篷，因而好像是踏上抵達最後一層天的路途。樺樹上繫著一條繩索，一頭連接那九棵樹，繩索上掛著不同顏色的棉布條，代表天界。這條繩索稱作「橋」，象徵薩滿走向諸神之家的路程。

薩滿在醫治前來求助的病人之際舉行此類登天儀式。[326] 突厥－蒙古人的英雄也要舉行這種和薩滿儀式相似的神祕地踏上天堂之路的儀式。[327] 雅庫特人（Yakut）相信，過去曾經有一些薩滿確實上過天，有旁觀者親眼目睹他們騎著獻祭的馬消失在天際

---

321 霍姆貝格 - 哈爾瓦，《生命樹》，第 136 頁。

322 希羅多德，i，98。

323 霍姆貝格 - 哈爾瓦，第 25 頁以下。

324 同上，第 137 頁和圖 46。

325 同上，第 30 頁以下。

326 霍姆貝格 - 哈爾瓦，Rel Vorst，第 546 頁以下。

327 伊利亞德，《薩滿文化》，第 291 頁以下。

的雲彩上。[328] 在成吉思汗時代，有一位備受尊敬的蒙古薩滿騎著戰馬登天。[329] 奧斯佳克人的薩滿唱道，他攀著繩索登天，推開星星，衝出一條道路。[330] 在維吾爾文詩集《福樂智慧》中，有一位英雄夢見他正爬上五十級的梯子，在梯子頂上有一位女子遞給他水喝，喝了水便能抵達天堂。[331]

34・登天的象徵體系

雅各確實夢見有梯子直抵天堂，「有神的使者在梯子上，上去下來」。[332] 雅各躺臥的那塊石頭就是伯特利，位於「世界中心」，因為正是在這個地方宇宙的各個區域彙聚在一起（第 81 節）。在伊斯蘭教的傳說中，穆罕默德看見梯子從耶路撒冷（正是「中心」）的聖殿升入天堂，有天使隨侍左右，義人的靈魂沿著這梯子去到真主身邊。[333] 但丁也在土星天，看見黃金梯升入令人目眩的最高天，好教有福之人登天。[334] 台階、梯子和登天的象

---

328 札布里卡（Czaplicka）《西伯利亞土著》（*Aboriginal Siberia*），牛津，1914，第 238 頁。

329 科普魯魯札德（Kopruluzade），《突厥 - 蒙古人的薩滿教對穆斯林神祕範疇的影響》（*Influence du Chamanisme turco-mongol sur les orders mystiques musulmans*），伊斯坦布爾，1929，第 17 頁。

330 查德威克，《成長》（*Growth*），第 iii 卷，第 204 頁。

331 查德威克，第 206 頁。

332 《創世記》28：12。

333 阿辛・帕拉喬（Asin Palacio），《穆斯林的末世論》（*Escatologia musulmana*），馬德里，1942，第 70 頁。

334 《天堂篇》（*Paradiso*），xxi-xxii。

徵體系也保留在基督宗教神祕主義之中。聖十字若望描繪了神祕的完美台階是升入迦密山的階梯。而他本人則用高山邊令人疲倦的、曲裡拐彎的小路來解釋這階梯。

　　一切神祕的異象和狂喜就包括升入某種類型的天堂。我們從波菲利那裡得到資料，普羅提諾（Plotinus）和他一起生活期間就曾經歷過四次這種天堂般的狂喜。[335] 聖保羅也「甚至被提到了第三層天」。[336] 靈魂──不管是在入會禮中還是在死後──升入七層天的教義在基督宗教時代到來之前的若干個世紀裡十分流行。該教義無疑是來自東方，[337] 但是奧菲斯教和畢達哥拉斯派也和它在希臘世界廣為流傳頗有關係。我們以後的章節還要考察這些傳統。但是在這裡略作考察也頗為重要，因為我們可以在天和上界的神聖區域裡面發現這些教義的最終理由。不管諸位在哪些文獻中找到這些教義，不管賦予了它們何種價值──薩滿教的入會儀式、神祕的狂喜或者夢幻一般的異象、末世神話或者英雄傳奇──登天、爬山或者攀登階梯、騰雲駕霧等等，所有這些總是象徵著人類超越，進入宇宙的不同層次。登天本身就是一種聖化、一種神化。樓陀羅的苦修就是「行走如風，因為諸天進入了他們的身體」。[338] 印度的瑜伽修行者和煉金術士在空中飛行，在很短時間走很長的路程。[339] 空中行走、長出翅膀便成為超越人類

---

335 《普羅提諾傳》（*Vita Plot*），23。

336 《哥林多後書》（*2 Cor*），xii，2。

337 參見波塞特（Bousset），〈靈魂的天國之旅〉（Die Himmelreise der Seele），載於 *AFRP*，iv，第 155 頁以下。

338 《梨俱吠陀》，x，156，2-3。

339 伊利亞德，《瑜伽：不死和自由》（*Yoga: Immortalité et liberté*），巴黎，1954，第 397 頁。

狀態的象徵用語。能夠登天表明進入了終極實在。不過甚至在登天的現象中，在宗教經驗和巫術之間顯然存在一個重大的差別：聖徒是「在狂喜中」登天，而瑜伽行者、苦修者和巫師是靠自己的努力「登天」。但是在這兩種情形中，正是由於登天使他們與普通大眾和未入會的靈魂判然有別：他們能夠進入充滿神聖的天堂，變得像神一樣。與星空的聯繫使他們成為了神靈。

35・結論

讓我們做一個簡略的概述：

（1）天，就其本質而言，作為佈滿星辰的天穹和大氣充滿了神話和宗教的意義。「高處」、「處在高處」、無限空間——所有這些都是超越之物以及至上神聖之物的聖顯。大氣的和氣象的「生命」似乎是一種永恆的神話。而原始民族的至上神，正如歷史上最早文明的大神一樣，都或多或少顯示出與天、大氣以及大氣現象之間的有機聯繫。

（2）但是不可將這些至上神僅僅解釋為天的聖顯。他們的內涵更為豐富；他們具有一種「形式」，表明存在一種固有的、排他的模式，因此不能僅僅用天發生的事件或人類的經驗加以解釋。因為這些至上神是創造者、善、永恆（「古老的」），是現有秩序的奠基者，是法律的捍衛者——他們的屬性只能部分地用天來解釋。這就是至上神的「形式」問題，此對我將在另外一章裡再作討論。

（3）要記住這個懸而未決的問題——這是一個相當重要的

問題——這樣我們就能夠在至上神和天神的「歷史」中發現一種在人類宗教史上極其重要的現象：這些神靈有著從祭祀儀式中消失的傾向。在任何地方他們都不起一種領導的作用，而是變得遙不可及並被其他宗教力量，如祖先崇拜、精靈和自然神靈、豐產神、大母神等等崇拜所替代。值得注意的是，這種替代幾乎必然意味著一種具體的、更加充滿活力的、更具豐產性質的神靈或者宗教力量（太陽、大母神、女神等等）的出現。征服者總是代表生殖或者生殖的分配者。換言之，最終代表或者施與**生命**。（甚至對死亡和魔鬼的畏懼也不過是畏懼**生命**受到敵對力量的威脅，因而必須將它們驅除和緩解而已）。當我們考察生命以及生命功能的宗教意義時，這種替代就顯示出了一種深刻的含義。

110　　　（4）有時——無疑正是由於農業以及與之相關的宗教形式的出現——天神重新獲得作為氣象之神和風暴之神的領域。但是這種「專門化」雖然賦予其諸多屬性，卻限制了他的全能。風暴神是積極的、「強大的」，是公牛、豐產神。關於他的神話越來越豐富，而他的祭祀也變得令人吃驚——但是他再也不是宇宙或人類的創造者，再也不是無所不知，有時只不過是大母神的配偶而已。正是針對這樣一個風暴神，偉大的男性，狂歡的、顯現形式充滿戲劇性的神——對於該神的祭祀奢侈而血腥（獻祭和狂歡）——閃米特世界以一神論的、先知的和彌賽亞的形式發動了一場宗教改革。正是在巴力和耶和華或安拉之間的這種鬥爭中，「天堂的」價值以一種全新的方式進入了人類生活的領域，而與「世俗的」（金錢、生殖、權力）相對立；質的標準（信仰、祈禱以及愛的內在化）與量的標準（有形的獻祭活動、對儀式姿勢的強調）相互對立。但是，這些初級的生命力量的聖顯不可避免

地變得不合時宜，是因為「歷史」的緣故，而未必意味著它們沒有宗教價值。正如我將證明的那樣，這些原始的聖顯透過許多途徑使有形的生命變得神聖。它們之所以變成一無所用，只是因為它們不再是神聖並且只是成為一種生命的、經濟的以及社會的現象從而喪失了原有的功能。

（5）在許多情況下，太陽神取代了天神。於是太陽就變成了大地生命的施與者和保護者（尤其參見第 36 節以下）。

（6）有時人們從形而上學的意義上重新審視天神的普遍存在、他的智慧以及他的消極特點，這個神就成為自然秩序和道德律令的顯現（例如在毛利人的埃荷那裡就是如此）；神聖的「人格」讓位給了「理念」；宗教經驗（幾乎在所有的天神那裡都是相當貧乏的）讓位給了理論認識的或者哲學。

（7）很少一些天神在人們的宗教生活中保留了其地位，或者由於被視為最高統治者之神而得到強化這種地位。這些神很好地維持了其在萬神殿中至高無上的地位（朱庇特、宙斯、天），並且成為一神教革命的主體（耶和華、阿胡拉·馬茲達）。

（8）但是，即使當天神已不在宗教生活中佔有主導地位的時候，星空、天的象徵體系、登天的神話和儀式，所有這一切都在神聖事物的框架裡面繼續保持一個重要地位。

在任何宗教結構中，「在天上的」、「高處的」的事物仍然是關於超越者的一種啟示。神聖的「形式」可以發生變化。實際上他們作為「形式」而顯現給人類心靈的事實本身，就意味著他們**有**一種歷史、有著一定的發展經歷，但是天的神聖意義仍然是一種隨處可見的鮮活的觀念。他遠離人們的崇拜，神話則用其他事物取代他的位置，但是天仍然在象徵體系中保持了重要性。這

111

種天的象徵體系構成了一些儀式（登天、登高、入會禮、加冕禮等等）和神話（宇宙樹、宇宙山、一串弓箭等），以及神奇飛行之類的傳說的基礎。在各大宗教歷史上扮演極為重要作用的「中心」的象徵體系就是由天的元素所構成（有時非常明顯，有時不那麼明顯）——世界中心和宇宙之軸、宇宙三界的交匯點。只有在一個「中心」裡才會產生一種突破，一種從宇宙區向另外一個宇宙區的過渡。

總之，人們可以說「歷史」有效地將具有天空性質的神聖「形式」推到背景中去（至上神就是這種情況），或者將它們破壞（如風暴之神或者生殖之神那樣）——但是這個「歷史」——只是人類對於神聖的常新的試驗和解釋——並不能把一個直接的、固有的啟示予以徹底拋棄，這個啟示便是：天是神聖的。這個啟示也並不是個人的、暫時的，它完全游離於歷史之外。天的象徵體系在一切宗教的框架中都有其位置，僅僅因為其存在的模式游離於時間之外：事實上，這個象徵體系賦予一切宗教的「形式」以意義並支持這些宗教「形式」，而且在此之中本身並未喪失任何東西（第 166 節以下）。

III

太陽和太陽崇拜

36・太陽的聖顯和「理性化」

　　在宗教史研究還處在它美好的童年時代時，人們曾一度認為太陽崇拜普遍存在於一切民族。最初的比較神話學研究很好地揭示了各地太陽崇拜的遺跡。然而，到了 1870 年，一位重要的人種學家巴斯提安（Bastian）認識到，太陽崇拜事實上只是在世界上為數不多的一些地方才有發現。半個世紀後，曾經花費大量心血研究自然崇拜的詹姆士・弗雷澤爵士，在考察了相關問題之後也提出，在非洲、澳大利亞、玻里尼西亞和密克羅尼西亞的各種太陽崇拜的因素並不存在任何連貫性。[1] 在美洲各民族中也缺乏同樣的連貫性。只有在埃及、亞洲和歐洲原始社會，我們所說的太陽崇拜才達到相當的普遍程度，因此，例如在埃及的任何時期太陽崇拜都真正佔有主流地位。

　　如果諸位考慮到，在大西洋彼岸，太陽宗教僅在秘魯和墨西哥，也就是美洲這兩個「開化」的、具有某種真正政治組織的民族中間有所發展，那麼就會不由得發現在太陽宗教佔據主流的現象與我所稱的「歷史」命運之間存在某種關聯。可以說，凡是在由國王、英雄或者帝國「推動歷史前進」的地方，太陽都是至高無上的。人們提出許多假說——有的明顯是異想天開——來解釋歷史上太陽崇拜和文明傳播之間的並列現象。有的作者甚至還提到，在漫長的遷移過程中，有所謂「太陽崇拜的子嗣」傳播太陽崇拜以及文明的基本原則。我們還是把整個「歷史」問題暫時放在一邊，在這裡只說明一點：我們發現的太陽神實在鳳毛麟角，

1　《自然崇拜》（*The Worship of Nature*），倫敦，1926，第 441 頁。

與天神證據的隨處可見形成鮮明對比。

　　我將很快回到這些神的形象上來。但是我們必須首先防止犯 125
一個視角上的錯誤，它極易變為一個方法上的錯誤。一方面，我
們必須牢記太陽神的形象（諸神、英雄等等）並沒有窮盡太陽的
其他聖顯，就像其他神性形象不能窮盡其所表現的全部聖顯一
樣。而且另一方面，我們必須認識到，與其他自然的聖顯，例如
月亮和水的聖顯有所不同，太陽所表達的神聖意義對於現代人而
言並不總是一目了然。或者更確切地說，在任何太陽的聖顯中**顯
而易見**的、因而容易把握的內容通常僅僅是在漫長的理性化過程
將其磨損之後遺留下來的東西，而且是在我們沒有意識到的情況
下透過語言、習俗和文化而傳承給而來的。太陽如今已經成為平
淡無奇而意義不明的宗教經驗，太陽的象徵體系已經簡化成為一
系列毫無鮮活意義的手勢和隻字片語了。

　　我的計畫並不是要試圖解釋各種變化如何影響到現代人經驗
中太陽聖顯的實際面貌。因此我不會著手分析過去若干世紀在太
陽中發現的重要的天文學和生物學的功能究竟在多大程度上改變
了現代人對太陽的態度，以及他透過自身的直接體驗而形成的與
太陽的關係如何改變了太陽象徵體系本身的性質。有一點可以說
明這個問題：自亞里斯多德以來的學術取向已經把我們對於太陽
聖顯的**整體性**的接受能力變得極為遲鈍。在月亮那裡所發生的情
況證明，這種新的學術取向未必讓這種聖顯的經驗變得不可能。
實際上，沒有一個人會主張一個現代人會**據此**（*ipso facto*）與月
亮的聖顯隔絕。相反地，我們能夠像原始人一樣清楚地看到與月
亮相關聯的象徵、神話和儀式是如何結合在一起的。「原始人」
的心態和「現代人」的心態對於月亮所表達的神聖性有著極其相

似的反應，這一事實也許可以用甚至在最徹底的理性主義的結構中也殘存著所謂「心靈的黑夜地帶」來解釋。月亮可以觸動那最具有侵蝕性的理性主義也無法企及的意識層面。

確實，「心靈的白晝地帶」是被太陽的象徵體系所佔據的。也就是說，主要是由這種象徵體系占主導地位。它也許並不總是人為建構的，但經常是一系列理性推理的結果。這並不是說在太陽之聖顯中的每一種理性因素無論如何都是一種後來的、人為的發展。正如我們前文所見，在最原始的聖顯中也存在理性，宗教經驗並非與智力可以理解的事物**天然地**不可調和。後來的、極其人為的，是理性的**唯我獨尊**。因為宗教生活──我們可以將其概括地定義為對於力顯、聖顯（hierophanies）以及神靈顯現（theophanies）的經驗──影響到人類生命的全部，企圖將心靈分割為互不相關的區塊是很不現實的。對此，太陽的原始聖顯提供我們以很好的例子。正如我們將會看到的那樣，太陽的聖顯表現出某種**將實在視為一個整體的認識**，以及**神聖**一以貫之、清楚明白的結構。但是這種清楚明白完全不能化約為一系列清楚的「理性真理」，不能化約為任何排除聖顯的經驗。我們且舉一個例子：太陽和黑暗或者死亡之間的聯繫或者印度人所特有的雙名「太陽－蛇」，不管如何基於一種對生命和實體的整體把握，從任何純粹理性的視角都是完全不清楚的。

37・至上神的「太陽化」

我在前一章（第 17 節）曾經指出，至上天神傾向於從宗教

生活的前台退出，讓位給比較活躍、比較有實用價值、一般而言也和「生命」（Life）有著比較直接聯繫的巫術－宗教力量或者神靈。實際上，我們注意到，至上神的消極性歸根到底只是他們對於人類生命更為複雜的變化無常漠不關心。為了得到保護（免遭敵對力量、符咒等等的侵害）、得到積極幫助（因為人們想通過豐產的巫術確保存在的延續），人們更加受到其他宗教「形式」的吸引，逐漸變得依賴它們：祖先、文明英雄、大母神、巫術－宗教力量（例如瑪納）、宇宙豐產中心（月亮、水、植物等等）。於是我們看到了這樣的現象——基本貫穿於整個印度－地中海地區——至上天神被氣象和生殖之神、被大地、月亮和植物生命之大母神的配偶，有時甚至是她的隨侍或者次子取代，甚至有時還被植物之神取代。

這種由「創造者」向「生殖者」的過渡，由萬能的、超越的和消極的天向積極的、充滿張力和戲劇性的氣象、豐產以及植物之神的慢慢轉變可謂意義重大。很顯然，在人類關於神的概念的下移過程——這個過程顯然發生在農業社會——中有一個重要的因素，即在經濟人的觀念中，生命的價值和「生命」逐漸具有無所不包的重大意義。我們只要看看印度－地中海地區即可，美索不達米亞的至上神經常將豐產的特點和太陽的特點結合在一起，十分有趣。馬杜克就是這樣一個最有意思也最為著名的例子。[2] 但是這個特點也可以在其他相同類型的神靈中找到——所謂其他的神靈，也就是指那些至高無上的地位處於被取代過程中的

127

---

2 參見法蘭克福（H. Frankfurt），〈撒耳根時代印章上的神和神話〉（Gods and Myths in the Middle East），載於《伊拉克》（*Irak*），1934，第 i 卷，第 6 頁。

神靈。甚至可以說這些植物之神同樣顯示出太陽的屬性，因為在
這些神聖的、最高統治者的奧祕和神話中有著植物的元素。[3]

太陽和植物元素的這種結合顯然可以解釋為最高統治者擁
有了一個在宇宙和社會層面上儲藏和分配「生命」（Life）的角
色。因此，天神逐漸轉變成為太陽神，和在其他的情況下最終轉
變為氣象之神和生殖之神的過程是一樣的。例如，赫梯人的天神
在歷史的早期階段就有一種非常強烈的傾向，既要轉變成太陽
神，[4]又和宇宙、生物的最高統治有著各種聯繫——因此也擁有
植物的元素，從而使之納入了上帝－國王－生命樹的範型。[5]

無論如何，從古代東方的證據來看，這種現象的發生要比
我們所認為的要更常見、更古老。我們必須記得，古代東方一
直為最高統治的奧祕所主宰。甚至在最古老階段的原始文化就
出現了天神的屬性開始向太陽神轉移、至上神和太陽神相互混
同的現象。在許多地方（第 14 節），彩虹都被視為天的聖顯，
與太陽有聯繫，例如在火地島人那裡，彩虹變成了「太陽的兄
弟」。[6]諸位還會在至上天神和太陽之間發現一種密切聯繫。在
塞芒族的俾格米人、火地島人和布須曼人中間，太陽是至上神的
「眼睛」。[7]吠陀時代的印度以及其他許多地方也見證許多類似
的現象發生，以後我們還會看到更多。在澳大利亞西南部的維拉
朱利人（Wiradjuri）和卡米拉魯瓦人（Kamilaroi）中，太陽被視

3　參見恩格內爾（Engnell），《中東地區的神聖國王的研究》（*Studies in Divine Kingship in the Middle East*），烏普薩拉（Uppsala），1943。

4　參見格茨（Götze），《古代亞洲》（*Kleinasien*），萊比錫，1933，第 36 頁。

5　參見恩格內爾（Engnell），第 61 頁。

6　施密特（Schmidt），《至上神》（*Ursprung*），第 ii 卷，第 938 頁。

7　同上，第 iii 卷，第 1087 頁。

為一個叫格洛戈拉加利（Grogoragally）的人，是創造之神的兒子，對人友善。[8] 但是毫無疑問，在母權制的影響下，月亮成為至上神的次子。[9] 薩莫耶德人認為太陽和月亮是努姆（亦即天）的眼睛：太陽是善的眼睛，而月亮是惡的眼睛。[10] 奧博杜斯克（Obdursk）苔原地區的尤拉克人（Yuraks）在冬季太陽首次出現的時候要過一個大節，但是在這節日裡卻向努姆獻祭，這表明這個重要節日最初是和天有關係的。叢林尤拉克人則認為太陽、月亮以及「雷鳥」就是努姆的象徵。他們把動物的頭掛在樹木上面做為祭品，稱這種樹為「太陽樹」。[11] 在楚科奇人（Chukchi）那裡，太陽取代了至上神的位置，主要的祭品獻給善神，尤其是獻給陽光。戈斯認為，太陽崇拜被引入整個亞洲北部是楚科奇人和尤卡吉爾人（Yukagirs）的傑作。

129

38 · 非洲、印度尼西亞

在非洲，至上天神轉變為太陽神 [12] 也是一個極其普遍的現

8　同上，第 841 頁。

9　同上，第 844 頁。

10　列提薩洛（Lehtisalo），《尤拉克－薩莫耶德人的神話初論》（*Entwurf Mythologie der Jurak-Samoyeden*），赫爾辛基，1927，第 16 頁以下。

11　加斯（Gahs），〈頭、顱骨和長骨獻祭〉（Kopf-Schädel- und Langknochenopfer），《施密特文集》（*Festschrift W. Schmidt Mödling*），1928，第 240 頁。

12　「太陽化」經常直接影響到至上神本身而不是天神的結構。但是，由於還沒有涉及到神聖的「形式」，我在這裡只是強調天神的太陽化過程。當然這絕非暗示這些神靈僅代表歷史上已知最早的人格神，也不否認有時出現這樣的情況，至上神直接變成一個太陽神，而不是通常那樣變成至上的天神。

象。許多非洲部落將至上神稱為「太陽」。[13] 例如在蒙什人
（Munsh）那裡，太陽有時被認為是至上神阿旺都（Awondo）
的兒子，月亮是他的女兒。[14] 然而巴洛澤人（Barotse）將太陽
變成了天神尼雅比（Niambe）的「住所」，而月亮則是他的妻
子。[15] 在其他地方，我們還會發現天神以合併的方式而與太陽同
化：例如在魯伊（Louyi）人那裡，尼雅比**就是**太陽，而卡維爾
隆多（Kavirondo）人則用太陽崇拜取代了對至上神的崇拜。[16] 卡
法人（Kaffa）現在仍把至上神稱為阿波（Abo），意思是「父
親」和「太陽」，把太陽視為他的化身。但是根據研究這個部落
的最新權威學者比貝爾（F. H. Bieber）的觀點，這種「太陽化」
只是以後發展起來的，阿波一開始就是光明之神和天神。[17]

130

　　這一個事實很有意思，即這位非洲的至上神雖然變成了一位
太陽神，卻沒有在宗教生活中保留任何積極的重要意義。在東非
的諸班圖族部落，尤其是在吉力馬扎羅山的瓦查加人那裡，至上
神是盧瓦（意思是「太陽」）。他實際上就住在太陽裡面，但是
仍然保留了某些天神的特徵，例如天神特有的消極性。盧瓦受到
的敬奉不比其他天神更多，只是到最後萬不得已的時候才會給他
獻上祭品或者向他祈禱。[18]

　　諸位將會發現在印度尼西亞也有類似的替代現象。托萊加人
的太陽神普埃蒙巴拉普魯（Puempalaburu）逐漸取代天神伊拉伊

13　弗雷澤，《崇拜》（*Worship*），第 315 頁，注解 1 和注解 2。

14　同上，第 124 頁。

15　同上，第 170 頁。

16　同上，第 279 頁。

17　《卡法人》（*Kaffa*），明斯特，第 ii 卷，第 387 頁以下。

18　貝塔佐尼（Pettazzoni），《論神》（*Dio*），第 223 頁以下。

（I'lai），並且替他創造宇宙。[19] 於是太陽神進而佔據了巨匠造物神的位置，就像在美洲的特林吉特人那裡，我們看到現形為一隻烏鴉的巨匠造物神已經等同於太陽，作為至上天神的僕人或者兒子從他那裡接受使命，繼續完成由他開始的創造世界的過程。[20] 在這裡我們看到太陽神的有活力、有組織的元素，這和在一個不同層面上的氣象之神的豐產元素正相對應（第 26 節）。但是太陽神並不比他們更具**創造性**。和他們一樣，太陽神從屬於創造之神，聽從後者的吩咐完成創造的工作。儘管如此，**太陽造物神**得到其他大多數被取代的或者與至上神相互混合的**太陽神**所不能得到的東西：在宗教的生活和神話中獲得一種活躍的重要意義。人們只要記住烏鴉在北美神話、老鷹在北極圈和北亞神話中究竟佔據多麼重要的地位，就能夠對此有所體會了。

39・蒙達人中間出現的太陽化過程

　　至上神轉變為太陽神的最佳事例來自印度說柯拉里亞語（Kolarian）的諸部落。孟加拉的蒙達人（Munda）將辛－邦加（Sing-Bonga）納入他們的萬神殿。他是一位溫和的神，並不干預人間事務，但是並沒有完全脫離祭祀。人們向他獻祭白色公山羊或者白色公雞，在八月份稻子熟了的時候，也要獻給他初熟的收成。[21] 他和月亮結婚，被認為是創造者，不過他的創造神話帶

19　同上，第 130 頁以下。

20　同上，第 266 頁以下。

21　達爾頓（Dalton），《孟加拉描述人種學》（*Descriptive Ethnology of Bengal*），

來了附屬的造物神：龜、蟹和水蛭先後在辛－邦加的命令下從海床帶來泥土。[22]

奧里薩邦的孔德（Khond）部落崇拜至上神布拉·派努（Bura Pennu，「光明之神」）或者拜拉·派努（Bela Pennu，「太陽神」）。這位神靈的太陽化過程頗得益於他的心地善良以及多方面表現出來的消極特性：在祭祀中並沒有明確提到拜拉·派努。[23] 焦達那格浦爾（Chota Nagpur）的比爾霍人（Birhors）向他們的至上太陽神獻祭白色公羊或母雞，尤其是在他們極其需要確保獲得大豐收的時候。正如人們所猜想的那樣，與太陽有關聯的至上神之所以在祭祀中具有積極的地位，是因為他在「生命繁殖」的機制中佔有一席之地。伴隨奠酒和祭品一同獻給他的祈禱詞這件事，便使得這個問題更加清楚了。當一個孩子誕生的時候，父親要以水為祭，面向東方，獻祭的時候口中說道：「辛－邦加啊，我把這祭禮獻給你。願母親的乳汁流淌如同這水一樣！」[24] 為了確保稻子有好收成，一家之主要許願獻上一隻白母雞：「我向您發誓，辛－邦加啊。但願穀子生長茂盛，我將在打穀的時候獻上這隻白色的家禽。」然後就放走這白母雞，殺死一隻黑色母雞。在白沙克月（Baishak，西曆四、五月間）滿月那天舉行獻祭，對於其中的意義我們是確信無疑的：黑色的母雞獻給掌管土地的豐產的大地和田野之神。[25] 這是至上神與太陽產

加爾各答，1872，第 198 頁。

22　達爾頓，第 185 頁。

23　達爾頓，第 296 頁。

24　昌德拉·羅伊（Chandra Roy），《比爾霍人》（*The Birhors*），蘭契（Ranchi），1925，第 225 頁以下。

25　羅伊，第 373 頁以下。

生聯繫後所發生的一個典型事例：太陽被當作至上神取代了無所不能的創造萬物的天神；太陽神在祭祀裡面出現主要是因為他具有的生殖力量；即便如此，他也不會被視為絕對靈驗，因為信徒還會同樣精明地關注著月亮、大地以及田野擁有的豐產力量。

　　太陽也是另外一支蒙達部落的奧郎翁人（Oraon）的至上神，他們稱其為達米濕（Dharmesh）。他們的主要宗教活動無疑是安撫被稱之為巴（bhut）的精靈。[26] 然而——就像人們對待天神那樣——當一切其他巫術－宗教的力量證明不起作用時候，奧郎翁人就訴諸達米濕：「既然我們嘗試過一切，但是我們還有你的幫助！」他們就獻上一隻白色的母雞，大聲呼籲：「神啊，你是我們創造者，憐憫我們吧！」[27] 最近的研究表明，在蒙達部落中原本存在一位真正的至上神，直到很晚的時候才被太陽神和月亮神所取代。根據伯丁（Bodding）的觀點，桑塔人（Santali）[28] 的至上神塔庫爾（Thakkur）與太陽神（這個至上神也叫做昌達〔Chanda〕，「太陽」）相混同也是很晚才發生的事情。拉赫曼（Rahmann）已著手研究貢德人（Gond）和蒙達人的這種至上神太陽化和月亮化的現象。而科佩斯在一次著名的比較研究中（「薄伽梵〔Bhagwan〕，比爾人〔Bhils〕的至上神」），不僅證明前達羅毗荼人的至上神的真實性，而且證明了印歐入侵者可能產生的影響。[29]

132

26　達爾頓，第 256 頁。

27　弗雷澤，《崇拜》，第 631 頁。

28　譯註：桑塔人（Santhal）系南亞少數民族，主要分佈在印度、孟加拉等國，現有人口四百余萬，操桑塔利語，屬於蒙達（Munda）語族。

29　這種影響與表面像看上去的有所不同，是不能被先天排除掉的。人們經常認為印度宗教生活中的某些部分——大地和喪葬儀式、蛇崇拜、生殖器的符號等等——

40·太陽的祭祀

在印度尼西亞和麻六甲半島也間或可見太陽崇拜。我已經列舉了若干個印尼至上神的「太陽化」（第 38 節）。帝汶島和附近島嶼是唯一的例外。在這些地方太陽神至今具有重要地位，雖然在印度尼西亞其他地方在宗教生活中起主要作用的是死者崇拜和自然之靈。在帝汶島，「太陽之主」烏希尼諾（Usi-Neno）是「大地之母」烏希－阿婦（Usi-Afu）的丈夫，整個世界就是由他們的結合而形成的。儘管如此，大地女神仍然獲得他們的大部分獻祭，太陽只是在收穫季節接受一種重要的獻祭。[30] 在帝汶島以北的維特（Wetter）島，至上神雖然太陽化了，卻仍然保持原來的天神的本性。他被稱為「大神」，或者「天上的老人」（參見第 12 節以下）。他居住在天穹，也住在太陽裡面，是男性原則的體現，而大地則是女性原則的體現。當地人對於這個神的觀念非常含糊，只是在生病的時候向他獻祭，[31] 這當然似乎同樣表明至上天神某種從宗教經驗的中心退隱。

在帝汶以東的勒蒂（Leti）、薩爾瑪塔（Sarmata）、巴巴（Baber）以及帝汶勞特（Timor Laut）諸群島，太陽同樣被視為最重要的神，名叫烏普雷羅（Upulero），「上主太陽」。這裡情況同樣如此，只是因為太陽神已經變成了一位豐產神，所以才

可能被解釋為當地的非雅利安居民的影響。同樣，人們認為也許原始人對已開化的人們也有著相似的影響。儘管如此，最近有一些民族學家否認印度本地最原始的部落，尤其是蒙達人從未有過狂歡祭祀，或者說印歐民族根本不能從它們那裡吸收任何成分。

30 弗雷澤，第 656 頁以下。
31 弗雷澤，第 660 頁。

仍然保留了一種鮮活的力量。實際上，對他的祭祀仍然透露了他原初的那種高貴和純潔的品行：烏普雷羅沒有形象，以一頭用可可樹葉製成的羊羔形象接受敬拜。不過整個儀式的中心是懇求宇宙豐產。每年在雨季到來的時候，當地人要過一次隆重的整整持續一個月的烏普雷羅節，目的是求雨、田野豐收以及人丁興旺。這些部落相信在那個時候，太陽降臨人間，住到一顆橄欖樹裡面，叫他的妻子地母結出累累果實。為了方便他的行走，人們在橄欖樹上加上一道有七根或者十根橫檔的梯子（我曾經提到過象徵天的七檔梯子，參見第 31 節）。在這棵橄欖樹前面，人們獻上豬狗等祭品，然後舉行一場集體狂歡，又唱又跳，這是農業神祕儀式常有的現象（第 138 節）。與之相伴的祈禱詞表明將生殖者以及食品的保管者的功能歸於太陽：「太陽啊，我們的主人或者祖父，請你降臨吧！橄欖樹已經發芽；以前的樹芽變成了樹葉，掉落了。豬肉我們已經預備，切成肉片。村裡的小劃子裝滿了祭品。太陽啊，我們的主人或者祖父，我們邀請你來赴宴。切肉、吃肉……暢飲吧！……快來吧，太陽我們的主人或者祖父！我們期待著你賜給我們許多象牙、黃金。讓每隻山羊生下兩三隻羊羔。讓貴族數量增加，讓人民數量增加或繁多。用活的山羊和豬代替已經死掉的。用稻米和檳榔代替已經吃掉的。讓空掉的米框子盛滿稻米，讓空掉的西米桶盛滿西米……等等。」[32]

134

32　弗雷澤，第 661-662 頁。

41·太陽的子嗣

烏普雷羅還會生孩子。[33] 帝汶島的一些酋長被稱作「太陽之子」，[34] 而且據稱直接從太陽那裡下凡。我們應當記住這個太陽創造人類以及太陽神與某個階層的人有著直接關係的神話。這不是為太陽神獨有的特權：正如我將在以後各章所指出的那樣，由於聖顯的辯證法，自然的每一個領域——水、大地、植物等等——都可以聲稱和人類的創造有著某種關係；每一個領域都可以被人類視為**終極實在**（*absolute reality*），與此同時，也可以被視為一種人類獲得存在和生命的原初資源。

但是在太陽這裡，這個譜系還表明更多的東西：它表明隨著至上神在太陽化或者太陽轉變成為「生殖之神」或「有限的創造者」之後所發生的變化，被人類的某些社會甚至某些家族，例如酋長或者國王的家族所壟斷。例如，在澳大利亞的阿隆塔部落，太陽（女性）比月亮（男性）的地位更高，因為她「被認為與各種（社會）分工中的每一個個體都有一定聯繫」。[35] 洛里加部落[36] 和東南澳大利亞的部落也相信這樣一種關係。澳大利亞人認為的「與個體的一定聯繫」（因為人**本身**就是至上天神所創造，參見第 12 節以下），在別的地方則濃縮成為與部落的

---

33 弗雷澤，第 662 頁。

34 弗雷澤，第 658 頁。

35 斯賓塞（Spencer），《阿隆塔》（*Arunta*），倫敦，1927，第 ii 卷，第 496 頁。

36 斯屈勞（Strehlow）和馮·列文龍哈蒂（Von Leonhardi），《澳大利亞中部阿蘭達部落的神話、傳奇和童話》（*Myrthen, Sagen und Märchen des Arandastammes in Zentral-Autralien*），美因河畔法蘭克福，1907，第 I 卷，第 16 頁。

開創者或者祖先的直接聯繫——例如在黔足印第安人（Blackfoot Indians）以及阿拉帕霍人（Arapahos）那裡便是如此。[37] 印度的克庫斯人（Korkus）宣稱他們是太陽和月亮結合所生的子嗣。[38] 我們在一些比較發達的社會裡也發現了同樣的關係，但總是侷限在國王或者貴族家族裡面。儘管如此，在澳大利亞人那裡，人類和太陽的關係在另外一個層面上得到了強化，因為人可以經由入會儀式和太陽相等同。入會者用紅色顏料塗抹在頭上，拔掉頭髮和鬍鬚，經過一種象徵性的死亡，在第二天太陽升起的時候復活。這種入會禮的情景可以使他和太陽－英雄格洛戈拉加利、造物主之子相等同。[39]

42・作為聖顯和靈魂引路人的太陽

這種澳大利亞人的慶典帶來了一種重要的新元素，可以解釋在其他諸多文化和歷史背景中太陽所起的作用。澳大利亞諸部落表明太陽和社團的每一個個體都有聯繫。在維拉朱利人和卡米拉魯瓦人部落中——這些部落的發展階段落後於比阿隆塔人和洛里加人——這些關係具有一個不同的規則：它們的目標是要將入會者同太陽英雄，也就是至上天神的兒子聯繫起來。因此入會禮在一定意義上就是把人變成至上天神的兒子。更明確地說，入會者由於儀式性的死亡而等同於太陽，因此變成了一個新的人。這些

37　參見施密特，《至上神》，第 ii 卷，第 662、729 頁等等。

38　弗雷澤，第 616 頁。

39　施密特，第 iii 卷，第 1056-1057 頁。

細節證明在維拉朱利人和卡米拉魯瓦人這樣的原始部落裡，至上神比太陽的地位更高，其指定太陽負責以入會禮為手段拯救人類，但是這些儀式證明其中還有其他元素存在。它們還表明在喪葬信仰、在一切和人類死後的狀態有關的事物中，太陽發揮了重要作用。此外，格洛戈拉加利把死者的靈魂一個個呈現在至上神面前；[40] 他之所以能夠呈現他們，是因為他們已經舉行過入會儀式，也就是說，因為他們經歷過死亡並且復活，每一個人都變成了一個「太陽」。通過這樣的方式，太陽也就變成了「每天清晨死人復活」的原型。這一系列與入會禮和最高統治權相關聯的信仰——我很快還會討論——都源於太陽升格為一個神（英雄），這個神（就像月亮一樣）是不死的，但是每天晚上遊歷死者的帝國，然後在第二天回到永恆不變的帝國。

日落不是被視為太陽之「死」（不像月亮那樣有三日月缺），而是降臨到下界，進入死者的國度。和月亮不同，太陽擁有可以穿越地獄而不需經歷死亡的特權。儘管如此，他註定會遊歷下界的情形，仍然使其擁有了與死者和葬禮有關的特性。因此，即使太陽在某個文明的萬神殿或宗教經驗中已經不再占有顯赫位置，就像已經變成太陽神或豐產神的至上神那樣，它仍然顯示出某種曖昧模糊，從而使之能夠得到更進一步的發展。

這種曖昧模糊表現為：太陽雖然是不死的，卻在晚上下降到死者的國度。因此，它能夠把人帶走，在太陽下山時使他們死去，但是另一方面，它也能夠引導靈魂穿越下界，用它的光明在第二天將人們帶回人間。這就是它的這種雙重功能——既是靈魂

---

40 同上。

的引路人（Psychopomp）又是「殺人者」，既是聖顯又是入會者。這就解釋了在紐西蘭和新赫布里底廣為流行的信仰，認為只要在太陽下山的時候看一眼太陽就會導致死亡。[41] 太陽引領事物，「吸走」有生命的靈魂，同樣也會引導死者的靈魂，像靈魂的引路人那樣帶著他穿過西面的「太陽之門」。大堡礁的土著相信在西方有一座神祕的島嶼叫做基布（Kibu，「太陽之門」）。風把死者的靈魂吹到那個地方去。[42] 在赫爾韋群島（Hervey），當地的土著相信死者每年在至點時候有兩次聚會，他們試圖在太陽下山的時候隨它而去，以便前往下界。[43] 在玻里尼西亞的其他島嶼上，島嶼的最西面一律稱作「靈魂的起跳之處」。[44]

137

　　諸位也會發現大洋洲的一些廣為流傳的信仰，死者裝在「太陽船」裡面和太陽一起沉入大海，或者根據這些信仰的觀點，死者的國度就是太陽落山的地方。[45] 顯然，所有投入落山的太陽之中的靈魂命運各不相同，不是所有的靈魂都如我們所稱能夠「得救」。正是在這個節骨眼上，入會禮的救贖作用得到充分的發揮。也正是在這裡，各類祕密社團都挑選出一些人，並把他們和那些毫無組織的普通人區別開來（這種區分可以通過統治者和「太陽之子」的神祕性而表現出來）。例如在赫爾韋群島上，

41　威廉姆森（Williamson），《玻里尼西亞中部宗教的和宇宙的信仰》（*Religion an cosmic Beliefs in Central Polynesia*），劍橋，1933，第 i 卷，第 118 頁；第 ii 卷，第 218 頁以下。

42　弗雷澤，《不死的信仰和對死亡的崇拜》（*The Belief in Immortality and Worship of the Dead*），倫敦，1933，第 i 卷，第 175 頁。

43　弗雷澤，《信仰》（*Belief*），第 ii 卷，第 239 頁。

44　同上，第 241 頁。

45　弗洛班尼烏斯（Frobenius），《論原始民族的世界觀》（Weltanschauung der Naturvölker），威瑪，1898，第 135 頁以下，第 165 頁以下。

只有那些戰死沙場的人，才會被太陽帶到天堂去，其他死去的
人則被地下的神靈阿卡爾朗加（Akaranga）和基路（Kiru）所吞
噬。[46]

　　這種在英雄或者入會者與終老而死的人之間的區分，在宗教
史上有著十分重要的作用，我在另外一章還將回過來討論這個問
題。現在還是來看一下大洋洲吧。人們很早就看出那裡太陽崇拜
和祖先崇拜兩者並駕齊驅的特點：樹立巨石紀念碑的過程中淋
漓盡致地將其表現。[47]但是里弗斯（Rivers）也發現，在玻里尼
西亞和密克羅尼西亞，巨石紀念碑的分佈和祕密社會之間也有
著密切的聯繫。[48]巨石紀念碑總是和太陽崇拜聯繫在一起。例如
在社會群島，巨石（*marae*）面向升起的太陽，和斐濟的紀念碑
（*nanga*）一樣，而班克斯群島有一種習俗，要用紅色粘土塗抹
石碑，令陽光更始。祖先崇拜（死者崇拜）、祕密會社以及確保
死後幸福命運的入會禮，以及最後的太陽崇拜：這三個看上去是
源於三種不同思路的元素事實上有著密切的聯繫，實際上甚至在
例如澳大利亞最原始的太陽聖顯中就已經同時出現了。

　　要記住「選擇」、「挑選」的概念都是和以太陽的名義進行
的入會禮和葬禮緊密相連的。還要記住，世界各地的酋長假定都
是太陽的子嗣。玻里尼西亞酋長、[49]納切茲（Natchez）和印加部

138

46　弗雷澤，《信仰》，第 ii 卷，第 242 頁。

47　里弗斯（Rivers），《美拉尼西亞社會史》（*The History of Melanesian Society*），
　　劍橋，1914，第 ii 卷，第 549 頁。

48　第 I 卷，第 289 頁；第 ii 卷，第 249 頁，第 429-430 頁，第 456-457 頁。

49　佩里（Perry），《太陽之子》（*The Children of the Sun*），倫敦，1927，第 138
　　頁以下。

落的首領 [50] 以及赫梯人諸王（名為「我的太陽」）、巴比倫諸王
（參見阿布－阿帕拉－伊丁〔Nabu-apla-iddin〕石版）以及印度
諸王 [51] 都擁有「太陽」、「太陽之子」、「太陽之孫」的稱號和
特徵。非洲的馬塞伊牧民 [52] 也和玻里尼西亞人 [53] 一樣，只有酋長
可以在死後和太陽等同。事實上，在祕密會社的入會儀式或由君
主授權的入會禮中肯定會有一種選擇和挑選。埃及人的太陽宗教
便是一個絕好的例證，值得我們作進一步的深入考察。

43・埃及人的太陽崇拜

較諸其他宗教，埃及宗教是以太陽崇拜為主導。太陽神很
早就已經同化了許多其他神靈，例如阿圖姆（Atum）、荷魯斯
和聖甲蟲何普里（Khopri）等。[54] 自第五王朝以降，這個現象就
變得十分普遍：許多神靈都與太陽相混同，產生了一些「太陽
化」的神靈如科涅姆（Khnemu）、閔－瑞（Min-Ra）、阿蒙－
瑞（Amon-Ra）等等。[55] 對於基斯（Kees）和賽特（Sethe）提出
的關於太陽教義歷史資料問題的兩種相互對立的假說，我認為在

50　霍卡特（Hocart），《王權》（*Kingship*），倫敦，1927，第 12 頁以下。

51　《摩奴法典》（*Laws of Manu*），vii，3；v，96。

52　哈勃蘭特（A. Haberlandt），載於布斯坎（Buschan）著，《民俗學》
　　（*Völkerkunde*），斯圖加特，1907，第 i 卷，第 567 頁。

53　威廉姆森（Williamson），第 ii 卷，第 302 頁以下，第 322 頁以下。

54　范迪爾（Vandier），《埃及人的宗教》（*La Religion égyptienne*），MA，巴
　　黎，1944，第 i 卷，第 21 頁，55 頁。

55　同上，第 149 頁。

這裡無需做出裁決。人們一致同意，這個教義在第五王朝達到頂點，它的成功支持了最高統治權的概念，也支持了赫利奧波利斯（Hieropolis）諸祭司的工作。但是，最近大量研究證明，其他更早一些的神靈實際上已經獲得至上的地位，他們更為古老、更為流行——我們說更為流行，是因為他們從未單獨歸屬於某個特權集團。

長期以來人們一致認為，作為氣象之神，因而最初也是天神的舒（Shu），是到後來才被等同於太陽的。但是維萊特（Wainwright）認為阿蒙也是一位很古老的天神，而君克爾（H. Junker）則認為烏爾（*wr*）——這個名字的意思是「那個偉大的」——是一位古老的至上天神。我們發現烏爾（*wrt*）有時把女神努特（Nut，「那個偉大的」〔*wrt*〕）作為他的妻子，就像天和地那樣的一對宇宙對偶神（參見第 84 節）。在公共的（因而也是王家的）紀念碑上完全不提到烏爾，是因為他已經是大眾的神靈了。君克爾甚至試圖拼接出烏爾的整個歷史。簡言之，就是他因為不斷與地方的神靈相融合而最終喪失其至上神的地位：他變成了瑞神（Ra）的輔弼神（我們看到，他治好了太陽一度瞎掉的眼睛），後來又和阿圖姆、最終和瑞本身相融合。對於君克爾的研究，我缺乏專門的知識，所以無法參與討論。但是其他學者說服我，要我提到他的研究成果，因為卡帕特（Capart）和基斯等埃及學家似乎都大致同意他的觀點。從宗教史的觀點看，阿蒙或烏爾的經歷很容易理解：我已經證明至上的天神具有這樣一種天性，若非徹底地淹沒，便傾向於變成生殖之神和氣象之神，或者變成太陽神。

我們認為，瑞神作為一位至上神地位的確立有兩大因素：赫

利奧波利斯的神學，以及最高統治者等同於太陽這種最高統治權的奧祕。這個觀點獲得一個強有力的支持，即作為太陽神及（帝國的）殯葬之神的瑞神同歐西里斯的長期競爭。太陽在獻祭地（Field of Offering）或安息地（Field of Rest）落下，次日在對面蘆葦地（Field of Reeds）的天空升起。這些在前王朝時代由瑞神統治的太陽地域到第三、四王朝時期額外獲得了一種喪葬的意義。法老的靈魂正是從蘆葦地出發到天上與太陽會合，並在太陽的引導之下到達獻祭地。起初，這種登天絕非易事。雖然法老也是神，但為了取得在天上居住的權利卻不得不與該「地」的衛士獻祭牛（Bull of Offering）打鬥。《金字塔文》提到了這種法老必須接受英雄般的考驗——這種考驗多少具有入會禮的特徵。[56]

140

然而，隨著時間的推移，這些作品再也不提與獻祭牛的決鬥了，據說死者借助一把梯子登上天堂，甚至橫渡星海，在一位女神的引導下，打扮成一頭渾身閃光的公牛，最後抵達獻祭地。由此，一個英雄般的入會神話（也許還包含有一種儀式）開始退化成為某種政治和社會的特權。法老不再作為一個「英雄」而擁有最高統治的權力或者獲得太陽的不朽，而是作為至高無上的統治者，自動贏得不朽，根本不再需要證明自己是一個英雄。這種法老死後享有特權地位的合法性的確立，在某種程度上被歐西里斯作為非貴族的死神的勝出而平衡掉了。我在這裡不能著手討論瑞神與歐西里斯的衝突，但是即使在金字塔文中這一點也是顯而易見的。「你開啟你在群星璀璨的天上的處所，因為你就是一顆星

---

56 例如《金字塔文》（*Pyramid Texts*），第 293、913、1432 頁以下，載於《蘆葦之地和獻祭之地》（*Le Champ des roseaux et le champ des offrandes*），巴黎，1963，第 16 頁以下。

星……你看護歐西里斯，你掌管死者，你自己卻遠離他們，你和他們不同。」我們也許可以猜測，此文是出於一位帝國特權和太陽傳統的辯護者之手。[57]

這個新的神靈儘管形式上是大眾化的（即其他社會各階層都可以接近他），但是他的力量並未因此削弱，而且法老也明智地斷定要請求太陽幫助，勿使他倒在歐西里斯的斧鉞之下：「瑞・阿圖姆解救汝等脫離歐西里斯，他判斷汝等非據爾等心思，亦無能洞觀爾等心思……歐西里斯，你不可佔有他，你的兒子（荷魯斯）不可佔有他……」[58]西方，亦即死者要去的地方變成了歐西里斯的地界，而東方則仍然屬於太陽。在《金字塔文》裡，歐西里斯的崇拜者讚美西方而貶低東方：「歐西里斯（N）不在東方之地行走，而是沿著瑞的追隨者的道路在西方之地行走。」[59]這與太陽喪葬教義的教導正好相反。實際上，這種考驗只是將一個古老的套語加以粗鄙的「歐西里斯化」，把其中的術語顛倒過來而已：「不要在西方的道路上行走，到那裡去的人有去無回；只是要叫他們（N）沿著東方的道路，沿著瑞的追隨者行走的道路行走。」[60]

隨著時間的推移，這些文獻有所增加。太陽抵抗並贏得了自己的地界。歐西里斯曾經僅僅因為兩個天界**正是**死者的領域而被迫聲稱擁有它們，但最終卻退出了。不過，退出並不等於戰敗。歐西里斯只是企圖擁有天空，因為太陽神學使天空必然成為不死

---

57 《金字塔文》，第 251 頁；威爾（Weill），第 116 頁。

58 《金字塔文》，第 145-146；威爾，第 116 頁。

59 《金字塔文》，第 1531 頁；威爾，第 121 頁。

60 《金字塔文》，第 2175 頁；威爾，第 121 頁。

的法老的場所。他的末世論訊息雖然與英雄征服永生的模式有著根本的不同——這個模式後來退化為皇親國戚皆可自動長生不死——卻迫使歐西里斯引領他想拯救的靈魂沿著天堂的、太陽的道路行走。不管怎樣，埃及已經改變了其末世論的思想，歐西里斯只是完成了這場「人文主義」革命而已。事實上，我們已經看到，永生是如何由某種和英雄有關、需要舉行入會儀式，以及只有少數通過戰鬥而有特權的人才能夠獲得不死的觀念，而轉變成為賦予一切有特權人物的觀念。歐西里斯沿著「民主」的方向進一步推動了這種永生的觀念發生深層變化：任何人只要通過**考驗**都能夠得到永生。歐西里斯的神學發動並發展了作為死後生命經受**不可或缺**（*sine qua non*）的考驗的觀念。但是對於英雄的、入會禮的考驗（與公牛打鬥）而言，它用宗教和倫理的考驗（行善等等）取而代之。古老的英雄永生的理論讓位給一種新的、更加謙卑也更加具有人文色彩的概念。

44・古代東方和地中海的太陽崇拜

我不需要考察瑞和歐西里斯發生衝突的種種細節，而只要考察一個事實，那就是這種衝突頗有助於我們理解早先提到過的與太陽和死亡有聯繫的祕密會社的性質。在埃及，太陽最終仍然是特權階級（也就是最高統治者家族）的靈魂引路人，不過太陽崇拜仍然在整個埃及宗教，至少在紀念碑和文獻中所表現出來的埃及宗教中扮演極其重要的作用。印度尼西亞和美拉尼西亞的情況則有所不同：在這裡，太陽同時是一**切**祕密會社成員之靈魂的引

142

路人，但是，儘管其角色仍很重要，卻不是唯一的角色。在這些祕密會社裡，「祖先」——在太陽的引導下向西方走去——發揮了同等重要的作用。用埃及人的話說，這便是瑞和歐西里斯走到一起了。這種相遇並沒有破壞太陽的崇高地位，因為我們不要忘記太陽和來世、和黑暗與死亡世界的聯繫，即使在最原始的太陽的聖顯中也是十分清晰的，而且很少消失在人們的視野裡。

　　這種情況是如何發生的呢？夏馬西（Shamash）提供我們一個很好的例子。夏馬西在美索不達米亞的萬神殿中所處的地位比月神欣還低，被認為是欣的兒子，在神話中一點也不具有重要意義。[61] 儘管如此，巴比倫太陽的聖顯仍然保留他們從前與彼岸世界聯繫的遺跡。夏馬西被稱作「埃提姆（Etimme）的太陽」，也就是曼尼（mane）的太陽。他「使死者復生」，[62] 是公義之神和「審判之主」（bel-dini）。自很早的時候起，他的神廟就叫做「大地判官之家」。[63] 另一方面，夏馬西也是神諭之神，是先知和占卜者的保護者，[64] 而這個功能總是和死者的世界，和大地、葬禮的地界有聯繫。

　　在希臘和義大利，太陽一直處在附屬地位。在羅馬，太陽祭祀隨著皇帝引進東方觀念，以一種相當外在和人為的方式通過皇帝崇拜而得到發展。然而希臘神話和宗教則保留了某些「冥界」

61　邁斯納（Meissner），《巴比倫和亞述》（*Babylonien und Assyrien*），海德堡，1920-1925，第 ii 卷，第 21 頁。

62　多爾默（Dhorme），《巴比倫和亞述宗教》（Les Religion de*Babylonien et d'Assyrien*），第 87 頁。

63　多爾默，第 64 頁。

64　哈爾達（Haldar），《閃米特人中崇拜先知的聯盟》（*Associations of Cult Prophets the Semites*），烏普薩拉，1945，第 1 頁以下。

太陽聖顯的遺跡。赫利奧斯（Helios）的神話揭示了大地和冥界
之間的聯繫。有一套完整的稱號——佩斯塔羅札（Pestalozza）[65]
認為這是地中海宗教遺產的殘餘——揭示與植物世界存在的有機
聯繫。赫利奧斯是皮托（*pythios*）和派安（*paian*）——這兩個
屬性為他和地中海著名的大母神勒托（Leto）所共有——是冥界
地神（*chthonios*）和普盧同（*plouton*）；赫利奧斯也是一位泰坦
神，亦即生殖能量的聖顯。此刻我們並不特別想要知道太陽和冥
界地神、性巫術之間的聯繫究竟在多大程度上屬於地中海的因素
（例如在克里特島，赫利奧斯表現為公牛的形式，而且就像後來
大多數氣象之神那樣變成了大母神的配偶），究竟他在多大程度
上代表了在歷史事件影響下地中海民族的母系統治以及印歐人的
父性統治之間達成的妥協。我們認為另外一個問題至關重要：從
表面化的理性本身來看，可以視為天空、光明的至高無上的「理
智」聖顯的太陽，卻被當作一種「黑暗」能量的源泉而受到崇
拜。

　　赫利奧斯不僅是皮托、冥界地神、泰坦等等，至關重要的
是，他和被挑選的黑暗世界，亦即巫術和地獄存在一種交流。
他是女巫師客耳刻（Circe）的父親，是美狄亞（Medea）的祖
父，而他們都是聞名遐邇的、用夜生植物製造催情藥的行家。
正是從他那裡美狄亞得到了一輛翼蛇拉的車駕。[66] 在太格圖斯山

65　《地中海宗教中的異教》（*Pagine di religion mediterranea*），1945；米蘭－梅
　　西納（Milan-Messina），第 ii 卷，第 22 頁以下。
66　歐里庇德斯（Euripides），《美狄亞》，1321；阿波羅多魯斯（Apollodorus）
　　《希臘編年史》（*Biblioth*），i，9，25。

（Mount Taygetus）上人們殺馬獻祭給他。[67] 在羅得島，每到敬拜他的時候，哈里伊阿（Halieia，源於 *halios*，赫利奧斯的多利克文拼法），一輛四匹馬拉的車駕會被獻祭，然後拋入大海。[68] 馬和蛇主要都屬於大地和喪葬的象徵體系。最後，進入黑帝斯（Hades）被稱為進入「太陽之門」，而「黑帝斯」在荷馬時代讀音為「A-ides」——這也令人想起「不可見的」和「變得不可見」。[69] 因而在光明和黑暗、太陽和大地之間搖擺可以看作同一個實體的兩個交替的階段。實際上，太陽的聖顯展現出從任何純粹理性和世俗的觀點來看都並不具備的各種維度。但是這些維度在任何原始人的神話和形而上學體系中卻有其特定地位。

45 · 印度：太陽的兩重性

我們發現在印度也有同樣的體系。蘇里耶（Sūrya）處在吠陀諸神的第二等級。《梨俱吠陀》確有獻給他的頌歌，但是他從未獲得一個很高的地位。他是特尤斯之子，[70] 但是也以天空的眼睛或者密特拉和伐樓那的眼睛而聞名。[71] 他能夠看到很遠，是整個世界的「密探」。《原人歌》（*Puruṣa Sūkta*）載，太陽從宇宙巨人補盧沙（Puruṣa）的眼睛裡面誕生，人到臨死之際，

67　保薩尼阿斯（Pausanians），iii，20，4。

68　費斯圖斯（Festus），參見 October equus 條。

69　克蘭尼（Kerenyi），《始祖赫利奧斯》（*Vater Helios*），載於 EJ，蘇黎世，1943，第 91 頁。

70　《梨俱吠陀》（*RV*），x，37，2。

71　i，115，1；x，37，1。

他的肉體和靈魂再一次變成宇宙巨人的一部分，他的眼睛將回歸太陽。[72] 至此，蘇里耶的聖顯只是顯示了他光明的一面。但是我們還在《梨俱吠陀》中讀到，太陽的車駕由一匹叫做伊塔沙（Etaśa）的馬[73] 或者七匹馬[74] 拉著，太陽神自己則現身為一匹牡馬或一隻鳥，一隻老鷹[75] 或一頭公牛。[76] 每當任何事物展現一匹馬的本質或者屬性時，總具有某種冥界或者葬禮的意義。這種意義在其他關於吠陀詩篇的異文中提到的太陽神沙維德利（Sāvitrī）——經常等同於蘇里耶——那裡非常明顯：他是靈魂的引路者，指導靈魂去往接受審判的地方。在某些文獻中，他賜予諸神和人類永生，[77] 也正是他讓陀濕多（Tvaṣṭṛ）永生。[78] 不管作為靈魂的引路者還是一個聖顯者（賜予永生），他的使命當然反映著作為一個原始社會太陽神的特性。[79]

但是在《梨俱吠陀》本身，尤其是在《梵書》的哲學沉思中，也可以看到太陽的黑暗一面。《梨俱吠陀》描述了「光明的」一面以及「黑暗的」一面（也就是看不見的一面）。[80] 沙維

145

72　《梨俱吠陀》（*RV*），x，90。

73　vii，63，2。

74　iii，45，6；i，50。

75　vii，77，3。

76　v，47，3。

77　iv，54，2，等等。

78　i，110，3。

79　我當然不是指一種「歷史」的聯繫，而是一種類型的對稱。在任何聖顯的歷史、發展、融合以及變化的背後是它的基本結構。有關的證據太少了，以至於很難——而且就我們的研究而言也沒有必要——去準確地發現任何聖顯的結構在某個特定社會的所有成員中究竟是如何表現的。我們所需要做的只是辨別一個聖顯能夠表達什麼或者不能夠表達什麼。

80　i，115，5。

德利帶來夜晚也帶來白晝，[81] 他本身就是一個黑夜之神。[82] 有一詩篇甚至描述了他在夜晚出遊。但是這種變異的模態也具有本體論意義。沙維德利是 *prasavita niveśanah*，「那個令事物存在和消失的」（「讓一切受造物存在並消失的」）。[83] 貝爾迦涅極其正確地強調這種「重新整合」所具有的宇宙意義：[84] 因為沙維德利是 *jagato niveśāni*，「讓世界復歸的」[85]——這實際上就構成了一個宇宙論體系。夜晚和白晝（*naktośasā*，一個雙數的陰性名詞）是一對姐妹，就像諸神和「魔鬼」（阿修羅）是兄弟一樣；*dvayaḥ prājapatyāḥ*，*devās cāsurāsca*，「生主的後代分為兩類：諸天與魔鬼」。[86] 太陽融合進了這個神聖的二元統一，並且在某些神話中顯現為蛇（亦即，「黑暗」或者無分別）的一面，這與太陽通常的直接意義完全相反。在《梨俱吠陀》中也可以發現關於太陽有蛇的形象的神話遺跡：起初，太陽「無足」，伐樓那給了他腳行走（*apade pada prati dhātave*）。[87] 他是一切提婆的祭司阿修羅。[88]

　　太陽的兩重性也表現在他對人類的所作所為。一方面，他是
146　人類的真正祖先：「當（人類的）父親把自己當作精子射入子

81　ii，38，4；v，82，8，等等。

82　ii，38，1-6，等等。

83　iv，53，6。

84　《〈梨俱吠陀〉之後的吠陀宗教》（*La Religion Védique d'après les hymnes du Rig Veda*），巴黎，1878－1883，第 iii 卷，第 56 頁以下。

85　i，35，1。

86　《廣林奧義書》（*Brhadaranyaka-Upanisad*），i，3，1。

87　i，24，8。

88　viii，101，12。

宮，實際上正是太陽把自己當作精子射入子宮」；[89]庫馬拉斯瓦米（Coomaraswamy）[90]將此文同亞里斯多德[91]「人類和太陽結合誕生了人類」，以及但丁「……太陽，是一切有死的生命的父親」[92]放在一起引述。另一方面，太陽有時也等同於死亡，[93]因為他吞噬他的孩子又生下他們。庫馬拉斯瓦米曾就吠陀和後吠陀作品關於神聖的二元統一所作的神話及形而上學的表述，作了極為出色的研究（參見參考書目）。在拙著《永恆回歸的神話》中，我在原始儀式中也發現了這種對立。以後我們還要回到這個問題上面來。此刻，只要注意到這一點就可以了：太陽聖顯的原始兩重性在一個極精緻的象徵體系、神學以及形而上學的體系的框架中得到了發展。

儘管如此，倘若我們把這些發展僅僅視為語言機制的陳詞濫調和人為造作，那是大錯特錯了。佶屈聱牙的詮釋只不過是為了用精確的術語陳述太陽聖顯所**能夠擁有**的種種意義。這些意義不可化約為一個單一的、簡單的用語（亦即不能化約為理性的、非矛盾的術語），這一點可以透過一個事實到證明，即在同一個宗教範圍裡面，太陽可以經由不同的甚至是矛盾的方式而被認識。我們且以佛陀為例。作為**轉輪王**（cakravatin）、宇宙之主，佛陀很早就等同於太陽。於是森納特（E. Senart）實際上還寫了一本令人稱奇的書，試圖把釋迦牟尼的本生故事化約為一系列的太

---

89 《加米尼耶奧義梵書》（*Jaiminiya Upaniṣad Brāhmaṇa*），iii，10，4。
90 載於〈太陽之吻〉（The Sun-Kiss），*JAOS*，第 lx 卷，第 50 頁。
91 《物理學》（*Physics*），ii，2。
92 《天堂篇》（*Paradiso*），22，116。
93 《二十五章梵書》（*Pancavim a Brāhmaṇa*），xxxi，2，1。

陽隱喻。他無疑過分強調了他的觀點，但是太陽的元素在佛陀的
神祕轉世中確實具有十分重要的作用。[94]

　　儘管如此，在佛教的結構裡面，實際上就像在所有印度神祕
宗教中一樣，太陽並不總是擁有至高無上的地位。印度的神祕的
生理學，尤其是瑜伽和怛特羅賦予太陽一個有限的「生理學的」
和宇宙學的領域，和月亮相對立。所有這些印度祕技的共同之處
不是要在某個領域取得一種**至高無上**的地位，而是要將它們**統一
起來**，換言之，要達成將兩種對立原則重新整合起來的結果。這
只是諸多神話和形而上學重新整合的形式之一。就此而言，對立
面的平衡是通過這種太陽－月亮的宇宙學公式表達出來的。當
然，所有這些祕技只有印度大眾中的極少數人才能掌握，但是，
這並不意味著它們代表大眾宗教的「進化」，因為即使「原始
人」也同樣知道這種重新整合的太陽－月亮的公式。[95] 因此，太
陽的聖顯就像其他每一種聖顯一樣，可以在全然不同的層面上看
到它所具有的意義，而其基本結構不必發生任何顯而易見的「矛
盾」。

　　將絕對的最高統治權賦予太陽的聖顯，其一定程度的發展
最終導致的後果可以從那些苦行的印度教派的極端行為中看出
來，其成員目視太陽直到眼睛完全瞎掉。這種情況便是一種由
事物的太陽秩序造成的「乾涸」以及「不育」，它將其有限的
邏輯推到了極端。與此相對應的是一種「溼潤所致的朽壞」，將

---

94 參見最近關於該主題的一步作品，〈佛陀和太陽神〉（Buddha and the Sun
　　God），羅蘭德（B. Rowland）作（*CZ*，1938，第 i 卷）。

95 參見本人的研究〈宇宙的同源和瑜伽〉（Cosmical Homology and Yoga），
　　JISOA，6-12 月號，1937，第 199-203 頁。

人變成「種子」，這種情況發生在那些完全接受事物的夜間、月亮或者大地的秩序的教派裡面（參見第 134 節以下）。這幾乎就是那些只接受太陽聖顯的一個方面而被驅使到「盲目」和「乾涸」狀態之人的必然命運，而另外一些人，他們本身只關注「心靈的黑夜地區」，導致永遠的狂歡與放蕩狀態——亦即回歸到某種幼蟲狀態（就像當今崇拜大地的「幼稚的」〔Innocents〕教派那樣）。

46・太陽英雄、死者和選民

　　原始人的太陽聖顯在民間傳統中多有保留，而且多少融入了其他宗教體系。在每一年的至點，尤其是夏至，有火輪自天而降；中世紀舉行宗教遊行，有輪子載於馬車或者舟船之上，其原型早就存在於史前時代了；在一年的某些夜晚（大約是在冬至前後），將人綁在輪子上面的習俗、儀式性地禁止使用紡輪，以及其他各種現象（福耳圖娜〔Fortuna〕，「幸運之輪」、「年輪」等等）仍可在歐洲的村社中發現，其最初的形式都可以追溯到太陽崇拜。在這裡我們不必繼續追問它們的歷史根源的問題。然而我們要記住，自青銅時代以來，在北歐就流傳著關於太陽的種馬（參看特倫德霍姆[96]的太陽－馬車）的神話，且如弗萊爾（Forrer）在《史前文化的馬車》的研究所證明的那樣，史前時

148

96　譯註：特倫德霍姆（Trundholm）系丹麥西蘭島一地，曾出土青銅時代古印歐人的太陽馬車。

代製造用以複製天體運行的儀式用的馬車，可以被視為以後日用馬車的原型。[97]

　　但是，奧斯卡・阿姆格倫（Oskar Almgren）關於北歐原史時代的洞穴畫以及霍夫勒（Höfler）關於古代和中世紀日耳曼祕密社團的研究，揭示了北方地區「太陽崇拜」的複雜特徵。這種複雜性不可解釋為混雜與綜合所致，因為它在原始社會就已經充分表現出來了。實際上它正好表明祭祀本身是多麼原始。阿姆格倫和霍夫勒指出，太陽元素與葬禮（以及「荒野捕獵」[98]）的共生現象，以及太陽元素同土地和農作之間的聯繫（太陽之輪使田野豐產等等）。在此之前，曼哈特（Mannhardt）、蓋多茲（Gaidoz）和弗雷澤展示，不論古代歐洲信仰的農業巫術和宗教還是近代民間故事，「年」與幸運之輪是如何結合在一起的，是如何以太陽為中心的。

149　　在其他文明裡，相同的太陽－豐產－英雄（或死者的代表）的宗教範型也多少完整無缺地保留了下來。例如在日本，作為儀式戲劇「訪客」的一部分（此劇包括與大地和農業崇拜有關係的祭祀元素），一群頭戴面具的少年，稱為「太陽鬼」，從一個農場走到另一個農場，確保來年大地的豐產，代表他們太陽的祖

97　正如用於裝載屍體的儀式性舟船是一切舟船的原型一樣。這是一個十分重要的觀點，有助於我們更好地理解人類的技藝是如何起源的。所謂人類征服自然與其說是科學發現的直接後果，不如說是人類在宇宙中各種不同「處境」的結果，這些處境是由聖顯的辯證法所決定的。冶金術、農業、曆法以及其他許多事物都肇始於人類認識到他在宇宙的某個處境。我在以後還要更多地討論這個問題。

98　譯註：歐洲中世紀以來的民間傳說，在冬季森林中活躍地搜尋、捕獵人類的邪靈，他們著黑衣、騎黑馬、帶黑狗，此傳說有許多成分來源於印歐神話。

先[99]而採取這樣的行為。在歐洲的慶典裡，在至點到來的時候滾火輪可能也是施行巫術，以使太陽的力量得以復原。實際上，在整個北方地區，隨著冬至到來，白晝漸短，人們害怕太陽可能完全消失。在其他地方，這種憂懼狀態表現為末世的異象：太陽的沉沒或遮蔽成為世界末日來臨、世界終結亦即一個宇宙循環終結（一般而言一種新創造和新人類將接踵而至）的徵兆。實際上，墨西哥人確信，只要不斷用犯人獻祭，用他的鮮血重新煥發太陽逐漸喪失的能量，就能確保太陽永生。但是，在這種宗教裡面也仍然籠罩著一種陰鬱的恐怖：整個宇宙將週期性地傾圮。不管多少鮮血祭獻給了太陽，它有一天總是還會沉沒的；末世是宇宙的必然節律的一部分。

　　另外一個重要的神話範型便是太陽英雄。在遊牧民族，事實上，在那些誕生了註定要「創造歷史」的各民族中間，這個神話範疇特別普遍。我們在非洲的牧民（例如霍屯督人、赫勒羅人〔Herreros〕和馬塞伊人）、[100] 在突厥－蒙古人（例如英雄格薩爾王）、猶太人（尤其是參孫）以及特別在所有印歐民族中間都可以發現這樣一些太陽英雄。關於太陽英雄的神話和傳奇的研究著作足夠裝滿整個圖書館，甚至在傳統催眠曲裡也可以發現它們的遺跡。學者到處尋找太陽的偏好亦非毫無根據。曾幾何時「太陽英雄」無疑深得我們所討論的諸民族的喜愛。但是，我們必須

150

99　也就是「死者」；斯拉維克（Slawik），《日本人和日耳曼人的文化祕密結社》（*Kultische Geheimbünde der Japaner und Germanen*），載於 *WBKL*，薩爾茲堡－萊比錫，1936，第 4 卷，第 730 頁。

100　格拉伊布納（Graebner），《原始人的宇宙觀》（*Das Weltbild der Primitiven*），慕尼黑，1924，第 65 頁。

小心，不要將太陽英雄簡單地化約為太陽的一種有形的顯現；太陽英雄在神話中的結構和地位並不僅限於太陽的表像（黎明、陽光、光明、黃昏等等）。太陽英雄總是會另外表現出「黑暗的一面」，表現出與死者的世界、入會禮、豐產以及其他元素的關聯。太陽英雄的神話同樣充滿了各種與最高統治權或巨匠造物神的崇拜相關的元素。英雄「拯救」世界、令世界更新、開啟一個新時代，有時幾乎相當於一次宇宙的新重組。換言之，他將保留至上神作為巨匠造物神的種種特性。像密特拉那樣的生涯，起先是天神，後來變成太陽神，再後來仍然成為一個救世主（如太陽神〔*Sol Invictus*〕），在某種程度上可以用這個巨匠造物神管理世界的功能來加以解釋（所有的穀物和植物都是從密特拉殺死的公牛身體裡流出來的）。

我們還有更進一步的理由，反對像「自然崇拜」神話學那樣將太陽英雄化約為太陽的現象。每一種宗教形式基本上都是「帝國主義的」──它不斷地吸收其他經常極為不同的宗教形式的本質、屬性和尊榮。每一種佔有優勢地位的宗教形式往往尋求取代**一切**，將其力量延伸到整個宗教經驗。因此我們可以非常肯定地說，起初為太陽（不管是神、英雄、儀式、神話還是其他任何事物）的宗教形式一旦變得至高無上，那麼它肯定吸收了其他外來的元素，透過其帝國主義的擴張本性，把它們同化並且整合到自己的內部。

我不主張對這種太陽聖顯的初步研究作任何概括性的總結。即使要做，我也只是想略述本章所關注的若干主要話題：至上神的太陽化、太陽與最高統治權、入會禮和菁英、它的兩重性、它與死亡及豐產的聯繫等等。但是應當突出**強調**一下太陽神學和菁

英──無論國王、英雄還是哲學家──之間的密切聯繫。與其他
自然的聖顯有所不同，太陽的聖顯往往成為一個封閉的團體、一
個由特選之民所組成的少數人所享有的特權。結果加速了理性化
進程。在希臘羅馬世界裡，太陽已經變成「智慧之火」，最終變
成一種「宇宙原則」。由一種**聖顯**變成為一個**觀念**，此過程頗類
似於諸天神（埃荷、梵天等）所經歷的過程。甚至赫拉克利特
也說「太陽每天都是新的」。在柏拉圖看來，太陽是展現在可見
事物中的善的映像；[101] 在奧菲斯教徒看來它是世界的智慧。理性
化和文化的綜合主義相互推進。墨高庇把一切神學都和太陽崇拜
聯繫起來，並且在太陽裡面看出了阿波羅、利柏耳－戴奧尼索斯
（Liber-Dionysos）、瑪爾斯（Mars）、墨丘利、阿斯克勒庇俄
斯（Aesculpius）、赫拉克勒斯、塞拉比斯（Serapis）、歐西里
斯、荷魯斯、阿多尼斯（Adonis）、涅墨西斯（Nemesis）、潘
恩（Pan）、薩坦（Saturn）、阿達德（Adad）甚至朱庇特。[102]
皇帝朱利安在他的論文《論太陽王》以及普羅克洛（Proclus）在
他《獻給太陽的頌歌》提出了各自綜合主義和理性主義的解釋。

　　這些在古典時代的黃昏賦予太陽的最後尊榮並非完全沒有意
義。它們有一點類似反覆書寫的羊皮紙，古文字的遺跡在新文字
下面仍然依稀可辨──它們仍然揭示了真正的、原始的聖顯的遺
跡：太陽從屬於上帝，這令人回想起那極其古老的太陽化造物神
的神話，以及太陽與豐產和植物生命的聯繫等等。但是，一般而
言，我們在那裡找到的只不過是太陽聖顯所曾經包含的意義的最

151

---

101 《理想國》（*Rep*），508b，c。
102 《農神節》（*Saturnalia*），第 i 卷，第 17-23 章。譯者按：墨高庇，西元 5 世
　　紀，羅馬詩人。

蒼白的陰影而已，不斷的理性化使之變得更加蒼白。因而哲學家，最後的「選民」，最終完成了曾經是宇宙中最強大的聖顯的世俗化過程。

IV

月亮及其奧祕

47・月亮和時間

太陽總是相同的，總是它自身，在任何意義上都不會「變成」別的什麼。而月亮則有陰晴圓缺，它的存在受到生成、誕生和死亡的宇宙規律的制約。月亮和人一樣，有著悲劇性的生涯，因為和人一樣它終究不能擺脫死亡的結局。有三個夜晚，星空中看不見月亮。但是在這種「死亡」之後是一種再生：「新月」。月亮走了，死了，但這絕不是最後的結局。有一首獻給欣的巴比倫頌歌把月亮視為「一顆從自身結出來的果子」。[1] 它從自身的物質再生，以追求它命定的生涯。

這種永恆地向其開端的回歸，這種永遠重複發生的循環，使月亮成為了一個與生命節律密切相聯的天體。因此，無怪乎它掌管著一切為循環往復的規律所制約的自然領域：水、雨、植物的生命、豐產。月亮的盈虧向人們顯示具體意義上的時間——與那種只在以後被人們所認識的天文時間當然有所不同。甚至早在冰河時代，月亮的盈虧及其巫術力量的意義就已經被清楚地認識到了。我們從冰河時代的西伯利亞文化中發現了螺旋、蛇以及閃電的象徵體系——所有這些都起源於作為度量有節律的變化與豐產的月亮概念。[2] 在任何地方，時間都可用月亮的盈虧進行準確的測量。甚至在今天一些靠狩獵和種植為生的遊牧部落還只使用陰

1　弗蘭尼（Furlani），《巴比倫－亞述宗教》（*La Religion babilinese-assira*），波隆那，1929，第 1 卷，第 155 頁。

2　例如在伊爾庫茨克（Irkutsk）；參見亨慈（Hentze），《月亮的神話和象徵》（*Mythes et symbols lunaires*），安特衛普（Antwerp），1932，第 84 頁以下，圖 59、60。

曆。與天體有聯繫的一個最古老的印度－雅利安語詞根就有「月亮」的意思：這個詞根 *me*，梵文變成了 *māmi*，「我測量」。[3]　155
月亮變成了度量宇宙的工具。所有涉及月亮的印歐語詞彙都來自這個詞根：*mās*（梵文）、*mah*（阿維斯陀文）、*mah*（古普魯士文）、*menu*（立陶宛文）、*mena*（哥特文）、*mene*（希臘文）、*mensis*（拉丁文）。日耳曼人常用夜晚來衡量時間。[4] 這種古老計算方法的遺跡保留在了歐洲的民間傳統裡面：某些齋期是在夜晚慶祝的，例如聖誕夜、復活節、五旬節、聖約翰節等等。[5]

由月相掌控並且度量的時間可以稱為「有生命的」時間。它受到生命和自然、雨水和潮汐、播種時間、月經週期等等實在的限制。所有這一系列屬於全然不同的「宇宙層面」的現象，根據月亮節律而形成規律或者受到它的影響。「原始人的心靈」一旦把握了月亮的這種「力量」，就會在月亮和這些現象之間建立起對應的甚至相互的聯繫。例如，自遠古時代以來，並且肯定是自新石器時代以來，隨著農業的發明，同樣的象徵體系將月亮、海水、雨水、婦女和動物的豐產、植物的生命、人類死後的命運以及入會慶典聯繫在一起了。思想的綜合使月亮的節律有可能把各種不同的實在聯繫並統一。如果不是「原始」人很早就直觀地感知到月亮週期變化的規律，它們在結構上的對稱性以及在運行方

3　參見施拉德爾（Schrader），《比較語言學和史前史》（*Sprachvergleichung und Urgeschichte*，耶拿，1883），第 2 版，第 443 頁以下；舒爾茨（Schultz），〈紀年和世界秩序〉（Zeitrechnung und Weltornung），載於 MB，萊比錫，1924，第 35 號，第 12 頁以下。

4　塔西佗（Tacitus），《日耳曼尼亞志》（*Germania*），ii。

5　孔恩（Kuhn），轉引自亨慈的書，第 248 頁。

式上的相似性，是根本不會被觀察到的。

　　月亮不僅度量事物，而且統一事物。它的「力量」或者節律可以稱之為無數現象和象徵的「最小公分母」。整個宇宙被視為一個範型，受到某些規律的制約。世界不再是一個無限的空間，充滿許多毫無關聯的自發的受造物活動：這個空間裡面的事物是相互對應、相互適應的。當然，所有這些並非由於對實在的一種合理分析，而是由於一種對其整體性的逐漸清晰的直觀。雖然會有一系列關於月亮的儀式的或者神祕的枝節性的論述，因其自身的某種特殊功能（例如某些神祕的月亮人只有一足或一手，憑著他們的巫術力量而能夠呼風喚雨）而顯得與眾不同，但是月亮的象徵、儀式或者神話無不包括月亮在某個特定時間的全部價值。沒有整體就沒有部分。例如螺旋，早在冰河時代就被認為是月亮的象徵，它和月相有關係，而且包含有起源於女陰－貝殼比喻的情欲元素、水元素（月亮＝貝殼），以及某些和豐產有關的元素（雙螺旋、角等等）。由於佩戴珍珠作為護身符，一位女子就將水（貝殼）、月亮（貝殼是月亮的象徵、是月光所創造的等等）、情欲、誕生和胚胎等力量結合在一起了。藥草本身就包含有月亮、水和植物的三重效用，即使在只有其中的一種力量明確出現在服用者心目中的時候也是如此。每一種力量或者「效用」在一些不同的層面上發揮各自的作用。例如植物表示死亡和再生、光明和黑暗（就像宇宙的不同區域）、生殖和豐產等等的觀念。沒有一個符號、象徵或者力量僅僅擁有一種意義。每一個事物都聯繫在一起，每一個事物都是有聯繫的，並且構成一個宇宙整體。

48·各種月亮聖顯的連貫性

　　這種整體性對於任何習慣用分析方法處理問題的思維肯定是根本無法理解的。現代人甚至用直觀的方法也不能完全掌握包含在原始人思維的這種宇宙**實在**（或者，事實上就是神聖的實在）所具有的豐富意義和內在和諧。在原始人看來，一個月亮的象徵（一個護身符或者圖像符號）本身不僅包含在宇宙的各個層面都會發生作用的月亮的全部力量──而且藉著相關儀式的力量，實際上佩戴者本人會置於這些力量的中心，增添他的生命力、使他變得更加**真實**，並且確保死後獲得更加幸福的境界。在此強調這個事實是非常重要的──原始人所進行的每一種宗教活動（亦即，每一個有意義的活動）都有一種**整體性**的特點──因為當我們以一種**分析的**和**漸進的**方式在本章討論月亮的功能、力量和屬性時，就會遇到一種危險。我們傾向於將本來是，而且始終是整體的東西切割為碎片。凡是我們用「因為」和「所以」等詞語的地方，原始人的思維也許會用「以同樣的方式」這樣的措辭表達（例如，我說：因為月亮掌管水，所以植物也受月亮的控制，但是也許更為正確的說法是：**植物和水以同樣的方式**受月亮的控制……）。

　　人們發現月亮的「力量」，不是透過一系列分析活動，而是透過直觀的手段；它越來越充分地**揭示自己**。原始人思想中形成的相似性在某種程度上是經由象徵而協調地聯合起來。例如，月亮出現又消失；蝸牛伸出觸角又縮回去；狗熊隨季節出現而又消失；因此，蝸牛成為月亮聖顯的場所，就像墨西哥古代宗教中，月神特科希茲特卡特（Tecciztecatl）顯示為被隔絕在一隻蝸牛殼

157

裡，[6] 有時也會變成一個護身符等等。狗熊變成了人類的祖先，因為人類——他的生命類似於月亮的生命——正是從那個擁有生命實在的月球的本質或者透過它的巫術力量裡創造出來的。

從月亮那裡獲得其意義的象徵同時**就是**月亮。螺旋既是月亮的聖顯——表達了光明與黑暗的循環——又是一個符號，人們通過它把月亮的力量汲取到自己的身體裡面。閃電也是月亮的一種力顯，因為它的光明令人想到月亮，它還預示著降雨，而雨水也歸月亮掌管。所有這些象徵、聖顯、神話、儀式、護身符以及其餘的東西，我都用月亮的（lunar）這個方便的名字來稱呼。它們在原始人思維中構成了一個整體，透過共同的協調、相似、神話以及元素等捆綁在一起，就像一張巨大的宇宙「網絡」，一張巨大的聯繫網，其中的每一個片斷都相互適應，任何東西都不會從這張網絡中分離出來。如果你想只用一個公式來表達月亮聖顯的多樣性，也許可以說它們揭示了生命有節律的自我重複。月亮的全部意義，不管是宇宙論的，還是巫術的或者宗教的，都可以通過其**存在**的模態，即通過這樣一個事實而得到解釋：它是「有生命的」、它的再生是永無止境的。在原始人的思維中，月亮的宇宙命運相當於第一步，相當於人類學的基礎。人類看到自身在月亮的「生命」中得到反映。這不僅是因為他自己的生命就像其他一切有機體一樣終將走到盡頭，而且因為他對再生的渴望、他對「重生」希冀，從總是有一輪新月升起的事實中得到了證明。

我們並不十分在乎是否會在大量以月亮為中心的信仰中遇到

6　參見威爾克（Wilke），〈史前考古中的印度－日耳曼人的宗教〉（Die Religion der Indogermanen in archäologischer Betrachtung），*MB*，萊比錫，1923，第 31 號，第 149 頁，圖 163。

對月亮本身的崇拜、對住在月亮上的神靈或者對月亮的一種神祕的人格化的崇拜。在宗教史上我們全然不能發現有對任何自然事物本身的崇拜。一個神聖的事物，無論具有怎樣的形式和本質，它之所以為神聖，是因為它揭示或者分有了終極**實在**。每一個宗教的對象總是某種事物「化身」：某種**神聖**的化身（第 3 節以下）。透過事物存在的實質（例如天空、太陽、月亮或者地球）、透過它的形式（亦即象徵性地：例如螺旋－蝸牛），或者透過一種聖顯（**某個**地方、某塊**石頭**等等變成神聖；某個對象透過儀式和其他神聖的物體或者人的接觸而被「聖化」了或者被「祝聖」了等等）而使神聖化為具體的事物。

因此，月亮就像其他事物一樣，絕不是因其**本身**，而是因其所揭示的神聖，也就是因集中在它的上面的力量，因其顯示出來的永世不竭的生命和實在而受到崇拜。人們或者直接從月亮本身的聖顯，或者從那個聖顯在數千年過程中所創造的各種形式——也就是它所產生的諸種表像：月亮的人格化、象徵或者神話裡面，認識到月亮的神聖實在。這些不同的形式之間的差別並非本章關注的地方。畢竟，我們的主要目的是解釋月亮的聖顯以及一切與之有關的東西。我們甚至沒有必要將自我侷限在那些顯而易見的「神聖」的證據，例如月神，以及那些奉獻給他們的儀式和神話上面。我再重複一遍，在原始人的思維裡，一切有意義的事物，一切和**絕對實在**有關聯的東西，都有神聖的價值。在珍珠或閃電的象徵體系裡，和我們研究巴比倫的月神欣或者女神赫卡忒（Hecate）等月亮神，都同樣能夠非常清晰地觀察到月亮的宗教特徵。

159

49・月亮和水

　　水受制於節律（雨水和潮汐），滋潤生物的成長，所以水受制於月亮。「月在水中」，[7]「雨自月來」，[8]是印度思維中的兩個主題。阿帕姆・納巴特（*Apām napāt*），「水之子」，早在原始時代便是一個植物精靈的名字，只是到後來才被用於指月亮和諸神的飲料，蘇摩（*soma*）。阿德薇素拉・安娜希塔（Ardvisura Anahita）是伊朗的女水神，是一個住在月亮上的神；巴比倫月神欣掌管諸水。有一篇頌歌表現了她的聖顯總是碩果累累：「當你像船一樣漂流在諸水之上……純潔的幼發拉底河就會漲滿河水……」[9]有一段「朗哥頓史詩」的文字談到有一個地方，「諸水從它們的源頭，從月亮的水池裡面流出」。[10]

　　所有月神多少明顯地保留了水的屬性或功能。在某些美洲印第安部落中，月亮或月神同時也就是水神（例如在墨西哥、易洛魁人中間便是如此）。巴西中部的一個部落稱月神的女兒為「諸水之母」。[11]希羅尼莫・德・夏維（Hieronimo de Chaves）（1576年）在論及古代墨西哥人的月亮信仰時說，「月亮令萬物生長繁多……」而且「一切的水皆歸它掌管」。[12]希臘人和凱

7　《梨俱吠陀》（*RV*）i，105，1。

8　《愛多列雅梵書》（*Aitareya Brāhmana*），viii，28，15。

9　《楔形文字文書》（*Cuneiform Texts*），15-17；16d。

10　引自奧爾布賴特（Albright），〈論朗哥頓史詩〉（Some Cruces of the Langdun Epic），*JAOS*，1919，第39卷，第68頁。

11　布里夫（Brifault），《母親》（*The Mothers*），倫敦，1927，第2卷，第632頁以下。

12　塞勒（Seler），《全集》（*Gesammelte Abhandlungen*），柏林，1902，第4卷，第129頁。

爾特人觀察到的月亮和潮汐的聯繫，也為紐西蘭的毛利人[13]和愛斯基摩人[14]（他們的月神掌管潮汐）所知。

人們自占以來就認識到月相變化之後就會有降雨。布須曼人、墨西哥人、澳大利亞人、薩摩耶德人和中國人[15]等不同的文化中都有一系列頗具特色的神話人物，他們因為擁有帶來雨水的力量，因為單足或單手而引人注目。亨慈充分證明，他們本質上是屬於月亮的。而且，在他們的各種形象中有無數月亮的象徵，在他們各自不同的儀式和神話裡，也都明顯的月亮的特徵。一方面，水和雨歸月亮掌管，一般遵循著固定的規律——即它們隨月相的變化而變化——另一方面，所有與它們有關的悲劇都展現了月亮的另外一面，也就是月亮是一切腐朽「形式」的毀滅者，也可以說它造成了整個宇宙層面的再生。

大洪水與三天黑暗的或者「死亡」的日子相對應。這是一場大災難，然而不是一場最後的大災難，因為它的發生打上了月亮和諸水的封印，有著極其顯著的生長和再生的特點。一場洪水僅僅因為「形式」已經衰老和腐朽而毀滅一切，但是緊接著便總是會出現全新的人類和全新的歷史（第 70 節）。大量的洪水神話講述了如何僅有一人倖存，新的人類又如何從這個人繁衍而來。這個倖存者——男人或者女人——有時和一個月亮上的動物結婚，於是這個動物也就變成了人類的始祖。例如達雅克人（Dyak）的傳奇講述一位婦女如何成為一場大洪水的唯一倖

160

---

13 克拉佩（Krappe），《神話的起源》（*La Genèse des mythes*），巴黎，1938，第 110 頁。

14 施密特，《至上神》，第 3 卷，第 496 頁。

15 亨慈，第 152 頁以下。

存者，然後殺死了一條巨蟒——一種「月亮動物」——並且和一條狗交配（在其他一些版本裡，與在狗身邊找到的一根柴火棍交配）。[16]

在眾多不同版本的大洪水神話中，我們只考察其中一個——澳大利亞土著的版本（庫耐〔Kunai〕部落的神話）。有一天，所有的水都被一隻巨蛙達克（Dak）吸到肚子裡面去了。口乾舌燥的動物們企圖叫讓她發笑，但未能做到。最後有一條黃鱔（或者一條蛇）開始蜷縮起來並且纏繞成一團，逗得達克哈哈大笑，諸水噴湧而出，造成洪水。[17] 青蛙是月亮上的動物，因為許多傳說都談到在月亮上可以看到一隻青蛙，[18] 而且在無數祈雨儀式中也總是會出現青蛙。[19] 施密特神父用新月暫停諸水流動（達克吸走了這些水）的事實來解釋這個澳大利亞神話。[20] 而溫修斯（Wenthius）卻不同意施密特的解釋，[21] 他在這個青蛙神話裡辨別出一種情色的含義。但是，這當然不會否證它的月亮的特性，也沒有否認大洪水具有人類誕生和起源的功能（這場大洪水「創造了」一種全新的、再生的人類）。

我們在澳大利亞還發現另外一個月亮引發水災的版本。有一天，月亮向人類討要負鼠皮，好在寒冷的夜晚穿在身上，人類拒

161

16　亨慈，第 24 頁。

17　范・熱內普（Van Gennep），《澳大利亞的神話和傳說》（*Mythes et légendes d'Australie*），巴黎，1906，第 83-85 頁。

18　布里夫，《母親》，1927，第 2 卷，第 634-635 頁。

19　布里夫，前揭書；克拉佩，第 321 頁，注解 2。

20　《至上神》，第 2 卷，第 394-395 頁。

21　《論雙性同體》（*Das Zweigeschlechterwesen*），萊比錫，1928，第 179-181 頁。

絕了。為了報復，月亮就讓天上落下大雨，淹沒整個大地。[22] 墨西哥人也相信月亮製造了這場災害，但是是打扮成一個年輕貌美的婦人的樣子幹的。[23] 然而，對於這些由月亮所造成的（大多數是由於某種對它的侵犯或者無視某種儀式上的禁忌——亦即由於「罪」所致，這表明人類在精神上的墮落，放棄了道德和秩序，破壞了宇宙的節律）大災難而言，有一件事情頗值得我們注意：那就是「新人」的再生與出現的神話。正如我們所見，這個神話與月亮和水的救贖功能完全一致。

50・月亮和植物

早在農業發明之前，人們就已經認識到，月亮、雨水和植物生命之間存在一種聯繫。植物世界來自同一個普遍的豐產之源，並且同樣受制於由月亮的運行所主宰的循環。有一份伊朗文獻說，植物因著月亮的溫暖而生長。[24] 巴西的一些部落稱月亮為「青草的母親」，[25] 而且許多地方（玻里尼西亞、摩鹿加群島、美拉尼西亞、中國、瑞典等）都認為月亮上面生長青草。[26] 甚至當今的法國農民也在新月時分播種，但是卻在月虧的時候修剪樹枝、採集蔬菜，[27] 也許為了避免在自然力量扶搖上升之際破壞生

162

22　范・熱內普，第 46 頁。
23　布里夫，第 ii 卷，第 573 頁。
24　《耶斯特》（*Yast*），vii，4。
25　布里夫，第 ii 卷，第 629 頁。
26　同上，第 628-630 頁。
27　克拉佩，第 100 頁。

命有機體而違背自然的節律。

月亮和植物之間的有機聯繫極為強大，以至於一大批豐產神也變成了月神，例如埃及的哈托、伊施塔爾（Ishtar）、伊朗的阿納提斯（Anatis）等等。在幾乎所有植物和豐產之神中都必然存在月亮的屬性和力量——甚至當他們的神聖的「形式」變得完全獨立自存的時候也是如此。欣神也是青草的創造者；戴奧尼索斯既是月神又是植物之神；歐西里斯擁有所有這些屬性——月亮、水、植物、生命和農業。某些具有神聖起源的飲料，例如印度的**蘇摩**和伊朗的**豪麻**（haoma）等，從它們的宗教性質中尤其可以清楚地分辨出月亮－水－植物的範型。它們甚至人格化為神靈——獨立自存，不過在印度－伊朗人的萬神殿裡，他們比那些主神的地位更低。正是從這種飲之而得不死之身的神聖飲料裡面，我們能夠認識到那種圍繞著月亮、水和植物形成的神聖性。這便是至高無上的「神聖本質」，因為它把生命變成了絕對實在——或者不死。甘露（Amṛta）、仙饌、蘇摩、豪麻等等都擁有一種天上的原型，只有諸神和英雄可以飲用，但是人間的飲料也有類似的神力——在吠陀時代印度人飲用的蘇摩酒以及在戴奧尼索斯的狂歡中飲用的葡萄酒等便是如此。此外，這些人間的飲料也擁有和相應的天界原型同樣超凡的力量。聖酒使得我們能夠分享神聖的形態，儘管這種分享短暫而不完美。它在事實上達到了一個悖論，在擁有存在的完整性的同時又在發生變化，既是動態又是靜態。月亮所扮演的這種形而上學角色就是**有生**而**不死**，雖然經歷死亡，但是這種死亡卻是一種休憩和再生，而不是最終的結局。這就是人類試圖透過各種儀式、象徵和神話而為自己要去征服的命運——正如我們所見，在這些儀式、象徵和神話裡，

月亮的神聖價值和水、植物的神聖價值聯繫在一起，不論後者的神聖性究竟來自月亮還是構成了獨立自存的聖顯。在這兩種情形下，我們都面臨著一種**終極實在**，一切有生命的形式所從出的力量和生命的源泉，一切生命分有了它的本質或者得到了它的賜福。

163

　　由月亮掌管的不同宇宙層面——雨水、植物生命、動物和人類的繁衍、死者的靈魂——之間的聯繫甚至進入了像非洲俾格米人那樣的原始宗教裡面。他們在雨季即將到來前舉行新月齋戒。他們稱月亮為佩（Pe），認為它是「生產的原則，是生殖之母」。[28] 新月齋戒只允許婦女參加，[29] 而太陽齋戒只允許男子參加。因為月亮既是「母親又是鬼怪的保護者」，所以婦女敬拜它的方式，是往自己身上塗滿泥土和植物的液汁而變得像鬼怪和月光那樣雪白。儀式包括用發酵的香蕉釀造的酒精飲料，婦女們若是舞跳累了就飲用這種飲料，舞蹈和頌歌都是獻給月亮的。男子不跳舞，甚至也不敲鼓為儀式助興。人們祈求月亮，「生物之舞」，帶走死者靈魂，帶來豐產，賜予部落眾多的孩子、魚、獵物和水果。[30]

28　特里耶（Trilles），《赤道雨林的俾格米人》（*Les Pygmées de la forêt équatoriale*），巴黎，1932，第 112 頁。

29　同上，第 113 頁。

30　同上，第 115 頁以下。

51・月亮和豐產

　　動物的繁殖，和植物的繁殖一樣也受到月亮的主宰。月亮和生殖的關係由於新的宗教「形式」——例如大地－母親以及各種農業神——的出現，有時也會變得錯綜複雜。儘管如此，不管有多少種宗教的綜合構成了這些新的「形式」，月亮仍然保持了它亙古不變的一個方面；那就是豐產、重複發生的創造、生命的永不枯竭等特徵。例如，用於表達偉大的生殖之神的牛角也是大母神（*Magna Mater*）的標誌。任何地方發現的新石器時代文化的牛角，不論它們是圖像還是作為公牛偶像崇拜的一部分，都表示掌管豐產的大母神的降臨。[31] 牛角也總是新月的形象：「公牛角之所以成為月亮的象徵，顯然是因為它令人想到一彎新月。因此一對牛角放在一起就代表兩個新月，或者代表月亮的全部生涯」，[32] 而且在中國甘肅和仰韶的史前文化圖像中，也經常可以發現月亮的象徵與豐產的符號同時並存——有紋飾的牛角擺放成閃電（象徵雨水和月亮）以及菱形（這是豐產的象徵）。[33]

　　某些動物變成月亮的象徵甚至月亮的「降臨」，那是因為它們的形狀或者它們的行為令人想到了月亮。蝸牛是如此，它在殼中鑽進鑽出；熊也是如此，牠在仲冬時節消失，在春天又出現；青蛙也是如此，它膨脹身體，沒入水中，又浮到水面上來；狗也是如此，因為在月亮上能夠看到牠，或者因為在某些神話裡面牠

31　歐・門格欣（O. Menghin），《世界石器時代史》（*Weltgeschichte der Steinzeit*），維也納，1931，第 148、448 頁。

32　亨慈，第 96 頁。

33　參見亨慈，圖 74-82。

據說是人類的祖先；蛇也是如此，因為它時隱時現，因為它盤成許多圈，就像月亮許多生命一樣（這個神話也保留在了希臘傳說裡面），[34] 或者因為它是「所有婦女的丈夫」，或者因為它蛻皮（這就是說，週期性地再生，「不死」）等等。蛇的象徵體系多少有些令人困惑，但是所有象徵都指向同樣一個核心觀念：它是不死的，因為它不斷再生，因而它是一種月亮「力量」，同樣可以賜予生殖、知識（亦即預言）甚至永生。無數神話講述了一個悲劇故事，即蛇如何偷走了神送給人類的永生。[35] 但是這些都是根據一個原始神話變化而來的，這個原始神話說，蛇（或海怪）守護神聖的泉水以及永生之泉（生命樹、青春泉或者金蘋果）。

165

　　在這裡，我只能提到若干與蛇有聯繫的神話和象徵，而且只是那些表明其具有月亮動物特徵的神話和象徵。首先，它與婦女和生殖有聯繫：月亮是一切豐產的源泉，也掌管月經週期。它人格化為「婦女之主」。許多民族以前常常認為──而且有的至今還認為──月亮化為一個男人或者一條蛇和他們的女人交媾。因此例如愛斯基摩人未婚女子不會看月亮，免得懷上身孕。[36] 澳大利亞土著相信月亮下凡，變成像唐璜那樣的男人，使婦女懷孕然後再拋棄她們。[37] 這個神話在印度至今還很流行。[38]

　　既然蛇是月亮的一種顯現，它也能實現同樣的功能。甚至

34　亞里斯多德，《動物史》（*Hist Animal*），ii，12；普林尼，《自然史》（*Hist Nat*），xi，82。

35　弗雷澤，《舊約中的民間故事》（*Folklore in the OldTretment*），倫敦，1918，第 1 卷，第 66 頁以下。

36　布里夫，第 ii 卷，第 585 頁。

37　范・熱內普，第 101-102。

38　克拉佩，第 106 頁。

直到今天，阿布魯奇人（Abruzzi）據說還是認為蛇和所有女人交媾。[39] 希臘人和羅馬人也相信此事。亞歷山大大帝的母親，奧林匹婭和蛇一起嬉戲。[40] 著名的西西昂的阿拉圖斯（Aratus of Scyon）據說是阿斯克勒庇俄斯（Aesculapius）的兒子，因為據保薩尼阿斯（Pausanias）說，他的母親是由於蛇而懷孕的。[41] 蘇托尼烏斯（Suetonius）[42] 和第奧・卡西烏斯（Dio Cassius）[43] 講述奧古斯都的母親如何在阿波羅神廟裡面擁抱一條蛇而懷孕。在大西庇阿（elder Scipio）那裡也有類似的傳說。在德國、法蘭西、葡萄牙和其他地方，婦女害怕在睡覺的時候有蛇鑽進她們的口裡，使她們尤其是在經期懷孕。[44] 在印度，婦女們想要有孩子的時候，就去朝拜一條蟒蛇。在整個東方，人們相信婦女首次性接觸就是在青春期和經期與蛇發生的。[45] 印度邁索爾邦的科馬提（Komati）部落在儀式中的石蛇可使婦女生養繁多。[46] 克勞蒂烏斯・埃利阿努斯（Claudius Aelianus）宣稱希伯來人相信蛇和未婚女孩結合，[47] 我們在日本也發現相同的信仰。[48] 有一個波斯傳

39　費納莫爾（Finamore），《阿布魯奇地區的民間傳說》（*Tradizioni popolari abruzzesi*），巴勒莫（Palermo），1894，第 237 頁。

40　普魯塔克（Plutarch），《亞歷山大傳》（*Vita. Alex*），ii。

41　ii，10，3。

42　《奧古斯都神》（*Divus Augustus*），94。

43　55，1。

44　布里夫，第 ii 卷，第 664 頁。

45　布里夫，第 ii 卷，第 665 頁。

46　弗雷澤，《阿多尼斯、阿提斯、歐西里斯》（*Adonis, Attis, Osiris*），倫敦，1936，第 81 頁以下。

47　《動物史》（*Nat. Animal.*），vi，17。

48　布里夫，第 ii 卷，第 665 頁。

說是這麼講的，在第一位婦女遭到蛇的誘惑時，她立刻就來月經
了。[49] 據拉比說，月經是由於夏娃和蛇在伊甸園內發生關係導致
的後果。[50] 在阿比西尼亞，人們認為女孩子在出嫁之前總要面對
被蛇強姦的危險。有一個阿爾及利亞故事講述一條蛇如何逃避看
守，將一屋子的未婚女孩都強姦了。在東非的曼蒂·霍屯督人
（Mandi Hottentots）、獅子山和其他地方的民族那裡也都有類
似的傳說。[51]

當然月經的週期性有助於解釋月亮是所有婦女的第一個伴
侶的信仰何以流傳甚廣。帕婆人（Papoos）認為，月經是婦女和
女孩與月亮發生關係的一個證明，但是在他們的圖像（木雕）
裡，卻描繪蛇從她們的生殖器官中鑽出來，[52] 而這就證實蛇和月
亮是等同的。奇里瓜諾伊人（Chiriguanoes）的婦女第一次來月
經的時候要舉行各種薰香和潔淨的儀式，在此之後這家婦女要
驅趕她們遇上的每一條蛇，也就是對於這種邪惡承擔責任的動
物。[53] 有許多部落認為蛇是造成月經週期的原因。人種學家克勞
利（Crawley）最早證明蛇具有男根的特徵，[54] 他並沒有排除男
根與月亮的聯繫，而是證明了這種聯繫。許多保存至今的圖像文

167

49　達恩哈特（Dähnhart），《自然傳奇》（*Natursagen*），萊比錫，1907，第 i
　　卷，第 211、261 頁。

50　艾森門格爾（Eisenmenger）《猶太教的發現》（*Entdecktes Judentum*），第 i
　　卷，第 832 頁以下；布里夫，第 ii 卷，第 666 頁。

51　布里夫，第 ii 卷。

52　普羅斯（Ploss）和巴爾特爾（Bartels），《婦女》（*Woman*），倫敦，1935，
　　i，圖 263，267。

53　布里夫，第 ii 卷，第 668 頁。

54　《神祕的玫瑰》（*The Mystic Rose*），貝斯特爾曼（Besterman）主編，倫敦，
　　1927，第 i 卷，第 23 頁以下；第 ii 卷，第 17，133 頁。

獻——亞洲新石器時代的文明（如甘肅的半山文化的陶像[55]以及安陽的金像[56]）和美洲印第安文明（如卡察基〔Calchaqui〕人的青銅盤[57]）——表現了用（象徵女陰的）菱形裝飾的蛇這樣一種具有雙關意義的圖像。[58]這兩種圖像毫無疑問都有情色含義，但是蛇（男根）與菱形的共存也表明二元論和重新整合的觀念，這是一種特別具有月亮特性的概念，因為我們在「雨」、「光明和黑暗」等等的月亮想像中，也都發現了同樣的主題。[59]

52‧月亮、女人和蛇

於是月亮也可以人格化為蛇和男人，但是這樣的人格化（經常與原初的範型相決裂，沿著一條自身的道路形成神話和傳奇）基本上還是以月亮是有生命之實體的源泉、一切豐產和週期性再生概念為基礎的。蛇被認為能夠生育後代，例如在瓜地馬拉、[60]在澳大利亞中部的烏拉布納（Urabunna）部落（他們相信有兩條蛇在世界上遊蕩並且在任何逗留的地方留下邁阿烏利〔maiaurli〕，即「孩子靈魂」，而他們自己就是這兩條蛇

---

55 亨慈，《古代中國和美洲的禮器、信仰和神靈》（*Objects rituels, croyances et dieux de la Chine antique et de l'Amérique*），安特衛普，1938，圖 4-7。

56 亨慈，圖 8。

57 亨慈，《神話》，圖 136。

58 參見亨慈，《神話》（*Mythes*），第 140 頁以下；《古代中國和美洲的禮器、信仰和神靈》，第 27 頁以下。

59 亨慈，《古代中國和美洲的禮器、信仰和神靈》，第 29 頁以下。

60 密勒（Miller），《原始社會的孩子》，倫敦，1928，第 16 頁。

的後代），在非洲的多哥人（Togos）（一條巨蛇住在克勒烏
〔Klewe〕城附近的池塘裡，從至上神納姆〔Namu〕手中接過
孩子，趁他們尚未出生就把他們帶到城裡）等地。在印度，自佛
陀時代（《本生經》）以來，蛇就被認為一切豐產（水、財寶；
參見第 71 節）的施與者。一些那格浦爾繪畫描繪了婦女和蟒蛇
的交合。[61] 當今印度許多人相信蛇有行善和豐產的力量：它們避
免婦女不育，確保她們生養眾多後代。[62]

168

　　在婦女和蛇之間有許多各不相同的聯繫，但是無一僅從純粹
情色的象徵體系得到充分解釋。蛇是一種「善變」的動物。格
雷斯曼（Gressmann）企圖在夏娃中看出原始腓尼基人的冥界女
神，[63] 人格化為一條蛇。[64] 地中海的神靈總是被表現為手中拿一
條蛇（阿卡迪亞的阿忒米斯〔Artemis〕、赫卡忒、波瑟芬妮等
等），或者蛇成了他們的頭髮（戈耳格〔Gorgon〕和厄里倪厄
斯〔Erinyes〕等）。而且有些中歐人的迷信甚至到了會認為，
如果一個女人受到月亮的作用（亦即，當她月經來潮的時候），
你取下她的幾根頭髮埋在地裡，頭髮也會變成蛇。[65]

61　里維特－卡爾納克（Rivett-Carnac），《略論印度的蛇象徵》（*Routh Notes on
the Snake-symbol in India*），加爾各答，1879 年。

62　杜布瓦（Dubois），《印度習俗》（*Hindu Manners*），牛津，1899，第 649
頁；克魯克（W. Crooke），《北印度的民間宗教和民間故事》（*Popular
Religion and Folklore of Northern India*），倫敦，1894，第 ii 卷；弗格爾
（Vogel），《印度的蛇故事》（*Indian Serpent-Lore*），倫敦，1926，第 19 頁。

63　〈天堂描述中的神話遺跡〉（Mythische Reste in der Paradieserzahlung），
AFRW，x，第 345-367 頁。

64　尤其是第 359 頁以下。

65　普羅斯和巴爾特爾，第 i 卷，第 103 節以下。

有一個布列塔尼傳奇說女巫的頭髮變成蛇。[66] 因此，這不會發生在普通婦女身上，除非受到月亮的作用，分享了「善變」的魔力。許多人種學的資料表明女巫是月亮的贈與（或是直接的，或是通過蛇的仲介）。例如在中國人看來，蛇的魔力最小，而希伯來人和阿拉伯人用來指巫術的字意思就是「蛇」。[67] 由於蛇是「月亮的」——亦即永恆的——而且生活在地下，（尤其是）使得死者的靈魂賦有肉體，因此它們通曉一切祕密，是一切智慧的源泉，能夠預言未來。[68] 因此，任何人吃蛇就能夠用動物語言尤其是鳥語進行交談（鳥也是一種具有形而上學意義的象徵：它能夠到達超越的實在）。無數民族都有這個信仰，[69] 甚至在古代有學問的人中間也廣為接受。[70]

169

同樣，關於月亮掌管豐產與再生、月亮本身或由相同實體的形式（大母、地母）所賜予豐產和再生的核心象徵體系也解釋了

---

66 布里夫，第 ii 卷，第 662 頁。

67 諾德克（Noldeke），〈阿拉伯民間信仰中的蛇崇拜〉（Die Schlange nach arabischem Volksglauben），載於 ZVS，i，第 413 頁；布里夫，第 ii 卷，第 663 頁。

68 布里夫，第 663-4 頁。

69 參見彭澤（Penzer），《故事的海洋》（Ocean of Story），倫敦，1923，第 卷，第 108 頁；弗雷澤，《穀物和野獸的靈魂》（Spirits of the Corn and of the Wild），倫敦，1936，第 i 卷，第 146 頁；史密斯·湯普遜（Smith Tompson），《民間故事主題索引》（Mofif-Index of Folk-Literature），赫爾辛基，1934，第 i 卷，第 315 頁。

70 費洛斯特拉托斯（Philostratos），《提亞那的阿波羅尼烏斯傳》（Vita Apol. Tyan.），i，20；參見桑代克（L. Thorndike），《巫術和經驗科學史》（A Hisory of Magic and Experimental Science），紐約，1923，第 i 卷，第 261 頁。譯者按：費洛斯特拉托斯，生年不詳，卒於西元 224-229 年間，希臘雄辯家和傳記作家。

為什麼在宇宙豐產的大母神的想像和儀式中也會出現蛇。作為大母神的一個屬性，蛇除了具有大地的特徵外，還保持有月亮的特徵（週期性的再生）。在某個階段，月亮等同於大地，本身被視為一切生命形式的源泉（第 86 節）。有的民族甚至相信大地和月亮是由同一種實體構成的。[71] 大母神分享了月亮的神聖本質，就像她分享大地的神聖本質一樣。而且由於這些女神也是喪葬女神（死者消失在地下或者進入月亮以待再生和通過新的形式重新出現），所以蛇變成死亡和喪葬的特殊動物，化身為死者的靈魂、部落的祖先等。這種再生的象徵體系也解釋了蛇何以會在成年禮的儀式中出現了。

53 · 月亮的象徵體系

從所有這些各不相同的蛇的象徵體系中極為清晰地浮現出來的，是月亮的特徵——亦即，蛇通過變形而獲得的豐產、再生、不死的力量。我們固然可以考察一系列它們的屬性或者功能，並且以某種邏輯分析的方法逐一推斷所有這些不同的關係和意義是如何發展出來的。諸位可以在方法論上把宗教擊碎成零碎的部分並加以研究，從而將任何宗教體系化為虛無。而實際上，在一個象徵中所蘊含的全部意義都是同時出現的，甚至當看上去在起作用的似乎只有其中某一部分時，也是如此。對於作為節律的度量、作為能量、生命和再生源泉的月亮的直觀，已將宇宙的各個

170

71　布里夫，第 iii 卷，第 60 頁以下；克拉佩，《神話的起源》，第 101 頁以下。

不同層面組成了一個網絡，在大量不同類型的現象中產生了類同性、類似性和統一性。要找出這個「網絡」的中心並非易事。有時次要的中心會顯現出來，看上去好像是最重要的或許是最古老的出發點。例如蛇的情色象徵體系轉而「編織」成了一個意義和聯繫的體系，在某些情況下至少將其與月亮的聯繫推到後台去了。事實上我們所面對的是一系列平行的，或者相互交叉的線索，它們相互適應，有的和它們所依賴的「中心」相關，而其他則在自己的系統裡面發展。

因此，整個範型乃是月亮－雨－婦女－蛇－死亡－週期－再生，但是我們也可以例如在蛇－婦女－豐產的範型或者蛇－雨－豐產或者也許還有婦女－蛇－巫術的範型中討論其中的一個範型。有許多神話都是圍繞著這些次級「中心」成長起來的，如果沒有認識到這一點，就有可能掩蓋了原初的範型，儘管實際上哪怕在最細小的碎片裡也完全包含有它。所以，例如在蛇－水（或者雨）的二元範型中，兩者都受月亮主宰的事實並不總是顯而易見。大量傳奇和神話表明蛇或龍掌管雲，它們居於深淵，為世界提供水源。在歐洲的民間信仰裡，蛇和泉水、溪水的聯繫至今尚存。[72] 在美洲印第安人的圖像中，也經常可以發現蛇－水的聯繫。例如，墨西哥人的雨神特拉洛克（Tlaloc），就是用兩條盤繞在一起的蛇的符號來表現；[73] 在相同的波吉亞古本裡，[74] 一條

72　例如參見塞比羅（Sébillot），《法國民間故事》（*Le Folklore de France*），巴黎，1945，第 ii 卷，第 206 頁，309 頁以下。

73　塞勒（Seler），《波吉亞古本》（*Codex Borgian*），柏林，1904，第 i 卷，第109 頁，圖 299。

74　第 9 頁。

被箭所傷的蛇表示下雨的含義；[75] 德勒斯登古本有盛在蛇形瓶中的水；[76] 特羅－科爾提希亞努斯（Tro-Cortesianus）古本 [77] 則是水從一隻蛇形花瓶流出，[78] 不一而足。

　　亨慈的研究非常確定地證明了這個象徵體系是基於月亮提供雨水的事實。[79] 有時候月亮－蛇－雨的範型甚至也保存在儀式裡面：例如在印度，每年都有拜蛇的儀式（*sarpabali*），如同《家範經》（*Gṛhyasūtras*）中描寫的那樣，一直持續四個月，從室羅伐納月（Śravaṇa，雨季首月）開始，到末迦始羅月（Mārgaśīrṣa，冬季首月）結束。[80] 拜蛇儀式因而包含有原初範型中的全部三種元素。不過將它們視為三種互不相關的元素並不完全正確：這是一種**三重的重複**，月亮只是一種「濃縮」而已，因為雨和蛇並非僅僅服從月亮節律，而是事實上有著共同的本質。就像每一種神聖的事物以及每一種象徵一樣，這些水和蛇獲得了一個悖論，它們既是**自身**又是**某種其他的東西**——在這裡，其他的東西便是月亮。

171

75　維納（Wiener），《瑪雅人和墨西哥人的起源》（*Mayan and Mexican Origins*），劍橋，1926，圖版，xiv，圖 35。

76　同上，圖 112c。

77　同上，第 63 頁。

78　同上，圖 123。

79　《禮器》（*Objects*），第 32 頁以下。

80　參見弗格爾，《印度的蛇故事》，第 11 頁。

54 · 月亮和死亡

　　美洲史料方面的學者塞勒（E. Seler）很久以前曾經寫到，月亮是第一個死者。因為天空有三個夜晚是黑暗的。但是由於月亮在第四天再生，因此死者也會獲得一種新的存在。我們還會看到，死亡不是滅絕，而是人們的生存層次的變化——而且一般是一種暫時的變化。死是另外一種「生」。而且，因為月亮以及大地所發生的一切（隨著人們發現農業的週期，也開始看到大地和月亮之間的關係）證明，存在一種「死亡中的生命」，並且賦予這個觀念以一種意義，死者不是到了月亮上就是回到地下，以便獲得再生並且吸收所需力量而開始新的存在。這就是為什麼有許多月神還兼冥界之神和葬儀之神（閔、波瑟芬妮，也許還有赫密士等等），[81] 為什麼有許多信仰認為月亮是死者的領地。有時死後在月亮上面休憩的特權僅為那些政治或者宗教的領袖所獨享，瓜庫魯斯人（Guaycurus）、托克勞（Tokelau）的玻里尼西亞人還有其他民族都相信這點。[82] 這是一種貴族的或者英雄的系統，只有那些特權的統治者或者入會者（「巫師」）才能獨享永生，在其他地方我們也有所發現。

　　這種死後的登月之旅在高度發達的文化（印度、希臘和伊朗）也有所保留，但是增加了一些新的內容。在印度人看來，登月是「祖道」（*pitryāna*），靈魂於月亮上靜候轉世，而太陽之道或「天道」（*devayāna*）則是入會者或是那些擺脫了無明的

81　克拉佩，第 116 頁。

82　泰勒（Tykor），《原始文化》（*Primitive Culture*），倫敦，1929，第 ii 卷，第 70 頁；克拉佩，第 117 頁。

虛幻之人走的道路。[83] 在伊朗傳統中，死者靈魂要經過分別之橋（Cinvat bridge）走向群星，如果他們是善人，就進入月亮和太陽，至善之人則進入加羅特曼（*garotman*），即阿胡拉·馬茲達的無量光明的世界。[84] 太陽的信仰在摩尼教中也有保留，[85] 並且在東方都存在這樣的信仰。畢達哥拉斯派透過推廣一種蒼天的觀念而賦予天空神學更進一步的動力：伊里西之地（Elysian field），亦即英雄和國王死後要去的地方就在月亮上面。[86]「福樂之島」以及所有關於死後的神祕地域都位於天空，涉及了月亮、太陽和銀河。當然，在這裡我們清楚地看到，充滿天文學思想與末世論智慧的用語和崇拜。然而即使後來有所發展也不難從中發現傳統的關鍵觀念：月亮是死者的地盤，是靈魂的接收者和再生者。

　　月界只是登天的階段之一，還有其他若干階段（太陽、銀河、「外層空間」）。靈魂在月亮上休憩，但是正如在《奧義書》傳統中那樣，只為靜候轉世，回轉到生命的地界。因此月亮就成了有機體形成的主要場所，但也是它們分解的場所：「一切有形的靈魂、一切降生的和被造的都要解體。」[87] 它的任務就是要「重新吸收」形式並且再創造這些形式。只有那些在月亮以

83　參見《廣林奧義書》，vi，2，16；《唱贊奧義書》，v，10，1，等等。

84　《宗教的意見》（*Dadistan-i-Dinik*），34：韋斯特（West），《缽羅婆文獻》（*Pahlavi Texts*）（見《東方聖書集》〔*Sacred Books of the East*〕系列），第 ii 卷，第 76 頁。

85　參見古芒（F. Cumont），《羅馬人喪葬象徵的研究》（*Recherches sur le symbolism funéraire des Romains*），巴黎，1942 年，第 179 頁，注解 3。

86　同上，第 184 頁，注解 4。

87　費米庫斯·瑪特努斯（Firmicus Maternus），《世俗宗教的迷誤》（*De Errore*），iv，i，1。譯按：瑪特努斯，四世紀基督宗教作家。

外的事物才不會變化：「月亮之上一切都是永恆的。」（*Supra lunam sunt aeterna omnia*）[88] 普魯塔克（Plutarch）相信人是由三種材料，身體（*soma*）、靈魂（*psyche*）和知性（*nous*）組成的，[89] 在他看來，這意味著義人的靈魂在月亮上得到淨化，他們的身體則被遣返大地，知性被送到太陽那裡。

靈魂和知性的二元性對應於死後走向月亮和太陽的兩條不同的道路，與《奧義書》傳統的「靈魂之道」和「神之道」頗多相似。靈魂之道就是月亮之道，因為「靈魂」沒有理性之光，換言之，因為人尚未認識終極的形而上學的實在：大梵。普魯塔克寫道，人有兩種死亡：第一種發生在大地上，在狄密特（Demeter）的領地，那時身體與靈魂、知性分開，然後回歸塵土（因此雅典人稱死亡為 *demetreioi*）；第二種死亡發生在月亮上，也就是波瑟芬妮的領地，靈魂和知性分開，回到月亮的物質中去。靈魂 psyche 停留在月亮上面，有時候還會繼續做夢和回憶。[90] 義人很快就被重新吸收，而有野心的、固執的或者過分喜歡自己身體的人的靈魂不斷被帶回大地，花去很長一段時間被重新吸收。知性則被引向接收他的太陽，太陽的實體對應於知性。誕生的過程正好與此相反：月亮從太陽那裡接受知性，在月亮上製造它，然後誕生一個全新的靈魂。[91] 地球再賦予他肉身。月亮從太陽那裡獲得豐產，它與知性、靈魂的再生，亦即人類人格的

88　西塞羅（Cicero），《論共和國》（*De Republ*），vi，17，17。

89　《論月面》（De Facie in Orbe Luna），第 942 頁以下；我使用的版本和評注是拉吉爾（P. Raingeard），巴黎，1935，第 43 頁以下，第 143 頁以下。

90　第 994 頁以下。

91　第 945 頁，c，以下。

首次整合之間的關係，以及這樣一種月亮的象徵體系，頗值得我們注意。

古芒認為人心（mind）有知性（*nous*）和靈魂（*pysche*）之分的概念起源於東方，而且本質上是閃米特人的。[92] 他提醒我們，猶太人相信人死之後有一種「植物的靈魂」（*nephesh*），在大地上繼續逗留一段時間，還有一種「屬靈的靈魂」（*ruah*）會立即離開肉體。他從當時羅馬十分流行的東方神學中為自己的理論找到了一種證明，這個神學講述了大氣層、太陽和月亮自天而降對靈魂施加影響。[93] 這種靈魂的二元性及其死後的命運，至少其胚胎形式，在最古老的希臘的傳統中就可以找到，這樣的假說我們也許可以拒絕。柏拉圖既主張心靈的二元性（《斐多篇》）又宣稱心靈可以分為三個部分。[94] 至於靈魂的末世論，知性（*nous*）和靈魂先後從月亮到太陽再回到月亮，在《蒂邁歐篇》並不能找到，也許確有某種閃米特的影響。[95] 但是我們此刻特別關注的是作為靈魂棲居地的月亮這個概念。在亞述人和巴比倫人、腓尼基人、赫梯人和安納托利亞人的雕刻以及後來在整個羅馬帝國的喪葬碑刻中，這個概念都有圖像學方面的表達。[96] 在歐洲各地，半月象徵著葬禮。[97] 這並不意味著它是在羅馬帝國時

174

92　《喪葬象徵》（*Symbolism funéraire*），第 20 頁以下。

93　〈迦勒底神諭〉（Oracles Chaldéens），前揭書，第 201 頁。

94　《理想國》（*Republ*），iv，434e-441c；x，611b-612a；《蒂邁歐篇》（*Timaus*），69c-72d。

95　亦可參見蓋伊·蘇雷（Guy Soury），《普魯塔克的魔鬼論》（*La Démonologie de Plutarque*），巴黎，1942，第 185 頁。

96　參見古芒，第 203 頁以下。

97　同上，第 213 頁以下。

代流行的羅馬宗教和東方宗教而形成的。因為例如在高盧，早在同羅馬人有任何接觸之前，月亮就早已是當地的葬禮象徵了。[98]這種「流行」只是以一種新的語言敘述一種比人文歷史還要古老的傳統，從而使原始人的概念變得符合時代而已。

55・月亮和入會禮

然而死亡並不是終了——因為月亮之死就不是終了。「月亮死而復生，因此我們必死，也將復活」，加利福尼亞的胡安・卡皮斯特拉努的印第安人（Juan Capistrano Indians）在新月出現之際舉行的慶典中便如此宣告。[99]大量神話描繪了月亮以動物（鹿、狗、蜥蜴等等）為仲介傳達給人的一條「訊息」，許諾「因為我死而復生，所以你們也會死而復生」。或者出於無知，或者出於惡意，這個「信使」帶來的消息正好相反，他宣稱和月亮不同，人一旦死去就再不能復生。這個神話在非洲相當普遍，[100]但是在斐濟、澳大利亞、日本北海道以及在其他地方都可以找到。[101]這便證明了人固有一死的事實以及入會禮之存在的合理性。甚至在基督宗教的護教論框架裡，月亮的月相也為我們

98 同上，第 217 頁。

99 弗雷澤，《不死的信仰和對死亡的崇拜》（*The Belief in Immortality and the Worship of the Dead*），倫敦，1913 年，第 i 卷，第 68 頁。

100 參見弗雷澤，《信仰》，第 i 卷，第 65 頁以下；《舊約中的民間故事》，倫敦，第 I 卷，第 52-65 頁；阿伯拉罕姆森（H. Abrahamsson），《死亡的起源》（*The Origion of Death*），烏普薩拉，1951。

101 弗雷澤，《信仰》，第 66 頁以下。

的復活提供了一個很好的範例。奧古斯丁寫道：「月亮每月誕生、成長、完成、死亡、消耗、再造。月亮每月發生的事情在復活的時候都會發生。」[102] 因此，很容易理解月亮在入會禮中的作用，這些入會禮顯然包含經歷一種儀式性的死亡，然後便是「再生」，參加入會禮的人據此就可以取得作為「新人」的真正人格。

　　在澳大利亞土著的入會禮中，「死者」（亦即新入會者）從墳墓中起來，就像一輪新月從黑暗中升起。[103] 在東北西伯利亞的科里雅克人、吉里亞克（Gilyak）人、特林吉特人、通加斯人（Tongas）和海達斯人（Haidas）那裡，一頭熊——一頭「月亮動物」，因為它季節性地出現和消失——出現在入會慶典中，就像熊在舊石器時代的儀式中所扮演的角色一樣。[104] 北加利福尼亞的波摩印第安人（Pomo Indians）要用一頭灰熊為那些等候入會的人舉行入會禮，牠「殺死」他們，用熊爪在背上「掏一個洞」。他們脫掉衣服，穿上新衣，然後在森林裡面住上四天，向他們揭示儀式的祕密。[105] 正如戈斯（Gahs）在一部未刊專著中所證明的那樣，即使在儀式上沒有月亮動物出現，也沒有提到月亮的消失和再現，我們也必須將各種不同的入會慶典同整個南亞和太平洋地區的月亮神話聯繫起來。[106]

---

102 Sermo，*CCCLXI*, De Resurr; *PL*, xxxix, col.1605；參見古芒，第 211 頁，注解 6。

103 施密特，《至上神》，第 iii 卷，第 757 頁以下。

104 參見亨慈在《神話》中的討論，第 16 頁以下。

105 施密特，第 ii 卷，第 235 頁。

106 克洛佩（Koppers）在〈馬祭和馬崇拜〉（Pferdeopfer und Pferdekult）第 314-317 頁有一段改寫。

176　　　在某些薩滿的入會禮中，入會者被「分成幾塊」，[107] 就像月亮分成幾部分一樣（許多神話都講述了月亮被神、太陽等打碎或者碾成粉末的故事）。[108] 我們在歐西里斯的入會禮中也發現了同樣的原型。根據普魯塔克記載的傳說，[109] 歐西里斯在位二十八年，在第十七個月的月虧時分被殺。趁著月光到處搜尋的塞特（Set），發現伊西斯藏匿他的棺材。塞特把歐西里斯的身體切割成十四片，分散丟在埃及全境。[110] 死神的儀式符號就是做成新月的形狀。在死亡和入會禮之間顯然有明顯的相似。普魯塔克告訴我們，「這就是為什麼希臘文的死亡和入會是那樣相似」。[111] 如果說神祕的入會禮通過一種儀式性的死亡來完成，那麼死亡就可以被視為一種入會禮。普魯塔克把那些抵達月亮之上的靈魂稱為「勝利者」，他們頭上都戴著和入會者、勝利者一樣的王冠。[112]

56・作為「變化」之象徵體系的月亮

　　「變化」（becoming）是萬物中的月亮規則。當然，不管它被理解為一幕戲劇的出演（月亮的誕生、圓滿和消失）或者

---

107 伊利亞德，《薩滿教和古代狂喜術》（*Le Chamanisme et les techniques de l'extase*），巴黎，1951，第 47 頁以下。

108 參見克拉佩，第 111 頁以下。

109 參見《論伊西斯和歐西里斯》。

110 《論伊西斯和歐西里斯》，18。

111 《論月面》，第 943 頁 b。

112 同上，第 943 頁 d。

被賦有「分割」或「清點」的意義，還是被直觀地認為編織命
運之圈套的「麻繩」，都有賴於每個部落製作神話和創造理論
的能力，以及它們的文化水準。但是用來表達這種「變化」的
用語卻只有表面上的差異。月亮「分割」、「紡織」和「度
量」，或者餵養、結出果實以及祝福，或者接收死者、入會者、
潔淨者的靈魂——因為它是有生命的，所以永遠處在一種有節
律的變化狀態。這種節律總是進入月亮的儀式。有時慶典重新
規定全部月相，例如印度的怛特羅派所採用的供養（*pūjā*）便是
如此。有一份怛特羅派文獻說，必須認為女神特里普拉松達麗
（Tripurasundari）真的是**在**月亮上。[113] 另外一份怛特羅派作者巴
斯卡拉羅闍（Bhaskara Rājā）明確表示對女神的供養必須從新月
的第一天開始，連續整個有月光的十五天；這個儀式要有十六位
婆羅門參與，每個婆羅門代表女神的一個方面（即分別代表月亮
的一個月相，即一個太陰天〔*tithi*〕）。圖齊（Tucci）非常正確
地指出，婆羅門的在場不過是一種新近的創新，原始的供養儀式
是由其他人來代表月亮女神的「變化」的。[114] 實際上，在《風神
咒》（*Rudrayamālā*）這篇確定無疑的權威之作中我們發現了關
於傳統的儀式 *kumari-pūjā* 或者「貞女供養」。這個供養儀式從
新月開始，持續十五天。但是必須要有十六名貞女取代婆羅門，
代表月亮的十六個太陰天。這種供養儀式按照年齡長幼排序，
十六名貞女的年齡必須從一歲到十六歲。每一個夜晚的供養代表

177

113 *Lalitasahasranāma*，v，255。

114 〈印度月亮崇拜的遺跡〉（Tracce di culto lunare in Undis），載於 *RSO*，1929-
　　1930，第 12 卷，第 424 頁。

月亮的一個太陰天。[115]一般而言，怛特羅儀式特別倚重婦女和女神。[116]在這個例子中，月亮的形式和婦女之間的對應性得到完美的體現。

月亮「度量」和「區分」，在原始分類和詞源學裡面也能夠得到證明。同樣在印度，《廣林奧義書》說「生主就是年歲。分為十六部分；夜晚占十五部分，第十六部分是固定的。它藉著夜晚才有生長和收縮」等等。[117]《唱贊奧義書》則告訴我們，人是由十六部分組成，和食物同時生長。[118]印度的八分法十分豐富：八（*mālā*）、八（*Mūrti*）等等；十六時（*kāla*）、十六種能量（*śakti*）、十六母（*mātrikā*）等等；三十二種入會禮等等；六十四種瑜伽行者、六十四種設施（*upacāra*）等等。在吠陀和梵書時代，數位四開始流行。「邏各斯」（*vāc*）就是由四個部分組成，[119]補盧沙（「人」，「原人」）也是如此。

在以後的哲學思想中，月相產生了最為複雜的聯繫。斯塔肯（Stucken）專門寫了一本書，研究阿拉伯人所設想的字母與月相的關係。[120]赫梅爾（Hommel）證明有十個或者十一個希伯來書寫符號表示月相（例如 *aleph*，意思是「公牛」，象徵月亮的第一個星期，也是黃道十二宮月宿起始符號的名字，等等）。[121]

---

115 圖齊（Tucci），第 425 頁。

116 參見伊利亞德，《瑜伽：不朽和自由》（*Le Yoga: Immortalité et liberté*），巴黎，1957，第 256 頁以下。

117 i，5，14。

118 vi，7，1 以下。

119 《梨俱吠陀》（*RV*），i，164，45。

120 《論字母和月相關係的起源》（*Der Ursprung des Alphabets und die Mondstationen*），萊比錫，1913。

121 《古代東方歷史及地理概論》（*Grundriss der Geographie und Geschichte des*

巴比倫人認為，在圖像符號和月相之間也存在聯繫，[122] 而希臘人 [123] 和斯堪地納維亞人也是如此（二十四個魯尼字母分成三種類型或者 *aettir*，每一類型包含八個魯尼字母）。[124] 最完整清晰地將字母（作為聲音而不是文字收集起來）等同於月相，見於戴奧尼索斯·色雷斯（Dionysius Thrax）的一條注疏，其中元音對應於滿月，硬輔音對應於半月（上、下弦月），而軟輔音則對應於新月。[125]

57·宇宙－生物學和神話生理學

　　這些等同並不僅僅起到分類的作用。它們試圖將人類和宇宙充分整合在同一個神聖的宇宙節律中，從而造成了這樣的結果。它們的意義主要是巫術的和救贖性的；通過獲取潛藏在「字母」和「聲音」後面的力量，人類將自己置於各種宇宙能量的中心位置，由此達到自我和萬物的和諧一致。「字母」和「聲音」進行想像的工作，使得想像有可能通過沉思和巫術從一個宇宙的層次進入另外一個宇宙層次。在此僅舉若干例子：在印度，一個人繪

179

　　　　alten Orient），慕尼黑，1904，第 i 卷，第 99 頁。

122 溫克勒（Winkler），《巴比倫的精神文化》（*Die Babylonische Geisteskultur*），第 2 版，1919，第 117 頁。

123 舒爾茨，〈紀年和世界秩序〉（Zeitrechnung und Weltordnung），*MB*，萊比錫，1924。

124 舒爾茨文各處；參見阿恩茨（Arntz），《魯尼文手冊》（*Handbuch der Runenkunde*），海牙，1924。

125 多恩塞夫（Dornseif），《神祕主義與巫術中的字母》，萊比錫，1925，第 34 頁。

製神像時首先必須靜修，其中按照下列步驟訓練是尤其不可少的（月亮、神祕的生理學、書寫符號和聲音的意義都構成了一個十分微妙的範型）：「心中想像月球從原初的聲音發展而來（*prathama-svara-parinatam*，亦即從字母「A」進化而來），他要從中看見一朵美麗的藍色蓮花，在蓮花的花絲裡面看見月亮潔淨無瑕的球體，那球體上看見黃顏色的種子－音節 *Tam*……」[126]

顯然，人要同宇宙相整合，只有使自己與兩種天體的節律協調一致，在他有生命的肉身裡將太陽和月亮「統一」起來才有可能。通過這種神祕生理學技術，兩種神聖的、自然的能量獲得了「統一」，其目的就是為了將它們整合成為原初的不二的統一性，如同當時宇宙創造的行為將這種統一性予以破壞一樣。這種「統一」實現了宇宙的超越。一份怛特羅文獻[127]提到一種神祕生理學訓練，其目的就是為了把「元音和輔音變為項鍊，把太陽月亮變為戒指」。[128] 怛特羅派同哈塔瑜伽派將在太陽、月亮與各種「神祕」中心或動脈、神靈、血液和精液等等之間極其複雜的相似性發展到了極高的層次。[129] 這些相似性的關鍵首先就是要將人同宇宙的節律和能量整合起來，然後再將這些節律統一起來，將這些中心融合為一體，最後便是向超越境界的飛躍。這種境界只有在一切「形式」完全消失，原初的統一得以確立時才有可能達到。當然，像這樣一種技術肯定是經過一個漫長的神祕傳統精心

---

126 *Kimcit-Vistara-Tārā-Sādhana*，*Sadhaamālā* 第 98；參見伊利亞德，〈宇宙的同構和瑜伽〉（Cosmical Homology and Yoga），第 199 頁。

127 Carya 11，Krsnapada。

128 伊利亞德，第 200 頁。

129 參見《瑜伽：不朽和自由》，第 257 頁以下；〈宇宙的同構〉，第 201 頁。

打造的產物，但是我們經常可以在原始民族[130]和地中海文化的綜合主義時代的宗教中找到一息尚存的基本結構（月亮影響左眼而太陽影響右眼；[131]墓碑上鐫刻月亮以及太陽的符號象徵永生，[132]等等）。

　　月亮以其存在模式而將無數的實體和命運「捆綁」在一起。月亮的節律將和諧、對稱、相似，以及分享編織成一塊無邊的「布」、一張看不見線團組成的「網」，同時也把人類、雨、植物、豐產、健康、動物、死亡、再生、死後生命，以及其他更多事物「捆綁」在一起。這就是為什麼我們可以看到，在許多傳說中月亮都被人格化為神靈，或者藉由某個月亮動物而去「織造」宇宙的帷幕或者人類的命運。正是月亮女神發明了紡織業（埃及神涅特〔Neith〕便是如此），或者她以其善於織布而聞名（雅典娜懲罰阿拉克涅〔Arachne〕，把她變成蜘蛛，因為她膽敢和雅典娜比賽織布的技藝），[133]或者她織造一件和宇宙一樣大小的袍子（就像普羅塞耳皮娜和哈耳摩尼亞那樣），[134]等等。在中世紀的歐洲，人們相信霍爾達（Holda）是織工的保護者，而我們透過這個人物則看到了豐產之神和死亡之神所具有的冥界和月亮

180

---

130 參見〈宇宙的同構〉，第 194 頁，n.2。

131 古芒，《埃及天文學》（*L'Egypte des astrologues*），布魯塞爾，1937，第 173 頁。

132 古芒，《喪葬象徵》，第 94、208 頁。

133 奧維德（Ovid），《變形記》（*Metamorphoses*），vi，1 以下。

134 參見諾努斯（Nonnus），《狄奧尼西亞卡》（*Dionysiaca*），xli，294 以下；克勞狄安（Claudian），《普羅塞耳皮娜的劫掠》，i，246 以下；克拉佩，《日耳曼神話和民間故事研究》（*Etudes de mythologie et de folklore germaniques*），巴黎，1928，第 74 頁。

特性。[135]

在這裡，我們顯然遇到了非常複雜的形式，其中形成了不同宗教結構的神話、慶典和象徵，它們並不總是直接來自對於作為宇宙節律的衡量者以及生命和死亡支持者的月亮的直觀。另一方面，我們在其中發現了月亮和地母的綜合以及其中所包含的意義（善惡、死亡、豐產和命運之間的搖擺不定）。同樣，諸位也不能把每一個對宇宙之「網」的神話直觀僅僅侷限於月亮。例如在印度思想中，宇宙是由風[136]「紡織」而成的，就像人的生命是由呼吸（*prāna*）「紡織」而成的那樣。和五種風既區分宇宙然而又保持其統一性相對應，五種呼吸（*prānas*）把人類生命「紡織」成為一個整體（早在吠陀時代的作品中就可以發現呼吸等同於風）。[137] 我們從這些傳統中可以得到關於——不管是宇宙的還是小宇宙的——生命整體性的原始概念，在這個整體性中，不同的部分通過呼吸力量（風或者呼吸）「紡織」在一起。

58·月亮和命運

然而，月亮因為是一切生命的女主人和死者的可靠引導者，所以已經「編織」好了各種命運。在神話中她被想像成一隻大蜘

---

135 參見克拉佩，〈霍爾達女神〉（La déesse Holda），載於《研究》（*Etudes*），第 101 頁以下；柳曼（Liugman），〈傳統的漫遊：幼發拉底河－萊茵河〉（Tranditionswanderungen: Euphrat-Rhein），赫爾辛基，1938，FFC，第 119號，第 656 頁以下。

136 《廣林奧義書》，第 iii 卷，7，2。

137 參見《阿闥婆吠陀》（*AV*），xi，4，15。

蛛絕非毫無道理——你會發現許多民族都使用了這個形象。[138] 因為編織並不只是（在人類學上）預先確定，以及（在宇宙學上）參與不同的實在，而且是去**創造**，使用自身的物質去製作某種東西，就像蜘蛛用絲編織出蛛網一樣。月亮是一切生命形式的不知疲憊的創造者。但是，就像每一種編織物一樣，由此而創造的生物具有一個固定的範型：它們有一種命運。編織命運的摩伊賴（Moirai）就是月亮上的神靈。荷馬稱她們為「織工」，[139] 甚至其中一位就被稱為克洛托（Clotho），意思是「織工」。她們一開始也許就是誕生之神，但是後來的思想發展把她們的地位提升為命運的人格化。不過人們決不會遺忘她們的月亮性質。波菲利（Porphyry）說摩伊賴依靠月亮的力量，而有一份奧菲斯教文獻則把她們視為月亮的一部分（*ta mere*）。[140] 古日耳曼語言裡有一個表示命運的字（古高地德語 *wurt*，古斯堪地納維亞語 *urdhr*，盎格魯－撒克遜語 *wyrd*），來源於印歐語動詞 *ueirt*，「轉變」，而它發展為古高地德語 *wirt*，*wirtel*，「紡錘」、「紡紗杆」，以及荷蘭語 *worwelen*，「轉變」。[141]

毋庸贅言，在那些大母神已經吸收月亮、大地和植物的力量的文化裡，用來紡織人類命運的紡錘和紡紗杆就變成了她們許多屬性之外額外增加的兩個屬性。這在特洛伊發現的西元前 2000 至前 1500 年的隨身攜帶紡錘的女神那裡也是同樣的情況。[142] 這

182

---

138 參見布里夫，第 ii 卷，第 624 頁以下。

139 《奧德賽》（*Odyssey*），vi，197。

140 克拉佩，《神話的起源》，第 122 頁。

141 參見克拉佩，第 103 頁。

142 伊利亞德，《重返社會的神話》（*Mitul reintegrarii*），布加勒斯特，1942，第 33 頁。

種人物圖像在東方可謂屢見不鮮：我們在伊施塔爾、赫梯人的大母神、敘利亞女神阿塔爾嘉提（Atargatis）、原始的賽普路斯女神、以弗所的女神手中都發現紡錘。[143] 命運，生命之線是一段長短不一的**時間**。大母神因此變成了時間的女主人，變成了按照自己的意志創造命運的女主人。在梵文中，時間就是伽羅（kāla），這個字和大母神時母（Kālī）非常接近（事實上，已經有人提到這兩個字的聯繫）。[144] 伽羅的意思是黑色的，黑暗的、汙穢的。時間之所以是黑色的是因為它是非理性的、冷酷無情的、毫不仁慈的。那些生活在時間統治之下的人必然要忍受各種痛苦，要獲得解放主要就是消滅時間，逃脫變化的規律。[145] 印度傳統認為人類現在處在時母宇迦（Kālīyuga），也就是「黑暗時代」。這是一個極度混亂、靈魂墮落的時代，處在一個宇宙循環即將終結的最後階段。

59 · 月亮的形而上學

我們必須嘗試就所有這些月亮的聖顯作一個概括性的描述。它們究竟揭示了一些什麼呢？它們如何協調一致，相互補充，又如何能夠形成一個「理論」——即表達一系列足以構成一個體系

---

143 參見皮卡德（Picard），《以弗所和克拉洛斯》，巴黎，1922，第497頁。

144 參見普茲拉斯基（J. Przyluski），〈從大女神到時間〉（From the Great Goddess to Kala），*IHQ*，1938，第67頁以下。

145 參見伊利亞德，〈印度思想中的自由概念〉（La Concezione della libertà nel pensierp indiano），載於 *ASA*，1938，第345-54頁。

的「真理」呢？我們提到的月亮聖顯可以組成以下若干主題：
（1）豐產（水、植物、婦女；神話的「祖先」）；（2）週期性
再生（蛇和一切月亮動物的象徵體系）、從月亮造成的大洪水中
倖存下來的「新人」、入會儀式中死亡和再生等等；（3）時間
和命運（月亮「度量」和「編織」命運，把不同的宇宙層面和不
同的實體「捆綁」在一起）；（4）變化，其特徵為光明與黑暗
的對立（滿月－新月、「上界」和「下界」、互相敵對的兄弟、
善與惡），或者實有和非有、虛擬和實存的平衡（潛藏事物的象
徵體系：灰暗的夜晚、黑暗、死亡、種子和幼蟲）。在所有這些
主題中佔據主導地位的，是透過一系列對立物而實現的**節律**的，
以及透過一系列對立的模態而實現的「變化」（實有和非有、形
式和隱藏的本質、生命和死亡等等）的觀念。毋庸贅言，若無戲
劇性或痛苦（*pathos*）的事件，這樣一種變化是不會發生的；月
亮底下的世界不僅是一個變化的世界，而且是一個痛苦的和「歷
史」的世界。這個世界中所發生的事情無一可以成為「永恆」，
因為其規律就是變化的規律，並且沒有一種變化是最終的；每一
種變化只不過是一個周而復始的範型的一部分而已。

　　月相給予我們的，即使不是各種二元論的歷史起源，至少
也是它們的神話和象徵的表現。「下界、黑暗世界，以下弦月
為象徵（牛角＝新月，雙螺旋符號＝背靠背的兩個新月，雙螺
旋的頂部固定在一起＝月亮的變化、一個衰老的、骨瘦嶙峋的
老人）。上界，生命世界和逐漸光明的世界以老虎（黑暗的、
月亮的怪物）為象徵，這隻老虎讓人類——以一個小孩子來表
現——避開它的爪子（這個孩子就是部落祖先，他和新月亦即

183

『回歸的光明』相類似）。」[146] 這些形象來自原始社會的中國文化區，但是光明和黑暗的象徵在這裡相互補充，烏鴉——黑暗的象徵，可以在野雉——光明的象徵旁邊找到。[147] 蟬同時與黑暗的神靈和光明的神靈相關聯。[148] 在每一個宇宙層面上，一個「黑暗時代」之後總有一個「光明」、純潔的、再生的時代相續。從黑暗中出現的象徵體系在入會禮和死亡的神話中、在植物的生命中（「新的植物」〔新入會者〕從埋葬的種子、從「黑暗」中復活）、在「歷史」循環的整個概念中都可以找到。「黑暗時代」（*Kālīyuga*）經過一場宇宙大劫滅（*mahāpralaya*）之後就會出現一個全新的、再生的時代。同樣的觀念在所有論述宇宙的歷史循環的傳說中都可以找到，雖然這個觀念未見得是隨月相的發現而最早進入人們的思想，但是月相的節律無疑使得這個觀念得到最充分的表現。

正是在這個意義上我們能夠討論陰暗時代、大規模衰落和解體時代的積極意義，它們獲得了一種超歷史的意義，雖然事實上正是在這些時代，「歷史」得到徹底實現，因為那個時候事物的平衡險象環生、人類的狀況變幻莫測，新的發展由於法律和一切舊有框架的解體而受到鼓舞。這樣的黑暗時代是一種黑暗，一種普遍的夜晚。正如死亡本身代表著一種積極的意義，這些時代也是如此；同樣的象徵體系就像黑暗中的幼蟲、冬眠或者在泥土裡面發芽的種子一樣，使一種新的形式可以出現。

---

146 亨慈，《禮器》，第 55 頁。

147 亨慈，《中國古代青銅器》（*Frühchinesische Bronzen*），安特衛普，1938，第 59 頁。

148 同上，第 66-67 頁。

　　可以說，月亮揭示了人類的真實狀況。在某種意義上人類透過月亮生命看到自己，發現自己的生命更始。這就是為什麼月亮的象徵體系和神話有著一種痛苦（pathos）同時也是安慰的因素，因為月亮掌管死亡也掌管豐產，掌管戲劇性事件也掌管入會禮。雖然月亮的模態主要偏向於變化、節律，但同時也有週期性的回歸。這種存在的範型既令人苦惱，也給人安慰——因為，雖然生命的表現總是如此脆弱，以至於可以在突然之間消失得無影無蹤，但是它們又可以在月亮支配的「永恆的回歸」中得以復原。這便是塵世的全部規律。不過，這個既使人痛苦又仁慈畢現的規律是可以消除的，而且在某些情況下人們可以「超越」這個週期性的變化而達到一種絕對的存在模態。正如我們所看到的（第 57 節），在某些怛特羅的技術中，人們嘗試「統一」月亮和太陽，超越事物之間的對立、重新整合到原初的統一狀態。這個重新整合的神話幾乎在各地宗教的歷史上能夠找到難以計數的變化類型——而且基本上都表達了人們渴望消除二元論、無窮的回歸以及破碎的存在。它存在於最原始的階段，表明人類自從第一次認識到它在宇宙中的地位的時候，就一直熱望並且試圖具體地（亦即通過宗教和巫術）達到對於（如此清楚地通過月亮準確地「反映出來」）自身狀態的超越。我們在別處還將討論具有這種特性的神話，但是之所以在這裡提到，是因為它們標誌著人類首次試圖超越其「月亮般的存在方式」。

185

V

水和水的象徵體系

60・水和事物的種子

概而言之，水象徵著全部潛在性。它是根源，是萬物可能存在的源泉。「水，萬物之源、一切存在之源！」一份概括吠陀傳統的印度文獻如是寫道。[1] 諸水是整個世界的基礎，[2] 是植物生命的精華，[3] 是長生不老藥，[4] 就像甘露（amṛta）一樣。[5] 它們確保長壽和創造力，它們是一切疾病治療的原則，等等。[6]「願諸水帶給我們幸福！」吠陀時代的祭司通常都是如此祈禱。[7]「誠乎，諸水為醫；驅趕、治癒一切疾患！」[8]

作為一切無形和潛在的事物的原則、每一種宇宙現象的基礎、一切種子的容器，水象徵著第一實體。各種形式起源於它，也要以衰退或劫難的方式回歸到它那裡。它自太初就存在，到每一個宇宙的或者歷史循環的終點它又要回來；它永遠存在，但是並不獨自存在，因為水總是流動的，在它們不間斷的合一性中蘊含各種潛在的形式。在宇宙起源神話中，在神話、儀式以及圖像中，在我們所發現的各種文化類型中，水都充當著相同的文化範型；它**先於**一切形式，**支持**一切創造。沒入水中象徵回到原初形式、整體復活、新的誕生，因為潛入水中便意味著形式的解體，

1　Bhavi yottarapurāṇa，31，14。

2　《百道梵書》（Śatapatha Brāhmaṇam），vi，8，2，2；xii，5，2，14。

3　同上，iii，6，1，7。

4　同上，iv，4，3，15，等等。

5　同上，i，9，3，7；xi，5，4，5。

6　《梨俱吠陀》（RV），i，23，19以下；x，19，1以下等等。

7　《阿闥婆吠陀》（AV），ii，3，6。

8　同上，vi，91，3。

重歸前存在的無形無相，而從水中出現則是重複創造的行為，從
而使形式得以表現。每一次與水的接觸都意味著再生：首先，解
體後便是一種「新生」；其次沒入水中就是豐產。它增加生命和
創造的潛能。在入會儀式裡，水賦予一種「新生」，在巫術儀式
裡它能治病，在葬禮上它確保死後的再生。因其自身結合了各種
潛在性，水就變成了一種生命的象徵（「活水」）。種子多水，
令大地、動物和婦女得以豐產。水本身就蘊含有各種可能性，極
富流動性，供養萬物，故堪比月亮，甚至直接等同於月亮。潮汐
和月亮的盈虧正好相符，它們掌管著各種週期性出現和消失的形
式，把一種周而復始的形式賦予萬物的各種形式的發展。

於是，自史前時代以來，水、月亮和婦女就被視為構成人
和宇宙豐產的軌跡。在新石器時代（被稱作瓦爾特寧堡－波爾
堡文明〔Walternierburg-Bernburg civilization〕）的陶罐上用波紋
∨∨∨∨∨表現水，這也是表示流水的最古老的埃及象形文
字。[9] 即使在舊石器時代，螺旋也是水和月亮豐產的象徵；當螺
旋刻在女性偶像上面的時候，它將各種生命和豐產的中心統一
起來了。[10] 在美洲印第安人的神話裡，表示水的象形文字——一
個盛滿天上雲彩中落下水滴的瓶子——總是和月亮的形象聯繫起
來。[11] 螺旋、蝸牛（月亮的象徵）、婦女、水、魚，本質上都屬
於相同豐產象徵體系，只是運用於大自然的不層面而已。

9　孔恩（Kuhn）為亨慈所著《月亮的神話和象徵》（*Mythes et symbols lunaires*）
　　所作的跋，第 244 頁。

10　孔恩，第 248 頁。

11　參見薩哈岡（Sahagun）在《努泰爾文獻總集》（Codex Nuttal）等中的複製品，
　　載於列奧·維納（Leo Wiener）的《瑪雅人和墨西哥人的起源》（*Mayan and
　　Mexican Origins*），劍橋，1926，第 49 頁以下，第 84 頁以下。

　　總之，將人類心靈中產生的一種統一體、一個宇宙打碎或化約成為並無關聯的元素，總是危險重重的。同樣的象徵可以表示或喚起一系列完整的現實，只有世俗的經驗才會將其視為分離的、自主的。賦予原始語言的符號或者文字許多不同的象徵意義，不斷地向我們顯示，在那些設想出這種符號或者文字的心靈看來，世界是以整體的形式呈現出來的。在蘇美人中，*a* 的意思是「水」，但是也有「精液、懷孕、誕生」的意思。例如在美索不達米亞雕刻中，魚和水的象徵都是豐產的符號。甚至在今天的原始民族中——並不總是在日常經驗，而是經常在神話中——水等同於精液。在瓦庫塔（Wakuta）島上，有一個神話描寫一個女孩因為讓雨落在身上而失去貞操；特羅布里恩德島（Trobriand Islands）上最重要的神話講述了英雄圖達瓦（Tudava）的母親布魯圖克瓦（Bolutukwa）怎樣讓一些鐘乳石上的水滴落在身上而失去貞操。[12] 西墨西哥的皮馬族（Pima）印第安人也有一個相似的神話，一滴從雲彩中滴下來的水讓一個美麗的婦女（地母）懷孕。[13]

190

12　馬諾夫斯基（B. Malinowski），《西北美拉尼西亞的野蠻人的性生活》（*The Sexual Life of Savages in North-Western Melanesia*），倫敦，1935，第 155 頁。

13　羅素（Ressell），〈皮馬印地安人〉，載於《人種學的部門的年度報告》（*Annual Report of the Bureau of Ethnology*），XXVI，1903-1905（華盛頓，1928），第 ii 卷，第 24 頁。

61 · 宇宙起源於水

　　雖然在時間和空間上各不相同，但這些事物仍然形成了一個宇宙整體。在存在的每一個層面上，水都是生命和生長的源泉。無數版本的印度神話都有一個那羅衍那（Narāyaṇa）漂浮在原初的水面上，宇宙樹從他的肚臍裡生長出來的主題。在往世書時代的傳說裡，樹被蓮花取代，從蓮花的中心誕生出梵（*abjaja*，「由蓮花生的」）。[14] 其他諸神也就一個接一個地出現了——伐樓那、生主、補盧沙或者梵天（自存）、那羅衍那或毗濕奴。他們代表著同一個宇宙起源神話的不同版本——但是水存在於所有這些神話裡面。後來，宇宙起源於水，成為圖像和裝飾藝術的共同主題：植物或者樹從一個夜叉（多產生命的人格化）的肚臍或者嘴、從海怪摩羯（*makara*）的喉嚨、從一隻蝸牛或者一隻「流水瓶」中誕生——但是完全不是從代表大地的任何象徵中誕生。[15] 因為正如我們所見，水先於一切創造、一切牢牢確立起來的每一種宇宙現象，並且護持它們。

　　那羅衍那自由而快樂地漂流在水面上，這水象徵著靜止和無形的狀態，象徵著宇宙之夜。甚至那羅衍那也在沉睡。從他的肚臍亦即從「中心」（參見第 145 節）誕生了最早的宇宙形式：蓮花、樹，象徵賜予生命但是還沒有覺醒的元氣、還沒有獲得意識的生命。所有創造物都是從同一個源泉誕生而且也得到它的護持。在其他版本裡，毗濕奴在其第三次轉生（一頭巨大的野豬）

191

14　參見庫馬拉斯瓦米（Coomarswamy），《夜叉》（yak a），華盛頓，1928，第 ii 卷，第 24 頁的注釋。

15　庫馬拉斯瓦米，第 13 頁。

時，來到原初之水的深處，自深淵裡面取來泥土。[16] 這個海洋神話的結構和形式也保留在歐洲的民間故事中（參見本章參考書目）。

　　巴比倫的創世故事也講述了一個充滿水的混沌的原初海洋阿卜蘇（*apsu*）和提阿馬特（*tiamat*）的故事。前者是以大地漂浮其上的人格化的活水海洋，而後者則是海怪居住的鹹澀海洋。《巴比倫史詩》（*Enuma Elish*），創造之詩是這樣開始的：

> 當天空還沒有名字，
>
> 大地也無以名之的時候，
>
> 原初的阿卜蘇，也就是誕生了天地
>
> 穆姆（Mummu），以及天地萬物之母的提阿馬特，
>
> 將它們的水混合在一起……[17]

　　在古人和「原始人」的創世信仰中可以找到無數版本的關於原初之水誕生一切世界的傳說。我建議讀者參考達恩哈特的《自然傳奇》（*Natursagen*），[18] 還可進一步參考史迪斯·湯普森（Sitith Tompson）《民間文學主題索引》（*Motif-Index of Folk Literature*）。[19]

16　《泰迪黎耶梵書》（*Taittiriya Brāhamaṇa*），i，1，3，5；《百道梵書》，i，2，11；參見《羅摩衍那·阿逾陀篇》，CX，4；《摩訶婆羅多·森林篇》，cxlii，28-62，cclxxii，49-55；《薄伽梵往世書》，iii，13，等等。

17　i，1-15。

18　i，第1-89頁。

19　第1卷，第121頁以下。

62 · 作為全宇宙母親的水

　　既然水是萬物之源，蘊含一切潛能，一切種子都在水中
孕育，那就不難看到為什麼會有神話和傳奇將人類或其中一
部分視為起源於水。爪哇南海岸有關於「兒童之海」（*segara
anakkan*）的傳說。巴西的卡拉加印第安人（Karaja Indians）還
記得一個神話時代，那時「他們仍生活在水裡面」。胡安・德・
托爾克馬達（Juan de Torquemada）在描繪墨西哥的新生兒洗禮
性的洗濯時，記錄了將孩子奉獻給被視為其真正母親的女神查基
惠特里庫・查基特拉托納（Chachihuitlycue Chachiuhtlatonac）時
的若干用語。

　　在將孩子浸沒到水中之前，他們說：「喝這水吧，因為（諸
水之）女神查基惠特里庫・查基特拉托納是你們的母親。願這
場沐浴洗淨你從父母那裡帶來的罪和汙穢……」然後用水點嬰孩
的口、胸和頭，然後他們又說：「接受吧，孩子，你的母親，
查基惠特里庫，諸水之女神。」[20] 古代的卡勒里安（Karelians）
人、摩爾達維亞人、愛沙尼亞人、車列米西人以及其他芬－烏民
族相信一位水－母親，婦女們都向她祈求生子。[21] 斯特里・韃靼
人（Sterile Tatar）的女子總是跪在池塘邊祈禱。[22] 水的創造力量
主要積聚在水底的淤泥（*limus*）裡。非婚生子被比作生長在池

192

20　尼貝戈（Nyberg），《孩子和大地》（*Kind und Erde*），赫爾辛基，1931，第
　　113 頁以下。

21　霍姆貝格－哈爾瓦（Holmberg-Harva），《芬－烏民族的水神》（*Die
　　Wassergottheiten der finnisch-ugrischen Volker*），赫爾辛基，1913，第 120、
　　126、138 頁等等，

22　尼貝戈，第 59 頁。

塘裡面的植物，被擠壓到淤泥，即生命的不竭源泉裡面。他們因此在儀式上同所生的不潔生命重新結合在一起，就像生長在沼澤地裡面的野草和燈芯草一樣。塔西佗（Tacitus）在談到日耳曼人時說：「怯敵者、厭戰者和犯極醜惡之穢行者，則用樹枝編成的囚籠套住而投入沼澤的泥淖中。」[23] 水滋養生命、雨促成多產，就像精液一樣。在創造世界的情色象徵體系中，天空以雨擁抱大地並且使之豐產。同樣的象徵體系可謂俯拾即是。德語充滿了孩兒井、孩兒塘、送子泉（*Kinderbrunnen*、*Kinderteichen*、*Bubenquellen*）等詞。[24] 牛津郡的孩兒井是一眼被認為可以使不育的婦女懷上孩子的井。[25] 許多類似的信仰已經和「地母」的概念以及泉水的情色象徵體系混合在一起了。但是在這些信仰的背後，事實上在所有關於人類從大地、植物和石頭中誕生的神話背後，我們找到了同樣的基本的觀念：生命，亦即**實在**，在某處濃縮為一種宇宙物質，所有的生命形式皆由其開始，或直接從它那裡傳下來，或者通過象徵性的參與。水中的動物，尤其是魚（也是一種充當情色象徵）以及海怪因為代表濃縮在水中的**絕對實在**而成為神聖的符號。

193

23　《日耳曼尼亞志》（*Germania*）12。

24　迪特里希（Dieterich），《地母》（*Mutter Erde*），第三版，柏林，1925，第19、126頁。

25　麥肯奇（McKenzie），《早期醫藥》（*Infancy of Medicine*），倫敦，1927，第249頁。

63 · 「生命之水」

　　作為創造的象徵、一切種子的港灣，水成為至上的巫術和藥物。它治病救人、使人返老還童、長生不老。水的原型「活水」被認為存在於天上的某個地方——就像天上有蘇摩、一種白毫麻等等。活水、青春泉、生命之水，以及其他各種水都是神話術語，用來表達同樣一種形而上學的宗教的實體：水中蘊含著生命、強健和永恆。當然，這水並非任何一個人以任何一種方式都可以得到。有海怪守衛著它。可以在難以到達的、屬於某種妖魔或者神靈的地方找到它。要達到「活水」之源，得到活水就需要一系列的奉獻和「考驗」，就像尋找「生命樹」（第 108、145 節）一樣。《考史啟多奧義書》（*Kausitaki Upanidad*）談到一條流經一棵奇妙之樹的「不老之河」（*vijara-nadī*）。[26] 在《啟示錄》中這兩種象徵也同時出現，「天使又指示我在城內街道當中一道生命水的河，明亮如同水晶，從神和羔羊的寶座流出來。在河這邊與那邊有生命樹。」[27]

　　「活水」可以返老還童、賜予永生。在本書行文的過程中有一點會變得愈來愈清晰，即一**切**水都具有豐產和治療的力量。甚至在今天的康沃爾（Cornwell），孩子得病時，每天要在聖曼德隆（Saint Mandron）的井水裡面浸三次。[28] 在法國有許許多多

26　1，3。

27　xxii，1-2。

28　麥肯奇，第 238 頁以下。

可以治病的河流與山脈。[29] 某些河流對愛情產生有益的影響。[30]
而其他河流在民間醫療中聲名顯赫。[31] 在印度，病人被放到水裡
治療。[32] 芬－烏民族認為有的疾病是由於褻瀆或者汙染了流水所
致。[33] 總之，在簡略考察水的神奇力量後，我要提醒各位，有一
種「新水」在大多數符咒和民間醫藥中都有使用。「新水」，也
就是裝在一隻新瓶子裡的水，沒有因平日的使用而汙染，其中蘊
含原初之水中一切創造和培育的生命。它有療效，因為在一定意
義上，它是一種再創造。我們以後將看到重複世界的創造是一件
多麼奇妙的行為，因為在世界被創造的時候，它們被投射到了神
話的時間裡面，而且它們只是重複**起初**（*ab origine*）所做的一
切事情。在民間醫藥中使用「新」水，所尋求的是藉由與原初物
質的接觸使得病人能夠神奇地復原；水因其同化和分解一切形式
的能力而吸收了病患。

64・浸入水中的象徵體系

　　用水行潔淨禮具有同樣的作用：水中的每一個事物都是可以

29　塞比羅（Sébillot），《法國民間故事》（*Le Folklore de France*），巴黎，
　　1905，第 ii 卷，第 327-387 頁。

30　同上，第 23 頁以下。

31　同上，第 460-466 頁。

32　羅諾夫（Rönnow），《陀裡陀・阿婆提耶，一位吠陀時代的神靈》（*Trita
　　Aptya, eine vedische Gottheit*），烏普薩拉，1927，第 36-37 頁。

33　瑪尼南（Mannine），《芬蘭民間信仰中的超自然疾病》（*Die damonistischen
　　Krankheiten in finnischen Volksaberglauben*），赫爾辛基，1922，第 81 頁以下。

「分解」的，每一種「形式」都是可以打破的，每一件已經發生的事情都可以不復存在。經過水的洗禮，一切事物再也不能保持原樣、保持外觀，不再是一個「記號」，也不再是一個「事件」。在人類的層面上，浸沒於水中相當於死亡，而在宇宙的層面上則相當於週期性地將世界解體、化作原初海洋的大災難（大洪水）。水擁有打碎一切形式、消滅過去一切的潔淨、再生、誕生新生命的力量，因為凡是浸沒在水中「死亡」並且從水中復活的，就像一個沒有任何罪孽或者任何過去的孩子一樣，能夠接受一種新啟示並且開始一種全新的**真正**的生活。正如以西結所寫的那樣：「我必用清水灑在你們身上，你們就潔淨了。」[34] 又如先知撒迦利亞在靈中看見，「那日，必給大衛家和耶路撒冷的居民開一個泉源，洗除罪惡和汙穢。」[35]

　　水令萬物潔淨並且再生，因為它能消除過去並且恢復——即使只是暫時的——事物開始時的統一性。伊朗人的水神阿德薇素拉‧安娜希塔被稱為「那神聖的，讓畜群……貨物……財富……土地倍增，清潔所有男人的精子……女人的子宮……及時給他們送來乳品……」等等。[36] 沐浴潔淨人類，免除罪惡、[37] 死亡不幸的降臨、[38] 瘋狂（克里托〔Clitor〕的、阿卡迪亞的泉水），[39] 破

195

34　《以西結書》36：25。

35　《撒迦利亞書》13：1。

36　《耶斯納》（*Yasna*），65。

37　《埃涅阿德》（*Eneid*），ii，717-720。

38　歐里庇得斯（Euripides），《阿爾刻提斯》（*Alcestis*），96-104。

39　維托魯維烏斯（Vitruvius），《論建築》（*De Architect*），8；聖迪弗（Saintyves）《法國和法屬殖民地關於水的民間故事總集》（*Corpus du folklore des eaux en France et dans les colonies francaises*），巴黎，1934，第115頁。

除罪惡並制止精神或者肉體的朽壞。在一切重大的宗教活動之前都要沐浴，使人預備好進入神聖的體系。在進入神廟和奉獻祭品之前也都要沐浴。[40]

同樣以水舉行的再生儀式也揭示了為什麼要把古老的神像浸沒在水裡面。在祭祀豐產農業的大母神時一般都要舉行神聖的沐浴。女神逐漸衰退的力量因此而得到增強，並確保一個好收成（浸禮作為一種巫術的儀式據說能夠求雨）以及貨物的增值。弗呂家之母庫柏勒（Cybele）在三月二十七日（歡樂節，〔Hilaria〕）「沐浴」。神像浸沒在河水（在佩希努斯〔Pessinus〕，庫柏勒在加魯斯河〔Gallos〕沐浴）或者池塘（例如在安希拉〔Ancyra〕、馬格尼西亞〔Magnesia〕等地）裡面。[41] 阿芙蘿黛蒂在帕福斯（Paphos）沐浴，[42] 保薩尼阿斯也描述了這位女神在希錫昂（Sicyon）使用的雙柄長頸高水瓶（loutrophoroi）。[43] 公元三世紀的卡利馬庫斯（Callimachus）讚美在雅典沐浴的女神。[44] 在克里特人和腓尼基人，[45] 以及某些日耳曼部落的女神祭祀中這樣的儀式非常普遍。[46] 把十字架或者聖母像放入水中以結束乾旱並且降雨，也是天主教自從十三世紀以來就一直在做的事情。儘管教會反對，但是在十九世紀甚至二十

196

40　查士丁（Justin），《護教論》（Apolog），i，57，1。

41　參見戈萊勒（Graillot），《庫柏勒崇拜》（Le Culte de Cybèle），雅典，1912，第288、251頁注4等等。

42　《奧德賽》（Odyssey），viii，363-366。

43　ii，10，4。

44　《頌歌》（Hymn），v，1-17，43-54。

45　皮卡德（Picard），《以弗所和科萊洛斯》（Éphèse et Claros），巴黎，1922，第318頁。

46　赫爾薩（Hertha）；參見塔西佗（Tacitus），《日耳曼尼亞志》，40。

世紀仍然還有這樣的做法。[47]

65・洗禮

　　作為潔淨和再生的手段而浸沒於水中，這種極其古老而又普遍的象徵體系也為基督宗教所採納並且被賦予了更為豐富的宗教意義。聖約翰的施洗不是為了治療肉體的疾病，而是為靈魂的救贖，使罪獲赦免。施洗者約翰宣講：「悔改的洗禮，使罪得赦。」[48] 但是他又說，「我是用水給你們施洗，但有一位能力比我更大的要來……他要用聖靈與火給你們施洗。」[49] 在基督宗教中，洗禮成為靈魂再生的主要手段，因為浸沒在洗禮的水中就相當於和耶穌一起下葬。聖保羅寫道：「豈不知我們這受洗歸入基督耶穌的人，是受洗歸入他的死嗎？」[50] 人在洗禮中象徵性地死去，並且再生、潔淨、更新，就像基督從墳墓中起來一樣。「所以我們藉著洗禮歸入死，和他一起埋葬，原是叫我們一舉一動有新生的樣式，像基督藉著父親的榮耀從死裡復活一樣。我們若在他死的形狀上與他聯合，也要在他復活的形狀上與他聯合。」[51]

　　對於汗牛充棟的早期教父解釋洗禮的象徵體系的文獻，我在此只轉述兩份：第一份文獻和水的救贖意義有關，第二份文

47　參見聖迪弗（Saintyves），第 212 頁以下，第 215 頁以下。

48　《路加福音》，iii，3。

49　《路加福音》iii，16。

50　《羅馬書》vi，3。

51　《羅馬書》vi，4 以下。

197 　獻和洗禮的死亡和復活的象徵體系有關。關於水——上帝創造
世界的時候第一個被聖化的元素——的與眾不同的力量，特土
良（Tertullian）撰寫了一篇長文。[52] 因為水是「聖靈的第一個寶
座，聖靈給了它優先於其他一切元素的權利……水是第一個受命
帶來活物的……水最早產生那有生命的創造物，免得讓我們有一
天在洗禮中，在它賜予我們生命的時候感到驚駭。在造人的時候
上帝用水完成他的工程。確實泥土提供了物質，但是如果泥土沒
有潤澤、沒有浸透了水，那麼對於這項工程而言，泥土就一無所
用。……為什麼那從泥土中產生的生命不會被賦予天堂的生命
呢？……因此所有自然的水，由於從一開始得到的古老的特權，
只要祈求上帝達到這樣的果效，就能在聖事中獲得祝聖的力量。
只要這些話一出口，聖靈就自天降臨，落在水面上用他自己的果
實使水聖化。因此而聖化的水也就注滿了聖化的力量……以前用
來治療身體的現在用來治療靈魂，在時間中賜予健康的現在獲得
了永恆的救贖……。」

　舊人浸沒在水中死去，由此誕生了一個新生的人、復活的
人。這個象徵體系在約翰·克里索斯托（John Chrysostom）那裡
得到完美無缺的表述。[53] 他討論了洗禮的許多不同意義，寫道：
「它代表死亡和埋葬、生命和復活……當我們把頭浸入水中時就
像放入一座墳墓，舊人淹沒了、完全埋葬了；當我們從水中出
來，新人就在那一瞬間出現了。」所有可以稱之為基督宗教洗禮
「史前史」的浸沒於水中的儀式都尋求一個同樣的目的——死亡

52　《論施洗》（*De Bapt.*），iii-v。
53　《講道集》（*Homil*），xxx，2；聖迪弗，第149頁。

和再生，但是在層次上和基督宗教有所不同。毫無疑問，在這裡有著「影響」或「借鑒」，因為這些象徵都是原型的、普遍的。它們表明人在宇宙中的位置，而與此同時也是對於他的這個位置和上帝（也就是絕對**實在**）、歷史關係的評價。水的象徵體系是對作為統一體的宇宙，也是對人在宇宙中特殊模態的一種直觀的產物。

66・死者的乾渴

在葬禮上使用水可以用這個同樣的元素賦予葬禮在宇宙創造、在巫術和醫藥方面的功能來解釋：水「緩解死者的乾渴」，分解死者、將他和萬物的種子聯繫在一起；水「殺死死者」，最後摧毀他們作為人的狀態，[54] 地獄將他們還原成某種幼體，由此使他們毫髮無損。在各種關於死亡的概念裡面，死者決不會完全死去。他們被賦予了一種基本的存在形式，是一種隱退而不是徹底滅絕。在等待回歸宇宙的輪轉（轉生〔transmigration〕）或者

---

54 這個概念在哲學思想裡也曾經提到過。「對於靈魂而言，死亡就是變成水。」見赫拉克利特說（殘篇 68）。這就是為什麼「乾渴的靈魂最聰敏、最好」（殘篇 74）。溼潤會「融化」已經脫離肉體的靈魂，使他們重新成長並且把他們再次投入較低的生命形式的輪迴，這樣一種恐懼在希臘的救贖體系中十分普遍。有一份奧菲斯教殘篇（克雷芒〔Clement〕，《雜記》〔*Strom*〕，vi，2，17，1；克恩書〔Kern〕，第 226 頁）說「對於靈魂而言，水就是死亡」，而波菲利（Porphyry，《論自然女神的洞窟》〔*De Antro Nympharum*〕，10-11）則解釋說死者的靈魂傾向於溼潤因為它們渴望再生。後來水的促使發芽的功能遭到貶低，因為死後最幸福的命運逐漸被認為不是投身宇宙的輪迴，而是逃脫有機形式的世界而進入天堂。這就是為什麼特別強調「乾燥」的太陽之道。

最後的得救的時候，死者的靈魂**承受**著痛苦，而這痛苦一般表現為**乾渴**。

財主在地獄的烈火中求告亞伯拉罕：「我祖亞伯拉罕哪，可憐我吧！打發拉撒路來，用指頭蘸點水，涼涼我的舌頭，因為我在這火焰裡，極其痛苦。」[55] 在水罐節（Hydrophoria）的慶典裡，水注入埋葬死人的山谷（chasmata）。在春雨普降之前的安塞斯特利節（Anthesteria）期間，希臘人相信死者最乾渴的。[56] 對於那些經常受乾熱威脅的民族（美索不達米亞、安納托利亞、敘利亞、巴勒斯坦、埃及）而言，靈魂飽受口乾舌燥之苦的想法尤其令人恐怖，死者供奠酒的習俗多存在於這些民族，而且死後的幸福就表現為居於涼處。[57] 死後的痛苦是用和描繪其他人類經驗與原始理論一樣具體的術語來表達。「死者的乾渴」和亞洲人的地獄之「火」在遊牧民族思想中則代之以一種低溫（寒冷、霜凍、結冰的沼澤）的術語來表達。[58]

但是乾渴和寒冷都表達了痛苦、戲劇性、焦慮。死者不能總是處在同樣的狀態，這種狀態作為人類的悲劇性的損毀。奠酒就是為了「滿足」他們，為了解除他們的痛苦，使他們在水裡徹底「解體」從而得以再生。在埃及，死者有時等同於歐西里斯，因

55　《路加福音》，26：24。

56　參見傑爾奈（Gernet），《希臘的起源》（*Génie grec*），巴黎，1932，第262頁；舒爾（Schuhl），《希臘思想的形成》（*La formation de la pensée grecque*），巴黎，1934，第119頁，注解2。

57　參見帕羅（Parrot），《死後生命的〈庇蔭處〉》（*Le "Refrigerium" dans l'au-delà*），巴黎，1937，各處；伊利亞德，*CZ*，1938，i，第203頁以下。

58　參見伊利亞德，《安樂死之島》（*Insula lui Euthanasius*），第95頁；*CZ*，i，第205頁。

此可望得到一種「農作物的命運」，他們的身體就像種子一樣發芽。在一塊今收藏於大英博物館的墓碑上，死去的男子向瑞神祈禱，「使他的身體像種子一樣成長」。[59] 但是奠酒並不總是在「農業」意義上使用。它們的目標並不總是讓「死者發芽」，並不總是轉化成為一粒「種子」和一顆新植物（新入會者＝「新植物」），而主要在於使死者「解渴」，亦即消除他仍為人類的狀況，使他完全浸沒在「水」裡面，以便能夠獲得新生。葬禮的奠酒有時所蘊含的「農作物的命運」，只是最終消除人類狀況的一個結果；它是一種新的顯現模式，由於水不僅有解體而且有使生命成長的能力而使得這種模式成為可能。

67・奇蹟的、發佈神諭的泉水

在整個人類的歷史上，無數祭祀和儀式都和各種泉水、溪水、河流相聯繫，以對應於水被賦予的許多不同價值。所有這些祭祀主要是基於作為創造宇宙的一個元素的水本身的神聖性，但又是具體地點的顯現，某種神聖降臨到某個特定的水流或者泉水裡。這樣一種具體地點的顯現獨立於附加在這些顯現之上的宗教結構。水是流動的，是「活的」，是運動的：它賦予靈感、有療效、預知未來。正是由於其本性，泉水和河流展現了力量、生命和永遠生生不息；它們**存在**並且**有生命**。因此它們具有一定的自主性，雖有其他的顯現和宗教革命，但對它們的崇拜卻一直經久

200

59　帕羅，第 103 頁，注解 3；CZ，i，第 206 頁，以及更多的注解。

不衰。每一種水總是顯示出自己特有的神聖力量，與此同時又分有了水本身的特性。

對於水——尤其是對於有療效的泉水、溫泉以及鹽湖等等的祭祀顯示出一種驚人的連續性。沒有一種宗教革命能中斷這種祭祀；在大眾虔誠的滋養下，對於水的祭祀歷經中世紀毫無結果的迫害，甚至最終得到基督宗教的寬容。（反對行動始於四世紀耶路撒冷的聖西瑞爾〔Cyril〕。[60] 自第二次亞爾勒公會議——西元 443 或者 452 年以來，直到 1127 年的特里弗斯公會議，教會屢次頒佈禁令。此外，還有許多辯論、教牧書信和其他文獻為我們顯明了教會反對水祭祀的鬥爭。[61]）在某些情況下，這種祭祀似乎自新石器時代一直延續至今。例如在格利希（Grisy）溫泉（在聖－辛弗里安－德－馬芒聶〔Saint-Symphorien-de-Marmange〕）還可以找到新石器時代和羅馬時代的「還願品」。[62] 在今天稱為聖蘇威（Saint-Sauveur）的泉水（位於貢比涅〔Compiègne〕森林）也發現了類似的新石器時代崇拜的遺跡（打碎的石英玻璃表明它們也是還願品）。[63] 這種祭祀根源於史前時代，流傳到高盧人，以及後來的羅馬高盧人，又為基督宗教採納和吸收。在聖莫利茲（Saint Moritz）直到最近仍然保存著青銅時代的古老崇拜的遺跡。[64] 在弗立〔Forli〕省的貝提諾羅

201

60　《教義問答》（*Catech*），xix，8。

61　參見聖迪弗，《總集》（*Corpus*），第 163 頁以下。

62　瓦拉（Vaillat），《古代高盧地區的泉水崇拜》（*Le Culture des sources dans la Gaule antique*），第 97-98 頁。

63　同上，第 99 頁。

64　貝塔佐尼（Pettazzoni），《薩丁島的原始宗教》（　），皮亞琴察（Piacenza），1912，第 102 頁。

（Bertinoro）鎮的一口含氯鹽水的井附近找到了青銅時代的宗教遺跡。[65] 在英格蘭，某些史前時代的古墳和巨石紀念碑附近的泉水在當地居民看來是神奇或有益的。[66] 最後我認為還應該想到在位於奧布瑞克山的聖安蒂勒（Andéol）舉行的儀式，圖爾的聖喬治（Saint Gregory of Tours，544-595）曾對此做過一番描繪。人們乘著馬車來到湖畔齋戒三天，帶來麻織品、零布料、羊毛、乳酪、糕點等等作為祭品。到第四天有一場儀式性的狂風暴雨（顯然這是一種原始時代的祈雨儀式）。有一位叫帕西昂努斯（Parthenius）的祭司曾試圖說服農民放棄這樣一種異教儀式，在未果後乾脆就地建造一座教堂，於是人們就逐漸把祭品帶到教堂而不是湖畔去了。儘管如此，向湖裡投放糕點和舊物的習俗一直保留到十九世紀。朝聖者繼續把襯衫和褲子丟到湖中，只是他們不知道這樣做的目的究竟是為了什麼。[67]

我們從貝塔佐尼關於薩丁島原始宗教的專著中發現一個案例，能很好地說明了雖然圍繞水崇拜的宗教結構多有變化，但是仍然有著連續性。早期薩丁島（Sardinia）民崇拜泉水，向它們奉獻祭品，在它們附近建造獻給薩爾德爾・帕特爾（Sarder Pater）的聖所。[68] 他們還在神殿和水邊舉行神判（ordeal）這樣一種在大西洋－地中海地區非常特有的宗教現象。[69] 這些

---

65 同上，第 102-103 頁。

66 同上。

67 參見聖迪弗，第 189-195 頁。

68 貝塔佐尼，第 29 頁以下，第 58 頁。

69 在盧西塔尼亞（Lusitania），他們到羅馬時代仍然還讚美一位本地的神，童吉納比阿谷斯（Tonggoenabiagus）；他似乎是「人們藉以宣誓的流水之神」（瓦斯康塞羅斯〔Vascocellos〕，《盧西塔尼亞的宗教》〔Religioes de Lusitania〕，里

在水邊舉行神判的遺跡在薩丁島的信仰和民間故事裡也仍然可以找到。我們還發現西西里的史前的水祭祀。[70] 在黎里巴烏姆（Lilybaeum，今馬爾薩拉〔Marsala〕），希臘的西比爾（Sybil）崇拜被附加在一座以洪水淹沒的洞穴為中心的原始地方崇拜之上；早期的西西里人到那裡進行神判或者隱居以得到預言；在希臘殖民時期西比爾佔據主導並且在那裡發佈預言，到了基督教時代它就變成了一個崇拜施洗約翰的場所，到十六世紀，在那個古老的洞穴裡面建造了一座獻給施洗者約翰的教堂，直到今天仍有朝聖者以這個洞穴的奇妙的水作為朝拜目標。[71]

神諭也經常在水邊發佈。在奧羅珀斯（Oropos）的安菲萊斯（Amphirais）的神廟裡，那些被神諭治癒的人就往水中丟一枚硬幣。[72] 人們用取自卡索提斯（Kassotis）泉的飲水製備皮提亞（*pythia*）。在科羅封（Colophon），預言家飲用盛在一個神龕裡面的聖水。[73] 在科萊洛斯（Claros），祭司下到洞穴裡面，啜飲一些神祕的泉水（*hausta fontis arcane aqua*），用詩句答覆人們向他提出的任何問題（*super rebus quis mente conceptit*）。[74] 這種來自水的預言力量是一種我們可以在很多地方都可以直接找到的原始直覺。例如大海被巴比倫人稱為「智慧之家」。巴比倫的

斯本，1905，第 ii 卷，第 239 頁以下）。

70　貝塔佐尼，第 101 頁以下。

71　同上，第 101 頁。

72　保薩尼阿斯（Pausanias），i，34，4。

73　亞姆布里庫斯（Iamblichus）《論神祕》（*De Myst*），iii，11。譯者按：亞姆布里庫斯，康斯坦丁時代新柏拉圖派哲學家，曾在羅馬就學於波菲利，並在敘利亞講學，所著多涉及畢達哥拉斯哲學。

74　塔西佗，《編年史》（*Aannals*），ii，54；關於科萊洛斯神諭（Oracle of Claros）的內容，參見皮卡德的《以弗所和科萊洛斯》，第 112 頁以下。

神祕半人半獸奧阿內斯（Oanne）從波斯灣中起來，向人類顯示文化、書寫和星相。[75]

68・水的聖顯和水神

早在印歐民族入侵之前，希臘就已經存在水——河流、泉水和湖泊——祭祀。這些原始祭祀儀式的遺跡一直保留到希臘化時代走下坡路的時候。保薩尼阿斯仍然能夠考察並描繪在阿卡迪亞的利凱厄斯山（Mount Lykaios）一側的哈格諾（Hagno）泉邊舉行的儀式。[76] 每逢大旱，利凱厄斯的祭司就到那裡去，獻上一條橡樹枝，讓它掉落到泉水裡面。這個儀式極為古老，是「求雨巫術」的一部分。實際上，保薩尼阿斯宣稱，在這個儀式之後就會有輕輕的氣息像雲一樣從水中升起來，天空很快就下起雨來。我們在此並未發現任何宗教的人格化；這力量是來自泉水本身，只要經過適當的儀式就能夠發揮作用而呼風喚雨了。

荷馬曾提到求雨的儀式。特洛伊人把動物獻祭給斯坎曼德河（Scamander），將活馬丟入水裡；佩里烏斯（Peleus）獻五十頭羊給斯佩切奧斯（Spercheois）的泉水。斯坎曼德亦有其祭司；在斯佩切奧斯有供奉的神聖建築和祭壇。牛馬獻給波塞頓和諸海神。[77] 其他印歐民族也將祭品奉獻給河流，例如辛布里人

203

---

75 轉引自耶利米（Jeremias），《古代東方精神文化手冊》（*Handbuch der altorientalischen Geisteskulter*），柏林，1929，第39-40頁。

76 viii，28，3-4。

77 參見尼爾松（Nilssin）的注解和書目，《希臘宗教史》（*Geschichte der*

（Cimbri，他們向羅訥河獻祭）、法蘭克人、日耳曼人、斯拉夫人等。[78] 海希奧德提到每當過河就要舉行儀式。[79]（這個儀式在民族學上有許多相似的例子。西非的馬塞伊人過河的時候就抓一把青草丟入河水；中非的巴甘達人〔Baganda〕則渡河時撒一把咖啡豆作為祭品，等等。[80]）有時希臘的河神具有人類的形象。例如斯坎曼德河與阿基里斯爭鬥。[81] 但是在大多數情況下他們都表現為公牛。[82] 最著名的河神是阿刻洛俄斯（Achelous）。荷馬甚至認為他是一位大神，是一切河流、大海和泉水之神。我們讀到阿刻洛俄斯和赫拉克勒斯的戰鬥，在雅典、奧羅珀斯、梅加拉（Megara）以及其他許多大城市裡都有他的祭祀。他的名字被賦予各種解釋，但是很可能其語源就是「水」。[83]

我們不需要借助所有希臘人關於水的神話來達到目的。它們數量甚多而且界定也不甚清楚。大量神話人物似乎聯成一個無窮無盡的系列，而主題只有一個──水神自水中誕生。有的神靈在神話或傳奇中獲得極重要的地位，例如忒提斯（Thetis），海神或者普羅透斯（Proteus）、格勞克斯（Glaucos）、涅柔斯（Nereus）、特里同（Triton）──所有這些河神的化身仍然顯示出與水的聯繫，他們有著海怪的身體或者魚的尾鰭或者諸如此

---

　　grieschischen Religion），慕尼黑，第 i 卷，第 220 頁，注解 3。

78　參見聖迪弗，第 160 頁。

79　《工作與時日》（Work and Days），737 以下。

80　參見弗雷澤（Frazer），《舊約的民間故事》（Folklore in the Testament），第 ii 卷，第 417 頁以下。

81　《伊利亞特》（Iliad），xxi，124 以下。

82　參見尼爾松的注解，第 221 頁，注解 10。

83　尼爾松，第 i 卷，第 222 頁。

類的東西。他們生活在大海深處，掌管大海。就像他們與之若即 204
若離的元素一樣，這些神靈也率性而為。他們行善和作惡都是那
麼漫不經心，而且就像大海一樣，通常就是作惡。與其他神靈相
比，他們生活在時間和歷史之外。他們和世界的誕生有著密切聯
繫，因此只是偶爾過問人間的事務。他們的生平也許不像其他神
靈那麼神聖，但是與所代表的元素的聯繫卻更加固定、更加密
切。

69 · 自然女神

希臘人為什麼自誇他知道一**切**自然女神（Nymphs）的名字
呢？她們是各種流水、井水和泉水之神。她們幾乎不需要被希
臘人的想像所創造出來，毋寧說，從世界的開端起就存在於水
中了，希臘人只需要賦予她們人的外形和名字而已。她們由流
動的活水、水的巫術、水中流溢出來的力量，以及潺潺水聲所
創造。希臘人盡可能將她們與所屬的元素分離開來。一旦被分
離、被人格化以及被賦予水的全部力量之後，她們就成為傳奇的
主題、就被引入史詩，就會有人請求她們施展奇蹟。她們通常
是地方英雄的母親。[84] 與某些地方的較小的神靈一樣，她們廣為
人知，成為崇拜的對象，並且接收祭品。其中最著名的有忒提
斯（Thetis）姐妹，或者就像海希奧德依然稱呼她們的那樣，涅
瑞伊得斯（Nereids）、俄刻阿尼得斯（Oceanides），完美的涅

---

84 尼爾松，第 i 卷，第 227 頁以下。

普圖努斯自然女神（Neputunian nymphs）。[85] 其他神大多是泉水之神，但是也居住在有水的洞穴裡。「自然女神之洞」就成為希臘化時期文獻中最常見的場所，成為最具「文學性的」亦即最世俗的用語，與原始宗教的意義，以及水－宇宙－洞穴－幸福－豐產－智慧的範型漸行漸遠。自然女神一旦人格化，就進入了人們的生活。她們是誕生之神（水＝豐產）和嬰兒的哺育者（kourotrophoi），撫養孩子、把他們培養成為英雄。[86] 幾乎所有的希臘英雄都是由自然女神或者馬人（Centaurs）帶大的——也就是說，是由分有自然力量並且能夠支配它們的超人帶大的。英雄的入會禮完全不是家事，也不是一般的「民事」，因為它們不僅發生城市裡面，而且發生在森林和樹叢裡面。

因此我們發現，對自然女神除了敬奉（就像對其他自然之神的敬奉一樣）外，還有對她們的恐懼。自然女神常常偷走孩子，或者在其他情況下，出於嫉妒而殺死他們。我們發現一個五歲女孩的墓碑上鑴有這樣的文字：「我因善良而可愛，不是死亡而是奈伊阿得斯（Naiads）帶走了我。」[87] 另一方面，自然女神也是危險的，任何人在正午時分看見她立刻會精神失常。正午是自然女神展現自我的時候。不管誰看見她們就會發狂地追求她們，就像提瑞西阿斯（Tiresias）看見帕拉斯（Pallas）和查爾麗珂羅（Chariclo），或者像阿克泰翁（Actaeon）正好看見阿忒米斯（Artemis）和她的自然女神那樣。這就是為什麼有忠告，勿在正午走近山泉或井水，或者走到某些樹的影子下面。後世還有

85　《神譜》（Theog），364。
86　參見，例如歐里庇得斯《海倫》（Helen），624 頁以下。
87　CIG，6291。

迷信還認為任何看見一種自水中出現的女神的人都會像預言家一樣瘋狂：*speciemquamdam e fonte, id est effigyiem Nymphae*（費斯圖斯）。在所有這些信仰裡面，水的預言特性依然存在，只是難免有所混雜和神話的渲染。畢竟，對於水——既毀滅（因為「癡迷」自然女神會導致瘋狂，損害人格）又促進成長，既殺戮又幫助誕生——的既恐懼又吸引的雙重感情保存了下來。

70·波塞頓、埃吉爾等

但是在阿刻洛俄斯、忒提斯和其他較小的水神之上還有波塞頓（Posdidon）。每當大海發怒的時候，就會失去其陰性（feminine）之令人心動的誘惑和慵懶的閒適——他在神話上的人格化獲得了一種明顯的陽剛的外觀。當宇宙被克洛諾斯的兒子瓜分的時候，波塞頓得到了掌管大海的力量。荷馬知道，他是海洋之神；他的宮殿位於海底，他的象徵是三叉戟（最初是海怪的牙齒）。如果佩爾松（Persson）將阿斯馬（Asima）的邁錫尼銘文釋讀為波塞頓法諾斯（*Poseidafonos*）是正確的，那麼此神就完全可以追溯到邁錫尼時代。[88] 波塞頓也是地震之神，希臘人認為地震是由於水的侵蝕所致。驚濤拍岸令人聯想到大地的搖撼。就像大海本身，波塞頓無拘無束、怒氣沖沖、沒有誠信。神話描寫他沒有道德品質；他和涅普圖努斯有著極為相近的起源，因此除了自己的生存模態之外，不知道還有什麼其他任何法律。波塞

206

---

[88] 尼爾松，第 i 卷，第 416 頁。

頓揭示了某種宇宙狀況：水先於創造而存在，而且有節奏地再度
吞噬創造。因此，完全自主的大海對神靈、人類和歷史漠不關
心，濁浪滔滔，全然不察蘊含的種子，以及他可能擁有的，實際
上也是週期性加以分解的「形式」。

　　在斯堪地納維亞神話裡，埃吉爾（Ægir，eagor，「海
洋」）是浩渺無際的大海的人格化。妻子不貞的蘭（Ran，
ræna，「搶劫」）把漁網撒向整個大海，將她遇到的一切都拖
入她在海底的住所。淹死的人便是到了蘭那裡，被投入大海的人
就是獻給她的祭品。埃吉爾和蘭有九個女兒，每一個代表海洋的
一個特徵，代表大海聖顯的一個方面：科爾嘉（Kolga，桀驁不
馴的大海）、比爾嘉（Bylgia，波濤洶湧）、赫臘芬（Hrafn，搶
奪者）、德臘芬（Drafn，捕捉並帶走物品的海浪）等等。海底
矗立著埃吉爾雄偉的宮殿，諸神時常在那裡聚會等。例如那裡曾
經舉行過一場盛大的宴會，正中有一口大鼎，是索爾從巨人尤彌
爾（另外一位海神）那裡盜來的——這口奇妙大鼎可以自己製備
和攪拌飲料；洛基（Loki）前來打攪諸神的美意，中傷諸神以及
他們的妻子——女神（參見《洛基傳奇》，結果他遭到懲罰，被
捆綁在海底一塊大石頭上）。

　　尤彌爾的奇妙大鼎在其他印度－雅利安神話中也有相似的描
述。[89] 它用於製作仙藥，諸神的飲品。我們特別感興趣的是這裡
透露出了一個細節，即大多數奇蹟的、神話的大鼎都是存在於
海底或者湖底。[90] 愛爾蘭傳說中有擁有巫術大鼎的城市穆利亞斯

207

89　參見杜梅齊爾所著《不死的命運》（*Le Festin d'immortalité*）。

90　布朗（A. C. Brown）轉引自克拉佩（Krappe），《誕生的神話》（*La Genèse des Mythes*），1938，第209頁。

（Murias），此名起源於 *muir*，大海。水有巫術的力量，一些神聖的飲品例如仙饈或「長命水」等象徵著巫術的力量，而這些鼎、大鍋和聖杯就是這些巫術力量的容器。它們賜予那些擁有這些容器的人以不朽或永遠年輕，或者將他們變成英雄或者神等等。

71・水生動物和水的象徵

龍、蛇、貝殼、海豚等等都是水的象徵；它們隱藏在大海深處，和深淵的神聖力量渾然一體；悄然躺在湖心或汩渡江河，帶來雨水、溼潤以及洪水，以此掌管世界的豐產。龍居雲間、湖泊；它們充滿雷電；它們自天上降下甘霖，讓土地和女人都得豐產。我們以後還將重提龍、蛇、貝殼諸如此類的多重象徵體系；在本節的概述中僅限於討論中國和東南亞的文化。根據莊子所言，龍和蛇[91] 象徵有節律的生命，[92] 因為龍代表水的精神，水協調地漲落，滋養生命，令一切文明成為現實。應龍將所有的水聚在一起，下令降雨，因為他自己就是溼潤的原則。[93]「乾旱加劇，他們就畫一條應龍，天上就會下雨。」[94]

91　中國人從未把蛇和龍這個神話生物明確區分開來（參見葛蘭言〔Grant〕，《古中國的舞蹈與神祕故事》〔*Dance et Légendes de la Chine ancienne*〕，1926）第 ii 卷，第 554 頁。譯按：原文為「一龍一蛇，與時俱化」（《莊子・山木》）。

92　參見葛蘭言，《中國人的思想》（*La Pensée chinoise*），第 135 頁。

93　參見《舞蹈》，第 i 卷，第 353-6 頁，注解。

94　葛蘭言，《舞蹈》，第 i 卷，第 361 頁；參見弗雷澤，《巫術的藝術和國王的進化》（*The Magic Art and the Evolution of Kings*），倫敦，1936 年，第 i 卷，

諸位在早期中國作品中經常可以發現在龍、雷電和豐產之間存在一種聯繫。[95]「雷獸蛇身人首。」[96] 少女可從龍涎懷孕。[97] 中華文明的創立者之一伏羲就是生在一個與龍有聯繫的池塘裡面。[98]「（高祖）父曰太公；母曰劉媼。其先劉媼嘗息大澤之陂，夢與神遇。是時雷電晦冥，太公往視，則見蛟龍於其上，已而有身，遂產高祖。」[99]

在中國，作為天和水的象徵，龍總是和皇帝有關，皇帝代表宇宙的節律並且將豐產賜予大地。當節律被打亂，自然或者社會的生命遭遇困境，皇帝知道他應該做些什麼事情使他的創造力得到再生，重新恢復秩序。夏朝有位皇帝為確保他的王國發展居然食龍。[100] 於是諸位總是發現，每當夏朝統治所依靠的力量衰落或再生的時候，龍就會出現，守護生命的節律。[101] 皇帝駕崩之際，有時甚至活著的時候就回到天上去；因此，例如黃帝連同他的妻子、大臣，總共七十人一起被一條蚪龍帶到了天上去。[102]

在遠離大海的漢民族神話裡，龍這一水的象徵，從天上得到

---

297 頁，關於中國使用龍的畫像求雨的儀式的主題。

95 參見葛蘭言，《舞蹈》，第 i 卷，第 344-50 頁；第 ii 卷，第 555 頁；高本漢（Karlgren），〈古中國的豐產象徵〉（Some Fecundity Symbols in Ancient China），*BMAS*，第 37 頁，等等。

96 葛蘭言，《舞蹈》，第 ii 卷，第 510 頁。譯按：原文為「雷澤有神，蛇身人首」（《淮南子·地形訓》）。

97 高本漢，第 37 頁。

98 沙畹譯，《史記》（*Les Mémoires historiques de Se-ma-Ts'ine*），巴黎，1897年，第 i 卷，第 3 頁以下。

99 沙畹譯，《史記》，第 ii 卷，第 325 頁。

100 葛蘭言，《中國文明》（*Chinese Civilization*），倫敦，1930 年，第 181-2 頁。

101 同上。

102 沙畹，第 iii 卷，圖 ii，第 488-9 頁。

的力量總比其他地方更多。水的豐產作用都集中在雲層，也就是上界。但是，生殖－水－王族（或神聖）的範型在東南亞神話中具有更加緊密的聯繫，在這些神話裡海洋被視為一切實在的基礎和一切力量的賜予者。普茲拉斯基（J. Przyluski）分析了許多澳大拉西亞和印度尼西亞的傳奇和民間故事，它們均表現出一個特性：英雄之所以擁有與眾不同的地位（「國王」或者「聖徒」），是因為他從一種水生動物中誕生。在安南，第一位神話國王擁有「龍王」的稱號。在印度尼西亞，據趙汝適所言，三佛齊的國王號「龍精」。[103] 龍女（Nagi）是陰性水神，在澳大拉西亞充當的角色如同龍在中國的角色一樣。龍女以大海的形式，或者作為一個「散發魚腥氣的公主」和一個婆羅門結婚，建立了王朝（印尼的版本說她建立了占城、勃固、暹羅諸國）。根據一則崩龍族（Palaung）傳說，龍女蘇桑迪（Thusandi）愛上了蘇利亞（Thuriya）王子，即太陽之子。[104] 他們結婚並育有三子：一個成為中國皇帝，一個成為崩龍王，第三個成為蒲甘王。《馬來紀年》（*Sedjarat Malayou*）向我們講述了蘇然（Souran）王坐在一個玻璃盒子裡下到海底，由於住在那裡的人們非常歡迎他，於

---

103 參見普茲拉斯基（Przyluski），《東亞傳統中散發魚腥氣的公主和娜迦》（*La Princesse a l'odeur de poisson et la nagi dans les tradictions de l'asie orientale*），*EA*，巴黎，1925 年，第 ii 卷，第 276 頁。

104 請注意在蛇（魚、鬼，這些水、黑暗、不可見的象徵）與太陽（「太陽之子」或者婆羅門等等；可見物的象徵）之間的對立──這種對立通過建立了一個王朝的神祕婚姻，換言之通過開啟一個新的歷史時代而得以消除。每當試圖「構造」一個神的時候，人們發現就要消除某種對立（參見伊利亞德，《綜合神話》〔*Mitul Reintegrarii*〕，第 52 頁）。在前文我提到的印尼和東南亞神話裡，對立統一（*coincidentia oppositorum*）象徵著回到原初的統一而使輪迴得以終止，然後建立一個新「王朝」或者一個新的歷史循環。

是他就娶了國王的女兒。婚後生了三個兒子，長子就是巴林馮（Palembang，編按：今印尼巨港）的國王。

在南印度，人們相信新葉王朝（Pallava）的祖先娶了龍女，從她那裡接受了王位的印記。龍女的主題亦進入佛教傳奇，甚至在北印度的北方邦和喀什米爾也可以找到。焦達・那格浦爾（Chota-Nagpur）的國王也是從一位叫做白蓮（Pundarika）的龍女（蛇精）傳下來的：據說後者的呼吸極其難聞，這個細節令人想到「散發魚腥氣的公主」。根據一個保留在南印度的傳說，阿伽陀仙人（Āgastya）和安住仙人（Vaisiṣṭha）同生於一個水罐，他們是密特拉和伐樓那，與仙女廣延天女（Urvasi）結合的產物。因此他也被稱為貢巴撒姆巴瓦（Kumbhasaṁbhava，「從陶罐女神〔Kumbhamata〕生的」）和皮塔比（Pitābdhi，「吞食大海的」）。阿伽陀娶了海洋的女兒。[105]《女神奧義書》（Devy-Upaniṣad）講述諸神如何求問大母神（devi）她是誰、何時降臨，她首先答道：「……我的誕生地是在大海的深處，眾所周知那是女神的住所。」開天闢地的時候，女神萬物的源泉：「我最早創造了世界的父親」。[106]

所有這些傳說極為清晰地表明，水的神聖意義和祝聖的力量。最高統治權和聖潔乃為海神所賜；巫術－宗教的力量蟄伏海底，由女神（龍女、「散發魚腥氣的公主」等等）賜予英雄。[107]

---

105 歐佩特（Oppert），《論婆羅多國或印度的居民的起源》（On the Original Inhabitans of Bhāratavarsa or India），威斯敏斯特，1893年，第24頁，67-8頁。

106 該文本見於歐佩特所著書，第425-6頁；參見拙著《瑜伽：不死和自由》（Le Yoga: Immortalité et Liberté），第346頁以下。

107 我們也可以用同樣這個術語來解釋希臘英雄從仙女和水泉女神——水神——那裡

蛇妖不僅住在海洋，也住在大湖、池塘、井水和泉水裡。印度和其他地方的蛇和蛇妖崇拜，不管他們是在何種系統中被發現的，總是與水保持著一種巫術－宗教的聯繫。[108] 蛇和蛇妖總是在水邊出沒或者本身就充滿了水；蛇妖守衛生命之泉、不死之泉、神聖之泉，以及一切和生命、生殖、英雄主義、長生不死和「寶藏」有關的符號。

72・洪水的象徵體系

　　所有洪水的傳說幾乎都和人類復歸於水的源頭、建立一個新時代和新人類的觀念有關。它們展示了宇宙及其歷史「循環往復」的構想：一個時代被一場災難所終結，開啟了一個由「新人類」統治的新時代。這個循環往復的構想也表現在月亮神話和洪水和大洪水的主題的趨同，因為月亮一直是有節律的發展、死亡和再生的最重要的象徵。正如月相掌管入會禮的儀式——新入會者「死去」以便喚醒一個新的生命——一樣，它們也和徹底消滅舊人類、建立新人類的舞台的洪水有著密切的聯繫。在環太平洋地區的神話裡，各個部落一般都是起源於某個逃脫了一場大水災

211

　　誕生呢？阿基裡斯是海洋女神忒提斯之子。須知，一些地方英雄經常是水泉女神的後代——伊菲提翁（Iphition）、蘇忒尼俄斯（Sotnios）等等。有一個地方英雄經常被一個更早期的、原始的祭祀、一種前印度－雅利安人的祭祀所拋棄；他就是「地方之主」。

108 例如參見弗格爾（Vogel），〈古代和現代印度的蛇崇拜〉（Serpent Worship in Ancient and Modern India），*AOA*，1924 年，第 ii 卷，各處。

的神祕的月亮動物。[109] 這些部落不是在海難獲救之人的後代，就是促發洪水的某個月亮動物的後代。

　　本章不需要強調這種萬物有節律地被水吞沒，然後再生的特性——這種節律是植根於各種地理上的神話和重大事件（亞特蘭提斯以及其他神話）。我必須指出，這些涅普圖努斯神話主題的流傳多麼廣泛、多麼具有連貫性。水存在於每一個創造物之前，而水週期性地再次吞噬每一個創造物，將其在水中分解、潔淨，以新的可能性豐富它，並使它得以再生。人類由於犯下的「罪惡」（在大多數太平洋地區的神話裡，大災難是由於某種儀式上的不端行為所致）而週期性地淹沒在大洪水或者水災裡。他們根本沒有真正被消滅，而是以一種新的形式重新出現，重新踏上相同的命定之途，以待相同的大災難再次降臨並將他們在水中分解。

　　我並不能斷定人們是否可以稱之為一種悲觀主義的生命觀。這是一種相當逆來順受的觀點，由於看到水、月亮和變化的範型而形成這樣的觀點。大洪水的神話以及其中所蘊含的意義，表明人類生命對於一個與人類心靈有所不同的「心靈」而言究竟具有何種價值；從水的「觀點」看，人類生命是脆弱的，必須週期性地被吞噬，因為一切形式的命運都要被分解，以便重新出現。如果「形式」不是透過週期性地在水中分解而再生，它們就會潰潰、耗盡創造力而最終徹底死掉。人類最終也會因「疾病」和「罪惡」而徹底解體；一旦生命的「種子」和創造力耗盡了，人類就萎縮、虛弱和不育。洪水使人類免於這種緩慢退化成亞人類

---

109 亨慈《神話和符號》（*Mythes rt Symboles*），第 14 頁、第 24 頁等等。

的形式，而是造成在水中瞬間分解的結果，使各種罪惡得到潔
淨，並且從水中誕生出一種新的、再生的人類。　　　　　　　212

73・總結

　　因此，水的一切形而上學的、宗教的可能性完全能夠形成一
個整體。宇宙從水中創造，與之相對應的是──在人類的層面
上──人類從水中誕生的信仰。大洪水或者大陸消失（亞特蘭提
斯是一個最完美的例子）──一種必然的週期性重複的宇宙現
象──對應的是在人類的層面上，「靈魂」的第二次死亡（喪葬
的奠禮、地獄裡的「潤溼」和 leimon 等等）以及洗禮中儀式性
和入會禮式的死亡。但是，不論在宇宙還是在人類的層面上，浸
沒在水中並不意味著最後的滅絕，而只不過是與此無形無象之水
暫時整合在一起。之後根據相關的整合究竟是發生在宇宙的、生
物的還是靈魂救贖的層面，還會出現一種新的創造、一種新的生
命，以及一種新的人類。在形式上，「大洪水」可以和「洗禮」
相提並論；喪葬的奠禮或者被自然女神施魔法而抓狂，也可以和
新生兒儀式性的洗濯，或者在春季為確保健康和豐產的儀式性沐
浴相提並論。不管出現在何種宗教結構裡，水都表現出了相同的
功能，分解、取消形式，「滌除罪惡」──同時潔淨並賦予新的
生命。它的工作就是走在創造之前，並且再把它帶回自己身邊；
它完全不能超越自身的存在模式──它根本不能通過**形式**表現自
己。水完全不能超越潛在的、種子和隱蔽力量的條件。一切有形
事物都超越於水面之上，和水相分離。另一方面，一旦和水相分

離，每一種「形式」都會喪失其潛能，落入時間和生命的規律的桎梏；它是有限的，進入歷史，分享變化、腐朽之宇宙規律，並且若不週期性地再次浸沒在水中而再生，若不再次經歷「洪水」以及隨之而來的「宇宙的創造」，那麼它就再也不能成為自身了。用水舉行祭禮和潔淨的儀式，目的就是為了在瞬間將創造發生之時的「從前」、**彼時**（*illud tempus*）帶入當前；這些儀式象徵性地再現世界或者「新人」的誕生。任何帶著宗教意圖的對水的使用，將宇宙節律中的兩個基本要點結合在一起了：在水中重新整合以及創造。

VI

石頭：顯現、記號和形式

216

74・作為顯示力量的石頭

在原始人的宗教意識中，堅硬、粗糲、恆久的物體本身就是一種聖顯。一塊壯觀的岩石，或者一塊聳立的巨大花崗岩，還有什麼比它更加直白、自主地體現完美的力量，比它更加高貴，更令人歎為觀止呢？首先，石頭**存在**。它就是它自己，它只為自己而存在。而且，更加重要的是，它**令人印象深刻**。甚至在人們還沒有來得及留下印象之前，就已經感到它是一個障礙──即使不是對人的身體，至少對人的目光而言──並且確乎感受它的堅硬、它的力量。石頭向人類顯示，它超越人類不確定性：它是一種絕對的存在模式。它的偉力、它的靜止、它的體積以及它奇特的外形與人類絕無共性；它們同時表明存在著某種炫目的、可怕的、富有吸引力以及頗具威脅的事物。它以它的崇高、堅硬、外形和色彩，使人類直面某種與他所屬的世俗世界判然有別的實在和力量。

我們幾乎不可以說，人類崇敬石頭只是因為它是石頭。在每一種情況下，原始人的崇拜總是專注於某種超越石頭但是又為石頭所吸收和表達的東西。一塊岩石或者卵石之所以成為虔心崇拜的對象是因為它代表或者效法**某物**，因為它來自某個地方。其神聖的價值總是歸結於某物或某地而不是歸結於它自身的實際存在。人總是崇敬石頭，只是因為它們代表著某種和它們自身**有所不同**的東西。他們崇敬石頭，或者把石頭當作靈性活動的工具使用、當作守衛他們或者他們的死者的能量中心。我們可以說，大多數和崇拜活動有關的石頭從一開始就被當作**工具**使用，幫助獲得某種事物並且確保對它的擁有權。它們的作用一般而言是巫術

217

的而非宗教的。它們由於其來源或者外形而被賦予了某種神聖的力量，因此不是**被崇敬**而是**被利用**。

英貝羅尼（Imbelloni）在對整個使用托基（*toki*）一詞的大洋洲－美洲地區（該地區從美拉尼西亞東部一直延伸到南北美洲大陸）的研究中發現，該字可能具有下列意義：（1）一種石製的戰鬥武器；斧子；衍生為任何一種石器；（2）尊嚴的符號、權力的象徵；（3）擁有或者行使權力的人，無論這權力通過繼承還是授權而得到的；（4）禮器。[1]黃銅時代的「喪葬衛士」被安放在墓室的穹頂兩旁以確保墓室不受侵犯。[2]巨石紀念碑（menhirs）似乎也有類似作用：馬斯達札（Mas d'Azais）的巨石紀念碑垂直安放在墓室的穹頂。[3]石頭保護墓室免受動物和強盜的侵害，尤其可以抗拒「死亡」，因為就像石頭不會損壞一樣，死者的靈魂也必須繼續像以前一樣存在（以後這些史前時代的墓場，石頭變成為男根的象徵體系，使得這層含義更加清楚了，因為男根象徵存在、權力和延續）。

75 · 葬禮巨石

貢德人（Gonds）這個最遠滲透至中印度的達羅毗荼部落有

1　〈石斧的名稱〉（Les noms des haches lithiques），載於《施密特文集》（*Festschrift W. Schmidt*），維也納，1928 年，第 333 頁。

2　奧克托本（Octobon），《雕像石柱，墓碑，畫像磚》（*Statues-menhirs stèles gravees, dalles sculptées*），載於 *RAN*，1931，第 562 頁。

3　同上。

一種習俗，死者的後人在葬禮舉行四天以後，必須在墳墓邊上放一塊大石頭，有時高達九至十英呎。運送這塊石頭（經常要從遙遠的地方搬運過來）是一件極為吃力、所費甚鉅的事情。因此，在大多數情況下，紀念碑的建造甚至會推遲很長一段時間，有時根本就無法完成。[4] 英國人類學家哈頓（Hutton）認為這些巨石墓碑——在印度未開化部落中甚為流行——目的是為了「封住」死者的靈魂，為它在生者附近提供一個臨時住所（同時也使它以其屬靈特性所賦予的力量對田地的豐產施加影響），免得它到處閒逛，帶來危險。近期科佩斯對比爾人（Bhils）、克庫斯人（Korkus）、蒙達人（Mundas）以及貢德人等中印度最原始的部落的研究，證實了這個解釋。科佩斯關於中印度巨石墓碑歷史的發現，可歸結為以下若干要點：（1）這些紀念碑都和對死者的祭祀有聯繫，目的是要讓死者的靈魂得到平安；（2）在形式上它們可同歐洲的史前巨石（megalith）和巨石紀念碑（menhir）相提並論；（3）它們不是安放在墳墓頂端也不是墳墓旁邊，而是與墳墓保持一定距離；（4）然而，若有人暴死，例如閃電劈死、蛇虎咬死等，則紀念碑要安放在悲劇發生的現場。[5]

4　舒伯特（W. H. Schoobert），〈中部省份的諸部落〉（The Aboriginal Tribes of the Central Provinces），載於《印度人口普查》（*Census of India*），1931，第 i 卷，（iii，b），第 85 頁；格里森（W. V. Grigson）《巴斯塔爾的瑪麗亞‧貢德人》（*The Maria Gonds of Bastar*），倫敦，1938，第 274 頁以下。

5　這些發現甚為重要，因為安放墓碑的習俗似乎並不是中印度最原始的比爾人原來就有的（第 156 頁），而是受到達羅毗荼人和蒙達人等有著巨石文化的民族的影響（參見科佩斯〔Koppers〕〈中印度比爾人以及其他原始部落的死者紀念碑〉〔Monuments to the Dead of the Bhils and Other Primitive Tribes in Central India〕，載於《拉特蘭》〔*Annali Lateranensi*〕，1942，第 iv 卷，第 196

最後一點揭示了葬禮石頭的最初意義，因為暴死釋放出來的靈魂是驚恐的、敵意的，充滿怨懟。當生命突然被奪走的時候，人們覺得死者的靈魂還會在他已經割斷聯繫的社區附近過正常生活。例如，貢德人會在被雷劈死、蛇或老虎咬死之人的現場堆起一堆石頭。[6] 每一個路過的人都要添加一塊石頭，以安撫那個死者的靈魂（這個習俗在歐洲部分地區例如法國一直延續到了今天，參見第 76 節）。此外，在某些地方（在達羅毗荼部落的貢德人那裡）敬拜墓碑還伴隨著各種縱欲的儀式，我們發現這些儀式總是和農業民族紀念死者有聯繫。比爾人只為那些暴死的人，或者首領、巫師和武士樹立紀念碑，這樣平安就會進入這些「強人」的靈魂——換言之，所有在世時代表力量的人，以及那些因暴死而「取得」那種力量的人的靈魂。

219

因此，葬禮石頭就成為保護生命抵禦死亡的工具。靈魂「住在」石頭裡面，就像在其他文化中靈魂住在墳墓——類似於「死者之家」——裡面一樣。墓地巨石保護生者不受死者可能帶來的傷害，因為死亡是一種無法判斷的狀態，它可能造成某種影響，既有好也有壞。靈魂既被「囚禁」在石頭裡面，就只好被迫行善：亦即幫助大地豐產。這就是為什麼在許多文化裡面，被認為有「祖先」居住在裡面的石頭是令田野和女人豐產的工具。蘇丹的新石器時代的部落有「落雨石」，他們認為這些石

頁）。既然雅利安人和印度河史前文明的創始人（公元前第三千年）都不是擁有巨石文化的民族，印度巨石文化的傳統起源問題仍然懸而未決。也許是由於東南亞或者澳大拉西亞的影響，或者不得不用與歐洲史前巨石文化有著歷史的以及（發生學意義的）遺傳聯繫來解釋。

6　科佩斯，第 134、151、189、197、188 頁。

頭就是能夠降雨的祖先。[7] 在太平洋島嶼（新喀里多尼亞〔New Caledonia〕、馬勒庫拉〔Malekula〕、亞齊等地〔Achin〕），有些岩石代表著神、祖先或者文化英雄，甚至就是他們的化身。[8] 萊雅德（J. Layard）告訴我們，那些地區的每一個祭壇的核心物就是代表祖先的一塊巨石和一圈環列的小石頭。[9]

　　莫里斯·里恩哈特（Maurice Leenhardt）寫道，「石頭是由祖先靈魂幻化而成的」。[10] 這固然是一種極好的表達方式，但是當然不能從字面上去理解。石頭絕不是「由靈魂幻化而成」，而是那個靈魂的具體代表，是那個靈魂臨時或者象徵的「住所」。在其著作的其他地方，里恩哈特本人也同意「不論是靈魂、神、圖騰還是氏族，所有這些不同的概念都有一個獨特的具體代表，那就是石頭」。[11] 阿薩姆邦的卡希斯人（Khasis）相信，環列的石頭（*maw-kynthei*，「陰石」）代表他們氏族的大母神，這個大母神會在巨石紀念碑（*maw-shynrang*，「男人石」）中現身。[12] 在其他文化裡，巨石紀念碑甚至可以體現至上（天）神。

220

7　塞里格曼（Seligmann）（C. G. 和 B. G.），《尼羅河流域蘇丹的異教部落》（*Pagan Tribes of the Nilotic Sudan*），倫敦，1932，第 24 頁。

8　威廉姆森（Willianson），《玻里尼西亞中部的社會和政治制度》（*The Social and the Political Systems of Central Polynesia*），劍橋，1924，第 ii 卷，第 242-243 頁，等等。

9　萊雅德（Layard），〈死者的旅途〉（The Journey of the Dead），載於《塞里格曼紀念文集》（*Essays Presented to S. Seligman*），倫敦，1934，第 116 頁以下，等等。

10　《新赫里多尼亞人種學筆記》（*Notes d'ethnologie néo-calédonienne*），巴黎，1930，第 183 頁。

11　第 241 頁。

12　參見貝塔佐尼（Pettazzoni），*Dio*，第 10 頁。

正如我們前文所見（參見第 16 節），許多非洲部落對至上天神的崇拜中也包含有巨石紀念碑（為它們獻上祭品）以及其他神聖的石頭。

76・具有豐產作用的石頭

因此，祭祀並非指向作為有形物的石頭，而是指向令石頭充滿活力的精神，指向使之成為神聖的象徵。石頭、岩石、磐石、環石、巨石等等之所以都**變成**神聖，因為它們標誌著某種精神力量。我們還要考察若干種和「祖先」、死者相關聯的文化，這些死者「被封鎖」在石頭裡面以便把它們當成保護、充實生命的工具使用。讓我們再來看看幾個例子。在印度，年輕夫婦向磐石祈禱早生貴子。[13] 在印度南部的賽勒姆（Sakm）地區，不育的女子相信那些能夠使她們生育的祖先就居住在環石裡面，因此在獻上祭品（花、檀香、米飯等）之後她們就摩挲這些石頭。[14] 澳大利亞中部的一些部落也有相似的觀念。斯賓塞和吉蘭（Spencer and Gillen）列舉一塊名叫伊拉西帕（Erathipa）的大塊岩石作為例證，岩石的一邊有一個開口，那些被囚禁在石頭裡面的兒童靈魂透過這個開口盯住過往女子，好投胎到她那裡。要是有不想要孩子的女子經過，她們就假裝成老太太，做出拄著拐杖的樣

13　哈頓（Hutton），《印度人口普查》，1931，第 1 卷，第 88 頁。

14　參見伯努瓦（J. Boulnois），《赫密士的權杖以及印度－地中海達羅毗荼人的象徵》（*Le Caducée et la symbolique dravidienne indo- méditerranéenne*），巴黎，1939，第 12 頁。

子，口中喊道：「別上我身，我是個老太婆！」[15] 在北加利福尼亞的邁度（Maidu）部落，沒有孩子的女子摸一塊長得像孕婦的石頭。[16] 在幾內亞西南的凱伊（Kai）島，想要生孩子的女子用油脂塗抹一塊石頭。在馬達加斯加也有同樣的習俗。[17] 我們深感興趣地注意到那些想讓生意紅火的商人也會去摩挲同樣這些「具有豐產作用的石頭」。印度有一種信仰，認為某些石頭是生出來的而且會生出石頭（*svayambhū* －「自生」），因此不孕的婦女到處搜尋它們，敬拜它們，向它們奉獻祭品。[18] 在歐洲部分地區以及其他地方，年輕夫婦要在一塊石頭上行走，以便他們的結合有所結果。[19] 薩摩耶德人在一塊名叫普里帕亞（*ply-paja*，「女人石」）的形狀奇特的石頭面前祈禱並且向它獻上黃金。[20]

所有這些儀式都包含一個觀念，某些石頭或者因為住在裡面的祖先靈魂，或者因為它們的形狀（孕婦、「女人石」），或者因為它們的來源（*svayambhū*，「自生」），具有使不育婦女懷孕生子的力量。但是，原先產生這些宗教實踐或者用於解釋這

15　《澳大利亞中部的土著部落》（*The Native Tribes of Central Australia*），倫敦，1899，第 337 頁。

16　哈特蘭德（Hartland），《原始父系社會》（*Primitive Paterrnity*），倫敦，1909，第 i 卷，第 124 頁以下。

17　弗雷澤（Frazer），《舊約的民間故事》（*Folklore in the Old Testament*），第 ii 卷，第 75 頁。

18　維爾科（Wilke），〈印度－日耳曼人宗教的考古學研究〉（Die Religion der Indogermanen in archäologischen Betrachtung），*MB*，萊比錫，1921，第 99 頁以下。

19　參見弗雷澤，第 ii 卷，第 403-405 頁；尼貝戈（Nyberg），《兒童與大地》（*Kind und Erde*），赫爾辛基，1931，第 66 頁以下，第 239 頁。

20　尼貝戈，第 66 頁。

些實踐的「理論」，在如今仍恪守這些習俗的人們心靈裡未必
總是保留下來。在某些情況下，也許最初的理論已經為不同的
理論所取代或者改變了；在其他情況下，最初的理論也許隨著一
次成功的宗教革命而被徹底地忘卻了。我們可以提到後面這種情
況的若干例子。巨石、岩石或者環石崇拜的跡象，和石頭接觸而
獲得「豐產」結果的實踐的遺跡，甚至在今天的歐洲民間信仰裡
面也可以找到。正如我所言，這種崇拜非常含糊。在薩伏依的穆
蒂爾（Moutiers）區，鄉民們對於「比耶拉・謝維塔」（Pierra
Chevetta，貓頭鷹石）充滿「一種宗教的恐懼和虔誠的敬重」，
他們只知道這塊貓頭鷹石能夠保佑村莊，只要它在，全村就可免
遭水火之害。[21] 在加爾省的蘇邁納（Sumène），農民害怕環石，
避之唯恐不及。[22] 南安尼西（Annecy）的婦女每次經過某個叫做
「死男人」的石堆，總要口誦主禱文和聖母經。但是這種恐懼也
許是因為相信有人葬在此地。[23] 在同一個地區，婦女們來到據說
是掩埋被謀殺或滑坡而死的朝聖者屍體的石堆前面，通常會加上
一塊石頭。[24] 非洲也有類似的習俗。霍屯督人在巨匠造物神海特
西・艾比布（Heitsi Eibib）的墳頭上扔一塊石頭，而南方的班圖
部落也為他們的巨匠造物神恩庫隆庫魯舉行相同的儀式。[25] 從這
些不多的例子中可以看到，對巨石懷有宗教恐懼的情形只在法國
有零散的分佈，而且主要不是因為信仰石頭有巫術的力量（例

222

21　范・熱內普（Van Gennep），載於聖迪弗（P. Saintyves），《總集》（Corpus），
　　第 ii 卷，第 376 頁。

22　于戈（Hugues），載於聖迪弗，第 390 頁。

23　參見范・熱內普，第 317 頁。

24　聖迪弗，第 332 頁。

25　參見貝塔佐尼，第 198 頁、200 頁。

如，暴死）。原始人對於受到崇拜的石頭、環石以及巨石紀念碑的豐產力量的觀念與此大相徑庭。但是由此而形成的各種實踐，其遺跡卻幾乎在世界各地甚至一直保留到了今天。

77・「滑蹭」

「滑蹭」（Sliding）的習俗分佈非常廣泛。年輕女子若想生孩子就在聖石上面蹭一下。[26]另外一種甚至流傳更為廣泛的儀式就是「摩挲」（friction）：摩挲也有保持身體健康的動因，但是主要適用於不育的婦女。甚至不久之前在（羅納省的）德錫乃（Decines），人們常常坐在比埃爾弗里特（Pierrefrite）附近田野裡面的一塊磐石上面。在聖－勒南（Saint-Renan，位於芬尼斯特〔Finisterr〕），每個想要孩子的婦女要在一塊巨石上面睡三個晚上，這塊石頭叫做「石頭夢」。[27]而年輕的新娘也常常在舉行婚禮之後來到這裡來度過最初的幾個夜晚，貼在石頭上摩娑她們的腰部。[28]這個習俗存在於在許多地方。[29]有的地方，例如蓬塔旺（Pont-Aven）區的美丹（Moedan）村，婦女在石頭上面

---

26 有關例子參見聖迪弗，第 ii 卷，第 347 頁，等等；塞比羅（Sébillot），《法國民間故事》（Le Folklore de France），第 335 頁以下；朗（Lang），《神話、儀式和宗教》（Myth, Ritual and Religion），倫敦，1887，第 i 卷，第 96 頁以下；薩爾托里（Sartori）的《日耳曼迷信手冊》（de deutsch en Aberglaubens）s. v.「滑蹭」（"Gleiten"）；萊特・德・瓦斯康賽羅（Leite de Wasconcellos），《作品》（Opuseulos），里斯本，1938，第 vii 卷，第 653 頁以下。

27 塞比羅（Sébillot），第 339-340 頁。

28 聖迪弗，第 iii 卷，第 346 頁。

29 參見三卷本的《總集》，s. v.「摩娑」，等等。

摩挲她們的胃部，肯定能生男孩。[30] 甚至直到 1923 年，到倫敦　　223
來的鄉村婦女習慣於拍打聖保羅大教堂的柱子，好使她們生孩
子。[31]

　　塞比羅（Sébillot）描繪了一種肯定屬於同一類型的儀式：
「大約在 1880 年，在離卡爾納克（Carnac）不遠的地方，若夫
妻結婚多年沒有孩子，在月圓的時候，就會到一塊巨石紀念碑
前。他們一齊脫掉衣服，女人圍著石頭跑，逃脫丈夫的追逐。
他們的親戚則在四周警戒，以免褻瀆這個儀式。[32] 這些儀式也許
在過去很流行。中世紀的國王和神職人員經常禁止崇拜石頭，尤
其禁止在石頭前面射精。」[33] 不過，最後提到的這種習俗非常複
雜，不能僅僅根據用環石和巨石紀念碑直接擁有「豐產」能力的
信仰加以解釋，就像我們解釋「滑蹭」和「摩挲」那樣。首先，
它提到了性交的季節（「在滿月的時候」），這表明有月亮崇拜
的跡象；其次，在石頭面前的夫妻性交以及射精包含有將石頭王
國性別化以及從石頭中誕生等等概念，這些概念倒是和某些石頭
的生殖儀式有著對應的地方。[34]

　　前文所論大多數習俗仍然保留了一種信仰，那就是只要摸一

30　聖迪弗，第 iii 卷，第 375 頁。

31　麥肯奇（Mackenzie），《早期醫學》（*Infancy of Medicine*），倫敦，1927，第
　　219 頁，轉引自新聞報導。

32　塞比羅，第 iv 卷，第 61-62 頁；《今日布列塔尼的傳統和迷信》（*Traditions et
　　Superstitions de la Haute-Bretagne*），巴黎，1882，第 i 卷，第 150 頁。

33　參見勒龐杜瓦（Le Pontois），《芬尼斯特的史前史》（*Le Finisterre préhistorique*），
　　巴黎，1929，第 268 頁。

34　艾斯勒（Eisler），《庫巴－庫柏勒》（*Kuba-Kybele*），載於 PS，1909，第
　　118-151 頁；第 161-209 頁；參見亨慈（Hentze），《神話和象徵》（*Mythes et
　　symboles*），第 34 頁以下。

下神聖的岩石或者石頭就足以讓一位不育的婦女生育。卡爾納克婦女過去總是到克魯埃－莫科姆（Cruez-Moquem），捲起裙子，坐在環石上面。這塊石頭上安放一個十字架就是為了廢止這樣的習俗。[35] 還有許多其他石頭，或者叫「愛情石」，或者叫「婚姻石」，被認為有增強性欲的力量。[36] 在雅典，孕婦常常爬到住著自然女神的山上，把岩石從山上滾下來，祈禱阿波羅保佑她們順產。[37] 在這裡諸位可以看到儀式變遷的一個極為生動的例子，豐產的石頭變成了順產的石頭。類似的信仰在葡萄牙的石頭崇拜中也可以找到──只要摸一下石頭婦女就能順產。[38]

　　大量的巨石建築有助於孩子學步或健康成長。[39] 在阿芒斯（Amance）區，有一塊石頭，石頭上面有一個洞。女人們跪在石頭面前替自己的孩子祈禱健康，把錢投到石洞裡面。[40] 孩子一生下來，父母就立刻把他們帶到富旺－勒－豪特（Fouvent-le-Haut）一塊「有洞石」的面前，讓他們穿過那個洞。「這是一種石頭的洗禮，意在保護孩子免於任何符咒，帶來快樂。」[41] 甚至在今天，帕福斯（Paphos）的不育女子也要穿越某個石洞。[42] 我

35　聖迪弗，第 iii 卷，第 431 頁。

36　參見《總集》，第 i 卷，S. V.「愛情石」（prerre d'amour），「婚姻石」（pierre de mariage）條目。

37　參見哈特蘭德（Hartland），《原始父系社會》（*Primitive Paternity*），第 i 卷，第 130 頁。

38　參見瓦斯康塞羅斯（Leite de Vasconcellos），《從陸地到陸地》（*De Terra em terra*），里斯本，1927，第 ii 卷，第 205 頁；Opusculos，第 vii 卷，第 652 頁。

39　聖迪弗，第 iii 卷，第 36、213 頁等等；第 98、220、330 頁。

40　參見聖迪弗，第 ii 卷，第 401 頁。

41　佩羅‧達波特（Perrault Dabot），轉引自聖迪弗，第 ii 卷，第 401 頁。

42　弗雷澤，《阿多尼斯、阿提斯、歐西里斯》（*Adonis, Attis, Osiris*）；倫敦，

們發現，在英格蘭部分地區也有相似的習俗。[43] 還有一些地方，女人們只是把右手放入一個石洞，因為她們說，右手有助於增加孩子的份量。[44] 在聖誕節和聖約翰節（也就是冬至和夏至），要在某些有洞的石頭旁邊點燃蠟燭，還要往石頭上淋油並採集此油入藥。[45]

　　長期以來，基督教會一直在和這些習俗作不懈的鬥爭。[46] 它們不僅從教會的壓力，甚至從長達一個世紀的反宗教、反迷信的理性主義的壓力之下倖存了下來，這就證明它們有著多麼牢固的基礎。幾乎所有其他和神聖的石頭有關的慶典（敬拜、恐懼、奉為神明等等）都煙消雲散了。唯一保留下了一種最基本的信仰，便是它們具有豐產作用。如今這種信仰背後並無理性理論的支援，卻得到新的傳說支持，或對其作基督教的解釋（有一位聖徒坐過這塊石頭；有十字架立在巨石紀念碑上，等等）。不過人們還可以找出某些介乎兩者之間的理論上的用語：石頭、岩石、巨石紀念碑是仙女到過的地方，而那些祭品（油、花等等）就是奉獻給她們的。人們對這些仙女並沒有形成真正的崇拜，但是仍然向她們求告一些什麼。

　　歐洲皈依基督教所引發的宗教革命，最終摧毀了含有崇拜賜予豐產的石頭的儀式的全部原始體系。直到中世紀晚期，鄉民對每一種和史前時代（也就是所謂的「石器時代」）有聯繫的事

225

1936，第 i 卷，第 36 頁。

43　弗雷澤，《美麗的巴爾德爾》（*Balder the Beautiful*），倫敦，1936，第 ii 卷，第 187 頁。

44　聖迪弗，第 ii 卷，第 403 頁。

45　同上。

46　參見聖迪弗，第 i 卷，s.v.「取締」（Condamnations）。

物，對一切墓碑——不管它們是巫術的還是宗教的——以及對石製武器（「雷石」）一直敬奉有加，不僅由於這些是他們祖先的宗教觀念的直接遺產，而且是他們對人類本身的敬畏、虔敬或者迷信般的讚美。石器文明的遺存證明了這些觀念存在的合理性。正如我們所見，村民認為他們的原始兵器是從天上降下的「雷石」，而巨石紀念碑、隕石和環石則被當成巨人、仙人和英雄存在的遺跡。

78 · 有洞的石頭：「雷石」

剛才在論及對具有「豐產」作用石頭以及對石頭的崇拜時，我曾經說道，在這些實踐背後的傳統「理論」已經被一種新的理論取代（或者至少受到了它的影響）。對此，我們甚至在歐洲至今尚存的習俗中找到了一個驚人的例子，那就是將新生兒放入一個石洞。[47] 這個儀式顯然和「再生」有關，它被設想為從石頭所象徵的神聖子宮中誕生，或者從一個太陽的象徵中再生。印度歷史上最早的民族認為有洞的石頭是約尼（*yoni*，編按：相對於林伽〔lingm，陽性〕的符號）的符號，穿過那個石洞的儀式則表明通過陰性的宇宙原則而獲得再生。[48] 史前斯堪地納維亞的宗教使用的「磨石」（*alv-kvarnar*）也有相似的功能，

---

47 參見李迪（Rydh），〈喪葬陶器上的象徵〉（Symbolism in Mortuary Ceramics），載於 *BMAS*，1929，第 110 頁。

48 參見馬歇爾（Marshall），《莫亨佐－達羅河印度河文明》（*Mahenjo-Daro and the Indus Civilisation*），倫敦，1931，第 i 卷，第 62 頁。

阿姆格倫（Almgren）認為它們和約尼的含義非常類似。[49] 但是，印度的這些環石還有某些太陽的象徵體系。它們和「世界之門」（*loka-dvāra*）聯繫在一起，穿過這道世界之門，靈魂就可以「通過」（逃亡 =*atimucyate*）。石頭上的洞被稱為「解脫之門」（*mukti-dvāra*），和通過約尼（或萬物的子宮）獲得再生毫無關聯，而是和擺脫宇宙和達磨的輪迴有關，而這種解脫乃與太陽的象徵體系相關。[50] 事實上，這個象徵體系表明在穿越環石的原始儀式中存在另外一種與眾不同的意義。在印度，我們發現了另外一個新理論取代舊理論的例子：薩拉格拉瑪（*śalagrāma*）石[51] 甚至在今天仍被奉為神聖，因為它被視為毗濕奴的象徵。薩拉格拉瑪和植物圖拉希（Tulasi）結婚，而圖拉希則是吉祥天女（Lakṣmī）的象徵。不過事實上石頭和植物結為夫妻是「聖地」的原始象徵，也是原始祭壇的象徵，這在整個印度－地中海地區都是如此（參見第 97 節）。

在許多地方，隕石被視為豐產的象徵或者符號。布里亞特人（Buriats）篤信某些「從天上降下」的石頭幫助帶來雨水，每逢乾旱季節他們就向隕石奉獻祭品。與此相似，許多村莊裡有相當多的小石頭，每逢春季人們就向它們獻祭，以確保好收成。[52]

226

49　參見《作為宗教史料的北歐岩畫》（*Nordische Felszeichnungen als religiöse Urkunden*），美因河畔法蘭克福，1935，第 246 頁。

50　參見庫馬拉斯瓦米（Coomaraswamy），《黎明的黑暗一面》（*The Darker Side of the Dawn*），華盛頓，1935，第 17 頁，注解 22。

51　譯註：一種在圓石，中空，其中多有螺旋，為毗濕奴的象徵，多產於印度比哈爾邦北部的干達其河（Gandaki）。

52　霍姆貝格－哈爾瓦（Holmberg-Harva），《論古代民族的宗教想像力》（Die religiösen Vorstellungen der altaischen Völker），第 153 頁。

顯然，如果這塊石頭具有宗教意義，那是因為它的起源：它來自一個極其神聖而豐產的地方。它帶著雷聲自天而降。所有和「落雨石」的豐產作用有關的信仰都與它們起源於隕石，與人們感受到它們和某掌管雨水的力量、形式或者神靈之間存在某種相似性。例如在（蘇門答臘的）哥打·加當（Kota Gadang）有一塊石頭，模模糊糊地看上去像隻貓。由於在一些求雨儀式裡面用到黑貓，因此這塊石頭也被賦予了類似的力量。[53] 對於大量「落雨石」的詳盡分析，總是揭示一種「理論」的存在，說明它們如何掌管雲層的力量之源。那或者和它們的形狀有關——這些石頭與雲層或者雷電有某種「交感」性——或者和它們來自天上有關（它們肯定是從天堂上落下來的），或者和它們屬於「祖先」有關，或者也許它們是在水中被發現的，或者它們的形狀令人想起了蛇、蛙、魚或某些其他水的符號。這些石頭的力量從來不是起源於它們自身；它們分有一種原則或者具體體現一個象徵，表達一種普遍的「交感」或者透露出某種起源天堂的特點。這些石頭是一種超越其自身的屬靈實體的**符號**，或是一種神聖力量的工具，它們只不過是放置這些工具的容器而已。

79·隕石和石柱

隕石為我們提供了一個頗具啟發性的例子，說明石頭賦有各種不同的符號價值。麥加的克爾白（Ka'aba）以及在布匿戰

53　參見弗雷澤，《巫術的藝術和國王的進化》，1936，第 i 卷，第 308 頁。

爭時期帶到羅馬的佩希努斯（Pessinus）黑石——弗呂家的大母神希柏利（Cybele）的非圖像化形象——是一切隕石中最為著名的。[54] 它們的神聖特徵主要由於它們來自天上。但是它們同時也是大母神，即著名的地母的形象。她們起源於天空，這是一直沒有被忘卻的，因為民間信仰認為，一切史前時代石器都來自天上，把它們稱作「雷石」。隕石之所以成為大母神的形象，也許是因為它們被視為受到雷電——天神的象徵——的追擊。但是，另一方面，克爾白被視為「世界的中心」。換言之，它不只是大地的中心點。在它的正上方，在天空的中心，就是「天之門」。顯然，克爾白從天上落下，形成了一個洞，而正是由於這個洞，天地之間才有可能溝通。宇宙之軸就從這個洞中穿過。

因此，隕石之所以神聖，既是因為它們從天上降落，也是因為它們表明大母神的降臨，或者因為它們代表了「世界的中心」。不管怎樣，它們是**象徵**或者**符號**。它們是神聖的，這同時表明既存在一種宇宙學說，也存在一種明確的聖顯辯證法的概念。亞歷山大里亞的克雷芒寫道，「阿拉伯人敬拜石頭」。[55] 基督宗教護教論者就像他的《舊約》時代的一神教前輩一樣，出於維護他們（基於基督的啟示）純正而強烈的宗教經驗，否認古老宗教形式具有任何精神價值。由於閃米特人的精神結構傾向於將上帝和代表祂，或者顯示其力量的物質對象混為一談，[56] 很可能

228

54　參見拙文〈冶金術、巫術和煉金術〉（Metallurgy, Magic and Alchemy）中的書目，巴黎，1938，CZ，第 i 卷，第 3 頁。

55　《對希臘人的勸勉》（*Protreptica*），iv，第 46 頁。

56　文森特（Vincent），《埃勒潘蒂尼的猶太－亞蘭宗教》（*La Religion des Judeo-Araméens d'Éléphantine*），巴黎，1937，第 591 頁。

克雷芒時代有許多阿拉伯人的確曾「敬拜」石頭。然而，最近的研究表明前伊斯蘭教的阿拉伯人敬拜某些希臘人和羅馬人稱之為伯特利（*baytili*）的石頭。這個字來自閃米特語，意思是「上帝的家」。[57] 這些神聖的石頭不僅在閃米特世界受到崇拜，而且也受到與迦太基人尚無任何接觸的北非各民族的崇拜。[58] 不過，上帝之家並不僅僅被當做一塊石頭而受到**敬拜**。它們之所以受到敬拜正是因為它們代表了上帝的臨在。它們代表上帝的家，是祂的符號、記號、祂的力量的寶藏，或者以祂的名義進行的一切宗教活動的永恆見證。一些閃米特人世界的例子將有助於使它們的意義和功能更加清晰地顯示出來。

雅各取道前往美索不達米亞，抵達哈蘭。「到了一個地方，因為太陽落了，就在那裡住宿，便拾起那地方的一塊石頭枕在頭下，在那裡躺臥睡了。夢見一個梯子立在地上，梯子的頭頂著天，有神的使者在梯子上，上去下來。耶和華站在梯子以上，說：『我是耶和華你祖亞伯拉罕的神，也是以撒的神，我要將你現在所躺臥之地賜給你和你的後裔』……雅各睡醒了，說：『耶和華真在這裡，我竟不知道！』就懼怕說：『這地方何等可畏！這不是別的，是上帝的殿，也是天的門。』雅各清早起來，把所枕的石頭立作柱子，澆油在上面。他就給那個地方起名叫伯特利……」[59]

229

---

57 參見萊門斯（Lammens），〈伯特利祭祀和阿拉伯的史前宗教歷程〉（Le Culte des betyles et les processions religieuses dans l'Arabie preislamique），載於《東方考古所學報》（*Bulletin de l'institut d'archeologie orientale*），開羅，第 xvii 卷。

58 參見貝爾（Bel），《野蠻時代的阿拉伯人的宗教》（*La Religion musulmane en Berberie*），巴黎，1938，第 i 卷，第 80 頁。

59 《創世記》28：11-13，16-19。

80・石頭的聖顯和象徵體系

　　齊默恩證明，伯特利，即「上帝的殿」既是用以稱呼上帝的名字，也是用以稱呼聖石或者石柱的名字。[60] 雅各枕著石頭睡覺的地方正是天地相交之處，正是類似於「天之門」一樣的「中心」。但是在雅各的夢中向他顯現的上帝，就像聖經文本所強調的那樣，實際上就是亞伯拉罕的上帝嗎？抑或像杜索在 1921 年所認為的那樣，只是當地的一個神，即伯特利的神？[61] 為摩西之前的閃米特人宗教生活提供珍貴證據的《烏加里特文獻》（*The texts of Ras Shamra*）表明，以勒和伯特利（*Bethel*）是同一個神的名字，可以交互使用。[62] 換言之，雅各在夢中所見到的神**正是**他祖先的神，而不是一個地方神。但是他要祝聖的那根柱子以後被當地民眾敬奉為一個特別的神——伯特利。忠誠於摩西的消息的一神論菁英們長期以來一直和這個神鬥爭，而耶利米所指的就是這種鬥爭。「我們不妨這樣解讀，在雅各的異象這個著名故事裡，伯特利的上帝還沒有變成伯特利神。但是這種等同和混合也許很快就在老百姓中間發生了。」[63] 傳說雅各看見天使的梯子和神的殿的地方，巴勒斯坦的農民就將其視為伯特利神。[64]

60　參見杜索（Dussaid），《以色列人獻祭的迦南起源》（*Les Origines cananéennes du sacrifice israélite*），第一版，巴黎，1941，第 232 頁。

61　參見杜索，234 頁以下；參見《耶利米書》48：13：「摩押必因基抹羞愧，像以色列家從前倚靠伯特利的神羞愧一樣。」

62　參見杜索，《烏加里特文獻》（*Les Decouvertes de Ras Shamra*），第 2 版，巴黎，1941，第 97，111 頁。

63　文森特（Vincent），第 591 頁。

64　參見伊利亞德，《安樂死之島》（*Insula lui Eithanasius*），第 117 頁。

但是我們必須記得，不管當地民眾從伯特利看到了什麼，石頭除了代表一個**符號**、一處住所、一種聖顯之外，絕不代表其他任何東西。神通過石頭這樣的工具顯現出來，或者——在其他儀式中——**見證**並且聖化在附近所立的約。這種見證在思維質樸的民眾心靈裡，包含著神在石頭裡面具體體現；而對於菁英而言，這種見證則包含著石頭因神的臨在而發生了變形。在耶和華和他的百姓立約後，約書亞「將一塊大石頭立在橡樹下耶和華的聖所旁邊。約書亞對百姓說：『看哪！這石頭可以向我們作見證⋯⋯免得以後你們或許否認這約，背棄耶和華你們的神。』」[65] 拉班和雅各結下友好的盟約，他立了一塊石頭作柱子，也是作為神臨在的「見證」。[66] 這些做見證的石頭也許迦南人就把它們當作神祇的顯現而加以崇拜了。

針對經常把神臨在的**記號**和神所**化身**（*incarnation*）的某個特定對象的混淆，主張摩西一神教的菁英與這樣的混淆展開爭鬥。「你們不可做什麼虛無的神像，不可立雕刻的偶像或是柱像，也不可在你們的地上安什麼鑿成的石像，向他跪拜。」[67] 而在《民數記》中，上帝命令摩西毀掉迦南所見的石頭崇拜：「⋯⋯毀滅他們一切鑄成的偶像，又要拆毀他們一切的邱壇」。[68] 這不是一場在信仰和偶像崇拜之間爆發的戰鬥，而是在兩種不同的聖顯、兩種不同時間的宗教經驗的戰鬥：一邊是原始的概念，把神靈和事物等同起來，不管表現為何種形式，出現

---

65 《約書亞記》，24：26-27。
66 《創世記》31：44 以下。
67 《利未記》26：1。
68 《民數記》52。

在何種地方，一概加以崇拜；一邊是從菁英的經驗中形成的概
念，認為神僅在那些被祝聖的地方（約櫃、聖殿等等），以及在
某些旨在強化信徒心目中神之臨在的摩西時代的儀式中出現。通
常，宗教改革接收古老的崇拜形式和崇拜對象，改變它們的內涵
和宗教含義。傳統上保存律法的約櫃一開始完全可能包含某種由
於神的臨在而成為神聖的具有宗教含義的石頭。改革家們會接受
這一類事物並且將其納入一種完全不同的宗教體系，賦予它們一
種全然不同的意義。[69] 實際上，每一次改革都導致原初經驗的被
抹殺。將**記號**和**神靈**混為一談在質樸的百姓中間變得非常嚴重，
正是為了杜絕這樣一種混同，摩西時代的菁英或者取消這種符號
（鑿刻的石柱、雕刻的形象以及其他東西），或者徹底改造其中
的含義（例如約櫃）。於是，這種混同很快就以另外一種形式重
新出現了，並且要求進行更進一步的改革，或者換言之，對於原
初的含義作進一步的重新闡述。

231

81·聖石、翁法洛斯、「世界的中心」

雅各枕著睡覺的那塊石頭不僅是「上帝的殿」，也是以天使
的梯子溝通天地的地方。因此石柱（bethel）就是世界的中心，
就像麥加的克爾白和西奈山，又像一切儀式祝聖的神廟、王宮和
「中心」（第 143 節以下）。它是一架連接天地的梯子，起源

69　例如參見 A. 貝托萊（Bertolet），〈論祭祀中的動機變化〉（Ueber kultische
　　Motivverschiebungen），載《普魯士科學院院會歷史哲學分會》（*Sitz Preuss.
　　Akad Wiss., Phil. Hist. Klasse*），1938，第 xviii 卷。

於在那個地方發生的一次聖顯。上帝向枕在石頭上的雅各顯現自
己，也表示上帝可以在那個地方降臨大地，表明在那裡超越者可
以表現為無所不在。正如我們以後將會看到的那樣，這一類的梯
子固定在某個確定的具體的地理位置上；「世界的中心」可以通
過儀式在地球上的無數地方得以祝聖，不需要以一個地方的真實
性而取消其餘地方的真實性。

此刻我只需提到若干關於翁法洛斯（*omphalos*，「大地的肚
臍」）的信仰。保薩尼阿斯對此說道[70]：「德爾菲的居民所稱大
地的肚臍是一塊白色的石頭，認為它是世界的中心。品達在他的
一首頌歌中證實了這個想法。」關於這個主題的研究甚多（參見
書目）。羅德和 J·H·哈里森認為，大地的肚臍最初代表著放
置在墳墓上的石頭；瓦羅（Varro）[71] 提到一個傳說，肚臍是德爾
菲的聖蛇墳墓。羅歇爾（Roscher）為這個問題曾撰寫了三本專
著，宣稱大地的肚臍最初被認為是「大地的中心」。尼爾松並不
滿意這兩個解釋，他相信墓葬石和「世界中心」的概念都是後起
的，它們取代了一種更加「原始的」信仰。[72]

但是實際上，這兩種解釋都是「原始的」，而且並不相互排
斥。一座墳墓，被視為死者、生者以及諸神的世界聯繫的地方，
也可以是一個「中心」，一個「大地的肚臍」。例如在羅馬人看
來，壕溝（*mundus*）代表著三界溝通的地方。「壕溝開啟的時
候，不幸之神地下世界的大門也開啟了」，瓦羅寫道。[73] 壕溝當

70　x，16，2。

71　《拉丁語者》（*De Lingua Lattina*），第 Vii 卷，17。

72　《希臘宗教史》（*Geschichte*），第 i 卷，第 189 頁。

73　轉引自墨高庇（Macrobius），《農神節》（*Saturn*），i，16，18。

然不是一座墳墓，但是壕溝的象徵體系讓我們對於肚臍所充當的
類似功能有一個更為清晰的認識：它最早起源於墳墓，而這並不
和它是一個「中心」的事實相矛盾。在死者和地下諸神溝涌的地
方就可以被祝聖為一個不同宇宙層面的連結點，而這樣一個地方
只能處在一個「中心」（關於肚臍的多重象徵意義，我們將在著
手分析神聖的「中心」的理論和儀式的地位時進行研究，第 145
節）。

　　當阿波羅取代德爾菲的古老大地宗教時，他把肚臍及其特權
奪了過來。在復仇三女神（Furies）的追逐下，阿波羅在肚臍旁
邊潔淨俄瑞斯忒斯（Orestes）。這裡是至聖之地，是三個宇宙
區相交的「中心」，是以其象徵確保一個新生命的誕生以及一個
重新整合的良知的「肚臍」。「中心」的多重含義甚至在凱爾
特人的傳說那裡得到更好的保留。里亞・費爾（Lia Fail），即 　233
「費爾之石」（此名令人生疑；費爾也許意思就是愛爾蘭）在任
何可貴為國王的人坐上時就會唱歌；在進行神判的時候，如果遭
起訴的人是無辜的，一坐上去它就會變白；如果一個命定不育的
女子走近，這塊石頭就會流血；如果這個女子將要做母親，它
就會流奶。[74] 里亞・費爾是土地神的顯現，這個土地神是唯一認
出其主人（愛爾蘭的大王）的神靈，也是唯一掌管豐產經濟的神
靈，以及神判的保護者。當然，這些凱爾特人的翁法洛斯（參見
書目）以後變成了男根；畢竟豐產是「中心」的一個屬性，而它
的符號經常與和性有關。凱爾特人發現了中心的宗教的（因而也

---

74 參見杜梅齊爾，《朱庇特、瑪爾斯、季里諾》（*Jupiter, Mars, Quirinus*），巴
　黎，1941，第 228-289 頁。

是指政治的）意義，這在如 *medinemetum*、*mediolanum*[75] 等詞彙至今仍存在於法國的地名中也可以得到證明。[76] 如果我們謹記從里亞·費爾以及保留在法國的某些傳說所學習到的東西，就有很充分的理由將這些「中心」等同於大地肚臍的石頭。例如在阿芒希（Amancy）村（位於拉羅什區），可以找到一塊「世界中心之石」──這是對其作為「中心」的有力證明。[77] 穆蒂爾的貓頭鷹石從未被洪水淹沒，好似「世界中心」從來不會被大洪水吞沒（第 143 節）的觀念的輕聲迴響。

82・記號和形式

在每一種傳說中翁法洛斯都是一塊被超人類的存在或者被某種象徵體系所祝聖的石頭。就像伯特利和石碑（*masseba*），或者史前巨石陣一樣，翁法洛斯**見證**了某種東西，正是通過這種見證獲得了價值，或者在祭祀中佔有了一席之地。不管它們因保佑死者（例如就像新石器時代的巨石陣那樣）、見證了人和神之間的立約、人和人之間的立約（例如閃米特人那樣），或者由於其形狀或者從天上落下來（例如隕石）而獲得神聖的特徵──事實上，它們代表著聖顯，還是宇宙不同區域的聯結點，還是「中心」的形象──石頭總是從神的降臨改變它們、從體現在它們裡

75　參見愷撒（Cesar），《高盧戰記》（*De Bello Gallico*），vi，13：「中心地帶」（media reio）。

76　聖迪弗，第 ii 卷，第 328 頁以及書目。

77　同上，第 327 頁。

面的超越人類的力量（例如死者的靈魂），或者從圍繞它們形成 234
的（情色的、宇宙的、宗教的或者政治的）象徵體系獲得其宗教
意義。宗教的石頭總是**記號**，總是代表某種超越於它們的東西。
從這些卵石和岩石——總是以其堅硬、牢固和高貴而衝擊人類的
心靈——所代表的簡單的初級的聖顯到翁法洛斯和隕石的象徵體
系，宗教的石頭總是一成不變地**象徵著**某種比人類更偉大的東
西。

　　顯然，這些「象徵物」會發生變化，會被其他象徵物替代，
時而削弱，時而強化。我們並不指望用數頁篇幅就能夠完成對它
們的分析。在這裡我只消說，有些形式的石頭崇拜表現出幼態退
化的跡象，而其他形式，或者由於新的宗教經驗，或者由於它
們適合於不同的宇宙學而發生徹底的變化以至於無法辨別出來
了。**歷史**修正、改變、削弱了它們，或者當一種真正強有力的宗
教形象登上歷史舞台而改變所有聖顯。我們以後還將看到在宗教
形態學的範圍內由於歷史遷延而引發的變化的意義。現在，我們
只是舉一個石頭「變形」的例子：這是發生在某些希臘諸神中的
情況。

　　「如果有人回到很久遠的過去」，保薩尼阿斯寫道，「就會
看見希臘人敬拜的不是神像而是粗糙的石頭（*argo lithoi*）。」[78] 赫
密士的形象有著漫長而複雜的史前史：安放在路邊「保佑」並
且守護他們的石頭被稱作赫耳買（*hermai*）。只是到了很晚的時
候，祭祀酒神巴克斯的、帶有男性頭像的陽具形狀的石柱赫密士
（hermes）才逐漸被當成神的一種形象。因此，赫密士在變成我

78　vii，22，4。

們從荷馬時代的宗教和文學中所認識到的「人」之前，最初只是一種石頭的聖顯而已。[79] 這些赫耳買表明神的降臨，以及一種力量的具體表現，同時也保佑人們並帶來豐產。赫密士逐漸具有人的形象，這要歸功於希臘人的想像力，歸功於人們早就越來越多地將他們的神靈和神聖力量人格化的傾向。我們在這裡見證了一種進化，但是這種進化並不存在神的「淨化」或者「豐富」，而只是改變了人類最初藉以表達他的宗教經驗以及關於神的概念的用語。隨著時間的推移，希臘人用不同的方式表達他們的經驗和概念。他們大膽、奔放而富於創造的心智獲得了更為寬廣的視野，而古老的聖顯在這種新的背景下就喪失了它們的意義。赫耳買只是對於那些能夠從每一種創造行為、從每一種「形式」和「記號」直接接受神聖啟示的心智顯現神的降臨。因此赫密士不再是與石頭相連的神了。他的外貌變成了人的模樣，他的聖顯變成了神話。

雅典娜的聖顯表現了同樣由**記號**向人發展的過程。不管其起源如何，雅典娜像（*palladium*）在史前時代肯定直接表達了女神的力量。[80] 阿波羅·阿吉烏斯（*Apollo Agyieus*）起初只不過是一根石柱。[81] 在墨伽拉的運動場（Gymnasium of Megara）有一塊金字塔形的石頭，叫做阿波羅·卡利諾斯（Apollo Karinos）；在馬里亞（Malea），阿波羅·利忒西奧斯（Apollo Lithesios）

---

79 參見蘭基爾德（Raingeard），《招魂巫師赫密士》（*Hermes psychagogue*），巴黎，1935，第 348 頁以下。

80 參見，鄧尼斯·德·拉蘇爾（Benyse de Lasseur），《武裝的女神》（*Les Déesses armées*），巴黎，1919，第 139 頁以下。

81 德·威瑟爾（De Visser），《論希臘的非人形諸神》（*Die nichtmenschen gestalten Götter der Griechen*），萊頓，1903，第 65 頁以下。

站在一塊石頭旁邊，最近人們認為形容詞利忒西奧斯起源於岩石（*lithos*）[82]——尼爾松認為這個語源正好表達了該神以前究竟是什麼。可以肯定，再也沒有哪個希臘神像阿波羅這樣被許多「石頭」環繞了，甚至赫密士也不如他。但是阿波羅並不像赫密士那樣「是」個石頭，它不是從石頭裡面出來的。赫耳買只是一個提醒，要人們記得道路的孤寂、夜晚的恐懼，它代表著對旅客、家庭和田野的保護。只是因為阿波羅佔有了古老的崇拜場所，他才把它所特有的記號、石頭、翁法洛斯（*omphaloi*）和祭壇連接在了一起，而這些最初都是獻給大母神的。這並不意味著一個阿波羅的基本的石頭聖顯在他獲得其經典形式之前毫無作用：裸露的石頭之於原始人的心智，較諸任何阿波羅神像之於雕塑家同時代的人，更能夠有效地表現神靈的降臨。

---

82 蘇爾德斯（Solders），載於 *AFRSW*，1935，第 142 頁以下。

VII
·
大地、女人和豐產

239　83・地母

「……大地（蓋亞）首先生了烏拉諾斯——繁星似錦的皇天，他與她大小一樣，覆蓋著她，周邊銜接。大地成了快樂神靈永遠穩固的逗留場所。」[1] 這對最早的夫婦生下了無數神族、庫克洛佩斯〔Cyclops〕和其他神話人物（科托斯〔Cottos〕、布里阿柔斯〔Briaveus〕、古埃斯〔Gyges〕、「目空一切的孩子」，每個孩子都有一百條胳臂、五十個腦袋）。這場天和地的婚姻是最早的神族婚姻。諸神也很快就結婚了，相應地，人類也就仿效諸神在時間開始之際所做的一切事情那樣，神聖而莊嚴地仿效他們的婚姻了。

蓋亞或者葛（Ge）崇拜在希臘流傳甚廣，但是隨著時間的推移，其他大地之神代替了她的位置。語源學研究表明，在蓋亞那裡，土地的元素得到了最直接的表達（參見梵文的 *go*，「土地、東方」；贊德文 *gava*，哥特文 *gawi*，*gauja*，「領域」）。荷馬幾乎沒有提到她；一個冥府之神——何況在一個前希臘的文化層面上處在突出地位的神靈——是不大會出現在他的奧林帕斯山上的。但是有一些荷馬頌詩是獻給她的：「我歌頌大地、無憂為王的、萬物之母、養育土地一切存在的可敬的女祖先……賜予世人以生命又奪走他的生命的是你……在你的美意庇護下人類何等喜悅。人類大地豐收在望，在他的大地上畜群繁茂、家中財寶堆集。」[2]

1　海希奧德（Hesiod），《神譜》（*Theogony*），v，126 以下。
2　《致大地》（*To Earth*），1 以下。

埃斯庫羅斯也讚美她，因為大地「賜予萬物生命、養育它們，又從它們那裡得到種子的回報。」[3] 保薩尼阿斯告訴我們還有一首古老的頌歌，多多納的普勒阿得斯唱道：「宙斯曾經是，現在是，將來也是，噢，偉大的宙斯啊！正是在你的幫助下大地產出她的果實。我們稱她是有著完美理性的母親。」[4]

　　許多流傳至今的信仰、神話和儀式都和大地、大地的神靈、大母神有關。在一定意義上，作為宇宙的基礎，大地具有多重意義。大地之所以受到讚美，是因為萬物來自她，又復歸於她。如果研究某一個宗教的歷史便能夠清楚而準確地敘述這種冥府聖顯的功能和發展過程。但是如果只是研究宗教的形式，就沒有可能做到了；正如在其他的章節裡一樣，我們在這裡考察屬於不同時代、不同性質的文明循環之中的行為、信仰和儀式。不過，我們還是先來考察，在以大地、地母、大地之神、大地之靈等為標題的著作中羅列出諸種元素的主要範型的若干線索吧。

84·最初的夫婦：天和地

　　海希奧德所描述的對偶神天和地，是一個普遍的神話主題。在許多神話裡，天扮演著至上神的角色，而地則表現為他的伴侶，正如我們在前文所見（第 12 節以下），天在世界各地的原始宗教生活中都佔有一席之地。我們且來回顧若干個例子吧。毛

3　《奠酒人》（*Choephori*），v，127-128。

4　x，12，10。

利人稱天為蘭基（Rangi），稱地為帕帕（Papa）。起初，就像烏拉諾斯和蓋亞一樣，他們也是緊緊擁抱在一起。從這種永恆合一中生下了他們的孩子——圖馬塔－南加（Tumata-nenga）、塔納－馬胡塔（Tane-mahuta）和其他孩子——他們渴望光明，卻在黑暗中摸索，便決定把他們的父母分開。於是，有一天他們割斷了捆綁天地的繩索，把父親往上推，再往上推，直到他延伸到天空當中，於是世界上就有了光明。[5]

241　　　天和地，最早的一對夫妻創造世界的主題，在從印尼到密克羅尼西亞的所有大洋洲文明中都存在。[6]你們可以在婆羅洲西里伯斯（大地女神努米盧特〔Luminuut〕是那裡的主神）[7]以北的米納哈薩（Minehassa）人、中塞勒比的托萊加人（伊萊和伊恩多拉〔I-ndora〕）、無數其他印尼島嶼等地方都可以發現這個主題。有的地方還有天和地被強行分開的主題。例如在塔希提島，人們相信這是由於有一種植物在生長過程中把天抬高所致。[8]這個主題在其他一些文明地區也流傳甚廣。[9]我們在非洲

5　你們也許還記得，在海希奧德講述的神話裡，克洛諾斯閹割他的父親，但是原因有所不同：那是因為烏拉諾斯不知不覺中生下了一些妖怪，而那時克洛諾斯還藏在蓋亞的身體裡面。朗認為希臘神話可以用毛利人的術語加以解釋。但是後者只是一個創世神話，解釋了天和地之間為何相距遙遠，而正如杜梅齊爾在《烏拉諾斯－伐樓那》（巴黎，1934）中所證明的那樣，如果注意到印歐人關於統治者的宗教概念就夠得到解釋。

6　斯陶達赫（Staudacher），《天與地的分界》（*Die Trennung von Himmel u. Erde*），圖賓根，1942；沼澤喜市（Numazawa），《日本神話中的世界起源》（*Die Weltanfange in der japanischen Mythologie*），盧塞恩（Lucern），1946，第 138 頁以下、第 305 頁以下。

7　參貝塔佐尼（Pettazzoni），第 130 頁。

8　參見克拉佩（Krappe），《神話的起源》（*Genèse*），第 79 頁。

9　參見克拉佩，第 78-79 頁；沼澤喜市，第 317 頁以下。

也發現有天和地這對最早的夫妻。例如加蓬（Gabon）的巴維里
（Bawili）部落的恩贊比和恩贊比－彭古（Nzambi and Nzambi-
Mpungu）[10]、約魯巴人的奧魯倫和奧敦納（Oduna,「那黑色
的」）[11]、埃維（Ewe）和埃克瓦皮姆（Akwapim）的一對夫
妻神[12]等等。在庫馬納人（Kumana）南部非洲一個從事農業的
部落中，天和地的婚姻具有和多多納的普勒阿得斯的讚美詩一
樣的宇宙豐產意義：「大地是我們的母親，天是我們的父親。
天降大雨，大地豐收，產出穀物和青草。」[13]正如我們將要看
到的那樣，在大部分和農業有關的信仰中都有類似的用語。對
偶神在美洲神話中也有描述。在加利福尼亞南部，天被稱為圖
克米特（Tulmit），地為塔麥歐維特（Tamaiovit）；[14]在納瓦
荷人（Navaho）中間，我們發現有亞蒂基勒‧哈斯金（Yadiljil
Hastqin，天男）和他的妻子尼荷贊‧艾斯札（Nihoszan Esdza，
地女）；[15]在北美洲的保尼斯人[16]、蘇族人、休倫人（易洛魁人
的一個主要部落）[17]、霍皮人（Hopi）、西印度群島的祖尼人
（Zuñi）以及在其他地方，我們都可以找到同樣的二元宇宙。在
東方神話裡，宇宙創造同樣重要的作用。「眾土之女王」（女
神阿利娜）以及她的丈夫烏（U）或伊姆，赫梯人版本的風暴

242

10　貝塔佐尼，第 210、212 頁。

11　同上，第 246 頁。

12　克拉佩，第 78 頁。

13　貝塔佐尼，第 279 頁。

14　同上，第 279 頁。

15　同上，第 282 頁。

16　同上，第 284 頁。

17　同上，第 291、315 頁。

神；[18] 地母和天公是中國人的版本；日本則有伊邪那岐和伊邪那美（Izanagi and Izanami）[19] 等等。在日耳曼各民族中，曲爾以及後來奧丁的妻子芙里格（Frigga），本質上就是一位大地女神。只是因為一個偶然的語法原因，埃及人用女神努特來代表天空（稱呼天空的字是陰性的），而用男神格布（Geb）代表大地。

85 · 大地聖顯的結構

要舉出許多例子是輕而易舉的，但是從中我們什麼也得不到。單單列舉創造宇宙的夫婦並不能表明地祇的基本結構，也不能表明他們的宗教意義。在創世神話裡，大地雖然最古老，但扮演的卻是消極角色。在講述大地故事的神話還沒有存在的時候，僅土地的**存在**就已經在宗教氛圍中起到重要作用。在原始人的宗教意識裡，大地是可以直接經驗並接受的。它廣袤、堅固、景色萬千、植物繁多，構成了活潑的積極的宇宙統一體。對大地的宗教意義的最初認識就是「蒼茫」。換言之，並不是把神聖性定位在土地本身，而是把大地周圍的一切自然的聖顯——大地、石頭、樹木、流水、陰影等等糅合成為一個整體。把大地當成一種宗教「形式」的最初直觀也許可以用這樣的術語表述：「宇宙——充滿神聖力量的寶藏。」我們在賦予水的不同的——宗教

---

18 弗蘭尼（Furlani），《赫梯人的宗教》（*La Rekigione degli Hittiti*），波隆那，1936 年，第 18、35 頁。

19 沼澤喜市，第 93 頁以下。

的、巫術的或者神話的——意義中可以看到種子、蟄伏以及再生等等的概念，但是對於大地的最初直觀則表明它是每一種存在現象的**基礎**。凡**在**大地上的，都和一切其他事物相互結合，一同構成一個崇高的整體。

這些基本直觀所形成的宇宙結構使我們幾乎分辨不出大地本身的元素。在這種直觀下，人們生活在這些作為一個整體的周遭事物中，很難將屬於大地的，與僅僅透過大地**顯現**出來的——山脈、森林、流水、植物——區分開來。對於這些直觀（其宗教的性質我已經足夠清楚地說明了）而言只有一件事情是可以肯定的：它們是作為**形式**出現的，它們揭示實在、必然地、不可避免地突出自己，直指人心。大地以及一切它所支撐的、包含的，從一開始就被視為存在的永不枯竭的源泉，這源泉直接向人類揭示自身的存在。

有關孩子起源的信仰歷史使得我們能夠斷定，在真正成為地祇之前（它隨著農業一起出現），大地的聖顯具有宇宙的形式。在知道懷孕的生理原因前，人們認為懷孕孩子是直接插入母親的子宮所致。我們在這裡絕對不是關注那進入婦女子宮內的孩子是否已經被認為是一個胎兒——在此之前他們已經生活在洞穴、裂縫、水井、樹木等等——的問題，也不管他們是否被認為只是一顆種子，或者甚至是「一個祖先的靈魂」或別的什麼。我們所關注的是這樣一個觀念：孩子不是因父受胎，而是發展到一定階段，由於他們的母親與周圍鄉村的某種物體或動物接觸，才被安放到她子宮裡面的。

雖然確切地說，這個問題屬於人種學而不是宗教史的範疇，但有助於澄清當前研究的問題。男人不在創造中起絲毫作用。父

243

親只是孩子在法律上的父親，而不是在生物學上的。男人相互之間只是通過母親而有聯繫，而且這個關係也是不確定的。但是他們和周圍的自然環境關係的密切程度，遠超任何現代世俗的人的想像。他們是真正意義上的而不是比喻性的「大地之民」。他們不是水生動物（魚、青蛙、鼉魚、天鵝或者諸如此類的動物）帶來的，就是在岩石、深淵或者洞穴裡成長，然後經由巫術被投入到他們母親的子宮裡面，或者在誕生之前生活在流水、水晶、石頭或者樹叢裡，或者——以一種作為「孩子－祖先」的「靈魂」的幽暗的、前人類形式——生活在附近的某個宇宙區裡。因此我們只要提到一些例子就可以了，亞美尼亞人認為大地是「母親的子宮，男人就從那裡誕生」。[20] 秘魯人相信他們是大山和石頭的後代。[21] 其他民族則認為孩子起源於山洞、裂縫、泉水等等。甚至在今天歐洲還有人相信孩子是從水池、泉水、河流、樹林等等地方來的。[22] 這些迷信的重要性在於大地具有「宇宙」的形式：它等同於整個周圍環境，等同於小宇宙，而不僅僅是大地本身。「大地」在這裡意味著一切環繞人類的事物，整個「地方」——山、水以及植被。

人類的父親只不過是通過具有收養特徵的儀式而將這些孩子加以**合法化**而已。這些孩子首先屬於「地方」，屬於周圍的小宇宙。母親只是接受他們；她「歡迎」他們，至多不過是使他們獲得一個完滿的人類形式。由此我們不難理解，人們與周圍的小宇

---

20 迪特里希（Dieterich），《地母》（*Mutter Erde*），柏林，1925，第 14 頁。

21 尼貝戈（Nyberg），《兒童和大地》（*Kind unf Erde*），赫爾辛基，1931，第 62 頁。

22 迪特里希，第 19 頁以下。

宙、「地方」融為一體的情感，對於處在這種精神發展階段上的
人，或者說，對於如此看待人類生命的人而言是非常普遍的。在
一定意義上我們可以說人類**還沒有誕生**，可以說他還沒有認識到
自己完全屬於他所代表的那個生物物種。最好認為在這個階段他
的生命還處在一種前誕生的時期：人在生命中繼續直接地分有一
種不是他自己的生命，分有一種「宇宙之母」的生命。我們可
以說，他對存在有著一種自己只能部分理解的「系統發展」的經
驗；他感覺到自己同時從兩、三個「子宮」裡面誕生。

　　不難看到，這種認識背後包含著人對宇宙，以及同類的若干
特定的態度。人類父親地位的不確定性，被存在於人類和大自然
中各種具保護作用的力量或者實體之間的統一性抵消掉了。但是
另一方面，這種和「地方」的統一性幾乎無法激發人類的靈感，
從而想到自己是生物界中的一個創造者。這個使自己的孩子——
不是來自大自然中的某個源泉，就是來自「祖先的靈魂」——合
法化的父親根本不是真正得到了一個孩子，只不過新增了個家庭
成員以及幫助他勞動或保護家庭的新鮮工具而已。他和他的後代
之間的聯繫並不是真正生育後代的關係。他的生物學的生命以自
己的生命為終結，根本不能通過其他人而延續下去——不過印歐
民族後來對人類有家庭延續性的感覺做出一種解釋，大致是說肉
體直接延續（父母創造孩子的身體，或者「實體」）而靈魂則間
接來自祖先（也就是祖先的靈魂化身為這個新生的生命）。[23]

　　因此，在最早的宗教經驗或者神話的直觀中，大地便是人

245

23　參見埃克哈特（Eckhardt），《人間的永恆》（*Irdische Unsterblichkeit*），威
　　瑪，1937，各處。

類所處的「全部地方」。有許多稱呼大地的字眼在語源上都表達了空間的印象——「地」、「寬」、「領域」（參見 *pṛthivī*，「寬」）或者感覺的印象，「堅固的」、「那留駐的」、「黑色的」等等。對於大地的任何宗教評價本身只是在以後才發生——在遊牧社會，尤其在農業社會，如果用民族學的術語來說的話。直到那個時代，人們稱呼的「大地之神」才真的成為「地方」——也就是周圍宇宙意義上——的神祇。

86 · 大地的母性

大地本身，特別是作為土壤的聖顯之一，便是大地的「母性」，是她永不枯竭的產生碩果的力量。在成為女神或者豐產神之前，大地本身就向人類自身顯示為母親，即地母（*Tellus Mater*）。以後發展起來的農業祭祀，逐漸清晰地形成了植物和收穫的大母神的概念，最終毀滅了大地－母親的一切蹤跡。在希臘，蓋亞的地位被狄密特取代。儘管如此，某些古老的民族學文獻揭示了古老的大地－母親崇拜的遺跡。尤馬蒂拉（Umatilla）部落的一位印第安先知斯莫哈拉（Smohalla）禁止他的追隨者掘地，因為農事弄傷或者砍斫、撕碎或者搔弄我們共同的母親，這是有罪的。他為自己反對農業的態度辯護，說：「你們要求我耕耘土地嗎？我可以用刀割傷我母親的胸口嗎？那麼我死以後她就不會讓我歇息在她的懷抱裡面了。你們要求我挖掘大地獲取寶石嗎？那麼當我死之後就不能進入她的身體而獲得再生。你們要我收割青草，做成乾草，然後出賣，就像白人那樣富有嗎！但是我

如何敢割下母親的頭髮呢？」[24]

　　這種對於大地－母親的神祕虔誠並非孤例。中印度原始的達羅毗荼部落之一柏賈人（Baiga）實行一種居無定所的農業，他們只在被大火燒毀的部分叢林地帶遺留下來的灰燼中播種。之所以如此不厭其煩，是因為他們認為用犁劃破大地的胸膛是一種罪過。[25] 同樣，有些阿爾泰和芬－烏民族認為採摘青草是一件可怕的罪過，因為這樣做會傷害大地，就像拔掉一個人的頭髮和鬍鬚會傷害他一樣。伏佳克人（Votyaks）有將祭品放在一道明溝裡的習俗，但是他們非常小心，從不在秋天做這件事情，因為那個季節是大地入睡的時候。車列米西人經常認為大地會生病，在這些時候就不會坐在地上。還有其他許多跡象表明，在那些農業和非農業民族中間，地母的信仰一直保留著，哪怕是零碎的。[26] 大地宗教即使像有些學者所認為的那樣不是最古老的，但也是非常持久的宗教。一旦在某個農業結構中確立起來，哪怕數千年過去也不會有什麼改變。在有些情況下，從史前時代直到今天，其連續性一直沒有中斷。例如，「葬禮蛋糕」（coliva，羅馬尼亞文）在古希臘就有同樣的名字，其遺產可以追溯到史前的、前希臘的時代。關於農業的大地宗教亙古不變的結構之連續性，我們在後面還要提到例子。

247

24　詹姆斯·穆尼（James Mooney），〈靈舞宗教和 1890 年蘇族人戰爭的爆發〉（The Ghost-Dance Religion and the Sioux Outbreak），《美國民族學年報》（Annual Report of the Bureau of American Ethnology），華盛頓，1896，XIV，第 721 頁。

25　弗雷澤（Frazer），《阿多尼斯、阿提斯、歐西里斯》（Adnis, Attis, Osiris），第 i 卷，第 89 頁。

26　參見尼貝戈，第 63 頁以下。

1905 年，迪特里希（A. Dieterich）出版《地母：試論民間宗教》（*Mutter Erde, ein Versuch über Volksreligion*）[27]，很快成為經典。埃米爾・戈德曼（Emile Goldmann）[28] 和之後的其他學者，尤其是最近的尼爾松（Nillson），[29] 從各個方面對迪特里希的學說提出了反對意見，但是該學說並沒有被全部否證。迪特里希從回顧三種古老的習俗——把新生兒放在地上、埋葬兒童（成人則火化）、把病人或即將死去的人盡可能放在接近大地的地方——著手他的研究，復原了原始人的大地－女神的基本面貌。這位大地女神也就是埃斯庫羅斯提到的「萬物之大地－母親」（*pammetor Ge*），[30] 以及海希奧德詩篇提到的蓋亞。圍繞這三種習俗收集到數量驚人的材料，也引發了激烈的爭論，在這裡我們都不需要深入討論。但是我們要考察這些事情本身究竟告訴我們什麼，應該在怎樣的宗教結構中去考察它們。

87・人類生於大地

和瓦羅一樣，聖奧古斯丁提到了一位名叫勒瓦拿（Levana）的拉丁女神，她把孩子從大地提起來：*levat terra*。[31] 迪特里希注意到，這個事實和在阿布魯奇（Abbuzzi）至今仍保留下來一種

---

27 萊比錫－柏林，第 3 版，1925，費赫勒（E. Fehrle）增補。

28 "Cartam levare"，載於 *MIOG*，1914，第 xxv 卷，第 1 頁以下。

29 《希臘宗教史》（*Geschichte*），第 427 頁以下。

30 《普羅米修斯》（*Promentheus*），88。

31 《上帝之城》（*De Civ Dei*），iv，11。

習俗有關，就是將嬰兒洗淨包裹之後立刻放在地上。[32] 同樣的儀式在斯堪地納維亞人、日耳曼人、波斯族人（Parsees）、日本人以及其他民族中都存在。孩子要由父親（de terra tollere）親手撿起來，表示承認這個孩子。[33] 迪特里希把這個儀式解釋為一種將孩子奉獻給大地之母的儀式，大地之母才是其真正的母親。戈德曼表示反對，認為將孩子（或者病人或者瀕死之人）置於地上未必表明他是大地的後代，而是要和泥土的巫術力量發生聯繫。其他人則認為這個儀式意味著為這個孩子從地母那裡得到一個靈魂。[34]

248

　　我們顯然面臨兩種不同的解釋，但是它們的矛盾只是表面的。兩者都承襲著同樣一個原初的概念：大地是力量、「靈魂」、豐產 —— 地母的豐產 —— 的源泉。放在地上（humi posutio）在許多地方和許多民族中間都經常可以發現。在高加索的古里昂人（Gurions）那裡，在中國部分地區，婦女臨產的陣痛到來之際就躺到地上，這樣孩子一出生就可以接觸到大地；[35] 紐西蘭毛利族的婦女躲在灌木叢生的溪畔分娩；許多非洲部落的婦女通常坐在森林裡的地上生孩子；[36] 我們在澳大利亞、北印度，在北美洲、巴拉圭和巴西的印地安人中間也都發現了相同的

32　《地母》，第 7 頁。

33　尼貝戈，第 31 頁。

34　例如羅斯（Rose）所著《義大利原始文化》（Primitive Culture in Italy）。倫敦，1926，第 133 頁。

35　薩姆特（Samter），《誕辰，婚嫁與死亡》（Geburt, Hochzeit und Tod），柏林，1911，第 5 頁以下。

36　尼貝戈，第 131 頁，共給我們資料。

儀式。[37] 薩姆特注意到（第 6 頁），這個習俗隨著時間的推移被希臘人和羅馬人拋棄。有些司誕生的女神（Eilithyia、Damia、Auxeia）的雕像表現為跪在地上，和婦女把孩子生在地上的樣子一模一樣。[38] 在中世紀的德意志人、日本人、某些猶太社團、高加索人，[39] 以及在匈牙利、羅馬尼亞、斯堪地納維亞、冰島以及其他地方，也可以發現同樣的儀式。埃及人說「坐在地上」，就是俗語說的「生孩子」。[40]

這個廣為傳播的儀式的基本意義無疑就是大地即母親。正如我們所見，在一些地方人們相信孩子是從井、水、岩石、樹木等處生出來的，更不用說在其他人那裡，孩子被認為是「來自大地」。[41] 私生子被稱為大地之子（*terrae flius*）。摩爾達維亞人想要收養一個孩子，就把他放在花園的溝渠裡面，據說保護女神大地之母就居住在那裡。[42] 這就意味著那個要被收養的孩子必須重新誕生。這不是（例如羅馬人那樣）由收養的母親跪在地上模仿生孩子的樣子，而是將這孩子放在其真正的母親——大地的懷抱裡面。

---

37 普羅斯和巴特爾斯（Ploss and Barterls），《婦女：歷史的、地理的以及人類學的概要》（*Woman: An Historical, Gynecological and Anthropological Compendium*），倫敦，1935，第 ii 卷，第 278-280 節。

38 亦可參見瑪律孔尼（Marconi），《拉底姆地區最古老宗教在地中海地區的反映》（*Riflessi mediterranei nella piu antica relifione laziale*），米蘭，1939，第 254 頁以下。

39 尼貝戈，第 133 頁。

40 尼貝戈，第 134 頁。

41 參見迪特里希，第 14 頁以下；澳大利亞人是大地所造的神話等等；尼貝戈，第 62 頁。

42 尼貝戈，第 137 頁。

　　大地所生的概念到了後來自然就被另外一個更加自然的概念
所取代，即認識到大地就是保護女神，就是一切力量的源泉，新
生的孩子一定要奉獻給大地（也就是奉獻給居住在大地裡面的母
性的靈魂）。因此我們經常可以發現「大地的搖籃」：把小孩子
放在溝渠裡面，讓他們睡覺或者休息，直接和大地接觸，或者睡
在母親用灰燼、乾草和樹葉特製的床上。大地的搖籃在原始社會
（澳大利亞人和突厥－阿爾泰諸民族）以及更高級的文明（例如
印加帝國）都十分普遍。[43] 希臘人和其他民族從來不殺死他們要
遺棄的孩子，而是把他們放到地上。大地－母親必須照顧好他
們，必須決定他們的生死。[44]

　　一個孩子「暴露」、遺棄給自然元素——水、風、地——的
意志總是對命運的某種蔑視。一旦託付給大地或水，則孩子將
從此獲得一個孤兒的社會身分，而且處在死亡的危險之中，但是
他也就擁有了某種和常人有所不同的條件。在大地的保護下，
被遺棄的孩子一般都成為一個英雄、國王或聖人。他的生平傳
奇只是重複了諸神被遺棄的神話。大家還記得宙斯、波塞頓、戴
奧尼索斯、阿提斯和數不勝數的諸神也和珀修斯（Perseus）、
埃昂（Ion）、阿特蘭塔（Atalanta）、安菲昂和澤托斯的命運、
和伊底帕斯、羅穆盧斯（Romulus）和羅穆斯（Remus）的命運
相似。摩西被遺棄在水中，就和被投入大海的毛利人英雄馬西
（Massi）一樣，也和「在黑暗的海浪上面漂流」的卡勒瓦拉英

250

43　同上，第160頁。

44　參見德爾科特（Delcourt），《古代經典時期不育的神秘與誕生的巫術》
　　（*Stérilité mysterieuses et naissances maléfiques dans l'antiquité classique*），　巴
　　黎，1938，第64頁。

雄華奈摩伊寧（Vainamoinen）一樣。被遺棄的悲劇得到了關於「孤兒」、最初的孩子、他在宇宙中真正無懈可擊的孤獨，以及他的獨特性的宏大神話，並以此補償。這樣一個孩子的出現印證了萬物黎明的某一個時刻：宇宙的、一個新世界的、一個新的歷史時代的（處女座復歸〔*Jam redit et virgo*〕……）、一個「新生命」的創造——亦即在實在的各種不同層次上的創造。[45] 一個被遺棄給大地－母親的孩子，又得到她的拯救和撫育，就再也不是普通人類命運的一部分了，因為他重新展現了宇宙「開端」的那個瞬間，他不再在家庭之中成長，而是長於自然的元素之中。這就是為什麼英雄和聖人來自被遺棄的孩子：正是通過保護孩子免於死亡，大地－母親（或者水－母親）把一種崇高的命運奉獻給了這個孩子，這種命運是終有一死的凡人根本無法得到的。

88・再生

伴隨這種地母信仰的儀式是兒童遺體的喪葬方式。成人火化，但是兒童卻要土葬，這樣他們就可以回到地母的懷抱，然後

45　參見伊利亞德，《曼諾拉大師傳奇評注》（*Commentarii la legenda Mesterului Manole*），布加勒斯特，1943，第 54 頁。譯者按：曼諾拉大師傳奇是一部長期流傳在羅馬尼亞的民間故事。大意是說，16 世紀有位曼諾拉大師，他是個能工巧匠，應王子之邀建造一座修道院，但是院牆總是倒塌，曼諾拉按照夢托，和工匠們約定，誰家的妻子若第一個出現在工地上，就用她祭牆。第一位來到工地的恰是曼諾拉大師的妻子，曼諾拉只好如約將她在牆下活埋，由此建造了一幢全羅馬尼亞最美的修道院。

獲得再生：*Terra clauditur infans*。[46]《摩奴法典》規定，兩歲以下的兒童必須土葬，決不可火葬。休倫人（Hurons）把兒童埋葬在道路下面，這樣他就可以爬回路過的母親子宮，由此獲得再生。[47] 安達曼島民把他們的孩子埋在家中的爐膛底下。[48] 同樣我們也要注意這其中的關聯，「像一個胚胎那樣」的土葬的習俗在許多民族都可以發現，我在討論死亡神話學的時候還會回到這個問題。[49] 遺體擺放成胚胎的樣子，大地－母親就可以使它回到這個世界上來。有些地方活埋兒童，獻祭給地母。例如，在格陵蘭，如果父親病入膏肓，就活埋他的兒子；在瑞典，瘟疫爆發就要活埋兩個孩子；瑪雅人每當遇到嚴重的乾旱也會舉行類似的獻祭。[50]

251

正如兒童在出生的時候放在地上，以便他的生母使他獲得合法的身分，確保他得到神的保佑，孩子或者成人在生病的時候也被放在地上——即使不是真的埋進土裡。這個儀式也和再生儀式一樣。象徵性的埋葬——部分或者全部——也和浸沒在水中、洗禮（第 64 節）的儀式有著同樣的宗教意義。病人從中獲得再生：他重新出生了一次。這不僅僅意味著獲得大地的力量，而且是一種徹底的再生。這種儀式對於滌除重罪或者治療精神疾病也同樣有效（後者與犯罪、肉體的疾病一樣，對社會的危害都很嚴重）。有罪的人被置於一隻木桶或者在地裡挖出的一道溝渠裡。

---

46 參見 Juvenal，xv，第 140 頁。

47 迪特里希，第 22 頁。

48 謝巴斯塔（Schebesta），《俾格米人》（*Pygmées*），第 142 頁。

49 范德雷（Van der Leeuw），〈所謂屈肢葬和埃及的大地〉（*Das sogenannte Hockerbegrabnis und der* ägyptische *Tjkw*），*SMSR*，1938，第 xiv 卷。

50 尼貝戈，第 181 頁以下。

當他浸沒在水中後，「他就從母親的子宮裡再生出來」。[51] 這就是為什麼斯堪地納維亞人相信，一個女巫如果想要免於永恆的詛咒，就要被活埋，在她的頭頂上立刻播下種子並且收穫成果。[52] 對於那病痾沉重的孩子還有一種類似的信仰。如果人們能夠將其埋在土裡，在上面種上種子，讓它們長到一定高度，孩子的病就會好起來。這個信仰不難理解：人（或者女巫或者孩子）通過這樣一種方式獲得了一種和植物一起重生的機會。

另外一種儀式也與此相關，即把生病的孩子在一道地縫、一座岩洞或者一個樹洞裡面放一會兒。[53] 這是一個比較複雜的信仰的一部分：一方面，意在將孩子的病轉移給其他事物（樹木、岩石、地面）；另一方面，重演一遍真正的誕生（也就是從開口中出來）。實際上，甚至太陽崇拜的某些元素也可能對這個儀式產生影響——至少在某些地方（例如印度；參見第 78 節）是如此。但是基本的觀念是通過新生達到治療的效果——而且正如我們所見，在他們的大多數信仰裡，農業民族在這種新生和與大地－母親的交流之間建立起了密切聯繫。這是對潔淨和利用大地作為治病手段的一整套信仰和習俗所能夠做的唯一解釋。正如戈德曼（Goldmann）所言，大地實際上充滿著力量，但是這個力量是來自它能夠產生果實，以及她的母性。

正如我們所見，即使在那些普遍實行火葬的民族中，孩子也要埋葬在大地裡面，即希望大地的子宮賦予他們新的生命。毛利

---

51 弗雷澤，《舊約中的民間故事》（*Folklore in the Old Testament*），第 2 卷，第 33 頁。

52 迪特里希，第 28 頁以下；尼貝戈，第 150 頁。

53 尼貝戈，第 144 頁以下。

人的用語 *whenna* 既指「大地」也指「胎盤」。[54] 甚至成年人死後土葬——在那些實施火葬的民族中，埋葬他們的骨灰——也有著同樣的目的。《梨俱吠陀》唱道：「爬回到你的母親，大地那裡去吧。」[55]《阿闥婆吠陀》唱道：「你們本是大地，我把你們置於大地裡面。」[56]「大地就是你們的母親；我是大地之子，我父親是生主……從你出生，死後回歸於你……」[57] 骨灰和火化的骨殖入土時要摻入種子，撒入新耕的大地，口頌：「願薩維特里把你們的肉體撒入我們地母的懷抱。」[58] 但是這些印度信仰並不總是像這些文獻所表現的那樣簡單。回歸大地－母親的概念被以後的一個概念所完善：那就是人同整個宇宙合一，一種走向統一的再生（*restitutio ab intergro*），其中精神的力量和肉體的器官整合到原初的人類－宇宙（「你的氣息入風。你的耳朵〔亦即『你的聽力』〕回到八方，你的骨頭回到大地」）。[59]

死者再次回到陽光之下重新獲得一種全新的存在之前，住在地下，這種信仰表明為什麼死者的國度也是孩子出生的地方。例如，墨西哥人相信他們來自一個叫做奇科莫茲托克（Chicomoztoc）的有七個洞穴的地方。[60] 或是因為死者被認為能夠通曉未來，或是因為大地因其週期性吞噬一切有生命的創造物而被認為具有神諭的力量，某些古希臘神諭總是在人地的裂縫

253

54　迪特里希。第 13 頁，注解 13。

55　x，18，10。

56　xviii，4，48。

57　《阿闥婆吠陀》（*AV*），xii，1，11；14。

58　《百道梵書》（Śatapatha Brāh），xiii，8，2。

59　《愛多列亞梵書》（Aitareya Brāhmaṇam），ii，6，13，等等。

60　普列斯（Preuss），*AFRW*，vii，第 234 頁。

或者洞穴附近說出來的。我們知道，在奧林匹亞和德爾菲都有這樣一類大地的神諭，而保薩尼阿斯還提到了一種在亞該亞的艾蓋（Aigai）的神諭，其中蓋亞的女祭司在大地的一道裂縫旁邊預言未來。我們也不必提醒諸位，由於睡在大地上而導致「孵化」的種種事例。[61]

89 · 由土壤而來的人

從我們迄今為止考察的各種信仰來看，大地都是作為母親的形象呈現出來的，亦即誕生各種從其自身實質中引出的生命形式。大地首先是有「生命」的，因為它有生育的能力。凡是來自大地的，都被賦予了生命，凡是回到大地的，都要被賦予新的生命。**人類**和**大地**的聯繫必不僅僅意味著人是會死的，所以他就是大地，而且意味著正是由於從地母（Terra Mater）那裡出生，所以還要回到她那裡去的事實。不久以前索爾姆森（Solmsen）還在用物質（materies）來解釋母親（mater）。[62] 雖然事實上這個字並不是真正的語源（「物質」的原意顯然是指某種「木頭的心」），不過在神話－巫術的框架中還是有一定的意義：「物質」為母親做工作，因為它總是不停地誕生。我們所說的生與死只是作為一個整體的大地－母親的兩個不同階段：生只是和母親的子宮相分離，死則是回「家」。許多人希望死後歸葬自己的國

---

61 杜布納（Deubner），《孵化》（De Incubatione），萊比錫，1900，各處。
62 參見迪特里希，第 77 頁。

家，只是這種對自己土地的神祕之愛、渴望回歸到自己家園的世俗形式而已。羅馬皇帝的墓誌銘表明，落葬在自己的國家何等快樂：生於斯死於斯（*Hic natus hic situs est*）[63]、死於祖國（*Hic situs est patriæ*）[64]、此處乃為他渴望回歸之地（*Hic quo natus fuerat optans erat illo reverti*）[65] 等等。其他人則見證了未能獲此慰藉又是何等的悲哀：葬於異鄉，不得魂歸，何其辱也（*Alterra contexit tellus dedit altera nasci*）[66]，等等。[67] 不僅如此，叛徒不得入土，因為，斐羅斯特拉圖（Philostratus）解釋道，他們不配「得到大地的聖化」。[68]

254

水是種子的養育者。大地也養育種子，但是在大地裡面種子很快就能結出果實。潛伏期（latencies）和種子或許要在若干循環之後才會顯現出來，但是就大地而言，它卻從不歇息。它的工作就是不斷地誕生生命，一切了無生機的、不育的事物，只要回到它那裡就會被賦予形式和生命。在每一個宇宙循環的開端和結束之際，水就存在了；在每一個個體生命的開端和結束之際，大地也就存在了。一切事物浮出水面而進入存在狀態，並且由於一場歷史性災難（例如洪水）或者一次宇宙性的災難（例如大劫滅）而復歸其原初的無形狀態。每一種生命的表達都是大地豐產

63　《拉丁銘文集》（*CIL*），v，5595。

64　viii，2885。

65　v，1703。

66　xiii，6429。

67　關於更多的事例，參加布列裡希（Brelich），《羅馬帝國時代墓碑背後的死亡面面觀》（*Aspitti della more nelle inscrizioni sepolcrali dell'Impero Romano*），布達佩斯，1937，第 36、37 頁。

68　引自哈里森（Harrison），《希臘宗教研究導論》（*Proegomena to the Study of Greek Religion*），倫敦，1907，第 599 頁。

的結果；生命的每一種形式都源於它，生存，在它所分有的生命臨近枯竭之際再度回歸到大地；回歸是為了再生，但是在再次出生之前，還要休憩、潔淨、再生。水**先於**一切創造、一切形式，而大地則**創造**生命形式。水的神話命運是要開啟和關閉宇宙循環，而大地的命運時要則處在每一種生物形式和每一種分享**這地方**（「這地方的人」）的歷史形式的開端和終結之處。時間——對水而言可以說處在沉睡之中，而在大地誕生生命的過程中則是活躍的、積極的。生命形式飛速地往而復歸，但是復歸從來不是確定的。生命形式的死亡是一種隱蔽的、暫時的存在形式，它本身就像一個物種，在諸水許諾的這段時間裡永不消失。

255

90．宇宙的團結一致

　　一種形式自水中浮現出來的那一瞬間，就切斷了和水的直接的有機的聯繫；形式和前形式之間有著天壤之別。但是在大地以及從大地中誕生出來的諸種形式之間卻沒有這樣的斷裂。這些形式仍然和它們的源泉有著密切聯繫，它們和這源泉的分離無論如何都是短暫的，還將復歸這個源泉，獲得強化，並且有朝一日再度出現。這就是為什麼在大地以及它所產生的有機形式之間有著一種巫術的、交感的聯繫。兩者形成一個整體。無形的繩索把某個特定地方的植物、動物和人捆綁在它們出生、賦予它們生命並且養育它們的土地上，又因地母及其創造物裡跳動著的相同的生命而交織在一起。以大地為一方，以植物、動物和人類形式為另一方，雙方的統一性由於**生命**的相同而聯繫在一起。它們的統一

性是生物性的。如果這個生命的任何一種模式因針對生命的罪惡受到汙染或者致命，那麼，由於它們之間的有機團結，其他的模式也會蒙上汙穢。

任何罪行都是一種褻瀆，可能會給每一個層面的生命都帶來嚴重的後果，因為只是流血也會「汙染」大地。災難表現為這樣一個事實：大地、動物和人類因為不育而滅絕。在《伊底帕斯王》的開場中，祭司哀歌那降臨到底比斯的悲慘：「這城邦正在血紅的波浪裡顛簸著，抬不起頭來；田間的麥穗枯萎了，牧場上的牛瘟死了，婦人流產了。」[69] 相反，智慧的國王實行公正的統治，確保大地、動物和婦女的豐產。尤利西斯（Ulysses）向佩涅洛佩（Penelope）宣佈，正是由於他以一個好國王而著稱，大地喜獲豐收，樹木綴滿果實，綿羊產下羊羔，大海滿是游魚。[70] 海希奧德如此陳述這種天人合一、五穀豐登的農民概念：「人們如果對任何外來人和本城居民都予以公正審判，絲毫不背離正義，他們的城市就繁榮，人民就富庶，他們的城邦就呈現出一派愛護兒童、安居樂業的和平景象。無所不見的宙斯也從不唆使對他們發動殘酷的戰爭……」[71] 伊朗人則認為：「在充滿勇氣的伊瑪（Yama）的統治下，沒有酷暑也沒有寒冷，沒有老境也沒有死亡，也沒有任何魔鬼創造的嫉妒。父親和兒子都有十五歲少男的容貌，只要伊瑪還在統治世界，這個擁有畜群的人，維瓦萬特的兒子。」[72]

69　25 以下。

70　《奧德賽》（*Odyssey*），xix，109 以下。

71　《工作與時日》（*Work and Days*），225-237。

72　《耶斯納》（*Yasna*），9，3-5。關於印度傳統，參見梅耶爾（Meyer），《古

91 · 土地和婦女

一切農業社會的突出特徵之一，就是他們認為在土地的豐饒與婦女的生育能力之間存在統一性。長期以來，希臘人和羅馬人將土地等同於子宮，將農業勞動等同於生育後代的行為。我們發現，許多其他地方的文明也有類似的等同現象，並且產生了許多信仰和儀式。例如，埃斯庫羅斯就說伊底帕斯「竟敢在他出生的神聖的犁溝裡面播種，在那裡播種一枝帶血的枝條。」[73] 索福克勒斯也大量提到這樣的說法：「父親的壟溝」，[74]「人們可以開墾的其他人的壟溝」，[75]「農夫，一塊遠方耕地的主人，只在播種時刻去那裡一趟」，（德阿涅拉〔Deianira〕談論赫拉克勒斯說的話）。[76] 除此古典文學外，迪特里希還提到過其他許多文獻，[77] 注意到在拉丁詩人中經常出現的田野－愛人（*arat-amat*）的主題。[78] 但是，正如我們所期待的那樣，將婦女比作被開墾的土地，將生產行為比作農業勞動是一種廣為流傳的、極其古老的直觀。我們必須區分構成這個神話－宗教整體的若干元素：將婦女等同於耕地、將陽具等同於犁鑱、將田間勞作等同於生產行為。

代印度人的性生活》（*Sexual Life in Ancient India*），倫敦，1930，第 i 卷，第 286-287 頁。

73　《七將攻忒拜》（*Seven Against Thebes*），750 以下。

74　《伊底帕斯王》（*Edipus Rex*），1210。

75　《安提戈涅》（*Antigone*），569。

76　《特拉喀斯》（*Trachinie*），30 以下。

77　所著書第 47 頁，注解 1 和 2；參見 V. 畢沙尼（Pisani），〈女人和土地〉（La Donna e la terra），*APS*，1942，卷 xxxvii-xl，第 248 頁以下。

78　第 78、79 頁。

同時我還要說，在這個儀式的範型裡，大地－母親以及她的人類代表婦女雖然起了主導作用，但並不是由她們單獨作用的。大地或婦女有自己的地位，男子和神也有其地位。總是先有神族婚姻再有豐產。有一條古老的盎格魯－撒克遜咒語說：「好啊，大地，男人的母親，在神的擁抱下多多生育，為了男人的用處而多生子嗣。」[79] 在厄琉西斯（Eleusis），祭司以農業時代古老的用語吟唱「讓天普降甘霖！──願汝喜結珠胎！」一邊舉頭望天，一邊低頭看地。這種天、地的神族婚姻很可能就是大地豐產和人類婚姻的原初模式。例如，《阿闥婆吠陀》中有一段經文就把新娘和新郎比喻為地和天。[80]

92・婦女和農業

誰也不會懷疑婦女發明了農業。男人幾乎總是追求打獵或放牧。而婦女則有著敏銳的觀察力，儘管有所侷限，卻能觀察種子落地生根的自然現象，並且嘗試人為重複這些現象。然後，由於婦女和其他宇宙豐產的中心──大地和月亮──也有聯繫，就逐漸賦有影響並且分配豐產的特權。這就是為什麼在農業剛剛興起的時候，婦女就佔據了其中的主導作用──尤其是在這種技藝還掌握在婦女手中的時候──而且在某些文明裡，婦女至今還在這

79　轉引自克拉佩，《日耳曼神話和民間故事研究》（*Etudes de mythologie et de folklore germaniques*），巴黎，1928，第 62 頁。

80　xiv，2，71。

門技藝中佔據主導地位。[81] 例如在烏干達，一位不育的婦女對園藝是極為危險的，而她的丈夫也會僅僅藉口經濟方面的原因和她離婚。[82] 我們在班圖部落、在印第安人中也發現了婦女不育對於農事形成危害的信仰。[83] 在尼科巴爾，人們認為如果種子由一位孕婦播下就能取得更為豐碩的收成。[84] 在義大利南部，人們認為任何事情經孕婦之手都能取得成功，她播下的種子會像胎兒一樣成長。[85] 在婆羅洲，「……在稻作文化（*padi*）的儀式和生產中婦女起到重要作用，男人只是召喚來清掃場地並且為最後的階段作一些輔助工作而已。婦女挑選、收藏稻種，掌握大量稻種的知識。大家似乎覺得她們和多產的稻穀有著天然的親緣關係，她們談論穀物就像談論懷孕一樣。有時在穀物生長期間，婦女就睡在稻田裡，其目的可能就是要提高她們自己的生育能力或者稻子結穗量。但是對於這個問題她們諱莫如深。」[86]

---

81 參見佩斯塔羅札（U. Pestalozza），〈地中海宗教世界中的犁和女人〉（L'Artro e la donna nel mondo religioso mediterraneo），載於《倫巴底皇家科學與文學研究所報告》（*Rendiconi, Reale Instituto Lombardo di Scienze e Lettere, cl. Di Lettere*），1942-1943，第 lxxviv 卷，注解 2，第 324 頁以下。

82 布里夫（Briffault），《母親》（*The Mother*），倫敦，1927，第 iii 卷，第 55 頁。

83 列維－布留爾（Levy-Bruhl），《原始人中的神祕經驗和象徵》（*L'Expérience mystique et les symboles chez les primitifs*），巴黎，1938，第 254 頁。

84 坦普爾（Temple），載於赫斯廷斯（Hastings）的《宗教和倫理百科全書》（*Encyclopedia of Religion and Ethics*），第 ix 卷，第 363 頁。

85 費納莫爾（Finamore），《阿布魯澤西的人民傳統》（*Tradizioni populari abruzzesi*），第 59 頁。

86 何西和麥獨孤（Hose and MacDougall），《婆羅洲的異教部落》（*Pagan Tribes of Borneo*），第 i 卷，第 ii 卷，轉引自列維－布留爾，《原始人中的神經驗和象徵》，第 254 頁。

　　奧里諾科（Orinoco）的印第安人把播種和種植塊根的任務交給婦女，因為「婦女懂得如何懷孕和生孩子，因此她們種植的種子和塊根植物遠比通過男子之手能獲得更大的豐收。」[87] 在尼亞斯（Nias），婦女種植的棕櫚樹比男人種植的能產出更多的樹液。[88] 在非洲的艾維人那裡也可以找到同樣的信仰。例如南美洲的基巴羅斯（Jibaros）人們信仰「婦女對於耕作植物能夠發生一種特殊的、神祕的影響」。[89] 這種婦女和豐產的犁溝之間的密切關係甚至在農事變成男性的技藝、犁鏵取代原始的鏟子之後還繼續保存。這種密切聯繫能夠解釋我們在開始觀察各種農業儀式的時候將要考察的大量儀式和信仰（第 126 節）。

259

93・婦女和犁溝

　　將婦女等同於犁過的土地的觀念存在於許多文明，而且在歐洲的民間故事裡也有所保留。「我就是土地」，埃及的一首情歌中有位心上人如此唱道。《驅魔書》把休耕地比作不生孩子的婦女，而在童話故事裡，不育的女王顧影自憐道：「我，就像一塊不毛之地。」[90] 另一方面，有一首十二世紀的聖歌讚美貞女瑪利亞為結果實的不毛之地（*terra non arabilis quae fructun*

87　弗雷澤，《穀物和野獸的靈魂》，第 i 卷，第 124 頁；參見《婦女在農業中的地位》整章。

88　列維－布留爾，第 254 頁。

89　卡爾斯滕，轉引自列維－布留爾，第 255 頁。

90　范德雷《宗教的本質與現象》，倫敦，1938，第 96 頁。

parturiit）。巴力被稱為「田野的配偶」。[91] 而在諸閃米特民族中，將婦女等同於土地屢見不鮮。[92] 伊斯蘭教的作品裡婦女被稱為「田地」、「長滿葡萄的園子」等。例如《古蘭經》：「你們的妻子好比是你們的田地。」[93] 印度教將犁溝等同於女陰（約尼〔*yoni*〕），種子等同於精液。[94]「這女子已經來到：在她的身體裡面播下種子吧，你們這些男人！」[95]《摩奴法典》教導說：「女子可以看作田地，男子看作種子。」[96] 那難陀（Nārada）做了這樣的評注：「婦女是田地，男子就是撒種者。」[97] 有一句芬蘭諺語說：「女人在她們的身體裡自有田地。」[98]

顯然，將婦女等同於一條犁溝亦暗示著將陽具等同於鏟子，耕地等同於生育活動。這種人類－土地的比較只可能來自那些懂得農業和懷孕的文明。在某些澳大拉西亞語言中，*lak* 一詞既指陽具又指鏟子。普茲拉斯基（Przyluski）提出有一個類似的澳大拉西亞（Australasian）用語，其詞根是梵語的 *laṅgūla*（尾部、鏟子）和 *liṅgam*（陽具）。[99] 陽具－犁鏵之等同甚至還有

91　羅伯遜·史密斯《閃米特人的宗教》，倫敦，1923 年版，第 108，536 頁以下。

92　羅伯遜·史密斯，第 537 頁；參見多爾默，《希伯來遊牧民族的宗教》，布魯塞爾，1937 年，第 276 頁。

93　ii，223。

94　《百道梵書》，vii，2，2，5。

95　《阿闍婆吠陀》（*AV*），xiv，2，14。

96　ix，33。

97　參見畢沙尼（Pisani），〈女人和土地〉（La Donna et la terra），*APS*，1942－1945，第 xxxvii－xl 卷，各處。

98　尼貝戈，第 232 頁，注解 83。

99　參見巴戈奇（Bagchi），《印度的前雅利安人和前達羅毗荼人》（*Pre-Aryan and pre Dravidian in India*），加爾各答，1939，第 11 頁；伊利亞德，《瑜伽》（*Yoga*），第 291 頁；《瑜伽：不死與自由》（*Le Yoga: Immortalité et*

形象化的表現。[100] 這些表現方式的起源相當古老，有一幅喀西特（Kassite）時代的犁鏵圖，表現它和生殖行為交織在一起。[101] 原始人對這類活動的直觀經過了很長時間才從口頭語言以及書面語言中消失。拉伯雷（Rabelais）也用過這樣一種表述：「這些人我們稱之為大自然的農夫。」[102]

最後，至於將農業勞動等同於生殖行為的例子，只要考察一下《羅摩衍那》中的女主人公悉多（Sītā）的誕生神話就可以了。她的父親遮那加（Janaka，意思是「祖先」）耕地時候在田裡發現了她，就叫她悉多，即「犁溝」。[103] 有一份亞述文獻給我們帶來了對神的祈禱：「（神）的犁鏵讓大地豐產。」[104]

甚至到今天，許多原始民族仍使用代表生殖器官的巫術護身符來使大地豐產。[105] 澳大利亞土著實行一種最為奇特的生殖崇拜儀式：身上攜帶形似陽具的箭矢，圍著一個形似女陰的洞跳舞。舞蹈結束時就在地上插上枝條。[106] 我們必須記得，一方面婦女和

Liberté），第 410 頁。

100 參見迪特里希所著書中的複製品，第 107-108 頁。

101 參見耶利米，《古代東方精神文化手冊》（*Handbuch der altorientalischen Geisteskultur*），柏林，1929，第 387 頁，圖 214。

102 《巨人傳》（*Gargantua*），第 2 卷，第 1 章。

103 《羅摩衍那》（*Rāmāyaṇa*），第 66 章；參見庫馬拉斯瓦米（Coomaraswamy）的在《作為土地傳奇的〈羅摩衍那〉》（*The Rig Veda as Landnama bok*），第 15、33 頁。

104 轉引自蘭格頓（Langdon），《閃米特人的神話》（*Semitic Mythology*），波士頓，1931，第 99 頁。

105 迪特里希，第 94 頁。

106 參見迪特里希，第 94 頁以下提到的內容；關於枝條的色情意義，參見梅耶爾（Meyer），《古印度統治權力的三部曲和植物節日》（*Trilogie altindische Machte und Feste der vegetation*），蘇黎世－萊比錫，1937，第 iii 卷，第 194 頁

性，另一方面耕田和土地豐產之間，存在密切的聯繫。例如，有一種習俗要求裸體婦女用犁鑱耕耘出第一道犁溝。[107] 它令我們想到女神狄密特和伊阿宋開春時在剛剛播種的犁溝裡結合的原型。[108]

94 · 綜述

在我們考察過的各種神話和儀式範型中，大地主要因其無盡的出產果實的能力而被備受尊敬。這就是為什麼，隨著時間的推移，大地－母親不知不覺之中變成了穀物母親。但是土地的聖顯並未從「地母」或大地女神的圖景中完全消失。在這裡，我們只要舉一個例子就可以了，我們可以想像得到，最初原本是那些大地－母親之神的屬性現在都歸於各種希臘宗教的女神——涅墨西斯、復仇三女神、忒彌斯了。埃斯庫羅斯先向大地祈禱，再向忒彌斯祈禱。[109] 葛和蓋亞固然最終被狄密特取代，但是希臘人從未忘卻穀物女神和大地－母親之間的聯繫。歐里庇得斯[110] 在談到狄密特的時候說道：「就是地母……隨便你叫她什麼都可以！」

農業神取代原始的土地神，但是這種取代並未廢除所有原始

以下。

107 在曼哈特（Mannhardt）的《森林和田野文化》（*Wald-und Feld-kulte*）中有大量
材料，第 i 卷第 553 頁以下；弗雷澤，《巫術》（*Magic*），第 i 卷，第 469 頁
以下；第 480 頁以下。

108 《奧德賽》，第 125 行。

109 《歐墨尼德斯》（*Eumenides*），1。

110 《酒神》（*Bacche*），274。

的儀式。在農業的大母神背後，我們仍能覺察到「這地方的女主人」、大地－母親的存在。她們的歷史開始包含某種激情——她們享受誕生、豐產以及死亡的戲劇。大地－母親轉化為農業的大母神，便是將簡單的存在轉化為生命的戲劇。

　　從天、地的宇宙婚姻到見證土地神聖性的微不足道的實踐，都有一個作為不斷重複的主題的核心直觀：大地出產各種生命形式，它是一個永不枯竭的生產的子宮。但凡出現土地聖顯的現象中——不管是一種神聖的「臨在」、一個依然無形的神靈、一個清楚的神靈的形象，還是僅僅是一種由於對某種地下力量的混亂記憶所產生的「習俗」——我們都能夠分辨出母性的行為、永不枯竭的創造力。這種創造出來的可以是怪物，就像海希奧德的蓋亞神話那樣。但是《神譜》中的怪物只是展現了大地無窮無盡的創造性資源。在某些情況下，這個大地之神、這種宇宙創造機能的性別甚至都不必是確定的。許多大地之神、某些豐產之神都是雙性的。[111] 在這些情況下，該神包含了所有創造力量——而這種兩極分化、對立面共存的用語，在後人的沉思中被再一次提高到了至高無上的地步。所有神靈都傾向於成為其信仰者的**全部**，取代所有其他宗教的形象，統治宇宙的每一個領域。沒有什麼神靈能像大地那樣擁有生成一**切**的權力或力量。但是大地－母親向至上神——即使不是唯一的——地位的攀升，因為她和天神的結合，又因農業神的出現而終止。這段美妙歷史的遺跡就保存在了某些大地之神的雙性同體裡面。不過，大地－母親從未完全喪失其作為「這地方的女主人」的原始特權、一切生命形式的源泉、

262

111 參見尼貝戈，第 231 頁以下，注解 69 和 72。

孩子的守護者，以及死者休憩再生並最終藉著地母的神性而復生的子宮。

VIII

---·---

植物：再生的儀式和象徵

95・初步的分類

奧丁喚醒沉睡的女先知沃耳娃（Völva），要她向諸神公開世界的開端和終結，沃耳娃宣稱：

> 我記得巨人在時間的黎明誕生，
>
> 還有那些賦予我生命的神靈。
>
> 我知道九個世界，九個地面為世界樹所覆蓋，
>
> 這棵樹種植在智慧之中，深深扎根在大地的懷抱。
>
> 我知道有一棵灰樹，他們稱之為雨格德拉希爾
>
> 樹頂浸沒在白色的溼潤霧氣
>
> 露珠從上面直落入峽谷。
>
> 這棵大樹常年鬱鬱蔥蔥，生長在烏德（Urd）山

頂。[1]

宇宙在這裡被描繪成一棵無邊無際的大樹。這種斯堪地納維亞神話的表意符號在許多傳統中也有對應的版本。在逐一說明之前，也許我們可以嘗試俯瞰一下我們所要研究的整個領域：聖樹、植物生命的符號、神話以及儀式。材料可謂汗牛充棟，但是形式極其多樣，足以挫敗任何加以系統分類的嘗試。實際上，在每一個宗教的歷史裡，在整個世界的民間傳統裡，在原始人的形而上學和神祕主義裡，我們都會遇到生命樹，植物的儀式和符號，更不要說它們的圖像和民間藝術了。這些材料都來自不同

1　《女先知的預言》（*Völuspa*），第 2 節和第 19 節。

的時代和不同的文化。例如，雨格德拉希爾（Yggdrasil）或《聖經》中的生命樹的內容，就完全不同於印度直到今天還在實行的「與樹成婚」的內容，也完全不同於歐洲農村春天的儀式中人們扛著的「五月樹」。在民間信仰的層面上，儀式性的樹所扮演的一個角色，根據近東文獻所重構的樹的符號也能夠表現出來，但是這個角色遠遠沒有窮盡這個符號所有深刻而豐富的內涵。我們能夠清晰地考證出某些基本概念的出發點（例如，宇宙樹或者再生的植物儀式），這在某種程度上有助於對材料進行分類。但是，關於各種主題的「歷史」問題並非我們本研究的主要興趣所在。

　　在試圖找出——要是真找得出的話——某個特定植物的象徵體系在哪一個千年，在哪一個文明，藉由怎樣的手段廣為流傳之前，甚至在區分它所體現的各種儀式結構之前，我們現在所要關注的問題是要發現樹、植物以及植物的象徵在宗教生活和神聖系統中的宗教功能，然後再考察一下這種功能揭示了什麼、意味著什麼。事實上，這也就是要考察一下，在何種程度上我們有足夠理由在樹的象徵體系顯而易見的多重結構背後找到一個前後連貫的範型。我們必須要去發現：「植物」所承擔的各種顯然如此多樣的意義之間，在其所存在的各種語境——宇宙學、神話、神學、儀式、圖像、民間故事——之中被賦予其價值的各種含義之間，是不是有著密切的聯繫？顯然，我們尋找的這種連貫性必須是事物的本性烙印在我們心靈上面的；這種連貫性自身，部分或者全部從我們觀察它的不同層面上顯現出來，不論它是民間的儀式（例如初春的五月巡遊），還是美索不達米亞的藝術，或者吠陀作品中的「宇宙樹」的表意符號。

266

我們在考察一定數量比較重要的證據之前，是不會知道這個問題的答案的。但是為了避免在迷宮中徹底迷失方向，我提議對我們面對的大量材料作一個臨時的分類。我們將各種宗教價值和農業慶典——對此我們將另闢專章進行研究——放在一邊，就可以將下列類型勉強稱之為「植物祭祀」，因為除此之外，我們缺少一個更加貼切的、方便的用語：

（1）石頭－樹－祭壇的範型，它構成大多數最古老的宗教生活事實上的**小宇宙**（澳大利亞、中國、印尼和印度、腓尼基和愛琴海地區）。

（2）作為宇宙**意象**（image）的樹（印度、美索不達米亞等等）。

（3）作為**宇宙神聖的顯現**的樹（美索不達米亞、印度、愛琴海地區）。

（4）作為**生命象徵**、不竭的生殖力、絕對實在的樹；和大母神（the Great Godness）或者水神（例如夜叉）相關；等同於不死的源泉，等等。

（5）作為世界的**中心**以及宇宙的**基礎**的樹（在阿爾泰人和斯堪地納維亞人中間）。

（6）樹和人之間的**神祕聯繫**（樹生人、和樹結婚、在入會禮中出現的樹等）。

（7）作為植物復活、春天和年「再生」的象徵的樹（例如「五月」巡遊等等）。

這種簡單但顯然並不全面的分類至少有一個好處，那就是具備我們從一開始就注意到各種證據所擁有的共同特徵。我們無需以任何方式預先設想會從各種證據中得出何種結論，就能

267

夠立刻注意到樹——不管是儀式性地還是真正地——代表著**活生生的**、不斷自我更新的宇宙。既然不竭的生命就是永生，那麼樹–宇宙因此就可以在另外一個層面上變成「不死生命」之樹。正如在原始人的本體論看來，這種不竭的生命是絕對實在的表達，樹也就因此成為那個實在（「世界的中心」）的象徵。以後，當一種新的思考形而上學問題的方法用於傳統的本體論（例如在印度）時，人類心智自身解脫宇宙的節律而專注於自身的自主性上的努力，就逐漸被想像成「斬斷宇宙之樹的根」的努力——換言之，徹底擺脫一切「現象」、一切表象及它們所從出的源泉——亦即永遠流動的宇宙生命的源泉。

96．聖樹

　　人們一定會想，究竟是什麼樣的綜合性思維，又是從樹本身的哪些特殊性質，使原始人能夠產生如此豐富、如此連貫的象徵體系。我們無意分辨一種宗教評價最初如何形成，而是要發現這種宗教評價的最古老因而也是最純粹的直觀。可以肯定的是，在原始人的宗教思想裡，樹（或者說，某些特定的樹）代表著一種**力量**。必須補充一句，這種**力量**也正是由於這樣一棵樹而擁有宇宙學的意義。在原始人的思維裡，自然和象徵不可分離。一棵樹本身藉由它的實體以及形狀，在宗教意識上留下了烙印，但是這種實體以及形狀，正是由於它們在宗教意識上留下的烙印，正是由於它們被「挑選了出來」，也就是說它們自我「顯現」出來，才具有意義。神聖直觀極為重視在自然和象徵之間不可分割的聯

268

繫，宗教現象學和宗教史學切不可忽視這種表述。因此說「樹的祭祀」是不正確的。樹之所以受敬奉，絕非因為其本身，而總是因為透過樹所揭示出來的那些東西，以及它所表現、所象徵的東西。巫術的、治病的植物也是如此，正如我們將會看到的那樣（第 111 節以下），它們的靈驗歸因為一種神話原型。在研究「聖樹」在美索不達米亞和以攔（Elam，編按：位於今伊朗一帶的古國）的表現形式時，奈爾‧帕羅特（Nell Parrot）寫道：「不存在什麼對樹本身的崇拜，在這表現形式背後總是隱藏著某種精神的存在。」[2] 另一位研究相同領域的學者總結道，美索不達米亞的聖樹與其說是崇拜的物件，不如說是一個象徵。「不是一棵真正的樹的複製品，上面點綴著各類裝飾，而是完全一種人為的模仿，而且在我看來，它不是一個真正的崇拜物件，而是一個永遠具有無窮力量的象徵。」[3] 這些結論只需略作一些修改，在其他地方也同樣適用。

因此——在這裡我們還是回到關於最早的植物神聖價值的直觀——正是憑著它的力量，憑著它所**表達**的內容（也就是某種外在於其本身的東西），樹才變成一個宗教的物件。但是這種力量事實上是由一種本體論賦予其價值的：如果樹充滿神聖的力量，那是因為它挺拔、生長、樹葉落而復萌，因而無數次再生（它「死」而「復生」），還因為它生產樹脂等等。就是因為樹的存

2　《美索不達米亞和以攔的碑刻上的聖樹的表現形式》（*Les Représentations de l'arbre sacré sur les monuments de Mésopotamie et d'Élam*），巴黎，1937，第 19 頁。

3　丹希尼（Danthine），《古代西亞圖像中的棗椰和聖樹》（*Le Palmier-dattier et les arbres sacré dans l'iconographie de l'Asie occidentale ancienne*），巴黎，1937，第 163-164 頁。

在（「力量」），就是因為它自然生長的規律（「再生」），在原始人的認識中，樹再現了整個宇宙。樹當然能夠成為宇宙的象徵，而且我們在比較發達的文明中也能夠發現這種象徵，但是在原始人的宗教思想中，**樹就是**宇宙，之所以**如此**是因為它再現了宇宙，它概括了宇宙並且「象徵著」宇宙。這種關於「象徵」的最初概念——亦即象徵之所以有效，是因為這樣一個事實：它們所象徵的實在就具體體現在這些象徵裡面——我們在研究象徵的功能和作用的問題時還要更加明確地加以界定（第 166 節以下）。

在這裡我想要指出的是，整體存在於每一個**有意義的部分**之中，這個事實不是因為「滲透律」（如列維－布留爾所理解的那樣）是有效的，而是因為每一個有意義的部分都**複製**了整體。一棵樹之所以變成聖樹，是因為它所表達的力量，可它仍舊是一棵樹。如果說它變成了一棵**宇宙樹**，那是因為它**所表達的**是對於宇宙所表達的完美複製。聖樹無須喪失其具體的自然性質而成為一個象徵（棗椰之於美索不達米亞人是這樣，橡樹之於斯堪地納維亞人是這樣，菩提樹和尼拘樹之於印度教徒也是如此，等等）。在象徵和具體的形式相分離之前，在它變成一種抽象的本質之前，必然經歷了相當多的精神的階段（參見前文所引海倫·丹希尼〔Hélène Danthine〕的文字）。

97 · 作為小宇宙的樹

普茲拉斯基（Przyluski）十分正確地說明，我們所知最原始

的「聖地」構成了一個小宇宙：一道由石、水和樹組成的風景。澳大利亞的圖騰中心就經常位於一片神聖的樹林和石頭中間。[4] 穆斯（P. Mus）也揭示了在東亞和印度的原始「聖地」中所發現的樹、祭壇、石所組成的三重風景，[5] 雖然他認為這樣的風景隨著時間的推移而漸次發展（聖地起先是一片森林，以後才變成樹、祭壇和石頭），而不是像普茲拉斯基所正確地認為那樣，所有這些元素都是同時共存的。實際上，在原始世界的其他地方也可以發現樹和石頭成對出現。在摩亨佐－達羅（Mohenjo-Daro）的前印度文明，有一處聖地就是圍繞著一棵樹建造起來的。這樣的聖地，在佛陀傳法的時代已遍佈整個印度。巴利文作品經常提到放置在樹邊的石頭或者祭壇（veyaddi，manco），它構成了民間對豐產神（夜叉）的崇拜。這種將樹和石頭聯繫在一起的古老習俗也為佛教所接受並且加以吸收。佛教的支提（caitya）有時候就是一棵樹，而沒有任何祭壇，有時也是樹邊壘砌的簡陋建築。佛教和印度教都未能削弱古代聖地的宗教意義。佛教誕生後印度發生的重大宗教融合不得不認真考慮這些聖地，最終還是將它們吸收並且完全認可。

　　同樣的連續性在希臘和閃米特世界也可以看到。自邁諾安時代直到希臘主義曙光初照的時候，我們總能夠在岩石旁邊找到用於崇拜的樹。[6] 原始閃米特人的聖所經常由一棵樹和一塊石頭構

4　《互滲》（*La Participation*），巴黎，1940，第 41 頁。

5　《法國哲學學會年報》（*Bullentin de la soc. francaise de philosophie*），1937 年 5-6 月號，第 107 頁。

6　尼爾松（Nilsson），《希臘宗教史》（*Geschichte*），第 1 卷，第 260 頁。

成。[7] 樹或者亞舍拉（asera，用於代替剝了皮的樹幹）後來就逐
漸在祭壇旁邊保存下來。迦南人和希伯來人「在各高岡上、各青
翠樹下」[8] 有獻祭場所。同樣這位先知歷數猶大兒女的罪過，提
到他們在「高岡上、青翠樹下」[9] 樹立的阿斯塔蒂（Astarte）的
祭壇和偶像。一根挺拔的充滿質感的立柱增添了存在於那棵樹中
的神聖力量。在名為「帶羽毛的人士」的古代蘇美碑刻上面的文
字——僅有部分可以釋讀——說，「恩納瑪茲（Ennamaz）在此
安穩地放置磚塊；王宮築畢，他在附近種植了一棵大樹；大樹旁
邊，他豎起一根柱子。」[10]

271

　　「聖地」是一個小宇宙，因為它複製了自然的景象，因為它
反映了整體。祭壇和神廟（或者墓碑，或者王宮）是原始人的
「聖地」在之後的發展，它們也是小宇宙，因為它們也是**世界的**
中心，因為它們正好矗立在宇宙的中心，構成了世界的縮影（第
143 節）。「中心」、絕對實在——之所以是絕對，是因為它是
神聖的寶庫——的觀念，甚至在最原始的「聖地」概念裡也有表
現。正如我們已經看到的那樣，這樣的概念總是包含一棵聖樹。
石頭絕對代表著實在：堅不可摧、亙古久遠；樹則因其週期性的
再生，顯示出神聖在生命層面的力量。水最後完成了這道風景，
它象徵著潛伏、種子和淨化（第 60 節）。隨著時間的遷移，
「小宇宙的風景」逐漸化約為其中的一個組成部分，然而卻是最

7　羅伯遜‧史密斯（Robertson Smith），《閃米特人宗教講演錄》（*Lectures on
　　the Religion of the Semites*），第 3 版，倫敦，1927，第 187 頁，等等。

8　《耶利米書》，2：20；參見 3：6。

9　同上，17：1-3。

10　帕羅特（Parrot），第 43 頁。

重要的部分：樹或者柱子。結果樹就充分表達了宇宙本身，透過一種顯然靜態的形式體現它的「力量」、它的生命以及週期性再生的性質。

98・居住在樹裡面的神

作為小宇宙意象的「聖地」實際上變為一棵被認為有神靈居住的宇宙樹，這在一篇已經被許多東方學家翻譯過來的巴比倫咒語中完整地保留了下來：

> 在以利都（Eridu）生長著一棵黑色的吉斯卡努
> （kiskanu），它是在一個神聖的地方創造出來的；
> 　它放射出天青石般的光芒，它的枝蔓延伸到阿卜蘇
> 　它是伊亞（Ea）在富饒的以利都散步的地方，
> 　它的住所乃為巴烏（Bau）休憩的地方……[11]

吉斯卡努樹顯示出宇宙樹的種種特徵：它位於以利都，那是「世界的中心」；它位於聖地，也就是在實在的中心（第 140 節以下）；它像天青石一樣光芒四射，比其他任何東西（甚至超過了星空）都像**那**宇宙的象徵；[12] 它一直延伸到圍繞並**支撐**世界的大海（我們可以理解為這棵樹枝葉伸向大海，還是換言之，它像

11　多爾默（Dhorme）的譯文。

12　參見伊利亞德，《巴比倫的宇宙學和煉金術》（*Cosmological si alchimie babiloniana*），布加勒斯特，第 51 頁以下。

某些其他宇宙樹那樣也是一顆「倒置的樹」呢？）；它是豐產之神的住所，也是文明科學（藝術、農業、書寫技藝等等）的源泉；它也是伊亞的母親巴烏——繁榮、畜群和農業之女神休憩的地方。

　　吉斯卡努也許可以視為巴比倫「聖樹」的原型，「聖樹」在古代東方圖像學中經常出現是很有意義的。它在圖像學中的地位無疑證明，我們在這些地方發現的「聖樹」意味著某種超出樹的祭祀的東西，它具有一種非常清晰的宇宙學意義。總是和樹一起出現的還有許多象徵、報喜的形象或符號，使樹的宇宙意義變得清晰而完美。例如，我們有一個最古老的例子，高迪耶（Gautier）探險隊在墨希安（Moussian）發現了一塊花瓶碎片，表現一棵頗具風格的樹，四周環繞著菱形的圖案。[13] 在美索不達米亞的圖像中，樹通常環繞著公羊、星辰、禽鳥或者蛇。每一個符號都有特定的宇宙學意義。樹旁的星星肯定暗示了這棵樹的宇宙學意義。[14] 蘇薩出土的一幅草圖呈現一條蛇豎起身體要品嘗樹葉（托斯卡尼〔Toscane〕將此場景和樹－蛇主題聯繫起來，用它解釋我們所熟知的聖經故事的巴比倫原型）。[15]

　　圖像還提供了另一些相關場景：有一隻鳥站在一棵樹上，

13　帕羅特，第 22 頁。菱形的神祕意義在麥格德林藝術中就已經出現，參見亨慈（Hentze），《月亮的神話和象徵》（*Mythes et symbols lunaires*），第 124 頁。譯者按：麥格德林（Magdalenian）文化，系 15500 年至 14000 年前活躍在法國等地的石器文化。

14　例如參見帕羅特所著書圖 8-9，西元前第二千年以來的復原物；巴比倫圓筒印章的全完整系列，參見圖 21 以下等等。

15　帕羅特，圖 12。

四周有公羊圍繞；[16] 樹、太陽圓盤和人都儀式性地偽裝成魚，[17] 或者樹、長翅膀的精靈和太陽圓盤。[18] 我只需提到一些最有意義的、最常見的組合，當然沒有宣稱窮盡了美索不達米亞的豐富證據。但是在這些範型中，樹始終擁有的宇宙論意義清晰可辨。[19] 和樹有關聯的符號絕不可從一種自然崇拜意義上加以解釋，理由很簡單：在美索不達米亞思想中的自然本身，與我們現代人的思想和經驗中的自然極為不同。我們只需要提醒自己，在美索不達米亞人看來，就像一般原始人一樣，任何**具有意義**的存在或者行為都不具任何實在性，除非那存在有著天上的原型，除非那行為複製了最初的宇宙論的行為。

99·宇宙樹

從其最早的作品來看，印度傳統以一棵大樹的形式代表宇宙。[20] 這個觀念在《奧義書》獲得正式明確的規定：宇宙是一棵倒置的樹，根埋在天空裡，枝葉覆蓋整個大地。（說這種想像由傾瀉而下的太陽光所引發，並非不可能。參見《梨俱吠陀》：「枝葉向低處生長，而根卻在高處，它的光芒直抵我們！」[21]）

16　同上，圖 35-36，等等。

17　同上，圖 110，111。

18　同上，圖 100，104。

19　亦可參見溫辛克（A. J.Wensinck）在其關於西亞作為宇宙論象徵的樹和鳥的有趣研究中所列舉的材料，這些材料帕羅特的書完全沒有利用。

20　例如《阿闥婆吠陀》（*AV*），ii，7，3；x，7，38。

21　i，24，7。

　　《羯陀奧義書》如此描述這棵樹：「這棵永恆的菩提樹，它的根生在高處，它的枝葉朝下生長，純潔的樹、大梵、我們又稱之為永生。一切世界都以它為依靠！」[22] 菩提樹在這裡表現大梵在宇宙中至為清晰的顯現，換言之，是把創造描寫為一種自上而下的運動。其他的《奧義書》經文則更為清晰地敘述了宇宙是一棵樹的觀念。「其枝葉乃空、風、火、水、地等」，[23] 自然元素便是這種「名為菩提樹之大梵也」。[24]

　　在《薄伽梵歌》裡，宇宙樹不僅用以表達宇宙，而且用以表達人在世界中的狀況：「據說有一棵堅不可摧的樹，它的根扎在高處，它的枝葉向下生長，它的樹葉是吠陀的頌歌；誰懂得它，誰就懂得了吠陀。它的枝葉向深處廣處伸展，在三德（guṇas）的滋潤中成長；其幼芽就是根境；其根系一直延伸到下部，乃為人在世間的行為之所繫。今世的人們感受不到其形狀、其終結、其開端、其範圍。必先用無著的鋒利寶劍砍斷這棵根深蒂固的菩提樹。而後到達那境界，去而不復還⋯⋯」[25] 整個宇宙，正如生活其間並且與之不相分離的人們所體驗到的那樣，在這裡就由宇宙樹來象徵。由於人類自身的一切和宇宙相對應，或者分有它的生命，因此也就和大梵同樣單一的、無限的顯現融為一體了。「從根部砍倒這棵大樹」就意味著人類從宇宙中退隱，和感官物件以及行為的後果斷絕關係。在《摩訶婆羅多》的一段經文中，我們發現了相同的主題：捨離宇宙的生命，退隱到自我和記憶

274

22　vi，1。

23　《彌勒奧義書》（*Martri Up*），vi，7。

24　同上。

25　xv，1-3。

中，成為人類超越自身、獲得自由的唯一手段。「從未顯者[26]那裡流出來，從那唯一的支撐中興起，其軀幹就是菩提，其內在的空腔就是感官的通道，各大元素就是其枝葉，根境就是樹葉，其悅目的花朵就是善惡，快樂和痛苦就是其後的結果。這棵永遠的大梵之樹（brahmav k a）就是一切存在的生命源泉……用神祕知識的兵器將這棵樹打碎、砍倒，由此在精神中獲得快樂，從此不再復返。」[27]

100・倒置的樹

這裡並非我們對前引文獻作出哲學解釋的地方。我們在這裡需要理解的只是這種將宇宙等同於一棵倒置的樹的思想。這個神話的和形而上學的符號並非絕無僅有。馬蘇第（Masudi）[28]提到薩巴人（Sabean）的一個傳說，說柏拉圖主張人是一種上下顛倒的植物，植物的根伸展到天，枝葉延伸到地。[29]在希伯來的祕傳教訓中也有相同的傳說：「如今生命樹自上而下伸展，太陽照亮了一切。」[30]伊斯蘭傳統的「幸福之樹」的傳說也是如此，幸福

---

26 《阿闥婆吠陀》（*AV*），x，7，21 中的 avyakta（不了）或者 asat（非實）。

27 《馬祭篇》（*Asvamedha Parva*），47，12-15，轉引自庫馬拉斯瓦米（Coomaraswamy），〈倒置的樹〉（The Inverted Tree），載於《神話學社季刊》（*The Quarterly Journal of the Mythic Society*），班加羅爾，1938，第 xxix 卷，第 2 號，第 20 頁，系商羯羅評注《薄伽梵歌》，xv，1 時所用版本。

28 《黃金草原》（*Morug-el-Dscheb*），64，6。

29 轉引自霍姆貝格－哈爾瓦（Holmberg-Harva），〈生命樹〉（Der Baum des Lebens），*AASF*，赫爾辛基，1922-1923，B 系列，第 xvi 卷，第 54 頁。

30 《佐哈爾》（*Zohar*），貝哈・阿羅西卡（Beha' Alothka），論及《詩篇》，

之樹的根沒入天空的最深處，其枝葉在大地上面延伸。[31] 但丁把諸天界描繪為一棵樹的花冠，樹根一直向上延伸：

> in questa Quinta soglia
> Dell' albero che vive della cima,
> E fruta sempre, e mai non perde fogia.[32]

「大樹的第五層」屬木星的範圍。「這棵大樹是靠樹頂而生」，指這棵樹是倒置的。另外一位佛羅倫斯詩人費德里格·弗雷奇（Federigo Frezzi）曾受但丁很大的影響，他描繪「天堂最美麗的植物，能夠保存自己的生命且更新生命的幸福之樹」，「它的根在上面，天堂裡面，它的枝葉向下生長到大地」：

> Su dentro al cielo avea la sua radice
> e giù inverso terra i rami spande.[33]

---

xix·6；轉引自庫馬拉斯瓦米，第 21 頁。

31　參見溫辛克，〈西亞作為宇宙象徵的樹和鳥〉（Tree and Birds as Cosmological Symbols），載於《荷蘭皇家科學院評論》（Verandelingen der Koninklijike Akademie van Wettenschappen），阿姆斯特丹，1921，第 xxii 卷，第 33 頁；阿辛·帕拉喬（Asin Palacio），《〈神曲〉中的穆斯林末世論》（La Escatologia musulmana en la Divina Comedia），第 2 版，馬德里，1942，第 235 頁。

32　「在大樹的第五層／這大樹是靠樹頂而生／它總是果實累累，從不失落樹葉。」（《天堂篇》〔Paradiso〕，XVIII，28 以下，卡里〔Cary〕譯。）

33　《四重奏》（Il Quadriegi），第 iv 卷，第 iv 章，轉引自格拉夫（A. Graf），《中世紀的神話、傳說和迷信》（Miti, leggende, e superstizioni del medio Evo），都靈，第 157 頁。

霍姆貝格－哈爾瓦在芬蘭和冰島的神話中也發現了同樣的傳說（所著書第 55 頁）。拉普人以前總是每年向植物之神奉獻一頭公牛，這時要將一棵樹放置在祭壇邊上，根部指向天空，枝丫插在地面上。[34] 在澳大利亞的維拉朱利和卡蜜拉魯瓦部落，巫醫藏有一棵頭朝下種植的巫樹，塗上人血之後，他們就把樹燒掉。[35] 施密特注意到和這個習俗有關的另外一個澳大利亞部落尤英（Yuin）的入會禮。[36] 一位年輕人裝扮成死人，人們將其掩埋，在他的頭部種上一棵灌木。當參加入會儀式的新成員走近這位年輕人的時候，他就晃動這棵灌木，然後起身從墳墓走出來。施密特告訴我們，這棵灌木代表天上的星星樹。[37]

101・雨格德拉希爾

和鳥 [38]、馬或虎 [39] 一同出現的宇宙樹在中國的原始社會也可以發現。和其他地方一樣，在中國，它有時和生命樹混同起來。這種混同究竟意味著什麼，在以下文字裡將會逐漸清晰。我們在瑪雅人表現一頭獵豹和生命樹相接的圖像中也發現了這種把宇宙

---

34 同上；參見卡加羅（Kagarow），〈倒置的薩滿樹〉（Der Umgekehrte Schamanenbaum），AFRW，1929，第 183 頁。

35 施密特（Schmidt），《至上神》（*Ursprung*），第 iii 卷，第 1030 頁以下。

36 同上，第 757 頁以下；第 806 頁。

37 亦可參見亨慈（Hentze），《象徵和神話》（*Mythes et Symboles*），第 182 頁以下。

38 亨慈，圖版，vi。

39 亨慈，圖版，vii，viii，fig.148。

樹和神話的月亮動物聯繫在一起的現象。[40] 在北極圈民族以及環
太平洋民族那裡，宇宙樹——它的枝葉伸展到第三層甚至第七層
天——在神話和儀式中具有核心地位。它經常和神話祖先有關，
人們認為自己是從生在樹上的祖先那裡傳下來的。[41] 對於這些人
類是宇宙學——植物象徵的後代的神話，我們還將做詳盡的研
究。

　　雨格德拉希爾（Yggdrasil）是一棵超絕的宇宙樹。它的根
部伸入大地的中心，那裡是地獄和巨人生活的國度。[42] 在它的附
近有一眼奇妙的泉水彌迷爾（Mimir，「冥想」、「記憶」），
奧丁在那裡曾經抵押一隻眼睛，並且經常回去重獲、豐富他的
智慧。[43] 烏德的泉水也在雨格德拉希爾附近；諸神每天在那裡
議事，做出判決。諾恩（Norns）女神用這裡的泉水灌溉這棵
大樹，使其永保青春、充滿活力。山羊海德倫（Heidrum）、
老鷹、公馬、松鼠住在雨格德拉希爾樹上；蝰蛇尼霍格
（Nidhogger）住在樹根下面，一直想著如何毀掉它。每天老鷹
都要和這條蝰蛇大戰一場（這個宇宙論的主題在其他文明中也經
常能夠發現）。[44] 當《女先知的預言》（*Völuspa*）中的大災難動
搖宇宙的基礎，使這個世界終結的時候，雨格德拉希爾搖搖欲

277

40　這個場景在《波旁法典》中有所描繪，圖 149（亨慈）。譯者按：《波旁法典》
　　（*Codex Borbonicus*）為 16 世紀阿茲提克人於西班牙征服前以象形文字和圖畫描
　　繪其宗教生活的文獻，因曾經藏於波旁宮，故名。

41　伊利亞德，《薩滿教》（*Chamanisme*），巴黎，1951，第 244 頁以下。

42　《女先知的預言》（*Voluspa*），19；《格里姆尼爾語錄》（*Grimnismal*），
　　31。

43　《女先知的預言》，28，29。

44　參見伊利亞德，《綜合神話》（*Mitul Reintegrarii*），布加勒斯特，1942，第 41
　　頁以下，第 52 頁。

墜，卻不會倒下。[45] 女先知預言的這場末世災難並不會造成宇宙的徹底解體。

卡爾利‧克羅恩（Kaarle Krohn）曾用《舊約》中的生命樹，索福斯‧伯吉（Sophus Bugge）用基督的十字架故事，解釋雨格德拉希爾神話。但它們都不是令人滿意的假設。奧丁用雨格德拉希爾拴馬，很難想像這個在斯堪地納維亞神話中佔據核心位置的主題可以出現得如此之晚。霍姆貝格－哈爾瓦的解釋非常正確，他認為雨格德拉希爾樹上的鷹——該細節非聖經傳統所有——的存在使得這個宇宙學的象徵更接近於北亞神話。[46] 鷹蛇之爭，就像迦樓羅（Garuḍa）和蛇的打鬥——印度神話和圖像中極為常見的主題——一樣，是光明和黑暗、太陽和冥界這兩個對立原則之間鬥爭的宇宙學象徵。很難說絕無猶太教－基督教的元素滲入雨格德拉希爾的概念裡面，因為從霍姆貝格－哈爾瓦發現的斯堪地納維亞神話的這種宇宙樹和北亞神話之間的親緣關係中，難以嚴格證明前者一定就起源於後者。不管怎樣，阿爾弗雷德‧迪特林（Alfred Detering）在一部資料詳實的著作《遠古時代橡樹的意義》（*Dio Bedeutung der Eiche seit der vorzeit*）[47] 中已經證明，印歐民族將宇宙樹和生命樹具體體現為橡樹的思想，完全可以追溯到史前時代，原始日耳曼民族則在北歐發展了這個神話。在條頓民族中也有宇宙樹和生命樹合而為一的現象。我們已經解釋了神聖的，或者神祕的樹和某個特定植物物種的等同（印度的菩提樹、美索不達米亞的棗椰樹等等）。就雨格德拉希

278

45　《女先知的預言》，45。

46　〈生命樹〉（Der Baum des Lebens），第 67 頁。

47　萊比錫，1939。

爾而言，在史前碑刻中出現橡樹、一連串不間斷的主題將聖樹描繪成一棵橡樹，以及用於裝飾藝術和宗教藝術的橡樹葉，都十分清晰地表明這個概念是一個本土概念。

102・植物的聖顯

　　神在一棵樹中顯現的主題在整個近東雕塑藝術中十分普遍，這在整個印度－美索不達米亞－埃及－愛琴海地區也有所發現。[48] 這個場景經常表現某個豐產之神。作為神的創造力的顯現，宇宙向我們顯示其自身。例如在摩亨佐－達羅（西元前第三千年），我們發現神在一棵菩提樹中顯現，[49] 這棵樹的表現風格令人聯想到美索不達米亞的聖樹。甚至在吠陀文獻裡，我們也發現了一種植物聖顯的跡象。除了菩提樹——宇宙的象徵——以及大梵在一棵樹中顯現（第 99 節）之外，在那些表達一種「民間宗教經驗」的吠陀文獻——換言之，它們保存有具體原始的用語——之中，還可以分辨出其他一些神在植物中顯現的表述。「草啊！啊，你這為母親的！我稱呼你為女神！」《夜柔吠陀》如此高聲讚頌道。[50] 《梨俱吠陀》有一首長詩獻給植物，其中特別提到它們有治病和再生的力量（表明這是不死草或者

48　亦可參見佩斯塔羅紮（Pestalozza），《地中海的異教》（*Pagine di religion mediterranea*），米蘭，1945，第 ii 卷，第 260 頁。

49　馬歇爾（Marshall），《摩亨佐－達羅和印度文明》（*Mohenjo-Daro and the Indus Civilization*），倫敦，1931，第 i 卷，圖版 xxi，圖 18。

50　iv，2，6。

長命草）。《阿闥婆吠陀》讚美一種植物，稱它為「從大地女神處誕生的神」。[51] 這種同樣在植物層面上的神顯也說明了「植物之主」瓦納斯帕提（Vanaspati）。《梨俱吠陀》提到了她的祭祀。[52] 由於藥草的神力是從它們的宇宙原型中汲取的，因此這些藥草能夠使孩子更容易出生，能夠提高男人的生殖力，並確保豐產和財富。這就是為什麼有的時候人們受命要用動物去獻祭植物。[53]《百道梵書》將宇宙的生殖能量概述為由雷電、雨水和植物組成。[54] 在這裡，神聖就顯現在植物生命更新的必要行為之中。

關於樹的聖顯有一個極佳的例子：一個著名的亞述淺浮雕，表現了神的上半身正從一棵樹中出來，旁邊是從象徵豐產的永不枯竭的罐子「汩汩流出來的水」。[55] 有一頭山羊，表示神的屬性，吃飽了樹上的葉子。在埃及的圖像中，我們發現了生命樹的主題，神從這棵樹中走出來，手中抓滿了各樣禮物，並將生命之水從罐子裡傾倒出來。[56] 顯然，這些例子以及「生命樹」主題中所提到的神顯在某種程度上都相互混合在一起了，何以會發生這樣的情況也是容易理解的：神在宇宙中以一棵樹的形式，同時也以再生和「不死的生命」的源泉顯示自己，這也正是人類所要復歸的源泉，因為在他看來，這就找到了自己希望

51　x，97。

52　iv，136，1。

53　例如參見《泰迪黎耶本集》（*Taittirīya Samhita*），ii，1，5，3。

54　ix，3，3，15。

55　藏於柏林博物館；帕羅特，圖 69。

56　貝格瑪（Bergma），《寫作和歷史中的生命繁榮》（*De Boom des Levens in Schrijft en historie*），希爾弗瑟姆（Hilversum），1938。

永生的基礎。在這個由樹、宇宙和神組成的範型的關係中有著對稱、聯繫和融合。我們稱之為植物神的諸神經常表現為樹的形式：阿提斯（Attis）和橄欖樹、歐西里斯和柏樹等等。希臘人的阿忒米斯有時也表現為一棵樹。例如拉科尼亞（Laconia）的波伊埃（Boiai）有一株香桃木就是以阿忒米斯・索特拉（Artemis Soteira）的名稱而受到敬奉的。在阿卡迪亞的奧克曼納（Orchomena）附近，在一棵柏樹上雕刻有阿忒米斯・科特利亞提斯（Artemis Kedreatis）的木像。[57] 阿忒米斯的形象有時還裝飾有樹枝。我們對於戴奧尼索斯在植物中的顯現也耳熟能詳，有時稱之為戴奧尼索斯・丹德里提斯（Dionysos Dendritis）。[58] 我們還要記得宙斯在多多納的那棵說神諭的橡樹、阿波羅在德爾菲的月桂樹、赫拉克勒斯（Heracles）在奧林匹亞的野橄欖樹，以上僅為數例而已。儘管如此，在希臘僅有兩處有樹祭祀的證據：喀泰戎（Cithaeiron）山坡上的樹和斯巴達的海倫的懸鈴木。據說彭透斯（Pentheus）爬到前者上偵查狂女，有神諭說要崇拜它為神。[59]

280

　　還有一個非常清晰的植物神顯的例子就是（前雅利安人的）印度女神杜爾迦崇拜。我們所引的經文是晚出的，但是它們的民間性質則意味著肯定可以追溯到很久之前。在《大自在女神》中，女神宣稱：「那麼，諸神啊，我將以這些在雨季期間支持生命的、從我身體裡面生長出來的植物來養育（字面意思為我將支持）整個宇宙。那麼我將榮耀大地，就像薩卡姆哈

57　保散尼阿斯（Pausanias），iii，22，12。

58　哈里森（Harrison），《導論》（*Polegomena*），第 425 頁以下。

59　保散尼阿斯，ii，2，7。

裡（Sakamhari，「草本植物的持有者」或者「草本植物的養育者」）那樣，並且因為同樣的原因，我還將消滅那個杜爾迦瑪（Durgama，乾旱的人格化）的大阿修羅。」[60] 在納瓦帕提里伽（Navapatrika，「九葉」）儀式上，杜爾迦被稱為「那住在九葉中的」。[61] 從印度還能得到許多例子來說明這個問題。[62] 我們在著手討論樹的其他宗教意義的時候，還要回到這個問題上來。

103・植物和大母神

最普遍、最常見的範型就是這個大母神－植物－報喜者－動物－祭司的範型。因篇幅所限，我們只能對手頭大量例子中的少數幾個略作說明。在植物象徵旁邊出現一位女神，證實了樹在古代圖像和神話中所擁有的一個含義：**宇宙豐產的永不枯竭的源泉**。從哈拉帕（Harrappa）和摩亨佐－達羅（Mohenjo-Daro）的考古發掘中，我們對印度河谷的前雅利安文明已有很多瞭解，該文明將大母神等同植物，是透過聯想——菩提樹旁的一位夜叉型的裸體女神，[63] 或者透過一種從女神生殖器官出來的植物，而加以表現的。[64] 菩提樹的肖像甚多，和表現裸體大母神的一樣

281

---

60 第 xcii 章，vv，43-4。

61 參見伊利亞德，《瑜伽》（*Le Yoga*），第 376 頁。

62 參見梅耶爾（Meyer），《古印度統治權力的三部曲和植物節日》（*Trilogie altindische Machte und Feste der Vegetation*），第 iii 卷，各處。

63 例如，馬歇爾，第 i 卷，圖 63-7。

64 馬歇爾，第 i 卷，第 52 頁。

多[65]──這種圖像主題在銅石並用的時代，包括埃及在內的整個歐亞大陸，甚為普遍。聖樹位於一個圍場裡面，有時一位裸體女神站立在兩根從一個圓形中央生長起來的菩提樹枝條中間。在圖像學上，這一點很清楚地象徵著一個聖地和一個「中心」（第142節以下）。

在整個非洲[66]和印度[67]，充滿汁液的樹象徵神聖的母性，因而受到女性的敬奉，也為希望轉世的死者靈魂所渴望。不管是否有報喜動物，印度的圖像學中還保留著女神－樹的主題，雖然這與水－宇宙起源的觀念發生了某種混合，卻依舊傳播到了民間藝術中去，至今仍然能夠找到。水哺育種子，萬物的種子。植物──根莖、灌木、蓮花──表達了宇宙的顯現、形式的出現。值得注意的是，在印度，宇宙的形象被表現為一朵蓮花的盛開。開花的根莖象徵著實際發生的創造，「在水面之上牢固地確立起來的事實」。花和水的主題與植物和婦女的主題同時出現，正是由於永不枯竭的創造這個核心概念，而這樣一個核心概念則是由那個等同於大母神的宇宙樹來象徵的。

這種概念深深扎根在吠陀和往世書的創世信仰裡面（神**顯現**他或者她自己，以及宇宙就是一朵飄浮在水面上的蓮花），也深深扎根在蘇摩（soma）這種印度－伊朗人的奇妙植物的概念裡面。對於後者而言，我們要記得蘇摩在《梨俱吠陀》中經常被描繪成一潭泉水或者一條溪流，[68] 但是它也被描繪成一種天堂植

65　例如，圖板 xii，圖 16、20、21、25、26。

66　弗雷澤（Frazer），《巫術藝術》（*The Magic Art*），第 ii 卷，第 316 頁以下。

67　梅耶爾，第 iii 卷，第 195 頁。

68　參見夏布蘭特（Hillebrandt），《吠陀神話》（*Vedische Mythologie*），布列斯

物，在有的經文，尤其是在吠陀時代晚期和後吠陀時代的經文裡面，它還被置於一個花瓶中（水的象徵，參見第 61 節）。人們如果還記得蘇摩所揭示的一切，就能找到這種多樣性的理由了：蘇摩確保生命、豐產、再生——換言之，也正是水的象徵體系所揭示的，也是植物的象徵體系實際上所表達的內容。《摩訶婆羅多》第一篇的偷盜蘇摩，提示蘇摩作為水和植物的雙重特徵。雖然蘇摩也表現為一種奇妙的飲料，但我們卻被告知迦樓羅「扯碎了它」（samutpatya），似乎它是一種草本植物似的。[69]《奧義書》的象徵體系表現了同樣的一種聯繫，水－樹；「不老河」（vijara-nadī：那再生的）「位於支撐萬物的大樹旁邊」。[70] 神祕的泉水坐落在天堂，同樣，也只有在天堂我們才能找到即使不是各種再生和不死的飲料——白毫麻（hom）、芬蘭人的神聖蜂蜜等等——的實物，至少也是其原型。

同樣的水－樹的聯繫在猶太教和基督教傳統裡也能夠找到。以西結[71] 描述了從聖殿中流出來的奇妙的河，以及沿著兩岸生長的能夠結果子的樹（源於聖殿下面的水的象徵和形而上學意義，就像樹的意義一樣，使我們毫不懷疑這聖殿就是「世界的中心」，參見第 142 節）。《啟示錄》甚至更加清晰地將水和樹的宇宙的、救贖的表達放在了一起。[72]「（天使）又指示我在城內街道當中一道生命水的河，明亮如水晶，從上帝和羔羊的寶座的

勞（Breslau），1927，第 i 卷，第 319 頁以下。

69　xxxiii，10。

70　《考史多啟奧義書》（*Kauṣītaki Up*），i，3。

71　Ixvii。

72　xxii：1-2。

流出來。在河這邊與那邊有生命樹，結十二樣果子，每月都結果子，樹上的葉子乃為醫治萬民。」當然，其聖經的原型便是伊甸園：「園子當中又有生命樹和分辨善惡的樹。有河從伊甸園流出來滋潤那園子，從那裡分為四道。」[73] 聖殿，即最神聖的地方，相當於天堂樂園的原型——伊甸園。

104 · 圖像的象徵體系

在構成印度裝飾藝術基礎的創世信仰裡，水和植物　
象徵之間的聯繫得到了相當連貫的解釋。庫馬拉斯瓦米（Coomaraswamy）為此給我們提出了下列一個公式：葉茂花開的蓮藕（latā-kāma，māla-kāma），經常支撐或環繞著花和動物（參見 śakuna-yatthi），從夜叉的口中或者肚臍裡面或其他某種水的象徵，例如一個漫溢的花瓶（pūrṇa-ghata）裡，或從摩羯（makara）或一頭長著魚尾的大象張開的喉嚨裡湧出。[74] 我們在其他地方也能找到「盛滿的瓶子」，是一種經常和「有生命的植物」或者某種豐產符號有聯繫的象徵。例如，在古地亞（Gudea）國王以後的時代，「聖樹」從阿卡德－蘇美的場景中消失，取代它的是一種從花瓶中流出來的「有生命的植物」。[75] 這「盛滿的瓶子」總是由一個神或者半神而不是一個人舉在手

73　《創世記》ii. 9-10。

74　《夜叉》（*yakṣa*），第 ii 卷，第 2-3 頁。

75　帕羅特，第 59 頁。

中。有時並不出現「瓶子」，水直接從神的身體裡面流出來。[76] 幾乎沒有比這更加清晰的方式表達這樣一種信仰了：生命和再生乃直接從神的實體，或者更明確地說，從那個實體的完美而明顯的啟示、從神顯那裡直接流出來。

與神話中植物根莖從水的符號裡湧出的裝飾主題相對應的是在往世書中大梵誕生的概念。這個神稱作 abjaja，「從蓮花生的」，即從毗濕奴的肚臍中生出來。[77] 庫馬拉斯瓦米證明這個觀念有著吠陀時代的起源和基礎。[78] 「蓮花（藕）」從水（或者水的符號）中湧出來的象徵，表達宇宙過程本身。水代表無形、種子、隱藏的力量；花的象徵代表顯現、宇宙的創造。作為水[79]、雨水和豐產之神的伐樓那，最初就是一切創造源泉的生命樹的根。[80]

105 · 大母神－生命樹

大母神和生命樹的聯繫亦存在於埃及。有一幅浮雕，描繪哈托（Hathor）在天堂樹（無疑就是不死之樹）上分發食物和飲料給死者的靈魂——換言之，確保它們生命的延續和存活。[81] 這個

---

76 參見范・布倫（Van Buren），《流水的瓶子以及和溪水在一起的神》（*The Flowing Vase and the God with Streams*），柏林，1933，圖 6、13 等等。

77 《阿耆尼往世書》（*Agni Purāṇa*），第 xliz 章。

78 第 ii 卷，第 25 頁。

79 參見梅耶爾，第 iii 卷，第 207 頁對此多有論述。

80 《梨俱吠陀》（*RV*），i，24，7；參見庫馬拉斯瓦米，第 i 卷，第 29 頁。

81 參見瓦利斯・巴基（Wallis Budge）的《古埃及，從拜物教到上帝》（*From*

圖景和女神手中握滿禮物，或者她的頭和肩膀從一棵樹中湧出，讓死者的靈魂飲用某種飲料等等一系列的表現形式都有必然的聯繫。還有一個相似的系列，圖中命運女神端坐在一棵象徵天空的大樹下部的枝條上，所有樹枝上寫滿法老的名字和他們命運。[82] 相同的主題也可以在阿爾泰民間信仰（雅庫特民族等）中找到：在七枝生命樹腳下有「年歲之女神」。[83]

美索不達米亞的神話和祭祀儀式也有相同的聯繫。吉爾迦美什來到花園裡一棵奇妙樹前，近旁是被描繪成薩比杜（sabitu），也就是「有葡萄的女子」的女神西杜麗（Siduri，亦即「少婦」）。[84] 實際上奧特蘭（Autran）將此內容解釋為吉爾迦美什在葡萄旁邊遇到這位女神：在近東，葡萄等同於「長命草」，而蘇美人最初就是用葡萄樹葉象徵「生命」。[85] 這種美妙的植物在大母神的眼裡是神聖的。這位母神（Mother Goddess）最初被稱為「葡萄媽媽」，或者「女神葡萄」。[86] 奧爾布賴特（Albright）已經證明，在吉爾迦美什傳奇的原始版本裡，西杜麗具有更為重要的地位。[87] 揚森（Jensen）將她等同於《奧德

Frtish to God in Ancient Egypt），牛津，1934。

82 麥克斯·繆勒（F. Max Müller），《埃及神話》，波士頓，1918，第 53 頁。

83 霍姆貝格－哈爾瓦，《生命樹》，第 97 頁。

84 奧特蘭（Autran），《基督教史前史》（*Préhistoire du Chistianisme*），第 1 卷，第 143 頁。

85 奧特蘭，第 142 頁。

86 蘭格頓，《坦木茲和伊西塔》（*Tammuz and Ishtar*），牛津，1914 年，第 43 頁。

87 〈巴比倫傳奇烏特－那毗斯提·納庫〉（The Babylonian Sage Ut-Napistim naqu），載於 JAOS，1918，第 xxxviii 卷。

賽》中的仙女卡呂普索（Calypso）。[88] 和卡呂普索一樣，西杜麗有著年輕少女的外貌，披面紗、身纏葡萄枝，住在四大泉水的源頭；[89] 她的海島位於「大海的肚臍」，[90] 她能夠賜予英雄不死，曾用天上的美食誘惑尤利西斯。[91]

285

卡呂普索是無數大母神之神顯中的一個，她在「世界的中心」顯現自己，附近有世界之臍、生命樹以及四大泉水。葡萄是不死的植物象徵──就像葡萄酒在原始人的傳統裡仍然是年輕和永生的象徵一樣（參見「生命之水」，古蓋爾語 uschabheagh，字面意思是「生命之水」，波斯語 maie-i-shebab，「青春飲料」、蘇美語 gestin，「生命之樹」）。[92]《密西拿》（Mishna，編按：猶太妥拉的書面集結，是猶太經典《塔木德》的基礎之一）宣稱，《創世記》中分別善惡之樹就是葡萄。[93]《以諾書》將這棵葡萄或者分別善惡之樹放了在了七重山之間，[94] 就像《吉爾迦美什》一樣。[95] 蛇－女神，哈拿（Hannat）可以品嘗這棵樹上的果子，而西杜麗和卡呂普索也被允許這樣做。直到很晚近的時候，葡萄和葡萄樹繼續象徵智慧。[96] 不過，葡萄－宇宙－知識和救贖之樹的原始概念在曼德教（Mandeism）中非常

88　v，68 以下。

89　v，70。

90　《海的肚臍》（Omphalo thalasses）；《奧德賽》，i，50。

91　v，135 以下。

92　參見奧爾布賴特（Albright），〈生命和智慧女神〉（The Goddness of Life and Wisdom），載於 JASS，1920，第 xxxvi 卷，第 276 頁。

93　《公會》（Sanhedrin），70，a。

94　xxiv，2。

95　奧爾布賴特，第 283 頁。

96　參見《箴言》，8：19。

清楚地保留了下來。在這種諾斯替思想裡面，葡萄（gufna）是光明、智慧和純潔的具體表現。葡萄酒（qadmaia）的原型位於更高的天上世界。原型的葡萄樹飽含水分，葉子由「光明之靈」組成，樹結是光明的殘餘。從它那裡湧出聖水之泉，可以解除人們的乾渴；光明之神和智慧之神、救贖者（Manda d'haiie）也等同於生命的葡萄樹（gufna d'haiie），而這葡萄樹據說就是宇宙之樹，因為它蔓延到了諸天之上，結的葡萄就是星星。[97]

　　葡萄和裸體女人的主題也進入了基督教的啟示傳奇中。例如在十七世紀前一部從斯拉夫語翻譯為羅馬尼亞語的後期編著《問答》中，我們聽到這樣一個故事：彼拉多發現他的妻子在葡萄園中赤裸身體，身邊有一棵葡萄樹從基督的血衣發芽生長並且神奇地結出果子。[98]（這個傳奇和諸神被獻祭或者英雄慘死之後創造植物的主題肯定有聯繫。[99]）

　　在希臘和愛琴海地區，女神－樹－山－報喜者－動物同樣也是屢見不鮮。我們還記得著名的邁錫尼指環描述了一個宗教場景，女神雙手放在裸露的乳房上面，端坐在生命樹下，附近有一系列象徵宇宙的符號：雙刃石斧、太陽、月亮、水（四大泉水）。[100]這個場景非常類似於一座閃米特浮雕，霍爾姆斯－哈爾瓦在其著作中進行了複製。[101]該浮雕描繪了女神端坐在寶座上，附近有聖樹，手中抱著神的孩子。有一枚米拉（Myra，位於呂

286

97　奧爾布賴特，第 266 頁。

98　《問題和解答》（*Intrebari si Raspunsuri*），cxxvii。

99　參見伊利亞德，〈風茄和「奇妙的誕生」神話〉（La Mandragore et les mythes de la 'naissance miraculeuse'），載於 CZ，1942，第 iii 卷，第 25 頁。

100 參見尼爾松《希臘宗教史》，第 i 卷，圖版，17，1。

101 圖 30。

家〔Lycia〕）錢幣表現了女神在樹中現身的樣貌。[102] 愛琴海地區也是如此，墨克羅斯（Mochlos）的黃金指環描繪了女神坐在小舟裡，身邊有一座祭壇和一棵樹[103]，以及在聖樹前舞蹈的著名場景。[104]

我們在神話和圖像中發現的所有這些聯繫並非出於偶然，亦不無宗教和形而上學的意義。它們——女神和樹，或者女神和葡萄樹，以及它們周圍象徵宇宙的符號和報喜的動物——究竟意味著什麼呢？意味著這裡是一個「世界的中心」，這裡是生命、青春和不死的源泉。樹象徵宇宙的永遠再生，而在宇宙的中心總是有一棵樹——永恆生命之樹或者知識之樹。大母神將無窮的創造之根源，亦即一切實在的最終基礎人格化了。她在神話中就是這種原始直觀的表達：神聖、生命和不死都處在一個「中心」。

106・知識樹

在「園子的中間」有一棵生命樹和一棵分別善惡之樹，[105] 上帝禁止亞當吃分別善惡之樹上的果子：「……因為你吃的日子必

---

102 庫克（Cook），《宙斯》（*Zeus*），劍橋，1925，第 ii 卷，第 1 編，第 681 頁，圖 620。

103 尼爾松，圖版，13，6。

104 尼爾松，圖版 13，5；參見佩爾松（Persson），《史前時代的希臘宗教》（*The Religion of Greece in Prehistoric Times*），伯克萊和洛杉磯，1942，第 36 頁以下；以及圖 3。

105 《創世記》，2：9。

定死。」[106] 不過上帝絲毫沒有提到那棵生命樹。是否後面這棵樹就是分辨善惡之樹，或如某些學者所相信的那樣，[107] 是一棵「隱蔽的」生命之樹，只是亞當在獲得分辨善惡的知識，或換言之，在獲得智慧的時刻，才顯現出來而觸手可及呢？我傾向於第二種假設。生命之樹賜予人類永生，卻不易得到。它是「隱蔽的」，就像吉爾迦美什在海底找到的不死草，或者有妖怪看守，就像在赫斯珀里得斯（Hesperides）花園中的金蘋果。這兩棵樹——生命之樹和智慧之樹——居然同在一處，並不像初看那樣是一個悖論。我們在其他原始人的傳統中同樣也能夠找到。在天堂東面的入口處，巴比倫人放上了兩棵樹：一棵是真理之樹，一棵是生命之樹；拉斯・沙馬拉（Ras Shamra）的文獻（編按：烏加里特文獻）則告訴我們，阿雷翁同時贈予了利特普恩（Ltpn）智慧和永生。[108]

　　蛇誘惑亞當和夏娃吃食分別善惡之樹，許諾樹上的果子帶來的不是死亡而是神性。「你們將不死，因為上帝知道，你們將之吃下的日子，眼睛就明亮了，你們便如上帝能知道善惡。」[109] 這條蛇說人會變得和上帝一樣，究竟僅僅是因為他吃了就知道分辨善惡，還因為由於變得無所不知而能夠看見生命之樹在什麼地方，從而獲得永生呢？如果從字面上看，聖經文獻似乎確是這樣說的：「（上帝說：）那人已經與我們相似，能知道善惡。現在

---

106 《創世記》，2：17。

107 參見保羅・漢姆伯特（Paul Humbert），《論創世記中關於天堂和墮落的敘事》（*Études sur le récit du paradis et a chuté dans la Genèse*），1940，第 22 頁 以下。

108 漢姆伯特，第 22 頁。

109 《創世記》3：4-5。

288　恐怕他伸手又摘生命樹的果子吃，就永遠活著。耶和華神便打發他出伊甸園去⋯⋯」[110]

　　任何認為《創世記》故事是許多其他神話中的一個，是根據同樣一個普遍原則創造出來的人都會產生一些疑問。人只要吃第二棵樹，亦即生命樹上的果子就可以獲得神性。那麼為什麼蛇還要誘惑亞當吃那棵只是得到智慧的分辨善惡之樹上的果子呢？如果蛇所扮演的是惡靈，因而反對人得到永生，那麼他本該「阻止」人類得到生命樹。蛇通常是人類尋求永生之源泉，亦即生命樹的障礙。這種解釋得到了我們後文還要遇到的其他傳統所證實。但是有些人對蛇的誘惑作出了另外一種解釋：它想要為自己獲得永生（正如在某些神話裡，它成功地做到了這一點），它需要找到隱藏在伊甸園樹叢中的生命樹，這樣他就可以第一個吃到樹上的果子。因此他慫恿亞當吃「分辨善惡之樹」上的果子。亞當因為有了這樣知識，就會告訴它生命樹在什麼地方。

107・生命樹的守衛者

　　原人（或英雄）尋找永生、生命樹，而蛇或妖怪守衛這棵樹（或者施展詭計阻止人吃到生命樹），這個原型似乎也出現在其他傳統裡面。這些內容（人、樹和蛇）的含義很清楚：永生得之不易；它包含在一棵生命樹（生命泉）裡面，位於某個難以抵達的地方（在大地的盡頭、大海的深處、黑暗的地域、高山的頂

---

110 同上，3：22-3

峰，或者一個「中心」）；有妖怪（或蛇）守衛這棵樹。付出許
多努力之後終於成功接近這棵樹的人，如要獲得不死的果子，還
必須和妖怪戰鬥並且消滅它。

　　就人們所能理解的而言，降妖似乎具有一種入會禮的性質。
人類要獲得永生的權力，就必須「證明自己」並成為一個「英
雄」。凡是不能降服惡龍或蛇的人，就接近不了生命樹，也不能
獲得永生。英雄和妖怪的戰鬥並不總是肉搏。亞當還沒有進行任
何（例如像赫拉克勒斯那樣的）英勇戰鬥就被蛇打敗了。他被蛇
施展的詭計打敗了，蛇說服他嘗試變得像上帝那樣，說服他違背
上帝的命令因而遭到死亡的厄運。當然在聖經文本中，蛇並沒有
表現為生命樹的「保護者」，但是從它的誘惑所造成的後果看，
我們完全可以認為它就是這樣的一個身分。

　　巴比倫英雄吉爾迦美什的遭遇也不見得更好一些。他也
尋找永生。吉爾迦美什因朋友恩奇杜（Enkidu）之死而悲傷，
哀歎道：「我不是也會像恩奇杜一樣必然會死去嗎？」[111] 他
知道世界上只有一個人能夠幫助他 —— 聖人烏納庇希提（Ut-
Napishtim），他躲過了大洪水，神賜予他永恆的生命 —— 於是
吉爾迦美什便朝著他坐落在「諸河之口」的住處走去。道路漫
長、艱辛，充滿險阻，就像任何一條通向「中心」、天堂或者永
生源泉的道路一樣。烏納庇希提住在一座島嶼上，周圍環繞著死
亡之水，不管怎樣，這位英雄設法渡了過去。剛好吉爾迦美什在
烏納庇希提給他的若干考驗面前變得軟弱，例如他未能保持六天

289

---

111 圖版 VIII；該文轉引自維羅勞（Virolleaud），〈吉爾迦美什通往天堂的旅行〉
　　（Le Voyage de Gilgamesh au Paradis），RHR，1930，第 51 卷，第 204 頁。

七夜連續警醒。他的命運先前就被決定了：他不能獲得永生，不能變成諸神，因為他不具備他們的本性。

　　儘管如此，在妻子的提議下，烏納庇希提告訴吉爾迦美什，在海底有一種「荊棘」草（那是一種難以得到的草），雖然不能賜予永生，但誰吃了它就能永保青春。吉爾迦美什在腳上綁上一塊石頭，下到海底四處搜尋。終於找到了那種草，他摘下一小根草，解下石頭，回到水面。在去往烏魯克的路上，他在一眼泉水旁駐留喝水，有一條蛇聞到了這棵草的芬芳氣味，便進前來吃掉它，於是就變得不死了。和亞當一樣，吉爾迦美什由於自己的愚蠢和蛇的詭計而失去了永生。他未能戰勝烏納庇希提的考驗，也未能在許多善意的幫助下保護好得到的東西（因為他一路上得到了薩比杜〔Sabitu〕、烏納庇希提的船夫烏納沙比〔Urnashabi〕、烏納庇希提本人以及他妻子的幫助）。因此，妖怪、蛇就成為人類永生的敵人。在比吉爾迦美什還要早很多的時候，基實（Kish）的國王埃塔納（Etana）就乞求太陽和安努神（Anu）賜予他「生命草」，好叫他的妻子為他帶來一位子嗣，這時被一隻老鷹帶到天上。這隻老鷹曾因蛇施展詭計而被丟入一道溝裡。正如我們所見（第 10 節），蛇和老鷹的衝突是歐亞大陸神話中的主題。

108 · 妖怪和獅鷲獸

　　伊朗傳說中也有一棵生命和再生之樹，它生長在大地之上，原型卻在天上。人間的豪麻（haoma）或者「黃」豪姆

（hom）——就像吠陀文獻中的蘇摩，有時被認為是一種植物，有時又被認為是一眼泉水——生長在群山之間；[112] 阿胡拉·馬茲達最初將其種植在哈萊伊提（Haraiti）上。[113] 它的原型在天上。正是這在天上的豪麻或者高克蘭納（gaokerena，白豪麻）賜予一切吃到它的人以永生，在艾德薇蘇拉（Ardvisura）的諸水之源頭、在烏魯卡薩（Vourakasa）海的一座島嶼上，人們可以找到白豪麻以及其他數千種藥草。[114] 這棵「白豪麻祛除衰老。唯此起到永生的作用，以及接踵而來的永生。它是植物之王。」[115]「不管誰吃到它都會長生不老。」[116] 阿赫里曼圖謀阿胡拉·馬茲達創造的生物，就在烏魯卡薩德海水中造了一條蜥蜴，攻擊這棵奇妙的樹高克勒納。[117] 伊朗神話傳說中的初人伊瑪（Yima）原是不死的，[118] 但就像亞當一樣，因為犯罪而失去了這種不死的本性。「他說謊，開始思想與真理相對立的謊話。」[119] 正是由於伊瑪的罪，人類便固有一死而生活悲慘。[120]

291

　　在其他傳說中也有蛇游走於生命樹旁，這也許是受到了伊朗的影響。卡爾穆克人（Kalmuks）講述了大海中的一條龍，守

---

112 《耶斯納》，x，3-4。

113 同上，x，10。

114 《驅魔書》（*Videvdat*）xx，4；《班達喜興》（*Bundahism*），xxvii，4。

115 《班達喜興》，i，1，5。

116 同上，xviii，5。

117 同上，xviii，2；參見尼霍格（Nidhoggr）攻擊雨格德拉希爾樹根。

118 《耶斯納》，ix，3-5。

119 《耶斯納》，xix，33-4。

120 參見克里斯滕森（A. Christensen），《伊朗傳奇史上的初人和初王》（*Le Premier Homme et le premier roi dans l'histoire légendaire des Iraniens*），烏普薩拉，1931，第 ii 卷，第 13 頁以下。

候在贊布（Zambu）樹旁，等樹葉掉落便吞噬掉它們。布里亞特
人相信，在「乳之湖」中的大樹旁有一條名阿比爾加（Abyrga）
的蛇。在有的中亞版本中，在人的樹幹上也有阿比爾加纏繞其
上。[121]

　　有獅鷲獸（Gryphons）或者妖怪，把守通向救贖的道路，守
衛生命樹或者其他同樣的象徵。當赫拉克勒斯前去偷赫斯珀里
得斯（Hesperides）園中金蘋果的時候，他必須殺死看守的龍或
讓它睡著。不管是這位英雄親自出馬還是由阿特拉斯（Atlas）
替他去做——這時赫拉克勒斯需要擎住天球——都不是最重要
的。重要的是赫拉克勒斯成功地通過了這些英雄的「考驗」，
拿到了金蘋果。科爾奇斯（Colchis）的金羊毛也由一條龍來看
守，伊阿宋（Jason）必須殺死這條龍才能夠得到金羊毛。蛇把
守著通向永生的每一條道路，也就是「每一個中心」、每一個集
中儲藏神聖的處所、每一種**真正的**實體。它們總被描繪成環繞著
戴奧尼索斯的酒杯、[122] 看守著遠方斯基泰地區的阿波羅黃金、[123]
守衛著隱藏在地下的寶藏或海底的鑽石和珍珠——事實上，它們
守衛著每一種體現神聖的象徵，每一種能夠賜予**力量、生命和全
知**的象徵。同樣的主題在費拉拉大教堂博物館（Museum of the
Cathedral of Ferrara）的一尊淺浮雕上也能夠發現。[124]

---

121 霍姆貝格－哈爾瓦，《芬－烏神話和西伯利亞神話》（*Finno-Ugric Mythology
　　and Siberian Mythology*），波士頓，1927，第 356 頁以下。

122 卡科皮諾（Carcopino），《畢達哥拉斯派的會堂》（*La Basilique pythagoricienne*），
　　第 229 頁。

123 希羅多德（Herodotus），iii，116。

124 哈特勞布（Hartlaub），《阿爾卡納藝術》（*Arcana Artis*），第 294 頁。

109・樹和十字架

　　生命樹是一切能夠起死回生、治療疾病、恢復青春等等的奇妙植物之原型。例如，在澳沙蒂（Oshadi）山上有四種仙草：「一種最為寶貴，能夠起死回生，另一種能夠從傷口中拔出箭矢。第三種能解除痛苦……」蜜哩多散咭嚩（mṛtasamjīvani）草能夠起死回生，毫無疑問它是最珍貴的。[125] 可是還有一種「大草」，saṃdhani，能將死者的肢體重新拼接起來。[126] 中國傳奇講述有一座仙島，烏鴉從那裡帶回一種仙草，能讓死去三天的武士還陽。伊朗也存在相同的信仰。還魂草在羅馬世界也很出名，[127] 其功效在所有歐洲傳奇中聲名顯赫。[128] 有個傳奇說，所羅門王請求示巴女王贈與其永生，她就告訴他去尋找一種生長在岩石中的植物。所羅門遇到一位「白髮翁」，手中拿著這棵草正在走路，他高高興興地把草交給所羅門，因為只要他保留著這棵草，就不會死掉。因為這棵草只賜予不死，而不是年輕。[129]

　　真十字架的木頭據說能起死回生，君士坦丁皇帝的母親海倫娜動身尋找它。[130] 木頭之所以有此神力，是因為十字架是用伊甸

---

125 《羅摩衍那》（*Rāmāyaṇa*），〈戰爭書〉（Yuddha Khanda），26，6。

126 《摩訶婆羅多》（*Mahābhārata*），i，76，33。

127 普林尼（Pliny），《自然歷史》（*Hist. Nat.*），25，5。

128 關於馬其頓的羅馬尼亞人，參見坎德里亞（Candrea），《野獸之草》（*Iarba Fiarelor*），布加勒斯特，1928 年，第 20 頁。

129 溫舍（Wünsche），〈長命草和長命水的傳奇・古代東方神話〉（Die Sagen vom Lebensbaum und Lebenswasser. Altorientalischen Mythen），載於《東方之光》（*Ex Oriente Lux*），萊比錫，1905，第 i 卷，第 2-3 號，第 15 頁以下。

130 比魯尼（Albiruni），《古代列國志》（*The Chronology of the AcientNations*），薩克（Sachau）譯，倫敦，1879，第 292 頁。

園的生命樹做的。[131] 在基督教的圖像裡，十字架經常被描繪為生命樹（參見參考書目）。有許多傳奇故事講述了十字架的木頭和塞特（Seth）的天堂之旅，在整個中世紀所有歐洲國家流行一時。它們最初均以《摩西啟示錄》、《尼哥底母福音》和《亞當和夏娃傳》為底本。我將概述其中最廣為接受的一個版本：亞當在希伯侖谷生活了九百三十二年，得了一場致命的病，就吩咐他的兒子塞特向守衛天堂大門的天使求情，取得仁慈油膏。[132] 塞特循著亞當和夏娃的足跡——他們所過之處是不長草的——來到天堂，向大天使轉告亞當的願望。大天使建議他看三眼天堂。第一眼塞特看到水從四條河中流出來。第二眼看到一條蛇纏繞在樹幹上。第三眼的時候，他看見樹叢拔地而起伸向天空，樹頂上有一個新生的嬰兒，樹根延伸到地獄（生命樹坐落在宇宙中心，如同一根貫穿宇宙三界的軸線）。天使向塞特透露他所看見的意義，宣佈有一個救贖者就要到來。同時交給他三顆種子，那是從他父親曾經吃過的致命的樹上採下來的，吩咐他把種子放入亞當口裡。他還說亞當三天之後會死去。亞當聽到塞特的故事後笑了，這是自從被趕出天堂以來第一次笑，因為他認識到人類將會得救。亞當臨死時，塞特放入他口裡的這三顆種子就在希伯侖谷成長起來，三棵樹以同樣的速度成長，直到摩西時代。摩西曉得這三棵樹的神聖起源，將它們移植到他泊山（Mount Tabor）或者何烈山（Horeb）（「世界的中心」）。這些種子在那裡生長了數千年，後來大衛得到上帝的命令，就將它們帶到耶路撒冷（這

---

131 溫舍，第 39 頁。

132 參見格拉夫（Graf），《神話、傳奇和迷信》，布加勒斯特，1937，第 59 頁。

裡也是一個「中心」）。又發生了許多其他情節（示巴女王拒絕
把腳伸入樹林等等）後，這三棵樹變成了一棵樹，救贖者的十字
架就是用這棵樹造的。在大地的中心，也就是在亞當被創造和掩
埋的地方，被釘十字架的基督的血滴落在「亞當的骸髏」上，因
此把他從罪中拯救出來，並讓人類之父也受了洗。[133]

　　有一條德國謎語提到一棵樹，其根部在地獄，樹頂在上帝的 294
寶座，而枝葉覆蓋整個世界。[134] 這棵樹就是十字架。事實上，在
基督徒眼裡，十字架是世界的基礎：「所以要背負天上十字架的
木頭，祂從根基給予地球力量，引導人們走向生命」，費米庫
斯・馬特努斯（Firmicus Maternus）寫道。[135] 在東方傳奇中，十
字架是一座橋樑或一部梯子，人類的靈魂可以借助它上升到上帝
那裡；[136] 它位於「世界的中心」，是天堂、人間和地獄之間的一
條通道。在有的版本裡，十字架的木頭有七道槽，就像宇宙樹代
表七重天一樣。[137]

110・返老還童和長生不死

　　在「生命泉」的神話裡，我們發現各種仙草、仙果的概念，
有的能返老還童，有的甚至使人長生，還有的能賜人以不死。

---

133 參見伊利亞德，《巴比倫的宇宙學和煉金術》，布加勒斯特，1937，第 53 頁。
134 溫舍，前引書，第 13 頁。
135 《論世俗宗教的謬誤》（*De Errore Profanarum Religionum*），27，1。
136 霍姆貝格－哈爾瓦，《生命樹》，第 133 頁。
137 參見卡托揚（Cartojan），《羅馬尼亞民間故事集》（*Cartile populare in
　　literature romaneasca*），布加勒斯特，1929，第 i 卷，第 123 頁。

每一個概念都會因著種族中的天才的思維方式，因著文化的交流融合，因著各社會階層的不同的觀念，而有所發展或變化。例如，「確保永生和青春的植物」，在印度和在閃米特世界有著極其不同的看法。閃米特人渴望不死、渴望永生，印度人則尋求能夠再生和返老還童的植物。這就是為什麼印度的醫學和煉金術配方只求延長數百年的生命，使人依舊保持性功能（balavān strīṣṇu）。夏瓦納（Śyāvana）的神話很好地證明了印度人這種入世的觀念：它不是**長生不死**而是**返老還童**。夏瓦納和雙馬童達成協議，雙馬童使他返老還童，而作為回報，夏瓦納則把蘇摩這一神的食物送給他們。雙馬童就將他帶到娑羅室伐底的「青春泉」，當夏瓦納回來的時候，他就像神一樣年輕而容光煥發了。[138]

一個擁抱存在、熱愛生活的印度人並不想無限地擁有生命，只想永遠保持年輕。不死並不能打動那些聖徒或神祕家——他們渴望自由，而不是永遠連續的存在；他們尋求最終捨離宇宙，獲得徹底的精神自主——而不只是時間的延續，即使這種延續是永遠的也罷。我們發現希臘人同樣也是如此。他們不渴望永生，卻渴望年輕長壽。在大多數和亞歷山大大帝有關的傳說故事中，他都對任何尋求永生的人感到莫名驚訝。[139] 印度人想像的那種再生和擁抱青春的神話，不僅間接通過閃米特世界、伊斯蘭教徒，而且直接通過那些東方旅行者的作品的傳播而為歐洲人所知。〈約

138 參見《百道梵書》，iv，1、5，等等。

139 參見霍普金斯（Hopkins），〈青春泉〉（The Fountain of Youth），JAOS，1905，第 xxvi 卷，第 19、20 頁；瓦利斯・巴基（Wallis Budge），《亞歷山大大帝》（*Alexander the Great*），倫敦，1896，第 93 頁。

翰長老書信〉（1160-1165）說道，印度為天堂環繞，走三天路就可以到達一眼泉水，任何人只要喝上三口水，餘生就一直像一個三十歲的年輕人。[140] 德爾‧里奧（Del Rio）和彼得‧馬斐烏斯（Peter Maffeius）宣稱孟加拉和恆河流域的印度人可以活到三百歲甚至三百三十歲。[141] 格瓦修斯（Gervasius）講述了亞歷山大大帝在尋找印度的「長命水」時，發現那裡的祭司服食某種蘋果延年益壽，活到了四百歲。[142] 在斯堪地納維亞神話中，蘋果是一種再生和延年益壽的果子。諸神吃這些果子，就可永保青春直到世界末日（ragnarok），亦即當今宇宙循環的終結。

這些例子有助於證明，在印度人的理想和閃米特人的理想之間存在一種差異，但是每一個神話主題本身，即使在形成其特有表達方式的同一個種族裡，也處在持續變化之中。在神話的精神層面，以及傳奇、迷信和習俗方面，兩者都全然不同。農民社團和文化少數派在理解和解釋再生、不死的仙草神話方面迥然有異。儘管如此，在同一個核心主題——不管這些差異可能來自不同的民族、社會團體，還是僅僅由於在傳播過程中必然發生的變化——的所有不同版本中，我們都能夠容易找出基本的統一性。在這一點上，我們發現在每一個仙草版本之下存在一個最初的原型：生命樹。現實、神聖的力量和生命都是圍繞一棵神奇的樹展開，這棵樹位於一個「中心」、一個不可抵達的世界，只有被揀選的人才能夠吃到它。

296

---

140 霍普金斯，第 19 頁。

141 同上，第 24 頁。

142 同上，第 19 頁。

111・藥草的原型

　　某些草本植物具有巫術和治病的能力，這種能力也起源於這個相關植物有著天堂植物的原型，或者由於有一位神最早採摘過它。任何的植物本身並不具有任何價值，它的價值在於它和原型的關係，在於重複一系列使之和周圍世俗東西區別開來的行為或者話語。十六世紀，在採摘具有療效的草本植物的時候，必須要念兩道英文咒語，而這清楚地表明草本植物的療效根源所在：它們首次生長（亦即起源於）在髑髏地（Calvary）的聖山上（亦即世界的中心）。

　　　　願你為聖，神草啊，生長在大地之上

　　　　最早發現你生長在髑髏地的山間。

　　　　你有益於治療所有的疼痛，醫好所有的傷口；

　　　　奉和藹耶穌之名，我把你從地上採摘。

　　　　　　　　　　　　　　　　　　　　（1584 年）

　　　　願你備受尊敬，馬鞭草啊，因為你生長

　　　　在地上，

　　　　因為在髑髏地的山上，最早發現你。

　　　　你醫治我們的救主耶穌基督，止住他

　　　　流血的傷口；

　　　　奉（聖父、聖子、聖靈的）名，我把你從地上採

　摘。

（1608 年）[143]

　　這些草本植物的靈驗歸因於這樣一個事實：它們的原型是在一個重大的宇宙時刻（**從前**）在髑髏地的山上被發現的。它們的神聖性起源於它治好了救世主耶穌身上的傷口。草本植物在採摘的時候具有的靈驗則完全是因為這樣一個事實，即不管誰採摘它，都是在重複那個原初的治療行為。這就是為什麼有一個古老的咒語說：「我們要去採摘藥草，敷在救世主的傷口上面。」[144] 草本植物的神力也可以歸因於它是由一位神靈培育的事實。「是誰栽培了你呢？」藥草師問七葉一枝花。「那是聖母⋯⋯賜給我治療的功效。」[145] 有時候草本植物必須以基督的名義採摘。[146]

　　這些基督教民間巫術的用語是一種十分古老傳統的賡續。例如在印度，草本植物劫比他果（kapitthaka，一種木蘋果屬植物）可治性無能，因為追根溯源，乾達婆用它讓伐樓那重振雄風。因此儀式性地採摘這種植物就成為對乾達婆行為的有效重複。「乾達婆為了雄風已逝的伐樓那而挖掘你，我們也在此地挖掘你，一種能叫陰莖勃起的草本植物。」[147] 採摘菁草（damana）時要做下列祈禱：「祝福你，迦摩天，你令我們眼

297

---

143 奧赫爾特（Ohrt），〈草本植物，神聖的植物〉（Gerba, Gratia Plena），FFC，赫爾辛基，第 28 號，第 17 頁。

144 奧赫爾特，第 18 頁。

145 參見德拉特（Delatte），《草本植物》（*Herbarius*），列日－巴黎，1938，第 97 頁，注解 3。

146 德拉特，第 93 頁以下。

147 《阿闥婆吠陀》（AV），第 iv 卷，4，1；惠特尼和拉曼的譯本。

花繚亂。我以毗濕奴的善意採摘你」等等。[148]

在巴黎紙草卷中有一道很長的咒語，表明採摘下來的草本植物具有不同尋常的地位：「你是克洛諾斯所種、赫拉所採、阿蒙所藏、伊西斯所生、賜予雨水的宙斯所滋養；你靠著太陽和甘露而生長。你是諸神的甘露、赫密士的心臟、最古諸神的種子、太陽的眼睛、月亮的光芒、歐西里斯的尊嚴、天的美麗和耀眼等……你讓歐西里斯升到天空，也讓你自己升起來吧！就像太陽那樣冉冉升起！你高大如同天頂、你根基扎入深淵等……你的枝葉是密涅瓦（Minerva）的骨頭、你的花蕾是荷魯斯（Horus）的眼睛、你的種子是潘神（Pan）的種子等等……我追隨赫密士。我採下你就採下了好運、採下了善靈，在幸運的時刻，在一天之中一切最正確、最合適的時候。」此處所言、所採的草本植物有著宇宙樹的意義。得到它就是得到它所蘊含的力量，而它是各種力量、生命和神力的儲藏所。這個咒語顯然就是希臘－埃及巫術折衷主義的產物──其作者無疑是一個飽學之士，但是絕非真正的咒語。實際上，正如我們所知，民間咒語絕大多數出自學者的工作，由於漫長的幼化過程而大為貶值。將藥草和神顯現其中的樹等同起來，在原始人的精神中是完全合法的。正如我們已經看到的那樣，在「原始人」眼裡，世界上任何物體只要能夠和天界的原型聯繫起來，就可以獲得一種神聖的價值。

在基督徒看來，藥草的靈驗應該歸於它們最早是在髑髏地被發現的。在古代人看來，草本植物具有療效是因為諸神最早

---

148 《蓮花往世書》（*Padma Purana*），轉引自梅耶爾，《三部曲》，第 i 卷，第 48 頁。

發現了它們。有一篇論述藥草的文章推薦了以下一道咒語的開場白：「水蘇是阿斯克勒庇俄斯（Aesculapius）或者人馬凱隆（Chiron）最早發現的……」[149] 或者其靈驗可以歸功於得到神靈培育的事實：「羅勒，我以使你們出生的神靈的名義請求你……」「蓖麻，以使你們出生的全能上帝的名義……」「你這大有神力的植物，你這地母的創造並賜予萬國的……」[150]

在民間基督教傳統中也是如此，草本植物具有的醫療屬性應當歸功於上帝賦予它額外的神力。在法國，人們會說以下的常用語：「沒有人播種，也沒有人栽培的神草啊，顯示出上帝賦予你的力量吧！」[151] 有時，植物就是神。例如，一部本草文獻《克蘭尼蒂斯》（*Cyranides*）稱瀉根為神、諸神之女王、植物之母、大地、天堂和水的女主人。[152] 因此採集藥草就是一種儀式，要在一種慶典般的潔淨狀態中進行，舉行祈禱、獻祭以驅趕某些危險等等。這絕非僅僅採摘一種植物、某種植物物種，而是重複原初的行為（那時神首次採摘它），因此獲得一種充滿神聖的實體、生命樹的縮微版、包治百病的資源。

112・作為宇宙之軸的樹

和生命樹有關的神話和傳奇經常包含有一個觀念，那就是它　　299

---

149 德拉特，第 103 頁。
150 古文獻轉引自德拉特，第 102、104 頁。
151 德拉特，第 103 頁。
152 同上。

處在宇宙中心，和大地、天堂以及地獄相連。這個神話地形的細節在北歐和中亞，尤其是阿爾泰民族和日耳曼民族中間具有特殊的含義，不過它的起源也許是在東方（美索不達米亞）。例如，阿爾泰民族相信「在大地之臍生長著一棵最高大的樹木，這是一棵巨大的杉樹，它的枝葉直抵白烏耳幹（Bai-Ulgen）的家」——也就是天堂。[153] 我們通常可以在一座山頂，即世界的中心發現這棵樹。阿巴坎的韃靼人（Abakhan Tartars）論及在一座鐵山上有一棵七枝樺樹，顯然象徵七重天（這個意向似乎起源於巴比倫）。在瓦什幹奧斯佳克（Vasyugan Ostiak）薩滿頌歌中的宇宙樹就像天空一樣有七重，它穿越全部天界並扎根在大地深處。[154]

　　薩滿登天時，在其神祕的旅途中要爬上一棵有七道階梯的樺樹。然而，一般而言，他登天是用一根有七道台階的柱子，這自然也據說是地球的中心。[155] 神聖的柱子或樹是位於宇宙中央支撐世界的宇宙柱的象徵。阿爾泰民族相信諸神在這根宇宙柱上拴馬，群星圍繞它旋轉。斯堪地納維亞人也有同樣的觀念：奧丁在雨格德拉希爾樹（意思就是「奧丁的馬」）上拴馬。薩克森人稱這棵宇宙柱為伊爾敏蘇爾（Irminsul）——univerasalis columna quasi sustiness omnia（支撐世界的宇宙之柱，福爾達的魯道夫〔Rudolf of Fulda〕語）。印度人也有宇宙之軸的觀念，它表現

---

153 霍姆貝格－哈爾瓦，《生命樹》，第 52 頁。

154 伊利亞德，《薩滿教》，巴黎，1951，第 245 頁以下。

155 霍爾姆貝格－哈爾瓦，《芬－烏神話》，第 338 頁；「生命樹」，第 26 頁以下；伊利亞德，《薩滿教》，第 120 頁以下。

為一根位於宇宙中心的柱子或者生命樹。[156] 在中國神話中這棵奇妙的樹生長在宇宙的中心，那是一個完美的首都所在地，連接九泉和九天。他們稱之為「建木」，認為建木之下，日中無影。[157] 這棵宇宙樹類似於阿爾泰和北歐宇宙論中支撐世界的宇宙柱，「宇宙之軸」。在這些神話裡，樹表達了絕對實在的規範、支撐宇宙的固定點的一面。它是一切事物的最高基礎。因此，和天的溝通只有在它的附近或者透過它才能完成。

300

113 · 人類為植物後代的神話

以植物生命來象徵生命和實在，這樣的概念，解釋了我所稱的「樹和人的神祕聯繫」，除此之外就沒有其他更加明白的術語了。這些神話聯繫中最明顯的莫過於某個特定的種族借助某些植物登天。樹或者灌木據說是這個部落的祖先。一般而言，這棵祖先樹和月亮崇拜有密切關聯，等同於月亮的神祕祖先表現為某種植物的形式。例如某些苗族部落崇拜竹，以為是他們的祖先。台灣（Formosa）原住民、菲律賓的他加祿人、亞朗人（Ya-Lang，雲南）以及日本人都有同樣的信仰。在蝦夷人、吉里亞克人（Ghiliaks）和朝鮮人那裡，樹在對祖先的（月亮的）祭祀

---

156 庫馬拉斯瓦米，《佛教圖像的諸要素》（*Elements of Buddist Iconography*），哈佛，1935，第 83 頁；穆斯（Mus），《婆羅浮屠》（*Barabudur*），河內－巴黎，1935，第 i 卷，第 117 頁以下。

157 葛蘭言（Granet），《中國人的思想》（*La Pensée chinoise*）第 324 頁。

上有一席之地。[158]墨爾本附近的澳大利亞人相信人類最初誕生於一束金合歡。[159]越南南部廣為流傳的一個神話講述了人類如何被一場大洪水徹底消滅，只有一對兄妹倖免，他們躲在一個南瓜裡逃過了這場災難。雖然他們很不情願，但還是結了婚，姑娘生下一隻南瓜，從南瓜子裡面生長出高山和平原，誕生了人類。[160]

甚至在印度，我們也發現了同樣的神話，只是略有一些變化而已（在「祖先」的概念上略有變化）。曾獲許諾有六萬兒子的阿逾陀龍王娑竭羅（Sagara）的妻子須摩提（Sumati）生下一個南瓜，從南瓜中湧出六萬兒子。[161]《摩訶婆羅多》[162]中有一個情節講述了「生在有年（Śaravat）之子喬答摩家的孿生兄妹吉皮（Kṛpi）和吉帕（Kṛpa），就是從一束蘆葦生出來的」。[163]各種印度土著部落就是這各式各樣植物的神話後代，這種觀念還有更多的證據。梵名優曇缽羅花（Udumbara）既指旁遮普省，也指該省的居民。[164]馬達加斯加有一部落名安泰宛德里加（Antaivandrika），文字意思是宛德里加（vandrika，樹）的民

---

158 亨慈，《神話和象徵》，第 158 頁以下。

159 范・熱內普（Van Gennep），《澳大利亞的神話與傳奇》（*Mythes et lrgrndes d'Australie*），巴黎，1929，第 120 頁以下。

160 松本信廣（Matsumoto），《日本神話研究》（*Essai sur la mythologie japonaise*），巴黎，1929，第 120 頁以下。

161 《羅摩衍那》，i，38；《摩訶婆羅多》，iii，106，等等。

162 i，63，v. 2456 以下。

163 亦可參見普茲拉斯基（Przyluski），「刺穿」（Les Empalés），載於《中國和佛教雜集》，（*Mélanges vhinois et bouddhiques*）布魯塞爾，1936，第 i 卷，第 18 頁。

164 普茲拉斯基，〈旁遮普的古代民族：優曇缽羅〉（Un Ancien Peuple du Penjab: les Udumbara），JA，1926，第 36 頁。

族，他們的鄰居安泰法希（Antaifasy）部落則是香蕉樹的後代：
「有一天，從那棵香蕉樹中走出了一個精緻的小男孩，轉眼就變
得非常高大強壯……他有許多了孫，就是該部落的祖先；他們有
時仍然被稱為香蕉樹的後代。」[165]

　　我很容易找出更多的例子。我們也許注意到伊朗關於第一對
人的起源傳說：當第一個人伽尤馬特（Gayomard）屈服於惡靈
的打擊，他的精液就落到大地上面，四十年後，誕生植物里瓦
斯（rivas），之後就變成了馬希亞赫（Masyagh）與馬希亞娜赫
（Masyanagh）。[166] 但是伊朗人加入了一種新元素：伽尤馬特的
慘死。在以前的兩本著作中，我研究了植物起源於原人被獻為
祭品（或者慘死）的神話主題，也研究了從一位被陰謀殺害的
神或英雄的身體或血液中出現植物的傳奇主題。[167] 我在別的文字
中還要回過頭來討論在這兩部作品中得出的結論。不過，此刻我
想要考察的卻是在人類與某種植物之間的統一性，這種統一性被
視為人類和植物之間連續不斷的循環。被粗暴終止的人類生命在
植物生命中得到延續，而後者如果被砍倒或者焚燒，則會誕生一
種動物或者另外一種植物，最終重新獲得人類的形象。我們可以
如此概括這些傳奇中所蘊含的理論：人類的生命必須徹底地展
示出來，如果它要發揮全部潛在的創造和表現；如果生命被突
然終止，它便傾向於自我延伸到另外一種形式：植物、果子、

302

---

165 范・熱內普，《馬達加斯加的禁忌與圖騰》（*Tabou et totémisme a Madagascar*），
　　巴黎，1904，第 300 頁。

166 參見 *CZ*，第 iii 卷的書目，第 21 頁。

167〈十字架下的草藥〉（Ierburile de sub Cruce）和〈風茄和「奇妙的誕生」神
　　話〉，*CZ*，第 iii 卷。

花朵。我只要舉出若干個例子就可以了：一些英雄被殺死在戰場，那裡就會長出玫瑰和薔薇；[168] 當阿提斯（Attis）和阿多尼斯（Adonis）這兩位神靈死去時，從阿提斯的鮮血中生長紫羅蘭，從阿多尼斯的鮮血中生長出玫瑰和銀蓮花；從歐西里斯的身體裡生長出小麥和植物馬特（maat）以及各種草本植物，等等。所有這些神靈的死亡在某種程度上重演了世界創造之際的宇宙起源行為，正如我們所知，這種宇宙起源是由於一個巨人（尤彌爾〔Ymir〕就是一種類型）或者某個神的自我獻祭導致的。

但是，我們在本章中深感興趣的是生命在植物和人這兩個層次之間的流轉。人類可以從植物流傳下來，這個事實的前提條件是生命的源泉都集中在這種植物裡面，因而人類的模態以一種潛在的形態，以種子的形式存在於那種植物。北澳大利亞的瓦拉蒙加（Warramunga）部落相信大小相當於一粒沙子的「孩子的靈魂」，就在某些樹裡面，有時他們會落下來穿過母親的肚臍而進入子宮。[169] 我們在這裡看到原始人關於人是樹的後代這個概念的理性化過程。不僅神話祖先是樹的後代，而且每一個新生兒都直接具體地來自那種樹。但是這些理性主義變化背後的理論仍然是相同的：終極實在及它的創造力量集中（或者表現）在樹裡面。

祖先靈魂透過一定途徑和某種樹發生關係，作為胚胎進入婦女的子宮，這些信仰形成一個有許多變化的集群。[170] 中國人認為

---

168 《十字架下的草藥》，第 16 頁。

169 斯賓塞和吉蘭（Spencer and Gillen），《中部澳大利亞的北方部落》（*Northern Tribes of Central Australia*），倫敦，1904，第 331 頁。

170 參見弗雷澤，《巫術藝術》（*The Magic Art*），第 ii 卷，第 50 頁以下。

每一位婦女都對應於一棵樹，她會生許多孩子就像這棵樹開許多
花一樣。不育的婦女領養一個孩子，可使她那棵特定的樹開花，　　303
這樣雙方都可以豐產。[171] 在所有這些風俗中，至關重要的是生命
在植物——永遠不會死亡的生命之源泉——和人類之間不斷流
轉，而人類完全是同一個植物子宮之能量的投射。人是一種新植
物的短暫的顯現。當他死去的時候，或者說當他放棄人的條件的
時候，他就——作為「種子」或者「靈魂」——回到樹那裡。事
實上，這些具體的用語只是表達了一種層面的變化。人類在萬物
的子宮裡面再次獲得種子的狀態，再次變成了胚胎。死亡只是更
新了與生命源泉的聯繫。我們在所有和大地——母親、農業的奧
祕有關的信仰中都能夠發現這個相同的基本概念。死亡只是一種
模態的變化，只是向另一個層面的過渡，只是重新整合到孕育萬
物的子宮裡面。如果實在和生命是用植物的術語加以表達的，那
麼這種重新的整合只不過是一種形式上的變化而已：死者從人的
形式轉變為樹的形式。

114 · 變形為植物

在大量傳奇故事和民間傳說中，生命在兩個層面之間的循環
大體可以分為兩類：（1）人被謀殺，化作一朵花或者一棵樹；
（2）一種果子或者一粒種子的奇妙繁衍。在早期發表的作品

---

171 哈特蘭（Hartland），《原始人的父親觀念：與家庭史有關的超自然的誕生神
　　話》（*The Myth of Supernatural Birth in Relation to the Hisory of Family*），倫
　　敦，1909，第 i 卷，第 148 頁。

中，我對這兩個主題已稍作詳細的研究，在這裡只是引用一些例證。在一本由博定（Bodding）編輯的桑塔利語（Santali，編按：印度與尼泊爾當地原住民桑塔人的語言）故事集中，七兄弟殺死了他們的姐姐，想要吃掉她。[172] 最小也是最仁慈的弟弟不想吃姐姐的遺體，就將分給他的那份埋入土裡。過了一段時間長出了一棵美麗的竹子。有一個男人經過此地，看見這棵竹子，就想劈成竹篾，做一把提琴。可是就在他的斧頭砍下來的時候，聽到一個聲音在喊：「住手、住手！不要砍那麼高，砍低一點！」於是他照著竹根砍了下去，卻聽到那聲音又在說，「住手！砍低了，砍高一點！」最後，又聽到了兩次這樣的聲音之後，竹子被砍倒在他的斧頭下。這人就用它做了一把很美妙的提琴，「因為那個女人就在這把提琴裡面」。一天這個女孩子從提琴裡面走出來，成為樂手的妻子——她的兄弟卻被大地吞噬了。

這個主題在民間故事中也廣為流傳。可以概括為這樣一個公式：有一位漂亮女孩（仙女）來自一種果子（石榴、檸檬、橘子），或者成為一個奇蹟，或者由一位歷經艱難主人公贏得芳心，或者有一個醜女殺掉她，取而代之成為主人公的妻子。女子的身體長出一朵花或者一棵樹（或者變化為一隻鳥、一條魚並被醜女殺掉，從而誕生了一棵樹），最後女主人公從樹上的果子（或者樹皮或者木片）裡復出。例如印度旁遮普的一個故事說道，被謀殺的妻子變成了一朵百合花。假公主把它碾成齏粉，但是開出一束薄荷，然後變成一種美麗的爬藤植物。在德幹，這個

---

172 《桑塔利民間故事集》（*Santali Folk Tales*），奧斯陸，1929，第 ii 卷，第 297 頁以下。

故事則是一個嫉妒的女王把一個女孩子淹死在水池裡面，從水池中升起一朵向日葵，向日葵被燒成灰燼，又從灰燼中長出一棵芒果樹。[173]

　　這種故事在歐洲也不在少數，不過和「調包新娘」、「魔法釘」等次級主題相混合。和亞洲的不同版本一樣，女主人也經歷了若干次變形。在一個托斯卡納（Tuscan）故事中，女主人變成了一條「大鱔魚」，又被殺死，丟入大薔薇花壇，作為珍寶獻給王子。薔薇作聲道：「下手輕一些！不要傷到我！」王子用修筆刀切開薔薇，美麗的女子就完好無損地從薔薇中現身了。在希臘的版本中，這個女孩變成一條小金魚，又變成一棵檸檬樹。就在一個老人抓起斧頭要砍倒這棵樹的時候，他聽到一個聲音說：「砍上面！砍下面！不要砍中間，免得傷到一個女子！」[174]當然，這和桑塔人的故事頗為相似。在羅馬尼亞故事《三隻金石榴》裡，女主人公從一個吉普賽人變成一隻鳥，命中註定要被殺死。之後從鳥血裡面，生長出一棵美麗而高大的杉樹。[175]

173 參見〈牧草〉（Ierburile），第 15 頁；〈風茄和「奇妙的誕生」神話〉，第 34 頁。

174 考斯甘（E. Cosquin），《印度和東方神話故事》（*Les Conte Indiens et l'Occident*），巴黎，1922，第 84-85 頁；《風茄和「奇妙的誕生」神話》，第 34 頁。

175 塞尼阿努（Saineanu），《羅馬尼亞民間故事》（*Basmele Romanilor*），布加勒斯特，1898，第 307 頁以下。

115 · 人和植物的關係

在所有這些故事裡，生命在人類和植物之間的運動極富戲劇性。人們可能會說，女主人公本身在生命被中斷的時候，藉著採取一棵樹的形式把自己掩藏了起來。這是一種暫時性的、向植物層面的退隱。她在一種「隱蔽的」新形式下延續生命。儘管如此，也有一些民間故事保留了其他一些原始人的人－植物循環的主題——也就是吞食種子或者尋找花朵而獲得豐產能力。在三隻石榴的羅馬尼亞版本裡，聖人給了父母一顆蘋果，他們吃後就生下一個孩子。（有一位老人吃下了僧人送給他的一顆蘋果，結果從他的大腿裡生出一個女孩子。[176]）《十日談》中有一個經典的民間文學的例子，一位年輕的處女吃了一片薔薇葉子就懷孕了。[177]奧維德（Ovid）提到一個傳說，瑪爾斯（Mars）是朱諾（Juno）所生，但朱庇特並沒有起什麼作用，因為女神佛洛拉（Flora）用一朵花觸碰了一下朱諾。[178]彭澤爾（Penzer）收集了一批因天上的果子而受孕的故事（參見參考書目）。

以一種極富戲劇性的形式保留在民間故事裡的人－植物循環，也同樣見於許多信仰中。在梅克倫堡（Mecklenburg），新生兒的胎盤都要埋在一棵小果樹下；在印尼，在埋有胎盤的地方要種上一棵樹。[179]這些習俗都表達了樹的生長和人的成長之間

---

176 塞尼阿努，第 308、309 頁。

177 ii，8。

178 《農事詩》，v，255。

179 范德雷（Van der Leeuw），《宗教的本質和現象》（*Religion in Essence and Manifestation*），倫敦，1938，第 56 頁。

存在某種神祕而休戚相關的聯繫。有時這種休戚相關存在於一棵
樹和整個部落之間。例如巴普人（Papus）相信任何人如果砍倒
了某種樹，他們也將死掉。[180] 多而甘（Dolgan）薩滿在首次預感
到奉召行巫術時就會種上一棵樹。他們死的時候，這棵樹也要
毀掉。奧伯斯克（Obolsk）以北苔原地區的尤拉克（Yurak）薩
滿，把兩個斯加代（sjadai，偶像）放在這棵樹的前面保護它，
因為這棵樹倘若被毀，他們也會死亡。[181] 在歐洲，當王室後裔出
生的時候，他們就種下一棵椵樹。在俾斯麥（Bismarck）群島，
孩子出生的時候就種下一棵椰子樹。據說到這棵樹結出第一批果
子的時候，這個孩子也就長大成人了。一個土著首領的瑪納隨他
的樹茁壯成長而遞增。[182] 在世界各地的民間故事中，人和植物神
祕地分享生命已經形成一個著名的主題：如果一種樹上的花朵凋
謝或者掉落，就是主人公就要遇險或者死亡的跡象。歐洲其他民
間信仰也提到人是樹的後代。例如，在海斯（Hesse）的尼爾斯
泰恩（Nierstein）有一棵大椵樹，「為整個地區提供孩子」。[183]
在阿布魯齊（Abruzzi），據說新生兒來自一棵葡萄樹。[184]

---

180 尼貝戈（Nyberg），《孩子和大地》（*Kind und Erde*），第 77 頁。
181 霍爾姆貝戈－哈爾瓦，《阿爾泰民族的宗教想像》（*Die religiösen Vorstellungen*
　　der altaischen），赫爾辛基，1939，FFC，第 125 號，第 280-281 頁；愛姆夏默
　　（Emsheimer），〈薩滿鼓和薩滿樹〉（Schamanentrommel und Schamanenbaum），
　　ES，1946，第 4 號，第 168 頁以下。
182 范德雷，第 56 頁。
183 哈特蘭，第 i 卷，第 43 頁。
184 同上，第 44 頁。

116 · 再生的樹

　　樹也是新生兒的保護者。它們能使孩子順產，像大地那樣呵護小生命。我援引的例證將極為清楚地表明，大地和植物的宗教意義有著相似之處。不管怎樣，樹無非就是不竭的生命和實在的另外一種表達而已，而大地所表現的也正是這種生命和實在。在所有和大地或者植物祖先有關的信仰背後，在大地和樹保護新生兒的背後，我們發現了一種關於終極實在、生命的源泉、一切形式的子宮的經驗，以及一種表達這種經驗的「理論」。大地或者生長於斯的植物生命，就顯現為**那存在著的**，那生機無限、無盡多產，但以不斷重演的方式而存在著的。即使僅僅是接觸，甚至靠近樹，也是有益的、使人強壯的、多產的——對於大地也是如此。勒托（Leto）跪在草地上，一手拿著神聖的棕櫚樹枝生下阿波羅和阿忒米斯。摩耶夫人在一棵娑羅樹，抓住一根樹枝下生下了佛陀。恩格爾曼（Engelmann）[185] 和尼貝戈（Nyberg）[186] 收集了大量的民族學證據，證明婦女在一棵樹的附近或者樹根下生子的習俗極為普遍。正是因為在賜予生命和具有療效的源泉附近出生，這個孩子才可能擁有最好的命運。他不會生病，惡靈和意外也不會降臨到他。就像在大地上誕生一樣，他的誕生在某種意義上是**靠著**（in）他母親生的，而不是由（of）他母親生的；真正的母親是植物，她將會照料他。在這一點上，我們注意到自古以來一直存在並且迄今仍然保存在某些關於植物的民間故事中

---

185 《原始民族的誕生》（*Die Geburt bei Naturvölkern*），維也納，1884，第 77 頁以下。

186 《孩子和大地》，第 207 頁以下。

的一種習俗，就是用草本植物或者翠綠的樹枝或者草葉包裹、擦拭新生兒。[187] 和力量以及生命的體現直接接觸只會給新生兒帶來好兆頭。原始人的搖籃是用青翠的樹枝或者麥穗做成的。和所有古希臘的孩子一樣，戴奧尼索斯一生下來就被放在盛放初熟果子的籃子（liknon）裡面。[188] 當今印度[189] 以及其他地方[190] 也有相同的習俗。儀式相當古老。在蘇美的頌詩中我們也讀到，坦木茲（Tammuz）在出生的時候被放在一個用於盛放從田野採來的穀物的籃子裡面。[191]

　　把生病的孩子放在一個樹洞裡面暗示一種新生，一種再生。[192] 在非洲和信德省，病兒穿過兩棵連在一起的果樹，就可以獲得治癒，而疾病就留在樹裡面了。[193] 在斯堪地納維亞，不僅孩子，生了病的成年人經過一個樹洞，也可能治好身上的病。豐產性的植物和有療效的草本植物有著同樣的原理，且自有其靈驗；生命和力量體現在植物裡面。希伯來人稱非婚生子是「草本植物的孩子」；羅馬尼亞人稱之為「花的孩子」。我們

308

---

187 尼貝戈，第 120 頁以下。

188 參見曼哈特（Mannhardt），《神話學研究》（*Mythologische Forschunfen*），斯特拉斯堡，1884，第 369 頁；迪特里希（Dieterich），《地母》（*Mutter*），第 101-104。

189 赫斯廷斯（Hastings），《宗教和倫理百科全書》（*Encycl. Rel. Ethics*），第 ii 卷，第 682 頁。

190 弗雷澤，《穀物精靈》（*Spirits of the Corn*），第 5-11 頁。

191 耶利米（Jeremias），《古代精神文化手冊》（*Handbuch der altorientalischen Geisteskultur*），第 2 版，柏林，1929，第 345 頁；《精神文化概論》（*Allgemeine Religionsgeschishte*），慕尼黑，1918，第 219 頁。

192 曼哈特，《森林和田野文化》（*Wald-und Feldkulte*），柏林，1904，第 i 卷，第 32 頁以下。

193 尼貝戈，第 216 頁。

在別的地方也能發現同樣的術語——例如在新赫里多尼亞（New Caledonia）。某些草本植物具有豐產的功效。利亞（L）因為流便（Ruben）在田裡發現的一些風茄而為雅各（Jacob）生了一個兒子以薩迦（Issachar）。[194] 所有這些奇蹟和藥用的草本植物只不過是其神話原型的緩和、理性化的版本：這個神話原型便是草本植物起死回生、永保青春、治療一切疾病。

117・樹的成婚

另外一個儀式也證明人與樹之間休戚相關的情感，叫做「樹的成婚」。這在印度是一種十分普遍的習俗，[195] 在某些吉普賽人（例如那些住在特蘭西瓦尼亞〔Transylvania〕的）群體中也時有發生。與樹成婚一般在女子結婚數年仍然沒有生育的時候舉行。在一個吉祥的日子和吉祥的時辰裡，丈夫和妻子趕到一口水塘邊，在那裡分別種上一棵小樹。女子種一棵小杉樹，丈夫種一棵芒果樹。種樹要通過一定的儀式，要事先沐浴等等。婦女將維普（vepu）或者女樹的莖，和阿拉素（ārasu），又名男樹的樹幹綁在一起，然後用池中的水洗濯它們。然後她行右旋禮（pradaksina，儀式性順時針方向環湖巡遊），三次、二十七次或者一百零八次等等。如果有一棵樹幹掉了，便是一個壞兆頭，因此就要去做任何能使它們正常生長的事，還要用柵欄圍起來，等等。它們的婚姻據說對婦女生育甚為重要。過了一段時間後，

---

194 《創世記》30：14 以下。
195 參見弗雷澤，《巫術藝術》，第 ii 卷，第 24 頁下。

這些樹就變成祭祀物件，特別是在把 nāgakkal，表現兩條纏繞在一起的石雕眼鏡蛇，放置在纏繞在一起的樹幹附近之後。[196]

這個遍及印度大部地區的風俗，意味著兩種不同植物的婚禮可以影響婦女的生育能力。在印度的其他地方，人類結婚的同時還舉行植物的婚禮。在旁遮普，當一個男人三次結婚的時候，他們就為阿拉伯金（*Acacia arabica*）合歡或者牛角瓜（*Asclepia gigantesa*）舉行婚禮。在尼泊爾，每一個尼瓦立人（Newari）家的女孩都要在小時候就和貝爾（bel，一種小樹）結婚，然後把它丟入水中。[197] 樹與樹之間的婚姻還有其他的作用：例如社團的幸運和富有。和這種為樹舉行婚禮相似的習俗，是將一根從優曇缽羅樹上採下來的樹枝（daṇḍa）連續幾個夜晚放在一對新婚燕爾的年輕人中間。正如我們所知，這根樹枝代表擁有初夜權的乾達婆。[198] 體現在這木頭中的乾達婆的神聖情欲和豐產力量，被認為可使新娘的婚姻在丈夫行使這種權力之前就達到圓滿。

118 · 五月樹

我們已經看到，樹和植物一般總是體現了永不枯竭的生命——在原始人的本體論中，樹和絕對實在、「神聖」本身相對應。宇宙是藉由一棵樹來象徵的；神靈顯現為一棵樹的形式；豐

---

196 伯努瓦（Boulnois），《雙蛇神杖》（*Le Caducée*），巴黎，1931，第 8 頁以下。

197 尼貝戈，第 201 頁。

198 參見，梅耶爾，《三部曲》，第 iii 卷，第 192 頁以下。

產、財富、幸運、健康——或者在一個更高的層次上，便是永生和永遠年輕——集中在草本植物或者樹木裡面；人類或者部落是植物的後代；人類生命如果在享盡天年之前就因某個陰謀而夭亡，那麼便可在樹的形式裡避難一時。總之，一切**存在**、一切**生命**以及一切**創造**，一切處在連續再生狀態的事物，都可以在植物的象徵中表現自己。宇宙被描繪成一棵樹，是因為它和樹一樣週期性再生。春天，萬物復甦，人類的生命也是如此。在這種宇宙活動中，所有創造力量都恢復它最初的活力。生命得以重新構造。**萬物更始**。總之，宇宙創造的原初行為得以重複，因為每一次的再生就是一次新生、一次向那神祕時刻的復歸，在這個神祕時刻首次出現了一種將要不斷再生的形式。

許多植物儀式都表明這樣一個觀念：通過主動參與植物世界的復甦，整個人類可以獲得再生。歐洲民間傳說保留了這些古代儀式的片鱗鴻爪，在這些儀式中，人們透過敬拜一棵樹並帶著這棵樹舉行儀式性的巡遊，加速春天的來臨。實際上，歐洲仍然存在這種習俗，春天到森林裡去砍一棵樹，到初夏或者施洗約翰節時將它豎立在村子的中心。在有的地方，每一個人都要到森林裡砍下一些青翠的枝條掛在屋子裡，確保其主人財源茂盛。這就叫「帶來五月」[199]。在英格蘭，年輕人或者成群結隊的小女孩在五月的第一天挨家挨戶走動，身穿用樹葉和花朵編成的王冠，唱歌、索要禮物。在孚日（Vosges，編按：法國的一個省），人們在五月的第一個星期日舉行慶典。在瑞典，人們通常在仲夏日把

310

---

199 曼哈特，《森林和田野文化》，第 i 卷，第 312 頁以下；弗雷澤，《巫術藝術》，第 ii 卷，第 59 頁以下；同上，《金枝》（*The Golden Bough*）簡寫本，倫敦，1924，第 120 頁以下。

一根「五月柱」（Maj stǎng）帶回家裡。這是一棵修剪掉樹枝的
杉樹，裝飾著人工花朵和玩具等等。凡是有這個習俗的地方（從
蘇格蘭和瑞典到庇里牛斯和斯拉夫國家），「五月柱」提供了一
個群眾歡悅的機會，最後以圍繞這根柱子跳舞而告終。撐場面的
主要是年輕人和孩子們。這是一個春天的節日，但是，就像所有
的類似活動一樣，它都會轉變為一場狂歡（參見第 137 節）。

英國清教徒菲力浦・斯塔貝斯（Philip Stubbes），在其《陋
習解剖》（*Anatomie of Abuses*，倫敦，1583 年）一書中對於這
些異教殘餘進行了嚴厲譴責。他說，年輕人不分男女在森林裡
過夜；撒旦是他們的神；他們還將五月柱（「這種臭名昭著的
偶像崇拜」）帶到村子裡，圍著它跳異教的舞蹈。只有三分之
一不到的女孩子回到家後還是「未受玷汙的」。[200] 雖然遭到教
會的抵制，迎五月繼續受到人們的慶祝，甚至最深刻的社會變
遷也未曾將其取消；它們只是變換了名字而已。在佩里戈爾省
（Périgord）和其他許多地方，五月樹成為了法國革命的象徵，
那棵樹被稱為「自由樹」，農民組成同樣古老的圓圈圍著它跳
舞，一如他們的祖先一樣。[201] 如今，人們把五一節作為勞動者和
自由的節日慶祝。在現代人看來，這一天仍然保留著關於一切傳
統社會都有所展示的關於社團的再生和進步神話的某些含糊記
憶。

在許多地方，五月柱被隆重帶入村莊的時候，前一年的樹就

311

---

200 轉引自弗雷澤，《巫術藝術》，第 ii 卷，第 66 頁；《金枝》，簡寫本，第 123
頁。

201 馬希耶（A. Mathiez），《革命崇拜的起源》（*Les Origines des cultes
révolutionnaires*），巴黎，1904，第 32 頁。

要被燒掉。[202] 用火燒掉木材可能是又一個植物世界再生以及新年開始的儀式，因為在印度 [203] 以及古希臘羅馬 [204] 世界，新年慶典上要燒掉一棵樹。這場焚燒樹木的慶祝活動在印度還經常伴隨著狂歡。例如聯合省（阿格拉和烏德）的比哈爾邦人放火點燃木棉樹（śālmali），然後投入集體狂歡。[205] 這棵樹的灰燼充盈著驅邪和豐產的特性。去除疾病、邪眼和惡靈。[206] 在歐洲，五月柱燒剩下的灰燼或者過火的木頭，會在聖誕節或狂歡節撒到田野裡，使莊稼增產和繁殖。

如果我們將其視為一個儀式整體，則所有這些就都一目了然了：植物生命的再生以及「年」的再生（謹記古代地方許多民族的新年始於三月份）。獻祭的樹木具有的巫術和豐產的力量完全賦予了灰燼和木炭，[207] 而它們之所以有「力量」，是因為它們類似於一個原型（在一年開始之際，或者聖約翰節等慶典上燒毀的樹的灰燼）。在慶典上燒毀的樹木之所以靈驗，僅僅是因為它們被燃毀，透過回到「種子」狀態而回復到潛伏；它們所代表或體現的「力量」不能正常顯現，並聚集在灰燼或木炭裡面。

慶祝五月的到來，不僅常透過一棵樹，還透過飾以樹葉和花

---

202 曼哈特，第 177 頁以下，第 186 頁以下。

203 梅耶爾，第 i 卷，第 101 頁。

204 柳曼（Liungman），〈傳統的漫遊：幼發拉底河－萊茵河〉（Tradition-wanderungen: Euphrat-Rhein），赫爾辛基，1938，FFC，第 119 號，第 ii 卷，第 27 頁。

205 克魯克（Crooke），〈霍利：印度教的春節〉（The Holi: A Vernal Festival of the Hindus），FRE，第 XXV 卷，第 59 頁；其他例子參見梅耶爾，第 i 卷，第 101 頁，注解 2。

206 印度的情況，參見克魯克，第 63 頁；梅耶爾，第 10 頁以下。

207 參見梅耶爾所著書第 ii 卷，第 157 頁以下提到的許多文獻和參考資料。

朵的人像，甚至真人，它們體現植物的力量或其神祕的表現形式。例如在巴伐利亞北部，巡遊隊伍簇擁著把一種名叫瓦爾貝（Walber）的樹帶到村莊的中心，和它在一起的還有一個青草打扮的年輕人，也叫作「瓦爾貝」。這棵樹放在一家小旅館前面，全村人圍著它跳舞。這個叫瓦爾貝的年輕人只是代表和植物力量相對應的人類。卡林西亞（Carinthia）的斯拉夫人中也發生著相同的事情，在聖喬治節，他們裝飾一棵樹，用樹枝打扮一個年輕人，叫他「綠喬治」。在唱歌跳舞這類春節必經的活動後，他們就把「綠喬治」的偶像甚至真人丟到水面裡去。在俄羅斯已經沒有這樣一棵樹了，「綠喬治」僅為一個穿綠衣的年輕人。在五月節的英格蘭，「綠傑克」，一個裝飾樹葉和長春藤的煙囪清掃工[208]，通常排在一隊煙囪清掃工前頭大跳其舞。跳完舞蹈之後，清掃工就在人群中要錢。

312

　　所有的五月慶典都是以某種形式的收受禮物為結束。人們成群結隊手捧樹葉和花朵，穿越村莊，有的排成巡遊的隊伍，有的攜著假花或以自己代表植物，從每一戶人家接受禮物（甚至禮物也是極富傳統特徵的：蛋、乾果、特別的餅等等）。如果拒絕送禮就會受到威脅——因各地的習俗而異，或者用詩歌或者用散文——他們得不到好收成，他們的果園不結果子，他們釀不出美味的葡萄酒，等等。這群人有懲罰小氣鬼的權力，因為他們是植物的信使。他們這樣做既是因為貪婪對於整個社群有害，隨著戲劇性事件的發生，例如春天的到來，食物、生命本質必須慷慨

---

208 弗雷澤，《巫術藝術》，第 ii 卷，第 75 頁以下；《金枝》，簡寫本，第 126-129 頁。

地在社群中間流轉，以便生命的本質在宇宙中繼續保持通行無阻（樹、牲畜和收成），而且因為這群人宣佈春天的大好消息，覺得舉行的慶典活動有利於整個社群，因此這樣的活動理應得到回報：這群人先於其他人看見了春天，把春天**帶到了**村莊裡，把春天展現給別人而且用唱歌、舞蹈和儀式加快了春天的到來。

313

119・「國王」和「王后」

在有些地方，五月的到來實際上正是舉行各種競賽的重要場合，人們選擇一對最結實的男女（「國王」和「王后」），進行儀式性的摔跤等等。所有這些嘗試，不管原始意義如何，主旨都在於激發大自然的能量。這一天的一開始，通常會舉行以五月柱為終點的跑步比賽，或者在年輕人，或者在男孩子中間展開比賽，看誰最快爬上五月柱。我僅列舉若干例子為證：在薩克森，這個慶典在五月一日或者聖靈降臨節舉行，村人首先要到森林（majum quærere）中砍一棵小樹裝點房屋，然後在村莊中心的莊嚴地豎瘦起一棵大樹並砍去枝葉，只留下樹頂的枝葉，以便懸掛各色禮物（香腸、雞蛋、餅乾）。然後，在有的地方年輕人還要開展競賽，看誰最先爬上樹頂，而在別處，則是看誰最快跑到五月樹所在的地方。有時候還舉行賽馬。[209] 贏家穿上華服。有時候身邊一群最美麗的女孩給他穿上一件紅衣。

在西里西亞（Silesia），賽馬的贏家被稱為「五旬節國

---

209 弗雷澤，《巫術藝術》，第 ii 卷，第 66 頁以下。

王」，他的女朋友就叫「五旬節王后」。敗者就要扮演小丑，必須在「國王」到來之前吃掉三十個麵包圈，喝掉四升烈性飲料；國王扛著五月樹，頭戴王冠，全村人排成一隊尾隨其後，趕到小酒館去。在那裡，如果小丑吃掉、喝掉了他規定的份量，準備好迎接國王，講上一通話，送上一杯啤酒，那麼他的帳單就由國王支付。否則，巡遊隊伍就要出發，這回由小丑領頭，戴上五旬節王冠，每到一個農場就停下來，祈求禮物，或者錢款或者實物，用來「換肥皂，給這個傻瓜洗鬍子」。這個習俗規定，國王隊伍裡面的所有「騎士」都可以伸手吃掉他們在房間裡面找到的任何食物，鎖起來的食物除外。然後隊伍就直奔國王的女朋友住的地方，就是那位「五旬節王后」，把禮物送給她。國王有權在他工作的農場主屋前面樹起一棵五月樹，直到來年。最後每一個人都要回到水塘前，國王和王后領著大家跳舞。[210]

314

120．性和植物

有的地方（比如法國、英國和波希米亞）有選五月王后的習俗。但是大多數歐洲民間傳統保留了各種名字中最初的一對男女：國王和王后、主人和女僕、已婚夫妻、戀人（例如在西西里和薩丁島）。毫無疑問這是一種古老想像——年輕男女在田野裡交媾，重演天地的神族婚姻以刺激大自然創造力——的稀釋

---

210 德萊斯勒（Drechsler），《西里西亞的風俗與信仰》（*Sitte, Brauch, und Volksglauben in Schlesein*），布列斯勞，1901，第 i 卷，第 125-128 頁；弗雷澤，《巫術藝術》，第 ii 卷，第 84 頁以下。

版本（參見第135節）。這一對男女要帶領扛著五月柱的巡遊隊伍，一個村莊一個村莊地討要禮物。因此他們經常被視為已婚夫婦。在其他文化的類型和結構裡，這對慶典男女喪失了他們最初的神聖婚姻的意義，成為整個儀式性狂歡的一部分。在有的情況下，很難確切看出一個特定儀式在多大程度上表達情欲的象徵體系，又在多大程度上只是表達大地和農業的象徵體系。生命只是一個；宇宙生命的不同層次形成一個整體（月亮－婦女－大地、天空－雨水－男人等），甚至在某些重要的關鍵地方相互交叉（月亮、夜晚、水、大地、種子、誕生、再生、復活等一切宇宙的屬性幾乎都可以在婦女身上呈現出來，也可以透過女性的儀式或者神族婚姻獲得實現和強化）。因此我們必須不斷將我們的注意力放在這種由各單元構成的整體性上，在某種意義上正是這種整體性產生了各種儀式，以及在另外一種意義上造成了後果。植物崇拜首先必須根據最初產生這些崇拜的生物－宇宙學的概念來加以解釋。這些儀式似乎各有不同，但這通常只是現代觀點所造成的一種假像。大體而言它們都產生於一個共同的、原始的本體論直觀（**現實**不僅是無限同一的，而且是以某種有機但循環的形式生成），並且指向同一個目標——通過各式各樣的手段確保自然力量的再生。

例如在安汶群島的某些島嶼上，每當丁香種植遭遇不景氣的時候，男人就在夜晚赤裸身體走到那些地區，試圖使丁香樹豐產，口中喊著「丁香啊！」在中非的巴甘達人（Bagandas）那裡，任何一位婦女生了雙胞胎，都是她有極大生育能力的證明，證明她就是生命的中心，而且也可以使香蕉樹豐收。如果把一片香蕉樹葉放在她兩腿中間，在丈夫在和她性交的時候再拿開，這

張葉子就能獲得額外的神力，以至於周圍的農場主們就會想方設法得到這張樹葉，並準備為它付很大一筆錢。[211] 上述兩種情形讓我們看到人類性能力被運用於植物的生命，而且這種運用稀奇古怪、過分具體，僅限於個別對象（某種樹、某個婦女等）──而不是巫術力量投射到整個範型，投射到作為一個整體的生命。

　　這些獨特的事例證明，在神聖婚姻、春天青年男女在耕地裡野合、在某些春、夏節日裡為激發植物生命而舉行跑步和競賽、五月國王和王后等等背後潛藏著一個原則。在這些事例中，我們感受到了一種想要激發大規模的生物──宇宙能量尤其是植物──生命能量循環的欲望。正如我們所見，這並非總是人類透過儀式和神族婚姻刺激植物的問題，常常還是人類的豐產受到植物生命的刺激（例如印度樹的婚姻，來自果子和種子、一棵樹的陰影的豐產能力等等）。這是來自每一個宇宙層面，但按照人類的需要彙集並投入某些中心（婦女、植物、動物）的生命本質的循環。這種在不同生物－宇宙的層面生命本質和神聖力量的循環，這種在人類為自己的直接收穫所引導下的循環，以後也成為獲得永生或「救贖」的最佳途徑（參見希臘－東方的祕儀）。

316

121・代表植物的形象

　　對於保存在歐洲傳說中的各種植物節日而言，樹在儀式中的

---

211 弗雷澤，《巫術藝術》，第 ii 卷，第 1010 頁以下；《金枝》，簡寫本，第 137 頁。

展現和新年的祝福是不可或缺的。這一點在我將要給出的例證中更為清晰。隨著時間的推移，曆法的變更有時掩蓋掉了我們可以在許多春天習俗中找到這種再生、「重新」開始的元素。植物的重新出現，開始了一個新的時間循環。每一個春天，植物的生命重生，「更始」。這兩組儀式——五月柱的展示以及一個新「時代」的開始——在許多傳統中都可以清晰地看到。例如在有的地方，這個儀式要「殺死」代表植物並且促其成長的五月國王。在薩克森和圖林根，一群年輕男孩要外出尋找披著樹葉、隱藏在森林裡的「野人」。他們抓住他，朝他放空槍。[212] 在捷克斯洛伐克，每逢四旬節的前一天，一群年輕人裝扮自己，之後出發到鎮子裡面去搜索「國王」，抓到他，審問他並且判處其死刑。然後，這個用許多帽子串在一起形成長脖子的國王就被斬首。在皮爾森（Pilsen，捷克斯洛伐克）附近，這個國王穿著青草和花朵做成的衣服，審判之後他可以試圖騎馬逃走。如果沒被抓回來，來年還可以做國王，否則他的腦袋就要被砍掉。[213]

在歐洲的民間傳統裡我們還發現其他兩種和這些春天節日密切相關的慶典，它們在同樣的年及其植物的再生慶典體系中充當相似的功能。第一個慶典是「嘉年華會的死亡和埋葬」，第二個慶典是「冬夏之戰」，之後便是趕走冬天（或死亡），迎來春天。該習俗的時間各地有所不同，一般而言，趕走冬天（殺掉死

317

---

212 弗雷澤，《金枝》，簡寫本，第 296 頁以下；《瀕死的神》（*The Dying God*），倫敦，1936，第 205 頁以下。

213 弗雷澤將此視為同尼米（Nemi）祭司相似的一種儀式，理由十分充分。正是通過同樣的方式，古代義大利的祭司為他的自己的生命而鬥爭，如果得以逃生，就繼續履行他的職責。捷克斯洛伐克的習俗還令人想起避難所（regifugium）。參見弗雷澤《金枝》，簡寫本，第 229 頁；《瀕死的神》，第 213 頁。

亡）是在大齋節的第四個星期天（捷克人便是如此）或者一個星期之後。一些摩拉維亞的德國村莊則在復活節後的星期天。這個差別就像我們在許多五月節儀式中觀察到的差別（五月一日、聖靈降臨節、六月開始、聖施洗約翰節等等）一樣，本身表明這個慶典在從一個地方傳到另外一個地方的時候如何發生變化，如何進入各不相同的儀式系統裡面去。這裡要討論的不是嘉年華會的起源和意義，我們感興趣的是這些節日結束時的活動：在許多地方，有一個「嘉年華會」的偶像「被判死刑」，並被執行死刑（死刑的方式不盡相同——有時燒死，有時淹死，有時斬首）。「殺死嘉年華會」還經常伴隨打群架、向這個奇形怪狀的偶像投擲堅果、互擲花朵和蔬菜。在其他地方（例如在圖賓根周圍），嘉年華會的偶像受到審判，被斬首並且在一場嘲諷的慶典之後裝入棺材，送入公墓。這就叫「嘉年華會的葬禮」。[214]

其他相同的情節還有驅逐或殺死各種形式的「死亡」。歐洲最廣為傳播的習俗是這樣的：孩子們用青草和樹枝編一個人，把它帶到村莊外面，口稱：「我們把死亡帶到水裡」，或者諸如此類的話，然後丟入湖中或者井裡，或者燒毀它。在奧地利，所有觀眾圍繞著死亡的火葬木材爭鬥，要取得一點偶像的灰燼。[215]我們看見死亡的豐產力量——這種力量附著在所有植物的象徵上，附著在各種自然的再生以及新年開始儀式期間的灰燼上。在死亡被驅逐或被殺死之際，春天就會到來。在特蘭西瓦尼亞（Transyliania）的薩克森人那裡，男孩子們扛著死亡的偶像來到

---

214 弗雷澤，《金枝》，簡寫本，第 302 頁以下；《瀕死之神》，第 220 頁以下。
215 弗雷澤，《金枝》，第 314 頁；《瀕死之神》，第 230 頁以下。

318 村莊外面的時候，女孩子們則預備春天的到來，這個春天就以其中一個女孩子為代表。[216]

在別的地方，孩子們帶來了夏天。這個慶典是五月柱慶典的又一種變形。男孩子們到森林裡去，砍下一棵小樹，去掉枝蔓，加上裝飾，然後回到村子裡挨家挨戶地唱道，他們正在把夏天帶來，並索要禮物。[217] 柳曼（Liungman）證明，這個民間習俗最早來自嘉年華會的系列活動，亦即來自「新年」的開始（第153節）。[218] 在瑞士、施瓦本（Swabia）和奧地利（Ostmark），我們發現甚至在本世紀的嘉年華會上，人們也要驅逐一個冬天或者「祖母」的人偶。[219] 有一位八世紀的宗教作家提到，日耳曼部落在二月趕走冬天（in menso februario hibernum credi expellere）。有些地方在嘉年華會期間要燒死女巫（作為冬天的人格化，印度也有類似的傳統），[220] 或者將冬天的木偶綁在輪子上面或者類似輪子的東西上面。

至於第二部分——帶來夏天——柳曼宣稱也是起源於原始的嘉年華會。第二部分包含展示一種生物，通常是某種鳥類（最早出現在古代東方，[221] 而後在古典時代經巴爾幹半島傳播到中歐和北歐），[222] 或者是長滿樹葉的樹枝，或者是一束花——

---

216 弗雷澤，《金枝》，第312頁，313頁；《瀕死之神》，第207頁以下。

217 弗雷澤，《金枝》，第311頁。

218 《傳統的漫遊：萊茵河－葉尼塞河》，赫爾辛基，1941，*FFC*，第130號，各處。

219 柳曼，《萊茵河－葉尼塞河》，第19頁。

220 梅耶爾，第 i 卷，第83頁以下。

221 參見柳曼，《幼發拉底河－萊茵河》，第 i 卷，第352頁以下。

222 柳曼，第 ii 卷，第1100頁以下。

總之，某種像五月柱那樣宣告春天到來的東西（參見希臘的eiresione[223]）。人們唱和嘉年華會上一樣的冬去春來的詩歌，誰拒絕給予禮物也會受到相同的威脅。[224] 因為，就像嘉年華會以及各種起源於它的慶典一樣，這個節日也是以索取禮物結束。[225]

122 · 儀式性的競賽

　　我們在這裡還需要提到一種習俗：夏天和冬天的對抗。這個情節部分經由這兩個季節的代表之間舉行競賽，也有部分經由一種冗長的賽詩會表現出來，在這種賽詩會上，每一個角色要輪流朗誦一段詩歌。正如柳曼所證明的那樣，這種習俗遠不如驅逐冬天、迎來春天的儀式那樣廣為流傳，這表示它起源較晚。[226] 我只是給出若干例子。在瑞典的五月節上，有兩組騎士舉行競賽。一組代表冬天，穿著皮衣，拋擲雪球和冰球，另外一組身披樹枝和花朵。夏天這一組會獲得最後的勝利，整個慶典也以大擺宴席而結束。在萊茵河沿岸，扮演冬天的人穿著乾草，而扮演夏天的則身穿常春藤。打鬥自然是以夏天的那一組獲勝而結束，扮演冬天的年輕人則都被扔到地上，身上的幹草葉也全被除去。接著，這些演員抬著一隻巨大的花冠輪流到每一戶人家去要禮物。[227]

---

223 尼爾松，《希臘宗教史》，第 i 卷，第 113 頁以下。

224 柳曼，《萊茵河－葉尼塞河》，第 44 頁以下。

225 柳曼，第 22 頁。

226 〈冬夏之爭〉（Der Kampf zwishen Sommer und Winter），赫爾辛基，1941，
　　FFC，第 130 號，第 118 頁以下。

227 弗雷澤，《金枝》，第 316 頁，317 頁；《瀕死之神》，第 246 頁以下。

最常見的競賽形式是挨家挨戶到村人家裡去，每個「季節」輪流唱一段歌。柳曼收集了大量不同版本的輪流讚美冬天和夏天的歌曲。他認為這種文學形式絕不會早於十五世紀，但是競賽的神話原型無疑相當古老。[228] 在提到無數中世紀和古代文學傳統（一部十五世紀的抄本 *Des Poppe Hofton*、漢斯·薩克斯〔Hans Sachs〕1538 年的詩歌《冬天和夏天的對話》、八到九世紀的拉丁文詩歌《冬天和夏天的鬥爭》、維吉爾的《第三田園詩》、忒奧克里托斯（Theocritus）的《第五牧歌》等等）之後，[229] 柳曼概括並且拒絕了學者們所提出的各種假設（例如珊托斯〔Xanthos〕和墨蘭托〔Melanthos〕，即「光明」和「黑暗」之間的鬥爭。烏斯奈爾認為這就是這一主題的原型），[230] 而他本人陳述了他所深信不疑的觀點：這個神話原型就是提阿馬特和馬杜克之間的鬥爭，也就是每年開始的時候巴比倫的儀式所紀念的那種鬥爭。[231]

我同意這位瑞典學者關於神話原型的結論（他還進一步提到了在植物及其對手，亦即乾旱之間的鬥爭，比如埃及的歐西里斯和塞特之間的鬥爭、腓尼基的阿雷翁和莫特的鬥爭等等），因為正如我在本書已經多次證明的那樣，每一個儀式都是對於從前發生的原初行為的重複。但是，至於該主題在歷史上的傳播過程，我不知道柳曼研究的結果在何種程度上可以被視為最終結論。他本人指出，在愛斯基摩人和雅庫特人（Yakuts）中間也可以找到

228 《冬夏之爭》，第 159 頁。
229 同上，第 124 頁以下。
230 同上，第 146 頁以下。
231 同上，第 151 頁。

夏天和冬天的鬥爭，不過並沒有說該習俗是來自美索不達米亞－歐洲的傳統，還是來自別的地方。[232] 鬥爭本身就是一種激發生育和植物生命的力量。在春天或者收穫季節，許多地方的競賽和打鬥毫無疑問都來自一個原始的觀念，亦即不同性別之間的打架、競賽、粗俗的遊戲等等都會激發並且增加整個宇宙的能量。我們所特別關注的是這些儀式所依賴的**模式、原型**：之所以要做所有這些事情，是因為它是諸神從前做過的；之所以要這樣做，是為了符合在當時就已確定了的一定的儀式規定。

我們在許許多多的原始宗教，例如在宗教最古老的階段，如歐西里斯崇拜以及斯堪地納維亞原史時代的宗教中都可以發現這些儀式性的打鬥。[233] 在當今歐洲，作為春天歡慶系列的部分節日也要舉行同樣的競賽。例如，在 6 月 29 日的聖彼得和聖保羅節，俄羅斯慶祝「克斯托洛瑪（Kostroma）下葬」——克斯托洛瑪是一個神話人物，象徵植物的生命和死亡的循環。這個節日伴隨有競賽和哀歌。[234] 在俄羅斯總是要有女子合唱隊慶祝克斯托洛邦科（Kostrubonko，A. 布魯克納〔Bruckner〕說，這是同樣著名的斯拉夫春神的別名 [235]）的死亡和復活，她們唱道： 321

> 死了、死了，我們的克斯托洛邦科
>
> 他死去了！我們親愛的人死去了！

---

232 同上，第 184 頁。

233 參見阿姆葛蘭（Almgren），《作為宗教史料的北歐岩畫》（*Nordische Felszeichnungen als religiöse Urkunden*），美因河畔的法蘭克福，1934。

234 弗雷澤，《金枝》，第 318 頁；《瀕死之神》，第 26 頁以下。

235 《斯拉夫神話》（*La Mitologia slava*），波隆那 1923，第 128 頁。

然後突然有一個聲音高唱：

復活了！我們的克斯托洛邦科復活了！
我們親愛的人復活了！[236]

雖然布魯克納確信，這個儀式以及這個神的名字都真正起源於原始斯拉夫人，但是女孩子的哀歌以及此後她們因為克斯托洛邦科復活的歡歌，令人想到傳統的東方植物神的戲劇性場面。

123・宇宙的象徵體系

我們可以挑出所有這些民間慶典的一個共同特徵：用某個植物的象徵來慶祝一個宇宙性的事件（春天或者夏天）。將樹木、花朵或者動物展示出來；儀式性地裝飾出一棵樹，或者以木頭代表的假樹、樹葉裝扮的人或人偶，抬著它巡遊；有時還有競賽、打鬥或者演出和死亡、復活有關的戲劇。在這一時刻，整個人類的群體生命就集中在一棵樹或者某種植物的偶像、某種象徵，以表現並且敬拜那件正在全宇宙發生的事情：春天。仿佛人類的群體不足以表達他的快樂，不足以在更大範圍（真正意義上的）內，在任何包括整個大自然的範圍內推動春天的到來。人的快樂，以及人們協力促使植物生命獲取最後的勝利，圍於一個小宇宙裡：一根樹枝、一棵樹、一個人偶、一個穿著花俏的人。大自

---

236 弗雷澤，《金枝》，第 318 頁；《瀕死之神》，第 261-2 頁。

然的出現透過一個物體（或者象徵）表現出來。這不是對自然的一種泛神論的讚美，也不是一種與之融為一體的意識，而是一種由於這個象徵（樹枝、樹或者別的什麼）的存在所導致、也由於舉行的儀式（巡遊、競賽、打鬥等等）所激發出來的一種感情。這種慶典基於一種整體觀，亦即每一個成長、衰老和週期性的再生，在每一種生命層次上所表現出來的生命力都是神聖的。這種「生物－宇宙的神聖性」可以在許多不同形式中被人格化，似乎總能適應適應氛圍或環境。在神話的創造中，植物之靈一次又一次出現、生存、傳播，最終消失。剩下來的本質和永恆的是植物的「力量」，這力量在一根樹枝、一個人偶或者一個神話人物那裡同樣能夠感受得到，並能加以掌控。但是，如果我們認為圍繞一個神話人物而建立起來的慶典比只有一個**記號**（樹枝或者五月柱或者諸如此類的東西）的慶典更具宗教意義，那麼這是錯誤的。我們必須認識到，這些差別僅僅來自不同社會的神話創造力，甚至來自歷史的偶然。不管在何種情形下，這些差別都不能說明什麼。在這些差別中我們發現了一個基本相同的觀念和同樣的取向，那就是在一個小宇宙裡象徵性地慶祝在整個宇宙中正在發生的事情。

322

　　我再重複一遍，問題的關鍵不僅在於植物生命力量的**表達**，而且在於它所發生作用的**時間**。它在空間且在時間中發生。一個新的階段開始了：換言之，最初的再生神話行為得到重複。這就是為什麼——在不同的地方和不同的時間——在嘉年華會和聖約翰節期間，我們可以發現各種慶祝植物生長的慶典。不是春天的真正到來產生了植物崇拜的儀式，也不是什麼所謂「自然崇拜的宗教」問題，而是同一種儀式戲劇改變自己，以適應各種不同時

代。不過在每一種情況下，這個戲劇都保留了它最初的形式：再生的原初行為的一種**重演**。我們還看到，當新的五月柱到來的時候，前一年的五月柱就要燒掉，嘉年華會、冬天或者死亡和植物的偶像也要燒掉，而且它們的灰燼經常因為具有賜予生命和消除邪惡的力量而大受歡迎。儘管如此，柳曼注意到，有些樹是在另外一個時間燒掉的：例如多瑙河南部的斯拉夫人的風俗是在耶誕節、元旦或者主顯節的時候燒掉這棵樹或樹枝，他們稱之為巴涅克（Badnjak）。[237] 巴涅克要燒上數天，在每一戶人家過一遍之後，灰燼撒到田野裡面增肥。因此它能夠給家庭帶來財富，增加畜群的數量。保加利亞人甚至以焚香、沒藥和橄欖油，以示對巴涅克的尊敬。這個習俗一直可以追溯到巴爾幹民族，在整個歐洲都可以發現，因此，肯定是極其古老的。

當然各地焚燒樹木的時間不盡相同。蒂羅爾（Tyrol）地區是在大齋節的第一個星期四，那天要抬著一根木棍巡遊；瑞士則是在聖誕夜、元旦以及嘉年華會期間。之後抬「基督的木頭」、燒「基督的木頭」或者嘉年華會的樹（西方）的慶典，也由那些帶來五月柱的人做。我們也發現了國王和王后、摩爾人、野人、小丑等等。[238] 同樣的演員和同樣的儀式樹也出現婚禮上面。柳曼認為，這些莊嚴地帶來一棵樹，再焚燒掉它的習俗，都起源於古代在五月的第一天、新年開始之時焚燒樹木的習俗。巴爾幹等地，這個習俗改到了耶誕節和元旦，在西方則又和瑪律蒂・格拉斯（Mardi Gras，嘉年華會）連結起來，也又和五月一日、五旬

---

237 《幼發拉底河－萊茵河》，第 ii 卷，第 1027 頁以下。
238 《幼發拉底河－萊茵河》，第 1036 頁。

節和聖約翰節聯繫在一起了。[239] 在這裡我們很有興趣地注意到，這種焚燒樹木的習俗所具有的宇宙－時間的意義（而且這種意義總能保留下來，只是日趨衰減而已）。焚燒是而且仍將是一種再生或者更始的儀式，與此同時也是對從前行為的紀念。在這個儀式裡面，巫術－植物的意義是第二位的，它顯而易見的目的是要紀念一年的開始。因而我們能夠得出結論，在這個特別的儀式中，形而上學的觀念比對春天到來的具體經驗更為重要。

124 · 總結

　　我們一定不能被幾乎是無限豐富的植物聖顯迷惑。雖然它們為數甚多而且不盡相同，但是可以歸納出明顯的一致性。且以剛才考察過的兩種情形為例，顯然，宇宙樹和五月遊行之間的主要區別在於宇宙學的**表意符號**和**儀式**之間的不同。舉行儀式的用語並不用來陳述一種表意符號、神話或者傳奇。但是它們都表達了相同的觀念：植物是生命的**實在**的顯現，是週期性自我更新的生命的顯現。關於樹生人的神話、關於春天的植物儀式、藥草如何起源的傳奇或者古代故事中的主人公如何變成植物的敘事，都是經由象徵或戲劇表達同一個純概念的信仰：植物世界體現（或者指向或者分享）著構成**生命的實在**，這個**實在**永不疲倦地創造、永遠以無限多樣的形式再生，並且永不衰敗。觸摸一棵樹以懷孕或保護新生兒，必然暗示著對於體現在植物中的實在和生命

324

---

239 同上，第 1051 頁。

已經有了一個明確而完全的概念，而在宇宙樹或生命之樹的神話中，也必然包含有同樣的概念。在這些情形下，生命通過植物象徵而顯現出來。因此我們又回到了植物，變成一個聖顯——具體體現且顯示神聖——的觀念上來，因為它象徵著某種與它**本身有所不同的**東西。沒有一棵樹或者植物僅僅因為是一棵樹或者植物而神聖，它們變成神聖是因為**分享**了那超越的實在。由於受到崇拜，個別的、「世俗的」植物物種就改變了本質。在神聖的辯證法中，部分（一棵樹、一種植物）具有整體（宇宙、生命）的價值，世俗的事物可以變成聖顯。雨格德拉希爾是宇宙的象徵，但是對古日耳曼人而言，任何一棵橡樹，如果**分享**這個原型的環境，如果「重複」雨格德拉希爾，就可以變得神聖。與此類似，在阿爾泰民族看來，任何一棵樺樹都可以受到崇拜，成為世界樹，薩滿儀式性地攀登此樹，就可以真正登臨天界。

因此，那些一同被歸類為「植物祭祀」的習俗，比這個名稱本身所表達的還要複雜得多。人們「崇奉」、推動以及祈求的是生命的整體，是以多種節律而得以更新的大自然本身。植物生命的力量就是整個宇宙生命的一種顯現。因為人類的命運被拋入這個自然，認為能夠為自己的目的使用這種生命，所以採納植物的「記號」，使用它們（五月柱、花枝、與樹成婚等等），或者敬拜它們（「聖樹」等等）。但是這裡並沒有什麼真的對植物的祭祀，也沒有什麼莊嚴地建立在植物和樹基礎上的宗教。甚至在最「專門化」的宗教（例如豐產祭祀）中，植物生命會在祭祀中被讚美和使用，但其他的自然力量也同樣得到讚美和使用。一般所謂的「植物祭祀」實際上就是季節性的慶祝，不可僅用一種植物的聖顯來解釋，而是構成了在整個宇宙生命中更為複雜的戲劇場

景的一部分。實際上，有時候很難把植物的元素和大地－母親，或者愛洛斯（Eros）、祖先崇拜、太陽、新年等其他事物有關的宗教元素區分開來。在這裡我將它們區分開來，以便對植物聖顯留下更明確的印象。但是，與所有原始人的宗教經驗一樣，各種不同的聖顯（植物、大地－母親、愛洛斯等等）實際上都是同時出現的，而且似乎已經形成了某種類型的系統。使用植物「象徵」、對植物的「記號」表示敬意都**指向**生命的各種表現形式，**指向**大自然不知疲倦、富有成果的活動。切不可將這些關於生命和自然的認識當成某種泛神論的經驗，某種接觸宇宙生命的神祕方式。因為，正如我在前文已經提到的那樣（第 123 節），並不是春天的自然現象與現實中發生的事情激發了春天儀式的產生，而是相反，是儀式將它的意義賦予了春天的來臨；正是象徵體系和慶典表明了自然的更新和「新生命」開始——即一種新創造的週期性重生——的全部意義。

　　我在這個簡短的概述中並沒有提到所謂的「植物之神」，只是因為該術語本身會造成諸多混亂。雖然有許多顯現的確和某些神靈有關係，但是很難將它們都歸結為植物的聖顯。諸神比植物的聖顯能揭示更多的東西。他們的「形式」、他們的生平、他們的本性都遠遠超越了生命實在、隨四季更新的生命的素樸顯現。為了正確理解什麼是「植物之神」，我們首先需要理解「神」究竟是什麼。

326

IX

農業與豐產崇拜

331

125・農業儀式

　　農業以一種更為戲劇性的方式顯示出植物再生的奧祕。在農業的儀式和技藝中，人類可以主動介入；植物生命和植物世界的神聖力量絕不是某種外在於人的現象，人們使用並且培植這些植物。在「原始人」看來，農業就像其他基本的活動一樣，絕非一種世俗的技藝。因為那要和生命打交道，物件是居住在種子、犁溝、雨水以及植物精靈裡面的生命的奇妙生長過程，因而首先是一種儀式。在農業社團裡，一開始便是如此，甚至在歐洲這樣最高度開化的地區也不能免俗。農夫進入到一個充滿神聖性的領域，而且成為其中的一個組成部分。他的活動和勞作有著重大的後果，因為它們是在宇宙迴圈中展開，而且因為年、季節、夏天和冬天、播種時間以及收穫時間都漸次形成了自身的基本形式，每一個活動本身就具有獨立自存的意義。

　　我們必須首先注意到，時間和四季節律在農業社會的宗教經驗中具有極其重大的意義。農夫不僅要和神聖的空間──豐饒的土地、在種子裡面發生作用的力量、蓓蕾和種子──打交道，他的工作也是一種時間範型亦即四季輪換的一部分，而且受到它的制約。農業社團和時間迴圈密切相關，因此許多和「除舊」與「迎新」、「除病」與恢復「活力」有密切關係的慶典總是和農業儀式交織在一起。自然的節律逐漸將它們聯合起來，增加它們的靈驗程度。於是在與土地和季節打交道的過程中，逐漸形成了一種樂觀主義的存在觀：死亡只不過是存在方式暫時發生了一種變化而已；冬天從來不是最後的季節，因為緊隨其後的便是一次

332 徹底的再生，顯現出全新、無盡的生命形式；一切都不是真正的

死亡——一切都是進入原初物質並且休憩，等待另一個春天。任何建立在節律基礎上的世界觀都必然具有某種戲劇性的時刻。儀式性地生活在宇宙的節律裡，首先就意味著生活在多重的相互矛盾的緊張關係裡。

農業勞動就是一種儀式。部分原因是它是在大地－母親的身體上從事的活動，並且令植物的神聖力量得以釋放，而另外一部分原因則是，它意味著農夫被融合進有益或有害的時間段：因為這是一種包含某些危險（例如未開墾土地之主的靈魂發出的怒氣）的活動；因為它包含有一系列形式不同、起源各異的慶典，旨在促進穀物生長、視農夫工作為神聖；最後還因為它將農夫引入在某種程度上由死者管轄的範圍。在這裡我們不可能列舉出和農業有關聯的甚至更為重要的信仰和儀式。這個問題常有學者進行研究，從曼哈特（Mannhardt）和弗雷澤（Frazer），到蘭塔薩洛（Rantasalo）、梅耶爾（J. J. Meyer）以及華德瑪‧柳曼（Waldemar Liungman）。我只限於列舉一些最重要的儀式和信仰，優先處理那些已做過系統研究的地區，例如蘭塔薩洛在其五卷本著作《芬蘭人和愛沙尼亞人的耕地相關的民間信仰與日耳曼人相應信仰的比較》[1] 所致的芬蘭和愛沙尼亞。

126‧婦女、性與農業

我已經提到（第 93 節），婦女和農業之間總是存在一種

1　1919-1925。

內在聯繫。甚至不久以前，婦女裸身到田野裡種豆子的習俗在東普魯士仍然十分流行。[2]芬蘭婦女以前常常穿上經期才穿的衣服，足登妓女穿的鞋或者套上私生子的襪子，把種子帶到田野中去[3]，透過接觸那與具有強烈情欲意味的人物有關的事物，使穀物豐產。婦女種的甜菜甜，男人種的甜菜苦。[4]愛沙尼亞人的亞麻種子總是由年輕女孩帶到外面的田地裡去。瑞典人只許女人種亞麻。而在德國，只有女人，尤其是已婚和懷孕的女人才可以種穀物。[5]土地的豐產和婦女的創造力之間的神祕聯繫，是我們可以稱之為「農業心態」的基本直覺之一。

顯然，如果婦女能夠對植物世界產生如此大的影響，那麼儀式性的婚姻，甚至集體的狂歡，尤其能對莊稼的豐產帶來最強大的效益。我們以後還要考察一些儀式，它們能夠證明情色巫術對農業有著決定影響。現在我們只要記住，從前的芬蘭農婦在播種之前，總是從自己的乳房中擠出幾滴乳汁撒到犁溝裡面。[6]這個風俗可以從幾個方面來理解：向死者獻祭；用一種巫術的手段將貧瘠的土地轉變為豐產的土地；或者只是在多產的婦女、母親和播種之間造成一種通感的影響而已。同樣我們也注意到，儀式性的裸身不僅是一種情色巫術，在農業活動中也有作用。在以前的芬蘭和愛沙尼亞，她們有時候在夜幕下裸身播種，喃喃說道：「主啊，我裸身了！祝福我的亞麻吧！」[7]目的顯然是要莊稼豐

2　蘭塔薩洛（Rantasalo），第 ii 卷，第 7 頁。

3　同上，第 120 頁以下。

4　同上，第 124 頁。

5　同上，第 125 頁。

6　同上，第 iii 卷，第 6 頁。

7　蘭塔薩洛，第 ii 卷，第 125 頁以下。

收，但也是為了保護莊稼免遭邪眼或者兔子的糟蹋（巫師在祛除莊稼的魔咒和其他災禍時也要裸身）。在愛沙尼亞，農婦犁地和耙地時裸身，以確保獲得良好的收成。[8] 每逢乾旱季節，印度婦女就裸身外出到田野裡耕地。[9] 我們還注意到另外一些和這種情色的農業巫術關聯的形為，比如每年第一次動犁的時候，要在犁身上面灑一些水，這個習俗十分普遍。在這裡，水不僅象徵雨，而且具有生殖的意義。在德國，犁地的農民經常往犁鏵上面灑水，在芬蘭和愛沙尼亞也是如此。[10] 有一份印度文獻明白寫道，在這裡，雨水的作用和男女交媾中精子的作用一樣。[11] 隨著農業的逐漸發達，男人的作用被賦予越來越重要的角色。如果女人等同於土地，男人就覺得自己等同於使土地豐產的種子。在印度人的儀式裡，[12] 米粒是使婦女生育的精液的人格化物品。

334

127・農業獻祭

從浩如煙海的資料中引用的若干事例，能清楚地表明農業活動所具有的儀式性質。婦女、豐產、性以及裸身是諸多神聖力量的中心，是諸多儀式戲劇的出發點。但是，甚至除了這些主要揭示了各種不同的生物－宇宙豐產間之同一性的「中心」而外，農

8　同上，第 76-77 頁。

9　梅耶爾（Meyer），《三部曲》（*Triligie*）中的書目，第 i 卷，第 115 頁，注 1。

10　蘭塔薩羅，第 iii 卷，第 134 頁以下。

11　《百道梵書》（*Śatapatha Brāhmaṇam*），第 vii 卷，4，2，第 22 頁以下。

12　例如，可參見《愛多利亞梵書》（*Aitareya Brāhmaṇam*），i，1。

業活動本身就被確立為一種儀式。因為對於獻祭或者任何其他宗教儀式而言，一個人在田野裡開始工作，必須保持身體處在一種潔淨狀態。當播種開始——或者以後收穫時，農婦必須洗濯、沐浴、著淨衣等等。播種和收穫時所進行的一系列儀式行動是相似的。這不僅是巧合：播種和收穫是農業戲劇的最高點。它們開始的行動只是用犧牲來換取成功。因此，第一粒種子不會被播種，而是丟在犁溝附近，提供給各種靈魂（死者、風、「小麥神」等）；同樣，在收穫時，第一株玉米留給鳥類、天使、「三處女、小麥之母」等等。在播種季節的獻祭，到收穫和脫粒時還要重複一次。[13] 芬蘭人和德國人用公羊、羊羔、貓、狗和其他動物獻祭。[14] 諸位也許想要知道這些祭品獻給誰，為了什麼目的。許多具有創意與耐心細緻的研究試圖回答這些問題。毫無疑問，這些習俗具有儀式的性質，而且目的顯然是要確保獲得一個好收成。但是收穫的成功有賴於多種力量，而且我們自然會發現，各種人格化和分類的方式中存在某種程度的混亂。而且，這些至少通過農業戲劇而表現出來的神聖力量，在不同文化類型和不同民族之間也會有所不同，即使可能只有一個起源；這些表現形式已經被吸收進了不同的文化和宗教的範型，以即使不是矛盾但也不同的方式在同一個概念中得到解釋（例如在北歐，日耳曼部落在遷移過程中宗教概念所經歷的變化，或者基督教在歐洲的影響，伊斯蘭教在非洲和亞洲的影響，等等）。

13　參見蘭塔薩羅，第 iii 卷，第 39-61 頁；第 v 卷，第 79 頁，等等。

14　同上，第 iv 卷，第 120 頁以下。

128 · 收穫的「力量」

我們對於這種戲劇的基本輪廓有了一個相當清晰的概念，因此可以設想，農業儀式和信仰的無窮變化都包含對**顯現在收穫中的力量**的認識。這個「力量」可以想像為非人格的，就像許多事物和行為的「力量」一樣，也可以表現為神話的形式，或者聚集在某些動物或人類身上。儀式，不管在簡單的還是在複雜的戲劇中得到闡述，都傾向於在人和這些「力量」之間確立有利的聯繫，確保這些力量能夠一次又一次地重新誕生。有時很難斷定，在收穫中體現並發生作用的力量究竟是透過怎樣一種方式獲得的，這個儀式究竟是用來表達對代表這個力量的某個神話人物的敬奉，還是只不過為了使得這個力量繼續發生作用。一種廣為流傳的儀式，是要將最後剩下的穀穗留在田裡。在芬蘭人、愛沙尼亞人和瑞典人看來，它們是留給「鄰屋的精靈」，或者「那些住在地下的人們」，或者「奧丁的馬」的，而在日耳曼則是留給「好心先生」、「窮苦太太」或「森林小姐」，[15] 或者留給「穀物的妻子」或「木頭先生」。[16]

正如揚·德弗里（Jan de Vries）所述，從切勿耗盡莊稼的本質、活躍「力量」的焦慮中，我們可以找到這種習俗的意義，[17] 同樣，最後的果實也不會從果樹上摘下來，最後的幾束羊毛也總

336

15　曼哈特（Mannhardt），《森林和田野文化》（*Wakd-und Feldkilte*），柏林，1904，第 i 卷，第 78 頁。

16　弗雷澤（Frazer），《穀物和野獸之靈》（*Spirits of the Corn*），第 i 卷，第 131 頁以下。

17　〈奧丁研究點滴〉（Contributions to the Study of Othin ），赫爾辛基，1931，*FFC*，第 94 號，第 10 頁以下。

是留在綿羊身上，在愛沙尼亞和芬蘭，盛小麥的櫃子從來不會被全部清空，農夫取水之後往井裡倒回幾滴水，使井水不至於乾涸。未被割下來的麥穗繼續保有植物和田野的力量。這個習俗——起源於「力量」會消耗卻不會徹底消耗自己，然後通過自身的巫術力量重新強大的基本觀念——後來就逐漸表現為向植物力量的神祕人格化獻祭，或者向各種與植物世界相關或不相關的精靈獻祭。

但是，更為普遍、更富有戲劇性的，是收割田野裡的第一捆——或者最後一捆農作物的儀式。全部植物的「力量」都寓居在這捆作物裡面，正如這種「力量」積聚在那未收割下來的若干麥穗裡面一樣。但是，人們卻因這第一捆或最後一捆作物所擁有的神聖力量，用截然不同的方式對待它。在有些地方，男人們奮勇爭先，收割作物，而在其他地方，最後一捆作物人人避之猶恐不及。有時人們列隊，將它扛到農舍，而有的地方則將最後一捆作物丟到鄰家田裡。毫無疑問，這最後一捆作物本身包含一種神聖的力量，對人有益或有害，因而人們競相擁有或者丟棄它。這種矛盾的態度絕非否認它神聖的性質，但是這些對最後一捆作物的矛盾，評價很可能是由於兩個平行的儀式場景所致，這兩個儀式都和掌控與分配那些寓居在植物中的「力量」有關。日耳曼人把第一捆和最後一捆麥穗放在一起，置於桌子上，因為它可以帶來好運。[18] 在芬蘭人和愛沙尼亞人看來，第一捆作物——舉行儀式，扛回農舍——可以為全家帶來祝福，使家人避免疾病、雷擊和其他邪惡，保護收藏穀物不被鼠咬。在進餐以及整個晚上把第

337

---

18 蘭塔薩洛（Rantasalo），第 1 卷，第 189 頁。

一捆作物藏在農舍的主臥的習俗（在日耳曼、愛沙尼亞和瑞典）也廣為流傳。[19] 有的地方也有用牛來保護並祝福人類。

在愛沙尼亞，第一捆作物還擁有預言的力量。如果他們用一特定方式把作物上面的穀穗撒開，女孩子們就能夠找出她們中間的哪個會第一個結婚。此外，在蘇格蘭，不管誰割下最後一捆作物——「這位小姑娘」——就一定要在一年結束之前結婚，因此收穫者便想盡一切辦法得到這捆作物。[20] 在許多鄉村，最後一捆麥子被稱作「新娘子」。[21] 在日耳曼的一些地方，來年麥子的價格可以從第一捆麥子中推測出來。[22] 在芬蘭和愛沙尼亞，收穫者急著搶先收割到最後一排麥子。芬蘭人稱之為「孩子的搖籃」，相信捆綁它的女子會懷孕。日耳曼農村同樣普遍存在這樣的習俗，最後的麥子要紮成一大捆，以便確保來年豐收。這就是為什麼在播種季節要取出這捆麥子中的一些麥粒和麥種混在一起。[23]

129・神祕的人格化

在這些信仰和習俗裡，物件是莊稼本身的「力量」，一種「神聖的力量」——而不是任何一種神祕人格化的變形。但是許多其他的慶典卻多少明顯地暗示著一種表現為某個人物的

19　蘭塔薩洛，第 5 卷，第 171 頁。

20　弗雷澤，《金枝》（*The Golden Boygh*），第 107 頁；《穀物和野獸之靈》，第 i 卷，第 163 頁。

21　弗雷澤，《金枝》，第 408 頁；《穀物和野獸之靈》，第 i 卷，第 162 頁。

22　蘭塔薩洛，第 v 卷，第 180 頁以下。

23　蘭塔薩洛，第 v 卷，第 63 頁以下。

「力量」。這些人格化的人物、名字和重要意義各有千秋：盎格魯－日耳曼國家中的「小麥媽媽」，斯拉夫民族和其他民族的「大母神」、「麥穗媽媽」、「老婊子」[24]、「老婦人」、「老頭子」，阿拉伯人的「豐收媽媽」、「老人」[25]、「老漢」（djedo），或者「大鬍子」（保加利亞人、塞爾維亞人和俄羅斯人的大鬍子救世主、聖以利亞或者聖尼古拉[26]），以及其他許多稱呼那些據說居住在最後一捆麥子裡面的神祕人物的名字。

在歐洲以外的民族中，我們也發現了同樣的用語和觀念。例如秘魯人認為，所有用作食物的植物都有一個確保其成長和豐產的神聖力量，來使其具有活力。例如，把玉米稈放在一起，做成一個女子模樣的「玉米媽媽」（zara-mama）像，當地人相信「作為母親，她有生產許多玉米的力量」。[27]他們把這個偶像收藏起來，直到來年的收穫季節，但是，在一年過半的時候，「巫醫」會問她是否還有力量堅持下去，若是玉米媽媽回答說她正在衰落下去，它就會被燒掉並由人們再造一個新的「玉米媽媽」，這樣玉米種子就不會死掉。[28]印尼人有一個「稻穀之靈」，其力量可使稻穀生長並且抽穗。因此他們就像對待孕婦那樣對待開花的水稻，用各種辦法俘獲這個「精靈」，囚禁在一隻籃子裡，小

---

24 曼哈特，《神話學研究》（*Mythologische Forschungen*），斯特拉斯堡，1884，第 319-322 頁。

25 柳曼（Liungman），〈幼發拉底河－萊茵河〉（Eu[hrat-Rhein），第 i 卷，第 249 頁。

26 柳曼，〈幼發拉底河－萊茵河〉，第 i 卷，第 251 頁以下。

27 曼哈特，《神話學研究》，第 342 頁以下；參見，弗雷澤，《穀物和野獸之靈》，第 i 卷，第 172 頁。

28 達科斯塔（J. de Acosta），轉引自弗雷澤，《穀物和野獸之靈》，第 i 卷，第 172 頁以下。

心翼翼地把它收藏在保存穀物的倉庫裡。[29] 如果莊稼枯萎了，緬
甸的卡倫人（Karens）相信那是稻穀的靈魂（kelah）離開了穀
子，如果不把它找回來，就會顆粒無收。於是他們就對著那個
「靈魂」、那個似乎已不在植物裡面發生作用的力量喊話：「來
吧，稻穀的靈魂啊！到田野裡來吧。去稻穀裡吧。帶著各種性別
的種子，來吧。從科（Kho）河來吧，從考（Kaw）河來吧，從
兩河的交匯處來吧。從西方來，從東方來。從飛鳥的喉嚨來，從
猿猴的喉嚨來，從大象的喉嚨來。從大河的源頭、從大河的河口
來。從撣（Shan）國和緬甸來。從遙遠的國度來。從所有的穀倉
來。稻穀靈魂啊，來到這稻穀裡面吧。」[30]

　　蘇門答臘的美南加保人（Minangkabauers）認為，稻米是
由一位名叫薩寧‧薩麗（Saing Sari）的女精靈守護，她也叫做
印多雅‧帕蒂（indoea padi，意思是「稻米之母」）。某些稻
莖受到精心呵護，並被移栽到田野中央，代表這位稻米之母。
她那典範性的活力以一種強制性的、仁慈的方式作用於全部莊
稼。[31] 西里伯斯（Celebes，編按：今印尼蘇拉維西島）的托莫
里斯人（Tomoris）也有一位「稻米母親」（ineno pae）。[32] 在
馬來半島，斯基特（W. W. Skeat）曾經參加過那些和「稻秧母
親」有關的儀式。[33] 在「稻秧的靈魂」被帶進家之後三天，農夫
的妻子要表現出好像懷上了孩子似的。在爪哇、巴厘和索姆波克

339

29　同上，第 i 卷，第 180 頁以下。

30　弗雷澤，《穀物和野獸之靈》，第 i 卷，第 189-190 頁。

31　同上，第 191-192 頁。

32　同上，第 192 頁。

33　《馬來巫術》（），倫敦，1900 年，第 225-249 頁。

（Sombok），人們要在馬上就要收割的稻子中挑選兩捧稻子，莊重地為它們舉行訂婚和結婚儀式。這對結了婚的夫妻被帶到住宅，放在穀倉裡面，「好叫稻穀增多」。[34] 在最後這些例子裡面，有兩個觀念交織在一起：使植物生長的力量以及婚姻的巫術的豐產力量。當收穫者用最後的稻穗盡可能紮成人形的偶像——一般來說總是女性——模樣時，在植物中發生作用的「力量」可以說已經達到了最徹底的人格化。或者他們找一個真人，身上覆蓋草葉，用他所代表的那個神話人物的名字稱呼他。這個人總是扮演著某種儀式的角色。例如在丹麥，人們將一個叫「老頭子」（gammelmanden）的人偶打扮得花團錦簇，小心翼翼地帶回家裡。但是在有些情況下，最後一捆農作物會被扭曲成一個人的形狀，有頭、手腳，然後投入鄰家尚未收穫的田野裡。[35] 在日耳曼人那裡，「老婦人」或者「老頭子」被投到某位鄰家的田裡，或者被帶到家裡，保存到來年的收穫季節。這個神祕人物有時被等同於最後一個收割農作物的收穫者、一個正好在田邊走過的陌生人，或農夫本人。例如在瑞典，收割最後一捆麥穗的女孩子必須把它們紮在自己脖子上，帶回家，在收穫結束時舉行的儀式上把它們當作舞伴一起跳舞。[36] 在丹麥，這個女孩子也要和一個用這些最後的麥穗製成的傢伙一起跳舞，她還要傷心落淚，因為她是一個「寡婦」－嫁給了一個神祕的註定要死掉的精靈。[37]

有時，那些代表體現在成熟莊稼中的「力量」的人頗受尊

34　《穀物和野獸之靈》，第 i 卷，第 199 頁以下。

35　蘭塔薩洛，第 v 卷，第 52 頁。

36　同上，第 57 頁。

37　德弗里（De Vries），〈奧丁研究點滴〉，第 17 頁以下。

敬，而有時卻正好相反。這種矛盾似乎是因為收割最後一捆麥子的人實現了兩種不同的功能：他之所以受到尊敬是由於被等同於農業的「精靈」或者「力量」；相反，他之所以受到憎恨並且遭受死亡威脅，是因為被視為農業的破壞者。例如，在各日耳曼民族的鄉村裡，據說最後一個甩連枷的女孩子會「掀翻那老頭子」或者「撞上那個老頭子」，必須在眾人的嘲笑和奚落下把草人送到村子裡面，有時則要在沒有人看見的時候，把它丟入還沒有收完麥子的鄰家田裡。[38] 在德國，最後的收穫者或者捆紮最後一捆麥子的女孩，要在身上繫著那捆麥子，以隆重的儀式帶回村裡，而村人在村子裡面供給她最好的飯菜。[39]

在蘇格蘭，最後一捆麥子被稱為「老婦人」（caileach），每個人都要設法避免收割它，因為他們相信，不管誰做了這件事情，就一定要餵養一位想像中的老婦人，直到來年下一輪收穫的日子到來。[40] 挪威人認為**斯庫瑞凱爾**（skurekail，「收穫者」）一整年裡都住在田野裡，吃著農民的麥子，但人們看不見他。他被囚禁在用最後一捆麥子製作的**斯庫瑞凱爾**的草人裡。[41] 有些故事說他被丟入某個收穫尚未結束的鄰人的田野裡，而這個人就要在來年養活他。可是在斯拉夫人中間，不管誰收割了「巴巴」（老婦人，Baba）都被認為是一個幸運兒，來年就會有一個孩子。[42] 在克拉科夫附近，不管誰捆綁最後一捆麥子都會被稱為

341

38　弗雷澤，《穀物和野獸之靈》，第 i 卷，第 140 頁以下；《金枝》，第 402 頁。
39　曼哈特，《神話學研究》，第 20－25 頁。
40　弗雷澤，《穀物和野獸之靈》，第 i 卷，第 140 頁以下；《金枝》，第 403 頁。
41　蘭塔薩洛，第 v 卷，第 51 頁。
42　弗雷澤，《穀物和野獸之靈》，第 i 卷，第 145 頁。

「巴巴」或者「奶奶」。他被捆在麥秸裡面，只有腦袋還可以轉動，然後被裝上最後一輛馬車，載到農舍去，全家人用水把他淋溼。這一整年裡他都要叫巴巴。[43] 在卡林西亞，誰捆綁最後的麥子，就要被覆蓋上稻草，丟到水裡面去。保加利亞人稱這最後一捆麥子為「麥子女王」，給它穿上女人的睡衣，在全村巡遊，然後將它扔進河裡，確保足夠的雨水使來年得到豐收；有時他們放火燒掉它，把灰撒到他們的田野裡面，好叫土地肥沃一些。[44]

130 · 人祭

向任何代表植物的東西澆水或者將其投入水中的習俗流傳甚廣，焚燒草人，把灰燼撒入泥土的習俗也是如此。所有這些活動都有明確的儀式意義，而且在某些地方也是完整保留下來的儀式場景的一部分，如果我們想要理解農業崇拜的儀式，就必須理解這些活動。例如，在瑞典，如果一個外來女子進入鄉鄰，身上要綁一束稻草，叫做「小麥女」。旺代（Vendée）的農婦要扮演這樣的角色。她全身裹上稻草，放到打穀機下，然後除去這些稻草，拿去脫粒，但要在一張毛毯上跳躍，好像揚場的穀子。[45] 在這個個案中，穀物的「力量」和它人類的代表完全等同。農婦象徵性地經歷小麥所經歷的一切，必須經過一系列的儀式以再生、安撫凝聚在這最後一束小麥中的「力量」。

43　曼哈特，《神話學研究》，第 330 頁。

44　同上，第 332 頁。

45　弗雷澤，《穀物之靈》，第 i 卷，第 149 頁；《金枝》，第 406 頁。

　　在歐洲許多其他地方，對於任何在收割期間接近的田野或者打穀場的陌生人，農民們會半開玩笑地警告說要殺死他。[46] 在其他地區，農民會咬他的手指尖，或者用他們長柄大鐮刀輕觸他的頭頸等。[47] 在德國某些地區，陌生人會被正在收穫的農民捆綁起來，在釋放前還要交付一筆罰金。這個遊戲還要伴隨唱歌，歌詞的含義十分明確。例如在波美拉尼亞（Pomerania），帶頭收割的人會宣布：

> 男人們已經準備好，
> 長柄大鐮刀也舉起，
> 麥穗有大有小，
> 這個紳士必須消滅。

而在斯德丁（Stettin）：

> 我們要擊殺這個紳士
> 用我們出鞘的寶劍

用來收割草場和農田的寶劍。[48]

　　來到打穀場附近的陌生人也是同樣的待遇：他被捉住、捆綁

46　曼哈特，《神話學研究》，第 38 頁以下；弗雷澤，《穀物精靈》，第 i 卷，第 251 頁以下；《金枝》，第 429 頁以下。

47　柳曼，《幼發拉底河－萊茵河》，i，第 260 頁，注解 2。

48　曼哈特，《神話學研究》，第 39 頁以下；弗雷澤，《穀物和野獸之靈》，第 i 卷，第 228-9 頁。

並受到威脅。

我們在這種儀式中似乎很可能看到包含有真正人祭的儀式場景的殘餘。這並不意味著現在每一個假裝俘獲、並威脅著到處遊蕩的陌生人的農業共同體，都在收割時節實行人祭。所有這些農業儀式極有可能是從若干為數不多的發源地（埃及、敘利亞、美索不達米亞）傳播到整個世界的，許多民族一開始只不過掌握了這個場景中的一些碎片而已。甚至在古典時代，在收穫時節舉行人祭也無非只是對遙遠時代的一種淡漠回憶而已。例如，一個希臘傳奇講述了弗呂（Phygian）家國王彌達斯（Midas）的一個私生子利特塞斯（Lityerses）的故事。他因為胃口奇大而且極其癡迷於收割自己的小麥而著名。任何正好經過他田野的陌生人，都被迫跟著他一起進行收割。如果此人收割得沒自己好，利特塞斯就把他捆綁在麥穗裡面，用長柄大鐮刀切下腦袋，身體丟到地上。但是最後，赫拉克勒斯挑戰利特塞斯，贏得了這場收穫比賽，便用長柄大鐮刀割下他的腦袋，把他的身體丟入米安德河，這表明利特塞斯也可能最後是用這樣的方式對待他的犧牲者的。[49] 事實上，弗呂家人在收穫季節也實行過人祭，也有跡象表明這種祭祀在地中海東部也發生過。

49　參見曼哈特，《神話學研究》，第 1 頁以下；弗雷澤，《穀物和野獸之靈》，第 i 卷，第 216 頁以下。

131・阿茲提克人和孔德人的人祭

在中美洲和北美洲某些民族、非洲的部分地方、一些太平洋島嶼，以及印度的一些達羅毗荼部落，我們取得了在收穫季節將人類獻為祭品的證據。[50] 為了對這些人類祭品的本質有清楚的認識，我們在這裡僅限於考察一小部分事例，但是要詳細考察。

薩哈岡（Sahagun）留給我們一份詳盡描述墨西哥阿茲提克人的玉米崇拜儀式的材料。植物剛一發芽，他們就走到田野「尋找玉米之神」──把一根玉米苗帶回家供奉食物。入夜，人們把它帶入糧食女神契科姆科特（Chicome-coatl）的神廟，那裡聚集著一些年輕的女孩，每人手中捧著從前一年收穫並節省下來的七支玉米棒，用紅紙包紮，灑上樹液。這捧玉米就叫做契科姆科特（七支玉米），它也是玉米女神的名字。女孩的年齡分為三種，小女孩、少女和成年女子──無疑象徵著玉米的三個生命階段──她們的胳臂和大腿都覆蓋著紅色的皮毛，紅色是玉米神的顏色。這個儀式的意圖顯然敬奉女神，從她那裡獲得對新發芽玉米的神奇祝福，並不包含有獻祭的內容。但是三個月以後，當莊稼開始收穫的時候，有一個代表新玉米女神的女孩希龍娜（Xilonen）就要被砍頭。這個獻祭儀式開始了食用玉米的日常行為，似乎就是將初熟的果子獻祭形式。六十天後，在收穫結束之際還有另外一場獻祭。

有一位代表女神托契（Toci，「採集供日用的玉米之女

344

50　參見弗雷澤，《穀物和野獸之靈》，第 i 卷，第 265 頁，等等；《金枝》，第
　　413 頁以下。

神」）的婦女要被砍頭並立刻被剝皮。一位祭司用這張人皮裝扮自己，而大腿部位的一塊人皮則要送往玉米女神辛特爾特（Cinteotl）的神廟，在那裡，一位參加儀式的人用它製成一張面具。在以後的數週裡，這個祭司要裝扮成一個生孩子的婦女——這個儀式也許意味著托契死掉了，然後在她的兒子，也就是幹玉米——這個要供應整個冬季的食物——那裡重生。整個一系列的儀式還包括以下活動：武士列隊巡遊（因為就像許多東方的司豐產的男女諸神一樣，托契女神也是戰爭和死亡女神）、跳舞，國王以及全體臣民，依次把手中握著的所有東西都丟到那個代表托契的祭司頭上，然後退出。似乎托契最後充當了替罪羊，當她被趕出神廟的時候，整個社群的罪孽也都被她帶走了，因為那個扮演的托契的人把這張人皮帶到邊界的一座堡壘，掛在那裡，四臂張開。辛特爾特的面具也要帶往那裡。[51] 其他美洲部落，例如保尼斯人（Pawnees），通常用一個女孩獻祭，把身體切成幾塊，在田野裡各焚燒一塊。[52] 這種切割身體，再把屍塊放到犁溝裡的習俗，在某些非洲部落也有。[53]

　　但是和農業相關的最著名的人祭當屬在孟加拉屬達羅毗茶部落的孔德人的人祭，直到十九世紀中葉它仍在施行。獻祭是奉獻給大地女神塔利・潘努（Tari Pennu）或者貝拉・潘努（Bera Pennu）的，祭品叫做梅利亞（Meriah），或者從其父母手中購

51　薩哈岡（Sahagm），《新西班牙事物通史》（*Historia General de las Cosas de Nueva Espana*），法譯本，巴黎，1880，第 94 頁以下；盧瓦錫（A. Loisy），《論獻祭》（*Essai sur le sacrifice*），第 237、238 頁。

52　弗雷澤，《穀物和野獸之靈》，第 i 卷，第 175 頁以下。

53　同上，第 179 頁以下。

買，或者由本身也是祭品的父母所生。獻祭在某些固定的節期
或者發生某些異乎尋常之事的時候舉行，但是這些祭品通常出於
自願。梅利亞快樂地生活若干年，一直被視為聖人。他們和其他
「祭品」結婚，並獲贈一塊地作為遺產。在獻為祭品之前十天或
者十二天，他們的頭髮就要被剃除——每一個人都要參加這個儀
式，因為這種獻祭是為了全體人類的利益。然後部落舉行難以訴
諸文字的狂歡——我們在許許多多和農業以及自然豐產有關的儀
式中都可以看到——人們和梅利亞一起列隊從村莊來到獻祭場
所，通常是沒有被砍伐過的森林。在那裡，梅利亞被獻給神靈。
他渾身塗滿溶化的牛油和薑黃，飾以鮮花，看上去就像神的樣
子。人們擠成一團想要摸到他，表示尊敬。他們和著音樂在他身
邊跳舞，籲求大地，唱道：「神啊，我們獻給你這樣的祭品，賜
予我們好的莊稼、好的天氣、好的身體！」他們又向這個獻為祭
品的人說：「我們是把你買下來的，不是用武力抓捕到你的。現
在按照習俗，我們要殺你祭神，不要怪罪我們！」夜幕降臨，狂
歡終止，次日清晨繼續進行，一直延續到中午，這時人們聚集在
一處，觀看獻祭的儀式。殺死梅利亞的手段不止一種：餵食鴉片
後，全身捆綁，擊碎骨頭，或者絞死，或者碎屍萬段，或者放在
火盆上紋火烤死，等等。關鍵是那些所有在場的人，也就是每個
村子派去參加儀式的代表，會分到一小塊被獻祭者的身體。祭司
小心地分割身體，然後立刻送達每個村莊並隆重地埋入田野。

　　遺留下來的身體，特別是首級和骨頭都被焚燒，骨灰撒在開
耕的田野裡，目的是一樣的——確保一個好收成。後來英國當局
禁止這樣的人祭，孔德人就用某種動物（一頭公羊或者公牛）來

替代梅利亞。[54]

132・獻祭和再生

為了發現這些人祭所包含的意義，我們必須考察原始人關於神聖力量的季節性再生理論。顯然，任何旨在某種「力量」再生的儀式或者戲劇，本身便是重複萬物開始之際所發生的那個原初創造行為。再生獻祭就是對宇宙創造的一種儀式性「重複」。創世神話包含一個原初巨人的儀式性（亦即暴力的）死亡，世界從他的身體裡被創造出來，植物成長。植物和穀物的起源尤其和此類獻祭有關。我們已經看到（第 113 節以下）「從前」（*illo tempore*），草、麥子、葡萄樹等等從儀式性地被獻為祭品的神話生物之肉體和血液中生長出來。為了使體現在收穫中的力量得以再生而把一個人獻為祭品，目的正是為了重複那個使穀物得以成長的最初的創造行為。**儀式重複了一次創造**，在植物中發生作用的力量通過懸擱時間並回到最初的那個完美創造之瞬間，而得以再生。祭品被切割成數塊等同於那個神話中原初生物的身體，他通過自己被儀式性地分割，而賦予穀物以生命。

我們可以說，這是一種具有典型意義的戲劇，每一種旨在提高或增加收成的人祭或動物祭，皆起源於此。它最明確、直接的意義就在於讓那些在農作物中發生作用的神聖力量得以再生。豐

---

54 參見弗雷澤，《穀物和野獸之靈》，第 i 卷，第 245 頁以下；《金枝》，第 434 頁以下。

產本身就是一種圓滿，因而也是迄今各種虛擬的可能性得以充分實現。「原始」人生活在一種持續不斷的恐懼之中，他們發現身邊極為有用的力量已經消亡。數千年以來，人們一直受到一種恐懼的折磨，害怕冬至時分太陽永遠消失、月亮不再升起、植物永遠死去等等。凡是在他面前顯現出來的「力量」也同樣會使他感到焦慮不安：這是一種處在險境中的力量，有朝一日會徹底消亡。當人們面對這種「力量」，如植物那樣季節性地顯現，其節律包含似乎消亡的階段，則情況就更嚴重了。當這種「力量」似乎由於人類的某種干預而解體的時候，這種焦慮就更其突出了：採摘初熟的果實、收割莊稼等等。在這種情況下，舉行所謂「初熟果子」的獻祭，就是要使人類與各種在植物中發生作用的力量相互協調，並且獲得准許而毫無危險地享受這些果實。這些儀式也標誌著一個新年、一個新的「再生的」時間段的開始。納塔爾的卡費爾人（Kafiirs of Natal）和祖魯人（Zulus）在慶賀新年之後，要在國王的村莊裡舉辦一場舞蹈，各式各樣的果實都要放入定制的新罐，在巫師親手點燃的新火上面烹製。只有在國王把罐中的布丁分發給到場的每一個人後，採摘的果實才可以當作食物來享用。[55] 在克里克印第安人（Creek Indians）那裡，奉獻初熟果子的儀式與潔淨禮和祓除邪惡和罪孽的儀式結合為一體。祭司熄滅所有的陳火，摩擦取火，點燃一堆新火。所有人都要齋戒八天、服用催吐劑等等，以潔淨自己。只有在這一年得到「更新」之後，才可以享用收穫的穀物。[56]

347

55　弗雷澤，《穀物精靈》，第 ii 卷，第 66-68 頁。

56　同上，第 72-75 頁；參見伊利亞德，《永恆回歸的神話》（*The Myth of the Eternal Return*），倫敦，1955，第 5 頁。

從這些初熟果子的慶典裡，我們可以區分辨出若干不同的元素：首先，消耗新的收穫物有危險，會使某個相關物種衰落，或者會招致居住在植物裡面的「力量」的報復。因此，必須舉行奉獻初熟的果子的儀式、初步的潔淨禮（「驅罪」，以及替罪儀式），以及令整個共同體得到再生。人們透過一種「時間的更新」，亦即透過更始未受玷汙的原始時間（每一個新年就是一次新的時間的創造，參見第 153 節）而達到這個目的。我們已經看到，阿茲提克人如何驅逐舊年及它所有的邪惡和罪孽，同時又如何向玉米神獻祭。戲劇性的儀式還包括軍隊巡遊、默劇競賽等等，我們在其他的農業慶典（例如最古老的歐西里斯儀式）中也可以找到。

133・收穫結束的儀式

在結束關於農耕儀式的簡短討論之前，我們還要提到若干在莊稼收割之後舉行的儀式，也就是收穫的莊稼入倉時的儀式。芬蘭人開鐮前要獻祭年內第一頭出生的羊羔。羊羔的血澆在地上，內臟作為工錢奉獻給「狗熊」、「田野的保護者」。人們在田裡燒烤羊羔肉然後吃掉，留下三塊給地裡的「土地神」。在收穫開始之際，芬蘭人還有預備某些菜肴的習俗——這也許可以回溯到一種儀式性的齋戒。[57] 有一份愛沙尼亞文獻提到，劃出一塊地作

57　蘭塔薩洛，第 5 卷，第 160 頁以下。

為「獻祭坑」，每年收穫的初熟的果子都要放在那裡。[58] 我們已經看到，甚至在今天，收割莊稼也保留著某種儀式特徵：第一次修剪樹葉要緘口不語；愛沙尼亞人、德國人和瑞典人都不收割最初的麥穗。[59] 最後的這種習俗非常古老而且流傳甚廣，留下用作祭品的麥穗根據不同的信仰被分別獻給「奧丁的宮殿」、「林中女的母牛」、「老鼠」、「暴風雨的七女兒」（巴伐利亞）或者「樹娘娘」。[60]

小麥入倉也有許多不同的儀式。例如，往左肩撒一把麥粒，口中念念有詞：「這些給老鼠。」撒在左肩這個事實表明這種獻祭和死者有聯繫。日耳曼人有一種習俗，要拆散最初幾捆帶入倉房中的牧草，口中念道：「這是給死者的食物。」在瑞典，人們要往倉房裡面帶去麵包和酒，以便討好此地的精靈。[61] 脫粒的時候要留下一些麥穗給打穀場上的精靈。芬蘭人說獻祭是為了「使來年的小麥成長一樣好」。[62] 芬蘭人的另外一個傳說認為，留下不割的麥穗屬於大地之靈（mannhaltia）。在其他地方，人們相信大地之靈在復活節之夜會前來給秋天留下來的三捆麥子脫粒。有些民族稱這些留下來當作祭品、未經處理的麥子為「給精靈的幾捆麥子」。在瑞典人那裡，最後的幾捆麥子不脫粒而是留在地裡一直到來年的收割季節，「以便讓那年結出豐碩的果實」。[63]

58　同上，第 166 頁。

59　同上，第 168 頁以下。

60　同上，第 186 頁以下。

61　蘭塔薩洛，第 1 卷，第 191-197 頁。

62　同上，第 201 頁。

63　同上，第 203-206 頁。

349

　　毫無疑問，許多祭品在某種程度上都和死者有聯繫。死者和田野的豐產之間的關係極為重要，我們還要回到這個問題上來。此刻要注意的是，在開始播種、收穫以及脫粒或入倉時所獻的祭品的對稱性。這個循環以秋天公共的收割節日（在北方則是米迦勒節）為結束，包括齋戒、舞蹈和向各種精靈奉獻祭品。[64] 這個慶典宣告了一年的農忙結束。農業元素之所以進入冬天的節日，主要是因為豐產崇拜和死者崇拜之間存在聯繫。死者保護播撒在大地裡的穀物，也支配那些穀倉中將要在冬天養活生者的收穫物。

　　頗值得我們關注的是，在農事**開始**與**結束**時舉行的各種儀式之間的相似性。透過這種相似性，我們看到它的重點在於，農業儀式是一個封閉的循環。「年」變成了一個封閉的單位。時間失去了在前農業社會中的那種相對同一性。它不僅只分為四季，而且分為一系列完整的單位：「舊年」完全不同於「新年」。**居住在植物裡的活力之再生，透過這種時間的更新而擁有一種令人類社會得以再生的力量。**「舊年」連同社群的一切罪惡被驅逐出去（第 152 頁）。這種週期性再生的觀念亦延伸到其他範圍——君權便是其中之一。同樣正是這個重要的觀念激發並且不斷豐富人們的希望，即有可能通過入會禮獲得精神的再生。最後，我們還可以發現，無數「狂歡」、向原初的混沌的暫時回歸、與世界創造之前的無形式的統一融為一體的儀式，與這些由農業儀式所導致對週期性再生的信仰直接相關。

64　蘭塔薩洛，第 1 卷，第 221 頁。

134 · 種子和死者

　　農業作為一種世俗技藝和一種祭祀儀式，在兩個極為不同的層面上與死者世界相關。第一個層面是與土地的交融。和種子一樣，死者也要入土，進入唯有他們才能夠企及的層面。其次，農業是一種極為出色的掌握豐產的手段，一種促使生命通過發育而實現自我繁殖的手段。死者尤其會被引入這種再生、創造的迴圈，以及不竭的繁殖力的奧祕之中。就像種子埋在大地的子宮裡面，死者也在大地裡面等待以全新的形式重獲生命。這就是為什麼他們和活著的人如此關係密切，尤其是在整個社群處在生命的緊要關頭——亦即在舉行各種豐產的節日期間——在人們通過儀式和狂歡祈求、釋放自然與人類的創造力量的時候。死者的靈魂渴求任何一種生物豐沛或者有機體的盈餘，因為這種生命之流的漫溢可以補益他們自身本質的匱乏，把他們投入到一種蘊含潛力和生命種子的渦流裡面。

　　集體齋戒正代表著這種生命能量的聚集。因此，一次齋戒，連同各種與之相關的盈餘與農事的節日、對死者的紀念不可分割。曾幾何時，人們通常在墳墓邊舉行盛宴，以便死者可以分享這場排擺在身邊的生命盛宴帶來的愉悅。在印度，大豆是給死者的最好祭品，因為它們亦被認為是一種催情藥。[65] 在中國，婚床放置在房間中最黑暗的角落。那裡是保存種子的地方，也是埋葬死者的地方。[66] 祖先、莊稼和性生活如此密切相關，以至於和這

350

65　梅耶爾，《三部曲》，第 1 卷，第 123 頁。

66　葛蘭言（Granet），《中國的宗教》（*La Religion des Chinois*），巴黎，1922，第 27 頁以下。

三者有關的祭祀儀式經常混為一體，就好像一個儀式似的。在北歐民族中，聖誕節（Yule，編按：尤爾節，古日耳曼節慶，時間與基督教化後的聖誕節重疊）既是紀念死者的齋期，也是對豐產和生命的敬奉。在聖誕節要舉辦諸多筵席，而且這期間既是舉行婚禮的時候，也是掃墓的時候。[67]

死者在這些時候回歸，參與生者的豐產儀式。在瑞典，女子要在攜往墓地的祭品中放上一塊婚禮蛋糕。與此相似，在北歐國家和中國，婦女落葬時要穿上她們的婚服。[68] 新婚夫婦穿過的橫跨在道路上面的「敬拜拱門」，也等同於收納死者遺體的公墓的拱門。聖誕樹（在北方地區，最早的聖誕樹只在樹梢上面留下一些葉子，是一棵「常青樹」）既用於婚禮也用於葬禮。[69] 我以後還要討論死後（post mortem）的「婚姻」，它表明人們期望為死者盡可能獲取某種復生的條件，獲得完滿的再生的力量。

如果死者企圖抓住某種只有生者才有的生命和成長過程，那麼生者也同樣需要死者來保護他們的種子和莊稼。大地－母親或者司豐產的大母神，固然也以同樣的方式掌控著種子的命運以及死者的命運。但是死者有時候更接近於人類，農民向他們祈求祝福，祈求維持自己的工作（黑色是大地的顏色也是死者的顏色）。希波克拉底告訴我們，死者的靈魂使種子成長並倍增，《農藝全書》（Geoponica）的作者說風（或者死者的靈

67　李迪（H. Rydh），〈斯堪地納維亞和中國的季節性的豐產儀式和死亡崇拜〉（*Seasonal Fertility Rites and the Death Cult in Scandinavia and China*），BMAS，斯德哥爾摩，1931，第69-98頁。

68　同上，第92頁。

69　同上，第82頁。

魂）把生命賦予植物以及其他每一種事物。[70] 在阿拉伯，最後的葉子又稱為「老人」，應由田野的所有者親手採摘下來，放在墳頭並且埋葬它們，口中念這樣的祈禱：「麥子從死亡中重新獲得生命。」[71] 在巴姆巴拉人（Bambaras）那裡，當遺體放入墳墓、準備覆土時，他們哀求道：「但願那大風由南方吹向北方，由東方吹向西方，善待我們！賜給我們雨水！讓我們有充沛的收成！」[72] 在播種時分，芬蘭人把死者的骨頭（他們從公墓取出骨頭，到收穫結束之後再送回去）或者屬於死者的物品埋到泥土裡面去。如果連這兩樣東西都沒有的話，他們就到公墓或者死者經過的十字路口上抓一把土。[73] 日耳曼人常常把新墓的泥土或者從某個墓地上長出來的草，連同種子一起撒在田裡。[74] 蛇是至高無上的死亡的動物，它保護莊稼。在春天播種季節開始的時候，人們就要向死者獻祭，請求他們保護並且照料莊稼。[75]

352

135・農業和喪葬之神

　　死者與豐產、農業之間的聯繫，在著手研究與這兩種類型

70　轉引自哈里森（Harrison），《希臘宗教研究導論》（*Prolegomena to the Study of Greek Religion*），劍橋，1922，第 180 頁。

71　柳曼，《幼發拉底河－萊茵河》，I，第 249 頁。

72　亨利（T. R.Henry），〈巴姆巴拉人中間的靈魂崇拜〉（Le Culte des esprits chez les Bambara），*AOS*，1908，iii，第 702-717、711 頁。

73　蘭塔薩洛，第 iii 卷，第 8 頁以下。

74　同上，第 14 頁。

75　同上，第 114 頁。

的崇拜有關的節日或神靈後，就能看得更加清楚一些。植物和大地豐產之神一般也都會變成一個死亡之神。霍利加（Holika）原先表現為一棵樹的形象，之後變成了死者之神以及司植物豐產之精靈。[76] 許多原本就歸屬於司掌植物和生長的精靈，被難以名狀的死者世界淹沒而無法辨認。[77] 在早期希臘，死者和穀物都放入土陶罐。蠟燭獻給地下諸神，也獻給司豐產的諸神。[78] 費羅尼亞（Feronia）也叫做田野和地獄女神（dea agrorum sive inferorum）。[79] 著名的豐產女神杜爾迦（Durga）曾受到許多地方性祭祀，尤其是某些特殊的植物祭祀的崇拜，但她也成為掌管死者靈魂的主神。

　　說到節日，只需提到古代印度在莊稼成熟時舉行對死者的紀念活動，而且它也是一個重要的慶祝收穫的節日就可以了。[80] 我們已經看到，在北歐國家也發生著同樣的事情。古代對太陽（Manes）的崇拜也和種植植物的儀式一起舉行。主要的農業或豐產節日最後與敬拜死者的節日等同。曾經有一段時期，在整個北歐和中歐，米迦勒節（11 月 29 日）既是紀念亡者的節日，也是慶祝收穫的節日。而葬禮對豐產崇拜的影響也越來越大，吸收了它們的儀式，將其變成了向祖先靈魂上供或者獻祭。亡者是「居住在地底下的活人」，必須要贏得他們的善意。作為獻給「老鼠」的祭品而向左肩撒的穀物其實就是獻給他們的。與他們

353

76　梅耶爾，《三部曲》，第 i 卷，第 140 頁，第 512 頁。

77　同上，第 ii 卷，第 104 頁。

78　阿勒泰姆（F. Altheim），《大母神》（*Terra Mater*），吉森，1931，第 137 頁。

79　同上，第 107 頁。

80　梅耶爾，第 ii 卷，第 104 頁。

和好，給他們食物，從而贏得他們的善意，他們就會保護並使莊稼豐收。「老頭」或者「老婦」——農民視之為土地的「力量」和豐產的人格化——在對死者的信仰影響之下逐漸變得清晰起來。這些形象擁有了「祖先」、亡靈的本性和特點。

這個現象在日耳曼諸民族那裡看得尤為清晰。奧丁，死者之神、不知疲憊的「狂野的靈魂獵取者」的領袖，將若干種農業崇拜的儀式據為己有。在冬至日舉行專門祭祀死者的尤爾節期間，日耳曼民族要帶上當年收穫的最後一捆莊稼，紮成男人或女人、公雞、公羊或者其他動物的樣子。[81] 值得注意的是，用以表現植物的「力量」的動物形式，和那些表現亡者和靈魂的動物形式完全相同。於是在這兩種祭祀的歷史上就有一段時期，我們再也分不清楚自我顯現為野獸形象的「精靈」，究竟是代表亡者的靈魂，還是大地－植物力量在動物身上的具體體現。這種共生現象給我們帶來無數困難，對於奧丁究竟是農業神還是喪葬神、尤爾儀式的起源等問題，學者們至今仍然激烈爭論。事實上，我們所面對的只是若干儀式和神話的範型，在這些範型裡，死亡和再生交織在一起，成為在同一個超人類實在（preter-human reality）中的不同階段而已。豐產祭祀和死者祭祀相互影響的領域很多，而且具有很重要的意義，因此，我們根本不必對於它們的共生和融合現象居然能被一個基於對人類在宇宙中的存在意義有著更加充分理解的新宗教綜合體繼承，而感到過分吃驚。

我們發現這種綜合到了西元前第兩千年的愛琴海－亞洲世界已經臻於完滿，並由此誕生了祕儀宗教（mystry religion）。　354

81　參見德弗里，「奧丁」條，第 21 頁。

這兩種祭祀儀式的混合早在史前時代的北歐和中國就已經開始了，[82] 但是可能只有後者才逐漸達到充分的一以貫之的綜合。可能肯定，冬至在北歐比在地中海要重要得多。尤爾節是一個在宇宙決定性時刻的令人振奮的節日，死者在那天聚集在生者身邊，因為那是「一年復活的時節」，也就是在那天預告春天即將到來。死者的靈魂受到任何「開始」、任何「復活」的召喚：一個新年（就像每一個開端一樣，象徵著重新創造）、一次生命在凋敝的冬天裡的綻放（無盡的筵宴、酒祭和狂歡、婚禮）、一個新春。生者歡聚一處，用自己身體的多餘潛能激發沒落的太陽的能量。他們的希望和恐懼的核心集中在植物，集中來年的收穫時間將要發生的一切。這兩個過程——農業和來世——相互交織、混然一體，最終形成一個生存的模式，幼體的、胚胎式的生存方式。

136・性生活和田野的豐產

種子本身在生長過程中必須獲得幫助，或者至少要有所「陪伴」。原始人擁有的最基本的概念之一，是生命的一切形式和活動有種一體性（solidarity），他們按照這種**只要做任何相同的事情就會造成最好後果的原則**，能將這種一體性轉變成一種巫術的優勢。婦女的生殖能力影響田野的豐產，但是反過來，植物生長

82　例如，參見李迪，〈隨葬陶器的符號〉（Symbolism in Motuary Ceramics），
　　BMAS，斯德哥爾摩，1929，第 71-120 頁。

茂盛也有助於婦女懷孕。死者對這兩者都會給予說明，同時也希望這兩種豐產的源泉給予他們能量和力量從而再度進入生命之流。每當重大時刻來臨、大麥開始發芽，西非的埃維族（Ewe）黑人就舉行狂歡儀式，驅走一切災難。一些女孩子被作為新娘獻祭給蛇神。這種婚姻儀式由祭司，也就是神的代表在神廟裡面舉行，而這些女孩子或者妻子在得到這種祝聖之後，就在神殿的密室裡面充當一段時間的神娼。據說舉行這樣的神聖婚姻是為了確保土地和動物的豐產。[83] 祭司所扮演的角色表明這已是一種充分發達的儀式，在一開始只不過是男男女女在他們耕作的田裡頭多多交合而已。在中國曾經就是這樣做的，少男少女在春天的田野交合，相信他們的活動有助於促成任何形式胚胎的形成，可以求雨，可以讓田野暴露在豐產的作用之下，從而幫助大自然的再生。[84] 在希臘傳統中我們同樣發現類似年輕人在新芽初綻的犁溝裡野合的跡象，其原型便是伊阿宋和狄密特的結合。中美洲的皮皮勒人（Pipiles）要和妻子分床睡四夜，以便恰好在播種的前一個晚上積蓄特別的性能力。有一些夫妻在播種期間必須真正進行交合。在爪哇的某些地區，當水稻揚花的時候，夫妻要在稻田裡交合。[85] 甚至直到最近，北歐和中歐地區也存在若干在田間地頭舉行象徵性婚姻的事例，婚禮上出現的聖樹（「山楂樹」）也證明了植物和性之間的密切聯繫。[86] 烏克蘭也曾經有過這種習俗：

355

83　弗雷澤，《阿多尼斯、阿提斯、歐西里斯》（*Adomis*），第 i 卷，第 65 頁以下。

84　葛蘭言，《中國宗教》，第 14 頁。

85　弗雷澤，《巫術的藝術和國王的進化》（*The Magic Art*），第 ii 卷。第 98 頁以下；《金枝》，第 136 頁。

86　參見曼哈特的釋文，《森林和田野文化》，第 i 卷，第 480 頁以下。

在聖喬治節，祭司在祝福莊稼之後，年輕夫婦就在犁溝裡面打滾。在俄羅斯，祭司本人由婦女推著在田裡打滾——這當然不僅是祝聖莊稼，而且部分混合了某些原始的神族婚姻的記憶。[87]其他地方的神族婚姻僅僅變成了一種由裝飾著麥穗的男女跳儀式性舞蹈，或者由「小麥未婚妻」與她的「未婚夫」舉行象徵性婚禮。這些婚禮往往竭盡盛大場面之能事。在西里西亞（Silesia，編按：中歐歷史地名，約位於今波蘭的西南部），年輕夫婦在居民的簇擁下坐上盛裝婚車從田野駛回村莊。[88]

356 　　我們注意到，歐洲在收割季節所奉行的習俗和在春天歡呼植物再生的習俗有著相似之處。在這兩種習俗中，「力量」或者「神靈」直接通過一棵樹或者一捆麥子或者一對夫妻來代表，這兩種儀式對莊稼、牲畜和婦女都會造成豐產的影響：在每一個儀式裡，都可以看到原始人的相同需要，即要做「相同」的事情、待在「一起」。[89]將植物的力量或者精靈人格化的那對夫妻本身就是一個能量中心，能夠增加他們所代表的力量的強度。我們不妨說，植物的巫術力量正是由於這樣一個事實而得到增強，那就是由一對最具性能力——即使並不真正實現—的年輕夫婦「代表」植物的力量並使之人格化。這對夫婦，「新郎」和「新娘」無非象徵性地反映曾經真實發生的事實：他們正在重複神聖婚姻的這一原初的行為。

87　弗雷澤，《巫術的藝術》，第 ii 卷，第 103 頁；《金枝》，第 137 頁。

88　弗雷澤，《穀物和野獸之靈》，第 i 卷，第 163 頁；《金枝》，第 409 頁。

89　弗雷澤，《穀物和野獸之靈》，第 i 卷，第 164 頁；《金枝》，第 410 頁。

137 · 狂歡的儀式功能

　　狂歡通常對應於某種神族婚姻。大地上毫無限制的性狂亂則對應於神祇的結合。據說當年輕夫妻在田野裡再現神聖的婚姻時，一個社群的全部力量也就達到了最高點。當奧昂人（Oraon）每年五月慶祝太陽神和大地女神族婚姻時，祭司和他的妻子要當眾交媾，然後便開始難以置信的狂歡。[90] 在新幾內亞西部和北澳大利亞的某些島嶼（勒蒂〔Leti〕和薩爾瑪塔〔Sarmata〕部族）上，雨季開始的時候也舉行類似的狂歡。[91] 人類別無良策，只有模仿諸神的榜樣，尤其是在整個世界的繁榮，特別是牲口和莊稼的生命進程有賴於他們這樣做時，更是如此。他們過份的行為在神聖系統中的作用明確而有效。他們打破了人、社會、自然和諸神之間的界限，幫助力量、生命和萬物的種子從一個層次躍升到另外一個層次。一切虛空的實體都被填滿，一切分離的事物重新整合在一起，一切孤立狀態的事物都在萬物的巨大子宮裡面混合。狂歡讓生命的神聖能量川流不息。大自然中的危急或者富足時刻正是開始一場狂歡的時節。在許多地方，每逢乾旱，人們就要在田野裡裸奔，激發天空的活力、祈求降雨。而在別的地方，孿生子的婚禮和誕生均要以狂歡相賀。例如非洲的巴甘達人和斐濟的島民便是如此。[92] 和植物的戲劇性事件，特別和農業的儀式有關聯的狂歡比較容易解釋。大地必須被重新喚醒，天空必需被喚醒，以使偉大的宇宙婚姻－雨水－在最

357

90　弗雷澤，《阿多尼斯》，第 i 卷；《巫術的藝術》，第 ii 卷，第 148 頁。

91　弗雷澤，《金枝》，第 136 頁。

92　參見梅耶爾，《三部曲》，第 i 卷，第 69 頁，注解 1。

佳狀況下發生，從而讓穀物成熟並且締結果實、婦女生子、動物生養眾多、死者的空虛充滿生命的力量。

巴西的卡納人（Kana）通過模仿生殖行為的男性崇拜的舞蹈，激發大地、動物和人類的生殖力量，舞蹈之後便是集體狂歡。[93] 陽具象徵體系的遺跡在歐洲的農耕慶典中也可以分辨出來。例如「老頭子」有時候也表現為陽具的形式，而最後一捆麥子則被稱作「妓女」；有時它也被捆紮成黑頭紅唇的形象，而這些最初都是女陰的巫術——象徵的顏色。[94] 我們也許還記得，在某些慶祝植物生長的古老節日裡發生的過甚行為，例如羅馬人的佛洛拉利亞節（Floalia，4 月 27 日），年輕人沿著街道裸體巡遊；又如牧神節（Lupercalia），年輕人通常接觸婦女，使她們懷孕，或者像印度主要的慶祝植物生長節日霍利節（Holi）那樣，任何事情都可能發生。

直到最近，霍利節還保留著各種集體狂歡的標誌，聽憑大自然的全部創造和繁殖能力都激發出來並且達到沸點。一切正派的行為都被拋到了腦後，因為確保生命得以延續的問題，比尊重規範和習俗更為重要。男人和孩子成群結隊在街道上漫遊、唱歌、喊叫、互擲霍利粉、拋灑液態的紅色染料——紅色是生命和生殖能量的突出色彩。每當他們路遇甚至看到躲窗簾後面的婦女，傳統就會要求他們報以最可怕的威脅和侵犯的行為。猥褻的攻擊所具有的巫術力量廣受讚美，甚至在高度發達的祭祀儀式（例

93　同上，第 71 頁以下。

94　曼哈特，《神話學研究》，第 19、339 頁；並參見《德國迷信手冊》
（*Handwörterbuch d. deutschen Aberglaubens*），第 v 卷，第 281、284、302
欄。

如雅典的塞斯摩弗里亞節〔Thesmophoria〕）中也會發生同樣的事情。巴厘島的節期也是如此，印度教徒被允許擁有極大的性自由——除了亂倫之外，一切性交行為都得到允許。[95] 印度東北部的霍人（Hos）在收割季節要舉行大型狂歡，他們用這樣一個觀念為他們的行為辯護：男人和女人心中都會被喚起邪惡的傾向，若要保持共同體的安定團結，這些傾向就必須得到滿足。在中歐和南歐，收割節日的淫蕩行為普遍存在，並受到天主教大公會議，尤其是西元 590 年的奧塞爾（Auxerre）公會議以及中世紀無數作者的譴責，但是在某些地方卻一直保留至今。

138 · 狂歡和重新整合

　　狂歡並非僅見於農業慶典的環境，雖然它們總是和再生（例如「新年」儀式）以及豐產的儀式有著密切聯繫。狂歡的形而上學意義以及心理功能將在本書其他章節中予以更清晰的討論。然而我們也許會同時留意到，一方面在農業及其神祕現象，以及另一方面，作為整個共同體的生命表達方式的狂歡之間幾乎完全相似。就像在無垠的地下種子喪失了形態，消失、解體、變成某種不同的東西（胚芽），人類也在狂歡中喪失個體性，完全和整個生命結為一體。由此造成的結果則是完全融入到某種情感狀態之中，根本不需要遵守任何「形式」或者「法律」。他們試圖再次進入那種原初的、前形式的、混沌的狀態——這種狀態在宇宙秩

359

---

95 梅耶爾所著書輯引的往世書文獻，第 ii 卷，第 108 頁以下。

序的層面上和世界創造之前無形式的混沌相對應——運用模仿巫術的力量來支持種子消失於大地的子宮裡面。人類返回到一種生物宇宙的整體性，即使這個整體性包含人格的自然向種子的自然的倒退。在某種程度上，狂歡把人變成一種農耕狀態。由於取消了規範、限制以及個體性，由於向大地和黑夜敞開自我，人類就獲得了種子的狀態，在大地裡分解、喪失它們的形式，從而誕生一種新的植物。

除了實現它在一個社群的靈魂系統和心理系統的諸項功能外，狂歡還使生命的「再生」成為可能，而且為生命的再生預備道路。一次狂歡的舉行可以和田野中綻放的綠芽相比較：一個新的生命開始了，狂歡將這個生命的實質與能量注入人類的身體。此外，透過喚回那世界創造之前的混沌，狂歡就可能重演世界的創造。一時間人們回到了那難以名狀的、黑夜的混沌狀態，從中可獲得再生，比他白天自我的生命還要更加充滿活力。就像浸沒在水中一樣（第 64 節），狂歡破壞創造，但同時又使之得以再生。人們希望將自己等同於無形式的、前宇宙的存在，使自我得以復原、再生，換言之，復歸於一個「新人」。我們可以從狂歡的本性和功能中分辨出它同樣也是希望重複一種最初的行為：創造世界，給混沌帶來秩序。在這種以狂歡（農神節〔Saturnalia〕、嘉年華會等）打破各處日常生活的範型中，我們看到古人的一種想像力，將生命視為一種由活動和睡眠、誕生和死亡構成的節律。我們還看到古人的一種觀念，即一個宇宙由迴圈所構成，從混沌中誕生，經過一場大災難或者「大劫滅」（mahāpralaya），又復歸於混沌。當然，各種怪物的形式都是對這個宇宙節律的基本觀念以及對於再生和更新的渴望的退

化。但是這類異常形式並不是我們理解狂歡的起源和功能必不可少的出發點，因為每一個節日本身，就其本性而言多少都包含有狂歡的成分在內。

139・農業的神祕文化和救贖

我必須強調，甚至在其非狂歡性的形式中，農業的神祕文化也具有救贖的性質。植物生命通過表面上的消失（種子埋入地下）而獲再生，既提供了一個範例，又提供了一種希望；同樣的事情也許會在死者靈魂身上發生。誠然，這種有節律的再生景象並不只是某種發生的事情，也並不只是直接呈現在人類的思考面前而已。在原始人的信仰裡，它也是人類採取同樣的儀式和行為導致的結果。只有通過巫術的行為、大母神、婦女的在場、愛洛斯的力量以及整個自然（雨水、溫暖以及其他一切）的共同作用來獲得再生。此外，這些之所以可能，僅僅是因為它們——或者通過儀式性的婚姻、時間的再生（「新年」），或者通過使最初那種原型的混沌得以再現的狂歡——重複了原初的行為。不付出努力便一事無成，人類只有透過勞動，也就是其行為符合生命的規範、重復原初的行為才能得到自己的生命。因此，生活在農業共同體中的人們透過對植物生命的體驗而形成的希望，從一開始就直接指向行**動、有為**。人類如果遵循某種行動方向，恪守某種範型行事，就有希望得到再生。行為、儀式兩者不可分離。當我們著手研究古代祕儀宗教時，必須記住這些祕儀宗教不僅保留了農業慶典的遺跡，而且背後有一條可以上溯至史前時代的農業神

祕文化的長河，也就是說，如果人類數千年來未曾觀察到植物生命的定期再生，並且從中認識到人類和種子之間的一體性，產生一種在死後，且通過死亡而獲得再生的希望，那麼它們也就不能成為原初（initiatory）的宗教。

我們通常認為，農業的發明在人類歷史的進程中造成了激烈的變遷，因為它保證人類攝取足夠營養，使人口獲得極大增長。但是它造成決定性結果的原因完全不同。決定歷史進程的既不是人口的增長，也不是食物的豐富，而毋寧是隨著這項發明而產生的**理論**。他從穀物中所**看到**的、他在和穀物打交道過程中所學到的、他從種子如何在大地裡面喪失同一性中所**認識到**的，無不構成了重要的一課。農業傳授給人類有機生命的獨特性，這種啟示既產生了婦女和大地、性交和播種之間的素樸的類似性，也產生了最為發達的理智的綜合：生命是有節律的，死亡是一種回歸，等等。這些綜合思想對於人類的進步而言必不可少，也只有在農業發明後才有可能產生。救贖希望的最重要基礎便植根於史前的農業神祕：就像隱藏在大地裡的種子一樣，死者也有希望以一種新的形式重新獲得生命。然而在這種關於植物世界的沉思中，也許還可以發現一種悲觀主義的，甚至懷疑論的生命觀的起源：人類就像田野裡的花朵……

X

聖地：神廟、宮殿，
「世界中心」

140・聖顯和重複

　　無論何種形式的力顯和聖顯，都會改變所發生的空間：原先為世俗的領域，由此變成了一個神聖的領域。例如，新喀里多尼亞（New Caledonia）的坎納卡斯（Kanakas）「灌木叢中，有無數佈滿孔洞的岩石和石塊，它們擁有某種特殊意義。如果你想求雨，其中有一條石縫會有所助益；另有一條裂縫，則是一個圖騰的住所；也有的地方，遊蕩著某個被謀殺之人尋仇的靈魂。於是整個地域都是鮮活的，哪怕最細微之處都意味深長；大自然充滿著人類的歷史。」[1] 更明確地說，正是由於力顯或者聖顯的事實，自然發生了轉變，隨之浮現出神祕的氛圍。依據拉德克利夫－布朗（Radcliffe-Brown）以及埃爾金（A. P. Elkin）的觀察材料，列維－布留爾極其正確地強調了聖地具有的聖顯特徵：「在這些原始人看來，一個神聖地點從來就不是以孤立的方式呈現。它總是一個多元複合體的一部分，其中包括在不同季節繁榮的動、植物品種，在那裡生活、漫遊或者創造某種事物並在化身在那片土地上的神話英雄，以及在那裡一次又一次舉行的慶典，以及所有這些所喚起的情緒。」[2]

　　拉德克利夫－布朗認為，這個多元複合體的關鍵在於「地方性的圖騰中心」。在多數情況下人們可以辨別出，在圖騰中心和某些生活在時間開端並且在那時創造該圖騰中心的神話人物彼

1　里恩哈特（Leenhardt），《新喀里多尼亞人種學筆記》（*Note d'archéologie neocaledonienne*），巴黎，1930，第 23-24 頁。

2　《原始人的神祕經驗和象徵》（*L'Expérience mystique et les symboles chez les primitifs*），巴黎，1938，第 183 頁。

此之間的直接聯繫——用列維－布留爾的話說，就是一種「互滲」。這些聖顯的地方也正是最初的啟示之地；人們正是在這些地方獲得如何養活自己、確保連續不斷的食物供應的教導。在神聖區域、圖騰中心的範圍內所舉行的各種和食物有關的儀式都是對那些神話人物**從前**（in illo tempore，審閱者按：有「歷史時間之前」之意）行為的模仿和複製。「遠古時代的英雄就是用這些方式把袋狸、袋貂、魚和蜜蜂從它們的巢穴裡面拖出來的。」[3]

368

　　事實上，神聖空間的觀念包含一種想法，即重複將這個原初聖顯的地方標誌出來，切斷它與周圍世俗空間的聯繫，從而祝聖這個地方。在下一章我將證明，同樣類似的重複觀念如何使神聖時間得以強化，從而構成無數儀式系統以及一切虔誠信徒普遍懷有的個人救贖希望的基礎。神聖空間之所以是神聖空間，是最初祝聖它的那個聖顯的永恆本性使然。這就是為什麼在一個玻利維亞部落，當人們覺得需要更新他們的能量與活力時，就回到據說是他們祖先搖籃的地方。[4]因此聖顯並非僅僅使一塊了無分別的世俗空間成為神聖，它還進一步確保神聖性的持續存在。在**那裡**、在**那個地方**，聖顯重複自身。透過這種方式，空間變成為力量和神聖的永不枯竭的源泉，使人類只要一進入這個空間就能分享那種力量，就能和神聖交流。這種空間通過聖顯而變成永恆的神聖「中心」的基本觀念，主導並解釋了通常複雜而詳細的全部體系。但是，不管這些神聖空間有多麼不同、多麼複雜，它們都呈現出一個共同特徵：總是有一個清楚劃分出來的空間，使人們

3　埃爾金（A. P. Elkin），轉引自列維－布留爾（Lévy-Bruhl），第 186 頁。
4　列維－布留爾，第 188-189 頁。

可能通藉由它與神聖溝通（儘管形式各異）。

　　聖顯的連續性可以解釋這些被祝聖的空間的永恆性。澳大利亞土著一直在探訪他們傳統的聖地，這並不是因為來自任何經濟環境的壓力，因為正如埃爾金所指出的那樣，一旦進入白人的部門，他們就完全依賴白人來維持他們的食物以及全部經濟。[5]他們從這些地方所尋求的，是要繼續保持與土地以及創建其部落文明的祖先的神祕聯繫。土著居民感覺需要保持和這些聖顯場景的聯繫，這種需求本質上是一種宗教需求；這種需求正是保持與一個產生「神聖」的中心的直接交流。這些中心的重要性難以被剝奪──就像祖傳的遺產似地代代相傳，從一個部落傳到一個部落，從一種宗教傳到另一種宗教。從最古老的歷史時代以來就受人敬拜的岩石、泉水、洞穴和樹林，至今仍然以不同的方式被基督教社群奉為神聖。一個缺乏深度的觀察者也許會將這種民間的虔誠視為「迷信」，並且從中看到一種證明，認為所有集體的宗教生活主要都由那些從史前時代就流傳下來的東西所組成。但是神聖空間的連續性，事實上指明了聖顯的自主性；神聖按照它自身的辯證規律自我表達，而這種表達是從外部降臨到人類的。如果對聖地的「選擇」是由人類自身作出的，那麼我們就無法解釋這種連續性。

5　列維－布留爾，第 186-187 頁。

141‧空間的聖化

實際上，這個地方從來不是由人「選擇」的，它只是被人發現而已。[6] 換言之，聖地在某種程度上向人揭示自己。「啟示」並不一定通過任何在自然（**這個**地方、**這眼**泉水、**這棵**樹）中的直接聖顯而來，有時候它通過一種傳統的技藝而產生，這種技藝起源於某個宇宙學體系，並且以之為基礎。用於「發現」這些地點的一個過程是**定向**（*orientio*）。

顯然，正如我們很快就會看到的那樣，不是僅僅因為是個聖所，而必須將空間聖化。一幢房屋的建造也包含著一種世俗空間的轉變（transformation）。但是，在每一種情況下，地點總是由某種其他東西標誌出來，不管那個東西究竟是一個令人眼花繚亂的聖顯，還是若干構成定向和堪輿基礎的宇宙論原則，還是最簡單的一個表達聖顯的「符號」——通常是某種動物。薩爾托利（Sartori）收集了許多關於動物記號的證據，它們被認為是對人類選擇作為居住地的許可。[7] 螞蟻或者老鼠出現與否可以成為聖顯的一個決定性的符號。有時人們放出一頭家畜，比如一頭牛，然後用幾天時間四處搜尋，在找到它的地方殺掉它祭神，那個地方就公認可以建造城鎮。

「所有聖所都因一次聖顯而被聖化，」羅伯遜‧史密斯

370

6　范德雷（Van der Leeuw），《宗教的本質和現象》（*Religion in Essence and Manifestation*），第 393-394 頁。

7　〈論建築獻祭〉（Uber das Bauopfer），*ZFE*，1898，第 xxx 卷，第 4 頁，注解。

（Robertson Smith）寫道。[8] 但是這並不意味著**只有**聖所才會被聖化。這種評論還可以延伸到修士或者聖徒，以至於一般人的住所。「根據傳說，那位於十六世紀末建立埃爾－赫梅爾（El-Hemel）的穆斯林苦行僧曾在一處泉水旁停留過夜。他把手杖插在地上，第二天試圖拔出來繼續趕路時，卻發現它已經扎根並長出嫩芽。他從中看出這是真主意志的指引，就在那個地方住了下來。」[9] 所有聖徒居住、祈禱或安葬的地方都被聖化，被用石頭壘成房屋或者堤壩圈起來，因而與周圍的世俗空間隔絕。[10] 我們已經遇到過（第 75 節）那些同樣標記暴死（雷劈、蛇咬等等）者安葬之地的石柱。在那種情況下，暴死便具有了力顯和聖顯的價值。

　　環繞聖地的石頭房屋、牆垣或者圓圈——這些都是已知最為古老的人造聖所。早在印度河文明（例如摩亨佐－達羅，參見第 97 節）以及愛琴海文明時期，它們就已經存在了。[11] 房屋並不僅僅暗示，實際上也意指在其範圍內力顯和聖顯的連續存在；它旨在保護世俗之人，避免在不經意間闖入這個場所而遭遇任何危險。對於未經充分準備就與神聖發生聯繫、未曾完成每一種宗教活動所需要的「接近姿勢」的人而言，神聖總是充滿危險的。

371

8　《閃米特人宗教講演錄》（*Lectures on the Religion of the Semites*），第 436 頁。

9　熱內・巴塞（Réne Basset）語，轉引自聖迪弗（Saintyves），《論民間傳說的經典》（*Essais de folklore biblique*），巴黎。1923，第 105 頁。

10　在摩洛哥可以找到這方面的一些例子，參見韋斯特馬克（Westermarck），《伊斯蘭教中的異教遺跡》（*Pagan Survivals in Mahometan Civilization*），倫敦，1933，第 96 頁。

11　參見阿克塞爾・佩爾森（Axel W. Persson）所著《希臘史前時代的宗教》（*The Religion of Breece in Prehistoric Times*），伯克萊（加州），1942，第 6、7、15、16 號等米諾安文明和邁錫尼文明的指環複製品。

「不要近前來。」主對摩西說，「把你腳上的鞋脫下來，因為你所站之地是聖地」。[12] 因此，有無數儀式和規定（赤足等等）都和進入神廟有關，我們在閃米特人和其他地中海民族都有許多這方面的證據。[13] 跨過神廟或者房屋門檻的儀式[14] 的重要性，也歸因於這種分界的功能，雖然在時間流變的過程中，這種功能有著不同的解釋和價值。

城牆也同樣如此：早在成為軍事設施之前，它們就已經充當巫術的屏障了，因為它們從「混沌」、住滿魔鬼和幻影的空間（參照下文）被劃分出來。它們是一個圍場、一個空間，井然有序，具有普遍意義，換言之，它們提供了一個「中心」。這就是為什麼在危機時刻（例如圍城或者瘟疫流行），全體民眾就聚集在一起環繞城牆巡遊，以加強這個區域和堡壘的巫術－宗教的本性。這種繞城巡遊，以及各類聖物和蠟燭等等器物有時也採取純粹的巫術－象徵的形式：獻給城市保護聖人一個纏繞而成的蠟燭堆，長度和城牆的周長一樣。所有這些守衛措施在中世紀流傳甚廣，[15] 在其他時代和其他地方也同樣能夠發現。例如在北印度，每當瘟疫流行，人們就沿村莊劃一道線，阻止病魔進入這個區域。[16] 「巫術圈」在許多巫術－宗教儀式中廣受歡迎，其目的是

12　《出埃及記》，3：5。

13　皮卡德（Picard），《以弗所和卡羅斯》（*Éphèse et Claros*），巴黎，1922，第271頁，注解3。

14　例如參見弗雷澤（Frazer），《舊約時期的民間故事》（*Folklore in the Old Tearament*），第 iii 卷，第 1-18 頁。

15　參見聖迪弗，《論民間傳說的經典》。

16　克魯克（W. Crooke）《北印度的民間宗教和民間傳說》（*Popular Religion and Folklore of Nortern India*），倫敦，1894，第 I 卷，第 103-142 頁。

要將兩種不同的區域劃分開來。

142 · 神聖空間的「建造」

至高無上的聖地——祭壇和聖所——當然是按照傳統經典建造的。但是，歸根到底，這種建築都是基於一種**揭示了從前**（*in illo tempore*）該神聖空間原型的原初啟示，這個原型隨著以後每一個新祭壇、神廟或者聖所的建立而被無數次地複製。我們在任何地方都可以看到這種遵循原初的範型建造神聖空間的範例。以下只對近東和遠東的若干範例加以考察，例如伊朗人的瑪迦（maga）。尼貝戈（Nyberg）放棄了從前對這個術語的解釋（蓋德納〔Geldner〕譯為「社團」〔*Bund*〕、「祕密社團」〔*Geheimbund*〕），將它和《驅魔書》[17]（該書指導如何在有九個坑的祝聖之地舉行潔淨禮）的麻耶（maye）聯繫起來，認為這是一處勝地，一切不潔淨在此均可滌除，也是天地相接之處。[18] 正是在這個小心劃分出來的空間，才有了尼貝戈所稱的「伽泰社群」的團體經驗。[19]

就此而言，吠陀時代祭台的建造就更有啟發性了。某個地點的祝聖遵循一個雙重象徵。其一，祭壇的建造被認為是世界的創

17　9，1-33。

18　《耶斯納》（*Yasna*），53。

19　《古伊朗人的宗教》（*Die Religionen des Alten Iran*），萊比錫，1938，第147頁以下。譯者按：《伽泰》系祆教創始人查拉圖斯特拉所作頌詩，提出了世界上迄今為止最早的一神教思想。伽泰社團即指查拉圖斯特拉所在的部落。

造。[20] 和泥土混合的水等同於原初的水；泥土構成祭壇的根基，也就是大地；牆垣構成環繞的大氣，等等。[21] 其二，祭壇的建造象徵時間的整合，亦即時間「在祭壇主體上的具體化」。「火壇即為年⋯⋯環繞火壇的石頭就是夜晚，那些石頭有 360 塊，因為一年有 360 個夜晚；白晝就是亞如斯馬蒂（Yajuṣmati）磚，其數有 360 塊；一年有 360 天。」[22] 祭壇因此變成一個小宇宙，存在於神祕的空間和時間，同世俗的空間和時間在性質上迥然相異。說建造一座祭壇，也就是說重複世界的創造。這種重複的深層意義稍候即會顯現出來（第 151 節以下）。

同樣一種宇宙創造的意義在怛特羅派（Tantric）建造的**壇場**（mandala）中也是顯而易見的。該詞意為「圓圈」，西藏人將其翻譯為「中心」或者「聚集」。壇場本身是一系列的圓圈，可以是或者不是同心圓，內切於一個正方形。這個圖案是用彩粉畫在地上的線條畫出輪廓，其中有許多怛特羅派的神像。**壇場**既是一個**世界的形象**（imago mundi），也是一種象徵性的萬神殿。入會禮包括新入會者進入壇場的不同區域或層次。這個儀式完全可以視同為右旋禮（pradakṣiṇa），亦即著名的圍繞廟宇或者神聖紀念碑（窣堵波〔stūpa〕環行的慶典。廟宇和**壇場**的同化在怛特羅教義影響下建造的婆羅浮屠（Borobudur）[23]，在印度－西藏寺廟表現得尤其明顯。[24] 所有這些神聖建築代表象徵中的整個

373

---

20 例如《百道梵書》（*Śatapatha Brāhmaṇam*），vi，5，1 以下。

21 《百道梵書》，i，9，2，29，等等。

22 同上，x，5，4，10。

23 穆斯（P. Mus），《婆羅浮屠》（*Barabudur*），巴黎－河內，1935，第 i 卷，第 320 頁。

24 參見圖齊（G. Tucci），〈西藏時代的建築象徵主義〉（Il simbolismo

宇宙：它們不同的層級或者台階等同於「諸層天堂」或者不同層次的宇宙。在某種程度上，每一層都是宇宙山的複製，換言之，都是建造在「世界的中心」。如同我將要證明的那樣，這種中心的象徵體系亦存在於城市以及房屋的建造之中：每一個祝聖的地方事實上就是一個「中心」；每個有聖顯和神聖降臨的地方，每一個存在打破人間和天堂兩個層面可能性的地方都是一個中心。

在某種意義上，任何一種類型的人類建築都是對世界的重新建造（第 151 節）。如果要**持久存在、成為現實**，那麼這新的住所或城鎮就必須通過建築儀式投射到「宇宙的中心」。許多傳統都認為，世界的創造從一個中心開始，正是由於這個原因，城鎮的建造也必須圍繞一個中心開發。羅慕洛（Romulus）挖掘了一道深深的壕溝（fossa），填滿水果，再用泥土覆蓋，在上面建造一座祭壇（ara），圍繞它用犁鏵建造了一幢堡壘（designat moenia sulco）。[25] 這道壕溝就是一個**世界**（mundus），正如普魯塔克（Plutarch）所指出的那樣[26]，「他們把那道壕溝稱為**世界**，就像他們稱呼宇宙本身一樣。」這個**世界**是三個宇宙區域的交匯之處。[27] 也許最早的羅馬城的類型就是一個內切於圓的正方形：方圓結合的傳統流傳甚廣，令人不免得出這樣的結論。[28]

另一方面，希臘人的圓形紀念碑（bothros, tholos, thymele）

---

architettonico dei Tempi di Tibet occodentale），載於《印度－西藏》，羅馬，1949，第 iii 卷和第 iv 卷。

25　奧維德（Ovid），《農事詩》（Fasti），iv，821-825。

26　《羅慕洛》（Romilus），12。

27　馬克洛比烏斯（Macrobius），Sat，第 i 卷，16，18。

28　參見阿爾克羅福特（A. H. Allcroft），《圓和十字架》（The Circle and the Cross），倫敦，1927。

374

所蘊含的陰間意義——最近羅伯特（F. Robert）極大地推進了這方面的研究[29]——一定不要使我們誤入歧途。事實上，現在尚不能證明這種獨特意義是否由於一種愛琴海地區的「專門化」所致，因為各種類型的神聖紀念碑，甚至墓碑（參考印度的窣堵波）一般也都能提供更為廣泛的宇宙論意義——亦即不同宇宙層次的交匯處——因而任何一種建築都可以變成一個「中心」。在這個問題上，非洲倒是提供了一個例證，從中可以學到很多。在非洲，陰間的元素並沒有掩蓋掉宇宙起源說的靈感。弗洛本紐斯（Frobenius）[30]所描繪的曼德（Mande）部落用於建立城市的慶典，揚邁爾（Jeanmaire）[31]和克蘭尼（Kerenyi）[32]將它與羅馬的建城慶典進行了合情合理的比較。這種非洲儀式，雖然含有陰間和農業的元素（祭一頭公牛、築狀似陽具的壇於公牛的陽具之上），但確實基於一種宇宙起源的觀念。一座新城的建立便是重複宇宙的創造。一旦這個地點為儀式所確定，那麼就在那裡建造一個方形或圓形的建築，有四門象徵四個方位。正如烏斯奈爾（Usener）所證明的那樣，城市劃分為四個部分以模仿宇宙。[33]換言之，它們就是宇宙的一個複製品。

29　《祭壇》（*Thymélé*），巴黎，1939。

30　《非洲紀念碑》（*Monumeta Africana*），1929，第 vi 卷，第 119-124 頁；《非洲文明史》（*Histoire de la civilization africaine*），第 155 頁。

31　〈庫羅伊與庫雷特〉（*Couroi et Couretes*），巴黎，1931，第 166 頁以下。

32　榮格、克蘭尼（Jung-K. Kernyi），《神話學導論》（*Intriduction to a Science of Mythology*），倫敦，1951，第 24 頁以下。

33　《神名》（*Götternamen*），第 190 頁以下。

143・「世界的中心」

　　既然我起先已經撰寫了若干專著，討論「中心」的象徵體系及其宇宙論的意義，[34] 在這裡就僅提供若干個實例。從一個寬泛的觀點來考察這些事實，可以說，我們所討論的象徵體系本身就表現為三種相互聯繫、相互補充的東西：

　　（1）「聖山」，天地相交之處，位於世界的中心。

　　（2）每一座神廟或宮殿，廣而言之，每一座神聖的城市和王室住所都等同於一座「聖山」，因此也就變成了一個「中心」。

　　（3）而作為宇宙之軸穿越之處的神廟或者聖城，則被認為是天堂、人間和地獄連接的地方。

　　例如，在印度人的信仰中，妙高山位於世界的中心，北極星在山巔閃耀。這個觀念也為烏拉爾－阿爾泰諸民族、伊朗人，以及日耳曼人所共有，[35] 甚至還存在於麻六甲的俾格米人（Pygmies）[36] 那樣的「原始人」中間，似乎還是史前紀念碑的象徵體系的一部分。[37] 在美索不達米亞，有一座連接天地的中

34　《巴比倫煉金術中的宇宙論》（*Cosmologie si alchimie babiloniana*），布加勒斯特，1937；《曼諾拉大師傳奇評注》（*Comentarii la legenda Mesterului Manole*），布加勒斯特，1943；《永恆回歸的神話》（*The Myth of the Eternal Return*），倫敦，1955，文中各處。

35　參見《永恆回歸的神話》，各處。

36　謝巴斯塔（Schebesta），《俾格米人》（*Les Pygmées*），巴黎，第 940 年，第 156 頁。

37　加爾特（W. Gaerte），〈史前時期的宇宙想像〉（Kosmische Vorstellungen im Bilde prähistorischer Zeit），*APS*，1914，第 ix 卷，第 956-979 頁。

央山峰（「萬國之山」）。[38] 他泊（Tabor）是巴勒斯坦地區一座山的名字，原來可能是 tabbur，意思是「肚臍」，翁法洛斯（omphalos）；[39] 而基利心山（Gerizim）也以「世界的肚臍」（tabbur eres）為名。[40] 正是由於巴勒斯坦地勢甚高——事實上接近於宇宙山的頂峰——就是大洪水也不能淹沒它。[41] 在基督徒眼裡，各各他（Golgotha）就是世界的中心。它既是宇宙山的至高點，又是亞當誕生和埋葬的地方。救世主的鮮血因此灑在了恰好埋葬在十字架底部的亞當的骷髏上面，因此也就使他獲得救贖。[42]

　　就那些被同化為宇宙山的神廟和城市而言，美索不達米亞的術語表達得非常清楚：神廟被稱為「大山之家」、「萬國之山的家」等。[43] 有一個古地亞王（King Gudea）時代的圓筒印章說：「他（國王）所建造（神）的寢房形同宇宙之山。」[44] 東方的每一座城市都坐落在世界的中心。巴比倫是 Bab-ilani，「諸神之門」，因為諸神就是在這個地方降臨人間的。美索不達米亞的塔

376

38　耶利米（A. Jeremias），《古代東方精神文化手冊》（*Handbuch d. altorientalischen Geisteskultur*），柏林，1929，第 130 頁。

39　巴羅斯（Burrows），〈巴比倫宗教中的某些宇宙論的範型〉（Some Cosological Patterns in Bablonian Religion），載於《迷宮》（*The Labyrinth*），胡克（S. H. Hooke）主編，倫敦，1916，第 15 頁。

40　《士師記》（　），ix，37。

41　溫辛克（Wensinck），《西部閃米特人論大地之臍》（*The Ideas of the Western Semites concerning the Navel of the Earth*），阿姆斯特丹，1916，第 15 頁。

42　參考《巴比倫煉金術中的宇宙論》，布加勒斯特，1937，第 35 頁。

43　參見多姆巴特（Dombart），《聖壇：第一部：塔廟》（*Der Sakralturm: 1: Zikkurat*），慕尼黑，1920，第 34 頁。

44　奧爾布賴特（*Albright*），《諸河之口》（　），*AJSL*，1919，第 xxxv，第 173 頁。

廟確切地說就是一座宇宙之山（參見第 31 節）。婆羅浮屠的廟宇也是宇宙的形象，外觀是一座山的形狀。[45] 香客登臨，便是接近世界的中心，在最高的平台上，他進入另外一個境界，超越世俗、崎嶇的空間而進入一方「淨土」。

城市和聖地都同樣具有作為宇宙山頂峰的意義。這就是為什麼耶路撒冷和錫安不會為大洪水淹沒。而根據伊斯蘭教傳說，大地的最高處就在克爾白（the Ka'aba），因為北極星表明它正好和天空的中心相對。[46] 在中國，完美帝王的都城裡，夏至那天的正午，日晷必無陰影。在宇宙中心確實存在這樣一座都城，就在那棵奇妙的「建木」附近，天堂、人間和地獄交匯。[47]

實際上，正是因為處在宇宙的中心這一事實，神廟或者聖城總是宇宙三界的交匯之處。杜蘭基（Dur-an-ki），「天地結合之處」是尼普爾（Nippur）、拉爾薩（Larasa），也許還有西帕爾（Sippar）的聖所的稱號。[48] 巴比倫有許多名稱，其中就有「天地始基之家」、「天地結合之處」。[49] 但是，也正是在巴比倫，大地和冥界建立聯繫，因為此城建築在巴布－阿普斯（bab-apsi，「阿普蘇之門」〔Gate of Apsu〕）上面[50]——我們在希伯來人那裡也發現了同樣的傳說。耶路撒冷的岩石深入到大地之下的**深淵**（tehom）。《密西拿》中說聖殿正好位於深淵（**阿普蘇**的希伯來文同義詞）。正如巴比倫有「阿普蘇之門」，耶路撒

377

---

45 穆斯，第 i 卷，第 356 頁。

46 基薩伊（Kisa'i）文本，轉引自溫辛克所著書，第 15 頁。

47 參見葛蘭言（Granet），《中國人的思想》（*La Pensée Chinoise*），第 324 頁。

48 巴羅斯，第 46 頁以下。

49 耶利米，第 113 頁。

50 巴羅斯，第 50 頁。

冷聖殿的岩石靠近「深淵之口」，[51] 我們在羅馬世界也可以看見類似的思想。瓦羅（Varro）說，「當**世界**（mundus）開啟的時候，冥界黑暗之神的大門也就開啟了。」[52] 義大利人的神廟也是上天（神）、人間和冥界的匯合之處。

我們已經指出（第 81 節），翁法洛斯被視為「大地之臍」，也就是「宇宙的中心」。雖然翁法洛斯具有某些和大地、喪葬有關聯的含義，但是這並不會先天地阻止它具有任何宇宙論的含義。「中心」的象徵體系也包含一系列不同的觀念：宇宙各界的匯合之處（連接天堂和地獄的通道，參見雅各〔Jacob〕的伯特利〔bethel〕，第 79 節以下）；有聖顯並因此**真實的地方**，特別具有「創造力」的地方，因為在那裡可以找到一切現實的因而也是能量和生命的源泉。實際上，各種宇宙論的傳說甚至還借用胚胎學術語來表達中心的象徵體系：「神創造世界，就像創造胚胎一樣。正如胚胎是從它的肚臍中產出，上帝也是從世界之臍開始創造世界，世界就是從那裡向四面八方延伸開來的。」[53]《贖罪日書》（*Yoma*）宣稱：「世界是從錫安開始創造的。」[54] 在《梨俱吠陀》中也是如此，[55] 宇宙被認為是從一個中心點延伸出來的。[56]

佛教傳統也提供了同樣的觀念：世界的創造是從一個頂峰，

378

---

51 原文見載於巴羅斯所著書，第 55 頁。

52 轉引自馬克洛比烏斯，Sat，i，16，18。

53 原文載於溫辛克，第 19 頁。

54 溫辛克，第 16 頁。

55 例如，x，149。

56 參見科菲爾（Kirfel）在《印度人的宇宙圖景》（*Die Kismigraphie der Inder*）中所做的評注，波恩－萊比錫，1920，第 18 頁。

一個點開始的，也就是說既是從中央也是從超越之處開始的。
「我是世界之首者……我是世界之長者。」[57]實際上，由於達到
了宇宙的頂峰，佛陀**同時就變成了世界的開端**。佛（正是由於進
入整個宇宙所從生長的「中心」的事實）神奇地消弭了時間和創
造，置身於世界創造以前的永恆瞬間。[58]我們一會兒還要考察這
個問題。即每一個「創造」，每一次和「中心」的聯繫都包含有
消除世俗的時間，進入奇妙的創造世界的從前。

　　既然世界的創造從一個既定的中心開始，那麼人類的創造
也只能在同樣的地方，亦即在最高層次的**真實**而又**鮮活**的地方
發生。根據美索不達米亞傳說，人在「大地之臍」被用 UZU
（血肉），SAR（連結），KI（空間，泥土）賦予形狀，杜蘭
基（Dur-an-ki）即「天地接合之處」也是在那裡形成。[59]奧爾
穆茲德（Ormuzd）在世界的中心創造了原初之牛，艾瓦戈達
（Evagdath）以及原人伽尤馬特（Gayomard）。[60]樂園，也就是
亞當用泥土被造的地方，當然也是宇宙的中心。在一個敘利亞傳
說中，樂園也是「大地之臍」，位於「比一切地方更高的一座高
山上」。[61]根據敘利亞文的《藏寶洞之書》（*Book of the Cave of
Treasures*），亞當被創造的地方就在世界的中心，也就是後來基

57　《中部》（*Majjhimanikāya*），iii，123。

58　穆斯，《可以逆轉的時間》（*La Notion du temps réversible*）；伊利亞德，《七
　　步順序》（*Sapta padani kramati*）。

59　原文載於巴羅斯所著書，第 49 頁。

60　原文載於克里斯滕森（Christensen），《原初之人和原初之王》（*Le Premier
　　Homme et le premier roi*），烏普薩拉，1918，第 i 卷，第 22 頁以下。

61　溫辛克所著書，第 14 頁。

督十字架樹立起來的地方。[62] 猶太教也保留了同樣的傳說，《米
德拉西》甚至還說亞當是在耶路撒冷被創造的。[63] 既然他正好被
安葬於當時被創造的地方，也就是世界的中心各各他，那麼救世
主的鮮血，正如我們前文所見，就直接使他獲得救贖。

379

144・宇宙範型和建築儀式

　　世界的創造是一切建築的典範。人們建造的每一座城市，每
一間新家都是一次新的模仿，在一定意義上便是重複世界的創
造。實際上，每一座城市、每一間住所都位於「世界的中心」，
因而只有透過取消其世俗的空間和時間，並且確立神聖的時間
和空間才有可能將它們建造起來。[64] 正如城市總是一個世界的縮
影，房屋也是一個小宇宙。門檻將兩類不同的空間區域分割開
來，房屋相當於世界的中心。北極圈、北美的原始民族（薩莫耶
德人〔Samoyed〕、阿伊努人〔Ainus〕、北部和中部加利福尼
亞的印第安人以及阿爾袞琴人〔Algonquins〕，也就是格拉伊布
納〔Graebner〕──施密特所言原始文化）住所中央的柱子就像
宇宙之軸。當住所具有不同的形狀（例如中亞的牧民和牧牛的民
族），而房屋為帳篷所代替時，中央之柱的神祕、宗教的功能就
被帳篷頂上的煙道開口取代。每當居民獻祭的時候，他們就在帳

62　《財寶山洞之書》（*Book of the Cave of Treasures*），瓦里斯・巴基（Wallis
　　Budge）翻譯，倫敦，1927，第 53 頁。

63　原文載於巴羅斯所著書，第 57 頁。

64　參見伊利亞德，《永恆回歸的神話》，第 6 頁以下。

篷裡放上一棵樹，樹頂穿過開口。[65] 獻祭的樹有七根樹杈，象徵天堂的七境。因此房屋一方面和宇宙相對應，另一方面又被認為居於世界的「中心」，煙道直接面對北極星。每一個住所，由於空間祝聖的悖論和建築的儀式轉化為「中心」。因此，一切房屋——如同一切的神廟、王宮和城市——都具有完全相同的地位，處在宇宙的中心。我們一定還記得，這是一種超越的空間，與世俗的空間的性質極為不同。它允許多元的甚至是無限的「中心」的存在。

380

印度人在建造房屋前，由占星師決定哪塊基石必須放在支撐世界的蛇的頭頂上。人們要在主屋中間指定的地方打入一根椿子，以便牢牢釘住大地——蛇的腦袋，免得發生地震。[66] 房屋的建造不僅要位於世界的中心，而且在一定意義上這也是重複世界的創造。實際上我們知道，世界有許多起源神話都來自殺死一個經常表現為蛇原初鬼怪的形象的。正如所有住房均以巫術而位於「世界的中心」，它們的建築活動也在世界受造的開始的同一瞬間（第152節以下）發生。就像神聖的空間一樣，神祕的時間可以通過人們創造的新事物而被無限重複。

145 ·「中心」的象徵體系

大量的神話和傳奇都提到一棵象徵宇宙的宇宙樹（七根枝

---

65 有關材料參見伊利亞德，《薩滿教》（*Le Chamanisme*），第11頁以下以及各處。

66 有關材料參見伊利亞德，《曼諾拉大師傳奇評注》，第72頁以下。

权，對應於七重天）、一棵支撐世界的中央樹或者柱子、一棵誰吃了果子就會長命百歲的生命樹或者神樹等等（參見第 97 節以下）。這些神話和傳奇都提出各自不同的關於「中心」的理論，由於這棵樹體現著絕對實在、生命歷程以及神聖力量，因而矗立在世界的中心。不管這是一棵宇宙樹，還是一棵永恆的生命樹，或者分別善惡的知識樹，通向它的道路都是「艱苦卓絕」、佈滿種種障礙：這棵樹位於難以抵達的地方，有魔鬼看守（第 108 節）。不是所有人都能到達那個地方，即使能夠到達也不一定都能夠在和魔鬼的騎馬衛士決鬥中取勝。只有那些英雄才能注定戰勝所有艱難困苦，殺死通向不死之樹和不死之草、金蘋果、金羊毛，或者諸如此類東西的道路上的魔鬼。正如我們在前幾章間或發現的那樣，象徵絕對實在、神聖力量以及不死的事物都難以獲得。這類象徵都位於一個「中心」。換言之，它們受到嚴密看守，要獲得它們就相當於一次入會禮，一次對於永生的「英雄般的」或者「神祕的」征服。

381

　　如果我們不倉促地斷定迷宮（labyrinth）的原初意義和功能，毫無疑問地，它們也有著守衛一個「中心」的思想。並不是每一個人都可試圖進入迷宮，或者毫髮無損地從迷宮回來。進入迷宮就相當於一次入會禮。「中心」可以是不同種類的事物。迷宮可以守衛一座城市、一座墳墓或者一處聖所，但是不論何種情形，它都是在守衛某種巫術－宗教的空間，使之免受不速之客和尚未領受入會禮之人的侵犯。[67] 迷宮的軍事功能是從防衛「邪

67　參見傑克遜‧奈特（W. F. Jackson Knight），《庫米城門》（*Cummean Gates*），
　　牛津，1936，各處。

惡」、敵意的精靈以及死亡等基本功能演變而來。在軍事上，迷宮阻止敵人入侵，或者使敵人的入侵變得極其困難，同時卻允許使那些知道守衛計畫的人進入。在宗教上，它切斷了外來的精靈、沙漠中的魔鬼以及死者通往城市的道路。在這裡，「中心」包括整個城市，正如我們已經知道的，這座城市是複製了宇宙本身。

但是迷宮的目標通常是要捍衛一個最初的嚴格意義上的「中心」。換言之，它代表著通過入會禮而通向神聖、不死、絕對實在的道路。把迷宮儀式當作入會儀式的基礎（例如在馬勒庫拉〔Malekula〕），目的不外乎為了教導在這個世界上旅居的新入會者如何進入死亡之境而不迷失道路。就像其他任何入會禮考驗一樣，迷宮充滿困難，並非所有人都能夠勝任地戰勝它。在一定意義上，克里特島迷宮裡的忒修斯考驗，同獲得赫斯珀里得斯果園裡的金蘋果以及獲得科爾奇斯（Colchis）的金羊毛的遠征具有同等的意義。這裡的每一種考驗基本上都是要成功進入難以抵達、嚴密看守的地方，那裡多少可以找到力量、神聖以及不死的明顯象徵。

但是這絕不意味著這種「艱難的旅程」僅僅發生在我所提到的入會禮的、英雄的考驗。在其他許多地方我們也可以發現它。例如，婆羅浮屠等某些廟宇的複雜結構、前往聖地（麥加、哈德瓦、耶路撒冷等等）的朝聖行為，以及那些永遠在自己身上尋求出路，從自身存在的「中心」尋求出路的苦行僧所承受的痛苦。道路艱難曲折、充滿危險，因為事實上這是一種從世俗過渡到神聖、從消逝和妄境過渡到實在和永恆、從死亡過渡到生命、從人過渡到神的儀式。要達到這個「中心」就要得到祝聖和舉行入會

禮。緊接著昨日世俗、虛幻的存在的，是一個全新的存在，真實、永恆而堅強。

若是做切近的考察，神聖空間，尤其是「中心」的辯證法似乎自相矛盾。有的神話、象徵和儀式一直強調進入「中心」的艱難程度，不遭遇失敗就根本無法進入。可是也有一些神話、象徵和儀式則明確宣告這個中心很容易進入。到聖地朝拜是很難的一件事情，但是拜訪任何一座教堂就是一次朝拜。宇宙樹可以說難以企及，然而把任何代表宇宙樹的樹帶入自己的帳篷卻完全合法。通往「中心」的道路充滿坎坷，但是每一座城市、每一座廟宇、每一間房屋就是宇宙的中心。入會禮的最高儀式就是要進入一個迷宮，然後再從迷宮回來。尤利西斯經受了巨大的痛苦和考驗，但是任何回家的男人和回到伊塔卡島的尤利西斯一樣，具有重要的意義。

146・「對樂園的鄉愁」

總之，我們所考察的一切象徵體系和等式都證明，無論神聖的空間和世俗的空間多麼大相徑庭，人類沒有神聖的空間就須臾不能生存下去。如果沒有聖顯向他顯示自己，他也會按照宇宙形態和堪輿的法則為自己建造一個神聖空間。例如，儘管「中心」被設想為某個只有那些經歷過入會禮的人方可進入的地方，可是每一間房屋都被認為建造在同樣的世界中心上面。我們可以說，有一組傳統表明人類渴望毫不費力地將自身置於「世界的中心」，而另外一組傳統則強調要達到這個中心極其困難，因此也

383

難能可貴。於此我並不想深究每組傳統的歷史。第一種類型的傳統——亦即在每一個人都很容易在自己的家裡建造一個中心——幾乎在每一個地方都可見到，這個事實使我們即使不必遽然認定它就是一種比較原始的傳統，那麼至少就人類整體而言，它也意義非凡、頗具特色。它十分清晰地揭示出了人類在整個宇宙中所處的一種特別地位——我們可以稱之為「對樂園（paradise）的鄉愁」。這是一種總是要毫不費力地處在世界、實在以及神聖中心的願望。總之，通過自然的手段超越人類的地位，重新獲得一種神聖的狀態：也就是基督教所言的，人類墮落之前的狀態。

此外，在原始文化的各民族中間，房屋的柱子等同於宇宙之軸，以及他們關於天、地比較容易連接的信仰——我在其他地方對此曾作過研究[68]——使得我們可以有信心說，人類自然而永遠地將自己置於一個神聖的中心、「世界的中心」的願望，與迄今為止所出現的文明社會相比，在比較古老的社會框架裡更容易得到滿足。實際上，這樣的結果越來越難以達到了。關於唯有「英雄」方可進入一個「中心」的神話，隨著創造這些神話的文明變得更加發達而變得更加常見。關於價值、勇氣、健全的人格，以及入會的考驗等思想日益發揮更為重要的作用，這些思想又因對於巫術以及人格化力量的觀念的日益倚重，而獲得滋養和支持。

但是在上述兩種情形裡，對樂園的鄉愁卻表現出了同樣的強度。甚至在「中心」受到嚴密看守的傳統占主導地位的地方，我們也能夠找到許多在比較容易達到的層次上和中心「相當的事物」。我們甚至可以談論某種中心的「簡易替代品」，正如我們

68　《薩滿教》第 235 頁以下、第 423 頁以下。

所見（第 111 節），生命樹和不死草在巫術、藥理學以及民間醫學中都可以找到「簡易替代品」，因為任何巫術或者藥用植物都可以取代它們。總之，不管我們從何種角度去看，神聖空間的辯證法總是揭示出了這種對於樂園的鄉愁。

這些事實令人感到極大的興趣，它們表明並且實際上為一種真正的哲學人類學的建立做出了最可寶貴的貢獻。首先，它們突出地顯示，在仍處於「人種學層面上」的人類，正如通常所言，心靈深處仍然具有一種靈性態度，只是它有限的表達工具（象徵、儀式以及「迷信」便已經使之窮盡了）與發達的、前後一致的神學和形而上學體系有所不同。然而，正是這種貧乏和粗鄙的表達方式賦予了這種屬靈態度的表達以一種特殊的分量。其本真性、在原始或半開化民族的生活中扮演的重要作用，完全證明形而上學問題和神學問題絕非人類心智最近的發現，也絕非代表著人類精神史上一個反常的或轉瞬即逝的階段。

但是這種吊詭的辯證法——神聖空間可以達到又不可達到，既是唯一、超越的又是可以隨意重複的——也必須從另外一種觀點來加以考察。這樣我們就直接回到了我所說的，對待神聖的矛盾態度（第 6 節以下）。我們看到神聖既吸引人又使人厭惡、既有用又危險、既帶來死亡又帶來永生。這種矛盾也進入到了神聖空間的複雜而矛盾的形態學結構。其否定性的特點（不可達到、險象環生、有魔鬼看守等等）完全可以確切地用神聖「令人恐怖的」一面來解釋（禁忌、危險以及其他等等），反過來也是如此。

最後，我們還要對於「神聖空間，特別是中心的簡易替代物」再略做一些討論。它們是系列地被發明出來的，層次越來越

384

低、越來越容易企及（各種類型的等同物，因而任何事物都可以變成一個「中心」、一個迷宮、一個永生的象徵等等），從而見證了我們所說的，對同一原型的機械複製，變得更加「地方化」、更加「粗鄙」。此處我們並沒要就本書前幾章已經遇到的那些原型的結構和功能做任何更為深入的探討：**任何**一棵樹都可以變成宇宙樹，**任何**水都可以等同於原初之水等等。對於這個主題我已經做過專門的研究 [69]，以後還要回到這個主題上來。只是在這裡需要指出，神聖空間的「動力學」和「生理學」使得我們能夠斷言存在一種原型的神聖空間，它可以透過聖顯、任何一個地方的祝聖而「實現」。正如我已經說過的那樣，可以存在許多「中心」，因為神聖空間的本質允許在一個中心有無數的空間共存。這種多樣化的「動力」以及「實現」之所以可能，正是因為它重複了一種原型。我已經證明，原型可以在人們所期望的任何層面，以任何形式被重複，不管它們多麼粗鄙。在我看來，至關重要的不在於原型可以做粗鄙的模仿（或重複）的事實，而在於**人往往傾向於**甚至在其最低層次的「直接的」宗教經驗中接近這個原型，使其出現。如果說這一點確實揭示了人類在宇宙中的某種地位，那它指的不是生命樹可以自貶身價去適應任何巫術－醫學的迷信，也不是中心的象徵可以化約為像房屋這樣一種「簡易替代品」。不是的。它指的是**人類不斷感覺到需要使那個原型得以「實現」**，甚至在其直接存在的最低級、最「不潔」的層面上實現；它所指的是，這正是人們對超越形式的渴望——在這裡，也就是對神聖空間的渴望。

69　《永恆回歸的神話》。

XI

神聖時間和永恆更新的神話

147・時間的非均質性

　　我們在本章所面對的，是一切宗教現象學中最困難的一個問題。困難並非僅僅在巫術－宗教的時間和世俗的時間在性質上有何不同，毋寧說是**關於時間本身的經驗**，原始民族和現代西方人實際上大相徑庭。神聖時間固然和世俗的時間有所不同，然而不僅如此，即使就後者本身而言，在原始社會和現代社會裡也是有著本質上的不同。首先，我們還不能確定，這種差異是否起源於這樣的事實，即原始人對世俗時間的經驗尚未與他的神祕的－宗教的時間觀念徹底分離。但是，這種對於時間的經驗賦予原始人一種通向宗教時間的永恆「出口」。為了簡化我們的解釋，並且在某種程度上預先得出對此問題研究的結論，我們不妨這麼說，正是原始人對時間經驗的性質，使他易於將世俗轉化為神聖。但是，對這個問題的興趣主要屬於哲學人類學和社會學範疇，我們將只是在聖顯的時間（hierophanic time）的討論中考慮這個問題。

　　事實上，我們所要處理的問題是：神聖時間憑什麼可以和此前以及之後出現的「世俗」時間綿延區分開來呢？我們認為，「聖顯的時間」同時包含一組變化多端的事物。它可以指舉行儀式的那段時間，因此是一種**神聖時間**，與之前世俗的時間綿延有著本質的不同。它也可以指神祕的時間，透過一種儀式，或者只是重複某種神祕原型的行為，就可以重新得到這種神祕的時間。最後，它也可以指宇宙的節律（就像月亮的聖顯），因為這些節律被認為是關於宇宙背後一種基本的神聖力量的啟示，亦即顯現。因此，時間的某個瞬間或者片斷在任何時刻都可以成為聖顯

的時間：它只需要見證到一個力顯、聖顯或者神顯的出現——由於重複，因而也能夠永遠重複而變容（transfigured）、聖化、被人記住。不管何種時間都能夠「通向」神聖的時間——換言之，都能夠揭示也許我們可以方便稱之為絕對的，超自然、超人類、超歷史的。

　　對於原始人的心智而言，時間並不是均質的。甚至除了可能「得到聖顯」之外，時間本身似乎就是以不同形式出現的，其強度和目標都各不相同。列維－布留爾繼哈爾德蘭（Hardeland）之後，論述了達雅克人（Dyaks）將一天按照不同的性質而區分為五種不同的時間——以星期天為例：（1）日出，適合開始一天的工作。在這個時刻出生的嬰兒是幸運的，但是切不可選擇在這段時間外出打獵、捕魚或旅行。做這些事決不會成功；（2）早上九點左右：背運的時刻。這時不論做什麼都一事無成，但是，如果在這個時候上路，就不用害怕遇到土匪；（3）正午：非常幸運的時刻；（4）下午三時，戰爭的時刻，對於敵人、土匪、獵人以及漁民是幸運的時刻，但是對於旅行者卻是背運的時刻；（5）日落前後：是一段短暫的「幸運時刻」。[1]

　　類似的例證俯拾即是。每一個宗教都有其幸運和背運的日子，即使在其幸運的日子裡也有某些最佳時刻，有「濃縮的」時間也有「稀釋的」時間，有「強壯的」時間也有「軟弱的」時間。從現在起有一點我們必須牢記在心：即使我們對於時間在任何一個特定的儀式系統中所得到的各種評價一概不予考慮，時間

1　《原始人心智中的超自然和自然》（*Le Surnaturel et la nature dans la mentalité primitive*），巴黎，1931，第 18-19 頁。

也被認為不是均質的。換言之，可以認為時間具有一種也許我們可以稱之為聖顯的新的維度，因此它的延續在本質上不僅具有一種特殊的節奏，而且具有各不相同的「使命」、相互矛盾的「動力」。顯然，時間的這種聖顯的維度可以藉著自然的節律——就像達雅克人的五種時間——或者太陽至點、月相等等重大時刻所顯示或「導致」；它同樣也可以由人類社會實際的宗教生活所「導致」，例如通過以農業生命的死亡季節為核心的冬季節日的形式。

最近，許多學者紛紛指出，神聖時間的節律起源於社會（例如莫斯和葛蘭言），但是不可否認，宇宙的節律在「啟示」和規定這些計算體系中有著主導作用。我們只要回想一下月亮的陰晴圓缺或者植物生命的各個階段被賦予了多麼重要的宗教意義（第47節以下），就可以明白這一點了。本章的敘述過程中還會偶爾提及的節律和重複的觀念，也可以被視為由於月亮的聖顯而「啟示」給我們的。它和以後我們所說的社會生活本身框架裡的節律和重複的範例幾乎沒有什麼關係。據說，神聖時間計算方法的社會「起源」產生於宗教曆法和自然節律的不相符合。[2] 實際上，這種差異絕不能證明人類的計算體系和自然節律之間不存在聯繫。它只能證明，一方面，原始人的計算方法和精密計時法之間的不一致，另一方面，原始人虔誠思想有著非「自然崇拜」特徵：他們的節日並不指向任何自然現象本身，而是指向這些自然現象的宗教方面。

---

2 休伯特（Hubert）和莫斯（Mauss），〈宗教和巫術中時間的再現〉（La Representation du temps dans ;a religion et la magie），《宗教史雜集》（*Mélanges d'histoire des religions*），1909，第 213 頁以下。

植物的聖顯（第 123 節），使我們清楚認識到春節的曆法是多麼變化多端。我還證明春節的特徵是自然**再生**以及生命**更新**的宗教和形而上學意義，而不是春天本身的「自然」現象。不是因為曆法與天文時間不相符合而讓神聖時間的安排總是獨立於自然的節律，而是由於這些節律乃為聖顯，它們才被認為是有價值的，它們的「聖顯化」使其脫離了充當它們母體的天文時間。一個春天的「跡象」可以在人們還沒有感受到「自然的春天」之前就把春天揭示出來了（第 123 節）。跡象標誌著一個新時代的**開始**，而自然的春天很快會予以證明——它不只是一個自然的現象，而且是宇宙生命的一個徹底更新和更始。當然，這種更新的想法包括個體與社會的更新，也包括宇宙的更新。我在本書已經不是第一次指出，何以從原始人精神來看，萬物歸一，一切層面相互對應。

391

148 · 聖顯時間的統一性和毗連性

時間的非均質性，其劃分為「神聖」和「世俗」，並不只是意味著週期性的「切分」令世俗時間的綿延允許神聖時間插入其中。它還進一步表明，這些神聖時間的插入是相互關聯的，因此幾乎可以認為，它們自身的連續性構成了另外一種綿延。基督教在某個禮拜天的聖餐儀式與前一個禮拜天的，以及下一個禮拜天的聖餐儀式相關聯。麵包和酒的神祕轉化成基督的肉和血的這個神聖時間，不僅和世俗時間的賡續在本質上有所不同，它也和這個世俗時間相分離，就像處在現在和未來之間的封閉空間一樣。

這個神聖時間不僅與之前以及之後的彌撒時間相聯繫，而且可以視為神祕實體最初確立至今的一切彌撒的延續。另一方面，在兩個彌撒之間流動的、沒有轉化為神聖時間的世俗時間的賡續與該禮儀聖顯的時間沒有任何聯繫：換言之，它實際上與作為一種僅在表面上被世俗時間間隔所中斷的連續體（*continuum*）而顯現在我們面前的神聖時間，並無交集。

對於基督教崇拜的時間而言如此，對於一切其他宗教、巫術、神話和傳說而言也同樣是如此。一種儀式不僅重複前一次儀式（而其本身又是對原型的重複），而且和它相關聯，是它的延續，不管這儀式是否在固定的時間舉行。採集具有巫術力量的草本植物，要在那些標誌著從世俗時間切入巫術－宗教時間的重要時刻——例如聖約翰節的午夜——進行。民間信仰相信，天堂會開啟數秒，具有巫術力量的草本植物可領受額外的力量，因此任何在那一刻採集它們的人將變得堅不可摧、隱形等等——例如「鐵草」（羅馬尼亞文作 iraba fiarelor）和蕨類植物的採集便是如此。

這些聖顯的瞬間每年都會重複。就其構成了一種「延續」（succession）——本質上是神聖的，卻依然是一種延續——而言，可以說它們是**連續性的**（*continuous*），並且經過數年和數百年的時間而形成一種獨一無二的「時間」。這不會阻礙那些聖顯的瞬間週期性再現。我們可以認為，它們暫時開啟了通往那個偉大時間（Great Time）的大門，也同樣使這種巫術－宗教時間的吊詭瞬間進入世俗的時間延續。再現和重複的思想在神話和民間傳說中佔有重要地位。「在沉沒的教堂、城堡、城市和修道院的傳奇中，詛咒從來不是最後的：它會一再出現。每年、每七年

或者每九年，鐘聲再度敲響，城堡女主人從隱蔽的地方現身，財寶顯現，守衛入睡。但是時間一到，符咒再次降臨，一切都會消失。這些週期性的再現足以證明日子本身導致同樣的事情發生。」[3]

149・週期性再現－永恆的現在

在宗教和巫術中，任何事物的週期性再現，主要表明有一種神祕的時間**成為現在**，並且被無數次使用。每一個儀式都具有此刻、**現在**發生的特徵。儀式所記憶或重演的事件的時間是**現在的**（present），也就是「再現的」（re-presented），也就是說，不管按世俗的計算方式有多麼遙遠。基督受難、死亡並且復活不僅僅是在禮拜日的崇拜中受到**懷念**，也確實就在信徒的眼前的**那個時候**真實地發生了。而一個虔信的基督徒必然覺得他和這些超歷史的事件是**同時的**，因為通過重演，神顯的時間變成了現在。

巫術也是如此。我們看見（第 111 節），人們去尋找藥草要念叨這些話：「我們將採集藥草，敷在救世主的傷口上面。」通過巫術的儀式，治療者把自己和基督受難置於同一個時間裡面；她所採集的藥草的力量，源於它們**放在**了（或者至少是能夠放在）基督的傷口上，或者它們在十字架下生長。她的咒語就是發生在現在。我們被告知一個治療者如何遇到萬福童貞馬利亞或者其他聖徒、他們如何告訴她某人的病症、她又是告訴他如何治療

393

3　休伯特和莫斯，第 205 頁。

等等。我只想援引一個來自羅馬尼亞的民間故事（其中材料甚為豐富足供我們挑選）為例子進行討論。「有九個不同父親的兄弟聚在一起，他們穿著同樣的衣服，手拿磨製精良的鋤頭和九把鋒利的斧頭。他們半路上遇到一座青銅橋，看見聖母馬利亞。她從蠟製的梯子上款步走下，開始向他們提問：有九個父親、穿著相同衣服的九兄弟要到哪裡去呢？』『我們要去加利利山，砍倒天堂的樹。』『還是讓天堂樹留在天堂吧。你們到埃昂（Ion）那裡去找他的疣子。把它們切下來、砍下來，丟到海底。』」[4]

這個場景設置在天堂之樹被砍倒之前的那個神話時間，不過它也發生在**現在**，也就是埃昂為丘疹所苦的時候。求神並非只求告萬福貞女馬利亞的力量，因為一切甚至包括神在內的力量，如果在世俗的時間中實施都會變得衰落或失效；它確立了一種不同的時間、巫術－宗教的時間，一種人類能夠前去砍倒天堂之樹的時間，而聖母借著天梯**現身下凡**。這不僅是比喻性地確立，而且是實實在在地確立了這樣一個時間。埃昂和他所受的折磨，和馬利亞與這九兄弟相遇，是同時發生的。這種神話的重要時刻的同時性是任何一種巫術－宗教靈驗的形式所必不可少的條件。由此觀之，索倫·齊克果（Søren Kierkegaard）不遺餘力地想要把基督徒的身分表述為「和耶穌同時」，並不像乍一看那樣具有革命性，齊克果所做的一切不過是用新的語言闡述了一種在原始人中常見的、普通的立場而已。

394

週期性的再現、重複、永恆的現在：這三大巫術－宗教時間

4　帕弗勒斯庫（Pavelescu），《羅馬尼亞西部山區魔法研究》（*Cercetari asupra magiei la Romanii din Muntii Apseni*），布加勒斯特，1945，第156頁。

的標誌共同解釋了我所說的力顯和聖顯的時間和世俗時間並非均質性。儀式，就像所有其他以後變成「世俗」行為的人類基本活動（狩獵、捕魚、採集果實、農業等等）——不過從未完全變成「世俗」的——一樣，也是由諸神或者「祖先」揭示的。每一次重複儀式或者任何有意義的行為（例如狩獵），便是重複神或者祖先的原型行為，這種原型行為發生在時間的開端，換言之，發生在一種神話的時間裡面。

　　但是這種重複也發揮了確立諸神和祖先的神話時間的作用。例如，在新幾內亞，當一位領頭的水手出海時，他便是英雄奧利（Aori）的化身：「他穿上據說曾經是奧利穿過的服裝，滿臉塗黑，並且（以一種不成熟的方式）對從伊夫里（Iviri）頭上揪下來的頭髮表現出同樣的**喜愛**。他在平台上跳舞，伸展開他的胳臂就像奧利的翅膀一樣……有一個人告訴我，當他出發（用弓箭）捕魚的時候，他就好像吉瓦維亞（Kivavia）本人一樣。」[5] 他並不祈求吉瓦維亞的恩寵和襄助，而是把自己等同於這位神話英雄。換言之，這位漁夫就生活在吉瓦維亞的神話時間裡，就像那位水手將自己等同於奧利，和他一起生活在史前時代。不管他是否**已經變成了**英雄本身，抑或僅僅和這位英雄**同時**，美拉尼西亞人都是生活在一個**神話的現在**，不與任何世俗的時間混為一談。他透過重複原型行為而進入一種神聖的、史前的時代，而只有在消除掉世俗的時間之後才有可能進入這種神聖時間。我們還將會看到，對於原始人而言，消滅掉世俗的時間具有多麼重要的意

5　威廉斯（F. E. Williams），轉引自列維－布留爾（Lévy-Bruhl），《原始人的神話》（*La Mythologie primitive*），巴黎，1935，第 163-164 頁。

義。

150・神話時間的恢復

透過各種類型的儀式，也就是各種類型的有意義的活動（狩獵、捕魚等等），原始人置身於「神話的時間」。因為「神聖的時間，*dzugur*，必不可認為只是過去的時間，它也是現在以及將來，既是一種狀態也是一段時間」。[6]那段時間是「創造性的」，[7]因為正是在那時、**在從前**（*in illo tempore*），宇宙創造和分類得以發生，也正在那時，諸神、祖先或者文化英雄的各種原型行為得以顯示。從前，在神話階段，任何事情都可能發生。物種還沒有確定，所有的形式都是「流動的」（甚至在最發達的神話傳統裡仍然保留著這種流動的記憶。例如在希臘神話中烏拉諾斯的時代以及克洛諾斯的時代，參見第 23 節）。另一方面，同樣這種「形式」的流動性，在另一個時間的終點，又成為世界終結的記號，成為「歷史」終結的記號，整個世界開始生活在一種神聖時間、生活在永恆之中的記號。「豺狼必與綿羊同居，豹子與山羊羔同臥。」[8]那個時候「牛群不再害怕雄獅」（nec magnos metuent armenta leones）。[9]

怎麼強調這種回到那個時間、神話時間和偉大時間的傾向，

6　埃爾金（A. P. Elkin），轉引自列維－布留爾，《原始人的神話》，第 7 頁。

7　列維－布留爾，第 8 頁。

8　《以賽亞書》，xi：6。

9　維吉爾（Virgil），《牧歌》（Fourth Ecloque）第四集，22。

都不過分——這種傾向在每一個社會裡都存在，不管它多麼高度發達。因為這種回歸毫無例外是透過每一種儀式、每一種有意義的行為而實現的。「一個儀式就是重複原初時間的一個片斷。」「最初時間是一切時間的楷模。某天發生的事情將永遠被重複。」[10] 至於神話的表達和意義，我們看到范德雷的用語多麼確切：「要理解生活是什麼，只需要知道神話就可以了。」此時此刻我們只要提到神話時間（或者說，神聖的、神話——宗教的或者聖顯的時間）的這樣兩個特點就可以了：（1）可重複性（因為每一種有意義的行為都是對神話的複製）；（2）雖然神話被視為超歷史的、超時間的賡續，在一定意義上是永恆的，但是這個神聖時間**在歷史上**是有「開端」的——亦即，在那個瞬間神靈創造了世界，或者規定了世界的秩序，或者祖先，或者文化英雄，啟示了任何特定的行為等等。

396

從原始人的靈性來看，每一個開端都是一個萬物初始的彼時（*illud tempus*），因而也是一個進入偉大時間、永恆的入口。馬塞爾・莫斯（Marcel Mauss）正確地指出「發生在時間中的宗教事件完全可以合法、合邏輯地視之為發生在永恆之中」。[11] 實際上，每一個「宗教事件」可以無限地重複原型。換言之，重複在「開始」之處所發生的一切，在那個時刻一個儀式或者宗教動作在歷史中被揭示出來，同時也被表達出來。

正如我以後還要更加充分證明的那樣，在原始人的靈性看來，歷史和神話並存：每一個**事件**（即每一個具有任何意義的事

---

10 范德雷（Van der Leeuw），《原始人和宗教》（*L'homme primitive et la religion*），巴黎，1940，第 120、101 頁。

11 〈宗教和巫術中時間的再現〉，第 227 頁。

情），只是因為在**時間中發生作用**，代表著世俗時間的中斷和偉大時間的侵入。因此，每一個事件，正是因為它發生了，正是因為在時間中發生了，就成了一個聖顯、一種「啟示」。這種「事件同時又是聖顯」、「歷史時間同時又是神話時間」的悖論，其實只不過是表面上的；我們只是必須嘗試使自己置身於產生這種事件之心靈所處的環境即可。歸根到底，原始人通過重複諸神、文化英雄或者祖先所揭示的行為，找到了人類行為（例如農業勞動、社會習俗、性生活或者文化）的意義和利益。任何處在這些有意義行為以外的活動不具備超人類的典範，既沒有名稱也沒有價值。但是，所有這些原型的行為都是在當初，也就是在**從前**、在有文字紀錄的歷史以外的那段時期、在神話的時間中揭示出來的。正是由於被揭示出來了，它們就中斷了世俗的時間，將神話的時間引入進來。但是，在同樣這個行為裡，他們也創造了一個「開端」、一個「事件」，使得世俗的時間（亦即毫無意義的事物轉瞬即逝的時間中）具有了可怕、驚人的一面，由此創造了「歷史」，創造了與一連串自動的、無意義的行為甚為不同的「一系列有意義的事件」。因此，我們所稱的原始社會的「歷史」，雖然表面看是悖論，但它純由**從前**發生並且迄今仍在不斷重複的各種神話事件構成。一切現代人所認為的真正的「歷史」，亦即獨一無二的、只發生一次的事件，在原始人看來是無足輕重的，因為它們十分缺乏神話－歷史的先例。

397

151・非週期性的再現

　　這些觀察既有助於我們對神話（第 156 節以下）的認識，也有助於對本主題，亦即對神話的、聖顯的、巫術－宗教的時間的解釋。現在我們就能夠理解為什麼神聖的、宗教的時間並不總是被週期性地重新創造。雖然一個特定的節日（當然是在聖顯的時間裡發生）週期性地被重複了，但是其他一些似乎——**僅僅**是似乎——是世俗的活動。然而，它們雖然也是在**那個時刻**確立的，但是也可以在**任何時候**進行。人們可以在任何時候外出打獵或者捕魚，由此效法某個神話英雄，使他具體化、重新確立神話的時間、出離世俗的時間、重複神話－歷史。還是回到我剛才說過的，**任何時間**都可以成為一種神聖的時間，任何一個時間的賡續都可以變成永恆。自然，正如我們將會看到的那樣，神聖時間的週期性再現於一切人類的宗教思想中，都具有十分重要的地位。但是，同樣具有十分重要意義的是，除了任何週期性的儀式外，同樣發明效法一種原型並且重複這種原型活動也能夠消除世俗的時間，將世俗的時間轉變成為神聖的時間。一方面，它證明了將時間「聖顯化」的傾向必不可少，不依賴任何社會生活結構的體系，不依賴任何消除世俗時間（例如「舊歲」）並確立神聖時間（「新年」）的正常手段，這一點我們很快還要回過頭來討論；另一方面，它使我們想到在確立神聖空間時所看到的「簡易替代品」（第 146 節）。就像一個「世界中心」——顧名思義，就是某種不可接近的地方，卻不必遭遇神話和英雄傳奇所描述的各種困難就能夠在任何地方建立起來——一樣，一般根據曆法確定的公共節日所規定的神聖時間，在任何時候的任何人都可以得到，

398

只要他重複原型的、神話的姿勢就可以了。今後我們要記住，這種超出社會框架確立神聖時間的傾向十分重要：這種重要性我們很快就會看到。

152 · 時間的再生

　　節日總是在神聖時間，或如馬塞爾・莫斯（Marcel Mauss）所言，在永恆中舉行。但是也有一些季節性的節日──當然是最重要的節日──使我們得以看見某些更多的東西：人們希望破壞過去的世俗時間，建立一種「新時間」。換言之，結束一個時間的循環並開啟另一個時間循環的季節性節日，試圖達到一種**時間的徹底再生**。由於我在別的地方[12]已經詳細研究標誌著舊歲結束新年開始的儀式場景，在這裡我只對這個重要的問題作一個概括。

　　季節性儀式戲劇的形態異常豐富。參考書目中所引弗雷澤、溫辛克（Wensinck）、杜梅齊爾和其他作者的研究，使我們能夠以下述方式闡述其實質。一年的結束和新一年的開始，以一系列儀式為標誌：（1）滌罪、潔淨、認罪、趕鬼、將邪惡趕出村莊等等；（2）熄滅並重新點燃各種火苗；（3）假面遊行（面具代表死者的靈魂）、儀式性地接待死者。他們受到款待（如筵席等），在節日結束後返回大地、大海、河流或者別的什麼地方的交界處；（4）兩組對抗的人互相打鬥；（5）穿插嘉年華會、農

12　《永恆回歸的神話》（*In the Mythof the Eternal Return*）。

神節、顛倒日常秩序的「狂歡」。

毋庸贅言，任何一個地方除舊迎新的場景都不一定囊括了所有這些儀式——而且不管怎樣，這份名單也沒有窮盡這些儀式，因為它還省略了有些地方舉行的入會禮和搶婚儀式。這些儀式只是同一個慶典框架的組成部分而已。每一個儀式——在自身層面上各有其特殊外觀——均旨在消除構成一個行將終結的循環的時間。例如滌罪、淨化、焚燒「舊歲」的偶像、驅趕惡魔和女巫以及一切總體上代表的過去一年的東西——所有這些活動都是要毀壞整個過去，要禁絕它。熄滅火種，「黑暗」就確立起來了，在這種「宇宙的黑暗」中所有的「形式」輪廓頓失，混淆不清。在宇宙結構的層面上，這種「黑暗」便等同於混沌，正如重新點燃火種象徵著創造，象徵著形式和邊界的重新確定一樣。表現祖先、死者的靈魂拜訪生者（日本、德國和其他地方）儀式中的面具也是一種記號，表明所有的障礙都已經打爛，一切生命形式都融為一體。在這種悖論性的處在兩種「時間」（兩個宇宙）的中間狀態，生者與死者的溝通、明確的形式和前形式的、「幼體」狀態事物的溝通就有可能進行了。一定意義上，在透過消滅舊歲而建立起來的「黑暗」和「混沌」狀態中，一切形式都消融了，一切事物都聯合在一起（「黑夜」－「洪水」－「消融」），從而可能在存在的每一個層面上輕易、自動地形成一種**對立統**一（*coincidentia oppositorum*）。

這種消除時間的希望，在新年慶典期間舉行的不同程度暴力行為的「狂歡」中，甚至可以看得更加清楚。一場狂歡也是向「黑暗」的回歸、向原初混沌的復原等，之後才有各種創造、各種有序形式的顯現。一切形式融合成為一個單一的、巨大的、無

差別的統一體，這恰恰是再造了實在的「整體」形態。我在前文已經指出（第 138 節），狂歡的功能和意義既有性方面的，也有農業方面的；在宇宙的層面上，「狂歡」代表混沌或者邊界的徹底消失，隨著時間的推移，也代表偉大的時間、「永恆的瞬間」或者非綿延時間的開始。在各種慶典中出現的狂歡標誌著時間的週期性分裂，表現出要**藉著消除一切創造而徹底消除全部過去的意志**。藉由推翻社會現狀（在農神節期間，奴隸變成主人，主人聽命於奴隸；在美索不達米亞，國王被黜，遭受羞辱），將對立面結合起來（淑女被當作妓女等等），將一切規範束之高閣，從而能表現出「形式的消解」。放縱的行為受到容忍，一切命令都可以違反、一切對立面都聯為一體，而所有這一切完全是由於世界——社群只是它的複製品——解體並恢復到了原初的彼時（*illud tempus*），顯然也就是恢復到了**開始**（混沌）和結束（大洪水或者**大災難**〔*ekpyrosis*〕，善惡大決戰）的神話時刻。

153 · 每年重複的創世行為

在年終歲末舉行嘉年華會狂歡的意義，就在於混沌之後是一個新創造的宇宙。所有這些季節性的慶祝活動成為了一種幾乎明確的、對創世的象徵性重複。我只需略微提到一些例子即可。在新年慶典阿基圖（akitu，延續 12 天）期間，巴比倫人通常在馬杜克的神廟中朗誦若干次創造詩篇《巴布倫史詩》。通過口傳巫術以及與之相伴隨的儀式，他們將馬杜克和海怪提阿馬特之間的鬥爭帶到此刻當下，這場鬥爭發生在**從前**，並且由於神靈的最後

勝利而結束了混沌的狀態。赫梯人也有相同的習俗：作為新年的一部分，他們描述並且重演氣象之神特蘇葡（Teshub）和蛇怪伊魯揚卡什（Iluyankash）的那場原型的決鬥。[13] 兩組人馬扮演馬杜克和提阿馬特的對決，[14] 在赫梯人（在新年期間）[15] 和埃及人中也有同樣的儀式。從混沌向宇宙的轉化由此得以重複：「但願他繼續征服提阿馬特，」他們喊道，「並且結束他的日子！」戰鬥，馬杜克的勝利以及世界的創造由此得到了真實的現在。

在新年慶典（akitu）期間，他們還慶祝札克姆克 401（zakmuk），亦即「占卜節」。之所以有此稱呼，是因為要為一年的每一個月占卜。換言之，根據其他許多傳統共同擁有的觀念，他們正在**創造**以後的十二個月。整個儀式都與這些內容相關：馬杜克下到地獄、羞辱國王、驅趕疾病，用替罪羊代替它們，最後便是神和薩帕尼圖姆（Sarpanitum）結婚——這場婚姻由國王和神廟侍女在女神的聖所裡面重演，[16] 並且很有可能是短期集體放縱的一個信號。我們因此看到，世界復歸於混沌（提阿馬特是最高的混沌，所有形式都打亂了），接著就是創造（馬杜克的勝利，一切命運都已決定，以及神聖的婚姻或者「新生」）。在這個舊世界化作原初混沌的時刻，他們也因此消除了舊的時間，消除了使時間循環走向終結的現代人所稱的「歷史」。

13　參見格茨（Gotze），第 130 頁。

14　拉巴特（Labar），《亞述－巴比倫王權中的宗教特徵》（*Le Caractère religieux de la royauté assyro-babylonienne*），巴黎，1939，第 99 頁。

15　伊凡・恩格內爾（Ivan Engell），《古代近東神聖王權的研究》（*Studies on Divine Kingship in the Ancient Near East*），烏普薩拉，1943，第 11 頁。

16　拉巴特，第 247 頁。

　　對於原始人的心智而言，舊的時間是由各種毫無意義的，也就是沒有原型模式的事件所構成的世俗時間的賡續；「歷史」就是對這些事件的記憶，對實際上我們只能稱之為「無意義」甚至是罪過（因為它們和原型規範背道而馳）的事件的記憶。正如我們所見，在原始人看來，真正的歷史並非這種記憶，而是神話；一切真實歷史所記載的，是諸神、祖先或者文化英雄在神話時代、在從前所展現的原型行為。在原始人看來，所有對原型的重複都發生在世俗時間以外。換句話說，這些行為一方面不是「罪行」，不是背離規範的行為，另一方面它們和日常的時間賡續、週期性被廢除的「舊的時間」毫無關係。驅趕魔鬼和精靈、懺悔罪過、潔淨，尤其是象徵性地回歸原初的混沌──所有這些都表明要消除世俗的時間、舊的時間，一切毫無意義的、逾越常規的事件都在這段時間裡發生。

402
　　於是，舊的時間、過去、對一切不具原型特徵的事件的記憶（總之，一切我們所說的「歷史」），每年都要消除一次。隨著象徵性地除滅這個舊世界，重複世界的創造，**完整的時間**得以再生。因為這不僅僅是一個節日，一個將神聖時間的「永恆時刻」帶入一切世俗之賡續的問題。正如我已經說過的那樣，這是要徹底消滅一切造成循環之終結的世俗的時間。在對**在一個嶄新的創造中開始嶄新生命**的期望──所有開始一年並終結上一年的慶典中都有這種期望──中，也存在著一種既要獲得一種歷史性的存在，又要生活在神聖時間裡的悖論的欲望。也就是說，時間在其整體性中獲得再生，從而將它的賡續轉化為「永恆」。

　　這種對於（通過每年重複世界的創造而實現）時間徹底再生的需要，甚至在原始人以外的其他傳統中也有所保留。我曾提到

那些在巴比倫新年節日所做的事情。在猶太教的相應慶典中，創造世界的元素也顯而易見。「每到一年的時間復歸時」，[17]「在一年結束的時候」[18] 就會發生耶和華與拉哈伯的鬥爭，海怪（又是一個提阿瑪特）被耶和華打敗，戰勝大海就意味著重複世界的創造，與此同時，也意味著人類的救贖（戰勝死亡、確保來年的食物等等）。[19]

溫辛克指出了更多保留在猶太教和基督教傳統中原始人，關於每年創造一次宇宙的觀念的緒餘。[20] 世界是在提市利月（Tishri）或尼散月（Nisan），也就是在雨季——理想的宇宙起源時期，被創造的。在東方基督徒看來，主顯節以水作祝福，也有一種宇宙起源的意義。「他（上帝）已經重新創造了天，因為罪人崇拜天上的各種天體；重新創造了那個亞當使之喪失生氣的世界，一種新的創造從他的唾沫中出來了。」[21]「真主怎樣創造眾生，又怎樣再造它們。」[22] 這種創造行為的永恆重複，使得每一個新年成為一個新時代的開始，使得死者轉生，並且鞏

403

17　《出埃及記》，34：22。

18　同上，23：16。

19　參見詹森（Johnson），〈耶路撒冷崇拜中國王所扮演的角色〉（The Role of the King in the Jerusalem Cultis），載於《迷宮》（The Labyrinth），胡克（S. H. Hooke）主編，倫敦，1938，第 97 頁以下。

20　〈閃米特人的新年和末世論的起源〉（T The Semitic New Year and the Origin of Eschatology），AOA，1923，第 i 卷，第 168 頁。

21　敘利亞的聖耶福列木（St. Ephraim the Syrian），《第七首主顯節讚美詩》（Seventh Hymn on the Epiphany），16；溫辛克（Wensinck），〈閃米特人的新年和末世論的起源〉，AOA，1923，第 i 卷，第 169 頁。

22　《古蘭經》，29：20。

固信徒從肉體復活的希望。這個傳統在閃米特諸民族[23]和基督徒中都保存了下來。[24]「大能者（在主顯節）喚醒肉體，也喚醒靈魂。」[25]

有一份達梅斯特德（Darmesteter）翻譯的缽羅婆文獻說道：「在弗拉瓦丁（Fravartin）月的蘇達特（Xurdhath）日，主奧爾馬茲德（Orhmazd）使眾人復活，並且得到第二個身體，世界也將從魔鬼（drugs）的孱弱中得到救贖……所有東西都很豐富，再無人貪戀食物；世界將變得潔淨，人類也將擺脫（與惡靈的對抗），獲得永生。」[26]賈茲韋尼（Kazwini）說，在諾魯茲（Nawroz）那天，上帝將使死者復活，「還給他們靈魂，下令讓上天普降甘霖，落在他們身上，因此人們就有在那一天潑水的習俗。」[27]「從水中創造」（宇宙起源於水、週期性的大洪水使「歷史的」生命得以再生；雨）的觀念與從水中誕生和復活的觀念關係緊密，《塔木德》（Talmud）的一句話證明了這一點：「神有三把鑰匙，雨、生和死者復活。」[28]

---

23 勒曼和彼得森（Lehman and Pedersen），〈古蘭經中有關復活的證據〉（Der Beweis für die Auferstehung im Kora），《伊斯蘭》（Der Islam），第 5 卷，第 54-61 頁。

24 溫辛克，第 171 頁。

25 敘利亞的耶福列木，《第一首主顯節讚美詩》（First Hymn on the Epiphany），1。

26 《贊德－阿維斯陀》（Zend-Avesta），巴黎，1892 － 1893，第 ii 卷，第 640 頁，注解 138。

27 《宇宙志》（Cosmography），轉引自克里斯滕森（A.Christensen），《原初之人和原初之王》（Le Premier home et la premier roi），烏普薩拉，1918-1934，第 147 頁。

28 《塔阿尼特》（Ta'anit），第 1 章；溫辛克，第 173 頁。

　　諾魯茲這個波斯人的新年，既是阿胡拉・馬茲達（Ahura Mazda）的節日（在一月的「奧爾馬茲德」日慶祝），也是世界和人類被創造的一天。[29] 正是在諾魯茲這天「創造得以復甦」。[30] 根據第馬士基（Dimashki）流傳下來的傳統，[31] 國王要宣佈：「這是一個新年新月新天；一切過去的時間於茲更新！」也同樣在這一天，人們在整個一年中的命運就決定了。[32] 在諾魯茲之夜，人們可見無數的火把和明燈，[33] 並且舉行在水邊舉行酒祭和潔淨禮，以確保來年風調雨順。[34]

　　此外，在「大諾魯茲」，人人都要在一隻罐子裡種七種穀，「從它們生長的情況觀察這年的收成好壞」。[35] 這個風俗類似於巴比倫新年的「占卜」，甚至在今天的曼德人（Mandeans）和伊茲迪人（Yezidis）的新年慶典中還保存有類似風俗。此外，正是由於新年重複了世界的創造，因此在耶誕節和主顯節之間的十二天被認為預示了一年的十二個月。全歐洲的農民都看這十二天裡的「氣象跡象」來判斷在未來十二個月裡面將會出現的氣溫

404

29　參見瑪律卡特（J. Marquart）收集的文獻〈諾魯茲，歷史和意義〉（The Nawroz, its History and Significance），《卡瑪東方研究所學報》（*Journal of Cama Oriental Institute*），孟買，1937，注解 xxxi，尤其是第 16 頁以下。

30　比魯尼（Albiruni），《古代列國志》（*The Chronology of Ancient Nations*，薩克（Sachau）翻譯，倫敦，1879，第 199 頁。

31　克里斯滕森，第 ii 卷，第 149 頁。

32　比魯尼，第 201 頁；賈茲韋尼（Kazwini），轉引自克里斯滕森，第 ii 卷，第 148 頁。

33　同上，第 200 頁。

34　同上，第 202-203 頁。

35　同上，第 202 頁。

和雨水。[36] 每一個月的降雨也可以用同樣方式按照聖幕節（Feast Tabernacles）期間的降雨情況加以判斷。[37] 吠陀時代的印度人認為，仲冬的十二天是全年的縮影和複製，[38] 這種一年濃縮為十二天的情況在中國傳統中也存在著。[39]

154・特定場合下對創造世界的重複

所有我們剛才考察的風俗都有一個共同特徵，即它們都是以這樣一個觀念為前提的：時間透過對創造世界的象徵性重複而得以週期性再生。但是這種對創造世界的重複並不只是狹隘地與新年的公共慶典有關。換言之，甚至一年之間都有與上述公共慶典全然不同的時候，透過重複地創造世界，廢除「舊的」、「世俗的」、「歷史的」時間，確立神話的、「新」的再生的時間。例如在冰島人看來，擁有土地（landnama）相當於將混沌轉變為宇宙，[40] 在吠陀時代的印度，對一塊地盤的佔有可以透過樹立一個火壇來確認，這事實上就被視為對世界創造的重複。火壇實際上就是再造宇宙，樹立火壇對應於創造世界。任何建造這類祭壇的

405

---

36 參見弗雷澤（Frazer），《替罪羊》（*The Scapegoat*），倫敦，1936，第 315 頁以下；杜梅齊爾《半人半馬神的問題》（*Le Problème des Centaures*），巴黎，1929，第 26 頁以下。

37 溫辛克，第 163 頁。

38 《梨俱吠陀》（*RV*），iv，33。

39 葛蘭言（Granet），《中國人的思想》（*La Pensée chinoise*），第 107 頁。

40 范德雷，《原始人和宗教》，第 110 頁。

時候，就是重複創造世界的原型行為，就是在「創造」時間。[41]

斐濟人把酋長的就職慶典稱為「世界的創造」。[42] 在一些比較發達的文明中也可以找到同樣的觀念，儘管不甚清晰，在那些文明裡，每一次加冕典禮都相當於一次對世界的再創造和再生。中國皇帝登基之後的第一道諭旨，往往就是頒佈新曆，廢除舊的時間，確定新的時間。[43] 亞述巴尼拔認為他自己就是再生宇宙的人，因為他說：「自從諸神因為他們的友誼而立我為王，拉蒙（Ramman）就送來其雨水……收成良好，五穀豐登……畜群增殖。」[44]

《第四田園詩》的預言，那是**一輪新時代的誕生**（*magnes ab integro saeclorum nascitur ordo*）在一定意義上適用於每一個君王。因為每一個君王，不管多麼微不足道，但都開始了一個「新時代」。一個新的統治就被視為一個民族的再生，即使不是世界的再生。若只是將這些高調的用語簡單理解為王朝的敗象：君主的炫耀、廷臣的拍馬，便大錯特錯了。人們對新的統治者開創「新時代」的希望不僅真實、發自肺腑，而且也是十分自然，只要從原始人的視角來看待這個問題就可以瞭解了。不管怎樣，甚至不需要一個新統治去開啟一個新時代，只要舉行一場婚禮、誕生一個兒童、建造一幢房屋或者任何這一類的事情就可以了。

406

---

41 參見《百道梵書》（*Śatapatha Brāhmaṇam*），vi，5，i，以下；「火壇就是年」……同上，x，5，4，10；「五層為火壇（每層代表一個季節），五季為一年，年為阿耆尼，」同上，vi，8，1，15。

42 霍卡特（Hocart），《王權》（*Kingship*），牛津，1927，第 189-190 頁。

43 葛蘭言，《中國人的思想》，第 97 頁。

44 轉引自耶利米（Jeremias）在赫斯廷斯（Hasting）主編的《宗教和倫理百科全書》（*Encyclopedia of Religion and Ethics*），第 i 卷，第 187 頁 b。

透過這各式各樣的方式，人和宇宙得以再生、過去被除滅、罪錯被消除，任何事情都無法阻止它們的發生。無論這些再生的表達方式如何千差萬別，它們的手段都同樣有效：不斷地復歸**彼時**，從而把過去的時間徹底消滅、取消歷史。[45]

我們回到斐濟人這裡。因此，不僅新酋長加冕，而且每一次收割遭遇危險時，他們都會重複對世界的創造。[46] 每當自然的節律被打亂、生命的整體受到威脅，斐濟人就通過回到**原初**（*in pricipiuo*）拯救自己——換言之，他們不是透過修復，而是透過**再生**，等待宇宙的重建。在「開端」、「新」、「處女」等等含義的背後，在民間醫療和巫術（「新水」、「新罐」、兒童、處女、純潔的象徵體系等）的背後，都有這樣的觀念。我們可以看見（第149節），巫術如何使一個神話事件成為現實，確保療效和治癒病人。「新生的」、「未始的」的象徵體系也可確保時間中的事情，與神話的、原型的事件同時發生。就像一次受到危害的收割一樣，要拯救它不是透過修補，而是全新的開始，這就包括回到彼時。（舉行這些儀式的巫師未必需要意識到這些儀式背後的理論，他們只需要這些相關儀式蘊涵的理論，從儀式中自然流出來就可以了；參見第3節。）

採礦物冶金的技術中也存在類似的觀念，雖然無關的附加物不可避免地以訛傳訛而使之有可能貶值。[47] 另一方面，入會慶典（例如老人的「死亡」和新人的「誕生」）也基於這樣一種希

---

45 參見《永恆回歸的神話》，第 ii-iii 章。

46 霍卡特，第 190 頁。

47 參見伊利亞德，〈冶金術、巫術和煉金術〉（Metallurgy, Magic and Alchemy），*CZ*，巴黎，1938，第 i 卷，各處。

望，即過去——「歷史」——可以廢除，新的時間可以確立。如果說水（第 63 節以下）和月亮的象徵體系在原始人的精神生活中扮演十分重要的作用，那主要是因為它造成了「形式」的不斷廢除和確立、週期性的消失和重新出現、清晰而明顯的永恆回歸（事實上就是回歸到開端）。在每一個層面上——從宇宙學到末世論——再生的觀念和一種新的時間的概念，亦即和人類有時可以獲得某種絕對開端的信仰，緊密聯繫在一起。

155・整體的再生

這種對再生的執著還表現在各種關於時間循環的神話和教義上，我在《永恆回歸的神話》一書對此做了研究。相信時間循環、永恆復歸、世界和人類週期性的毀滅之後又出現一個全新的時代和全新的、再生的人類——所有這些信仰，主要證明著對過去的、歷史的時間的週期性再生的一種嚮往和希望。大體而言，用一個十分普通的希臘－東方的術語說，這個循環就是一個大年（Great Year）：大年以創造始，以混沌終，而這混沌就是各元素徹底地融為一體。一個宇宙的循環包括「創造」、「存在」和「復歸混沌」（大災難……〔ekpyrosis〕、世界末日〔ragnarok〕、劫滅〔pralaya〕、亞特蘭提斯的沉沒、善惡大決戰）。從結構上說，大年之於年，就像年之於月、日。但是此刻令我們感興趣的，主要在於一種對**時間徹底再生**的希望，這種希望顯然存在於所有和宇宙循環有關的神話和教義裡。每一個循環都是一個絕對的開端，因為通過回歸一種獨一無二、當下的「混

沌」而徹底廢除了一切過去、「歷史」。

於是我們發現，不論處在哪一個層面上，人都同樣渴望毀滅世俗的時間並生活在神聖的時間裡。此外，我們看到，人嚮往和希望透過不斷將時間的賡續轉變成一個獨有的、永恆的瞬間，從而使整個時間得以再生，能夠——「像人類一樣」、「歷史地」——在永恆裡面生活。這種對永恆的渴望類似於對我們在前一章（第 146 節）所述對樂園的嚮往。總是希望真正處在一個神聖的地方，與希望通過重複原型的行為而生活在永恆裡面正好對應。對原型的重複實乃一種悖論的希望，它就是要在人類存在的結構中獲得一種理想的形式（原型），就是要生活在一種既不會收穫諸種不利，也不會無法「倒撥時鐘」的時間裡面。我要指出的是，這種嚮往絕不是「純粹精神」（spiritual）的態度，絕不是貶低人間的生命以及隨之追求一種出世的靈性。相反，這種可以稱之為「對永恆的鄉愁」證明人類渴望一個具體的天堂樂園，相信這樣一個樂園可以在此地、在今世、在現在、在此刻就可以得到。在這個意義上，和神聖的時間和空間相聯繫的古代神話和儀式可以追溯到諸多對「人間樂園的」鄉愁般的記憶，追溯到某些人類依舊認為他們能夠達到某種「可以實現」永恆。

XII

神話的形態與功能

156・創世神話－典範神話

　　根據玻里尼西亞神話，起初，只存在原初之水，深陷在宇宙的黑暗之中。在「無限的安歇中」，至上神艾奧（Io）表達了他要從安臥中起來的願望。光明立刻出現了。於是他繼續想著：「你們，泰卡馬（Tai-Kama）的諸水要分開。天，也要成形！」於是，透過艾奧這促使宇宙起源的話語，世界就這樣存在了。在回顧這些「古代的、最初的話……古代和最初的宇宙學智慧（wanaga），促成一切從虛無中成長……」時，一位現代玻里尼西亞人哈爾・杭吉（Hare Hongji）以一種動人的樸拙之雄辯補充道：

> 　　現在，我的朋友啊，關於這些最初說的話，在我們的神聖儀式中有三種極其重要的運用。第一種發生在將孩子播種在不育的子宮中的儀式。其次發生在啟發心靈和肉體的儀式。第三種也是最後一種發生在死亡、戰爭、洗禮、誦讀譜系等嚴肅問題，以及類似重要問題的儀式，這些是祭司最為關注的事情。
>
> 　　艾奧造宇宙的話－宇宙藉以播種並且創造一個有光明的世界的話－同樣也用於將孩子播種在不育的子宮裡面。艾奧創造光明照耀大地的話用於使憂鬱和悲哀的心靈、虛弱老朽的人變得振奮起來，用於將光明投入祕密的地方和事務裡面，用於創作歌曲以及其他許多事情、在有害的戰爭時使人心生絕望。這些儀式都包含那些（艾奧用於）戰勝和驅散黑暗的話。第三是預備性的儀

式，它們用來處理宇宙的持續形成以及人類自身的譜系
歷史。

　　因此宇宙起源的神話為玻里尼西亞人的各種「創造」充當了
一種原型的模式，不管這些創造處於何種層面：生物的、生理
的，抑或靈性的層面。神話的主要功能就是要確立一切儀式以
及人類一切有意義行為的典範模式。無數民族學家證明情況確
實如此。「在馬林達尼姆人（Marind-amin，荷屬新幾內亞）那
裡」，維耳茲（P. Wirz）寫道，「確切地說，神話既是各種戴面
具的**迪馬**（*Dema*）演員出場的重要節日的基礎，也是各種祕密
祭祀儀式的基礎。」[1]正如我們所見（第 150 節），甚至除了嚴
格的宗教行為而外，神話也是其他有意義的人類行為，例如航海
和捕魚的模式。

　　這個玻里尼西亞人的創世神話令人感興趣之處，便是這種多
重應用，它被用於各種場合，至少從表面上看和宗教生活根本無
關：生產行為；「促使憂鬱和悲哀的心靈、脆弱老朽的人，變得
興奮起來」；為創作歌曲提供靈感；發兵作戰。因此凡是遇到要
做**某些事情**的問題時，宇宙起源說便提供了一個**模式**。正如前文
所述，那經常是涉及某些「有生命的」、「活生生的」事情（生
物學的、心理的或者精神的秩序），但有時候也涉及某些顯然和
生命無關的事情──房屋、小船、國家等等。我們還記得建造房
屋、宮殿和城市的宇宙起源的模式（第 143 節以下）。

　　這些神話模式不僅只有在「原始人的」傳統中可以找到：有

411

1　轉引自列維－布留爾（Lévy-Bruhl），《*原始人的神話*》（*La Mythologie
　　primitive*），巴黎，1936，第 xvii 頁。

一篇印度的形而上學作品《廣林奧義書》，提供給我們一種生男孩子的儀式。它將生殖行為轉型成為一種神族婚姻。一對人類的夫妻等同於宇宙的夫妻：「我是天」，丈夫說，「你是地。」（dyaur aham, prthvī tvam）[2] 懷孕變成一種具有宇宙意義的創造行為，一系列神靈都會捲入其中：「願毗濕奴預備子宮；願陀濕多賦予其形象；願生主使（種子）流動、願創造之主（Dhātṛ）把種子植入你的身體。」[3] 天和地，太陽和月亮的神族婚姻經常被以字面的意義被理解：就像丈夫與妻子合而為一，天與地亦一是如此（ut maritus spura feminam in coitione iacet, sic cælum supra terram）。[4] 認為這種神族婚姻的觀念僅見於「原始人的思維」，則是錯誤的：同樣的神人同形同性說甚至在最發達的煉金術象徵體系——太陽和月亮的結合、[5] 其他宇宙學原則或者靈性原則之間也可以發生。總之，不論人們用怎樣的術語來表達這種觀念，神族婚姻保留了它的宇宙結構特徵，和它們所處的各種語境無關。

不論是否包含神族婚姻，創世神話除了具有人類一切行為的模式和判斷標準這一重要功能外，還構成了整個神話體系以及儀式系統的原型。每一個更新、更始、復歸從前的觀念，不管出現

412

2　vi, 4, 20。

3　vi, 4, 21。

4　霍利斯（Hollis），《馬塞伊人》（*The Masai*），牛津，1905，第 279 頁；克拉佩（Krappe），《宇宙神話》（*Mythologie Universelle*），巴黎，1930 年，第 370 頁。

5　例如參見卡博里（G. Carbonelli），《論義大利化學和煉金術的歷史資料》（*Sulle Fonti storiche della chimica e dell'alchimia in Italia*），1923，第 43 頁，圖 49；榮格（C.G. Jung），《心理學和煉金術》（*Psychology and Alchemy*），倫敦，1953，第 137 頁，圖 167。

在哪一個層面，都可以追溯到「誕生」的概念，而這個概念又可以追溯到「宇宙的創造」的概念。我們在研究與植物生命和再生有關的儀式和象徵體系時，也會遇到將兩者等同起來的類似情況（第 118 節以後）：每一次春回大地都再現了宇宙的起源，甚至每一個植物復活的**記號**也等同於宇宙的整體顯現，正如我們所見（第 123 節），這就是為什麼人們會攜著一個**記號**——一根樹枝、一朵花或者一頭動物——成群結隊、挨家挨戶地把它展示給每一個人看；這是「春天來了」的證明，它未必是自然的春天、有形的現象，而是生命的復活。在新年（第 152 節以下）或者春天來臨（春天和冬天的打鬥、驅趕死亡、殺死冬天或者死亡等等；參見第 121 節以後）時所發生的儀式性戲劇，只不過是同一個神話的零碎、「專門化」的版本，而這個神話就來自宇宙起源神話。

　　每年世界都會被重新創造。例如在美索不達米亞，這種創造顯然通過吟誦創世詩歌而重演。即使我們不知道創造被模仿，仍然可以清楚地看到其中的各種跡象（熄滅和重燃火種、死者來訪、對立兩派的打鬥、入會禮、婚禮、狂歡等等；參見第 152 節）。這些新年或者春天的儀式未必和一個「神話」有明顯的聯繫，有些則和某些重點不在於創造功能的次要神話相關。但是，若從整體上思考，這些對於新年或春天的開始具有作用的神聖行為或「記號」——不管它們本質上是象徵還是儀式，是神話還是傳奇——都具有一個共同的結構：它們多少清晰地表達了創世的戲劇。在這個意義上，它們是都宇宙起源神話的一部分，儘管在許多情況下，確切來說並不是什麼所謂「神話」的問題，而只是儀式或者「記號」而已。因此，報春的「記號」可以視為一種隱

413

祕的，或者「濃縮」的神話，因為每一個記號的顯現都相當於宣告一次創世。真正的神話就是用語言描述一個原型的事件（在此情形下就是世界的創造），而一個「記號」（在此情形下就是一根翠綠的樹枝或者一頭動物）只是藉由展示而再現那個事件。我將很快給出若干例子，以更清楚說明，名副其實的神話和那些我們稱之為「隱蔽」或者「濃縮」的神話的巫術－宗教現象間的關係。

157・宇宙起源於蛋

社會群島（Social Islands）的創世神話講述了「諸神的祖先」和宇宙的創造者塔阿羅阿（Ta'aroa），「亙古以來就一直在黑暗中坐在他的殼裡面。這殼就像一個在無盡空間中旋轉的蛋。」[6] 我們在玻里尼西亞[7] 找到的這個宇宙起源於蛋的主題，也常見於古代的印度[8]、印尼[9]、伊朗、希臘[10]、腓尼基[11]、拉

6　漢迪（Handy），《玻里尼西亞宗教》（*Polynesian Religion*），火奴奴魯，1927，第 12 頁。

7　參見迪克森（Dixon），《大洋洲神話》（*Oceanic Mythology*），波士頓，1916，第 20 頁。

8　《百道梵書》（*Śatapatha Brāhmaṇam*），xi，1，6，1 以下；〈摩奴法典〉（Laws of Manu），1，5 以下，等等。

9　沼澤喜市（Numazawa），《日本神話中的世界起源》（*Die Weltanfange in der japanischen Mythologie*），琉森－巴黎，1946，第 310 頁；克拉佩，第 397 頁。

10　哈里森（Harrison），《希臘宗教研究導論》（*Prolegomena to the Study of Greek Religion*），第 627 頁以下。

11　沼澤喜市，第 309 頁。

脫維亞、愛沙尼亞、芬蘭[12]、西非的龐圭人（Pangwe）聚居地區[13]、中美洲和南美的西海岸（根據弗羅奔尼烏斯〔Frobenius〕地圖[14]）。這個神話產生的中心地區可能是在印度或者印尼。在我們看來特別重要的是，這種宇宙起源於蛋的思想在儀式或神話上體現人和宇宙創造之間的對應關係。例如在大洋洲，人們相信人是從一個蛋中生出來的。[15] 換言之，宇宙的創造在這裡充當了人類的創造的模式，而人類的創造複製並且重複宇宙的創造。

414

同樣，在許多地方，蛋與自然和植物復甦的象徵和符號有關。新年樹、五月柱、聖約翰樹等等，都以蛋或者蛋殼作裝飾。[16] 我們知道所有這些植物和新年的符號都以某種方式概括了週期性創造的神話。樹本身就是自然及其永不枯竭的更新的象徵，在加上了蛋之後，它便證實了所有這些宇宙起源的價值。因此蛋在東方的各種新年戲劇中扮演十分重要的角色。例如在波斯，彩蛋是最合適新年的禮物，甚至在今天新年仍舊稱作紅蛋節。[17] 在巴爾幹國家，復活節送紅蛋可能淵源於一個類似的慶祝春天來臨的儀式範型。

在這些事例中，如同在我們還要遇到的事例一樣，蛋在儀式

12　沼澤喜市，第310頁；克拉佩，第414頁。

13　克拉佩，第371頁，注解1。

14　柳曼（Liungman）在〈幼發拉底河－萊茵河〉（Euphrat-Rhien）中有複製品，第 i 卷，第21頁，圖1。

15　印尼，迪克森，第160頁；美拉尼西亞，迪克森，第109頁；玻里尼西亞，迪克森，第109頁，注解17。

16　曼哈特（Mannhardt），《森林和田野文化》（*Baumkultus*），第244頁以下；第262頁以下，等等。

17　拉希（Lassy），《穆哈蘭月的祕儀》（*Muharram Mysteries*），赫爾辛基，1916，第219頁以下；柳曼，《幼發拉底河－萊茵河》，第 i 卷，第20頁。

上的力量都不能用任何經驗或者理性主義的說明來加以解釋，亦即不能把蛋看成一粒種子：它是建立在蛋所體現的象徵基礎上，與其說和誕生有關，不如說是和模仿世界創造的**再生**有關。否則無法解釋卵子何以在慶祝新年以及亡靈的節日中有著如此重要的作用。我們已經看到死者崇拜和一年開始之間的密切關係。在新年裡，世界重新創造，死者感到自己被引向生者，希望到一定時候重新獲得生命。不管我們面臨了何種儀式和神話的範型，基本的觀念不是日常的誕生，而是重複宇宙**原型的誕生**，是對宇宙起源的模仿。印度的植物節，霍利節（Holi），同時也是亡靈節的期間，有些地方的習俗要點火，投入兩個小人像，一個為男人像，另一個為女人像，分別代表迦摩神（Kāmadeva）和拉蒂（Rati）。和第一個雕像一起投入火中的還有一顆蛋和一隻活母雞。[18] 這顆蛋強化並幫助復活，而這種復活不是一種誕生，而是一種「回歸」、「重複」。

415

甚至在某些史前社會和原史社會，我們也能發現這類象徵體系。俄羅斯和瑞典的許多墓葬中出土大量陶蛋，[19] 阿爾納（Arne）以充分的理由認為它們是永生的符號。在歐西里斯儀式中，各種用品（鑽石屑、無花果粉、香料等等）都做成蛋的形狀——雖然我們不完全理解它們究竟起到怎樣的功能。[20] 在拜奧提亞（Bæotian）墓葬發現的戴奧尼索斯雕像手中都有一隻象徵

18　克魯克（Crook），《霍利節：印度教的春節》（*The Holi: A Vernal Festival of the Hindus*），*FRE*，第 XXV 卷，第 75 頁。

19　阿爾納（T. J. Arne），《瑞典和東方》（*La Suède et l'Orient*），烏普薩拉，1914，第 216 頁。

20　柳曼，《幼發拉底河－萊茵河》，第 i 卷，第 141 頁以下。

還陽的蛋。[21] 這就解釋了奧菲斯教何以禁食雞蛋 [22]，因為它的主要目標就是要逃避無盡循環的轉世——換言之就是要消除週期性的回歸生命。

我將以蛋如何用於儀式的若干例子來結束我們的討論。首先，在現代的農業儀式中仍在使用蛋。為了確保穀物生長，在整個播種期間，芬蘭農民通常要在他們的口袋裡面藏一顆蛋，或者在耕好的地裡放一顆蛋。[23] 愛沙尼亞人在耕種期間吃一些蛋，以便使自己「有力氣」，瑞典人把蛋投入耕作的田野裡面。日耳曼人在耕種亞麻的時候，把蛋和亞麻混在一起或者把蛋丟入田野，或者在播種的時候吃蛋。[24] 日耳曼人至今還有把復活節蛋埋入田野的習俗。[25] 車列米西人和弗佳克人（Votyaks）在開始播種前把蛋扔向天空；[26] 在其他情形下，他們在犁溝裡面埋一顆蛋，作為獻給地母的祭品。[27] 蛋同時也是獻給冥界之神，以及經常用於為死者舉行崇拜儀式的祭品。[28] 但是，不管和什麼樣的儀式範型

416

---

21 尼爾松（Nilsson），《希臘宗教史》（*Geschichte*），第 i 卷，第 565 頁。

22 羅德（Rohed），《心靈》（*Psyche*），倫敦，1925，第 357 頁，註解 2；哈里森，第 629 頁。

23 蘭塔薩洛（Rantasalo），〈蘇蘭、愛沙尼亞民眾迷信中的農作與日耳曼人相應做法的比較〉（Der Ackerbau in Volksaberglauben der Finnen und Esten mit entsprechenden Gebrauchen der Germanen verglichen），*FFC*，赫爾辛基，1919-1925，第 32 號，第 55-56 頁。

24 蘭塔薩洛，第 57 頁。

25 同上，第 58 頁。

26 同上。

27 霍姆貝格－哈爾瓦（Holmberg-Harva），《車爾米西人的宗教》（*Die Rekigion der Tcheremissen*），波爾沃（Porvoo），1926，第 179 頁。

28 馬丁·尼爾松，《古代亡靈祭祀中的蛋》（*Das Ei im Totenkilt der Alten*），*AFRW*，1908，XI。

相聯繫，蛋從未失去其最初的意義：它確保在「**從前**」（*in·illo tempore*）使各種生命形式得以誕生的創世行為能夠**重複**。有些民族在採草藥時會在現場埋入一顆蛋，確保原地生長出另外一棵藥草來。[29]

在這些例子中，蛋確保了**重復原初行為**，也就是創世行為的可能性。因此，在一定程度上，可以說儀式就是創世神話的變體。因為我們必須習慣把「神話」的觀念與「話」和「童話」（參見荷馬如何使用 mythos：「話」、「話語」）區分開來，並將它和「神聖的行為」、「有意義的姿勢」和「原初的事件」聯繫起來。不僅一切在**從前**發生的事件以及生活在從前的人物是神話的，而且與這些原初的事件和人物直接或間接相關聯的每一件事物也都是神話的。由於和新年到來或者春回大地相關聯，蛋代表著創世的顯現，而且——不是在經驗和理性的框架，而是在聖顯經驗的框架裡——還代表著一種宇宙起源的概括。

從一定的觀點看，每一個神話都具有「宇宙起源的特徵」，因為每一個神話都表達了一種新的宇宙「處境」或者原初事件的出現，正是因為有如此的表達，它們就變成了一切未來時間的範式。但是我們應當更加明智一些，不要被任何用語束縛，也不要像前幾輩某些真正重量級學者那樣，將所有神話都歸併為一個原型——將所有神話追溯到太陽或月亮的聖顯。我認為比神話的分類和尋求其可能「起源」更有用的，是要研究它們的結構及其在原始人的靈性經驗中所發生的作用。

---

29 德拉特（Delatte），《草本植物》（*Herbarius*），列日－巴黎，1938，第 120 頁。

158 · 神話揭示了什麼

不論神話的本質是什麼，對於（神聖的或世俗的）人類行為
及其本性所處的環境而言，它總是一個先例、一個範例。我們
可以說，神話是作為一個整體的實在之表達的先例。「我們必須
做諸神在起初所做的」；[30]「諸神怎樣做，人類也怎樣做。」[31]
這類表述絕妙地提示了原始人的行為方式，但是未必窮盡了神話
的內容和功能。實際上，記載諸神和神話人物**從前**所作所為的整
個一系列神話，揭示了一種超越任何經驗或理性層面的實在。
首先，有一類神話可以歸結為對立（或者二元同意）和綜合的神
話，我在另外一本書中對此做了研究。[32] 還有一類神話傳說是關
於諸神和魔鬼之間的「兄弟關係」（例如，提婆和阿修羅）、
關於英雄和他們對手之間（如因陀羅和納姆基〔Namuki〕）
以及傳奇般的聖人和他們的女魔鬼之間（例如聖西西尼烏斯
〔Sisinius〕和他的姐妹女魔鬼烏爾澤利亞〔Uerzelia〕）的「友
誼」或者血緣關係等。有的神話以一個共同的「父親」賦予兩個
體現截然相反的對立原則的人物，在伊朗神學如此強調二元論的
宗教傳統中，也存在這樣的神話。察宛派（Zervanism）稱奧爾
姆茲德（Ormuzd）和阿赫里曼（Ahriman）為兄弟，都是察宛的
兒子，甚至《阿維斯陀》（*Avesta*）也有同樣觀念的殘餘。[33] 這

417

---

30 《百道梵書》，vii，2，1，4。

31 《泰迪利耶梵書》（*Taittirīya-Br.*），1，5，9，4。

32 《綜合神話》（*Mitul Reintegrarii*），布加勒斯特，1942。

33 例如《耶斯納》（*Yasna*），30，3-6；亦可參見尼貝戈（Nyberg）的評注〈馬
茲達教中的宇宙起源和宇宙學問題〉（Questions de cosmogonie et de cosmologie
mazdeennes），*JA*，1929，第 113 頁以下。

個神話在某些情況下也進入了民間傳統：有一些羅馬尼亞信仰和
箴言稱上帝和撒旦為兄弟。[34]

　　還有另外一類神話和傳奇，不僅揭示了對立人物之間的兄
弟關係，而且雙方可以悖論地對調。太陽這個諸神的原型，有
時被稱為「蛇」（第 45 節）；火神阿耆尼同時也是「祭司阿
修羅」[35]——本質上是一個魔鬼，有時被描述為「無足物首、
藏起兩頭」，就像兩頭蛇一樣。《愛多列雅梵書》（Aitareya
Brāhmaa）宣稱，阿希－巴蒂尼亞（Ahi-Budhnya）是不可見的
（parokṣena），而阿耆尼是可見的（pratyakṣa）。[36] 換言之，蛇
是火可以看見的性質，而黑暗是光明的潛在狀態。在《夜柔吠
陀》中，阿希－巴蒂尼亞等同於太陽。[37] 蘇摩這種不死之飲是
至上「神聖」、「太陽」，不過我們在《梨俱吠陀》中也讀到
蘇摩「就像阿耆尼那樣蛻下老皮」，似乎具有蛇的品性。[38] 天神
和「宇宙主」的原型伐樓那（第 21 節）也是海洋之神，如《摩
訶婆羅多》所言，大海有龍，他就是「龍王」（nāgarājā），而
《阿闥婆吠陀》則徑直稱呼他為「蝰蛇」。

　　從任何合乎邏輯的視角看，所有這些蛇的屬性**本當不適用於**
一位像伐樓那樣的天神。但是神話卻揭示了一個膚淺的邏輯經
驗所不可企及的本體論區域。伐樓那的神話揭示了神的二元統一
性——對立面的並存——不管何種屬性在神聖的本性中形成一個

34　參見札納（Zane），《羅馬尼亞箴言》（*Proverbele Romanilor*），布加勒斯
　　特，1895-1901，第 iv 卷，第 556 頁。

35　《梨俱吠陀》（*RV*），vii，30，3。

36　ii，36。

37　v，33。

38　ix，86，44。

整體性。神話透過行為和戲劇表達了那些形而上學和神學所辯證規定的內容。赫拉克利特認為，「神是白晝是黑夜，是冬天是夏天，是戰爭是和平，是饜足是饑餓：一切對立都在他裡面。」[39] 我們在一份印度文獻中也發現了類似的表述，該文獻說女神「既是行善者之家的光明（śrí），也是為惡者之家的非吉祥天女之敵（alaksmi，幸運和財富之神吉祥天女的敵人）」。[40] 但是該文獻用自己的方式清楚地表明一個事實，那就是印度的大母神（迦梨等等）就像其他大母神一樣，同時具有溫柔和可怖的屬性。她們是豐產之神同時又是毀滅之神，是誕生之神同時又是死亡之神（常常還是戰爭之神）。例如迦梨女神被稱為「溫柔和仁慈的」，不過和她相關的神話和圖像卻令人畏怖（渾身是血、掛一串髑髏項珠、手持髑髏杯等等），她的崇拜儀式也是亞洲最為血腥的。在印度，每一位神都有「溫和相」同時也有「畏怖相」（krodha-mūriti）。在這一點上，濕婆可謂無數神和女神的原型，因為他週期性地創造和毀滅整個宇宙。

419

159・對立統一－神話範型

所有這些神話都給我們提供一種雙重的啟示：它們一方面表達了兩個神靈的截然對立，他們起源於同一個原則，並且在許多神話版本中又註定要在某個末世論的**彼時**（*illud tempus*）必然重

39　殘篇，64。

40　《默根迪亞往世書》（*Markendeya Purāṇa*），74，4。

歸於好；另一方面，他也表達了在神的本性中存在的**對立統一**，其本身交替甚至同時顯現為仁慈和畏怖、創造和毀滅、太陽和蛇（換言之，現實和潛在）等等。在這個意義上，確實可以說神話比任何理性的經驗更能深刻揭示神聖性的真實結構，這種神聖性超越一切屬性並且將一切對立面統一起來。這種神話經驗進入了幾乎人類一切宗教經驗，甚至是猶太教－基督教這樣最嚴格的傳統，而這個事實可以證明神話經驗並非偏離常規。耶和華是善良的也是憤怒的，基督教神祕主義者和神學家的上帝是恐怖的同時也是溫和的。正是這種**對立統**一成為偽戴奧尼索斯（pseudo-Dionysius）、埃克哈特大師（Meister Eckhardt）以及庫薩的尼古拉（Nicholas of Cusa）等人最大膽思想的出發點。

對立統一是表達神聖實在的最原始方式。我們在考察神聖的「形式」、每一個神聖「人格」所顯示的特殊結構——因為這個神聖的人格當然不可以僅僅被視為人類人格的一種投射——的時候還要回到這個用語上來。儘管如此，雖然這個概念——它將一切對立面統一起來（毋寧說超越）——事實上構成了對於神聖的最基本的定義，並且揭示了它和人類實際上有多麼巨大的不同，但是，對於某些類型的宗教人或者某些形式的宗教經驗而言，**對立統**一成為一種原型的模式。人類可以通過各種途徑達到**對立統**一或者超越一切屬性。在宗教生活最初級的層面有狂歡，因為它象徵著回歸到無形無差別的事物，回歸到一切屬性消失、一切矛盾消融的狀態。但是在東方聖人的最高理念中，也可以分辨出完全相同的原則，他們沉思的方法和技術旨在超越一切屬性。苦行僧、聖人、印度和中國的「神祕家」試圖消除各種「極端」的經驗和意識，試圖獲得一種完美的、無差別的、中庸的境界，試

420

圖對於任何快樂和痛苦都不動心，試圖自我圓成。這樣藉由苦行和冥想而超越極端，也帶來了將「對立面統一起來」的結果。這些人的意識對於衝突了無所知，快樂和痛苦、欲望和厭惡、冷和熱、同意和反對的矛盾也都從他們的意識中一筆勾銷，而在他內心所發生的相當於在神性中對立面的整體實現。正如我們前文所見（第 57 節），[41] 在東方人的心靈裡，除非所有的對立面都得到實現，否則完美的境界無從設想。新入會者起初將自身的經驗等同於統治宇宙（太陽和月亮）的節律，但是一旦達到了這種「宇宙化」，他就將自己的全部努力放在將太陽和月亮**統一起來**，認為自己就是**整體的宇宙**；他為了自己，在自己內心重新創造創世之前的原初的統一，這個統一並不象徵著在任何形式創造之前存在的混沌，而是一切形式融為一體的無差別的存在。

160 · 神聖的雙性同體

　　另外一個例子能更加清楚地說明，宗教人士如何努力效法神話所揭示的神聖原型。既然所有屬性都共同存在於神性裡面，那麼人們就可以期望看到兩性多少也能夠清楚地在其中有共同的表達。神性的雙性同體就是一種原始人表達這種神聖統一體的原始用語。在以形而上學的術語（存在和非存在）或者神學術語（啟示的和非啟示的）表達這個神聖合二為一的概念之前，神話和宗教的思想首先用雙性的生物學術語加以表達。我們已經不止一次

421

41　參見伊利亞德，《宇宙的同構和瑜伽》（*Cosmical Homology and Yoga*）。

發現古代的本體論用了生物學的術語來表達，但是必不可錯誤地從具體、世俗的（「現代的」）表面上意義上來理解這些術語。「婦女」這個字在神話或者儀式中並不僅僅是指女人：它包括婦女所體現的那種宇宙原則。我們在許多神話和信仰中發現的神聖的雙性同體有其理論和形而上學的意義。這個用語的真正關鍵在於用生物學的術語來表達對立面的共存，表達處在神聖性的核心中的（男性和女性的）宇宙原則。

　　這裡並非考察我在《關於綜合的神話》（*Mitul Reintegrarii*）中所討論問題的地方。我們只是要提到，各種宇宙豐產的神靈大體上是男女同體或者（如愛沙尼亞的「森林之靈」那樣）一年為男一年為女。大多數植物神（例如阿提斯、阿多尼斯、戴奧尼索斯）都是雙性的，大母神（例如希栢利〔Cybele〕）也是如此。而像澳大利亞土著宗教那樣的原始宗教，以及在印度和其他地方那樣最發達的宗教，其主神都是雙性同體的（有時甚至特尤斯、《梨俱吠陀》中的宇宙巨人補盧沙[42]等等也是如此）。印度萬神殿中最重要的一對夫妻濕婆－迦梨有時被表現為同一位神（ardhanarīśvara）。而性力派的圖像更是充滿了濕婆和薩克蒂（Śaktī）緊密纏繞的形象，他自己的「力量」——通常被描繪成一位女神（迦梨）。因而所有印度情色的神祕主義顯然旨在通過將自己等同於一對「神聖夫婦」，也就是通過雙性同體的方式使人達到圓滿的境界。

　　在許多宗教中都可以發現神聖的雙性同體元素，[43] 而且——

42　x，90。

43　見巴托烈（Bertholet），《諸神的性別》（*Das Geschlecht der Gottheit*），圖賓根。1934。

這一點頗值得注意——甚至最高的男性或者女性神也是雙性同體的。不管神聖採取何種形式顯現自己，他或她都是終極實在、絕對力量，而這種實在、力量絕不會自我侷限在任何諸如此類的屬性（善、惡、男、女或者任何其他屬性）。若干最古老的埃及神也是雙性的。[44] 在希臘人那裡，雙性同體甚至直到古典時代最後幾個世紀一直受到認可。[45] 幾乎所有斯堪地納維亞神話的主要神靈都保留著雙性同體的因素：奧丁、洛基、圖伊斯科（Tuisco）、耐爾圖斯（Nerthus）等等。[46] 伊朗的無限時間之神察宛——希臘歷史學家確切地視之為克洛諾斯——也是雙性同體的，[47] 正如我們先前所揭示的那樣，他生育了攣生子奧爾姆茲德（Ormuzd）和阿赫里曼（Ahriman），「善」神和「惡」神、「光明」之神和「黑暗」之神。甚至中國人也有一個男女同體的至上神，即黑暗與光明之神。[48] 這個象徵是名實相符的，因為光明和黑暗正是同一個實在的前後相續的兩個方面。分開來看，兩者似乎是分離的、對立的，但是在智者眼裡，他們不僅是「攣生的」（就像奧爾姆茲德和阿赫里曼那樣），而且構成同一個本

422

44　巴基（Budge），《古埃及：從拜物教到上帝》（*From Fetish to God in Acient Egypt*），牛津，1934，第 7、9 頁。

45　例如參見榮格、克蘭尼（Jung-K. Kernyi），《神話科學導論》（*Intriduction to a Science of Mythology*），第 70 頁以下。

46　例如參見德弗里（De Vries），《日耳曼宗教思想手冊》（*Handbuch der germanischen Religionsgeschichte*），第 ii 卷，第 306 頁；同上，〈洛基的問題〉，*FFC*，第 110 號，赫爾辛基，1933，第 220 頁以下。

47　本文尼斯特（Benveniste），《從希臘文獻看波斯宗教》（*The Persian According to the Chief Greek Texts*），巴黎，1929，第 113 頁以下。

48　參見亨慈（Hentze），《古代中國青銅器和崇拜想像》（*Fuhchinesische Bronzen und Kultdarstellungen*），安特衛普，1937，第 119 頁。

質，一顯、一隱。

　　神聖夫妻（就像貝勒和貝利特等等）通常是對各種神靈特有的、原初的雙性同體的晚出創作或不甚完美的表達。例如，在閃米特人那裡，塔尼特（Tanit）女神的外號叫作「巴力的女兒」，阿基塔蒂是「巴力的名字」。[49]大量的神靈被賦予了「父親和母親」的稱號，[50]世界、萬物、人類都是從他自身的本質中誕生，沒有其他任何助手介入。神聖的雙性同體包含有邏輯上的單一性和自主性，許多神話講述了神靈如何從他自己那裡獲得存在——以一種簡單而戲劇化的方式說明了他完全是自我圓成的。同樣的神話還會再次出現，只是基於一種複雜的形而上學而出現在晚近古典時代的新柏拉圖派和諾斯替派的沉思裡面。

423　161 · 人類雙性同體的神話

　　與神的雙性同體——它比任何其他表達對立統一的用語更為清晰地揭示了神聖存在的悖論——相對應，我們還有和人類的雙性同體有關的一系列完整的神話和儀式。關於神的神話形式構成了人類宗教經驗的範式。許多傳統都主張「原初的人」、祖先是雙性同體的（圖伊斯科便是一個典型），而以後的神話變體也都言及「原初的一對」（閻摩——亦即「孿生」——和他的姐妹〔Yami〕，或者伊朗的一對伊瑪和伊瑪姬〔Yimagh〕，或者馬希亞赫〔Masyagh〕與馬希亞娜赫〔Masyanagh〕）。若干

49　巴托烈（Bertholet），第21頁。
50　同上，第19頁。

拉比的評注也使我們認識到，甚至亞當有時候也被認為是雙性同體。在這裡，夏娃的誕生只不過是同一個原初的雙性同體的存在分化為兩個存在——男人和女人而已。「亞當和夏娃天生就是背對背，肩膀相連，上帝用斧頭將他們分開，或者將他們劈為兩半。其他人則有不同的看法：第一個人亞當右邊是男人，左邊是女人，但是上帝將他分為兩半了。」[51] 第一人的雙性特徵在（例如澳大利亞和大洋洲）[52] 我們所稱的原始社會中甚至擁有更為鮮活的傳說，[53] 甚至在柏拉圖和諾斯替派等高度發達的人學中得到保留並且有所發展。[54]

至於第一人的雙性同體必須視作對完美和整體的一種表達，我們還能更進一步的證明，第一雙性同體的人經常被認為是球體的（澳大利亞、柏拉圖）：眾所周知，自遠古時代起大多數的古代文化（例如在中國），球體象徵完美和整體。一個原初的雙性同體在形式上表現為一個球體的神話也就和宇宙起源於蛋的神話聯繫起來了。例如，在道家的傳統裡，「吐納」——特別體現了兩種性別——融合在一起，形成一個蛋，亦即太一。後來就從這個蛋裡面分出了天和地。這個宇宙學圖式顯然成為了道家神祕生理學的模式。[55]

424

---

51 貝列希特·拉巴赫（Bereshit rabbah），I，1，第 6 頁，第 2 欄，等等；閱讀更多的文獻，參見克拉佩，〈夏娃的誕生〉（The Birth of Eve），《西方和東方，加斯特周年紀念文集》（*Occident and Orient, Gaster Anniversary Volume*），倫敦，1936，第 312-322 頁。

52 參見溫特維（Winthuis）的著作。

53 《會飲篇》（*Symposium*）。

54 參見《綜合神話》，第 83 頁以下。

55 參見馬伯樂（H. Maspero），〈道教養生術〉（Les Procedes se nourrir le principe vital dans la religion taoiste ancienne），*JA*，4-6 月，1937，第 207 頁，注 1。

　　雙性同體的神靈和雙性同體的祖先（或者第一人）的神話，為向這種原初狀態的週期性復歸，也就是復歸於被認為是人類完美體現的原始狀態的一系列完整的儀式，確立了範式。除了年輕的男女土著實行割禮和陰莖切開（subincision），以便將他們轉變成為雙性同體[56]之外，我還要提到各種「變裝」儀式，這是同一種觀念的較為鮮見的版本。[57]在印度、波斯和亞洲其他地方，儀式性的「變裝」在農業節日中十分重要。印度某些地方的男人在植物女神的節日甚至還要穿上假胸，而女神本人當然也是雙性同體的。[58]

　　總之，人們一次又一次感受到需要——即使是短暫的——回歸到人類最完美的狀態——兩種性別與其他各種性質、各種屬性一起共存於神靈裡面。男人穿上女人的服裝，並不像我們初看上去那樣，為了使自己變成女人，而是為了在那個時刻造成兩性統一起來的結果，推動對宇宙的理解。人類週期性取消有差別的、被決定的狀態以便於回到原初「整體性」的需要，和人類使自己置身於週期性狂歡、消除所有形式、恢復創造之前的「太一」的需要，是一樣的。在這裡，我們再一次遇到了毀滅過去、驅逐「歷史」並且在全新的創造中開始全新的生命的需要。「變裝」

56　參見溫特維（Winthuis）、羅海姆（Roheim）的研究，等等。

57　關於希臘人的儀式，參見尼爾松，《希臘的節日》（*Griechische Feste*），第370頁以下；在嘉年華會期間的儀式，參見杜梅齊爾，《半人半馬神的問題》（*Le Problème des Centaures*），巴黎，1929，第140、180頁以下等等；在印度的儀式，梅耶爾（Meyer），《三部曲》（*Trilogie*），第1卷，第76，86頁；關於歐洲春節的儀式，同上，第 i 卷，第88頁以下；科勞利－貝斯特曼（Crwley-Besterman），《神祕的玫瑰》（*The Mystic Rose*），新版，倫敦，1927，第 i 卷，第313頁以下。

58　梅耶爾，第 i 卷，第182頁以下。

的儀式本質上類似於狂歡的儀式，實際上，這些裝扮經常就是舉
行狂歡的場合。儘管如此，甚至這些儀式最隨意的變化也沒有成
功地取消它們的基本意義——也就是使得他們的參與者再一次分
享「原初人類」的天堂般的狀態。所有這些儀式都以神靈的雙性
同體為典範模式。

425

　　如果我希望為神話的範式功能提供更多的例證，只需再次仔
細考察一下前一章提出的大部分材料。正如我們已經看到，這不
僅僅是一個儀式的範式問題，同樣也是其他宗教的、形而上學的
經驗，「智慧」、神祕生理學的技術等等的範式問題。神話的根
本便是揭示了人類不遺餘力地重演經常處在通常所稱的宗教生活
以外的各種原型。我們且舉一個例子：人們不僅可以藉由澳大利
亞入會禮上施行的外科手術、狂歡儀式、「變裝」等等達到雙
性同體，而且可以通過煉金術（例如 rebis，哲人之石的用語，
又稱「赫密士雙性同體」）、婚姻（例如在卡巴拉那裡），在
浪漫主義的德意志意識形態中甚至還可以藉由性交達到雙性同
體。[59] 實際上，我們甚至還可以討論人類透過愛而實現「雙性同
體」，因為在愛裡面，每一個性別能夠取得、征服對方的性別的
「特徵」（就像一個在愛裡面的人可以得到恩典、浸禮和奉獻等
等）。

59　參見拙著《綜合神話》的論述，第 82 頁以下。

162・更新、建造、入會禮等等的神話

　　一個神話絕無可能僅僅被視為一個「自然」事件的投射。在巫術－宗教經驗的層面上，正如我已經指出的那樣，自然絕不是「自然的」。在經驗主義或者理性主義思想看似自然的處境或者過程，實乃巫術－宗教經驗中的一種力顯或者聖顯。正是由於這些力顯或者聖顯，「自然」才變成為某種巫術－宗教的東西，才能引發宗教現象學和宗教歷史學的興趣。就此而言，「植物諸神」的神話便構成了一個「自然」宇宙事件的轉型和意義的絕好例證。並非植物的週期性顯現產生了植物神的人物和神話（坦木茲〔Tammuz〕、阿提斯、歐西里斯以及其他諸神），至少它不是從這種「自然」現象的經驗的、理性的觀察產生的。從巫術－宗教經驗的角度看，植物的出現和消失總是宇宙週期性創造的一個記號。坦木茲的受苦、死亡和復活，正如它們在神話以及所揭示的事物中所顯現出來的那樣，早已超越了冬天和夏天這樣的「自然現象」，就像《包法利夫人》（*Madame Bovary*）和《安娜・卡列尼娜》（*Anna Karnina*）的主人公超越了姦淫一樣。神話是一種心靈自發的創造活動：正是通過這個創造行為——而不是通過啟示所利用的事物或者事件——才產生了啟示。總之，植物死亡和復活的戲劇通過坦木茲的神話而不是其他方式而顯示出來。

　　實際上，坦木茲的神話以及和類似諸神的神話，揭示了宇宙本質的諸方面，遠遠超出了植物生命的範圍。它一方面揭示了生與死的基本統一性，另一方面揭示了從那種基本的統一性中合情合理地引申出來的，人類自己對死後生命的希望。從這個觀點

看，我們可以將植物之神的受苦、死亡和復活的神話視為人類境況的一個範式：它們比任何感性和理性的經驗與觀察能夠更加深刻地揭示「自然」，正是為了維持和更新那樣一種啟示，神話必須不斷被慶祝和重複。植物的出現和消亡本身作為一種「宇宙現象」，無非表明它們實際上就是草木生命的週期性顯現和消失。只有神話能夠將這個事件轉變成為**一種存在的模式**：一方面，當然是因為植物的死亡和復活成為一切死亡和復活的原型，不管它們採取了何種形式，在何種層面產生；另一方面，也因為它們揭示人類的命運，勝過其他任何感性的或者理性的手段。

同樣，一些宇宙起源的神話講述了宇宙——如果不是從創造者本身的肉體和血液中創造出來的話——如何從一個原初的巨人創造出來，這些神話不僅成為「建築儀式」的模式（如我們所知，包括在建造房屋的、橋樑或者聖所的時候獻祭一個活物），而且成為一切最廣泛意義上的各種形式的「創造」模式。神話揭示了一切「創造」的本質——沒有一種「生氣」，沒有一種已經擁有生命的活物直接賜予生命，這些創造就不可能實現。同時，它還揭示除了再創造自身之外，人類在創造方面無能為力——甚至在許多社會裡，人類自身的再創造甚至也被認為是某些人類以外的宗教力量所作用（認為兒童來自樹、石頭、水、「祖先」等等）。

大量神話和傳奇描述了低級神靈和英雄在進入某個「禁地」、某個超越的地區——天堂或地獄時遭遇的「艱難困苦」。他要走過一座修成一把小刀一樣的橋，穿越一種顫抖的蔓藤植物，從兩塊相交的石頭中間闖過，穿過一扇瞬間開啟的門且那個地方有群山、深潭、烈焰環繞，有魔鬼把守，或者要穿

427

過「天地交匯」處、「年的終點」彙聚處的一扇門。[60] 這種考驗神話的若干版本，就像赫拉克勒斯的勞作、冒險或者阿爾戈（Argonauts）諸英雄的遠征一樣，甚至自古以來就有大量的文學描述，不斷得到詩人和神話作家運用和模仿。它們也為一些半歷史傳奇故事所效仿，就像亞歷山大大帝的故事一樣，他也曾在黑暗中跋涉、尋求長命草、和鬼怪打仗等等。這些神話中有許多毫無疑問都是入會禮儀式的原型（例如和三首怪決鬥、經典的軍事入會禮）。[61] 但是，這些「尋找超越的土地」的神話除了入會禮的戲劇之外還能說明一些其他問題。它們展現了超越對立面的悖論，此乃任何一個世界（亦即任何一個「處境」）的必然組成部分。穿過「窄門」、「針眼」、兩塊「相交的岩石」等等，總是包含有一組對立面（就像善與惡、黑夜與白晝、高與低等等）。[62] 在這個意義上，確實可以說「追尋」和「入會考驗」的神話通過一種藝術的、戲劇的形式揭示了一種現實活動，通過這樣活動，心靈超越了侷限的、零碎的宇宙，將對立面連接起來，回歸那個在創世之前就存在的本質的太一。

---

60 《奢彌尼亞奧義書》（*Jaīminīya Upaniṣad Brāhmaṇa*），i，5，5；i，35，7-9，等等；關於這些神話的主題，參見庫克（Cook），《宙斯》（*Zeus*），劍橋，1940，第 iii 卷，2，附錄 P，〈漂浮島〉（Floating Island），第 975-1016 頁；庫瑪拉斯瓦米（Coomaraswamy），〈敘姆普勒加得斯〉（Symplegades），載於《喬治・薩爾頓紀念文集》（*Homage to George Sarton*），紐約，1947，第 463-488 頁。

61 杜梅齊爾在《賀拉斯和庫瑞阿斯》（*Curiaces*），巴黎，1942。

62 參見庫馬拉斯瓦米，第 486 頁。

163・神話的編造：伐樓那和弗栗多

　　神話和象徵一樣，有自身特殊的「邏輯」、內在的一致性，從而可以在不同層面上都成為「真實」，哪怕它們已經和這個神話最初出現的那個層面相距多麼遙遠。我此前已經說明，創世神話不論以多少種方式、從何種觀點來看，都可以認為是「真實的」——因而也是有效、「可用的」。我們再舉一個例子，回到伐樓那的神話和結構。伐樓那是統治萬物的天神，擁有諸種力量，有時還會用其「靈性力量」和「巫術」「捆綁」人。但是他在宇宙之神甚至更加複雜一些：正如我們所見，他不僅是天神，還是月神和水神。伐樓那有某種「月亮的」基調——實際上也許很早就已經存在了——這正是貝爾迦涅（Bergaigne）以及最近庫馬拉斯瓦米（Coomaraswamy）特別強調的一點。貝爾迦涅指出，[63]《泰迪利耶本集》（*Taittiriya Samhita*）[64]說伐樓那「像黑夜一樣掩蔽自己」。伐樓那「黑夜的」一面不可僅用「黑色的天空」這樣一種氣象意義，而是應該用一種宇宙甚至形而上學的意義去解釋：黑夜也是潛在、種子、非顯現，正是由於伐樓那有著這樣一種「黑夜」的因素，他才能夠成為一位水神[65]，能夠和魔鬼弗栗多（Vṛtra）同化。

　　這裡並不是討論「弗栗多－伐樓那」問題的地方，我們必須滿足於提到這樣一個事實，那就是這兩個神靈都具有一種以上的

63　i，8，16，1。

64　《〈梨俱吠陀〉之後的吠陀宗教》（*Le Religion vedique d'après les hymnes du Rig-Veda*），巴黎，1878-83，第 iii 卷，第 113 頁。

65　貝爾迦涅（Bergaigne），第 iii，第 28 頁。

429　共同特徵。即使撇開他們名字的語源學關係[66]不談，我們也會注意到，兩者都和水有關，主要是和「水的掩藏」有關（「大神伐樓那藏起了大海」[67]），而弗栗多有時就像伐樓那一樣，也被稱為摩耶或者巫師。[68] 從一個觀點看，伐樓那和弗栗多的種種等同，就像所有伐樓那的其他各種屬性和功能一樣形成一個整體，也有助於相互解釋。黑夜（不顯現）、水（潛在、種子）、超越性和消極性（兩者都是至上神和天神的標誌）在神話以及形而上學方面，一方面和各種「捆綁」的神靈相關聯，另一方面又和「阻止」、「禁止」或者「囚禁」水的弗栗多相關聯。在宇宙層面上，弗栗多也是一位「捆綁者」。就像所有偉大的神話一樣，弗栗多的神話因而也具有多重意義，只憑一種解釋都不能詳盡地解釋其神話。我們甚至可以說神話的主要功能就是確定並且證明實在的各個層面，無論第一印象還是進一步思考，都表明這種實在是多方面的、非均質的。因此在弗栗多神話裡，除了其他的意義外，我們還注意到一種意義，即回歸到不顯現或「禁止」、「約束」，阻止「形式」──亦即宇宙生命──顯現。顯然，我們必不可過度演繹伐樓那和弗栗多的相似性。但無可否認，「夜晚的」、「消極的」、「巫術的」、遠距離「捆綁」罪人的伐樓那，和「囚禁」水的弗栗多存在結構上的聯繫。兩者訴諸行動，阻止生命、帶來死亡，只不過一個是在個體層面上，而另外一個

66　貝爾迦涅，第 iii 卷，第 115 頁，等等；庫馬拉斯瓦米，《精神權威和時間力量》（*Spiritual Authority and Temporal Power*），紐黑文，1942 年，第 29 頁以下。

67　《梨俱吠陀》（*RV*），IX，73，3。

68　例如，ii，11，10。

是在宇宙範圍內。

164・作為「歷史典範」的神話

　　每一個神話，不管其本質如何，都講述了一個發生在**從前**（*in illo tempore*）的事件，因而為以後一切重複該事件的行為和「處境」構成了一個先例和範型。人類的每一個儀式、每一個有意義的行為都是重複那個神話的原型；正如我們所見（第150節），這種重複包括消除世俗的時間、將人置於一種巫術－宗教的時間，和真正意義上的時間賡續毫無關係，但卻構成了神話時間的「永恆的現在」。換言之，和其他巫術－宗教經驗一起，神話使人類再度存在於一個永恆的階段，實際上就是一種**彼時**（*illud tempus*），就是黎明的時間、「天堂」的時間、歷史以外的時間。任何舉行儀式的人都超越了世俗的時間和空間。同樣，任何人「效法」神話的模式甚至儀式性地支持重述神話（亦即參與其間），就脫離世俗的「生成」而復歸那偉大的時間。

　　我們現代人也許會說，神話（以及和它相關的一切其他的宗教經驗）消除「歷史」（第150節）。但是我們要注意，大多數神話僅僅因為記載了發生在「從前」的事情，本身就為保留了這些神話的社會以及在這個社會中生存的整個世界，構成了一種**典範歷史**（exemplar history）。甚至宇宙起源的神話也是歷史，因為它敘述了所有**從起源開始**所發生的一切。但是毋庸贅言，我們必須牢記這並不是我們所理解的「歷史」——不是那些只發生一次，以後再也不會發生的事情——而是可以（有規律或者沒有規

430

律）重複的典範歷史，其意義和價值就在於這樣一種重複。在開初所發生的歷史必須被重複，因為那些最初的顯現極其豐富——不能透過一次顯現就充分表達自己。神話的內容也極其豐富，因為它是範式性的，因此表現出一種**意義**，**創造**某種東西，告訴我們某種東西。

原始人感覺要為神話記載的事件提供「證明」，由此看來，作為典範歷史的神話的功能就更明顯了。假設有這樣一個著名的神話主題：發生某些事情——人類死亡、海豹失去腳趾、月亮上出現一個標記等類似事情。對於原始人的心智而言，這個主題可用人類**是會**死亡的、海豹**沒有**腳趾、月亮上**已有**一個標記的事實清楚地予以「證明」。講述東加島是如何從海底被釣上來的神話，可以通過這個事實得到證明：諸位還可以看到當初將海島拖出海面的繩索以及懸掛釣鉤的岩石等。[69] 這種證明神話真實性的需要有助於我們理解歷史和「歷史證據」對於原始人的心智具有何種意義。它表明原始人將怎樣的重要意義附加到**真正發生**的事情，附加到他周圍實際發生的事情上面；它表明他的心智如何渴望「真實」的事物，渴望最充分意義上的事物之所是。但是，與此同時，那些在**彼時發生**的事件上的原型功能，使我們得以窺見原始人對於有意義的、創造性的、具有範式作用的諸實在具有怎樣的興趣。這種興趣甚至還保留在古代世界最早的歷史學家那裡，因為在他們看來，「過去」之所以有意義，僅僅是因為它們是需要效法的範例，並因此構成了全人類的知識大全。如果我們

431

---

69 恩馬克（Ehnmark），《擬人說和奇蹟》（*Anthropomorphism and Miracle*），烏普薩拉－萊比錫，1939，第 181-182 頁。

要正確理解這種從神話產生出來的「典範歷史」的作用，就必須將它和原始人那種要具體地實現一種理想的原型、要在此時此地「經驗地」生活在永恆之中的傾向——這種渴望在我們分析神聖的時間（第155節）時就已經研究過了——聯繫起來加以考察。

165 · 神話的衰變

神話可以蛻化為一段史詩般的傳奇、一首民謠或一段羅曼史，或者僅僅以「迷信」、習俗、鄉愁等衰減形式留存下來。儘管如此，它既沒有喪失其本質，也沒有喪失其意義。我們還記得，宇宙樹的神話如何保存在傳奇以及採集藥草的儀式（第111節）裡面。參加入會禮的候選者所經受的「考驗」、苦難以及跋涉也被保存在了那些英雄（尤利西斯、埃涅阿斯、帕西法爾〔Parsifal〕、某些莎士比亞筆下的人物、浮士德等等）在尚未達到目的之前所經歷的苦難與困頓的故事裡。所有這些構成史詩、戲劇或者羅曼史的「考驗」和「苦難」，極清晰地和通往「中心的道路上」（第146節）遭受的儀式性痛苦及障礙聯繫起來。毫無疑問，雖然它的「表現方式」與入會禮並非處在同一個層面上，但是，在類型上，十九世紀的名著迴響著尤利西斯的流浪或者尋找聖杯的故事，更不要說那些我們不難發現情節古老起源的袖珍小說了。如果說當今偵探小說詳細敘述罪犯和偵探（古代故事中的好妖和惡妖、龍和童話王子）之間的鬥智鬥勇，而在好幾代人之前，他們喜歡表現一個孤兒王子或者天真少女和「壞人」搏鬥，而一百五十年之前流行的則是「黑色的」和誇張的羅

432

曼史，充斥著「黑衣修士」、「義大利人」、「壞蛋」、「受誘惑的少女」、「蒙面保護者」等等。這些細節上的變化乃由流行情感的不同色彩特徵所致，但主題則是萬變不離其宗。

顯然，每次更進一步的衰變都令戲劇的衝突以及人物變得模糊，同時為數眾多的「地方色彩」也添加進來。但是自遠古時代一直流傳下來的範型並沒有消失殆盡，它們被重新帶回生活中的可能性也沒有喪失。它們甚至在「現代人」的意識中還佔有一席之地。這樣的事例不計其數，我們僅舉一例：阿基里斯（Achillis）和索倫·齊克果。就像許多其他英雄一樣，阿基里斯終身不娶。預言說如果他娶了妻子，就能過上多子多孫的幸福生活，但這樣的話他就會放棄成為英雄的機會，不會實現獨一無二的成就，也不會獲得永生。齊克果在和雷吉娜·奧爾森（Regina Olsen）的關係上也經歷了完全相同的生存戲劇。他放棄婚姻孤身一人，特立獨行，以拒絕隨主流過上幸福生活，嚮往永恆。他在一段私人日記中明確提到這點：「在有限的意義上，如果能從肉體上去掉這根芒刺，我將變得更加幸福。但是在無限的意義上，我將一無所有。」[70] 一個神話原型就是以這樣的方式，事實上在生存經驗的層面上依舊得以實現，當然，在這裡誰也不會想到神話，也不會受到神話的影響。

即使愈發沉入更低層次，原型也依然富於創造性。例如，幸福島和人間樂園的神話便是如此，它們不僅吸引了世俗人心的想像，也吸引了指導航海大發現的海洋科學。幾乎所有的，甚至屈從於一定經濟目的（例如開闢印度航線）的航海家，也希望發現

70　viii，A 56。

幸福島或者人間樂園。我們知道，許多人認為他們確實發現了天堂島。從腓尼基人到葡萄牙人，所有重大的地理發現都是由這個伊甸園神話導致的。這些航海、探索以及發現是唯一獲得靈性意義的、創造文化的活動。對亞歷山大遠抵印度的記憶之所以尚未消退，那是因為它被歸類於著名神話的範疇，滿足了人們對「神話地理」的渴望——這是人們唯一不可須臾或缺的地理。熱納亞人遠及克里米亞和裡海、威尼斯人在敘利亞和埃及的商業冒險，其航海術肯定異常高超，但即便這樣的商業航線也「在地理發現的歷史上沒有留下任何記憶」。[71] 而另一方面，那些尋找神話國家的遠征不僅創造了傳奇，而且促進了地理知識的增長。

　　早在地理學成為一門科學之前，這些島嶼和新地長期以來一直保持神話特徵。「福樂島」一直存在到卡蒙斯（Camoens）[72] 時代，歷經啟蒙運動和浪漫主義，甚至在我們的時代還佔據一席之地。但是神話島不再意味著伊甸園：它是卡蒙斯的愛之島、丹尼爾·笛福（Daneil Defoe）的「荒島」、埃米內斯庫（Emiescu）[73] 的幽坦納修斯（Euthanasius）島、「異國」島、美女出沒的夢鄉或自由島，或者其他完美的休憩場所——或者理想的假期或豪華遊輪上的遠航，這些現代人心嚮往之的小說、電影或者自己的想像，提供了海市蜃樓。絕對自由的天堂之地的功能仍然一成不變，只是人們關於天堂的觀點經歷了諸多替換——

71　奧爾斯基（Olschki），《地理發現文獻史》（*Storia Letteraria delle scoperte geografiche*），佛羅倫斯，1937，第 195 頁。

72　譯註：卡蒙斯（Luis Vaz de Camonens，1524-1580），葡萄牙詩人，主要作品有史詩《魯西亞德》。

73　譯註：米哈依·埃米內斯庫（Mihai Eminescu，1850-1889），最富盛名的羅馬尼亞詩人之一，現代羅馬尼亞語之父。

從聖經所言的天堂樂園到我們現代人的異國樂園。這無疑是一種衰落，但未嘗不是富有創造性的衰落。在人類經驗的各個層面，不管它們多麼平庸無奇，原型仍然繼續以意義賦予生命並且創造「文化價值」：現代小說中的天堂樂園以及卡蒙斯的島嶼和中世紀文學中的任何一座島嶼都具有相同文化的意義。

換言之，人類不管在其他方面多麼自由，卻永遠都是自身原型直觀（archetypal intuitions）的囚徒，在他第一次意識到自己在宇宙中地位的那一刻，這樣一種原型直觀就形成了。對樂園的渴望甚至在哪怕最平庸的現代人那裡也能找到些許遺跡。人類關於絕對的概念不能被徹底連根拔除：它只能被削弱。原始人的靈性仍以其自身的方式繼續存在，不是在現實的活動中，也不是作為能夠有效實現的事物，而是作為一種鄉愁，創造著那些本身具有價值的事物：藝術、科學、社會理論，以及所有其他賜予全部人類的事物。

434

XIII

象徵的結構

437

166 · 象徵的石頭

　　巫術－宗教現象鮮有不包含某種形式的象徵體系的。我在前面幾章所論述的材料為此提供了豐富的證明。當然這並不是要否認巫術－宗教的物件或者事件就是力顯、聖顯或者神顯的事實。但是我們經常面臨**中介性的**力顯、聖顯或者神顯，它們總是作為一個象徵體系而分享一個巫術－宗教體系或者構成這個體系的一部分。試舉一例，我們看到某些石頭如何因為它們體現了死者（「祖先」）的靈魂，或顯示、或代表一種神聖或神靈的力量，或者因一次神聖的約定或發生在附近的宗教事件而成為神聖。但是還有其他許多石頭由於一種中介性的聖顯或力顯，換言之，由於一個象徵體系賦予了其巫術的或者宗教的意義，從而獲得一種巫術－宗教的性質。

　　雅各枕著石頭睡覺，夢見天使從梯子上面下來，這塊石頭因為是聖顯的地點而成為神聖。但是其他的石柱或**世界之臍**（*omphaloi*），則是因位於「世界中心」進而也是宇宙三界的連結處，而成為神聖。顯然「中心」本身就是一個神聖區域，因此任何體現或者代表它的事物就成為了神聖，因而也能被視為聖顯。但是與此同時，我們當然也可以說一根石柱或者世界之臍，也是中心的「象徵」，因為它承擔著一種超空間的實在（「中心」）並嵌入世俗的空間。在這個事例中，之所以導致這種「聖顯化」，是由於石頭的實際「形式」（這裡當然是巫術－宗教而不是觀察或理性經驗所理解的「形式」）直接揭示了一個顯而易見的象徵體系。但是，其他具有巫術意義的石頭，諸如「寶石」或者治病的石頭從一個並不總是清晰的象徵體系獲得意義。我將

418

舉若干個例子來證明一個日趨複雜的象徵體系的發展，它不見於
我們迄今所見的任何石頭的象徵體系。

作為一種寶石，玉在古代中國象徵體系中具有極其重要的意 439
義。[1] 在社會秩序中，它體現最高統治權和力量；在醫學上它是
靈丹妙藥，被認為內含令死者再生的力量；[2] 它也被認為是靈魂
的食物，道家相信它能確保永生，[3] 因此玉在煉丹術中具有重要
意義，在喪葬的信仰和實踐中總是擁有一席之地。我們在煉丹家
葛洪的著作中讀到：「金玉在九竅，則死人為之不死。」[4] 五世
紀的陶弘景作如下詳細的描述：「古來發塚見屍如生者，其身腹
內外，無不大有金玉。漢制，王公葬，皆用珠襦玉匣，是使不朽
故也。」[5] 近期的考古研究證明，這些文獻所述供喪葬之用的玉
石確有其事。[6]

但玉之所以能體現所有這些力量，是因為它體現了陽的宇宙
原則，因而擁有一整套太陽的、帝王的以及堅不可摧的性質。就
像黃金一樣，玉石包含陽，因此成為一個充滿宇宙能量的中心。
這便意味著在邏輯上它可用於製作許多物品，因為陽本身具有不
同的價值。如果去探究陰－陽這個宇宙學用語的史前歷史，我們

1　參見勞費爾（Laufer），《玉：中國考古學和宗教研究》（*Jode. A Study of Chinese Archeology and Religion*），芝加哥，1912，各處。

2　勞費爾，第 296 頁。

3　德格魯特（De Groot），《中國的宗教象徵》（*Religious System of China*），萊頓，1892-1910，第 i 卷，第 271-273 頁。

4　勞費爾，第 299 頁。譯者按：原文見葛洪《抱樸子‧內篇》，「暢玄」。

5　勞費爾，第 299 頁。

6　伊利亞德，〈古代象徵略論〉（Note sur le symbolism aquatique），第 141 頁；在《想像和符號》（*Images et Symboles*）一書重新刊佈，巴黎，1952，第 179 頁。

就遇到了另外一個宇宙學用語、另外一個象徵體系來證明使用玉的理由何在了。[7]

　　至於珍珠，我們甚至可以追溯到史前時代的原始象徵體系。在先前的一個研究項目中我就做過這樣的研究。[8]珍珠和貝殼已經見於史前墓葬，它們也被用於巫術和治病，在儀式中被奉獻給河神和其他神靈，在許多亞洲祭祀儀式中具有重要地位，婦女佩帶珍珠，以求得到愛情和豐產的幸運。珍珠和貝殼一度在各個地方都具有巫術－宗教的意義，但它們的使用逐漸地被侷限於巫術和醫療上，[9]直到今天，珍珠在某些社會階層僅剩下一種經濟和審美的價值。這種形而上學的意義由「宇宙學」衰落到「審美」的現象，本身就是有趣的，我們還會有機會回過頭來進行討論。但是這裡首先必須回答一個問題：為什麼珍珠具有巫術、醫療或者喪葬的意義呢？因為它是「從水中誕生」，「從月亮中誕生」，因為它代表著陰的原則，因為它是在貝殼裡面找到的，而貝殼象徵具有創造力的女性。所有這些都起到作用，將珍珠轉型成為「宇宙的中心」，進而將月亮、婦女和誕生之特性凝聚到一起。珍珠充滿著水的生殖力，本身就是在水中形成的；它們是「從月亮中誕生的」，[10]所以分享了月亮的巫術力量，婦女佩帶它們的原因亦在於此；貝殼具有的性象徵，將自身所包含的一切力量都傳遞給了她們；最後珍珠和胚胎之間的相似性，也使得珍

7　高本漢（Karlgren），《中國古代的若干豐產符號》（*Some Fecundity Sysbols in Ancient China*），斯德哥爾摩，1936。

8　《想像與符號》，第 5 章。

9　參見《想像與符號》，第 190 頁以下。

10　《阿闥婆吠陀》（*AV*），iv，10。

珠具有一種生殖的和產科的屬性（有一本中國典籍說，蚌「孕育珍珠如同婦女孕育胎兒」[11]），珍珠所有巫術、醫療、婦科學以及喪葬的種種屬性都來自水、月亮和婦女的三重象徵體系。

在印度，珍珠變成了靈丹妙藥，對出血症、黃疸、瘋病、中毒、眼疾、癆病，以及其他疾病都有療效。[12] 在歐洲醫學中它主治憂鬱、癲癇和瘋病。[13] 正如諸位所見，大多數相關的疾病都「月亮的」症狀（憂鬱、癲癇、出血症等等）。其抗毒的屬性也不會有其他解釋：月亮解一切毒。[14] 但是，東方賦予珍珠的價值主要在於其春藥、豐產以及護身符的性質。當它放在墳墓裡儘量靠近死者頭部的地方，就將這些性質和它本身所包含的宇宙學原則結合在了一起：月亮、水和婦女。換言之，將死者置於一種包含誕生、生命、死亡和再生（以月相為範型）的宇宙循環節律之中，從而使之復活。當死者以珍珠覆體，[15] 他就進入了「月亮的」生命，就有望回歸宇宙的大化，因為它充滿著月亮創造生命形式的所有力量。

440

167・象徵的退化

不難看到，圍繞珍珠所形成的象徵體系，其結構形成了珍珠

11　轉引自高本漢，第 36 頁。

12　參見《想像與符號》，第 192 頁。

13　《想像與符號》，第 150 頁。

14　《戒日王傳》（*Harsacarita*），轉引自《想像與符號》，第 191 頁。

15　《想像與符號》，第 178 頁以下。

的多重意義。不管我們是否解釋這個象徵體系，強調它的性元素，是否選擇將其追溯到史前的儀式範型，有一件事情依然是可以確定的，那就是它的宇宙學性質。在所有原始社會裡，婦女的符號與功能保持著一種宇宙學的價值。我們還不能確切地說究竟在史前的哪一個階段，珍珠獲得了上文所羅列的這些特性質。但是我們可以斷定，直到人類意識到水、月亮和變化的宇宙學範型時，直到他發現月亮掌控自然節律時，珍珠才變成了一顆具有巫術作用的寶石。因此，它象徵的「起源」並不是經驗的，而是理論的。只是到了後來，這個象徵體系才以各種不同的方式被解釋和「分享」，最終退化為今天珍珠所代表的各種迷信和經濟兼美學的價值。

441　　我們還是通過考察一些具有巫術－宗教作用的寶石來完善我們的論述。首先是天青石（lapis lazuli），這是一種在美索不達米亞備受推崇的綠色寶石，因其具有的宇宙學意義而成為神聖——它代表星空和月神欣（Sin）。巴比倫人認為有些石頭具有很大的婦科價值的觀點，以後傳入希臘醫學。其中「懷孕石」（^abab e-ri-e），經波松（Boson）考證即為狄奧斯克里底（Dioscorides）的 lithos samios。還有一種石頭叫 ^aban rami，「愛情之石」、「豐產之石」，似乎就是狄奧斯克里底的冰長石（lithos selenites）。這類寶石之所以對孩子有療效，是因為它和月亮的聯繫。碧玉（^aban ashup）有助分娩是因為敲碎它們的外殼就能夠從它的「子宮」裡面獲得若干種其他石頭的事實，這其中的象徵意味顯而易見。碧玉的婦科功能經巴比倫人流傳到希臘－羅馬世界，後者又將其一直保留到中世紀。一個類似的象徵體系解釋了古代世界何以特別喜歡鈴石或者「鷹石」（eagle stone）：普林尼宣稱：「對於懷孕的婦女有用處」（utilis est，mulieribus praegnantibus）。[16] 搖晃這塊石頭就可以聽見裡面發出一種奇特的聲音，仿佛在它的「子宮」中隱藏著另外一顆石頭似的。這些具有婦科和產科作用的寶石，其力量直接來自它們和月亮原則的聯繫，或者來自表明它們有著特別起源的奇特形狀。它們的巫術性質來自它們的「生命」，因為它們「活著」、有性別、可以懷孕。在這一點上它們無一例外。其他各類寶石和金屬也「有生命」、有性別，[17] 只不過它們的生命比較安分一些，性生活比較冷淡一些罷了。它們遵循著自身了無生氣的節律，在大地的子宮裡面「生長」，鮮有「達到成年」者（印度人認為鑽石可以收穫〔pakva〕而水晶不可以收穫〔kaccha〕）。[18]

「蛇石」（snake-stone）提供了一個絕妙的例子，足以說明象徵如何變化和被替代。在許多地方，寶石被認為是從蛇首或者龍首上掉落下來的。例如鑽石有毒，不可以嘴唇觸碰，因為它曾是蛇的喉嚨（這種信仰起源於印度，然後傳播到希臘和阿拉伯世界）。[19] 寶石來自蛇的唾液，這個信仰分佈於中國到英格蘭這一廣泛區域。[20] 在印度，人們認為龍（nāga）施展某些巫術，照亮它們頸部和頭部的寶石。當普林尼（Pliny）宣稱龍石（dracontia

442

---

16 《自然史》（*Nat. Hist.*），xxxvi；21，149-51。

17 參見伊利亞德，〈冶金術、巫術和煉金術〉（Metallurgy, Magic and Alchemy），巴黎，1938，*CZ*，第 i 卷，各處。

18 參見〈冶金術〉，第 37 頁。

19 參見勞費爾，《鑽石：中國和希臘話時代的民間傳說》（*The Diamond. A Study in Chinese and Hellenistic Folklore*），芝加哥，1915，第 40-44 頁。

20 參見本人的研究，〈蛇之石〉（Piatra Sarpelui），載於《曼諾拉大師傳奇評注》（*Mesterului Manole*），1939，布加勒斯特。

或者 draconites）是在龍腦（cerebra）裡面形成的寶石時，他只是將來自東方的信仰加以理性化而已。這個理性化過程甚至在斐洛斯特拉圖斯（Philostratus）那裡表現得更為明顯，他說有些龍的眼睛是一種「發出致人盲目的光芒」的寶石，有著巫術的力量。[21] 術士在拜完這種爬行動物後，就砍掉它們的腦袋，取出寶石。

　　這些傳奇和其他許多神話的起源以及背後的理論不難找到：它們正是古代關於「鬼怪」（蛇、龍）的神話，這些「鬼怪」守護著「生命樹」，守護著某些受到特別崇拜的地方或者某些聖物，或者某些絕對價值（不朽、永遠年輕、分別善惡知識之樹等等）。我們要記住，所有這些絕對實在的象徵總是由鬼怪守護，只讓那些被揀選出來的人接近這些象徵。「生命樹」、結金蘋果的樹或金羊毛，以及各種「寶庫」（海床上的珍珠、大地深處的黃金等等），都受到一條龍的保護，誰想要獲得任何一種永生的象徵就必須首先證明他的「英勇事蹟」或者「智慧」，去戰勝各種艱難險阻，最終殺死這條爬行的怪獸。各種關於寶庫、奇妙的寶石和珠寶的信仰，都是從這個古老的神話主題開始，經過許多理性化和變異的過程而產生。生命樹或者金蘋果樹或者金羊毛——象徵著一種絕對狀態（黃金意味著「榮耀」、不死等等）——變成了黃金「寶藏」，深藏在地下，有龍或者蛇守衛。

443　　由蛇守衛的形而上學符號，變成了存在於這些守衛者的前額、眼睛或者喉嚨裡面的有形的**物體**。原先當作絕對的符號，到後來——在不同社會階層看來，或者經過其原初意義的退化——

21　《提亞那的阿波羅尼烏斯傳》（*Vita Apol. Tyan.*），iii，7。

竟然自身也具有了巫術、醫療或者審美的價值。例如在印度，鑽石是絕對實在的符號。表示鑽石的字 vajra 亦指閃電——因陀羅的象徵——也是不壞的符號。在這個觀念——力量、不壞、閃電、宇宙意義上的勇猛的表現——的範型中，鑽石是神聖的，就像在礦物學層面上，鑽石體現了這些事物一樣。在一個不同的觀念架構——絕對的實在由鬼怪守護著的這幅「流行」的「」圖像——裡，鑽石則因其起源於爬行動物而被視為寶物。正是因為有著相同的起源（雖然從此它就向越來越低的層面沉落），鑽石被賦予巫術和醫療的屬性：它們可以防蛇咬，就像其他許多「蛇石」（紅玉、硼砂、牛黃等等）一樣。某些「蛇石」事實上就是取自蛇腦，人們有時確實可以從那裡找到堅硬的石質塊狀物。但是，它們之所以在蛇腦裡面被發現，僅僅是因為有人期望在那裡發現它們。對「蛇石」的信仰雖然存在於一片廣袤地區，但是在某些地方的某些蛇腦裡面，真正找到堅硬的石質分泌物卻要到很晚的時候。事實上，從蛇腦內取得真正的石頭極其罕見。大多數巫術的、醫療的石頭，不管是否給它們取了一個爬行動物的綽號，之所以和蛇有某種聯繫，僅僅是因為原初神話的緣故，正如我們所見，這個神話可以歸結一個神話主題：「有個鬼怪守衛不死的符號。」毫無疑問，許多這種傳奇和迷信都不是起源於原初的神話故事本身，而是起源於它所產生的無數後起的，或「衰變的」版本。

168 · 幼化

　　我有意侷限於一個地區的例子，以便一方面展示象徵的多元分支，另一方面展示任何象徵在越來越低的層次上被解釋時都會經歷的理性化、退化和幼化的過程。正如我們已經證明的那樣，這經常是不同版本的問題，從表面上看似乎是「民間」的，而在起源上卻是學者型的——總之是形而上學的（宇宙論的等等）——這一點很容易辨別（例如在蛇石這裡便是如此）出來，而且表現出幼化過程的各種特徵。這個過程也許可以透過其他各種方式發生。最常見的有兩種過程，其一，一個「學者型的」象徵體系最終被用於較低的社會階層，因而最初意義發生退化；其二，人們以一種幼稚、過分具體的方式對待這個象徵，從而使它與所屬的整個體系分離。對於前一種類型（「蛇石」、珍珠等），我已經舉了若干例子。在這裡還有一個同樣讓人啟發的例子。有一張極其古老的羅馬尼亞農民的處方：「當人或動物便秘時，在一個乾淨的盤子上寫這些字：比遜、基訓、底格裡斯、幼發拉底，然後用處女泉洗濯，讓病人飲用那水，就可以治癒他的病；如果生病的是動物，就用水澆在它鼻子上面。」[22] 以巫術宗教的視角看，聖經中四條圍繞伊甸園的河流的名字能夠潔淨一切「宇宙」，正是因為這個原因，一個人或動物的小宇宙也能夠被它們潔淨。在這個例子中，天堂之水潔淨的象徵體系以一種素樸的、具體的方式得到解釋：一個人要喝掉碰過那四個字的水……其中的幼化昭然若揭。

22　伊利亞德，《民間傳說》（*Les Livres populaires*），第 74 頁。

　　至於第二種類型（未必有任何「歷史」，也未必是從學術的「下降」到民間的層面）的象徵幼化，在列維－布留爾的傑作《原始人的神祕經驗和符號》[23] 列舉了大量例子。這位法國哲學家提出的證據大都證明，象徵就是神聖物件的替代物，就是一種確立和神聖物件的關係的工具，正是由於這種替代，不可避免地出現幼化——不僅在原始人中間，就是在最發達的社會裡面也在所難免。例如，我們援引列維－布留爾的例子：「在赤道非洲奧果韋高原的一個班姆巴人（Bamba）酋長解釋道，奧西比（ocibi）羚羊只在夜間吃草。白天它睡覺或者反芻，一動不動。這個習慣讓土著把它當作穩定的象徵。他們相信，在建造村莊的時候，凡是在一起吃了它的肉的人永遠不會離開那個村子到其他任何地方去居住。」[24] 在原始人的心智中，透徵通過互滲律而發生具體的交流，就像寫在盤子上面的那四個詞，通過前述幼化的巫術能夠「潔淨」便秘的主體。但是這種解釋的變化並沒有排除最初的象徵，也沒有使原始人獲得一種連貫的象徵體系的能力有所衰退。我必須再說一遍，這僅僅是幼化的個例而已，在每一個開化民族的宗教經驗裡，這種幼化不乏其例。原始民族也能夠獲得一種連貫的象徵體系、一種建立在宇宙論或神學原則上的象徵體系，正如前面幾章的材料所證明的那樣（在北極圈諸民族；含米特人和芬－烏民族的「中心」象徵體系，麻六甲俾格米人的宇宙三界的交流；澳大利亞人、大洋洲人以及期其他民族的彩虹、山脈、宇宙的蔓生植物等等）。但是，我們以後還要回過頭來討

445

23　第 169-299 頁。
24　第 257-258 頁。

論原始人的這種能力以及原始民族的理論發展。

此刻，我們只是要注意到一個事實，那就是在原始民族和發達社會中，連貫的象徵體系以及幼化的象徵體系並存。至於究竟什麼原因導致幼化，這種現象是否僅僅是由於人類環境本身所造成的問題，我們暫且放在一邊。在這裡，我們只需要認識到，不管連貫的還是退化的象徵，在各種社會中都扮演重要作用。它的功能總是一成不變的：它要將一個事物或者行為變成某種在世俗之人的眼光看來是某種與那個事物或者行為**有所不同**的東西。我們再次回到已經列舉的例子——不管是**世界之臍**還是「中心」的符號，不管是一塊像玉或者珍珠那樣的寶石，還是像「蛇石」那樣具有巫術作用的石頭——每一塊石頭在人類的巫術－宗教經驗中都是有意義的，因為它顯現了這樣或者那樣的象徵體系。

169・象徵和聖顯

由是觀之，象徵進而包含著聖顯的辯證法：凡是沒有被聖顯直接祝聖的事物，由於滲透進了一個象徵而成為神聖。只要流覽一下一份例如道格拉斯・范・巴倫（E. Douglas Van Buren）的《美索不達米亞藝術中的諸神象徵》所給出的詳盡名錄就可以發現，一套完整的象徵符號或者事物之所以具有神聖意義和功能，是因為它們完全適合充當某些神靈的「形式」或者顯現物（諸神的飾品、服飾、符號；他們所攜帶的東西，等等）。但是這些並不是象徵的全部：早在這些神靈的歷史性「形式」之前，其他一些象徵就已經存在了——我是指例如植物象徵、月亮、太陽、

閃電、某些幾何圖形（十字、六角、菱形、萬字元等）。這些象徵多與美索不達米亞宗教史上的重要神靈有關：月神欣以新月為符號，夏馬西（Shamash）以太陽圓盤為符號，等等。雖然還有許多象徵在一定程度上和諸神無關（例如某些兵器、某些建築符號、各種類似「三點」之類的符號等等），但是許多符號，實際上是大多數符號先後為眾多不同的神採用，這表明它們在美索不達米亞的萬神殿存在之前就已經存在了。一個象徵從一個神傳到另外一個神，在宗教史上也同樣常見。例如在印度，vajra 既是「閃電」又是「鑽石」（象徵宇宙的統治、堅不可摧、絕對實在等等），從阿耆尼傳到因陀羅，然後又傳到佛陀。其他的例子也是不勝枚舉。

我們從這些考察中可以清楚看到，大量聖顯能夠變成象徵。但是，象徵體系在人類巫術－宗教的經驗中發揮重要作用，並不是由於這些聖顯可轉變為象徵。並非僅僅因為它延續了一個聖顯，或者取而代之，因而這個象徵就具有重要性。主要是因為它能夠繼續聖顯化的過程，尤其因為在某些情況下，它**本身**就是一個聖顯——本身就揭示了一種神聖或者宇宙論的實在，除它之外沒有一種顯現能夠揭示的實在。因此，為了表現一個象徵如何能夠進一步推動聖顯發展，所有月亮（新月、半月、滿月等等）顯現其中的護身符和「符號」都將其靈驗歸因於月亮的顯現的事實。它們以各式各樣的方式分享月亮的力量。人們也許會說，它們是月亮的次一級的顯現，但無疑這種衰退的、有時甚至模糊的顯現（就像複製在還願的小麵包上的粗糙新月形象一樣）[25] 並

447

---

25 關於美索不達米亞的例子，參見范・布倫（Van Buren），〈美索不達米亞諸

不能夠說明護身符和避邪物重要性，我們應該從這些現實中的象徵本身去尋找理由。從早期中國和歐亞歷史上有許多以各種黑白（表示光明和黑暗）對比的方式「象徵」月相的那些陶瓷裝飾和圖案中，我們可以清楚地看到這個過程。[26] 這些圖畫和裝飾都有巫術－宗教的功能和意義。[27] 但是，在這些圖畫和裝飾中幾乎看不到任何月亮的顯現，賦予它們意義的正是月亮的**象徵體系**。

　　進而言之，聖顯包含一種宗教經驗的大爆發（因為在神聖和世俗之間總是存在某些**突破**，總是存在由此及彼的**過渡**——正是這種突破與過渡構成了宗教生活的本質），而象徵體系總是在人類和神聖之間發揮一種恆常的整合作用（但是這種作用多少模糊不清，因為人們只是一次又一次意識到它而已）。護身符、玉石或者珍珠恆常地將任何佩戴的人投射到這些相關飾物所代表的（以及所象徵的）神聖區域裡，而這種恆常性只能透過一種包含神聖和世俗突破的巫術－宗教的經驗發生作用。我們看到（第146節），宇宙樹、宇宙之軸、神廟等「簡易替代品」總是由一個中心的象徵（位於中央的柱子、爐膛或者某種類似的東西）代表。每一個住所就是「世界的中心」，因為在某種程度上，它和中心有著同一個象徵體系。但是，正如我們有機會提到的那樣，一個「中心」難以企及，而它歸每一個人支配的事實又暗示我所說的「樂園的鄉愁」，對永遠、輕易甚至在某種程度上無意識地

448

　　神的象徵〉（Symbols of the Gods in Mesopotamian Art），載於《東方文選》（*Analecta Orientalia*），羅馬，1945，第 xxiii 卷，第 3 頁。

26　參見亨慈的著作。

27　參見哈南‧李迪（Hanna Rydh），〈喪葬陶器的象徵〉（Symbolism in Moetuary Ceramics），*BMAS*，斯德哥爾摩，1929，第 1 卷，各處。

安居在一個至上的神聖區域的嚮往。同樣的，我們也可以說象徵
體系也暗示人類有一種需求，就是要將世界的聖顯無限延伸，不
斷發現某個特定聖顯的複製品、替代品，以及分有它的方式，進
而言之，就是傾向於將聖顯等同於整個宇宙。我們在本章結尾處
還要回過頭來討論象徵的這個主要功能。

170・象徵的連貫性

嚴格說來，「象徵」這個術語應當用來指這樣一些象徵，它
們使得一個聖顯得以延續，或者本身就構成一種其他任何巫術－
宗教形式（儀式、神話、神聖形式等）所無法表達的「啟示」。
儘管如此，在比較寬泛的意義上，**任何事物**都可以是一個象徵，
或者能夠具有象徵的作用，從最初始的力顯（在某種程度上就
「象徵著」具體體現在某個事物中的巫術－宗教力量）到基督本
身（且不談他自己所主張的一切真實與否）都是如此，至少可以
說基督是一個神道成肉身的奇蹟的「象徵」。

在當今民族學、宗教史和哲學的術語體系中，這兩種含義都
是可以允許的，而且正如我們有機會指出的那樣，這兩層含義都
得到一切人類的巫術－宗教經驗的支援。儘管如此，要把握象徵
的真正本質和功能，最好把象徵當成聖顯的延續以及啟示的自發
形式而進行更為切近的研究。我們此前考察了史前藝術和原史藝
術中的**月亮的象徵體系**。這類繪畫的確將月亮的聖顯提高到了一
個新階段，但從整體上看，它們揭示了比其中任何一個月亮的顯
現物更多的內容。它們說明我們從這些顯現物中分辨出**月亮的象**

449

徵體系，這個象徵體系能「揭示」比其他任何所有**月亮的顯現物**都多的東西，與此同時，還能同時全景式地顯現其他顯現物只能斷續地、部分地顯現的東西。月亮的象徵體系使月亮聖顯的實際結構變得清晰，月亮動物的符號（饕餮、熊等等）或者具體表現「祖先」面部的黑白畫，同樣能夠揭示月亮的各種特點、處在有節律的恆常的變化範型之中的宇宙和人類的命運。[28]

　　同樣，水的神聖力量以及水的宇宙論、啟示論的本質，只有透過水的象徵體系，亦即唯一能夠囊括無數聖顯的個別啟示的「系統」而得到完整揭示。當然這種水的象徵體系並無具體的表達，也沒有核心，因為它是由各種組合為一個系統的相互依賴的象徵構成的一個範型，但它們仍然是真實的。我們只要回顧一下（第 73 節）浸沒到水中（洗禮、大洪水和亞特蘭提斯的沉沒）、水的潔淨作用（洗禮、葬禮中的奠禮）、創造之前的時間（諸水、「蓮花」或者「島嶼」等等）等象徵體系的連貫性，就能認識到這裡有著一種結構精良的「系統」。這個系統顯然暗含在每一種小規模的水的神顯之中，但通過一個象徵（例如「大洪水」或「洗禮」）而比較清晰地揭示出來，而且只有在以各種神顯展現出來的水的象徵體系中才能充分地「揭示」出來。

　　從前面幾章的簡短考察可以清楚看到，我們分別面對著一個天空的象徵體系，或者一個大地、植物、太陽、空間、時間等等的象徵體系。我們有充分理由將這些不同的象徵體系視為自主的「體系」，因為它們更清晰、更充分並且以更大的連貫性顯示了聖顯以個別、地方以及陸續的形式所顯示的內容。只要在相關證

28　參見亨慈（Hentze）的研究。

據許可的條件下，我就試圖根據一個特定的聖顯所特有的象徵體系解釋這個聖顯，以便發現其最為深層的意義。毋庸贅言，這並非隨意將一個初始的聖顯「化約」為任何一種象徵體系的問題，也不是將一個象徵體系加以理性化從而使之更加清晰、更加具有連貫性，就像在希臘古典時代末期對待太陽的象徵體系那樣（第46節）。原始民族的心智真正具備從某個聖顯的象徵體系的框架中看見每一個聖顯的經驗，也總是能夠在構成該象徵體系的各個片斷中**看見**這個象徵體系。有些原始人不再如此看待這個象徵體系，或者只是保存一種幼化的象徵體系，但這個事實並沒有削弱象徵體系在結構的有效性。因為一個象徵體系並不依賴於被理解。儘管歷盡各種變化，這個象徵體系仍然是連貫的，即使它已經被長期遺忘，其結構依舊存在，仍然見證著那些史前象徵，它們的意義雖已喪失長達數千年，卻有待日後得到「重新發現」。

　　當今「原始民族」是否還認識到浸沒在水中就相當於一場大洪水，或者相當於一塊大陸沉入海底，是否還意識到兩者都象徵著「舊形式」的消失以便「新形式」的誕生，並不是問題的關鍵。在宗教史上只有一件事是至關重要的，那就是一個人或者一片大陸浸沒在水中的事實，以及這些浸沒水中的宇宙論或者末世論的意義，都出現在神話和儀式之中。這些神話和這些儀式都構成一個整體，換言之，也就是構成一個在某種程度上預先存在於這些神話和儀式之中的象徵體系的事實。因此，正如不久會看到的那樣，我們有著足夠的理由談論一種「象徵的邏輯」，一種不僅誕生於巫術－宗教的象徵體系的邏輯，而且誕生於人類的無意識和超意識行為表達出來的邏輯。

　　象徵的特徵之一就是它會同時揭示許多種含義。一個月亮或

450

者水的象徵適用於實在的每一個層面，並且它在所有的層面同時顯現。例如光明和黑暗的二元性同時象徵著大自然的白晝和黑夜、任何一種形式的出現和消失、死亡和復活、宇宙的創造和解體、潛在和現實等等。這種意義的多樣性彙集到同一個象徵，在宗教生活的領域裡同樣如此。正如我已證明的那樣（第166節），在中國，玉實現或者表現一個巫術－宗教的功能，但是這個功能並不是玉的整個象徵體系：玉還有一種象徵語言的價值，因為一位婦女佩戴的玉石數量、顏色和排列不僅使她和宇宙及四季成為一體，而且進一步暗示她的「身分」——例如暗示她是少女、少婦還是寡婦、屬於哪一類家族、哪一個社會階層、來自什麼地方、丈夫或者未婚夫是否離家外出，以及其他許多含義。在爪哇也是如此，紮染布（batik）的圖案與色彩的象徵昭示了穿著者的性別和社會地位、穿著的季節和「場合」等等。[29]同樣的系統也存在於整個玻里尼西亞。[30]

從這個觀點看，象徵體系似乎是一種只有整個社團的成員能夠理解，而對於外來人毫無意義的「語言」，但是，它也清晰表達穿戴這種象徵的人們的社會、「歷史」以及心理的狀況，以及他與社會和宇宙的關係（某些類型的玉或者紮染布要在春天佩戴或者穿著，有的要在農事開始之前，有的則要在春分或者冬至的時候，等等）。總之，服飾的象徵體系使人成為宇宙的一部分，也使之成為所屬社團的一部分，同時也使社團成員一眼就看出他

451

---

29 穆斯（Mus），《婆羅浮屠》（*Barabudur*），第 i 卷，第 332 頁。

30 賽伊斯和馬奇（Sayce and March），〈波利尼西亞的飾物和神話志，或者起源和後代神話的象徵體系〉（Polynesian Ornament and Mythography; or, a Symbolism of Origin and Descent），*JRAI*，1893，第 xxii 卷，各處。

的基本身分。在這裡它同時表達了若干種觀念——成為宇宙的一部分、澄清他在社會中的地位——許多功能也都具有相同的需求和目標。它們都朝向一個共同的目標：通過澄清人最深層的身分及其社會地位，通過使他和宇宙的節律相一致以及使他和大自然得節律相協調，消除他在社會和宇宙中的「碎片化」的種種局限，將他和一個更大的統一體：社會、宇宙整合在一起。

171・象徵的功能

　　這種統一的功能當然至關重要，對人類的巫術－宗教經驗而言是如此，對於他的一般的經驗而言也是如此。不管其內涵如何，一個象徵總是揭示了現實的若干區域的基本整體性。我們只要回想一下水、月亮的象徵所帶來的巨大「統一性，」通過這些「統一性」許多生物、人類以及宇宙的區域和層次可以根據不同的脈絡等同起來。因此，象徵體系首先就包含有聖顯的辯證，因為它將事物轉變成為某種在世俗經驗看來**不一樣的東西**：例如，一塊石頭變成宇宙中心的象徵。由於變成了象徵，也就變成了超越實在的符號，這些事物便消除了它們物質的侷限，不再是孤立的碎片，而是成為一個完整的體系。或者更確切地說，儘管有著不穩定的碎片化性質，它們自身還是體現著相關體系的整體性。

　　從積極的方面看，一個變成象徵的事物傾向於和整體合二為一，就像聖顯傾向於體現一切的神聖、傾向於將所有神聖力量的顯現囊括在自身之內。吠陀時代祭壇上的每一塊石頭，由於變成了生主，因而傾向於等同於整個宇宙，就像每一個地方女神都傾

452

向於變成大母神，最後擁有一切可能的神聖力量。這種宗教「形式」的「帝國主義」，在我要致力於研究這些「形式」的姐妹篇中將會看得更加清晰一些。此刻，我們只需注意到這種綜合化的傾向也存在於象徵的辯證法裡面。這不僅僅是因為每一個象徵體系都旨在盡可能多地綜合並統一人類和宇宙的各個區域和領域，還因為每一個象徵都傾向於盡可能將自身等同於存在的許多事物、處境與模式。水或者月亮的象徵體系將一切和生命與死亡的事物集於一身，也就是要將一切變化和「形式」集於一身。一個像珍珠那樣的象徵傾向於透過將自身體現為幾乎所有生命、女性以及豐產等各種顯現形式，同時代表著兩種體系（月亮和水）。這種「統一」絕不是一種混合。象徵體系盡可能在不同層次、不同存在模式之間運動，將它們集中在一起，然而**絕不將其融為一體**。我們必須認識到，每一個象徵體系皆有變成整體的傾向，實際上就是將「整體」納入到單一體系裡的傾向，將事物的多元性化約為單一的「處境」，從而盡可能使之被認識。

我們在其他地方已經研究過捆綁、繩結和網罟的象徵。[31] 我在那裡考察了弗栗多「捆綁」水的宇宙論意義以及伐樓那「捆綁」的宇宙統治的意義，討論了用巫術的方式或者真正的繩索「捆綁」仇敵、囚禁屍體、冥神用他們的網羅套住活人或死者的靈魂的神話，討論了「被捆綁」或者「被鎖鏈束縛」的人（印度、柏拉圖）解開繩結以及解決一個生命的難題。我證明我們總是面臨同一個象徵的範型，它在諸多巫術－宗教生活的層面

31　〈「捆綁之神」和夜晚的象徵〉（Le 'Dieu lieur' et symbolism des neuds），載於《想像與符號》，第 3 章。

（宇宙論、恐怖大王的神話、攻擊性或者守衛性的巫術、冥界、
入會禮戲劇的神話等等）上多少得到了充分的表達。在每一個情
況下，都有一個原型尋求在巫術－宗教經驗的每一個層面上有所
表達。但更為重要的是，這種「捆綁」和「鬆綁」的象徵體系揭
示了人類在宇宙中的特殊處境，而這是其他任何神顯都無法揭示
的。甚至可以說，唯有這個捆綁的象徵體系向人類充分揭示出他
的終極處境，並且使他能夠連貫地向自己表達這樣一個處境。進
而言之，這個象徵體系清楚表明一切「受限的」（「囚虜的」、
「被迷惑的」，或者就是那個直面其自身命運的人）人類的處境
是何等相同，他們是何等必然地發現他們的象徵。

172 · 象徵的邏輯

因此我們有充分理由討論「象徵的邏輯」，因為不同類型、
不同層面的象徵總是連貫而系統性的。這種邏輯超越了宗教歷史
的範圍，歸屬於哲學問題。實際上（我在別處研究「登天」象徵　454
的時候已經說過這一點），我們所稱的無意識（夢幻、幻想、
想像）的虛構、精神病態狀態下的創造行為，都表達了一種結
構和意義，它們完全能夠和登天的神話和儀式相協調，也能夠
很好地與登天的形而上學相協調。[32] 在無意識的自發狀態的虛構
（例如登天夢）與在清醒狀態創造的理論（諸如靈性的上升和昇

---

32 參見〈艱難之道和「白日夢」〉（Dūrohana and the 'Waking Dream'），載於
　　《藝術和思想》（*Art and Thought*），倫敦，1947，第 209-213 頁。

華的形而上學）之間的連續性並沒有任何真正的斷裂。這就使我們面臨著兩個難題：第一，我們是否仍然只可以討論一種下意識（subconscious）——是否可以更加確切地假設還存在著一種「超意識」呢？第二，我們是否可以這樣說，下意識的創造和有意識的思維的創造，有著不同的結構。但是這些問題只能從一個正切的視角，也就是哲學的視角展開討論。

　　儘管如此，我還是想強調一點——許多下意識的虛構在一定程度上似乎具有複製或模仿那個似乎並非僅僅來自下意識領域的原型的特點。一個夢幻或者一種精神錯亂，經常具有一種和其本身完全合乎理智的、毫無內在矛盾的、非常「合乎邏輯的」因而起源於意識（或者超意識）活動的精神行為完全相同的形式。這種觀察本身有助於我們在一定程度上理解聖顯的一般問題，尤其是象徵的問題。在宗教史上我們幾乎處處都會遇到一種對原型的「簡單」模仿，也就是我所稱的幼化現象。但是，我們也同樣看到，這種幼化現象又是如何常常使聖顯得以**無限延伸**。換言之，它傾向於將神聖置於每一個微不足道的事物，或者最終將整體置於每一個細小的部分中去。這種傾向本身並不反常，因為神聖事實上確實傾向於變成某種世俗的實在，傾向於轉化並且聖化一切創造。但是幼化現象幾乎總是具有簡便、自動，甚至經常是人為的特點。因此，下意識在創造中模仿各種形式的意識的或超意識的心智的傾向，以及幼化顯現將聖顯無限延伸，在每一個可能的層面上經常以極其機械而粗鄙的方式重複它們的傾向，我們可以辨別出兩者之間有著一種相似之處：這兩種傾向都具有簡便和自動的共同特徵。但不僅如此，它們還都想使一切創造合為一體並消除多樣性。這種希望就其本身而言也是對理性行為的模仿，因

455

為理性也傾向於統一實在——這種傾向發展到極端也會消除創造本身。儘管如此，下意識的創造以及聖顯的幼化是生命走向休憩、走向回歸事物的原初狀態——惰性狀態——的一種運動。在另一個層面上，作為另一種辯證的必然性，傾向於休憩、穩定和統一的生命，和追求統一和穩定的心靈走在一條相同的道路上。

為了使這些論斷站住腳，還需要作出一系列完整的評論，但是我甚至在此不能稍作概述。我試圖對它們作一些略作考察，只是因為它們有助於從整體上理解那種導致形成聖顯的簡易替代物的傾向，理解象徵體系在巫術－宗教生活中的極端重要性。我們所稱的**象徵思維**使人類有可能從實在的一個側面向另外一個層面自由運動。事實上，「自由運動」有點輕描淡寫：正如我們所見，象徵將表面上完全不相協調的各個層面和各種實在等同、同化和統一起來。進而言之，巫術－宗教經驗使人類本身有可能轉變為一個象徵。只有人類本身變成一個象徵，所有體系以及所有人類－宇宙的經驗才有可能，而且實際上人的生命本身在這裡得到極大的豐富和擴張。人類再也不會感覺自己是一塊「密閉的」碎片，而是一個生機勃勃的宇宙，向著周圍其他所有生機勃勃的宇宙開放。世界的普遍經驗再也不是某種外在於人、因而最終「陌生」和「客觀」的東西；它們不再和人自身相疏離，而是相反，引導人走向自己，向他揭示它自己的存在和命運。因此，456
對於原始人而言，宇宙的神話和整個儀式的世界就成為生存的經驗：當他實現一個神話、參與一個儀式的時候，他沒有喪失自己，沒有忘記自己的存在。恰恰相反，他發現了自己，並且逐漸理解了自己，因為那些神話和儀式表達了宇宙的實在，最終他意識到這個宇宙的實在就是存在於他自身之中的實在。對於原始人

而言，實在的每一個層面對他如此地敞開，以至於他只要看見任何像星空那樣宏偉的事物，他的感動和現代人感受到的最具「內心感受的」個人經驗，是一樣強烈。多虧了原始人的象徵，他的**真正存在**並不是當今現代文明的人生活其中的那個割裂的、異化的存在。

結論

459

　　如果我在本書開場時所言（第 1 節）是正確的話，即對於神聖的最簡單定義就是「世俗的對立面」，那麼在以後的章節中我們可以同樣清楚地看到，聖顯的辯證則傾向於不斷減少世俗的領域，並且最終消除它們。某些最高級的宗教經驗將神聖等同於宇宙。在很多神祕主義者看來，宇宙綜合萬物的性質本身就是一個聖顯。「全部宇宙，從大梵直到一片草葉都是他的不同形式，」《大涅槃·怛特羅》如是說，[1] 這只是沿用了一個極其古老的著名的印度格言。這個他，即自我－大梵（Ātman-Brahman）可在任何地方顯現：「飛鴻臨太清，空界為婆蘇，祭壇作執事，觸列居上頭。安宅人內中，又侶神仙儔，處於大道內，亦寓蒼天周。」[2] 這並不是一種素樸的觀念，不可隨意地被歸類為一種泛神論，列昂·布羅伊（Léon Bloy）的話也已經證明了這一點：「……生命的奧祕就是基督：自我即生命。不管此生命是人類、動物還是植物，它總是一個生命，當那個時刻，也就是我們稱為死亡的不可感知的瞬間來臨時，那便是基督從一棵樹或者一個人離開了。」[3]

　　顯然，這並不是我們所理解的那種「泛神論」，但是我們可以稱之為「泛本體論」（panontism）。在布羅伊看來，基督就像印度傳統的自我－大梵一樣，可以存在於一切有（is），或者一切**以絕對方式存在**的事物。正如我常常證明的那樣，遠古時代的本體論的真實（real）主要等同於「力量」、「生命」、豐

1　ii，46。

2　《羯陀奧義書》（*Katha Upaniṣad*），v，2。

3　《徒勞的乞丐》（*Le Mendiant ingrat*），第 ii 卷，第 196 頁。譯者按：列昂·布洛瓦（1846 － 1917），法國天主教小說家和評論家。

產、富足，但是也等同於一切生疏的或者獨特的事物——換言之，等同於一切充分存在或者表現一種與眾不同的存在模式的事物。神聖（sacredness）首先就是**真實**。一個人宗教性越強，就越真實，就越能擺脫無意義變化的非真實性。因此，人類傾向於「祝聖」他的生活。聖顯祝聖宇宙；儀式祝聖生命。這種祝聖可以透過一種間接的方式，透過將生命本身轉變成為一種儀式而發生作用。「人若饑若渴，若不自娛樂，則其齋戒（dīkṣā）也。人若食若飲，若自嬉娛，此則合乎『進食禮』（upāsada）也。若笑、若食，若歡樂，此則合乎唱誦（sutra-Sāstra）也。而苦行，佈施，正直，不害（ahimsā），真實語——皆其供養也。」[4] 我在本書的姐妹篇中將著手考察儀式的發展和功能，那時我就有機會揭示生理學和心理學行為，藉以轉變成為儀式行為的機制了。宗教人的理想當然是這樣的：他所做的一切都合乎儀式，換言之，就是一種獻祭。在每一個原始社會或者任何恪守傳統的社會裡，每一個人受召喚所做的事情都構成這樣一種獻祭。因此，每一個行為都可能成為一個宗教行為，就像每一個自然對象都可能成為一個聖顯。換言之，任何時刻都可以被嵌入偉大的時間，由此將人類投射到永恆中去。因而人類同時存在於兩個平行的層面：一個是世俗、變化和虛幻的層面，另一個是永恆、本質和實體的層面。

另一方面，我們也觀察到有相反的傾向存在——對神聖的抗拒，這種抗拒甚至會出現在每一種宗教經驗的核心地帶。面對既吸引又排斥、既仁慈又危險的神聖，人類模棱兩可的態度不僅可

4　《唱讚奧義書》（*Chāndogya -Up*），iii，17，1-4。

以用神聖本身模稜兩可的性質來解釋，而且可以用人類面對這種以相同強度既吸引他又使他害怕的超越實在所表現出來的天然反映來解釋。當人類面對神聖的**整體要求時**，當他得到召喚要做出至高無上的決定——或者徹底地、義無反顧地委身於神聖事物，或者繼續以一種不確定的態度面對它們——這種抗拒的態度就會表露無遺。

461 　　從生存的形而上學的觀點看，這種對神聖的抗拒就是**逃離實在**。以同樣的觀點來看，「普通」（general）和世俗、虛幻和無意義相對應。「通向中心的旅程」的象徵必須用現代形而上學的語言，翻譯成通往其自身存在的中心且脫離非實在的旅程。對神聖徹底吞併人類生活的抗拒，甚至在基督教會的大家庭內興起。教會不得不經常起來保衛信徒，抵制過分虔敬，尤其是神祕的經驗，防止出現世俗生活被完全消除的危險。我將在本書的姐妹篇中分析這些抗拒的例子，它們在一定程度上表明，人們逐漸意識到「歷史」所起的基礎作用，意識到人類生命的價值傾向於獲得愈發重要的地位，尤其在比較發達的宗教裡，生命能夠**在歷史中存在**並且**創造歷史**。甚至在最古老的宗教裡，我們也能夠看到生命價值的重要性：我們要記住，那些有活力的、有條理的以及豐產的神靈總是脫穎而出（第 26 節以下）。隨著時間的推移，對於生命價值的追求有增無減，主要表現為對於人類價值本身，最終也是對於人類歷史的巨大興趣。人類的存在作為一種歷史的存在擁有了一種意義，即使不是宗教的意義，至少也是超越人類的意義。在接下來要寫的這本書中，我將考察「歷史」究竟在何種程度上能夠被視為神聖過程的一部分，以及宗教價值如何能夠藉由歷史過程而創造或發展。但是，即使現在我們也可以看

出，「對樂園的鄉愁」以及主要的宗教經驗和象徵的「簡易替代品」，為我們解決這個問題指出了一個方向。因為那種「對樂園的鄉愁」以及那些「簡易替代品」表明，處在歷史中的人類根深蒂固地反對完全沉浸於神聖經驗，同樣它們也清楚地表明，要全然放棄那種經驗也是無能為力的。

我並非企圖在歷史的框架裡研究宗教現象，只是把它們視為聖顯加以研究而已。因此，為了弄明白水的聖顯，我毫無顧慮地把基督教的洗禮和大洋洲的神話和儀式、美洲或者希臘－東方的古代文化並列在一起，而無視它們的差別——或者換句話說，無視它們的歷史。由於注意力直接落在信徒所相信的宗教意義上，所以我們忽略歷史的視角有充分理由。當然，正如我開篇所言（第1節），沒有一個聖顯從它開始顯現的那一天起就是非「歷史的」。正是從人類認識到一種神聖啟示的事實，這個啟示不論在哪個層面發生作用，都會變成歷史的。人類出於自身的需要，一體驗到神聖，歷史便立刻介入。如何對待聖顯並將其流傳下去，也增強了它的「歷史化」。儘管如此，它們的結構依然不變，正是由於這種亙古不變的結構才有可能使人認識它們。天神或許經歷了無數次轉型，但是天的結構依然是他們永恆的元素，是他們人格的一個常數。任何一個豐產之神可有無數的融合與附加物，但是她們大地、農業的結構，不會因此和她們須臾分離。實際上，我們還可以更進一步主張：**每一種**宗教形式都企圖盡可能接近其真正的原型，換言之，企圖祛除它「歷史的」附加物和沉澱物。每一個女神都傾向於成為一個大母神，擁有一切屬於原型的大母神的屬性和功能。因此，我們能夠從宗教的歷史中考證出一個雙重的過程：一方面，聖顯持續而短暫地出現，導致

462

神聖在宇宙中的顯現變得越來越碎片化；另一方面，這些聖顯由於內在傾向於盡可能完美地體現它們的原型，並充分實現這些原型的本質而統一起來。

實際上，把宗教綜攝（syncretism）僅僅當作一種晚近的、僅僅由於若干高度發達的宗教之間的相互接觸才產生的宗教現象，是大謬不然的。在宗教生活進程中的每一節點上，都存在著我們所說的宗教綜攝。每一個鄉村的農業精靈，每一個部落神都是一個吸收和同化某些其他相關神性形式的漫長過程的頂峰。但是必須指出，這些吸收和融合不能完全歸因於歷史的環境（兩個相鄰部落的融合、某個地區的征服等等）。這個過程的發生是聖顯的本質所致。一個聖顯不論是否和另外一種宗教形式發生過接觸，也不論這個宗教形式是否與其有任何相似之處，它總是傾向於在那些感受到這個聖顯本身的人們的宗教意識中盡可能完整、充分地表達出來。這個事實解釋了我們在世界各地的宗教史上一種現象——每一個宗教形式都具備提升、淨化、變得更加高貴的能力——例如一個部落宗教可以通過一種新的顯現物而成為一神教，或者從一個較小的鄉村女神變成宇宙之母。

這些從表面看上去相互矛盾的統一和碎片、同化和分裂、吸引和排斥或抵制的運動，如果透過考察各種接近和對待神聖的方法（祈禱、獻祭、儀式等等）而深入到宗教現象的**歷史**，就將比較容易理解了。這種研究可以留給本書的姐妹篇。在這裡，即本書的結論部分，我只是想宣佈，人類幾乎所有的宗教觀點，自從最原始的時代就已經存在了。從一個觀點看，從「原始宗教」到基督教，他的連續性並無任何斷裂。聖顯的辯證只有一個，不管它是在澳大利亞的楚林加（churinga）還是在邏各斯的道成肉身

裡面。在這兩種情況下，我們都面臨著神聖在宇宙碎片中的一種顯現，雖然它們相距甚遠，兩者內含一個顯現物的「非人格」和「人格」的問題。我們看到（第 8 節），在初級的聖顯中（就像瑪納那樣），通常無從說明這種神聖的啟示究竟具有人格的形式還是非人格的形式。一般而言，可謂兩者兼而有之，因為「原始人」對人格和非人格的關注絕對不如對真實（力量等等）和非真實之間的差別的關注那樣強烈。我們將會發現，在最高度發達的宗教和祕儀裡面，這種兩極性也同樣有許多表達。

各種主要的宗教觀點在人類首次意識到他在宇宙中的位置時，就一勞永逸地在那裡存在著了，但這並不意味著「歷史」對宗教經驗本身就毫無影響。恰恰相反。人類生命中的每一件事情，甚至肉體生命，在其宗教經驗中都有迴響。狩獵、農耕、冶金等技術的發現並非僅僅改變人類的物質生活。它會更進一步，也許更富有成果地改變和影響人類的靈性。例如農業開啟了一扇可以通往一系列啟示的大門，這些啟示在前農業時代根本不會產生。毋庸贅言，經濟和社會的變遷，甚至歷史事件本身都不足以說明宗教現象本身，但是物質世界經歷的轉型（農業、冶金等等）提供了人類的心靈擁抱實在的新方式。我們可以說，如果歷史對宗教經驗有任何影響，那麼這種影響就表現在這層意義上面：歷史事件在人類存在、發現自身的本質，以及賦予宇宙以巫術和宗教的意義上，提供各種嶄新而與眾不同的模式。我只需舉一個例子就可以了：查拉圖斯特拉掀起的宗教革命的最基本因素就是反對以動物舉行血祭。[5] 顯然這種觀點的產生，首先是由於

464

5　參見對原牛的讚美詩，《耶斯納》（*Yasna*）29，對牛的尊敬，《耶斯納》12，

一個社會的經濟利益從遊牧的生活方式轉向農業的生活方式。但是查拉圖斯特拉賦予了這個歷史事件以宗教的意義和重要性：因為查拉圖斯特拉，取消血祭成為獲得靈性修行和高貴的一條捷徑，對這種類型的獻祭的放棄，開啟了一種全新的思維角度。總之，歷史事件使得新的宗教經驗以及新的靈性價值成為可能。這並不是說會採取一種反向發展：原始社會高尚的宗教經驗由於「歷史」給這些社會帶來的變遷而變得越來越遙不可及。在某些情況下我們可以毫不誇張地說，確實發生過絕對的靈性災難（例如殖民主義社會以及半工業社會的經濟架構對古代社會的吞噬）。

465　　然而，儘管歷史既可以支援新的宗教經驗，也可以毀滅它們，但是它卻從不企圖消除對宗教經驗的需求。實際上，我們可以進一步說，聖顯的辯證允許對各種宗教價值進行自發的、徹底的再發現。不管這些價值本身如何，也不管發現這些價值的社會和個人處在怎樣的歷史階段。總而言之，宗教的歷史可以表述為這些價值的喪失和再發現，而這種喪失和再發現過去未曾、將來也永遠不會走到終點。

1，等等。

【附錄一】
原書建議參考閱讀 [1]

第一章

Puech, H. C., "Bibliographie générale", *Mana, Introduction à l'histoire des religions, 2nd ed.*, Paris, 1949, vol. i, pp. xvii-lxiii；Hastings, J., *Encylcopædia of Religion and Ethics*, Edinburgh, 1908-23, 13 vols.；Schiele, F. M., Gunkel, H., Zscharnak, L., Berthholet, A., *Die Religion in Geschichte und Gegenwart. Handwörterbuch für Theologie und Religionswissenschanft*, 2nd ed., Tübingen, 1926-32, 5 vols.

・總論性讀物、手冊以及宗教史概論

Caillois, R., *L'homme et le sacré*, Paris, 1939；Dussaud, René, *Introduction à l'histoire des religions*, Paris, 1924；Toy, C. H., *Introduction to the History of Religions*, Oxford, 1926；Mensching, G., *Vergleichende Religionswissenschaft*, Leipzig, 1938；同上，Allgemeine Religionsgeschichte, Leipzig, 1940；James, E. O., *Comparative Religion*, London, 1938；Bouquet, A. C., Comparative Religion, London, 1941。

La Saussaye, P. D. Chantepie de, *Lehrbuch der Religionsgeschichte*, Freiburg-im-Breisgau, 2 vols.；4th ed., 由 A. Bertholet 和 E. Lehmann 完成校訂，Tübingen, 1924-5, 2 vols.；Moore, George Foot, History of Religions, New York, 1920, 2 vols.；Clemen, C.（合著）, *Die Religionen der Erde*, Munich, 1927；Michelitsch, A., *Allgemeine Religionsgeschichte*, Graz, 1930；Venturi, P. Tacchi（合著）, Storia delle religioni, 3rd ed., Turin, 1949, 2 vols.；*Histoire des religions*, Paris, 1939-47, 3 vols.；Gorce, M. 和 Mortier, R., *Histoire générale des religions*, Paris, 1944-9, vols. i-v；König, Franz 等, *Christus und die Religionen*

---

der Erde, Vienna, 1951, 3 vols.

- 比較方法與歷史方法

Jordan, L. H., *Comparative Religion, Its Genesis and Growth*, Edinburgh, 1905；De La Boulaye, H. Pinard, L'Etude comparée des religions, Paris, 1922, 2 vols., 3rd ed. 1929 修訂；Pettazzoni, Rafaele, *Svolgimento e carattere della storia delle religioni*, Bari, 1924；Schmidt, W., *Handbuch der vergleichende Religionsgeschichte. Ursprung und Wesen der Religion*, Münster-in-Westfalen, 1930；Koppers, W., "Le Principe historique et la science comparée des religions", *Mélanges F. Cumont*, Brussels, 1936, pp. 765-84；Martino, Ernesto de, *Naturalismo e storicismo nell'etnologia*, Bari, 1942；Windengren, George, "Evolutionism and the Problem of the Origin of Religion", *ES*, Stockholm, 1945, vol. x, pp. 57-96；Kluckhohn, C., "Some Reflections on the Method and Theory of the *Kulturkreislehre*", *AA*, 1936, no. xxxviii, pp. 157-96；Koppers, W., "Der historische Gedanke in Ethnologic und Religionswissenschaft", *Christus und die Religionen der Erde*, vol. i, Vienna, 1951, pp. 75-109。

- 古人種學，人種學和宗教史

Mainage, T., *Les Religions de la préhistoire*, Paris, 1921；Luquet, G. H., *The Art and Religion of Fossil Man*, New Haven, 1930；Clemen, C., *Urgeschichtliche Religion. Die Religion der Stein-, Bronze- und Eisenzeit*, I-II, Bonn, 1932-3；Meuli, Karl, "Griechische Opferbräuche", *Phyllobolia für Peter von der Mühl*, Basle, 1946, pp. 185-288, 尤其是 237 ff.；Laviosa-Zambotti, Pia, Origini e diffusione della civiltà, Milan, 1947；Blang, Alberto Carlo, Il sacro presso i primitivi, Rome, 1945；Koppers, W., "Urmensch und Urreligion", F. Dessauer, Wissen und Bekenntnis, 2nd ed., Olten, 1946, pp. 25-149；"Der historische Gedanke in Ethnologic und Prähistorie", *Kultur und Sprache*（WBKL, 1952, ix, pp. 11-65）。譯按：此項研究在英譯本中作了大量增補，名為 Primitive Man and his World Picture, London, 1952 年。

Lowie R. H., Primitive Religion, New York, 1924；Radin, P., *Primitive Religion, Its Nature and Origin*, London, 1938；Goldenweiser, A., Early Civilization, New York, 1922；同上，Anthropology, London, 1935；Schmidt, W., *The Culture Historical Method of Ethnology*, New York, 1929；同上，"Untersuchungen zur Methode der Ethnologic：I", *APS*, 1940-1, vols. xxxv-xxxvi, pp. 898-965；Martino, E. de, "Percezione extrasensoriale e magismo etnologico", *SMSR*, 1942, vol. xviii, pp. 1-19；1943-6, vols. xix-xx, pp. 31-84；同上，Il Monde magico, Turin, 1948；Mauss, Marcel, Manuel d'ethnographie, Paris, 1947, 尤其是 pp. 164 ff.

• 宗教現象學和社會學

Otto, R., *The Idea of the Holy*, London, 1950；同上，Aufsätze das Numinose betreffend, Gotha, 1923；Van Der Leeuw, G., Religion in Essence and Manifestation, London, 1938；同上，*L'Homme primitif et la Religion*, Paris, 1940；Hirschmann, Eva, Phänomenologie der Religion, Wurzburg-Anmuhle, 1940。

Levy-Bruhl, *L., How Natives Think*, London, 1926；同上，*Primitive Mentality*, London, 1923；同上，*Primitives and the Supernatural*, London, 1936；同上，La Mythologie primitive, Paris, 1935；同上，*L'Expérience mystique et les symbols chez les primitifs*, Paris, 1938；有關 Lévy-Bruhl 的著作，參見 Van Der Leeuw, *La Structure de la mentalité primitive*, Paris, 1932；Caillet, E., Mysticisme et mentalité mystique, Paris, 1938；Leroy, Oliver, *La Raison primitive. Essai de réfutation de la théorie du prélogisme*, Paris, 1926；Martino, E. de, *Naturalismo e storicismo nell' etnologia*, Bari, 1942, pp. 17-75。

Durkheim, Émile, *The Elementary Forms of the Religious Life*, London, 1915；Hubert, H., Mauss, M., Mélanges d'histoire des religions, Paris, 1909；Weber, Max, *Gesammelte Aufsätze zur Religionssoziologie*, 2nd ed., Tübingen, 1922-4, 3 vols.；Hasenfuss, J., *Die moderne Religionssoziologie und ihre Bedeutung für die religiöse Problematik*, Paderborn, 1937；Gurvitch, G., *Essais de Sociologie*, Paris, 1938, 尤其是 pp. 176 ff.；Wach, Joachim, Sociology of Religion, Chicago, 1944；Mensching, Gustave, *Soziologie der Religion*, Bonn, 1947；James, E. O., *The Social Function of Religion*, London, 1940。

關於落後社會中的個人價值，參見 Vierkandt, A., "Führende Individuen bei den Naturvölkern", ZFS, 1908, vol. xi, pp. 1-28；Beck, Das Individuum bei den Australiern, Leipzig, 1925；Koppers, W., "Individualforschung unter d. Primitiven im besonderen unter d. Yamana auf Feuerland", *Festschrift W. Schmidt*, Mödling, 1928, pp. 349-65；Lowie, Robert H., "Individual Differences and Primitive Culture", 同上，pp. 495-500；Wach, J., *Sociology of Religion*, pp. 31 ff.

Leenhardt, Maurice, Do Kamo. *La personne et le mythe dans le monde mélanésien*, Paris, 1947。

• 禁忌、瑪納、巫術和宗教

Van Gennep, A., *Tabou et totémisme* à *Madagascar*, Paris, 1904；Frazer, Sir James George, Taboo and the Perils of the Soul, London, 1911；Lehmann, R., *Die polynesischen Tabusitten*, Leipzig, 1930（經濟和貿易中的禁忌，pp. 169 ff.；審判象徵，pp.192 ff.；大洋洲和印尼人中有關 tapu 一詞的引申義，pp.301 ff；比較研究，pp.312, ff.）；Handy, E. S., "Polynesian Religion", BMB, Honolulu, 1927, no. xxxiv, pp. 43 ff., 155 ff., and *passim*；Webster, Hutton, Taboo. A Sociological Study, Stanford, California, 1942（禁忌的本質，pp. 1-48；死亡禁忌，pp. 166-229；聖人，pp. 261-79；聖物，pp. 280-310）；Radcliffe-Brown, A. R., Tabu, Cambridge, 1940；Steiner, Franz, Taboo, New York, 1956。

Hocart, A. M., "Mana", *MN*, 1915, no. xiv, p. 99 ff.；Lehhmann, F. R., Mana. Eine begriffsgeschichtliche Untersuchung auf ethnologische Grundlage, Leipzig, 1915, 2nd ed., 1922；Rohr, J., "Das Wesen des Mana", *APS*, 1919-24 vols. xiv-xv, pp. 97-124；Thurnwald, R., "Neue Forschungen zum Mana-Begriff"；*AFRW*, 1929, pp. 93-112；Lehmann, F. R., "Die Gegenwärtige Lage der Mana-Forschung"（*Kultur und Rasse, Otto Reche zum 60*. Geburtstag, Munich, 1939, pp. 379 ff.

Hogbin, H. Ian, "Mana", *OA*, 1936, vol. vi, pp. 241-74；Capell, A., "The Word 'Mana'；a Linguistic Study", *OA*, 1938, vol. ix, pp. 89-96；Firth, Raymond, "The Analysis of Mana：an Empirical Approach", *JPS*, 1940, vol. xlix, pp. 483-510；參見 Williamson, R. W., *Essays in Polynesian Ethnology*, Cambridge, 1939, pp. 264-5：「與玻里尼西亞人的 mana 和 tapu 有關的信仰、風俗和習慣相差甚大，如果我們試圖用若干定義把它們全部涵蓋起來，那麼，這些定義肯定極其籠統，以至於可以認為它們可以歸屬於任何一種人類文化。」

Hewitt, J. N. B., "Orenda and a Definition of Religion", AA, 1892, 新輯，pp. 33-46；Raoin, P., "Religion of the North American Indians", JAF, 1914, vol. xxvii, pp. 335-73；Marrett, "Preanimistic Religion", *FRE*, 1900, vol. ix, pp. 162-82；同上，*Threshold of Religion*, London, 1909, 2nd ed., 1914；Abbott, J., The Keys of Power. *A Study of Indian Ritual and Belief*, London, 1932。

關於 *brahman, hamingja, hosia, imperium* 等，參見 Arbman, E., "Seele und Mana", *AFRW*, 1931, vol. xxix；Gronbech, V., *The Culture of the Teutons*, Copenhagen and London, 1931, vol. i, p. 127 ff., 248 ff.；Widengren, G.,

"Evolutionism...", ES, Stockholm, 1945, vol. x；Batke, W., Das Heilige im Germanischen, Tübingen, 1942；Wagenwoort, H., *Roman Dynamism,* Oxford, 1947；Van Der Valk, H., "Zum Worte öolos", *ME*, 1942, pp. 113-40；Jeanmaire, H., "Le substantif Hosia et sa signification comme terme technique dans le vocabulaire religièux", *REG*, 1945, vol. lviii, pp. 66-89。

Frazer, Sir James George, *The Golden Bough. A Study in Comparative Religion*, 3rd ed., London, 1911 年起，12 vols., abridged ed., London, 1922；Hubert, H., Mauss, M., "Esquisses d'une théorie générale de la magic", *AS*, 1902-3, vol. vii, pp. 1-146；同上，"Origine des pouvoirsmagiques", *Mélanges d'histoire des Religions*, Paris, 1909, pp. 131-87；Vierkandt, A., "Die Anfänge der Religion und Zauberei", *GBS*, 1907, vol. xxii, pp. 21-5, 40-5, 61-5；Hartland, E. S., *The Relations of Religion and Magic*, 轉載於 Ritual and Belief. Studies in the History of Religion, London, 1914；Clemen, Carl, "Wesen und *Ursprung der Magie*", *Nachrichten d. Gesell. d. Wissensch. zu Göttingen*, Berlin, 1926-7；Malinowsiki, B., *Argonauts of the Western Pacific*, London, 1922（pp. 392-463, 巫術與巫術用語 *kula* 等）；同上，Coral Gardens, London, 1935, vol. ii, pp. 214-50："An Ethnographic Theory of the Magic Word"；Allier, R., The Mind of the Savage, London, 1929；同上，*Magic et religion*, Paris, 1935；Martino, E. de, "Percezione extrasensoriale e magismo etnologico", *SMSR*, 1942, vol. xviii, pp. 1-19；Ratschow, C. H., *Magic und Religion*, 1946；Evans-Pritchard, E. E., "The Morphology and Function of Magic：a Comparative Study of Trobriand and Zande Rituals and Spells", *AA*, 1929, vol. xxxi, pp. 619-41；James, E. O., *The Beginnings of Religion*, London, 1948。

37

第二章

112

關於較少開化民族的天神崇拜的問題，多與至上神和「原始一神教」相關。由此，這裡提到的大多數著作一般都是考察這些神靈的「形式」，並且認為他們的天神特徵是次要的問題（當然貝塔佐尼和弗雷澤的著作不在其列，準確地說，這些著作的目的就是詳細論述那些天神的特徵）。

關於原始至上神的總論性研究，見 Pettazzoni, R., "Allwissende höchste Wesen bei primitivsten Völkern", *AFRW*, 1930, vol. xxix, pp. 108-29, 209-43；Clemen, C., "Der sogenannte Monotheismus der Primitiven", *AFRW*, 1929, vol. xxviii, pp. 290-333；Pettazzoni, R., *Saggi di Storia delle Religioni e di Mitologia*, Rome, 1946, pp．xii ff., 1 ff.；*L'onniscienza di Dio*, Turin, 1955。

關於 Baiame，見 Howitt, A. W., *The Native Tribes of South-East Australia*, London, 1904, pp. 362 ff., 466 ff.；Pettazzoni, R., Dio, vol. i（*L'Essere Celeste nelle Credenze dei Popoli Primitivi*），Rome, 1922, p. 2 ff.；Schmidt, W., *Der Ursprung der Gottesidee*, vol. i, 2nd ed., Münster, 1926, pp. 416-78；ibid., vol. iii, Münster, 1931, pp. 828-990, 以及這些書中所附的文獻。

關於 Daramulum，見 Howitt, A. W., *Native Tribes*, pp. 494 ff., 528 ff., Pettazzoni, R., Dio, vol.i, pp. 6 ff., Schmidt, W., *Ursprung*, vol. i, pp. 410 ff.；vol. iii, pp. 718-827。

關於 Bunjil，見 Matthews, R. H., *Ethnological Notes on the Aboriginal Tribes of New South Wales and Victoria*, Sydney, 1905, pp. 84-134, 162-71；Van Gennep, A., *Mythes et légendes d'Australie*, Paris, 1906, pp. 178 ff., Pettazzoni, R., Dio, vol. i, p. 16 ff., Schmidt, W., *Ursprung*, vol. i, pp. 337-80；vol. iii, 650-717（試圖區分 Bunjil 的歷史和他在神話中的變化）。

關於 Munganngana：Howitt, *Native Tribes*, pp. 616 ff.；Schmidt, *Ursprung*, vol. I, pp. 380-97, vol. iii, pp. 591-649。（Schmidt 認為 Munganngana 比其他任何澳大利亞的至上神都更少受到自然神話的影響）

有關 Aranda 和 Loritja 兩個部落的爭論，見 Schmidt, W., "Die Stellung der Aranda unter den australischen Stämmen", *ZFE*, 1908, pp. 866-901；Schmidt, W., *Ursprung*, vol. i, pp. 434-49；參見 Nieuwenhuis, A. W., "Der Geschlechtstotemismus an sich und als Basis der Heiratsklassen und des Gruppentotemismus in Australien", *IAFE*, 1928, vol. xxix, pp. 1-52；contra：Schmidt, W., *Ursprung*, vol. iii, pp. 574-86, and Vatter, E., "Der Australische Totemismus", *Mitteilungen aus dem Museum f. Völkerkunde in Hamburg*, 1925, vol. x, 特別是 pp. 28 ff. and pp. 150；Strehlow, C., and Von Leonhardi, M., *Mythen, Sagen und Märchen des Aranda-Stammes in Zentral-Australien*, Frankfurt a. M., 1907；Spencer, Baldwin, *The Arunta*, London, 1927, 2 vols。有關 Andrew Lang 著作所引發的 Lang-Hartland 之爭，參見 *The Making of Religion*, London, 1898；Hartland, E. S., "The High Gods of Australia", *FRE*, 1908, vol. ix, pp. 290-329；Lang, Andrew, "Australian Gods", *FRE*, vol. x, pp. 1-46；Hartland, E. S., "High Gods：A Rejoinder", FRE, pp. 46-57；Lang 的回覆，*FRE*, pp. 489-95。Schmidt 對此有一個較大篇幅批判性的分析，*APS*, 1908, iii. pp. 1081-107。

關於 Puluga，見 Man, E. H., *On the Aboriginal Inhabitants of the Andaman Islands*, London, 1883；Brown, A. R., *The Andaman Islanders*, Cambridge, 1922；在評論性刊物 *Man*, 1910, vol. xx, pp. 2 ff., 33 ff., 66 ff., 84 ff. 中，W.

113

Schmidt 和 A. R. Brown 就安達曼群島島民中是否存在至上神發生了持久的論爭；參見 Schmidt, W., *Stellung der Pygmäenvölker*, Stuttgart, 1910, pp. 193-219, 241-67；id., "Die religiösen Verhältnisse der Andamanesen-Pygmäen", APS, 1921-2, vols. xvi-xvii, pp. 978-1005；id, *Ursprung der Gottesidee*, vol. i, 2nd ed., pp. 160-3；總論性的研究可參見 Pettazzoni, R., Dio, vol. i, pp. 92-101；Schmidt, W., *Ursprung*, vol. iii, pp. 50-145, 作者在此試圖辨別 Puluga 的最初特徵與外來影響（自然論、泛靈論、巫術、母權制、月亮神話；實際上，Brown 在北安達曼群島和中安達曼群島的島民中間沒有發現任何至上神的痕跡，只有一種具有母權制形式的宗教崇拜 Bilika；而在南安達曼群島，Man 有關 Puluga 的發現得到證實）。

關於 Semang Pygmies、Sakai 和 Yakem，見 Schebesta, P., "Religiöse Anschauungen der Semang über die Orang hidop, die Unsterblichen", *AFRW*, 1926, vol. xxiv, pp. 209-33；id., *Among the Forest Dwarfs of Malaya*, London, 1929；id., *Orang-Utan, Bei den Urwaldmenschen Malayas und Surnatras*, Leipizig, 1928；id., *Les Pygmées*, French ed., Paris, 1940, pp. 93 ff.；Evans. Ivor H. N., *Studies in Religion, Folk-lore and Custom in British North Borneo and the Malay Peninsula, Cambridge*, 1923；id., *Papers on the Ethnology and Archeology of the Malay Peninsula, Cambridge*, 1927；總論性的研究，見 Pettazzoni, R., Dio, vol. i, pp. 101-18；Schmidt, W., *Ursprung*, vol. iii, pp. 152-279。

關於菲律賓的 Negritos，見 Vanoverbergh, Morice, "Negritos of Northern Luzon", APS, 1925, vol. xx, pp. 148-99, 399-433；on religious life, pp. 434 ff.；Schebesta, p., *Les Pygmées*, pp. 145 ff.；亦可參見 Skeat, W. W. 和 Blagden, O., *Pagan Races of the Malay Peninsula*, London, 1906。

關於非洲的天神，總論性研究有 Pettazzoni, R., Dio, vol. i, pp. 186-259；Frazer, J., *The Worship of Nature*, London, 1926, pp. 89-315；Schmidt, W., *Ursprung*, vol. iv（*Der Religionen der Urvölker Afrikas*），Münster, 1933；vol. i, pp. 167 ff.；vol. vi, 1935, *passim*；vol. vii, 1940, pp. 3-605, 791-826；vol. viii, 1949, pp. 569-717；vol. xii, 1955, pp. 761-899；vol. vii（*Die afrikänischen Hirten völker*），1940；Le Roy, Mgr. A., *La Religion des Primitifs*, 7th ed., Paris, 1925（英譯本第一版，*The Religion of the Primitives*, London, 1923）；Smith, Edwin W., *African Ideas of God*, London, 1950；參見 Pettazzoni, R., *Mitt e Leggende*, vol. i（*Africa, Australia*），Turin, 1948, pp. 3-401。

Spieth, J., *Die Religion der Eweer*, Göttingen and Leipzig, 1911；Hollis, A. C., *The Masai*, Oxford, 1905, pp. 364 ff.；Smith, E. W. 和 Dale, A. M., *The*

114

Ila-speaking Peoples of Northern Rhodesia, London, 1920, vol. ii, pp. 198 ff.；
Tauxier, L., La Religion Bambara, Paris, 1927, pp. 173 ff.

關於 Nzambe（與 Pettazzoni 的論述不同，p. 210, Pettazzoni 認為他對人類的事情不感興趣），參見 Van Wing, J., "L'Etre suprême des Bakongo", RSR, vol. x, pp. 170-81。

關於非洲的俾格米人，見 Trilles, H., *Les Pygmées de la forêt equatoriale*, Paris, 1932；id., *L'Ame du Pygmée d'Afrique*, Paris, 1945；Immenroth, W., *Kultur u. Umwelt der Kleinwuchsigen in Afrika*, Leipzig, 1933, 尤其是 pp. 153 ff.；Schbesta, P., *Les Pygmées*, pp. 13 ff.

Wanger, W. 在 "The Zulu Notion of God", APS, 1925, pp. 574 ff. 中指出，Unkuhmkulu 這個名字可以在一個蘇美原型－AN-gal-gal 中找到痕跡（祖魯語的 *un* 如同蘇美人的 *an, anu*, "heaven", "God in heaven"）。Widengren, George（*Hochgottglaube im Alten Iran*, Uppsala-Leipzig, 1938, pp. 5-93）為我們提供了關於非洲天神的豐富材料，並且把他們與伊朗天神進行比較，pp. 394-5。

關於印尼和馬來西亞的宗教，見 Pettazzoni, R., Dio, vol. i, pp. 109-85；Codrington, R. H., *The Melanesians*, Oxford, 1891, pp. 116 ff.；Lang, Andrew, *The Making of Religion*, 3rd ed., 1909, pp. 200 ff.；Dixon, Roland B., *Oceanic Mythology*, Boston, 1916, *passim*；Scharer, H., *Der Gottesidee der Ngadju Dajak in Süd-Borneo*, Leiden, 1946, pp. 15 ff., 175 ff.

關於 Tangaroa，見 Craighill Handy, E. S., *Polynesian Religion*, Honolulu, 1927, pp. 144 ff, and *passim*；Williamson, R. W., *Religious and Cosmic Beliefs of Central Polynesia*, Cambridge, 1933。

關於 Yelafaz，見 Walleser, Sixtus, "Religiöse Anschauungen und Gebräuche der Bewohner von Jap, Deutsche Südsee", APS, 1913, vol. viii, pp. 617, 629, etc., 特別是 pp. 613 ff。

關於 Io 的崇拜和神話，參見 Handy, E. S. C., *Polynesian Religion*, pp. 36 ff.；id."The Hawaiian Cult of Io", JPS, 1941, vol. 1, no. 3。

關於神話中天和地的對偶神，參見 Numazawa, F. Kiichi, *Die Weltanfänge in der japanischen Mythologie*, Iucerne, 1946；亦可見第 7 章後面的參考書目。

關於北美的天神，見 Pettazzoni, R., Dio, vol. i, pp. 260-73；Dangel, R., "Tirawa, der höchste Gott der Pawnee", AFRW, 1929, pp. 113-44；Schmidt, W., *Ursprung,* vol. ii, pp. 21-326（加利福尼亞中部各部落），pp. 328-90（西北部的印第安人），pp. 391-672（阿爾袞琴印地安人）；vol. v, 1937, pp. 1-773, vol. vi, *passim*。總論性研究也出自同一位作者：*High Gods in North America*, Oxford, 1933。

關於南美的至上神，見 Pettazzoni, R,, Dio, vol. i, pp. 324-48（*contra: Koppers, W., Unter Feuerland-lndianern*, Stuttgart, 1924, pp. 139-57）；Schmidt, W., *Ursprung*, vol. ii, pp. 873-1033（有關火地島的印第安人，Gusinde 和 Koppers 的研究可作為重點參考），vi, *passim*；Gusinde, M., *Die Feuerland-lndianer*, vol. i,（*Die Selk'nam*），Mödling bei Wien, 1931, vol. ii（*Die Yamana*），Mödling bei Wien, 1937；Koppers, W., "Sur l'origine de l'idée de Dieu. A propos de la croyance en Dieu chez les Indiens de la Terre de Feu", *NV*, Fribourg, 1943, pp. 260-91；id.,"Die Erstbesiedlung Amerikas im Lichte der Feuerland-Forschungen", *Bull. d.Schweizerischen Gesellschaft f. Anthropologie u. Ethnologie*, 1944-5, vol. xxi, pp. 1-15。

Ursprung der Gottesidee 的第 2、5、6 卷附有不錯的參考書目，以及大量南北美洲原始信仰的宗教材料的分析匯總。參見 *Ursprung*, vol. v, pp. 522 ff., 716 ff.；vol. vi, 1935, pp. 520 ff.。亦可參考 Cooper, J. M., "The Northern Algonquin Supreme Being", *Primitive Man*, 1933, vol. vi, pp. 41-112, 以及 Pettazzoni, R., *Miti e Leggende*, vol. iii（*America Settentrionale*），Turin, 1953, 特別是 pp. 337 ff.。

關於北極圈諸文明的宗教：總論性研究，見 Schmidt, W., *Ursprung*, vol. iii, pp. 331-64；vol. vi, pp. 70-5, 274-81, 444-54；vol. vii, pp. 609-701：Gahs, A., "Kopf-, Schädel- und Langknochenopfer bei Rentiervölkern", *W. Schmidt-Festschrift*, Vienna, 1928, pp. 231-68。

薩莫耶德人：Castren, A., *Reisen im Norden in den Jahren 1838-1844*, Leipzig, 1953, pp. 229-33；Lehtisalo, T., "Entwurf einer Mythologie der Jurak-Samoyeden", *Mémoires de la Soc. Finno-Ougrienne*, 1924, vol. liii, Donner, K., *Bei den Samojeden in Sibirien*, Stuttgart, 1926；有關評注、總論性研究以及補充文獻，Schmidt, W., Urpsrung, vol. iii, pp. 340-84。

寇里雅克人：Jochelson, W., *The Koryak*, Leiden-New York, 1905-8, 2 vols.；Vol. VI of the Jesup North Pocific Expedition。Czaplicka, *A., Aboriginal Siberia. A Study in Social Anthropology*, Oxford, 1914, 特別是 pp. 261-9, 294-6；Schmidt, W., *Ursprung*, vol. iii, pp. 387-426。

阿伊努人：Batchelor, J., *The Ainu and their Folk-lore*, London, 1901；Lowenthal, J., "Zum Ainu-Problem", *MAGW*, 1930, vol. lx, pp. 13-19；Sternberg, L., "The Ainu Problem", *APS*, 1929, vol. xxiv, pp. 755-801；Schmidt, W.,

115

Urspung, vol. iii, pp. 427-92；亦可參見 Ohm, Thomas, "Die Himmelsverehrung der Koreaner", *APS*, 1920-1, vols. xxxv-xxxvi, pp. 830-40。

愛斯基摩人：Boas, F., *The Central Esquimo, 6th Annual Report of the Bureau of American Ethnology*, 1884-5, Washington, 1888, pp. 409-670；Rasmussen, Knud, *Intellectual Culture of the Iglulik Eskimos*, Copenhagen, 1930；id., *Intellectual Culture of the Caribou Eskimos, Copenhagen*, 1931；Birket-smith, F., "Über der Herkunft der Eskimo und ihre Stellung in der zirkumpolaren Kulturentwicklung", *APS*, 1930, vol. xxv, pp. 1-23；Thalbitzer, W., "Die kultischen Gottheiten der Eskimos", *AFRW*, 1928, vol. xxvi, pp. 364-430；Schmidt, W., *Ursprung*, vol iii, pp. 493-526。

回鶻人和突厥－蒙古人：Karjalatnen, K. F., *Die Religion der Jugra-Völker*, vols. i-iii, Porvoo-Helsinki, 1921, 1922, 1927（*FFC*, no. 41, 44, 63）；Holmberg-Harva, Uno, *Die Religion der Tcheremissen*, Porvoo, 1926（*FFC*, no. 61）；id., *Siberian Mythology*（*The Mythology of all Races*, vol. iv, Boston, 1927）；id., *Die religiösen Vorstellungen der altaischen Völker*, Helsinki, 1939（*FFC*, no. 125）；Schmidt, W., "Das Himmelsopfer bei den innerasiatischen Pferdezüchter Völkern", *ES*, 1942, vol. vii, pp. 127-48；id., *Ursprung*, vol. ix, 1949, pp. 3-67（古突厥人），71-454（阿爾泰韃靼人），457-794（阿巴坎的韃靼人），vol. x, 1952, pp. 1-138（蒙古人），139-470（布里亞特人），503-674（通古斯人），675-758（尤卡吉爾人）；vol. xi, 1954, pp. 1-398, 565-707（雅庫特人），399-467（卡拉加斯人和索約特人），469-567, 683-712（葉尼塞人）。Schmidt 在第十一卷第 565 到 704 頁、第十二卷第 1 到 613 頁中，對中亞遊牧民族的宗教做了一個綜論。Haeckel, Joseph, "Idolkult und Dual-system bei den Uiguren. Zum Problem des eurasiatischen Totemismus", *AFV*, Vienna, 1947, vol. i, pp. 95-163。

關於 Ulgen，見 Radloff, W., *Proben der Völksliteratur der türkischen Stämme*, St. Petersburg, 1866, vol. i, pp. 147 ff.；Eliade, M., *Le Chamanisme*, pp. 175 ff.；Schmidt, W., *Ursprung*, vol. ix, PP. 172-215。

關於 Ulgen（以及和他相似的神 Erlik）中的月亮元素，見 Koppers, W., "Pferdcopfer und Pferdekult der Indogermanen", *WBKL*, Salzburg-Leipzig, 1936, vol. iv, pp. 279-412, pp. 396 ff., Haeckel, J., pp. cit. pp. 142ff.。

關於甘肅遊牧部落中的天崇拜，見 Mathias, P., "Uiguren und ihre neuentdeckten Nachkommen", *APS*, 1940-1, vols. xxxv-xxxvi, pp. 78-99, 尤其是 pp. 89 ff.（天又名「上天」或簡稱「天」。他是宇宙、生命、人類的創造

者, p. 89。人要向他獻祭, p. 90。）

關於摩梭倮倮人和泰國人的至上天神, 見 Luigi Vanicelli, La Religione dei Lolo, Milan, 1944。

Pallisen, N., "Die alte Religion des mongolischen volkes während der Herrschaft der Tschingisiden", *Micro-Bibliotheca Anthropos*, Freiburg, 1953, vol. vii。

Donner, Kai, "Über soghdisch nom ' Gesetz ' und samojedisch nom ' Himmel, Gott '", *SO*, Helsinki, 1925, vol. i, pp. 1-6。亦可見 Schmidt, W., *Ursprung*, vol. iii, pp. 505 ff., Eliade, M., *Le Chamanisme*, pp. 206 ff.。

中國的天神, 見 De Groot, J. J. M., *The Religion of the Chinese*, New York, 1910, pp. 102 ff.; Granet, Marcel, *La Religion des Chinois*, Paris, 1922, pp. 49 ff.。在 E. Chavannes 看來, 上帝 ("supreme Lord") 和天 ("Sky") 最初是指兩個不同的神靈（極似烏拉諾斯和宙斯）; 見 "Le Dieu du sol dans l'ancienne religion chinoise", *RHR*, 1901, vol. xliii, pp. 125-246。關於上帝, 亦可見 Söderblom, N., *Das Werden des Gottesglaubens*, Leipzig, 1916, pp. 224 ff., 此書對這位古代中國神靈的非自然論（non-naturist）特徵做了極為精彩的介紹。關於有關這一主題的近期著作, 參見 Eberhard, W., APS, 1942-5, vols. xxxvii xl, 977; Pettazzoni, *L'onniseienza di Dio*, Turin, 1955, pp. 400 ff.。

關於原始突厥人和近東的史前聯繫, 見 Ebert, Max, Reallexikon der Vorgeschichte, vol. xiii, pp. 60 ff.; Hermes, G., "Das gezähmte Pferd im alten Orient", *APS*, 1936, vol. xxxi, pp. 364-94; Amschler, W., "Die ältesten Funde des Hauspferdes", *WBKL*, vol. iv, pp. 498-516; Herzfeld, E., "Völker und Kulturzusammenhänge im Alten Orient", *DF*, Berlin, 1928, vol. v, pp. 33-67, 尤其是 pp. 39 ff.; Koppers, W., "Urtürkentum und Urindogermanentum im Lichte der völkerkundlichen Universalsgeschichte", *Belleten*, den ayri basim, Istanbul, 1941, no. 20, pp. 481-525, pp. 488ff.。可是參見 A. M. Tallgren, "The Copper Idols from Galich and their Relatives", *SO*, 1925, vol. i, pp. 312-41。

關於原始突厥人與印歐民族的關係, 參見 Koppers 的兩種充分的研究, "Die Indogermanenfrage im Lichte der historischen Völkerkunde", *APS*, 1935, vol. xxx, pp. 1-31, 尤其是 pp.10 ff.; "Urtürkentum", *passim*。同樣的研究思路, 見 Schrader, O., *Reallexikon der indogermanischen Altertumskunde*, 2nd ed., Berlin-Leipzig, 1917-29, vol. ii, p. 24。亦可見 Nehring, Alfons, "Studien zur indogermanischen Kultur und Urheimat", *WBKL*, vol. iv, pp. 9-229, 特別是 pp. 13 ff., 93 ff.; 持反對意見者, Hauer, J. W., "Zum gegenwärtigen Stand der

Indogermanenfrage", *AFRW*, 1939, vol. xxxvi, pp. 1-63, 尤其是 pp. 14 ff.。亦可見 Schmidt, W.,*Rassen und Völker in Vorgeschichte des Abendlandes*, vol. ii, Lucerne, 1946, pp. 171 ff., 192 ff., 208 ff.。

印歐民族（原史、語言、文化）：Hirt, H., *Die Indogermanen*, Strasbourg, 1905-7, vols. i-ii；Schrader, O., *Reallexikon*；Childe, C. Gordon, The Aryans, London, 1926；*Germanen u. Indogermanen. Festschrift für Hermann Hirt*, Heidelberg, 1932-4, vols. i-ii；Koppers, W., "Indogermanenfrage"；Nehring, A., "Studien zur indogermanischen Kultur und Urheimat", Hauer, J. W., "Zum Gegenwärtigen Stand"；Dumezil, G., "Le nom des 'Arya'", *RHR*, 1941, no. 363, pp. 36-59。

關於印度雅利安人的天神（Dieus 等），見 Von Schröder, L., A*rische Religion; I; Einleitung. Der Altarische Himmelsgott*, Leipzig, 1914；Kretschmer, p., *Einleitung in die Geschichte der griechischen Sprache*, Gottingen, 1896, pp. 77 ff.；Feist, S., *Kultur, Ausbreitung und Herkunft der Indogermanen*, Berlin, 1913, pp. 319 ff.；Wilke, Georg, "Die Religion der Indogermanen in archäologischer Betrachtung", *MB*, Leipzig, 1923, no. 31, pp. 107 ff.；Koppers, W., "Die Religion der Indogermanen in ihren kulturhistorischen Beziehungen", *APS*, 1921, vol. xxiv, pp. 1073-89；id., "Indogermanenfrage", pp. 1l ff., 16ff.；Hopkins, S. Sturtevant, *Indo-European Deiwos and Related Words*, Philadelphia, 1932；Nehring, A., "Studien", pp. 195 ff.；Kretschmer, P."Dyaus, Zeus, Diespiter und die Abstrakta im indogermanischen", *GLA*, 1924, vol. xiii, pp. 101-14。

關於吠陀時代的印度，文獻、翻譯和大量評論性的參考書目方面，見 Renou, L., *Bibliographie védique*, Paris, 1931, 特別是 pp. 170 ff.。值得一讀的是 A. Bergaignecha 的潛心力作－三卷本 *La Religion védique d'après les hymnes du Rig Veda*, Paris, 1878-83。關於神話和信仰的詳盡研究可參考 Hillebrandt, A., Vedische Mythologie, 2nd ed., Breslau, 1927-9, vols. i-ii, 和 Keith, A. B., *The Religion and Philosophy of the Veda and Upanishads*, Harvard Oriental Series, nos. 21-2, Cambridge, Mass., 1925, 2 vols.。

關於 Mitani 的雅利安人諸神的研究現狀和沿著功能性的三元分殊的思路所做的論文，參見 Dumezil, G., *Naissance d'archanges*, Paris, 1945, pp. 15 ff.。

關於伐樓那，見 Guntert, H., *Der arische Weltkönig und Heiland*, Halle, 1923, pp. 97 ff.；Dumezil, G., *Ouranos-Varuna*, Paris, 1934；id., *Mitra-Varuna*, Paris, 1940；見 Geiger, B., *Die Amesa Spentas*, Vienna, 1916；Levi, Sylvain, La

Doctrine du sacrifice dans les Brahmanas, Paris, 1898；Hopkins, E. W., *Epic Mythology*, Strasbourg, 1920。Kretschmer 錯誤地相信伐樓那來自 Hittite Arunash, 並且塗上了亞洲人和巴比倫人的色彩；見 "Varuna und die Urgeschichte der Inder", *WZKM*, vol. xxxiii, pp. 1 ff.。有關伐樓那作為「捆綁者」的介紹,見 Eliade, M., "Les Dieux lieurs et le symbolisme des noeuds", *RHR*, 1947-8, vol. cxxxiv, pp. 5-36；見 *Images et Symboles*, Paris, 1952, ch. iii.。

H. Reichelt 在 "*Der steinerne Himmel*", *IGF*, 1913, vol. xxxii, pp. 23-57, 將印歐人關於天上落下的一塊石頭與大地合為一體的神話進行了復原,但沒有得到文獻的支持。參見 Benveniste 和 Renou, *Vrtra and Vrthragna*, Paris, 1935, p. 191, n. 3。

關於伊朗,文獻、總論性研究、評論以及參考書目方面,見 Pettazzoni, *La Religione di Zarathustra*, Bologna, 1920；Gray, Louis H., *The Foundations of the Iranian Religions*, Bombay, Cama Oriental Institute, 1929；Benveniste, E., *The Persian Religion According to the Chief Greek Texts*, Paris, 1929；Benveniste 和 Renou, *Vrtra and Vrthragna*；Nyberg, H. S., "Questions de cosmogonic et de cosmologie mazdéennes", *JA*, April-June 1929, pp. 193-310；July-Sept. 1931, pp. 1-124；Oct-Dec.1931, pp. 193-244；id., *Die Religionen des alten Iran*, trans. Schaeder, Leipzig, 1938；Widengren, Georg, *Hochgottglaube im Alten Iran*, Uppsala, 1938；Dumezil, G., Naissance d'archanges。

關於伐樓那和阿胡拉・馬茲達(Ahura-Mazda),見 Oldenberg, "Varuna und die Adityas", *ZDMG*, 1896, vol. 1, pp. 43ff.；Meillet, A., La Religion indo-européenne, reprinted in *Linguistique historique et linguistique générale*, Paris, 1921 pp. 323 ff.；Ahura-Mithra: Dumezil, G., *Mitra-Varuna*, pp. 59 ff.；*Naissance d'archanges*, pp.30 ff.；Hertel, J., Die *Sonne und Mitra im Awesta*, Leipzig, 1927；Cf. Paul Otto, "Zur Geschichte der iranischen Religionen", *AFRW*, 1940, vol. xxxv, pp 215-34, 與 Nyberg 的觀點相左；類似的觀點還有, Wust, W., ib., pp. 234-49. 同樣可以參考 Heimann, Betty, Varuna-Rta-Karma, in *Festagabe H. Jacobi*, pp. 210-14.

關於希臘的資料有一本內容齊全,好似一整個圖書館的書:Cook, A. B., Zeus. *A Study in ancient Religion,* Cambridge, 1914~40, 5 vols. 要得到一個概論性的描述,參見 Nilsson, Martin P., *Geschichte der griechischen Religion*, vol. i, Munich, 1941；關於宙斯作為眾神之父,參見 Calhoun, G., "Zeus the Father in Homer", *TAAP*, 1935, vol. lxvi；Nilsson, M. P., "Vater Zeus", *AFRW*, 1938, vol. xxxv, pp. 156 ff. 關於烏拉諾斯的神話:Dumezil, G., Ouranos-

118

Varuna；Staudacher, W., *Die Trennung von Himmel u. Erde. Ein vorgriechischer Schöpfungmythus bei Hesiod und den Orphikern*, Tübingen, 1942.

　　關於羅馬，參見 Dumezil, *Jupiter, Mars, Quirinus*, Paris, 1941 和 *Naissance de Rome*, Paris, 1944, ch. i；Koch, Carl, *Der römische Juppiter*, Frankfurt a. M., 1937。

　　關於古日耳曼宗教的總論性研究以及大量評論性書目，是由 De Vries, Jan, *Altgermanische Religionsgeschichte*, vols. i-ii, Berlin and Leipzig, 1935, 1937 提供給我們的。Dumzil 在 *Mythes et dlieux des Germains*, Paris, 1939 一書中對於君主和武士的神話的分析是可以採納的。同樣也可參考 Tonnelat, Ernst, "Les Religions des Celtes, des Germains et des anciens Slaves", *MA*, Paris, 1948, vol. iii, pp. 323ff.。在 Closs, Alois 的兩項研究，"Neue Problemstellungen in der germanischen Religions-geschichte", *APS*, 1934, vol. xxixm, pp. 477-96, 以及 "Die Religion der Semnonenstammes"*WBKL*, vol. iv, pp. 448-673 中，諸位會發現對現代各種解釋日耳曼宗教的思潮所做的尖銳批判以及用維也納學派的「文化歷史」（culture-historical）方法對那些宗教的研究加以整合的富有建設性的嘗試；id., "Die Religion der Germanen in ethnologischen Sicht"in *Christus und die Religionen der Erde,* Vienna, 1951, vol. ii, pp. 267-365。同樣可參考 Hillebrecht Hommel, "Die Hauptgottheiten der Germanen bei Tacitus", *AFRW*, vol. xxxvii, pp. 144 ff.；Much, R., Die Germania des Tacitus, Heidelberg, 1937；Pettazzoni, R., "Regnator Omnium Deus", *SMSR*, 1943-6, vols. xixxx, pp. 142-56；Hofler, Otto, Germanische Sakralkönigtum, vol. i, Tübingen, Münster, Cologne, 1952。

　　關於 Taranis，見 Clemen, Carl, "Die Religion der Kelten", *AFRW*, 1941, vol.xxxvii, p. 122；Lambrechts, P., Contributions à l'étude des divinités celtiques, Bruges, 1942, pp. 54 ff.。

119

　　關於 Perun，參見 Mansikka, V. J., *Die Religion der Ostslavem*, vol.i, Helsinki, 1922（FFC, no. 43, pp. 30-4, 54-7, 60-5, 379 ff.）；Brückner, A., *Mitologia slava*, Bologna, 1923, pp.58 ff.（He derives Perkun-Perun from the word for an oak tree）；Niederle, L*., Manuel de l'antiquité slave*, Paris, 1926, vol. ii, pp. 138 ff.；Unbegaun, B. O., "Les Religions des Celtes, des Germains, et des anciens Slaves", MA, 1948, pp. 405-7。

　　亦可參考 Krappe, A. H., "*Les Péléiades*", *RAR*, 1932, vol. xxxvi, pp.77 ff.；Harrison, Jane, *Themis*, 2nd ed., Cambridge, 1927, pp. 94 ff.。

　　關於因陀羅，見 Hopkins, J. Washburn, "Indra as God of Fertility", *JAOS*, vol. xxxvi, pp. 242-68；Charpentier, Jarl, "Indra. Ein Versuch die Aufklärung", *MO*, Uppsala, 1931, vol.xxv, pp. 1-28；Benveniste and Renou, *Vrtra et Vrthragna*, Paris, 1935, pp.184 ff.。Kretschmer（*Kleinasiatische Forschungen*, 1929, vol.i, pp. 297 ff.）認為他已經在 Hittite 的 *innara* 中發現了印度伊朗人因陀羅的起源，但是 Sommer 指出，這其實是一個赫梯女神因娜拉 Inara（只有 "n"；見 Benveniste and Renou, p.186）。Przyluski, J.（"Inara and Indra", RHA, vol. xxxvi, pp. 142-6）認為「吠陀時代的梵文 Indra 和赫梯語中的 Inara 可能同屬雙性同體神系列，他們都具有許多作為大女神共同點；雙性同體的維納斯，*Fortuna barbata*, Zervan, Kala」（p. 146）。不過這是非常表面化的觀點；不能肯定大女神「被閃米特人和印歐人種的萬神殿中的一個大男神所替代」（p. 142）；神的雙性同體並不總是一個次要的現象（參見 p. 160）；儀式性的雙性同體不能用混合祭祀，亦即介於大女神和大男神崇拜之間的祭祀加以解釋。

亦可參考 Machek, V., "Name und Herkunst des Gottes Indra", *AOI*, 1941, vol. xii, nos. 3-4；Dumezil, G.., *Tarpeia*, 1947, pp. 117 ff.。在 Meyer, J. J., *Trilogie altindischer Mächte und Feste der Vegetation*, Zürich-Leipzig, 1937, 3 vols., 尤其是 vol. iii, pp.164 ff. 中有大量關於豐產神因陀羅的資料。

關於美索不達米亞諸宗教中的天神，參見總論性著作：Meissner, B., *Babylonien und Assyrien*, vols. i-ii, Heidelberg, 1920-5；Dhorme, E., *Choix de textes religieux assyro-babyloniens*, Paris, 1907；同上，*La Religion assyro-babylonienne*, Paris, 1940, ibid., "Les religions de Babylonie et d'Assyrie", MA, vol.ii, Paris, 1945（這是迄今最完美的研究）；Furlani, Giuseppe, *La Religione Babilonese-Assira*, 2 vols., Bologna, 1928-9, 提供了詳盡的文獻資料；Jean, Charles, *La Religion sumérienne d'aprés les documents sumériens antérieurs* à *la dynastie d'Isin*, Paris, 1931；Furlani, G., *La Religione degli Hittiti*, Bologna, 1936；Dussaud, René, "Les Religions des Hittites et des Hourrites, des Phéniciens et des Syriens", *MA*, vol. ii, pp. 333-414。

亦見 Ward, W. H., *The Seal Cylinders of Western Asia*, Washington, 1910；Gotze, A., *Kleinasien, in the series Kulturgeschichte des, Alten Orients*, vol. iii, 1, Munich, 1933。

我們發現小亞細亞和愛琴海地區的前閃米特人與前印歐人，以及印度河流域的雅利安人之間存在相似的元素，儘管未必具有說服力，但 B. Hrozny 的下列著作是值得深思的：*Die* älteste *Völkerwanderung u. die protoindische Zivilisation*, Prague, 1939；*Die* älteste *Geschichte Vorderasiens*, Prague, 1940,

120

以及作者從 1941 年起在 *AOI* 上陸續發表的論文；包括 *Histoire de l'Asie Ancienne, de l'Inde, et de la Crète*, Paris, 1946。

有關近東地區的風暴神以及他們與牛、大母神等等的關係，見 Malten, L., "Der Stier in Kult und mythischen Bild", *JDAI*, 1928, vol. lxiii, pp. 90-139；Otto, E., *Beiträge zur Geschichte des Stierkultus in Aegypten*, Leipzig, 1938；Autran, C., *La Préhistoire du Christianisme*, vol. i, Paris, 1941, pp. 39 ff.；Namitok, A., "Zeus Osogoa", *RHR*, 1941, no. 364, pp. 97-109, 尤其是 p. 102, n. 4, and 103, n. 6（與印度公牛象徵的最新發現的關係等等）；Dhorme, E., *Les Religions de Babylonie*, pp. 96 ff.；Schlobies, H., Der akkadische Wettergott in Mesopotamien, Leipzig, 1925；Furlani, G.., "La Frusta di Adad", *Rendiconti d. Accad. dei Lincei, Classa di Scienze Morali*, 1932, pp.574-86；Tallquist, K., *Akkadische Götterepitheta*, Helsinki, 1938, pp. 246 ff.；Dussaud, René, "*La Mythologie phénicienne d'après les tablettes de Ras Shamra*", *RHR*, 1931, vol. civ, pp. 353-408；同上，"Le Sanctuaire et les dieux phéniciens de Ras Shamra", *RHR*, 1932, vol. cv, pp. 245-302；同上，"Le Vrai Nom de Ba'al", *RHR*, 1936, vol. cxiii, pp. 5-20；同上，*Les Découvertes de Ras Shamra et l'Ancien Testament*, 2nd ed., Paris, 1941；同上，"Peut-on identifier l'Apollon de Hierapolis ?", *RHR*, 1942-3, no. 368, pp. 128-49, 尤其是 pp. 138 ff.；Nielsen, Ditlef, *Ras Shamra Mythologie und biblische Theologie*, Leipzig, 1936；Namitok, A., "Le Nom du dieu de l'orage chez les Hittites et les Kassites", *RHR*, July-Aug., 1939, pp. 21 ff.；Engnell, Ivan, *Studies in Divine Kingship in the Ancient Near East*, Uppsala, 1943, p. 213。Hadad 和 Teshub 的象徵見：Gressmann, H., *Altorientalische Bilder zum Alten Testament,* 2nd ed., Berlin-Leipzig, 1926-7, nos. 317, 326, 330, 335, 339, 350, 345；Contenau, G.., *Manuel d'archéologie orientale*, Paris, 1927-, vol. i, p. 206, fig. 129；vol.ii, p. 942；Demircioglu, H., *Der Gott auf dem Stier. Geschichte eines réligiösen Bildtypus*, Berlin, 1936.

關於 Jupiter Dolichenus，參見 Cook, A. B., Zeus, vol. I, 1914, pp. 605-63；Cumont, F., *Etudes Syriennes*, Paris, 1917, pp. 173-202；Kan, A. H., *Juppiter Dolichenus*, Lede, 1943。

關於埃及，參見 Rusch, A., *Die Entwicklung der Himmelsgott in Nut zu einer Todesgottheit*, Leipzig, 1922；Wainwaright, G. A., *The Sky-Religion in Egypt*, Cambridge, 1938；Autran, C., *La Flotte à l'enseigne du poisson*, Paris, 1938；Junker, H., *Die Götterlehre vom Memphis*, Berlin, 1940, pp. 25 ff., 論及天神 Ọur（wr）。

關於北美部落中作為至上神的雷神，見 Schmidt, *Ursprung*, vol. ii, pp. 55, 63, 71, 228 ff.；北美神話中的雷鳥，同上，pp. 635 ff.；非洲神話，Frazer, *The Worship of Nature*, p. 155；見 Harris, Rendel, Boanerges, Cambridge, 1913, pp.13 ff.；Stith Thompson, *Motif-Index of Folkliterature*, Helsinki, vol. i, 1932, pp. 80 ff.；Tallquist, Knut, "Himmelsgegenden und Winde. Eine semasiologische Studie", SO, Helsinki, 1933, vol.ii.。

在 "Die Welt, worin die Griechen traten", APS, 1929, vol. xxiv, pp. 167-219, 特別是 pp. 179 ff 中，F. Kern 試圖分析遊牧民族的天神如何變成風暴神的神話過程。Schmidt 在對愛斯基摩各部族的研究中也追蹤了同樣的過程（他稱這個過程為宇宙之神沉積為氣象之神）（*Ursprung*, vol. iii, p. 505）。

關於耶和華的統治權力，大量參考資料可參見 Grabar "Le Thème religieux des fresques de la synagogue de Doura", *RHR*, 1941, no. 363, p. 27, n. 1。關於耶和華在大氣現象中顯現，見 Sommer, A. Dupont, "Nubes tenebrosa et illuminans noctem", *RHR*, 1942-3, no. 365, pp. 5-31；關於耶和華的「榮耀」，見 pp. 18 ff. 以及 n.l。

有關在伊朗人和日耳曼人中的神話創作題材和參考書目，見 Christensen, A., *Le Premier homme et le premier roi dans l'histoire légendaire des Iraniens*, Uppsala, 1918, 1931, 2 vols.；Güntert, H., "Der arische Weltkönig und Heiland"；Schröder, F. R., "Germanische Schöpfungsmythen", *GRM*, 1931, vol. xix, pp. 1-26, 81-99；Bortzler, F., "Ymir. Ein Beitrag zu den Eddischen Weltschöpfungsvorstellungen", *AFRW*, 1936, vol. xxxiii, nos. 3-4；Koppers, W., "Das magische Weltschöpfungsmysterium bei den Indogermanen", *Van Ginneken-Festschrift*, Paris, 1937, pp. 149-55。

有關馬祭（Aśvamedha）以及那些長得像馬或者騎馬的印歐神靈的大量書目，我只推薦一下這些：Dumont, P., *L'Açvamedha*, Paris, 1927；Negelein, J. von, *Das Pferd im arischen Altertum*, Königsberg i. Pr., 1903；Malten, L., "Das Pferd im Totenglauben", *JKDAI*, Berlin, 1914, vol. xxix, pp. 179-256；Hindringer, R., Weiheross und Rossweihe, Munich, 1932；Koppers, W., "*Pferdeopfer und Pferdekult der Indo-germanen*", *WBKL*, 1935 pp. 279-411；Bleichsteiner, R., "*Rossweihe u. Pferderennen im Totenkult der Kaukasischen Völker*", *WBKL*, 1935, pp. 413-95；反對 Koppers 論點的論述，可參考 Hauer, *AFRW*, 1939, vol. xxxvi, pp. 23 ff.；Wiesner, L., "Fahren und Reiten in Alteuropa und im Alten Orient", *AOR*, 1939, xxxviii, nos. 3-4；同上，"Fahrende und Reisende Götter", *AFRW*, 1941, vol. xxxvii, pp. 36-46；見 Schmidt, W., *Rassen*

121

und Völker, Lucerne, 1946-9, vol. ii, pp. 102 ff.

亦可參考前文已經提及一些著作：Hermes, G., "Das gezäihmte Pferd im neolitischen u. Frühbronzezeitlichen Europa", *APS*, 1935, vol. xxx, pp. 805-23；1936, vol. xxxi, pp. 115-29；同上，"Das gezähumte Pferd im alten Orient", *APS*, 1936, vol. xxxi, pp. 364-94；Flor, F., "Das Pferd und seine kulturgeschichtliche Bedeutung", *Wiener kulturhistorisehe Studien*, 1930, vol.i。關於小亞細亞的馬崇拜，見 Rostovtzeff, *Syria*, vol. xii, pp. 48 ff.。關於中國和日本，Erkes, E., "Das Pferd im alten China", *TP*, 1940-1, vol. xxxvi；Van Gulik, R. H., Hayagriva. *The Mantrayanic Aspects of the Horse Cult in China and Japan*, Leiden, 1935, 特別是 pp. 41 ff.。

關於 Aśvins, the Dinscuri, the Gemini 等等，參見 Güntert, H., Der arisehe Weltkönig, pp. 253 ff.；Harris, Rendel, *The Cult of the Heavenly Twins*, Cambridge, 1906；Eitrem, S., *Die göttlichen Zwillinge bei den Griechen*, Christiania, 1902；Cook, A. B., *Zeus*, vol. ii, pp. 1003 ff.；Chapouthier, F., *Les Dioscures au service d'une déesse*, Paris, 1935；Keithth, A. B., Indian Mythology, Boston, 1917, pp. 30 ff.；Krappe, A. H., Mythologie universelle, pp. 53-100；同上，"La légende des Harlungen"*in Etudes de mythologie et de folklore germaniques*, Paris, 1928, pp. 137-74；Sternberg, "Der antike Zwillingskult im lichte der Ethnologic", *ZFE*, 1929, vol. lxi, pp. 152-200；同上，"Der Zwillingskult in China u. die indischen Einflüsse", *Baessler Archiv*, 1929, vol. xiii, pp. 31-46；Negelein, J. von, "Die aberglaubischc Bedeutung der Zwillingsgeburt", *AFRW*, 1906, vol. v, pp. 271-3；Van Gennep, A., *Tabou et totemisme* à *Madagascar*, Paris, 1911, p. 176。

關於高山、「中心」等的宗教意義和象徵體系，見 Autran, C., *La flotte* à *l'enseigne du poisson*, pp. 31 ff.；Dussaud, R., *Découvertes de Ras Shamra*, p. 100；Jeremias, A., *Handbueh der altorientalischen Geisteskultur*, 2nd ed., Berlin, 1929, pp. 130 ff.；Eliade, M., *Cosmologie si alchimie babiloniana*, Bucharest, 1937, pp. 26 ff.；同上，*Le Chamanisme et les techniques archaïques de l'extase*, Paris, 1951, pp. 235 ff.；同上，Image et Symboles, Paris, 1952, ch. i；Kirfel, W., *Die Kosmographie der Inder*, Bonn-Leipzig, 1920；Holmberg-Harva, Uno, "Der Baum des Lebens", *Annales Academicœ Scientiarum Fennicœ*, Helsinki, 1923, pp. 33 ff.；Burrows, E., "Some Cosmological Patterns in Babylonian Religion", Hooke, S. H., The Labyrinth, London, 1935, pp. 43 ff.；Dombart, T., *Der Sakralturm: I: Ziqqurat*, Munich；同上，*Der babylonische Turm*, Leipzig,

1930；Jastrow, M., "Sumerian and Akkadian Views of Beginnings", *JAOS*, 1917, vol. xxxvi, pp. 274-99；Van Buren, E. Douglas, "Mountain Gods", *ORA*, Rome, 1943, vol. xii, nos. 1-2。

關於登天（階梯、樓梯等）的象徵意義：

埃及：Budge, Wallis, *From Fetish to God in Ancient Egypt*, Oxford, 1934, p. 346；同上，The *Mummy*, 2nd ed., Cambridge, 1925, pp. 324, 327；Weill, R., *Le Champ des roseaux et le champ des offrandes dans la religion funéraire et la religion générale*, Paris, 1936；Muller, W. Max, *Egyptian Mythology*, Boston, 1918, p. 176；Eliade, M., *Le Chamanisme*, pp. 415 ff.。

印度：Coomaraswamy, A., "Svayam trṇṇ -Janua Coeli", *CZ*, 1939, vol. ii, pp. 1-51；Eliade, M., "Durohana and the Waking Dream", *Art and Thought, A Volume in Honour of the late Dr. Ananda K. Coomaraswamy*, London, 1947, pp. 209 ff.

玻里尼西亞：Grey, Sir George, *Polynesian Mythology and Ancient Traditional History of the New Zealanders*（再版）, Auckland, 1929, pp. 42 ff.；Chadwick, H. M. 和 N. K., *The Growth of Literature*, Cambridge, 1930, vol. iii, pp. 273 ff.；Pettazzoni, R., "The Chain of Arrows；the Diffusion of a Mythical Motive", FRE, vol. xxxv, pp. 151 ff.；同上，*Saggi di Storia delle Religioni e di Mitologia*, Rome, 1946, pp. 63 ff.

大洋洲：Dixon, Roland, *Oceanic Mythology*, Boston, 1916, pp. 139, 293 ff.；Chadwick, op. cit., vol. iii, p. 481。

非洲：Werner, Alice, *African Mythology*, Boston, 1925, pp. 135 ff.

美洲：Alexander, H. B., *Latin-American Mythology*, Boston, 1920, pp. 271, 308；Stith Thompson, *Tales of the North American Indian*, Cambridge, Mass., 1929, pp. 283, 332ff.

關於登天的主題，見 Stith Thompson, *Motif-Index of Folk Literature*, Helsinki, 1934, vol. iii, pp. 7-10；Eliade, M., *le Chamanisme*, pp. 423 ff.

關於突厥－蒙古人的馬祭、阿爾泰諸民族的登天象徵等，見 Radlov, W., *Aus Sibirien: Lose Blätter aus dem Tagebuch eines reisenden Linguisten*, vols. i-ii, Leipzig, 1884, pp. 19 ff.；Czaplicka, M. A., *Aboriginal Siberia*, Oxford, 1914；Holmberg-Harva, Uno, "Der Baum des Lebens", *Annales Academiæ Scientarum Fennicæ*, Helsinki, 1923；同上，*Die Religion der Techeremissen*, Porvoo, 1926, pp. 108 ff.；同上，*Die religiösen Vorstellungen der altaischen Völker*, Helsinki, 1938；Kopruluzade, Mehmed Fuad, *Influence du chamanisme turco-*

mongol sur les ordres mystiques musulmans, Istanbul, 1929；Chadwick, Nora K., "Shamanism among the Tartars of Central Asia", JRAI, 1936, vol. lxvi, pp. 75 ff.；Schmidt, W., *Ursprung*, vol. ix, pp. 278 ff.；vol. x, pp. 231 ff., 321 ff.；Eliade, M., *Le Chamanisme*, pp. 175 ff.

第三章

關於太陽崇拜的概述，參見 Boll, F., *Die Sonne im Glauben und in der Weltanschauung der alten Völker*, Stuttgart, 1922；Krappe, A. G., *La Genése des mythes*, Paris, 1938, pp. 81ff.；Frazer, Sir James, *The Worship of Nature*, London, 1926, vol.i, pp.441ff.；Dechelette, J., "Le Culte du soleil aux temps préhistoriques", *RAR*, 1909, pp. 305ff.；*Manuel d'archéologie préhistorique, celtique et gallo-romaine*, Paris, 1908 —, vol.ii, pp. 413ff.

關於太陽神話，參見 Ehrenreich, P.,"Die Sonne im Mythos", *Mythologische Bibliothek*, Leipzig, 1915-6, vol.viii, 1；Ohlmarks, Ake, *Heimdlls Horn und Odins Auge*, Lund, 1937, vol.i, pp.32ff., and *passim*.

關於至上神的「太陽化」，見 Pettazzoni, R., *Dio, Rome*, 1922, vol.i, p.367。

關於在美索不達米亞諸神和宗教中太陽和植物元素的共生，參見 Frankfort, H., "Gods and Myths on Sargonid Seals ", Irak, 1934, vol.i, pp. 2-29；Engnell, Ivan, *Studies in Divine Kingship in the Ancient Near East*, Uppsala, 1943；Götze, A., Kleinasien, Leipzig, 1933；關於夏馬西，在 Furlani, G., *La Religione babilonese-assira*, Bologna, 1928-9, vol.i, pp. 162-9, vol.ii, pp. 179-83 等處有大量參考資料；Dhorme, E., *Les Religions de Babylonie et d'Assyrie*；以及 *MA*, Paris, 1945, vol.ii, pp.60-7, 86-9；關於夏馬西和占卜術，見 Haldar, A., *Associations of Cult Prophets among the Ancient Semites*, Uppsala, 1945, pp. 1ff.

關於北極圈諸民族以及北亞諸民種的太陽元素，見 Lehtisalo, *Entwurf einer Mythologie der Jurak-Samoyeden*, Helsinki, 1927；Gahs, A., "Kopf-, Schädel- und Langknochenopfer bei Rentier- volkern", *Festschrift*. W. Schmidt, Mödling, 1928, pp. 231-68。

關於蒙達部落中的太陽宗教，參見 Dalton, E. T., *Descriptive Ethnology of Bengal*, Calcutta, 1872；Frazer, Sir J., *Worship of Nature*, pp. 614 ff.；Bodding, P. O., *Santali Folk Tales*, Oslo, 1925-7, vols. i-ii；Rahmann, R.,"Gottheiten der Primitivstämme im nordöstlichen Vorderindien", *APS*, 1936, vol. xxxi, pp. 37-96；Koppers, W.,"Bhagwan, The Supreme Deity of the Bhils", *APS*, 1941-l, vols.

xxxv-vi, pp.. 265-325。

關於大洋洲的太陽宗教，見 Rivers, W. H. R., "Sun-cult and Megaliths in Oceania ", *AA,* 1915, new series, xvii, pp. 431 ff.；id., T*he History of Melanesian Society*, vols.i-ii, Cambridge, 1914；Frazer, Sir J., *The Belief in Immortality and the Worship of the Dead*, vols. i-iii, London, 1913-24；Williamson, R. W., *Religious and Cosmic Beliefs in Central Polynesia*, vols. i-ii, Cambridge, 1933。

關於「太陽之子」，見 Perry, W. J., *The Children of the Sun*, 2nd ed., London, 1927；Hocart, A. M., Kingship, London, 1927。

關於埃及的太陽宗教，見 Vandier, J., "La Religion égyptienne", *MA,* Paris, 1944, vol. i, pp. 36 ff.；Wainwright, G. A., *The Sky-Religion in Egypt*, Cambridge, 1928；Junker, H., *Die Götterlehre von Memphis*, Berlin, 1940；同上，"Der sehende und blinde Gott", *Sitz. d. b. Akad. d. Wissensch.*, Munich, 1942；Garnot, J. Sainte-Fare, *RHR*, July-Dec. 1944, vol. cxxviii, pp. 116-8, 同上，*RHR*, Jan.-June 1945, vol. cxxix, pp. 128 ff.；關於太陽神與歐西里斯的衝突，見 Weill, R., *Le Champ des roseaux et le champ des offrandes dam la religion funéraire et la religion générale*, Paris, 1936。

關於印度雅利安人中的太陽神，參見 Von Schröder, L., *Arische Religion*, Leipzig, 1916, vol. ii, pp. 3-461；其在地中海諸民族和希臘人中間的情況，見 Cook, A. B., *Zeus. A Study in Ancient Religion*, Cambridge, 1914, vol. i, pp. 197 ff.；Pestalozza, Uberto, *Pagine di religione mediterranea*, Milan-Messina, 1945, vol. ii, pp. 9 ff.；Kerenyi, Karl, "Vater Helios", *EJ*, Zürich, 1943, vol. x. 1944, pp. 81- 124；Krappe, A. H., "Apollon", *SMSR*, 1943-6, vols. xix-xx, pp. 115-32；伊朗太陽崇拜的遺跡，見 Widengren, G., *Hochgottglaube im alten Iran*, Uppsala, 1938, pp. 183 ff.；有關早期義大利人的太陽宗教，參見 Koch, C., Gestirnverehrung im alten Italien, 1933, pp. 50 ff.；Altheim, F., and Trautmann, E., "Neue Felsbilder der Val Camonica. Die Sonne in Kult und Mythos", *WS*, 1938, vol., xlx, pp. 12-45。

關於印度吠陀時代的太陽神，見 Bergaine, A., *La Religion védique d'après les hymnes du Rig Veda*, Paris, 1878-83, 3 vols., vol., ii, pp. 160 ff,, 379 ff.；vol. iii, pp. 38 ff., 等等。

關於佛教傳說中的太陽元素，參見 Rowland, B., "Buddha and the Sun God", CZ, 1938, vol. i, pp. 69-84；有關太陽神話的形而上學意義，見 Coomaraswamy, A., "The Darker Side of the Dawn", *Smithsonian Miscellaneous Collection*, Washington, 1935, vol. civ, no.1；同上，"The Sun Kiss", *JAOS*, vol.

lx, pp. 46-7, 等等。

關於羅馬帝國的太陽崇拜，見 Schmidt, Paul, "Sol Invictus. Betrachtungen zu spätrömischer Religion und Politik", *EJ*, Zürich, 1944, vol. x, pp. 169-252。

關於凱爾特人作為太陽象徵的輪子，見 Gaidoz, "Le Dieu gaulois du soleil", *RAR*, 1884-5；Lambrechts, Pierre, *Contributions à l'étude des divinités celtiques*, Bruges, 1942, pp. 71ff.

北歐史前史和歐洲民間傳說中關於太陽的祭祀和象徵，見 Almgren, O., *Nordische Felszeichnung als religiöse Urkunden*, Frankfurt a. M., 1934, *passim*, 特別是在 pp. 343ff.；Höfler, O., *Kultische Geheimbünde der Germanen*, Frankfurt a. M., 1934, pp. 112ff.；Forrer, R., "Les Chars cultuels préhistoriques et leurs survivances aux époques historiques", *PHE*, 1932, vol. i, pp. 19-123；Mannhardt, W., *Waldund Feld-Kulte*, 2nd ed., Berlin, 1904-5, vol. i, pp. 591 ff., Frazer, J., *Baldur the Beautiful*, vol. i, pp. 106-327；Dumezil, G., Loki, Paris, 1948, pp. 225 ff.

日本人關於大地與太陽的聯繫，見 Slawik, A., "Kultische Geheimbünde der Japaner trod Germanen", *WBKL*, Salzburg-Leipzig, 1936, vol. iv, pp. 675-764。

基督教神學中太陽象徵體系的意義，見 Rahner, Hugo, "Das christliche Mysterium von Sonne und Mond", *EJ*, Zürich, 1944, vol. x, pp. 305-404；Deonna, W., "Les Crucifix de la Vallée de Saas（Valais）；Sol et Luna。Histoire d'un thème iconographique", *RHR*, 1946, vol. cxxxii, pp. 5-47；1947-8, vol. cxxxiii, pp. 49-102。

186　**第四章**

月亮崇拜和神話的概述，見 Schmidt, W., *Semaine d'ethnologie religieuse*, 1914, vol. ii, pp. 294 ff., 341ff.；Krapper, A. H., *La Genèse des mythes*, Paris, 1938, pp. 100 ff.；同上 *Etudes de mythologie et de folklore germaniques*, Paris, 1928, pp. 74ff.；Dähnhardt, O., *Natursagen*, Leipzig, 1907, vol. i；Preuss, K. T., "Das Problem der Mondmythologie im Lichte der lokalen Spezial- forschung", AFRW, 1925, vol. xxiii, pp. 1- 4；Roscher, W., *Uber Selene und Verwandles*, Leipzig, 1890；Much, Rudolf, "Mondmythologie und Wissenschaft", *AFRW*, 1942, vol. xxxvii, pp. 231-61（和 H. Lessmann, G. Hussing, W. Schultz 的理論相反）；Tallquist, Knut, "Månen i myt och dikt, foktro och Kult", SO, Helsinki, 1947, vol. xii。

亦可參見 Nielsen, D., *Die altarabische Mondreligion*, 1904；Dumezil, G., "Tityos", *RHR*, 1935, vol.iii, 66-89；Jackson, J. W., "The Aztec Moon-Cult and its Relation to the Chank-Cult of India", *Manchester Memoirs*, Manchester, 1916, vol. lx, no. 5；Hentze, C., *Mythes et sym boles lunaires*, Antwerp, 1932；同上，*Objets rituels, croyances et dieux de la Chine antique et de l'Amérique*, Antwerp, 1936；同上，*Frühchinesische Bronzen*, Antwerp, 1938；Karlgren, B., "Legends and Cults in Ancient China", *BMAS*, Stockholm, 1946, no. 18, pp. 346 ff.

關於月亮、毒蛇、性、死亡和入會禮的關係，見 Briffault, R., The Mothers, London, 1927, vols. i-iii；Frazer, Sir J., *The Belief in Immortality and the Worship of the Dead*, London, 1913, vol. i, pp 60 ff.；同上，Folklore in the *Old Testament*, vol. i, pp. 52 ff.；Hentze, Mythes et symboles, *passim*；Capelle, P., *De Luna, Stellis, Lacteo Orbe Animarum Sedibus*, Halle, 1917；Cumont, F., *Recherches sur le symbolisme funéraire des Romains*, Paris, 1942, pp. 182 ff., and *passim*.

關於起源於月亮的神話祖先，見 Koppers, W., "Der Hund in der Mythologie der zirkumpazifischen Völker", *WBKL*, 1930, vol. i, pp. 359 ff.；亦可參見 Schebesta, P., *Les Pygmées*, p. 79。

關於月亮、水和植物的關係，見 Saintyves, P,, *L'Astrologie populaire, etudée spécialement dans les doctrines et les traditions relatives à l'influence de la lune*, Paris, 1937, pp. 230ff. and *passim*；Eliade, "Notes sur le symbolisme aquatique", *CZ*, 1939, vol. ii, pp. 139-52：重印於 *Images et symboles*, Paris, 1952, pp. 164-98；Bidez, J., Cumont, F., Les Mages hellenisés, Brussels, 1938, vol. ii, pp. 189, 227, 302ff.；Liugman, W., *Traditionswanderungen: Euphrat-Rhein*, Helsinki, 1937-8, vol. ii, pp. 656ff.

關於用月相計時的作用，參見 Schultz, Wolfgang, "Zeitrechnung und Weltordnung in ihren ubereinstimmenden Grundzugen bei den Indern, Iraniern, Keltern, Germanen, Litauern, Slawen", *MB*, Leipzig, 1924, no. 35, pp. 12ff., and *passim*（亦可參見 Much's 在 "Mondmythologie" 上的評論文章）；Dornsief, Franz, *Das Alphabet in Mystik und Magie*, 2nd ed., Leipzig, 1925, pp. 82ff.；Hirschberg, Walter, "Der 'Mondkalender'in der Mutterrechtskultur", *APS*, 1931, vol.xxvi, pp. 461ff.

關於拉斯沙馬拉（烏加里特）遺址中月亮崇拜的遺跡，參見 Gaster, Theodor, "A Canaanite Ritual Drama", *JAOS*, vil.lxvi, pp. 49-76, 特別是 p. 60；關於在迦勒底人和亞蘭人中的月亮崇拜, 參見 Dhorme, E., *La Religion*

187

des Hébreux nomades, 1937, pp. 87 ff.；同上，*Les Religions de Babylonie et d'Assyrie*, *MA*, 1945, vol. ii, pp. 59 ff., 85 ff.

關於早期印度文明中月亮崇拜的遺跡，參見 Mackay, E. J. H., "Chanhu-Daro Excavations 1935-6", *APS*, 1943, v01. xx, 第 16 期。

關於伐樓那中的月亮元素，參見 Oldenberg, H., *Die Religion des Veda*, pp. 178ff.；Lommel, H., *Les Anciens Aryans*, pp. 83ff.；亦可參見 Walk, L., *APS*, 1933, p. 235, Eliade, M., "Le 'Dieu Lieur' et le symbolisme des nœuds", *RHR*, 1948：重印於 *Images et symboles*, pp. 120-56。

關於怛特羅派的月亮元素，見 Tucci, G., "Tracce di culto lunare in India", *RSO*, 1929-30, vol. xii, pp. 419-27；Eliade, M., "Cosmical Homology and Yoga", JISOA, 6－12 月, 1937, pp. 199-203；亦可參見 Dasgupta, S., *Obscure Religious Cults as Background of Bengali Literature*, Calcutta, 1946, pp. 269 ff.

關於伊朗宗教中的月亮元素，參見 Widengren, G., *Hochgottglaube im Alten Iran*, Uppsala-Leipzig, 1938, pp. 164 ff.

關於宇宙和歷史的循環中的月亮特性，參見 Eliade, M., *The Myth of the Eternal Return*, London, 1955, pp. 95 ff.

關於基督教圖像中的月亮象徵體系，參見 Rahner, Hugo, "Das christliche Mysterium von Sonne und Mond", *EJ*, Zürich, 1944, vol. x, pp. 305-404；Deonna, W., "Les Crucifix de la vallée de Saas（Valais）：Sol et luna", *RMR*, 1946, vol. cxxxii, pp. 5-37；1947-8, vol. cxxxiii, pp. 49-102。

213　**第五章**

關於宇宙起源於水的理論，參見 Wensinck, A. J., *The Ocean in the Literature of the Western Semites*, Amsterdam, 1919, 尤其是 pp. 115, 41-56；DÄhnhardt, Oscar, *Natursagen*, Leipzig, 1909, vol. i, pp. 1-89；Thompson, Stith, *Motif-Index of Folk Literature*, Helsinki, 1932, vol. i, pp. 121 ff.；Coomaraswamy, Ananda K., Yaksas, Washington, 1928-31, vols. i-ii, Hentze, Carl, *Mythes et Symboles Lunaires*, Antwerp, 1932；Krappe, A. H., La Genèse des Mythes, Paris, 1938, pp. 197 ff.

關於水的巫術和宗教意義，參見 Ninck, M., "Die Bedeutung des Wassers im Kult und Leben der Alten", *PS*, 1921, suppl. vol. xiv；Scheftelowitz, J., "Die Sündentilgung durch Wasser", *AFRW*, 1914, pp. 353-412；關於用水滌罪的儀式，見 Pettazzoni, R., *La Confessione dei peceati*, Bologna, 1929, vol. i, pp. 2ú（Fwe 和 Bashilange），p. 18（Sulka）；Hartte, K., *Zum semitischen*

Wasserkultus, Halle, 1912；Smith, Robertson, *Lectures on the Religion of the Semites*, 3rd ed., London, 1927, pp. 166 ff., 557 ff.（神聖之水）；Lagrange, P., *Etudes sur les religions sémitiques*, Paris, 1905, pp. 158, 169；Hopkins, E. W., "The Fountain of Youth", *JAOS*, 1905, vol. xxvi, pp. 1-67；Barnett, L. D., "Yama, Gandharva and Glaueus", *BSOAS*, 1926-8, vol. iv, pp. 703-16；Rönnow, K., *Trila Aptya, eine vedische Gottheit*, Uppsala, 1927, pp. 6 ff.（水鬼），14 ff.（水神伐樓那），36 ff.（用巫術將體內病魔趕入水中），64 ff.（「生命之水」）等；Bouche-Leclercq, A., *Histoire de la divination dans l'antiquité*, Paris, 1879-82, vol. ii, pp. 261-6（水神控制的神諭），363-9（波塞冬的神諭）；Glotz, G., *L'Ordalie dans la Gréce primitive*, Paris, 1904, pp. 11-69（用海水神判），69-79（用泉水、河水和井水神判）；Frazer, J., *Folklore in the Old Testament*, London, 1918, vol. iii, pp. 304-6（希伯來人的神判）；Saintyves, P., *Les Vierges-mères et les naissanees miraculeuses*, Paris, 1908, pp. 39-53（水神譜和水崇拜），87-109（通過神聖之水而奇蹟般的誕生）；Nyberg, B., *Kind und Erde*, Helsinki, 1931, pp. 55 ff.（孩子或神話祖先從水中誕生）；Pestalozza, U., *Pagine di religione mediterranea*, Milan, 1945, vol. ii, pp. 253 ff.（河邊的結婚儀式）；Laoust, E., *Mots et choses berberès. Notes de linguistique et d'ethnographie*, Paris, 1920, pp. 202-53（祈雨儀式）；Benoit, F., "Le Rite de l'eau dans la fête du solstice d'été en Provence et en Afrique", *RAN*, vol. lxv, nos. 1-3；Brunot, Louis, *La Mer dans les traditions et les industries indigenes* à *Rabat et Salé*, Paris, 1920, pp. 3-25（海鬼信仰；治病和巫術的大海）；Joleaud, L., "Gravures rupestres et rites de l'eau en Afrique du nord", *JSA*, 1933, vol. iii, pp. 197-222；Goldzieher, J., "Wasser als Dämonen-abwehrendes Mittei", *AFRW*, 1910, vol. xiii, no. 1；Wesendonck, O.von, *Das Weltbild der Iranien*, 1933, pp. 102 ff.（伊朗人的水崇拜）；Eliade, M., "Notes sur le symbolisme aquatique", *CZ*. 1939, vol. ii, pp. 131-52；Bachelard, Gaston, *L'Ean et les rêves*, Paris, 1942。

　　關於洗禮的象徵體系，見 Lundberg, P., *La Typologie baptismale dans l'ancienne Eglise*, Uppsala-Leipzig, 1942；Danielou, Jean, *Bible et Liturgie*, Paris, 1951, pp. 29-173；Beirnaert, Louis, S. J., "La Dimension mystique du sacrementalisme chrétien", *EJ*, 1950, vol. xviii, pp. 255-86；Eliade, M., *Images et symboles*, Paris, 1952, pp. 199 ff.

　　關於螺旋的象徵體系，見 Siret, L., *Origine et signification du décor spirale*, Report of the 15th International Congress of Anthropology, Portugal, 1930, Paris 出版, 1931, pp. 465-82。

214

關於泉水、溪水和河水的崇拜以及諸聶普圖努斯神，參見 Pettazzoni, R., *La Religione primitiva in Sardegna, Piacenza*, 1912, *passim*；Dechelette, J., *Manuel d'archéologie préhistorique, celtique et gallo-romaine*, Paris, 1908-14, vol. ii, a, pp. 166 ff.（在泉水和泉眼附近發現起誓的斧頭），444-53（溫泉祭拜）；Jullian, C:, *Histoire de la Gaule*, 5th ed., Paris, 1924-6, vol. ii, pp. 129-37（地方神），vol. viii, pp. 313-31（水崇拜的連續性）；Toutain, J., *Les Cultes paiens dans l'empire romain*, Paris, 1907-20, vol. i, pp. 372-84（水神；官方祭祀）；vol. iii, pp. 193-167（羅馬高盧人中的當地祭祀）；Vaillat, Claudius, *Le, Culte des sources dans la Gaule antique*, Paris, 1934；大量有關高盧和高盧羅馬人祭祀的參考資料可參見：Saintyves, *Corpus du folklore des eaux en France et dans les colonies françaises*, Paris, 1934, pp. 24-35；Vasconcellos, Leite de, *Religiões da Lusitania*, Lisbon, 1905, vol. ii, pp. 198 ff.（早期凱爾特－盧西塔尼亞歷史中的河神）；Lisbon, 1913, vol. iii, pp. 248 ff.（羅馬時期）；Jeremias, Alfred, *Handbuch der altorientalischen Geisteskultur,* 2nd ed., Berlin, 1929, pp. 39-40；Reinach, S., Cultes, mythes et religions, Paris, 1923, vol. v, pp. 250-4（馬、自然女神、山泉）；Toutain, J., "Le Culte des eaux (sources, fleuves, lacs) dans la Grèce antique", in the volume *Nonvelles* études *de mythologie et d'histoire des rellgions antiques*, Paris, 1935, pp. 268-94；Grimm, J., *Teutonic Mythology*, English ed., London, 1888, pp. 583-601；Holmberg-Harva, Uno, *Die Wassergottheiten der finnisch-ugrischen Völker*, Helsinki, 1913；Nippgen, J., "Les Divinités des eaux chez les peuples finno-ougriens, Ostiaques et Vogoules", *RETP*, 1925, pp. 207-16。

關於葬禮中水的使用，見 Parrot, A., *Le "Refrigerium" dans l'au-delà*, Paris, 1937；Eliade, M., "Locum Refrigerii...", Z, 1938, vol. i, pp. 203- 6。

關於基督教中的水崇拜，見 Saintyves, *Corpus du folklore des eaux*, pp. 20-1, 它提供了有一份很好的參考書目；文獻，同上，pp. 139-96；Saintyves, "De l'immersion des idoles antiques aux baignades des statues saintes dans le christianisme", *RHR*, cviii, 1933, pp. 135-83；重印於 Corpus, pp. 197 ff.

有關水的民間傳說，見 Hope, C., *The Legendary Lore of the Holy Wells of England, including Rivers, Lakes, Fountains and Springs,* London, 1893；Gregor, W., "Guardian Spirits of Wells and Lochs", *FRE*, 1892, vol. iii, pp. 67-73；Berenger-Feraud, L. J. B., *Superstitions et survivances* étudiées *au point de vue de leur origine et de leurs transformations*, Paris, 1895, 5 vols.；vol. i, pp. 207-304（泉水、湖泊邊神祕的龍和蛇）；vol. ii, pp. 1-58（水的 "力

量 " 和精靈）；vol. iii, pp. 167-214（儀式性的下雨姿勢）；vol. iv, pp. 291-360（泉水中的奇蹟的力量）；Sebillot, Paul, *Le Folklore de France*, Paris, 1905, vol. ii, pp. 175-303；Lawson, J. C., *Modern Greek Folklore and Ancient Greek Religion*, Cambridge, 1910, pp. 130-73（在當代希臘民間故事中自然女神的不斷出現）；Rhys, J., *Celtic Folk-Lore*, Oxford, 1901, pp. 354-400（水井的民間傳說）；Weinhold, K., *Die Verehrung der Quellen in Deutschland*, Berlin, 1898；Manninen, Ilmari, *Die dämonistischen Krankheiten im finnischen Volksaberglauben*, Helsinki, 1922, PP. 81-106；McKenzie, *Daniel, Infancy of Medicine*, London, 1927, pp. 238 ff.；Massani, R. P., "Le Folklore des puits dans l'Inde et spécalement à Bombay", *RHR*, 1931, vol. civ, pp. 221-71；亦可參考有關植物章節附錄的書目（「青春泉」和「生命樹」）。

關於中國和東亞的龍，君主是龍女的後代，見 Grhant, Marcel, *Danses et légendes de la Chine ancienne*, Paris, 1926, 2 vols. 同上，*Chinese Civilization*, London, 1930；同上，*La Pensée chinoise*, Paris, 1934；Karlgren, B., "Some Fecundity Symbols in Ancient China", *BMAS*, Stockholm, 1930, no. 2, pp. 1-54；Chavannes,（Ed.）, *Les Mémoires historlques de Sse-Ma-Tsien*, Paris, 1897, vol. i；Paris, 1897, vol. ii；Paris, 1899, vol. iii, p. 2；Giesseler, G., "Le Mythe du dragon en Chine", *RAR*, 1917, 5th series, vol. vi, pp. 104-70；Hopkins, L. C., "The Dragon Terrestrial and the Dragon Celestial. A Study of the Lung and Ch'en", *RAR*, 1931, pp. 791-806；1932, pp. 91-7；Przyluski, J., "La Princesse à l'odeur de poisson et la Nāgī dans les traditions de l'Asie orientale", *EA*, Paris, 1925, vol. ii, pp. 265-84；同上，"Le Prologue-cadre des mille et une nuits et le thème de svayamvara", *JA*, 1924, pp. 101-37；Oppert, G., *On the Original Inhabitants of Bhāratavarsa or India*, Westminster, 1893；Matsumoto, Nobushiro, *Essai sur la mythologie japonaise*, Paris, 1928, pp. 46, 53 ff.；同上，*Le Japonais et les langues Austre-Asiatiques*, Paris, 1928, pp. 35 ff.；Eliade, M., *Le Yoga: Immortalité et Liberté*, Paris, 1957, pp. 346 ff.；在暹羅、印度和非洲龍女誕生王子的故事，參見 Dangel, *SMSR*, 1938, vol. xiv, p. 180；Knoche, Walter, "Kindfisch-Märchen in Ozeanien", *MAGW*, 1939, vol. lxix, pp. 24-33；Rönnow, K., "Kirāta", *MO*, 1936, vol. iii（1944 年版）, pp. 90-169, 137, n. 1, 指出, 北印度王室是蛇的後代這樣一個主題經常出現，使得受到澳大拉西亞影響的假說不攻自破；亦可參見 Autran, C., *L'Epopée hindoue*, Paris, 1946, pp. 66-169；關於印度蛇崇拜的材料和參考書目，可參考 Vogel, J. P., "Serpent-worship in Ancient and Modern India", *AOA*, 1924, vol. ii, pp. 279-312；同上，

215

Indian Serpent Lore, or, the Nāgas in Hindu Legend and Art, London, 1926, pp. 35 ff.

關於流水瓶（古典東方一個著名的豐產象徵），參見 Van Buren, E. D., *The Flowing Vase and the God with Streams*, Berlin, 1933；Combaz, G., *L'Inde et l'orient classique*, Paris, 1937, no. 174 ff.；同上，"L'Evolution du stupa en Asie", *Mélanges chinois et Bouddhiques*, Brussels, 1936, vol. iv, pp. 93 ff。

236 **第六章**

關於史前葬禮上使用石頭和巨石，見 Von Heine-Geldern, "Die Megalithen Sudostasiens und ihre Bedeutung für die Klärung d. Megalithenfrage in Europa und Polynesien", *APS*, 1928, vol. xxiii, pp. 276-315；作者想根據東南亞仍然流行的信仰去解釋巨石的來源和作用：人死以後靈魂依附於石頭；Perryr, W. J., *Megalithic Culture of Indonesia*, Manchester, 1918；Ruiesenfeld, A., *The Megalithic Culture of Melanesia*, Leiden, 1950；Cliemen, Carl, *Urgeschichtliche Religion*, Bonn, 1932, vol. i, pp. 95 ff.（關於這些問題的研究狀況、參考資料和評論性研究）；Pettazzoni, R., *La Religione primitiva in Sardegna*, Piacenza, 1912, pp. 185 ff.（地中海地區和非洲大西洋沿岸的巨石和石圈）；Koppers, W., "Monuments to the Dead of the Bhils and Other Primitive Tribes in Central India. A Contribution to the Study of the Megalith Problem", *Annali Lateranensi*, 1942, vol. vi, pp. 117-206；Metzger, Emile, *Les Sépultures chez les prégérmains et les Germains des âges de la pierre et de bronze*, Paris, 1933（提供大量參考資料和有關巨石分佈的簡短介紹）。G. Wilke, Kosinna, Bosch Gimpera 認為，最早的巨石建築一定在伊比利亞半島，可能從那裡發展到整個歐洲；參見 Obermaier, Hugo, Garcia Y Bellido, Antonio, *El Hombre prehistopico y los origenes de la humanidad*, 2nd ed., Madrid, 1941, pp. 171 ff.；大量收藏照片見 Montez, Paulino, *Historia da arquitectura primitiva em Portugal. Monumentos dolmenicos*, Lisbon, 1942；目錄，簡介和參考資料見 Octobon, "Statues-menhirs, stèles gravées, dalles sculptées", *RAN*, 1931, pp. 291-579。P. Laviosa-Zambotti 贊成有關巨石建築起源於埃及之說，參見 *Origini e diffusione della civiltà*, Milan, 1947, pp. 238 ff.

Dominik Josef Wölfel 最近致力於史前宗教概念和歐洲巨石文化時期的原始人的研究，見 "Die Religionen des vordindogermanischen Europas"；*Christus und die Religionen der Erde*, Vienna, 1951, vol. i, pp. 170-297。

亦參見 Imbelloni, J., "La Première Chaîne isoglossémantique océanoaméricaine. Les noms des haches lithiques", *Festschrift W. Schmidt,* Vienna, 1928, pp. 224-35。

在民間信仰中史前石頭（如巨石、環石、巨石紀念碑、「雷石」等等）所扮演的角色，參見 Saintyves, P., *Corpus du folklore préhistorique en France et dans les colonies française*, Paris, 1934, vols. i-ii, 1936, vol, iii（相當驚人的研究成果，幾乎包含當時出版的所有能夠找到的文獻資料，提供豐富的區域性參考資料）；Reinach, Salomon, "Les Monuments de pierre brute dans le langage et les croyances populaires", *Cultes, Mythes, Religions*, 1908, vol. iii, pp. 366 ff.

關於「原始人」的神聖石頭, Frazer, Levy-Bruhl, Nyberg, Hartland, Koppers 的著作中有所闡述, 也包括 Dahmen, F., "The Paliyans, a Hill-Tribe of the palmi Hills（South India）", *APS*, 1908, vol. iii, pp. 19-31, 尤其是 p. 28：「Mayandi, Paliyans 和 Puliyans 的神，常常被描述成一塊石頭，這比被形容成一些稀奇古怪形狀的東西要好……」；Leenhardt, M., *Notes d'ethnologie néocalédonienne*, Paris, 1930, pp. 243-5。

關於將石頭作為保衛者、物神和護身符，參見 Karsten, Rafael, *The Civilization of South American Indians*, London, 1926, pp. 362 ff.；Nyberg, B., Kind und Erde, Helsinki, 1931, pp. 65 ff., 141 ff.

關於石頭巨人的神話傳說，參見 Lehmann-Nitsche, Robert, "Ein Mythenthema aus Feuerland und Nord-Amerika, Der Steinriese", *APS*, 1938, vol. xxxiii, pp. 267-73。

關於「petra genitrix」的神話（該主題亦存於小亞細亞和遠東地區），參見 Lowis, A. von, "Nord-kaukasische Steingeburtssagen", *AFRW*, 1910, vol. xiii, pp. 509 24；Semper, Max, *Rassen und Religionen im alten Vorderasien*, Heidelberg, 1930, pp. 179 86；Dumezil, G., *Légendes sur les Nartes*, Paris, 1930, pp. 75-7；Schmidt, *Grundlinien einer Vergleichung der Religionen und Mythologien der austronesischen Völker*, Vienna, 1910, pp. 408 ff.；Perry, W. J., *The Children of the Sun*, 2nd ed., London, 1926, pp. 255 ff.；Williamson, R. W., *The Social and Political Systems of Central Polynesia*, Cambridge, 1924, vol i, pp. 48, 57, 382；vol. ii, p. 304；Jackson Knight, W. F., *Cumœan Gates*, Oxford, 1936, pp. 9 ff.；Layard, John, *Stone Men of Malekula,* London, 1942, *passim.*。關於南美一些部落中石頭與土壤肥沃（雨水）的關係，見 Hentze, C., *Mythes et symboles lunaires*, Antwerp, 1932, pp. 32-3, 35 等。

關於有洞石頭的豐產作用，除了本書正文中提及的一些著作外，還有

237

Seligmann, S., *Der böse Blick*, Berlin, 1910, vol. ii, p. 27；Dechelette, J, *Manuel d'archéologie préhistorique celtique et gallo-romaine*, Paris, 1906, vo. i, pp. 520 ff., 以及 Wagenvoort, *SMSR*, vol. xiv, p. 55。

關於義大利民間信仰中的「送子石」，參見 Bellucci, G., *Il Feticismo primitivo*, Perugia, 1907, pp. 36, 92 ff.；同上，Gli Amuletti, *Perugia*, 1908, p. 19。

關於「落雨石」，見 Frazer, Sir J., *The Magic Art and the Evolutlion of Kings*, London, 1936, vol. i, pp. 304-7；同上，*Folklore in the Old Testament*, London, 1918, vol. ii, P. 58 ff.；Eisler, R., "Kuba-Kybele", *PS*, 1909, vol. lxviii, p. 42, n 222；Wagenvoort, *SMSR*, vol. xiv, p. 53, n.；Wainwright, G, A., *The Sky-Religion in Egypt*, Cambridge, 1938, p. 76；Kunz, G. F., *The Magic of Jewels and Charms*, Philadelphia-London, 1915, pp. 5 ff., 34；Perry, W. J., *Children of the Sun*, p. 392。

關於岩石中噴湧清泉的神話，參見 Saintyves, P., *Essais de folklore biblique*, Paris, 1932, pp. 139 ff.

關於新赫里多尼亞的「見證石」，參見 Leenhardt, M., *Notes d'ethnologie néocalédonienne*, pp. 30-1；在古代安提梅裡納人中的「見證石」，Van, Gennep, Tabou et totémise à Madagascar, Paris, 1904, p. 186。

關於用石頭打死之刑罰的起源，見 Pettazzoni, R., "La grave mora", *SMSR*, 1925, vol i, p. 1 ff.

關於隕石，參見 Eliade, M., "Metallurgy, Magic and Alchemy", Paris, 1938, *CZ*, vol. i, p. 3。

關於石頭的各種象徵和宗教意義，參見 Bertholet, Alfred, "Über kultische Motivverschiebungen", *Sitz. Preuss. Akademie Wiss., Phil. Hist. Klasse*, 1938, vol. xviii, pp. 164-84, 特別是第 164-9 頁。

238

關於宗教活動使用的石頭，印度部分參見 Oppert, G., "Der S lagr ma Stein", *ZFE*, 1902, vol. xxxiv, pp. 131-7；Kirfel, W., "Vom Steinkult in Indien", *Studien zur Geschichte u. Kultur des nahen u. fernen Osten, Paul Kahle zum 60 Geburtstag*, Leiden, 1935, pp. 163-72；日本部分參見 Deguchi, Y., "On the Traces of Stone Worship in Japan", *Journal of the Anthropological Society of Tokyo*, Oct., 1908, vol. xxiv, no. 271；秘魯部分參見 Minnaert, P., "Le Culte des pierres au Pérou", *Bulletin de la société des américanistes de Belgique*, August, 1930。

關於閃米特人的石柱、石碑和具有宗教意義的石頭，參見 Beer, G.,

Steinverehrung bei den Israeliten, 1921；Robertson, Smith, W., *The Religion of the Semites*, 3rd ed, London, 1927, pp. 200 ff., 568 ff.；Lagrange, p., Etudes sur les religions sémitiques, 2nd ed. Paris, 1905, pp. 194 ff.；Lammens, p., "Le Culte des bétyles et les Processions religieuses dans l'Arabie préislamique", *Bulletin de l'institut d'archéologie orientale*, Cairo, vol. xvii；Dhorme, E., *La Religion des hébreux nomades*, Brussels, 1937, pp. 159-68；Dussaud, R., *Les Origines cananéennes du sacrifice israélite*, 2nd ed., Paris, 1941, pp. 222 ff.

關於伯特利神和伯特利的神聖性，參見 Eissfeldt, O., "Der Gott Bethel", *AFRW*, 1930, vol. xxviii, pp. 1 ff.；Vincent, A., *La Religion des Judéo-Araméens d'Eléphantine*, Paris, 1937, pp. 562 ff.

關於神聖的石頭，希臘部分參見 Hasbluck, F. W., "Stone Cults and Venerated Stones in the Græco-Turkish Area", *Annual of the British School at Athens*, vol. xxi；De Visser, *Die nichtmenschengestaltigen Götter der Griechen*, Leiden, 1903, pp. 55 ff.；Maas, E., "Heilige Steine", *Rhein. Museum*, 1929, vol. lxxviii, pp. 1 ff.；Raingeard, p., *Hermès psychagogue*, Paris, 1935, pp. 344 ff.；Nilsson, Martin p., *Geschichte der griechischen Religion*, Munich, 1941, vol. i, p. 187（附大量參考資料）；關於弗呂家人的祭拜，見 Picard, C., Ephèse et Claros, Paris, 1922, p. 474。

關於凱爾特人和日耳曼人具有宗教意義的石頭，見 D'Arbois De Jubainville, "Le Culte des menhirs dans le monde celtique", RC, vol. xxvii, pp. 313 ff.；De Vries, Jan, *Altgermanische Religionsgeschichte*, Berlin, 1937, vol, ii, p. 100。

關於 *omphalos*：見 Rohde, E., *Psyche*, London, 1925, pp. 97 ff.；Harrison, Jane, *Themis*, 2nd ed., Cambridge, 1927, pp. 396 ff.；Roscher, "Omphalos", *Abh. Kön. Sachs. Gesell. Wiss. Phil.-Hist. Klasse*, 1913, vol. xxix, p. 9；同上，"Neue Omphalosstudien", 同上，1915, vol. xxxi, p. 1；同上，"Der Omphalosgedanke bei verschiedenen Völkern", *Sitz.-Berichte König. Sachs. Gesell. Wiss.*, Leipzig, 1918, vol. lxxx, p. 2；Meringer, R., "Omphalos, Nabel, Nebel", *WS*, 1913, vol. v, pp. 43-91；同上，"Zum Roschers Omphalos", WS, 1914, voL vi；Deonna, W., REG, 1915, pp. 444-5；1917, p. 358, n. 10, etc.；Picard, C., *Ephèse et Claros*, pp. 110, n. 5, 551, n. 7；Robert, R., Thymèlé, Paris, 1931, pp. 278-83。關於 Perdrizet 的假設（德爾斐的 omphalos 也許是來自克里特島），以及 Homolle（它們也許受到埃及人的影響）的假設，見 Picard, op. cit., p. 464, n. 4；亦可參見 Steindorff, G., "The So-Called Omphalos of Napate", *JEA*, 1938, vol. xxiv, pp. 147-56，有關凱爾特人的 omphalos 的觀點或參考資料，參見 Dumezil, G.,

Jupiter, Mars, Quirinus, Paris, 1941, p. 229, n. 2-3。亦可參考第十章的參考書目。

263　第七章

對偶神，天空和大地，見 Pettazoni, R., Dio, vol. i, pp. 130, 210, 241, etc.；Krappe, A H., *La Genèse des mythes*, pp. 68 ff．；Fischer, H. T. , *Het Heilig Huwelik van Hemel en Aarde*, Utrecht, 1929；補充性的書目參見 Thompson, Smith, *Motif-Index of Folk-Literature*, Helsinki, 1932, vol．i, p. 98；亦可參見第 2 章的書目。在 Staudacher, W., *Die Trennung von Himmel und Erde*, Tübingen, 1942, 以及 Numazawa, F. Kiichi, *Die Weltanfänge in der japanischen Mythologie*, Lucerne, 1946, 都有許多民族學的資料；cf．Eliade, M., "La Terre-Mère et les hièrogamies cosmiques" , *EJ*, Zürich, 1954, vol．xxii。

關於地母，參見 Lang, A., *Myth, Ritual and Religion*, London, 1887, pp. 299 ff.；Dieterich, A., *Mutter Erde*, 3rd ed., Berlin, 1925, *passim*；Lindenau, Max, "Ein vedischer Lobgesang auf die Mutter Erde als die grosse Allgottheit (Ath. Ved., XII, 1)", *Festgabe Hermann Jacobi*, Bonn, 1926, pp. 248-58：Marconi, Momolina, *Riflessi Meediterranei nella più antica religione laziale*, Milan, 1939, *passim*；Pestalozza, U., *Pagine di religione mediterranea*, Milan, 1942, vol. i, *passim*；Weintock, S., "Tellus", *GLA*, 1933-4, vol. xxii, pp. 140-162：Noldecke, "Mutter-Erde bei den Semiten", *AFRW*, 1905, vol. viii, pp. 161 ff.；Dhorme, E. P. "La Terre-Mère chez les Assyriens", *AFRW*, 1905, vol. viii, pp. 550 ff.；Briem, E., "Mutter Erde bei den Semiten,"*AFRW*, 1926 vol., xxiv, pp. 179-95；Nielsen, Dietlef, "Die altsemitische Mutter-göttin", *Zeitschr der deutschen morgenländischen Gesel.*, 1938, pp. 504-31；Holmberg-Harva, Uno, *Finmo-Ugric Mythology*, Boston, 1927, pp. 239-459；Werner, Alice, *African Mythology*, Boston, 1925, p. 125；Struck, B., "Nochmals 'Mutter Erde' in Afrika," *AFRW*, 1908, vol. xi, pp. 402 ff.；Alexander, H. B., *North America Mythology*, Boston, 1916, pp. 91 ff.；Fuchs, Stefän, "The Cult of the Earth-Mother among the Nimar-Balahis", *IAFE*, vol. xl, pp. 1-8：for the Bhils' prayers to the Earth-Mother, see Koppers, W., "Bhagwan, The Supreme Deity of the Bhiles", *APS*, 1940-1, vol. xxxv-xxxvi, pp. 265-325, particularly 272 and 273。

關於土地神和祭祀，參見 Thompson, Smith, *Motif-Index*, vol. i, p. 83；Nyberg, B., *Kind und Erde*, Helsinki, 1931, pp. 230-1, n. 69；Frazer, Sir J., *The Worship of Nature*, London, 1926, pp. 316-440；Walter, E., *"Die Erdgöttin der*

Tschuwaschen und Litauer", *AFRW*, 1899, vol. iii, pp. 358 ff. ；Wilke, Georg, Die Religion der Indogermanen in archäologischer Betrachtung, Leipzig, 1923, pp. 97-107；Von Wesendonck, "Aremati als arische Erd-Göttheit", *AFRW*, 1929, vol. xxxli, pp. 61-76；Nestle, E., "Die 'jungfäuhche' Erde", *AFRW*, 1908, vol. xi, pp. 415 ff.

關於亞當從貞女大地誕生，參見 Vollmer, H., "Die Erde als jungfräuliche Mutter Adams", *ZNW*, 1911, vol. X, pp. 324 ff.；Starck, W, "Eva-Maria", ZNW, 1934, vol. xxxiii, pp. 97-109；關於從泥土中創造男人，Briffault, R.，《母親》，倫敦, 1927, 第 iii 卷中有一份內容豐富的書目。

關於將孩子放在地上的儀式，參見 Dieterich, op. cit., pp., 7ff.；Samter, E., Geburt, *Hochzeit und Tod*, Berlin, 1914, pp. 2 ff.；Goldmann, E., "Cartam levare", *MIOG*, 1914, vol. xxxv, pp. 1 ff.；Struck, B., "Niederlegen und Aufheben des Kindes von der Erde", *AFRW*, 1907, vol. x, p. 158；補充的提法和書目，Nyberg, B., op. cit., pp. 158 ff.；Rose, H. J., *Primitive Culture in Italy*, London, 1926, p. 133；關於這方面的大量民族學資料，參見 Ploss and Bartels, *Woman: An Historical, Gynæcological and Anthropological Compendium*, London, 1935, vol. ii, pp. 35 ff.；Delcourt, Marie, *Stérilités mystérieuses et naissances maléfiques dans l'antiquité classique*, Paris, 1938, pp. 31 ff.；Briffault, *The Mothers*, vol. iii, p. 58；Granet, Marcel, "Le Dépôt de l'enfant sur le sol. Rites anciens et ordalies mythiques", *RAR*, 1922；reprinted in the volume *Etudes Sociologiques sur la Chine*, Paris, 1953, pp. 159-202.

關於將婦女等同於田地，除本文已經給出的文獻資料外，參見 Dieterich, op. cit., pp. 46 ff.；Fehrle, E, *Die kultische Keuschheit im Albertum*, Geissen 1910, pp. 170 ff.；Farnell, *The Cults of the Greek States*, Oxford, 1896-1909, vol. iii, pp. 106 ff.；Levy-Bruhl, *Primitive Mentality*, London, 1923, pp. 315 ff.；Robertson, Smith, *The Religion of the Semites*, 3rd ed., London, 1927, pp. 613 ff. 關於羅伯遜‧史密斯對巴力即「大地之主」的評論，參見 Lagrange, *Etudes sur les religions sémitiques*, 2nd ed. p. 97；Dussaud, R., *Origines cananéennes du sacrifice israélite*, Paris, 1941, p. 206；id., *Les Découvertes de Ras Shamra*, 2nd ed., Paris, 1941, p. 102；Meyer, J. J., *Trilogie altindischer Mächte und Feste der Vegetation*, Zürich-Leipzig, 1937, vol i, p. 202；Pestalozza, U., "L'Aratro e la donna nel mondo religioso mediterrrmeo", *Rendiconti, Reale instituto Lombardo di Scienze e Lettere*, Cl. di Lettere, 1942-3, vol. lxxvi, no. 2, pp. 321-30；Pisani, Vittore, "La Donna e la terra", *APS*, 1942-5, vol. xxxvii-xl, pp. 241-53；（書中

264

有大量關於印度和希臘－拉丁材料）。

關於葬禮，見 Dieterich, op. cit., pp. 28 ff.；Nyberg, B., op. cit., p. 150；Frazer, Sir J., Folklore in the Old Testament, London, 1918, vol. ii, p. 33；Brelich, A., *Aspetti della morte nelle inscrizioni sepolcrali dell'Impero Romano*, Budapest, 1937, pp. 9 ff.

關於祖先在新生兒中復活，見 Eckhardt, K., A, *Indische Unsterblichkeit*, Weimar, 1937；Ashley-Montagu, M. F., "Ignorance of Physiological Paternity in Secular Knowledge and Orthodox Belief among the Australian Aborigines", *OA*, 1940-2, vol. xii, pp. 75-8。

關於「屈肢葬」參考 Van Der Leeuw, G., "Das sogenannte Hoekerbegräbnis und der ägyptische Tjknw", *SMSR*, 1938, vol. xiv, pp. 150-67。

關於大地的「文獻神話」，參見 Bachelard, Gaston, La *Terre et les rêveries de la volonté*, id., *La Terre et les rêveries du repos*, Paris, 1948, 2 vols。

327 第八章

亦可參見第 9 章參考書目，尤其是 Mannhardt, Frazer 和 J. J. Meyer 的著作。

關於聖樹，見 Parott, Nell, *Les Représentations de l'arbre sacré sur les monuments de Mésopotamie et d'Elam*, Paris, 1937；Danthine, Hélène, *Le Palmier-dattier et les arbres sacrés dans l'iconographie de l'Asie oecidentale ancienne*, Paris, 1937；Wensick, A. J., "Tree and Bird as Cosmological Symbols in Western Asia ", *Verhandelingen der Koninklijke Akademie van Wettenschappen*, Amsterdam, 1921, vol. xxii, pp. 1-56；Coomaraswamy, A., Yakṣas, Washington, 1928-31, 2 vols.；Nilsson, M. P., *Gesehichte der griechischen Religion*, Munich, 1941, vol. i, pp. 194 ff., 260 ff.；Przyluski, J., La Participation, Paris, 1940, pp. i, pp. 41 ff.；Hentze, C., *Mythes et symboles lunaires*, Antwerp, 1932, pp. 41ff；Bergema, H., *De Boom des Levens in Schrift en Historic*, Hilversum, 1938, pp. 337 ff.

關於倒置的樹，參見 Coomaraswamy, A., "The Inverted Tree", *The Quarterly Journal of the Mythic Society*, Bangalore, 1938, vol. xxix, no. 2, pp. 1-38；Kagarow, E., "Der *umgekehrte* Schamanenbaum", *AFRW*, 1929, p. 183；關於儀式上倒置的樹，見 Holmberg-Harva, Uno, "Der Baum des Lebens", *AASF*, Helsinki, 1922-3, series B, vol. xvi, pp. 17, 59, etc.；id., *Finno-Ugric and Siberian Mythology*, Boston, 1927 (in the series *The Mythology of All Races*), pp.

349 ff. ; Bergman, op. cit., p. 275, n. 116 ; Eliade, M., *Le Chamanisme*, Paris, 2951, pp. 244 ff.

關於早期日耳曼人的雨格德拉希爾和宇宙之樹，參見 De Vries, Jan, *Altgermanische Religions-geschichte*, Berlin-Leipzig, 1937, vol. ii, pp. 402 ff. 的注解和書目；Reuter, *Germenische Himmelskunde*, Munich, 1934, pp. 229 ff.；Bergman, Op. cir., p. 551.

關於大女神－植物－符號－動物－水的範型，見 Marshall, Sir John, *Mohenjo-Daro and the Indus Civilization*, London, 1931, vol. i, figs. 63-7, pp. 52 ff.；Contenau, G., *La Déesse nue babylonienne*, Paris, 1914, *passim*；id., *Le Déluge babylonien*, Paris, 1941, pp. 159 ff.；Autran, C., *La Préhistoire du Christianisme*, Paris, 1941, vol. i, pp. 124 ff.；Albright, W. F., "The Babylonian Sage Ut-Napistim Nuqu", *JAOS*, 1918, vol. xxxviii, pp. 60-5；id., "The Goddess of Life and Wisdom," *JASS*, 1920, vol. xxxxvi, pp. 258-94；id., "Some Cruces in the Langdon Epic ", *JAOS*, 1919, vol. xxxix, pp. 65-90；id., "The Mouth of the Rivers", *JASS*, 1919, vol. xxxv, pp. 161-95: id., "Gilgamesh and Enkidu, Mesopotamian Genii of Fecundity", *JAOS*, 1920, vol. lx, pp. 307-35；Nilsson, M. R., *Geschichte der griechischen Religion*, vol. i, pp. 260 ff.；Holmberg-Harva, U., "Der Baum des Lebens ", pp. 83 ff.；Hentze, C., *Frühchinesische Bronzen und Kultdarstellungen*, Antwerp, 1937, pp. 129 ff.；Marconi, Momolina, *Riflessi mediterranei nella più antica religione laziale*, Milan, 1939；Persson, Axel W., *The Religion of Greece in Prehistoric Times*, Berkeley and Los Angeles, 1942；Bernadin, S. A., *De mannelijke en de vrouwelijke godheid van de boom-cultus in Minoische godsdienst*, Amsterdam, 1942；Pestalozza, U., Pagine di religione mediterranea, Milan, 1945, vol. ii.

關於生命之樹和分別善惡的知識之樹，參見關於最近評注的討論 Schmidt, Hans, *Die Erzählung von Paradies und Sündefall*, Tübingen, 1931；Humbert, Paul, *Etudes sur le recit du paradis et de la chute dans la Genèse*, Neuchâte, 1940；Bergema, op. cit., pp. 120 ff. 238

關於吉爾迦美什的旅行以及「長生不老的植物」，見 Contenau, G., *L'Epopée de Gilgamesh* (translation with commentary), Paris, 1939；discussed in Furlani, G., *La Religione babilonese-assira*, Bologna, 1921, vol. ii, pp. 50 ff. (p. 83, no. 69, bibliography)；also Dhorme, E., *Les Religions de Babylonie et d'Assyrie*, Paris, 1945, pp. 328 ff.；Virolleaud, C., "Le Voyage de Gilgamesh au paradis", *RHR*, 1930, vol. ci, pp. 202-15.

關於伊朗文獻，Barnett, L. D 作了整理和翻譯，"Yama, Gandhava and Glaucus", *BSOAS*, 1926-8, vol. iv, pp. 703-11, particularly pp. 709 ff.；Christensen, A., *Le Premier homme et le premier roi dans l'hisroire légendaire de s Iraniens*, Uppsala-Leiden, 1931, vol. ii, pp. 11 ff.

關於生命之樹的東方傳奇，August Wünsche 作了研究，見 "Die Sagen vom Lebensbaum und Lebenswasser. Altorientalische Mythen", *Ex Oriente Lux*, Leipzig, 1905, vol. i, nos. 2-3；Hopkins, E. W., "The Fountain of Youth", *JAOS*, 1905, vol. xxvi, pp. 1-67；Friendländer: Israel, *Die Chadirlegende und der Alexanderroman*, Leipzig, 1913；Holmberg-Harva, Uno, "Der Baum des Ledens," *passim*；Bergema, H., *De Boom des Levens*, pp. 238 ff.

關於藥草和巫術植物的神聖起源，見 Eliade, "Ierburile de sub Cruce", first publislmd in the *Revista Fundatiilor Regale*, November, 1939, pp. 4 ff.；id., "La Mandragore et les mythes de la naissance miraculease", *CZ*. 1942, vol. iii, pp, 1-48, particularly pp. 22 ff.；Ohrt, F., "Herba, Gratia Plena. Die Legenden der älteren Segensprüche über den göttlichen *Ursprung* der Heil-und Zauber-kraülter", Helsinki, 1929, *FFC*, no. 82；Delatte, A.,: *Herbarius. Recherches sur le cérémonial usité chez les anciens pour la cueiflette des simples et des pictures magiques*, 2nd ed., Liège-Paris, 1938.

關於木十字架的傳奇和圖像，見 Wünsche, A., "Lebensbaum", pp. 33 ff.；Graf, Arturo, *Miti, leggende e superstizioni del Medio Evo*, Turin, 1925, pp. 61 ff. (bibliography, p. 126, n. 6)；Cartojan, N., *Cărtile popltlare în lireratura românească*, Bucharest, 1929, vol. i, p. 123；Bergema, op. cit. 503 ff.；Walk, L., "Lebensbaum-Kreuzesbaum: II；Kirchenkunst", *OZK*, vol. ix, pp. 53-7；Baltrusaitis, J., "Quelques survivances des symboles solaires dan l'art du Moyen Age", *GBA*, 6th series, vol. xvii, pp. 75-82；Nava, A., "Albero di Jesse nella calledrale d'Orvieto e la pittura bizamina", *RIASA*, vol. v, pp 363-76；Hildburgh, W. L., "A Medieval Brass Pectoral Cross", AB, 1932, vol. xiv, pp. 79-102；Detering, A., *Die Bedeutung der Eiche seit der Vorzeit*, Leipzig, 1939, p. 126, fig. 51.

關於作為宇宙之軸的生命之樹，見 Holmberg-Harva, U., "Baum des Lebens". pp. 26 ff.；id., *Finno-Ugric Mythology*, p. 338；Coomaraswamy, A., *Elements of Buddhist Iconography*, Harvard University Press, 1935, p. 82；Mus, P., *Barabudur*, Hanoi-Paris, 1935, vol, i, pp. 117 ff., 440 ff.；Granet, M., *La Pensée chinoise*, Paris, 1935, p. 324；Lecher, G., "The Tree of Life in Indo-European and Islamic Cultures", *AI*, 1937, vol. iv, pp. 369-416；Bauerreiss,

Romuald, *Arbor Vitæ. Der "Lebensbamn" und seine Verwendung in Liturgie, Kunst und Brauchtum des Abendlandes*, Munich, 1938；Eliade, M., Le Chamanisme, pp. 244 ff.；cf. the bibliography of Chapter II for reference to the trees of the Shamans, etc.).

關於宇宙樹，見 Krappe, A. H., *The Science of Folklore*, London, 1930, p. 233；Hentze, C., *Mythes et symboles lunaires*, Antwerp, 1932, p. 155 ff.；Winlke, G., "Der Weltenbaum und die beiden Kosmischen Vögel in der vorgrschiehtlichen Kunst", *MB*, vol. xiv, 1922, pp. 73-99.

關於天堂樹，見 Enoch, 24-5: Saineanu, L., *Basmele Românilor*, Bucharest, 1898, pp. 449-57；Emsheimer, E., "Schamanentromrnel und Trommelbaum", ES, 1946, no. 4, pp. 166-81；Eliade, M., *Le Chamanisme*, pp. 51 ff., 160 ff.

關於人類來自某種植物的神話，見 Baumann, H., *Schöpfung und Urzeit des Menschen im Mythos afrikanischer Völker*, Berlin, 1936, pp. 224 ff.；Volhardt, E., *Kannibalismus*, Stuttgart, 1939, pp. 456 ff.；Engelmann, G. J., *Die Geburt bei den Urvölkern. Eine Darstellung der Entwicklung der heutigen Geburtsktmde aus den natürlichen Gebrauchen aller Rassen*, Vienna, 1884, pp. 77 ff.；Hartland, E. S., *Primitive Paternity. The Myth of Supernatural Birth in Relation to the History of Family*, London, 1909, vol. i, pp. 44 ff；Hentze, C., *Mythes et symboles lunaires*, pp. 155 ff.；Krappe, A. H., *La Genèse des mythes*, Paris, 1938, pp. 278 ff.；Van Gennep, A., *Mythes et légendes d'Australie*, Paris, 1906, pp. 14 ff.；Matsumpto, N., *Essai sur la mythologie japonaise*, Paris, 1929, pp. 120 ff.；Przyluski, J., "Un Ancien peuple du Penjab: les Udumbara", *JA*, 1926, pp. 25-36；Bagchi, P. C., *Pro-Aryan and Pre-Dravidian in India*, Calcutta, 1929, p. 154；Przylusiki, J., *"Les Empalés"*, *Mélanges chinois et bouddhiques*, Brussels, 1936, vol. iv, pp. 1-51；Eliade, M., "Ierburile de sub Cruce"；id., "La Mandragore et les mythes de la naissance miraculeuse", *CZ*, 1940-2, vol. ii, pp. 3-48；和馬希亞赫與馬希亞娜赫從植物裡瓦斯誕生有關的伊朗文獻，A. Christensen, *Le Premier homme et le premier roi dans l'histoire légendaire des Iraniens*, Uppsala, 1918, vol. i, pp. 21 ff., 73 等作了整理和翻譯。

關於治病、保護兒童的樹，見 Nyberg, B. , *Kind und Erde*, pp. 195 ff.

關於女主人公被陰謀殺害後變成植物，見 Saineanu, L., Basmele Românilor, pp. 307 ff.；Gosquin, E., *Les Contes indiens et l'occident*, Paris, 1922, pp. 84 ff.；Eliade, M., "Ierburile de Sub Cruce", pp.15 ff.；id., "La Mandragore", pp. 34 ff.

239

關於從果子或花懷孕，見 Bolte 和 Polivka, *Ammerkungen zu den Kinder-und haus-märchen der Brüder Grimm*, Leipzig, 1913-30, 4 vols., vol. it, p. 125；vol. iv, p. 257；Penzer, N. M., *The Pentamerone of Giambattista Basile*, London, 1932, p. 158 ff.；Thompson, Smith, *Motif-Index of Folk-Literature*, Helsinki, 1935, vol. v, p. 302 ff.

關於與樹成婚，見 Frazer, Sir J., The Golden Bough, abridged ed., London, 1922, pp. 114 ff.；Schmidt, Richard, *Liebe und Ehe in alter und modernen Indian*, Berlin, 1904, pp. 406 ff.；Nyberg, B., op cit., pp. 195 ff.；Boulnois, J., *Le Caducée et la symbolique dravidienne indo-méditerranéenne de l'arbre, de la pierr e, du serpent et de la déesse-mére*, Paris, 1931, pp. 8 ff.；Abbot, J., *The Keys of Power. A Study of Indian Ritual and Belief*, London, 1932, pp. 335 ff.

330

關於五月慶典，參見文中所引 Mannhardt、Frazer、J. J. Meyer 以及 Waldemar Liungman 的著作。亦可參見 Runeberg, Arne, Witches, *Demon and Fertility Magic*, Helsinki, 1947.

關於霍利節，見 Crooke, W., "The Holi: A Vernal Festival of the Hindus", FRE, vol. xxv, pp. 55-83；id., *Popular Religion and Folklore of Northern India*, London, 1894, pp. 342 ff. (2nd ed., vol. ii, pp. 197, 318)；Meyer, J. J., *Trilogie, altindische Mächte und Feste der Vegetation*, Züirich-Leipzig, 1937, vol. i (Kama), pp. 16 ff., 書中有大量的參考書目。

關於嘉年華會的葬禮、驅趕死亡、冬夏之爭，參見 Frazer, Sir J., *The Dying God, passim*；Liungman, W., "Traditionswandertrugen: Euphrat-Rhein", I-II, *FFC*, Helsinki, 1937-8, nos. 118-9, *passim*；id., "Traditionswanderungen: Rhein-Jenissei. Eine Untersuchung über das Winter-und Todaustragen und einige hierhergehörige Braüche", I, *FFC*, Helsinki, 1941, no. 129；id., "Der Kampf zwischen Sommer und Winter", *FFC*, Helsinki, 1941, no. 130；Meyer, J. J., *Trilogie*, vol. i, pp. 199 ff.

362 **第九章**

曼哈特所著《森林和田野文化》（*Wald- und Feldkulte*, Berlin, 1875-7；第 2 版，1904-5, 2 卷本）的問世，標誌著在植物和農業崇拜史研究上的一個重要日子。它絕對是一座關於民間故事和種族志的寶藏，又經這位元德國學者根據其「植物的鬼怪」假說而收集、分類和解釋。《神話學研究》（*Mythologische Forschungen*, Strasbourg, 1884）似乎是作者去世後不久出版的補卷。與曼哈特同時代的學者花了好一陣時間才對其假說的重要性作出評

價。正如梅耶爾（《三部曲》，第 3 卷，第 284 頁附錄中）所回顧的那樣，德國人種學家弗朗茲‧費弗爾（Fzanz Pfeiffer）在論及《森林和田野文化》一書的作者時曾說「他不過是一個資料收集者」，大多數學者很少願意耐心閱讀他的著作。如果沒有詹姆士‧弗雷澤爵士的堅決支持，曼哈特的學說可能不會如此得到廣泛接受。正是由於弗雷澤的博聞強記和真正的文學天才，方使「植物的鬼怪」的範疇直到第一次世界大戰之前一直支配著人種學和宗教史的研究。曼哈特的研究由於《金枝》的媒介作用而在該領域佔有一席之地。1891 年，《金枝》第一版兩卷本出版；第二版三卷本於 1900 年出版，而 1911 年和 1918 年則出版了第三版十二卷本（最後一版多次修訂）。1924 年出版無注釋的縮略版。補卷《綴言》（*Aftermath*）出版於 1937 年。《金枝》中特別研究植物和農業神話的幾卷是《阿多尼斯、阿提斯、歐西里斯》（*Adonis, Attis Osiris*, 兩卷本）和《穀物精靈和野地精靈》（*Spirits of the Corn and of the Wild*）。我們也許還記得戈登懷澤（Goldenweiser）（*Anthropology*, London, 1937，第 531 頁）就《金枝》所下的定論：「關於原始宗教的不可忽視的理論，不必可少的材料收集。」亦可參見馮‧希多（C. W. von Sydow）"The Mannhardtian Theories About the Last Sheaf and the Fertility Demons from a Modern Critical Point of View", *FRE*, 1937, xlxxv, pp. 291-309；Gudmund Hatt "Thee Corn Mother in America and in Indonesia", *APS*, 1951, vol. lxxxvi, pp. 853-914。

植物中的神聖以及農業崇拜儀式的問題在弗雷澤著作問世後很長一段時間裡還在繼續爭論不休。在這裡我將提到一些重要出版物：A. V. Rantasalo, "Der Ackerbau im Volksaberglauben der Finnen und Esten mit entsprechenden Gebranchen der Germanen verglichen", 5 vols. (*FFC*, nos. 30, 31, 32, 55, 62；Sortavala-Helsinki, 1919-25)－尤其是以前許多沒有公佈過的資訊；Jan De Vries, " Contributions to the Study of Odhin, Especially in his Relation to Agricultural Practices in Modern Popular Lore", (Helsinki, 1931, FFC, no. 94)；J. J. Meyer, *Trilogie altindische Mächte und Feste der Vegetartion*, Zürich-Leipzig, 1937, 3 vols., 此書主要利用了往世書作品以及一系列相應的人種學材料（亦可參見 W. Ruben 在 *APS*, 1939, pp.463 ff. 的書評）；Waldemar Liungman, "Traditionswanderungen: Euphrat-Rhein", I-II (Helsinki, 1937-8, *FFC*, nos. 118-9, 2 vols., particularly pp. 103 ff., and 1027 ff.)。柳慢（Liungman）著作中令人感興趣的地方不在於它所運用的材料（因為瑞典學者在這個問題上幾乎僅僅依賴於弗雷澤），而在於他對曼哈特和弗雷澤假說所作的評價（在這個問題上深化了 A. Lang, Anitschkoff, A. Haberlandt, Von Sydow 和其他學者的批

363

判）。他試圖發現古代的地方農業儀式和神話如何傳播到日耳曼北方地區的「歷史」。然而我必須補充道，他的「歷史」在我看來絕無可信之處。

曼哈特（*Wald- und Feldkulte*, 2nd ed., vol. i, pp. 1-155）關於存在「樹木精靈」（*Baumseele*）的假說基於以下事實（1）普遍存在將宇宙和人類比作一棵樹的傾向；（2）將人的命運和樹的生命聯繫起來的習俗；（3）原始人信仰的一棵樹不僅是"「森林精靈」（*Waldgeist*）的住所，而且住著其他精靈，有的溫和，有的敵意，他們的生命（就像阿拉伯狒狒一樣）有和樹的生命最初的聯繫；（4）用樹懲罰罪人的習俗。曼哈特認為（前揭書，vol. i, p. 604），個別樹的「精靈」融合進了集體的森林精靈裡面。

但是，正如柳曼所指出的那樣（vol. i, p. 336），個別精靈的這種集體化或者「整體化」是無法根據事實推導出來的。曼哈特按照他那個時代的理性主義、聯想主義的思路進行其論證。通過一系列人為的關聯，他用自己的方式再造了他打算進行解釋的現象：「樹木精靈」會產生「森林精靈」，而「森林精靈」又和「風之精靈」相融合，產生「普遍的植物精靈」。曼哈特（前揭書 vol. i, pp. 148 ff.）認為這種新的綜合可以通過某些穀物田裡的林妖－「綠女」、「森林少女」等等的存在而得到證明。但是這些林間女妖和農業「精靈」的聯繫極其偶然，最終什麼也證明不了。這種對於植物的大精靈（Great Spirit）的任意重構還不止於將農業精靈和森林精靈混為一談。曼哈特宣稱，植物精靈（或者 Baumseele），作為植物魔鬼而化身為一棵樹，可以使春天或夏天人格化，也可以用春神或者夏神稱之（前揭書，vol. i, p. 155）。事實上，每一種神話形式都對應於一個原初結構，不能用分析的方法從一個形式推導出另外一個形式。每一個都依賴於一種特定的儀式，而這個儀式又是基於一個普遍的宗教理論。柳曼（前揭書，vol. i, p. 341）十分準確地用植物中的一種「專門化」的神聖力量來取代這種「植物魔鬼」，而我則更加願意稱之為植物的神顯。柳曼認為，向植物神靈獻祭起源於向某種令神聖力量得以再生的物件獻祭，尤其起源於「以兒子為祭品」（前揭書，vol. i, p. 342)。我們也許還注意到了這位瑞典學者對曼哈特和弗雷澤關於存在一個特殊的日耳曼人的「植物魔鬼」的假說所作的批評；他問道，那麼我們如何解釋這樣一個事實，那就是和這個魔鬼有關的儀式和信仰在日耳曼南方地區比在北方地區更加普遍呢？柳曼相信日耳曼人的信仰可以追溯到某種東方起源，而這種東方的起源在大遷移的時候受到南方的影響，但是他並沒有繼續就這個命題展開令人完全滿意的論述。

這位瑞典學者相信，有益於豐收的人祭其實源於埃及，尤其是源於前歐西里斯的儀式，他據此重構了最古老的人祭形式：在史前時代將一個人綁在

一捆蒲草裡面（這是 ded 柱的原型），切下他的頭顱；身體丟入水中或切成碎塊，也許他的陽具投入池塘而身體的其餘部分埋入田野。獻祭舉行的時候總要在兩種力量之間開展儀式性的打鬥。這種儀式發展到後來就將歐西里斯，即「老人」等同於綁在那捆蒲草裡面被砍頭或者肢解的人，而塞特則等同於那體現為乾旱的人物，等同於那個實施打擊或者將其投入水中的人。歐西里斯通過獻祭一頭代表塞特的動物（山羊、鵝或者也許是豬或者兔子）而實現復仇。這些慶典發生在收割結束之後（五月中旬）。尼羅河於 6 月 17 日開始暴漲；神話說那個時候伊希斯正在尋找歐西里斯。所有人聚集在河岸邊，為了被謀殺的神而流淚。也許作為該儀式的一部分，他們還要在尼羅河上劃輕舟。8 月初以柱頂裝飾有麥穗的圓錐形柱子為代表的伊希斯（尼羅河的新娘），以打開尼羅河上的水閘而象徵性地受胎。女神懷上了何露斯。然後，托特把歐西里斯屍體碎片拼接起來，這個神就復原了。在「歐西里斯的園子」裡為這個事件舉行紀念活動。儀式性的耕地和播種從 11 月初開始，種子發芽則表明歐西里斯再生了。

正是通過這些在敘利亞沿岸、美索不達米亞、安納托利亞和希臘多少普遍舉行的儀式，某種程度上在古代世界中促進了整個世界農業慶典和戲劇的發展，以後又通過基督教和伊斯蘭教得到發展（柳曼，"Euphrat-Rhein", I, pp. 103 ff.）。日耳曼民族和斯拉夫民族可能通過與東歐和巴爾幹諸民族接觸而借鑒了這些儀式（進一步參見 O. Gruppe, *Die griechischen Kulte*, Leipzig, 1887, §26, pp. 181 ff.；*Geschiehte der klassischen Mythologie und Religionsgeschichte*, Leipzig, 1921, §77, p. 190）。

柳曼的假設為農業慶典和信仰的研究提供了一個新視角，但是，雖然它能夠在歐洲和非洲－亞洲範圍得到證實卻不能解釋美洲的版本，參見 Gudmund Hatt, "The Corn Mother in America and Indonesia", *APS*, 1951, xlvi, pp. 853-914；M. Eliade, "La Terre-Mère et les hierogamis cosmiques", *EJ*, 1953。儘管如此，從這位瑞典學者的研究中我們可以接受的是，這種被想像為通過戲劇範型表現出來的再生獻祭的農業慶典確實起源於東方（埃及、敘利亞、美索不達米亞，亦可參見 A. Moret, "Rituals agraires de l'ancien Orient", *Mélanges Capart*, Brussels, 1935, pp. 311-42；A. M. Blackman, "Osiris as the Maker of Corn", *SA*, 1938, I。關於"穀物之死的"印度人的材料和象徵體系，參見 Anada Coomaraswamy, "Atmayajna: Self-Sacrifice", *HJAS*, 1942, vi, 尤其是 pp. 362-3。

我們仍然有待確定的是，將動物（雄性或者雌性的羊、豬、馬、貓、狐、雞、狼等等）等同於最後一捆莊稼，將最後的麥穗捆綁成動物的樣子—

這動物本身就體現了收割以及「穀物精靈」的力量－是否是幾乎普遍的習俗，這些相關的習俗和儀式（象徵型地殺死動物）是否也可以追溯到埃及或東方的原型。正如我們所知，弗雷澤把這種將「穀物精靈」等同於一種動物的做法，解釋為最早的農夫可能將隱蔽在穀物裡面並在最後一捆莊稼被割下來之際就逃走的動物和植物的巫術權聯繫起來（*Golden Bough*, pp. 447 ff.；*Spirits*, vol. i, pp. 270 ff.）。但是，這位大學者並沒有確切說明馬、牛、狼等等動物竟何以能夠藏在田野裡。同樣，他所提出的假設即古代世界最早的植物之神被想像成為一頭動物（狄奧尼索斯是公羊和公牛、阿提斯和阿多尼斯是豬等等）僅僅是理性主義思想的隨意創作而已。至於柳曼則相信，這些將收割的「力量」或「精靈」加以人格化的動物是後來的形式，已經普遍喪失了原來的含義，它們是代表用來祭神的塞特的動物，以報復塞特殺死歐西里斯並且為豐收提供支援。這位瑞典學者也找到了一種解釋，那就是為什麼在埃及要獻祭紅顏色的動物尤其是紅色的公牛：紅髮是塞特的特點，因此任何創造物只要是紅頭髮的就等同於塞特，就可以用來獻祭以便為死去的歐西里斯報仇（前揭書, vol. i, p. 263）。我們有材料表明，在希臘（例如在《屠牛記》（*Bouphonia*）等作品所述）以牛為祭，在歐洲最後一捆莊稼紮成牛的形狀並且以牛的名字命名，在法國每逢收割季節就要祭牛並吃掉它，在收割季節肢解山羊以祭神等等，祭豬（埃及；奧地利和瑞士的最後一捆莊稼被稱為「老母豬」）、儀式性殺死紅毛狗、狐狸等等動物——這些跡象，柳曼認為都是直接或間接從代表塞特的動物獻祭那裡傳下來的。

　　這個假設在我們看來並不能為各地的事實所證明。例如牛祭和公牛祭亦根源於地中海史前時代，歐西里斯的戲劇不可能與之有任何聯繫。誰也不會懷疑這些獻祭具有宇宙起源的意義，也不會懷疑這些儀式的舉行之所以和農業慶典有聯繫，是因為每一個創造行為和宇宙創造之間有著一種神祕的對稱關係。牛、羊、豬的生殖力恰到好處地解釋了這個獻祭和農業儀式的關係何在；聚集在這些動物中的生殖能量被釋放出來，分配給田野。同樣的思維範型也揭示了為什麼狂歡和縱欲儀式也和農業慶典有關。柳曼企圖重構的前歐西里斯儀式既不能解釋歐西里斯的神性，也不能解釋歐西里斯神話的起源。在收割季節發生的埃及儀式戲劇和歐西里斯戲劇之間的差別之大，不亞於通姦和包法利夫人或者安娜·卡列妮娜之間的差別。神話就像小說一樣，主要是指心靈自發的創造活動。

　　關於農業慶典的不同解釋，參見魯瓦錫（A. Loisy），*Essai historique sur le sacrifice*, Paris, 1920, pp. 235 ff.。韋斯特馬克（E. A. Westrmarck）的 *The Origin and Development of the Moral Ideas*, London, 1905, vol. i, pp. 441-51, 解

釋了孔德人（Khonds）根據「替代原則」的獻祭，通俗然而相當凝練的敘述並沒有完全涉及到問題的複雜實質。關於梅利亞（Meria），亦可參見 *L. De La Vallee-Poussin, Indo-européens et Indo-iraniens*（新編），Paris, 1936, pp. 375-99；A. W. Macdonald, "A Propos de Prajapati", *JA*, 1952, pp. 323-32。

關於死者對農業的影響，參見 Frazer, *The Belief in Immortality*, vol. i, London, 1913, pp. 247 ff.；id., *The Fear of the Dead in Primitive Religion*, London, 1933-6, i, pp. 51 ff., 82 ff.。

366

關於農業節日和婚姻、性等等的關係，亦可參見 H. K. Haeberlin, "The Idea of Fertilization in the Culture of the Pueblo Indians", *American Anthropological Association, Memoirs*, 1916, vol. iii, pp. 1；M. Granet, *Festivals and Songs of Ancient China*, London, 1932, pp. 166 ff.；B. *Malinowski, Coral Gardens and the their Magic*, London, 1935 vol. i pp. 110 ff. 119（性純潔和農作的關係），pp. 219 ff.（豐收巫術）。關於田野和婦女的類比，參見 Gaster, *AOA*, 1933, v, p. 119；id., "A Canaanite Ritual Drama ", *JOAS*, lxvi, 49-76, p. 63。

關於大地的神祕文化和「靈性機制」，迫使人們堅守心靈的黑暗現實以「使地下世界解體」（就像現代羅馬尼亞和俄羅斯的「聖嬰派」），參見拙著 *Mitul Reintegraii*, Bucharest, 1942, pp. 24ff.。

關於和農業有關的淫穢儀式，參見 Mannhardt, *Myth Forscheh*, pp. 142-3；*Wald-und Feldkulte*, vol. i, pp. 424-34；cf. also *RH*, lvi, p. 265；*RES*, iii, p. 86.

還有大量關於神聖馬車促進田野豐產的大量材料，參見 E. Hahn, Demetet und Baubo, Lübeck, 1896, pp. 30 ff.。

亦可參見 U. Hahn, "Die deutschen Opfergebrauche bei Ackerbau und Viehzucht", (Germanostische Abhandlungen, by K. Weinhold, vol. iii)；E. A. Armstrong, "The Ritual of the Plough", *FRE*, 1943 liv, no. 1；F. Altheim, Terra Mater, Giessen, 1931；H. Rydh "Seasonal Fertility Rites and the Death Cult in Scandinavia and China", *BMAS*, 1931, no. 3, pp. 69-98。

關於歐洲農業的起源和傳播，參見 P. Laviosa-Zambotti, *Le Più Antiche culture agricole europee*, Milan, 1943；id., *Origini e diffusion della civiltà*, Milan, 1947, pp. 175 ff.。關於早期農業文化的宗教概念，參見 A. E. Jensen, *Das religiöse Weltbild einer füühen Kultur*, Stuttgart, 1948. 關於，父系社會，讀者可以參考 W. Schmidt, *Das Mutterrecht*, Vienna, 1955.

還可以參見，第七章、第八章的參考書目。

386 **第十章**

關於神聖空間的概述，見 Van Der Leeuw, G, *Religion in Essence and Manifestation*, London, 1938, pp. 393ff.；Guardini, R., *Von heiligen Zeichen*, pp. 71 ff.；Bogoras, W., "Ideas of Space and Time in the Conception of Primitive Religion", *AA*, new series, April, 1917, pp．205-66：Nissen, H., *Orientation*, Berlin, 1906-7, *passim* (vols. i-ii of *Studien zur Geschichte der Religion*, Berlin, 1906-10)；Granet, N., La Pensée chinoise, pp. 91 ff.；Cuillandre, J., *La Droite et la gauche dans les poèmes homériques*, Pari, 1941；Soustellee, J., *La Pensée cosmologique des anciens méxicanins*, Paris, 1940, pp. 56 ff.；Deffontaines, Pierre, *Géographie et religions*, Paris, 1948.

關於建造的儀式，見 Sartori, Paul, "Über das Bauopfer", *ZFE*, 1898, vol. xxx, pp. 1-54；Sebillot, P., *Les Travaux publics et les mines das les traditions et les superstition de tous les pays*, Paris, 1894, pp. 85-120；id., *Le Folklore de France*, Paris, 1906, vol. iv, pp. 89-99；最新的書目可在 Eliade, M., *Comentarii la legenda Mesterrului Manole*, Bucharest, 1943, 尤其是, p. 37 ff.. Cocchiara, "Il Ponte di arta e i sacrifici di costruzione", *Annali del Museo Pitrè*, Palermo, 1950, vol. i, pp. 38-81.

關於環繞聖地巡遊，見 Saintyves, P. "Le Tour de la ville et la chute de Jericho", in *Essais de folklore biblique*, Paris, 1923, pp. 177-204；Pax, W., WS, 1937, vol. viii, pp. 1-88；Mus, P., *Barabudur*, Paris-Hanoi, 1935, vol. i, pp. 68 ff., 94 ff. and *passim*.

關於壇場，見 De Viesser, M. W., *Ancient Beddhism in Japan*, Paris, 1921, vol. i, pp. 159-75；Zimmern, H., *Kunstform und Yoga*, Berlin, 1926, pp. 94 ff.；Tucci, G., "Il Simholismo archittectonico dei tempi di Tibet occidentale", *Indo-Tibettica*, Rome, 1938, vols. iii-iv；id., *Teoria e pratica del mandala*, Rome, 1949；Suzuki, E., "Mandara", Eastern Buddhism, vol. vii, May, 1936：Eliade, M., Techniques du Yoga, Paris, 1948, pp. 185 ff.；id., *Le Yoga: Immortalité et liberté*, Paris, 1954, pp., 233ff．

關於世界（mundus），見 Deubner, L., "Mundus", *HE*, 1933, vol. lviii, pp. 276-87；Hedbund, "Mundus," *EJ*, 1933, vol. xxxi, pp 53-70；Allcroft A. H., *The Circle and the Cross*, London, 1927, *passim*；Robert, F., *Thymélé. Rechdrches sur la signication et la destination des monuments circulaires dans l'architecture religieuse de la Grèce*, Paris, 1939, pp. 181, 255 and *passim*.

關於「中心的象徵體系」，見 Eliade, M., *Cosmologie si Alchimie Babilonia*, Bucharest, 1937, pp. 31 ff.；*Comentarii la legenda Mesterului Manole*, Bucharest, 1943, pp. 72 ff.；*The Myth of the Eternal Return*, London, 1955, pp. 12-16 ff.；*Images et Symboles*, Paris, 1952, pp. 33 ff.；Gaerte, W., "Kosmische Vorstellungen im Bilde präkihistorischer Zeit: Erdbcrg, Himmelsberg, Erdnabel und Weltströme", *APS*, 1914, vol. ix, pp. 956-79；Burrows, Eric, "Some Cosmological Patterns in Babylonian Religion", in *The Labyrinth*, ed. S. H. Hooke, London, 1935, pp. 45-70；Wensinck, A. J., *The Ideas of the Western Semites concerning the Navel of the Earth*, Amsterdam, 1916；Dombart, T., *Der Sakralturm; I; Zikkurat*, Munich, 1920；Allbright, W. F., "The Mouth of the Rivers", *AJSL*, 1919, vol. xxxv, pp. 161-95．

關於世界之臍（omphalos），參見第 6 章參考書目。 387

關於宇宙樹，參見第 8 章參考書目。

關於迷宮，參見 Jackson Knight, W. F., *Cumæn Gates: A Reference of the Sixth Æneid to the Initiation Pattern*, Oxford, 1936；Kerenyi, Karl, "Labyrinth-Studien", Albæ Vigilæ, Amsterdam-Leipzig, 1941, vol. xv。

關於馬勒庫拉（Malekula）的迷宮，參見 Deacon, Bernard A., *Malekula. A Vanishing People the New Hebrides*, London, 1942, pp. 340 ff., 649 ff.

第十一章 409

Van der Leeuw, G., *Religion in Essence and Manifestion*, London, 1938, pp. 384 ff.；id., *L'Homme primitive et la religion*, *passim*；Dumézil, G., "Temps et Mythes", *Recherches philosophiques*, 1935-6, vol. v, pp. 235-51；Reuter, H., *Die Zeit: eine religionswissenschaftlichte Untersuchung*, Bonn, 1941；Coomaraswamy, Ananda K., *Time and Eternity*, Ascona, 1947.

Hubert, H., and Mauss, M., " La Représentatioin du temps dans la religion et la magic", *Mélanges d'histoire des religions*, 1909, pp. 190-22；Saintyves, P., "Les Notions de temps et d'éternité dans la magi et la religion", *RHR*, 1919, vol. lxxix, pp. 74-104；Nilsson, M. P., "Primitive Time Reckoning" (*Reg. Soeietas Humaniorum Letterarum Lundensis Acta*, Lund, 1920, vol. i)；Cavaignac, E., "Calendriers et fêtes religieuses," *RHR*, 1925, vol. ii, pp. 8 ff.

Granet, M., *Danses et légendes de la Chine anciene*, Pari, 1928, pp. 114 ff., 230 ff.；Levy-Bruhl, *Primitives and the Supernatural*, London, 1936, *passim*；Dangel, R., "Tagesallbruch und Weltenstehung", *SMSR*, 1938, vol. xiv, pp. 65-

81；Lehmann, F. R. "Weltuntergang und Welterneuerung im Glauben schriftloser Völker", *ZFE*, 1939, vol. lxxi, pp. 103-15；Soustelle, J., *La Pensée cosmologique des anciens Mexicains*, Paris, 1940, pp. 79 ff.；Leenhardt, Maurice, *Do Kamo. La Personne et le mythe dans, l'monde mélanésie*, Pari, 1947, pp. 96 ff.；Van der Leeuw, G., "Urzeit und Endzeit", *EL*, 1950, vol. xvii, pp. 11-51；Puech, Henri-Charles, "La Gnose et le temps", *EJ*, 1951, vol. xx, pp. 57-113；Corbin, Henri, "Le Temps cyclique dans le Mazdéisme et dans l'Isaélisme", *EJ*, 1951, vol. xx, pp. 149-217 ff.；Ringgren, Helmer, *Fatalism in Persian Epics*, Uppsala, 1952, pp. 9 ff.

Jerremias, Alfred, *Handbuch der altorientalischen Geisteskultur*, 2nd ed., Berlin, 1929, pp. 239 ff, 295 ff., 313 ff.；Johnson, A. J., "The Role of the King in the Jerusalem Cultus", in *The Labyrinth*, ed. S. H. Hooke, London, 1938, pp. 73-111；Carcopino, J., *Virgile et le mystére de la IVe Eclogue*, revised and augmented edition, Paris, 1943.

Christensen, A., *Le Premier Homme et le premier roi dans l'histoir légendaire des Iraniens*, Uppsala, 1918-24, 2 vols.；Dumezil, G., *Le Probléme des Centaures*, Paris, 1929；Lehmann and Pedersen, "Der Beweis für die Atlferstehung im Koran", (*Der Islam*, vol. v, pp. 54-61)；Wensinck, A. J., "The Semitic New Year and the Origin of Eschatology", *AOA*, 1923, vol. i, pp. 158-99；Maroquart, J., "The Nawroz, its History and Significance", *Journal of the Coma Oriental Institute*, Bombay, 1937, no. xxxi, pp. 1-51；Scheftelowitz, J., *Die Zeit als Schicksalsgotteit in der indischen und iranischen Religion*, Stuttgart, 1929；Hertel, J., "Das indogermardsche Neujahrsopfer im Veda", Leipzig, 1938.

Eliade, M., The Myth of the *Eternal Return*, London, 1955, chs. ii and iii；id., *Images et Symboles*, Paris, 1952, ch. ii.

關於巴比倫的新年慶典（*akitu*），札克姆克（zakmuk）和新年，參見 Pallis, S. A., *The Babylonian Akitu Festival*, Copenhagen, 1926；Zimmern, H. "Zum babylonischen Neujahrsfest", pts. i-ii. *Berichte* über d. *Verhandl. D. Kgl. Sachs. Gesell. d. Wiss.*, Leipzig, 1906-18, vol. xviii, 3；lxx, 5；Frazer, Sir J. G., The Scapegoat, p. 355；Labat, R., *Le Caractère religieux de la royauté assyro-babylonienne*, Paris, 1939, p. 95；Pettazzoni, R., "Der babylonische Ritus des Akitu und das Gedicht der Weltschöpfung", *EJ*, 1950, vol xix, pp. 703-30.

第十二章

一般資料見 Krappe, A, H.,*Mythologie universelle*, Paris, 1930；id., *La Genèse des mythes*, Paris, 1938；Gray, L. H., and Moore, G. F. (ed.), *The Mythology of All Races*, Boston, 1916-32, 13 vols., illus.；Guirand, F. (ed.), *Mythologie générale*, Paris, 1935；Cinti, J., *Dizionario mitologico*, Milan, 1935；Pettazzoni, R., *Miti e Leggende: I: Africa e Australia, Turin, 1947; III: America Settentrionale, 1953*.

神話學的「自然學派」見 Müller, Max, *Comparative Mythology*, Oxford, 1856 (reproduced in vol. ii of *Chips from a German Workshop*)；id., *Contributions to the Study of Mythology*, London, 1896；Cox, W., *An Introduction to the Science of Comparative Mythology*, London, 1881-3；Kuhn, Adalbert, *Mythololigische Studien*, Gutersloh, 1886, vol. i；De Gubernatis, Angelo, *Zoological Mythology*, London, 1872；id., *La Mythologie des plantes ou des légendes du régne vegetal*, Paris, 1878-82, 2 vols.

神話學的「天體學派」，參見 Stucken, E., *Astralmythen der Hebræer, Babylonier und Ägypter*, Leipzig, 1896-1907；Siecke, E., *Liebesgeschichte des Himmels*, Strasbourg, 1892；id. , *Mythologische Briefe*, Berlin, 1901；Lessmann, *Aufgaben und Ziele der vergleichenden Mythenforschung* (*Mythologische Bibliothek*, I), Leipzig, 1908；Boklen, E., *Adam und Qain im Lichte der vergleichenden Mythenforschung*, Leipzig, 1907；id., *Die Enstehung der Sprache im Lichte des Mythos*, Berlin, 1922；Von Spiess, *K., Prähistorie und Mythos*, Wiener Neustadt, 1910；Langer, F., *Intellektual-Mythologie, Betrathtungen* über *des Mythus und der mythologischen Methode*, Lepzig-Berlin, 1917.

神話學、人類學和人種學諸學派，見 Lang, Andrew, *Modern Mythology*, London, 1897；id., *Myth, Ritual and Religion*, London, 1901, 2 vols.；id., *Custom and Myth*, new ed., London, 1904；id., *The Making of Religion*, 3rd ed., London, 1909；Steinthal, H., "Allgemeine Einleitung in die Mythologie", *AFRW*, 1900, vol iii, pp. 249-73, 297-323；Ehrenreich, Paul, "Die Mythen und Legenden der Südamerikanischen Urvölker und ihre Bezietmngen zu denen Nordamerikas und der alten Welt", *ZFE*, 1905, suppl.；id., *Die allgemeine Mythologie und ihre ethnologischen Grundlagen* (Mythologische Bibliothek, vol. iv, no. 1), Leipzig, 19109；Jensen, A. E. , *Das religiöse Weltbild einer frühen Kultur*, Stuttgart, 1948；id., *Mythos und Kult bei Naturvölkern*, Wiesbaden, 1951.

創世神話，見 Lukas, Franz, *Die Grundbergriffe in dem Kosmogonien der alten Völker*, Leipzig, 1893；id., "Das Ei als kosmogonische Vorstellung", *Zeit. f. Verein für Volkskunde*, 1894, vol. iv, pp. 227-43；Gunkel, Hermam, *Schöpfung und Chaos in Urzeit und Endzeit. Eine religionsgeschichtliche Untersuchung* über *Gen. I und Ap. Joh. 12*, Gottingen, 1895；Baumann, H., *Schöpfung und Urzeit des Menschen im Mythus der afrikanischen Völker*, Berlin, 1936；Numazawa, F. Kiichi, *Die Weltanfänge in der japanischen Mythologie*, Lucerne-Paris, 1946.

關於各種神話體系的專著，見 Cushing, F. H., "Outlines of Zuñi Creation Myths", *Bulletin of the Bureau of Ethnology*, Washington, 1896, vol. xiii；Boas, F. "Tsimshian Mythology", *Bulletin of the Bureau of Ethnology*, Washington, 1916, vol xxxi；Jensen A. E., *Hainuwel, Frankfurt am Main*, 1939；Macdoneil, A. A., Vedic Mythology, Strasbourg, 1897；Hopkins, E. W., *Epic Mythology, Strasbourg*, 1915；Frazer, Sir J. G., *Myths of the Origin of Fire*, London, 1930；see also *the Mythology of All Races*.

關於希臘神話學和希臘神話的結構，見 Gruppe, O., *Griechische Mythologie und Religionsgenschichte*, Munich, 1906, 2 vols, ；id., *Geschichte der Klassischen Mythologie und Religionsgenschichte*, Leipzig, 1921；Rose, H. J., *A Handbook of Greek Mythology, Including its Extension to Rome*, London, 1928；Nilsson, Martin P., *The Mycenian Origin of Greek Mythology*, Cambridge, 1932；Dornsiefe, Frarnz, *Die archaische Mythenerzählung*, Berlin, 1933；Schuhl, P. M., *Essai sur la formation de la pensée, grecque*, Stuttgart, 1940；Fehr, Karl, *Die Mythen bei Pindar*, Zürich, 1919-36；Frutiger, P., *Les Mythes de Platon*, Paris, 1930；Untersteiner, Mario, *La Fisiologia del mito*, Milan, 1946；Rose, H. J., *Modern Methods in Classical Mythology*, St. Andrews, 1930.

Juno, C., G., and Kerenyi, K., *Introduction to a Science of Mythology*, London, 1951；Kerenyi, K., "Mythologie and Gnosis", EJ, 1940-1, Leipzig, 1942, pp. 157-229；id., *Die Geburt der Helena*, Zürich, 1945；id., *Prometheus. Das griechische Mythologem von der menschlichen Existenz*, Zürich, 1946.

神話和儀式，見 Hooke, S. H.（ed.）, *Myth and Ritual*, London, 1934；id., *The Labyrinth*, London, 1935, particularly Hooke, S. H. , "The Myth and the Ritual Pattern", pp. 213-33；Hocart, A. N., *The Life-giving Myth*, London, 1952, pp. 263-81；Kluckhohn, C., "Myths and Rituals, a General Theory", *Harvard Theological Review*, 1942. Vol. xxxv, pp. 45-79.

神話思想，見 Malinowski, B., *Myth in Primitive Psychology*, London,

436

1926；Preuss, K. T., *Der religiöse Gehalt der Mythen*, Tübingen, 1933；Van Der Leeuw, G., *Religion in Essence and Manifestation*, London, 1938, particularly pp. 413 ff.；id, *L'hommer primitive et la religion*, Paris, 1930, *passim*；Levy-Bruhl, *La Mythologie primitive. Le monde mythique des Australiens et des Papous*, Paris, 1936；Vaillois, Roger, *Le Mythe et l'homme*, Paris, 1938；Ehnmark, Erland, *Anthoropomorphism and Miracle*, Uppsala-Leipzig, 1939；Leenhardt, Maurice, *Do Kamo, La Personne et le mythe dans le monde mélanésien*, Paris, 1947, particularly pp, 220 ff.

Cassirer, E., *Die Begriffsform im mythischen Denken*, Leipzig, 1922 (Studien der Bibliothek Wartburg, vol. i)；id., *Sprache und Mythos. Ein Beitrtag zum Problem der Götternamen*, Leipzig, 1925 (id., vol. vi)；Coomaraswamy, Ananda K., "Angel and Titan. An essay in Vedic Ontology", *JAOS*, 1925, vol. iv, pp. 373-419；id., *The Darker Side of the Dawn* (Smithonian Miscellaneous Collections, vol. xciv, no. 1), Washington, 1935: id., "Sir Gawain and the Green Knight: Indra and Namuci", Speculum, 1944, vol. xix, pp. 2-23；id., "On the Loathly Bride", id., 1945, vol. xx, pp. 391-404；id., "Symplegades", *Homage to George Sarton*, New York, 1947, pp. 463-88；Eliade, M., "Les Livres populaire dans la littérature roumaine", *CZ*, 1939, vol. ii, published 1941, pp. 62-75: id., *Mitul Reintergrarii*, Bucharest, 1942；id., "Le Dieu liuer et le symbolism des næuds", *RHP*, July-Dec., 1947, vol. cxxxiv；id., *The Myth of the Eternal Return*, London, 1955；id., *Images et Symboles, Essais sur le symbolism magico-religieux*, Paris, 1952.

方法論問題，見 Steinthal, H., " Allgemeine Einleitung in die Mythological", *AFRW*, 1900, vol. iii, pp. 249-73, 297-323；Farnell, L. R., "The Value and the Methods of Mythological Study", *Proceedings of the British Academy*, 1919, vol. ix, pp. 37-51；Nilsson, M. P., " Mythology and Forschung", FRE, 1935, vol. xlvi, pp. 9-36。

第十三章

關於巫術石頭（thunderstones）和寶石的象徵體系，參見 Andree, R., *Ethnographische Parallenen, Neue Folge*, Leipzig, 1889, pp. 30-41；Kunze, G. F., The Magic of Jewels and Charms, Philadelphia-London, 1915, pp. 108 ff.；Skeate, Walter W., "Snakestones and Stone Thunderbolts as a Subject for Systematic Investigation", *FRE*, 1912, vol. xxxiii, pp, 45-80, particularly 60 ff.；Blinkenberg, C., *The Thunderweapon in Religion and Folklore*, Cambridge,

457

1911；Perry, W. J., *Children of the Sun*, 2nd ed., London, 1927, pp. 384 ff；
Saintyves, P., "Pierres magiques: bétyles, haches-amulettes et pierres de foudre", *Corpus de folklore préhistorique*, Paris, 1934, vol, ii, pp. 7-276.

關於玉的象徵體系，參見 Laufer, B., *Jade, A Study of Chinese Archæology and Religion*, Chicago, 1912；Kalgren, B., "Some Fecundity Symbols in Ancient China", *BMAS*, Stockholm, 1919, no. 2, pp. 1-54, especially 23 ff.；Giesler, G., "Les Symboles de jade dans le taoisme", *RHA*, 1932, vol. cv., pp. 158-81.

關於珍珠的象徵體系，參見 Kunz, G. E., and Stevenson, C., *Book of the Pearl*, London, 1908；Jackson, J. W., *Shells as Evidence of the Migration of Early Culture*, Manchester, 1917；Zykan, J, "Drache und perle ", *Arlibus Aziæ*, 1939, vol. vi, pp. 1-2；Eliade, M., "Notes sur le symbolism aquatique, *CZ*, 1939, vol. ii, pp.131-52；reprinted in *Images et symbolisms*, pp. 164-98.

關於天青石的象徵體系，參見 Darmastädter, E., "De babyloninische-assyrisch Lasrstein", *Studien zur Geschichete der Chemie, Festagabe Ed. von Lippmann*, Berlin, 1937, pp. 1-8；Eliade, M., Cosmologie si alchimie babilonniana, Bucharest, 1936, pp. 5l-8.

關於鑽石的象徵，見 Kaufer, B., *The Diamond, A Study in Chinese and Hellenistic Folk-Lore*, Field Museum, Chicago, 1915；Penzer, N. M., T*he Ocean of Story*, London, 1929. 4 vols., vol. ii, p. 299；Thorndike, *L., A History of Magic and Experimental Science*, New York, 1923- , vol. i, p. 496, vol. ii, pp- 262-3.

關於具有婦科功能的石頭，ætites 等，見 Boson, G., "I Metalli e le pietre nelle iscrizioni sumero-asssiro-babylonesi", *Rivista degli Studi oriental*, 1916, vol. ii, p279-420, esp. 412-13；Kunz, *The Magic of Jewels*, pp. 173-8；Laufer, *The Diamond*, p. 9, n. 1；Bidez, J., and Cumont, F., *Les Mages hellénisés*, Paris 1938, vol. ii, p. 201.

關於 " 蛇石 " 的象徵體系，見 Skeat, W. W., "Snakestones and Stone Thunderbolts, *passim*；Kunz, *The Magic of Jewels*, pp. 201-40；Halliday, W. R., "Of Snake-stones", *Folklore Studies Ancient and modern*, London, 1924, pp. 132-55；Seligmann, S., *Die magische Heil-und Schutzmittel*, Stuttgart, 1927, pp. 282 ff.；Vogel, J. P., *Indian Serpent Lore*, London, 1926, pp. 25 ff., 218 ff.；Shephard, O., *Lore of the Unicorn*, London, 1931, pp. 128,131, 290-1, etc.；Eliade, M., " Piatra Sarpelui," *Mesterului Manole*, Bucharest, 1939, pp. 1-12.

關於建築的象徵體系，參見第 10 章參考書目；此外也可參見 Combaz, G. "L'Evolution du stupas en Asie: les symbolisms du Stupa", *Mélanges chinois*

et bouddhiques, Brusels, 1936, vol. iv, pp. 1-125；Mus, P., Barabudur, *passim*；
Anrae, *Walter, Die ionische Saüle, Bauform oder Symbol?* Berlin, 1930.

關於史前時代和歐亞大陸的象徵體系，見 Garte, W., "Die symbolische
Verwendung des Schachbrettmusters im alterum", *MB*, 1914, vol. vi, pp. 349
ff., Wilke, G., "Mystische Vorstellungen und symbolische Zeichen aus Indoeu-
ropäischer Urzeit," *MB*, 1914, vol., vi；Rydh, Hanna, "Symbolism in Mortuary
Ceramics", *BMAS*, Stockholm, 1929, vol. i, pp. 71-120；Kalgren, B., "Some
Fecundity Symbols in Ancient China", *BMAS*, Stockholm, 1930, vol. ii, pp.
1-54；Hentze, Carl, Mythes et symbols lunaires, Antwerp, 1932；Williams, C.
A. S., *Outlines of Chinese Symbolism and Art Motives*, Shanghai,1932；Salmony,
Alfred, "The Magic Ball and the Golden Fruit in Ancient Chinese Art", *Art and
Thought*, London, 1947, pp. 105-9；Cammann Schuyler, "Cosmic Symbolism of
the Dragon Robes of the Ch'ing Dynasty", *Art and Thought*, pp. 125-9；Simpson,
William, *The Buddhist Praying Wheel. A Collection of Material Bearing upon the
Symbolism of the Wheel and Circular Movement in Custom and Religious Ritual*,
London, 1896.

關於玻里尼西亞的象徵體系，見 Sayce, A. H., and March, H. C., "Polyne-
sian Ornament. And Mythography: or, a Symbolism of Origin and Descent", *JRAI*,
1893, vol. xxii, pp. 314 ff.；Greiner, R. H., "Polynesian Decorative Designs",
BMB, Honolulu, 1922, no. 7.

關於中東和羅馬的象徵體系，見 Danzel, T. W., *Symbole, Dämonen und
heiligen Türme*, Hamburg, 1930；Van Buren, E., Douglas, "Symbols of the Gods
in Mesopotamian Art", *Anatecta Orientalla*, Rome. 1945, vol. xxiii；Cumont,
Franz, *Recherches sur le symbotisme funéraire des Romains,* Paris, 1942；亦可參
見第 8 章參考書目。

關於象徵體系的概論，見 Thurnwald, R., "Das Symbol im Lichte der
Völkerkunde", *Zeischrift f. Æsthetik u. allgem. Kunstwiss*, vol. xxi, pp. 322-37；
Deonna, W., "Quelques réflexions sur le symbolisme", *RHR*, 1924, vol. lxxxix,
pp.166；Guenon, René, *Le Symbolisme de la croix*, Paris, 1932；Caillet, E.,
Symbolisme et âmes primitives, Paris, 1936；Levy-Bruhl, L., *L'expérience mys-
tique et les symboles chez les primitives*, Paris, 1938；Coomaraswamy, Ananda,
Elements of Buddhist Iconography, Harvard University Press, 1935；id., "The
Inverted Tree ", *The Quarterly Journal of the Mythic Society*, Bangalore, 1938,
vol. xxix, no. 2, pp. 1-39；id., "The Symbolism of the Dome", *IHQ*, 1935, vol.

xiv, no. 1, pp. 1-56；id., "The Iconography of Dürer's 'Knots' and Leonardo's 'Concatenation", *The Art Quarterly*, 1944, vol. vii, pp. 109-28；id., *Figures of Speech and Figures of Thought*, London, 1946；Eliade, M., "Secret Language", (in the Rumanian, *Revista Fundatiior Regale*, Bucharest, Jan.-March, 1938)；id., "Durohana and the Waking Dream", *Art and Thought*, London, 1947, pp. 209-13；id., "Le Dieu lieur et le symbolisme de nœuds", *RHR*, 1947-9；reprinted in *Images et Symboles*, pp. 120-63.

【附錄二】
索引

※本索引中的頁碼為本書英文版原書頁碼，請參考頁面左右緣的頁碼。索引詞條頁碼
　後有字母「n」者，表示該詞出現在註腳處。

人名

Abbot, J. 亞伯特 36, 329

Albiruni 比魯尼 292n, 404n

Albright, W. F. 奧爾布賴特 15n, 159n, 284, 285n, 327, 376n

Alexander 亞歷山大 H. B., 122, 263

Allcroft, A. H. 阿爾克羅福特 374n, 386

Allier 阿列爾 R., 37

Almgren, O. 奧斯卡・阿姆葛蘭 148, 153, 225, 320n；

Altheim, F. 阿勒泰姆 153, 352n, 336

Amschler, W. 阿姆謝勒 64n, 118

Andrae, W. 安德列伊 457

Andrée, R. 安德列 457

Anitschkoff 安尼什科夫 363

Arbman, E. 阿爾伯曼 36

Armstrong, E. A. 阿姆斯壯 366

Arne, T. J. 阿爾納 415n

Arntz, H. 阿恩茨 178n

Ashley-Montagu, M. B. 阿什利－蒙塔古 264

Autran, C. 奧特蘭 87n, 88n, 89n, 90n, 91n, 120, 122, 215, 284, 284n, 327

・

Bachelard, G. 巴切拉 213, 264

Bagchi, P. C. 巴戈奇 259n, 329

Baltrusaitis J. 巴爾特魯薩蒂斯 328

Barnett, L. D. 巴涅特 213, 328

Barton, P. A. 巴爾吞 64n

Basset, R. 巴塞 370n

Bastian 巴斯提安 124, 124n

Batchelor, J. 巴切勒 59n, 115

Batke, W. 巴特克 36

Baumann, H. 鮑曼 329, 435

Beck, W. 貝克 35

Beer, G. 比爾 238

Beirnaert, L. 貝爾奈爾特 213

Bel, A. 貝爾 228n

Bellucci, G. 貝魯奇 237

Benoît, F. 貝努瓦 213

Benveniste, E. 本文尼斯特 118, 422n

Benveniste 本文尼斯特 73n, 86n, 117, 118, 119

Bérenger-Féraud, L. J. B. 貝仁格－法羅 214

Bergaigne, A. 貝爾迦涅 70n 71n,117, 145, 153, 428, 428n, 429n

Bergema, H. 貝格瑪 279n, 327, 328

Bernardin, S. A. 貝納丹 327

Bertholet, A. 巴托烈 34, 231n, 237, 421n, 422n

Bidez, J. 比德 186

Bieber, F. H. 比貝爾 129

Birket-Smith, F. 比爾凱特－史密斯 115

Blackman 布萊克曼 A. M., 364

Blagden 布拉登 O., 46n

Blanc, A. C. 布蘭科 34

Bleichsteiner, R. 布萊希施坦納 121

Blinkenberg, C. 布林肯柏格 457

Boas, F. 波阿斯 115, 435

Bodding, P. O. 博定 132, 152, 303

Bogoras, W. 柏格拉斯 386

Boll, F. 博爾 152

Bolte 博爾特 329

Börtzler, B. 伯茲勒 121

Boson, G. 波松 457

Bouché Leclercq 伯歇・勒科勒克 , A., 213

Boulnois, J. 伯努瓦 220n, 308n, 329

Bouquet, A. C. 布凱 34

Bousset. W. 波塞特 108n

Brelich, A. 布列里希 254n, 264

Briem, E. 布利姆 263

Briffault R. 布里夫 159n, 161n, 162n, 165n, 166n, 168n, 169n, 181n, 186, 258n, 263, 264

Brown, A. C. 布朗 206n

Brown, A. R. 布朗 113

Bruckner, A. 布魯克納 118, 321

Brunot, L. 布盧諾 213

Budge Wallis 巴基 102n, 103n, 122, 284n, 296n, 422n

Bugge, B. 伯吉・索福斯 277

Buren, E. D. van 范・布倫 122, 215, 283, 446, 447n, 458

Burrow, B., E. 巴羅斯 100n, 122, 376n, 378n, 386

Caillet, E. 加列特 35, 458

Caillois., R. 加魯瓦 xii, 34, 436

Calhoun, G. 加霍恩 118

Cammann, S. 卡曼 458

Capart J., 卡派特 139

Capell, A. 卡佩爾 20n, 22, 36

Capelle, P. 卡佩勒 186

Carbonelli, G. 卡博內利 412n

Carcopino, J. 卡科皮諾 291n, 409

Cartojan, N. , 294n, 328

Cassirer, E. 凱西爾 436

Castren, A. 卡托揚 59n, 115

Cavaignac, E., 409

Chadwick, H. M. 查德威克 103n., 107n, 122, 123

Chapouthie, F. 夏波提 121

Charpentier, J. 夏班迪耶 119

Chavannes, E. 沙畹 116, 208n, 215

Childe, G. 柴爾德 117

Christensen, A. 克里斯滕森 100n, 121, 291n, 328, 378n, 404n, 409, 427n

Cinti, J. 桑迪 435

Clemen, C. 克萊芒 34, 36, 112, 118, 236

Closs, A. 克婁斯 70n, 118

Cocchiara 克齊亞拉 386

Codrington, R. H. 科德林頓 19n, 20n, 22, 51n,

Combaz, G. 康巴茲 215, 457

Contenau, G. 康坦努 120, 327, 328

Cook, A. B. 庫克 77n, 118, 120, 121, 153, 286n, 427n

Coomaraswamy, A. C. 庫馬拉斯瓦米 104n, 122, 146, 153, 190n, 213, 226n, 270n, 274n, 275n, 283, 299n, 327, 328, 364, 409, 428, 428n, 429n, 436, 458

Cosquin, E. 考斯甘 305n

Cox, W. 考克斯 435

Crawley, E. 克勞利 166, 424n

Crooke, W. 克魯克 168n, 311n, 330, 371n, 415n

Cuillandre, J. 紀蘭德 386

Cumont, F. 古芒 120, 172n, 173, 174n, 175n, 180n, 186, 458

Cushing, F. H. 顧盛 435

Czaplicka, M. A. 札布里卡 107n, 115, 123

Dabot, Perrault 佩羅・達波特 , 224n

Dahmen, F. 達赫曼 236

Dähnhardt, O. 達恩哈特 166n, 186, 191, 213, 378n
Dale, A. M. 達勒 113
Dalton, E. T. 達爾頓 130n, 131n, 152
Dangel, R. 坦吉爾 114, 215, 409
Daniélou, J. 丹尼祿 213
Danthine, H. 丹希尼 268n, 269, 327
Danzel, T. W. 坦吉爾 458
Darmesteter, J. 達梅斯特德 403
Darmstädter, E. 達美斯塔德 457
Dasgupta, S. 達斯古普塔 187
Deacon, B. A. 蒂康 387
Déchelette, J. 德歇勒特 152, 214, 237
Deffontaines, P. 德豐坦納 386
Deguchi, Y. 德古齊 238
De la Saussaye, P. D. Chantepie 向特皮·德·拉·索薩耶 34
Delatte, A. 德拉特 297n, 298n, 328, 416n
Delcourt, M. 德爾科特 264, 294n
Demircioglu, H. 德米希古魯 120
Deonna, W. 迪奧納 153, 187, 238, 458
Detering, A. 迪特林 277, 328
Deubner, L. 杜布納 253n, 386
Dhorme, E. 多爾默 65n, 119, 120, 142n, 152, 186, 238, 259n, 263, 271, 328
Dieterich, A. 迪特里希 192n, 244n, 247, 249n, 250n, 252, 253n, 256, 260n, 263, 264
Dixon, R. B. 迪克森 103n, 114, 122, 413n, 414n
Dombart, T. 多姆巴特 101n, 122, 376n, 386
Donner, K. 多納爾 60n, 115, 116
Dornseif, F. 多恩塞夫 178, 186, 436
Dubois, Abbé 杜布瓦 168n
Dumézil, G. 杜梅齊爾 69, 69n, 70, 70n, 71n, 73n, 76, 80, 8t, 117, 118, 119, 153, 186, 206n, 233n, 237, 238, 240, 398, 409, 424n, 427n

Dumont, P. 杜蒙 121
Dupont, Sommer 索默·杜邦 A., 121
Durkheim, E. 塗爾幹 35
Dussaud, R. 杜索 34, 88n, 90n, 119, 120, 122, 229, 229n, 264

Eberhard, W. 埃伯哈特 116
Ebert, M., 64n 亞伯特 116
Eckhardt, K. A. 埃克哈特 245n, 264
Ehnmark, E. 恩馬克 430n, 436
Ehrenreich, P. 埃亨里希 152, 435
Eisenmenger, J. A. 艾森門格爾 166n
Eisler, R. 艾斯勒 237
Eissfeldt, O. 埃斯菲爾德 238
Eitrem, S. 埃特利姆 121
Eliade, M. 伊利亞德 54n, 70n, 102n, 106n, 107n, 108n, 115, 116, 117, 122, 123, 176n, 177n, 180, 182n, 186, 187, 199n, 209n, 213, 214, 215, 227n, 229n, 237, 250n, 271, 276n, 277n, 280n, 286n, 293n, 299n,, 327, 328, 329, 364, 366, 379n, 380n, 383n, 384n, 386, 398n, 406n, 409, 420n, 425n, 436, 438n, 439n, 440n, 44ln, 442n, 444n, 453n, 457, 458
Elkin, A. P. 埃爾金 367, 368n, 395n
Ellis, A. B. 艾理斯 44, 45n
Emsheimer, E. 愛姆夏默 306n, 329
Engelmann, G. J. 恩格爾曼 307, 329
Engnell, I. 恩格內爾 120, 127n, 128, 152, 400n
Erkes, E. 埃爾克斯 121
Erzfeld, E. 埃爾茲菲爾德 64n
Evans, I. H. N. 埃文斯 113
Evans-Pritchard 埃文斯－普里查德 E. E., 37

Farnell, L. 法內爾 R., 264, 436
Fehr, K. 菲爾 436

Fehrle, E 費爾勒 264

Feist, S. 菲斯特 117

Finamore, G. 費納莫爾 165n, 258n

Firth, R. 菲爾斯 36

Fischer, H. T. 費歇爾 263

Fletcher, Miss 弗萊徹 22

Flor, F. 弗羅爾 121

Forrer, R. 弗賴爾 148, 153

Frankfort, H. 法蘭克福 127n, 152

Frazer, Sir James 詹姆士・弗雷澤爵士
15, 27n, 35, 36, 44n, 45n, 47n, 48n,
54n, 55n, 112, 113, 120, 124, 129n,
132n, 133n, 134n, 135n, 136n, 137n,
148, 152, 153, 166n, 174n, 175n, 186,
203n, 164n, 166n, 174n, 175n, 186,
203n, 207n, 213, 220n, 221n, 224n,
236, 237, 246n, 251n, 258n, 260n, 263,
264, 281n, 303n, 307n, 308n, 310n,
312n, 313n, 314n, 315n, 316n, 317n,
318n, 319n, 320n, 321n, 327, 329, 330,
332, 337n, 338n, 339n, 340n, 341n,
343n, 344n, 345n, 347n, 355n, 356n,
362, 364, 365, 371n, 398,404n, 409,
435

Friendländer, I. 福良德藍德 328

Frobenius 弗洛班尼烏斯 L., 137n, 374,
413

Frutiger, P. 弗魯泰戈 436

Fuchs, S. 福克斯 263

Furlani 弗蘭尼 G., 65n, 88n, 89n, 90n,
119, 120, 152, 154n, 242n, 328

•

Gaerte, W. 加爾特 375n, 386, 458

Gahs, A. 戈斯 60n, 97, 115, 128, 129,
152, 176

Gaidoz 蓋多茲 148, 153

Garcia y Bellido, A. 加爾西亞 236

Garnot, J. 加爾諾特 153

Gaster, T. 加斯特 186, 366

Geden 傑登 43, 43n

Geiger, B. 蓋格 69n, 117

Gennep, A. Van 范・熱內普 15, 15n,
16n:, 35, 102n, 103n, 112, 160, 161n,
165n, 221n, 237, 300n, 301n, 329

Gernet, L. 傑爾奈 198n

Giesler, G. 吉斯勒 457

Giesseler 吉塞勒 G., 215

Gillen. F. J. 吉蘭 30, 220, 302n

Glotz, G. 格洛茲 213

Goldenweiser, A. 戈登懷澤 35, 362

Goldmann, E. 戈德曼 247, 252, 263

Goldzieher, J. 戈登基荷 213

Gosquin, E. 格斯昆 329

Götze, A. 格茨 89n, 119, 127n, 152, 400n

Grabar, A. 格拉巴爾 121

Graebner, F. 格拉伊布納 149n

Graf A. 格拉夫 275n, 293n, 325

Graillot, H. 戈萊勒 195n

Granet, M. 葛蘭言 63n, 101n, 116, 207,
215, 264, 300n, 328, 350n, 355n, 366,
376n, 386, 390, 404n, 405n, 409

Gray, L. H. 格雷 117-18

Gray, L. H., and Moore, G. F. 格雷和摩
爾 435

Gregor, W. 格雷高爾 214

Greiner, R. H. 格萊納爾 458

Gressmann, H. 格雷斯曼 120, 168

Grey, Sir George 喬治・格雷爵士 103n,
122

Grigson 格里森 W. V., 217n

Grimm, J. 格林 214

Grönbech, V. 格隆貝 36

Groot, J. J. M. de 德・格魯特 116, 438n

Grüppe, O. 格魯佩 364, 436

Guardini, R. 瓜爾蒂尼 386

Gubernatis, A. de 古貝納提 435

Guénon, R. 吉農 458

Guirand, F. 吉朗 435

Gulik, R. H. van 范古利克 121

Gunkel, H. 貢克爾 34, 435

Güntert, H. 龔特爾特 69, 70, 97n, 117, 121

Gurvitch, G. 古爾維奇 35

Gusinde, M. 古興德 6, 30, 44n, 114

•

Haberlandt, A. 哈勃蘭特 138, 363

Haeberlin, H. K. 海博蘭 366

Haeckel, J, 海克爾 115, 116

Hahn, E. 哈恩 366

Haldar, A. 哈爾達 142n, 152

Halliday, W. R. 457

Handy, E. S. C. 漢迪 36, 114, 413n

Harris, R. 哈里斯 120, 121

Harrison, J. E. 哈里森 15n, 82n, 119, 231, 238, 254n, 279n, 351n, 413n, 415n

Hartland, E. S 哈特蘭德 36, 112, 220n, 224n, 236, 303, 306n. 329

Hartlaub 哈特勞布 291n

Hartte, K. 哈爾特 213

Hasbluck, F. W 哈斯布魯克 238

Hasenfuss, J. 哈森弗斯 35

Hastings, J. 赫斯廷斯 34, 307n

Hatt, G. 哈特 36

Hauer, J, W. 豪威爾 115, 117, 121

Hedbund 海德邦 386

Heimann, B. 海曼 118

Heine-Geldern von 海涅－格爾登 236

Henry, T. R. 亨利 351n

Hentze 亨慈 C., 93, 154n, 160n, 164n, 167n, 171, 175n, 183n, 186, 211n, 213, 223n, 237, 276n, 300n, 327, 329, 422n, 447n, 449n, 458

Hermes, G. 何爾梅斯 64n, 116, 121

Hertel, J. 赫爾特爾 73, 118, 409

Herzfeld, E. 赫茲菲爾德 116

Hewitt, J. N. B. 赫維特 22, 36

Hildburg, W. L. 希爾德伯格 328

Hillebrandt, A 夏布蘭特 67n, 68n, 86n, 117, 281n

Hindringer, R. 興德林格 121

Hirschberg, W. 希爾德貝格 186

Hirschmann, E. 赫希曼 35

Hirt, H. 赫爾特 117

Hocart, A. M. 霍卡特 22, 36, 138n, 152, 405n, 406n, 432

Höfler, O. 霍夫勒 118, 148, 153

Hogbin, H. I. 赫格賓 20n, 21n, 22n, 36

Hollis, A. C. 赫格賓 45, 113, 411

Holmberg-Harva, U. 霍姆貝格－哈爾瓦 60n, 61n, 622, 63n, 64n, 100n, 106n, 107n, 115, 127, 123, 192n, 214, 263, 275n, 277n, 284n, 291n, 294n, 299n, 306n, 327, 328, 416n.

Hommel, H. 赫美爾 64n, 80n, 118

Homolle 何默勒 238

Hooke, S. H. 胡克 100n, 122, 409, 436

Hope, C. 何普 214

Hopkins. E. W. 霍普金斯 70n, 85n, 117, 119, 213, 295n, 328, 435

Hopkins, S. S. 霍普金斯 117

Hose and MacDougall 何西和麥獨孤 258

Howitt, A. W. 豪維特 41n, 42n, 112, 134n

Hrozny, B. 赫羅茲尼 119

Hubert, H. 休伯特 35, 36, 390n, 409

Hugues, A. 于戈 221n

Humbert, P. 漢姆伯特 287n, 327-8

Hussing, G. 哈興 186

Hutton 哈頓 217, 220n

•

Imbelloni, J. 英貝羅尼 217, 236

Immenroth, W. 伊門羅特 113-14

•

Jackson, J. W. 傑克遜 186, 457

Jackson Knight, W. F. 傑克遜‧奈特 237, 381n, 387

James, E. O. 詹姆士 34, 35, 37

Jastrow, M. 葉斯特羅 65n, 101, 122

Jean, C. 讓 89n, 119

Jeanmaire, H. 揚邁爾 36, 374

Jensen, A. E. 揚森 284, 366, 435

Jeremias, A. 耶利米 100n, 122, 202n, 214, 260n, 307n, 375n, 376n, 405n, 409

Jochelson, W. 傑切爾森 115

Johnson, A. R. 詹森 402n, 409

Joleaud, L. 約羅 213

Jones, W. 鐘斯 22

Jordan, L. H. 約爾丹 34

Jubainville, Arbois de 祖拜維爾，阿爾布瓦‧德 238

Jullian, C. 朱利安 214

Jung, C. G. 榮格 374n, 412n, 422n, 436

Junker, H. 君克爾 120, 139, 152

‧

Kagarow, E. 卡加羅 275n, 327

Kan 坎 A. H., 120

Karjalainen, R. 卡雅萊納 60n, 61n, 62n, 64n, 115

Karlgren, B. 高本漢 207n, 215, 438n, 457, 458

Karsten, R. 卡斯滕 237, 258n

Kees, H. 基斯 138, 139

Keith, A. B. 基斯 117, 121

Kerenyi, K. 克蘭尼 144n, 153, 374n 387, 422n, 436

Kern, F. 克恩 120

Kierkegaard, S. 齊克果 393, 394, 432

Kingsley, M. 金斯黎 44-5

Kirfel, W. 基爾費爾 100n, 122, 377n

Kluckhohn, C. 克魯克洪 34, 436

Knoche, W. 諾歇 215

Koch, C. 科赫 118, 153

König, F. 柯尼希 34

Koppers 科佩斯 W., 34, 35, 46n, 64n, 87n, 93n, 97n, 114, 116, 117, 121, 132, 152, 176n, 186, 218, 218n, 236, 263

Kopruluzade, M. F. 科普魯魯札德 107n, 123

Kosinna 科興納 236

Krappe 克拉佩 A. H., 82n, 119, 121, 152, 153, 159n, 162n, 165n. 171n, 176n, 180n, 181n, 186, 206n, 213, 218, 218n, 236, 241n, 257n, 263, 329, 411n, 413n, 423n 435

Kretschmer, P. 克萊西莫 117, 119

Krohn, K. 克羅恩、卡爾利 277

Kruyt, A. C. 克魯特 13, 14n

Kuhn, A. 孔恩 435

Kuhn, H. 孔恩 155, 189

Kunz, G. F. 孔茲 237, 457

‧

Labat 拉巴特 R., 65n, 400n, 402n, 409

Lagrange, P. 拉格蘭奇 213, 238, 264

Lambrecht, P. 朗布蘭希特 118, 153

Lammens, P. 萊門斯 228n, 238

Lang, A. 朗 57, 112, 114, 240, 263, 362, 435

Langdon, S. 蘭格頓 260n, 284n

Langer, F. 蘭格 435

Laoust, E. 勞斯特 213

Lasseur, D, de 鄧尼斯‧德‧拉蘇爾, 235n

Lassy 拉希 414n

Laufer, B. 勞費爾 438n, 442, 457

Laviosa-Zambotti, P. 拉維歐薩－贊波第 34, 236, 366

Lawson, J. C. 勞森 214

Layard, J. 萊雅德 219, 219n 237

Lecher, G. 萊歇 328

Leenhardt 里恩哈特 M., 35, 219, 237, 367n, 409, 436

Lehmann, F. R. 勒曼 16n, 403n, 409

Lerhmann-Nitsche 勒曼－尼采 , 237

Lehtisalo, T. 萊替薩洛 115, 128, 152

Le Pontois, B. 勒龐杜瓦 223n

Le Roy, Mgr. A. 勒羅伊 49n, 113

Leroy, O. 勒羅伊 35

Lessmann, H. 萊斯曼 186, 435

Lévy, S. 列維 70n, 117

Lévy-Bruhl, L. 列維－布留爾 , 14n, 35, 236, 258n, 264, 367, 368n 389, 394n 395, 395n, 409, 411n, 436, 444, 444n, 445, 445n, 446, 458

Lindenau, M. 林丹諾 263

Liungmann, W. 柳曼 186, 311n, 318, 318n, 319, 320, 322, 323, 330, 332, 342n, 351n, 362, 363, 364, 365, 413n, 414n, 415n

Loisy, A. 魯瓦錫 344, 365

Lommel, H. , 隆美爾 72n, 187

Löwenthal, J. 魯溫塔爾 115

Lowie, R. H. 路易 35

Löwis, A. von 馮‧路易士 237

Lukas, F. 盧卡斯 435

Lundberg, P. 隆德貝格 213

Luquet, G. H. 魯克 34

.

Maas, E. 馬斯 238

Macdonald, A. W. 邁克唐納 365

MacDonell, A. A. 邁克多內爾 435

Machek, V. 馬切克 119

Mackay, E. J. H. 邁凱伊 187

Mainage, T. 邁納基 34

Malinowski, B. 馬林諾夫斯基 36, 190n 366, 436

Malten, L. 瑪律滕 87n, 88n, 89n, 120, 121

Man, E. H. 曼 113

Mannhardt, W. 曼哈特 148, 153, 269n, 307n, 310n, 311n, 327, 330, 332, 336n,

337n, 338n, 340n, 311n, 342n, 343n, 355n, 357n, 362, 363, 366, 414n

Manninen, I. 瑪尼南 194n, 214

Mansikka, V. 曼希卡 119

Marconi, M. 瑪律孔尼 248n, 263, 279n, 327

Marquart, J. 瑪律卡特 403n, 409

Marrett 馬雷特 20, 22, 36

Marshall, Sir John 約翰‧馬歇爾爵士 225n, 278n, 280n, 281n, 327

Martino, E. de 德‧瑪律蒂諾 , 34, 35, 37

Maspero 馬伯樂 H., 434n

Massani, R. P. 馬薩尼 215

Mathias, P. 馬提亞斯 116

Mathiez, A. 馬希耶 310n

Matsumoto, N. 松本信廣 215, 300n, 329

Matthews. R. H. 馬修斯 112

Mauss, M. 莫斯 35, 36, 390n, 396, 409

Mazon, P. 馬松 77

McKenzie, D. 麥肯奇 192n, 193n, 214

Meillet, A. 梅耶 118

Meissner, B. 邁斯納 119, 142n

Menghin, O. 歐‧門格欣 93, 93n, 164n

Mensching, G. 曼辛 35

Meringer, R 梅林格爾 238

Metzger, E. 梅茨格 236

Meuli, K. 穆里 34

Meyer, J. J. 梅耶爾 68n, 85n, 119, 260n, 264, 280n, 281n, 283n, 311n, 318n, 327, 330, 332, 333n, 350n, 352n, 357n, 362, 424n

Michelitsch, A. 米歇里茨 34

Miller, N. 密勒 167n

Minnaert. P. 米納伊特 238

Montez, P. 蒙特 236

Mooney, J. 穆尼 246n

Moore, G. F. 摩爾 , 34, 435

Moret, A. 莫烈 364

Mortier, R. 末底耶 34

Much, R. 穆奇 118, 186

Müller, F. Max 繆勒 284n, 435

Müller, W. M. 繆勒 104n, 122

Mus, P. 穆斯 269, 299n, 328, 373n, 376n, 378n, 386, 451n

·

Namitok, A. 納米托克 120

Nauck 諾克 76n

Nava, A. 納瓦 328

Negelein J. von 馮‧尼格萊恩 121, 121-2

Nehring, A. 尼赫林 65n, 88n, 116, 117

Nestle, E. 尼斯特 263

Niederle, L. 尼德爾勒 119

Nielsen, D. 尼爾森 120, 186, 263

Nieuwenhuis, A. W. 紐文胡伊 112

Nilsson, M. P. 尼爾松 78n, 118, 203n, 204n, 206n, 238, 247, 270n, 286n, 318n, 327, 409, 415n, 416n, 424n, 436

Ninck, M. 寧科 213

Nippgen, J., 214

Nissen, H. 尼森 386

Nüldeke, T., 168n, 263

Numazawa, K. 沼澤喜市 52n, 114, 241n, 242n, 263, 413n, 435

Nyberg, B 尼貝戈 192n, 213 221n, 236, 244n, 246n, 247n, 248n, 249n, 251n, 259n, 263, 306n, 307n, 309n, 329

Nyberg, H. S. 尼貝戈 72n 74n, 118, 372, 417n,

·

Obermaier, H. 歐博邁爾 236

Octobon 奧克托本 217n, 236

Ohlmarks, A. 奧爾馬克斯 152

Ohm, T. 奧赫姆 115

Ohrt, F. 奧赫特 296n, 328

Oldenberg, H. 歐登堡 72, 86n, 118, 187

Olschki, L. 奧爾斯基 433n

Oppert, G. 歐佩特 209n, 210n, 215, 238

Otto, E. 奧托 120

Otto, R. 魯道夫‧奧托 3, 35, 97n

Otto, W. 沃爾特‧奧托 11

·

Palacio, A. 阿辛‧帕拉喬 107n, 275n

Pallis, S. A. 帕里斯 409

Pallisen. N. 帕里森 116

Parrot, A. 帕羅 199n, 214

Parrot N. 奈爾‧帕羅特 268, 271n, 272n, 273n, 283n, 327

Paul, O. 保羅 118

Pavelescu, G. 帕弗勒斯庫 393n

Pax, W. 派克思 386

Pedersen 彼得森 403n, 409

Penzer, N, M. 彭澤爾 169n, 305, 329, 457

Perdrizet. P. 佩爾德里澤 238

Perry, W. J. 佩里 138n, 152, 237, 457

Persson, A. W. 佩爾松 205, 286n, 327, 370n

Pestalloza, U. 佩斯塔羅札 143, 153, 213, 257n, 263, 264, 278n, 327

Petersson, H. 彼得森 70

Pettazoni 貝塔佐尼 R, 34, 40n, 41n, 42n, 43n, 46n 49n, 50n, 51n, 53n 57n, 69n, 74n, 103n, 112, 113, 114, 115, 116, 117, 118, 122, 130, 143, 152, 200n, 201n, 213, 214, 220n, 222n, 236, 237, 241n, 263, 409, 435

Pfeifer, F. 費弗爾 362

Picard, C. 皮卡德 182n, 396n, 202n, 238, 371n

Pinard de la Boulaye, H. 品卡德‧德‧拉‧布拉耶 34

Pisani, V. 畢沙尼 256n, 259n, 264

Ploss and Bartels 普羅斯和巴爾特爾 166n, 168n, 248n, 264

Polivka 波利夫卡 329

Pontois, B. Le 勒龐杜瓦 223n

Preuss, K. T. 普列斯 186, 253n, 436

Przyluski, J. 普茲拉斯基 119, 182n, 208, 209n, 215, 259, 301n, 327, 329

Puech, H. C 普克 34, 409

•

Radcliffe-Brown, A. R. 拉德克利夫－布朗 36, 367

Radin, P. 拉定 6, 22, 27n. 35, 36

Radlov, W. 拉德洛夫 106n, 115, 122

Rahmann, R. 拉赫曼 132, 152

Rahner, H. 拉納 153, 187

Raingeard, P. 蘭基爾德 234n, 238

Rantasalo, A. 蘭塔薩洛 332, 332n, 333n, 334n, 335n 336n, 337n, 339n, 340n, 348n, 349n, 351n, 352n, 362, 415n

Rasmussen, K. 拉斯姆森 115

Ratschow, C. H. 拉斯州 37

Reichelt, H. 拉歇爾特 117

Reinach, S. 萊納赫 214, 236

Reissenfeldt, A. 拉森菲爾德 236

Rendel Harris 蘭德爾・哈里斯 53n

Renou, L. 勒諾 73n, 86n, 117, 118, 119

Reuter, H. 路透 409

Reuter, S. 路透 327

Rhys, J. 里斯 214

Ringgren, H. 林葛蘭 409

Risley 萊斯利 43, 43n

Rivers, W. H. R. 里弗斯 137n, 152

Rivett-Carnac, I. H. 里維特－卡爾納克 167n

Robert, F. 羅伯特 238, 374, 386

Rohde, E. 羅德 231, 238, 415n

Roheim, G. 羅海姆 424n

Röhr, J. 羅赫爾 36

Rönnow, K. 羅諾夫 194n, 213, 215

Roscher, W. 羅歇爾 186, 238

Rose, H. J. 羅斯 248n, 264, 436

Rostovtseff 羅斯特舍夫 121

Rowland, B. 羅蘭德 146, 153

Roy, C. S. 羅伊 131n

Ruben, W. 魯本 362

Runeberg, A. 魯尼貝戈 330

Rusch, A. 魯士 120

Russell 羅素 190n

Rydh, H 李迪 225n, 350n, 351n, 354n, 366, 447n, 458

•

Sahagun 薩哈岡 343, 344n

Saineau, L. , 305n, 329

Saintyves. P. 聖迪弗 186, 196n, 197n, 200n, 201n, 203n, 213, 214, 221n, 222n, 224n, 233n, 236, 237, 371n, 386, 409, 457

Salmony, A., 458

Samter, E., 248n, 263

Sartori, P. 薩爾托里 222n, 369, 386

Sayce, A. H. and March, H. C. 賽伊斯和馬奇 451n

Scharer, H. 沙里爾 114

Schebesta, P. 謝巴斯塔 21, 30, 43n, 44, 113, 114, 186, 250n, 375n

Scheftelowitz, J. 舍伏特羅維茨 213, 409

Schiele, F. M. 謝勒 34

Schmidt, H. 施密特 327

Schmidt, P. 施密特 153

Schmidt, R. 施密特 329

Schmidt, W. 施密特 34, 35, 38, 40n, 41n, 42n, 43n, 46n, 47n, 53n:, 56, 59, 59n, 112, 113, 114, 115, 116, 120, 123, 128, 135n, 153, 159n, 161, 175n, 186, 237, 275n, 276, 276n

Schoobert, W. H. 舒伯特 217n

Schrader, O. 施拉德爾 116, 117, 154n

Schröder, F. R. 施羅德 121

Schröder, L. von 馮・施羅德 117, 153

Schul, P. M. 舒爾 198n, 436

Schultz, W. 舒爾茨 154, 178, 186

Sébillot, P. 塞比羅 170n, 193n, 194n,

214, 222n, 223, 386

Seler, E. 塞勒 159n, 170n

Seligmann, B. Z. 塞里格曼 219n

Seligrmnn, C. O. 塞里格曼 219n

Segligmann, S. 塞里格曼 237, 457

Semper, M. 塞姆佩爾 237

Senart, E. 森納特 146

Sethe, K. 賽特 138

Shephard, O. 謝法德 457

Siecke, E. 希耶克 435

Simpson, W. 辛普森 458

Siret, L. 希列特 214

Skeat, W. W. 斯基特 46n, 113, 339, 339n, 457

Slawik, A. 斯拉維克 149n, 153

Smith, E. W. 史密斯 14, 113

Smith, W. Robertson 史密斯，羅伯遜 15n, 213, 238, 259n, 264, 270n

Stöderblom, N. 索德布魯姆 18n, 19n, 116

Soury, G. 蓋伊・蘇雷 174n

Soustelle, J. 蘇斯特勒 386, 409

Spencer, B. 斯賓塞 30, 112, 134n, 220, 302n

Spiess, K. von 馮・斯皮斯 435

Spieth, J. 斯皮耶斯 45n, 49n, 113

Starck, W. 斯塔克 263

Staudacher, W. 斯陶達赫 241n, 263

Steindorff, G. 斯坦恩多夫 238

Steiner, F. 斯坦納 36

Steinthal, H. 斯坦塔爾 435, 436

Sternberg, L. 斯特恩貝格 115, 121

Stevenson, C. 史蒂文生 457

Strehlow, C. 斯屈勞 20, 112, 134n

Struck, B. 施塔克 263, 265

Stucken, E. 施塔肯 178, 435

Sydow, C. W. von 馮・希多 362, 363

•

Tallgren, A. M. 塔爾葛蘭 64n, 116

Tallquist, K. 塔基斯特 92n, 120, 186

Tauxier, L. 托西耶 113

Thalbitzer, W. 塔畢澤 115

Thompson, S. 湯普森 104n, 120, 122, 169n, 191, 213, 263, 329

Thorndike, L. 桑代克 169n, 457

Thurnwald, R. 索恩瓦爾德 36, 458

Tonnelat, E. 托尼拉特 118

Toutain, J. 塗坦恩 214

Toy, C. H. 托伊 34

Trautmann, E. 特勞特曼 153

Trilles, H. 特里耶 30, 49n, 50n, 113, 163n

Tucci, G. 圖齊 177, 177n, 187, 373n, 386

Tylor, E. 泰勒 20, 171n

•

Unbegaun, B. O. 恩貝戈 119

Untersteiner, M. 溫特施坦納 436

Usener, H., 53n 烏斯奈爾 319, 374, 374n

•

Vaillat, C. 瓦拉 20On, 214

Vallée Poussin, L. de la 瓦里・普興 365

Van der Leeuw, G. 范德雷 19n, 35, 250n, 259n, 264, 305n, 306n, 369n, 386, 395, 395n, 405n, 409, 436

Van der der Valk 范・德瓦克, 36

Vandier, J. 范迪爾 138n, 152

Vanicelli, L. 瓦尼賽里 116

Vanoverbergh, M. 凡諾維伯格 46n, 113

Vasconcellos, L. de 瓦斯康塞羅斯 201n, 214, 224n

Vatter, E. 瓦特爾 112

Venturi, P. 汾屠立 34

Vierkandt, A. 維康得 35, 36

Vincent, A. 文森特 228n, 229n, 238

Virolleaud, C. 維羅勞 289n, 328

Visser, M. W. de 德・威瑟爾 235n, 238, 396

Vogel, J. P. 弗格爾 168n, 171n, 210n,

215, 457

Volhardt, E. 弗哈特 329

Vollmer, H. 福爾梅爾 263

Vries, J. de 德弗里 118, 238, 327, 336, 336n, 340n, 353n, 362, 422

·

Wach, J. 瓦赫 35

Wagenvoor, H. 瓦庚烏爾 36, 237

Wainwright, G. A. 維萊特 120, 139, 152, 237

Walk, L. 沃爾克 187, 328

Walleser, S. 瓦雷瑟 114

Walter, E. 沃爾特 163

Wanger, W. 旺格爾 114

Ward, W. H. 沃德 91n, 119

Weber, M. 韋伯, 35

Webster, H. 韋伯斯特 14n, 15, 36

Weill 威爾 R. 102n, 103n, 122, 140n, 153

Weinhold, K. 威恩霍德 214, 366

Weinstock, S. 威恩斯托克 263

Wensinck, A. J. 溫辛克 100n, 213, 273n, 327, 375n, 377n, 378n, 386, 398, 403n, 404n: 409

Werner, A. 威爾納 103n, 122, 263, 275n

Wesenonck, O. von 馮‧維斯諾克 213, 263

West 韋斯特 172n

Westermarck, E. A. 韋斯特馬克 17n, 365, 370n

Widengren, G. 維登葛蘭 34, 36, 73, 74n, 114, 118, 153, 187

Wiener, L. 維也納 170n, 189

Wiesner, L. 威斯納 121

Wikand, S. 維幹德 86n

Wilke, G. 維爾科 117, 157n, 221n, 236, 263, 329, 458

Williams, C. A. S. 威廉 458

Williams, F. E. 威廉斯 394n

Wiliamson, R. W. 威廉姆森 36, 114,

136n, 138, 152, 219n

Wing, J. von 馮‧溫 113

Winkler, H. 溫克勒 178

Winthuis, J. 溫特維 161, 423n, 424n

Wirz, P. 維耳茲 411

Wünsche, A. 溫舍 293n, 328

Wüst, W. 伍斯特 118

·

Zane 札納 417n,

Zimmerrn, H. 齊默恩 102n, 229, 386, 409

Zscharnak, L. 茲夏納克, 34

Zykan, J. 吉康 457

主題

Abassi Abumo 阿巴西‧阿布莫 55

Abo 阿波 129

Abruzzi, the 阿布魯奇人 165, 247, 306

Abyssinia 阿比西尼亞 166

Achelous 阿刻洛俄斯 203, 205

Achilles 阿基里斯 203, 210n, 432

Adam 亞當 287, 288, 289, 290, 291, 293, 378, 402, 423

Āditya 阿底提 84, 86

Ādityas 阿底提亞斯 86

Adonis 阿多尼斯 365, 421

Aegean 愛琴海地區 266, 267, 286, 370, 374

Ægir 埃吉爾 206

Aeschylus 埃斯庫羅斯 76, 239, 247, 256, 261

Africa 非洲 44 5, 47-9, 51, 54n, 55, 103, 120, 122, 124, 129, 166, 222, 241, 248, 281, 315, 335, 374, 413, 445

Agni 阿耆尼 69, 405n, 417, 418, 446

Agriculture 農業 78, 110, 133, 149, 155, 161, 241, 246, 247, 256, 257, 258, 259, 260, 303, 331-66, 464；～和人

祭 342-5, 346, 363；〜和儀式性的狂歡 356-60, 365，〜神 8, 81, 195, 261, 262, 343, 344, 352, 365, rites of, 331-2, 334, 335, 336, 337, 338-41, 362-4, 415 〜儀式 , 97, 290, 417, 422

Ahura Mazda 阿胡拉‧馬茲達 72, 73, 74, 83, 111, 118, 172, 290, 403

Ainu, 阿伊努人 23, 59, 175, 300, 379

Akikyus 艾吉庫尤人 55

Akitu 阿基圖 400, 401, 409

Akposo negroes 阿克頗索黑人 40, 55

Akwapim（部落）埃克瓦皮姆 241

Aleion 阿雷翁 98, 99

Alexander the Great 亞歷山大帝 295, 427, 433

Algeria 阿爾及利亞 166

Algonquins 阿爾袞琴人 22, 53, 114, 379

Allah 安拉 110, 403

Altaic peoples 阿爾泰諸民族 8, 61, 122, 246, 267, 284, 299, 300, 324

Altar 祭壇 , 371, 372, 374, 405；火壇 405, 405n；吠陀時代的〜 372, 452

Altjira 埃特吉拉 42, 56

Alphabet (and lunar phases) 字母（和月相） 178

Alunda（部落）阿隆達人 48

Ambondrome, Mount 安邦德羅姆山 16

Ammon 阿蒙 91

Amon 阿蒙 139

Amon-Ra 阿蒙－瑞 , 138

Amṛta 甘露 162, 188

Anatolia 安納托利亞 174, 198

Ancestor-worship 祖先崇拜 7, 24, 30, 31, 44, 48, 109, 137

Ancestors, spirits of, in stones 石頭中的祖先靈魂 219, 220, 221, 236, 437

Andaman Islands 安達曼群島 24, 43, 44, 113, 250

Androgyny, divine 雙性同體的神靈 119, 420-3, 425；human 423, 424, 425

Angoni（部落）安格尼絲人 48

Animals, lunar 月亮上面的動物 160, 161, 164-9, 449

Animism 物活論 7, 20, 24, 50, 52, 60n

Annam 安南 208-9

Antiope 安提俄珀 91

Anu 安努 64n, 65, 66, 81n, 89, 91, 96, 290

Anzambe 安贊貝 45

Aori 奧利 394

Aphrodite 阿芙蘿黛蒂 77；〜的出浴 195

Apocalypse, the 《啟示錄》 193

Apollo 阿波羅 224, 235, 279, 291, 307

Apsu 阿卜蘇 81n, 191, 377

Arabs 阿拉伯人 178, 351；前伊斯蘭教的〜 228

Arachne 阿拉克涅 180

Aranda（部落）阿蘭達人 42, 112

Arapahos（部落）阿拉帕霍人 135

Aratus of Sicyon 西西昂的阿拉圖斯 165

Archetype 原型 32, 33, 58, 59, 74, 78, 80, 85, 86n, 285, 296, 320；371, 372, 384, 385, 388, 391, 397, 401, 405, 406, 408, 410, 412, 414, 420, 425, 426, 427, 429, 431, 432, 433, 453, 454

Arctic peoples 北極諸民族 59, 60, 115, 130, 152, 276, 445

Ardvisura Anahita 阿德薇素拉安娜希塔 159, 195

Arinna 阿麗娜 88, 89, 242

Aristotle 亞里斯多德 146, 164n

Ark of the Covenant 約櫃 230, 231

Arka , 28, 29

Armenians 亞美尼亞人 244

Arrows, chain of 一連串的箭 103, 111, 122

Artemis 阿忒米斯 168, 279, 307

Arunta（部落）阿隆塔 56, 134, 135

Ascension myths 登天神話 102-4, 106, 107, 111, 454；～的儀式 39, 102, 104-6, 111, 454；薩滿教的～ 105-7, 299, 324；～的象徵 107-8, 122, 454

Assur, bas-relief at 亞述的淺浮雕 279

Assyria 亞述 88, 174

Astarte 阿基塔蒂 270, 422

Asura 阿修羅 145, 280, 417

Aśvamedha 馬祭 96, 97, 121

Aśvattha 菩提樹 3, 269, 273, 274, 277, 278

Aśvins, the 阿須雲 97, 98, 121, 294

Athene 雅典 180, 235；" bath " of 195

Atlantis 亞特蘭提斯 211, 212, 407, 449

Ātman-Brahman 自我－大梵 459

Attis 阿提斯 249, 279, 365, 421, 426

Atum 阿圖姆 138, 139

Australia 澳大利亞 30, 31, 33, 41, 42, 42n, 43, 50, 53, 54, 55, 56, 87, 103, 124, 13, 1, 135, 138, 160, 161, 165, 167, 175, 208, 209, 220, 248, 249, 260, 266, 269, 275, 276, 300, 302, 368, 369, 421, 423, 445

Austria 奧地利 317, 365

Avatars 化身 26, 30

Awonawilona 阿沃納維隆納 55, 57

Awondo 阿旺都 129

Axis Mundi 宇宙之軸 3, 99, 111, 227, 298, 300, 328, 375, 448, 463

Aztecs 阿茲提克 343, 344, 347

•

Ba'al 巴力 3, 83, 88, 90, 91, 94, 98, 110, 259, 264, 422

Ba'al-Hadad 巴力－哈達德 90

Baber archipelago 巴巴群島 133

Babylon, Babylonians 巴比倫，巴比倫人 65, 81n, 101, 138, 142, 154, 159, 174, 178, 202, 271, 271n, 272, 287, 289, 299, 320, 376, 377, 402, 404, 409, 441

Badnjak 巴涅克 322, 323

Baganda（部落）巴甘達人 203, 315, 357

Bai Ulgen 白烏耳幹 105, 106, 299

Baiame 白亞米 41, 42, 66, 112

Baiga（部落）柏賈人 246

Bali, feasts of 巴厘島的節日 358

Baluchistan 卑路支斯坦 87

Bambaras（部落）巴姆巴拉人 351

Banks islands 班克斯群島 51, 137

Bantus 班圖人 45, 47, 48, 49, 51, 52, 57, 129, 222.

Baptism 洗禮 192, 196-7, 212, 213, 250, 410, 449, 461

Barotse（部落）巴羅澤人 129

Basongo（部落）巴松哥人 47

"Baths" (of sacred statues) 沐浴神像 195, 196

Batik 紮染布 451

Bavili（部落）巴維利人 51, 241

Bear (as lunar symbol)（作為月亮象徵的）熊 157, 164, 175

Bel 貝勒 89, 90, 91, 422

Bela Pennu (Bura-Pennu), 131

Belit 貝利特 4, 90, 422

Beltirs 別爾季爾人 60

Bethel 伯特利 229, 238

Bethels 石柱 107, 227, 228, 229, 231, 233, 238, 270, 377, 437

Bhagwan 巴旺 132

Bhantu（部落）班圖 258

Bhils 比爾人 132, 218, 263

Bhrgu 布古 76

Bihars 比哈爾邦人 311

Bimbeal 比姆比爾 42

Birhors（部落）比爾霍 131

Birth (on ground) 把孩子生在地上 248

Bisexuality 雙性 57n, 119, 262, 421, 422, 423, 424

Blackfoot Indians 黔足印第安人 134

Bloy, Léon 列昂‧布魯瓦 459

Boats, ritual , 148

Bolot 波羅特 102

Borneo 婆羅洲 241, 258

Borobudur 婆羅浮屠 2, !01, 373, 376, 382

Borsippa 博爾西巴 101

Brahma , 459

Brahman 婆羅門 58, 151, 173, 177, 190, 209n, 273, 274, 278

brahman , 21

Brazil 巴西 159, 161, 248

Bremen, Adam of 布列門的亞當 81

Bronze Age 青銅時代 148, 200

Buddha, Buddhism 佛陀，佛教 2, 146, 153, 209, 270, 307, 377, 378, 446

Buga 布噶 60n, 63

Bulgaria 保加利亞 338, 341

Bull-roarer 牛吼器 41, 42, 53, 78, 87

Bulls 牛 76, 79, 83, 85-93, 97, 110, 120, 140, 143, 150, 203, 365, 374

Bunjil 邦吉爾 41, 42, 112

Bura Pennu (Beia Pennu) 布拉‧派努 131

Buras（部落）巴嘉 54n

Burial, ritual 喪葬儀式 175, 264, 320, 321；symbolic 251

Buriats 布里亞特人 60, 61, 100n, 106, 226, 291

Bushmen 布須曼人 55, 98, 128, 160

· · ·

Cagn 卡根 55

Cajan「主人」60

Calchaqui 卡察基人 167

Callimachus 卡利馬庫斯 195

Calvary 髑髏地 296, 298, 375, 379

Calypso 卡呂普索 284, 285

Carmel, Mount 迦密山 107

Carnival 嘉年華 311, 316, 317, 318, 322, 323, 330, 398

Cauldron, magic 巫術的大鼎 206, 207

Celebes 西里伯斯 , 14, 50, 241, 339

Celsus 塞爾索 104, 105

Celts 凱爾特人 82, 153, 159, 232-3, 238

Centre 中心 191, 229, 268, 369, 371, 373, 374, 375, 377, 379, 381, 382, 383, 384, 385, 461；世界的～ 100, 101, 106, 107, 122, 227, 231, 232, 233, 267, 271, 282, 285, 286, 293, 294, 296, 299, 373-7, 379, 380, 382, 383, 397, 437, 452；房屋、住所的～ at the, 379, 380, 382, 383, 397, 448

Chang-Ti 上帝 62, 116

Chebbeniathan 切巴尼亞坦 53, 55

Cheremisses 車列米西人 60, 192, 246, 415

Childien 兒童 , 拋棄～ 249-50；～的葬禮 22, 251, 252；起源的猜想 167, 243, 244, 245, 247, 248, 249, 252-3, 427

China 中國 62, 101, 116, 121, 160, 162, 164, 168, 183, 207-8, 242, 248, 266, 276, 292, 299, 303, 350, 354, 355, 404, 422；～的皇帝 63, 101, 208, 209, 376, 405

Chiriguanoes（部落）奇里瓜諾伊人 166

Christ 基督 26, 30n, 196, 277, 286, 293, 296, 297, 375, 378, 379, 392, 393, 448, 459

Christianity, Christians 基督教、基督徒 4, 6, 18, 19, 21, 25, 29, 30n, 107, 153, 175, 187, 196-7, 200, 225, 282, 285, 292-4, 296, 297, 298, 335, 364, 369, 375, 383, 402, 403, 419, 463

Chukchi 楚科奇人 60n, 128, 129

Church, the 教堂 224, 310

Chuvashes 楚瓦什人 60

Cicero 西塞羅 173n

Cimbri 辛布里人 203

Cinteotl 辛特爾特 344

Circe 客耳刻 143

Circle 圓圈 371, 373, 374

Coincidentia oppositorum 對立統一 419-23, 428

Contests, ritual（between Summer and Winter）（冬夏的）儀式性鬥爭 319, 320, 321, 330, 412

Corn Mother 玉米媽媽 261

Creation, re-enactment of 創世的再現 96, 194, 212, 302, 346, 354, 372, 374, 379, 380, 400, 402-406

Creek Indians 克里克印第安人 347

Crete 克里特島 91, 143

Cromlechs 石桌 219, 220, 221, 222, 223, 225, 236

Cross, the 十字架 292, 293, 294, 328, 378

Crow, the 烏鴉 53, 130

Cybele, 421 希柏利；～的「出浴」195

Cyclops 庫克洛佩斯 75, 76, 239

Cyril of Jerusalem, St. 耶路撒冷的聖西瑞爾 200

Czechoslovakia 捷克斯洛伐克 316, 317

•

Dak 達克 160, 161

Dakotas 達科他印第安人 53

Dante 但丁 107, 146, 275

Daramulum 達拉慕魯姆 41, 52, 66, 112

Dattas 達塔斯 88

Dead, spirits of the 死者的靈魂 19, 21 97 39, 48, 52, 87, 102, 135-8, 163, 168, 169, 171, 172, 173, 174, 217, 218, 219, 220, 221, 232, 233, 236, 252, 253, 281,

399, 414；～和月亮, 171-6；～和太陽, 135-142, 150, ～的「乾渴」198-9

Death, "driving out" of 趕走「死亡」317, 330, 412

Death, ritual 儀式性的死亡 135, 175, 176, 346

Delphi 德爾菲 253, 279

Deluge, flood 大洪水 43-4, 65, 89-90, 100, 160, 161, 194, 210, 211, 212, 233, 254, 289, 300, 375, 376, 403, 449, 450

Demeter 狄密特 91, 173, 245, 260, 261, 355

Demiurge 巨匠造物神 52, 53, 74, 84, 130, 150, 151, 222

Déné Indians 迪尼印第安人 51

Dermark 丹麥 339, 340

Devayāna 諸天之道 172

Dharmesh 達米濕 131, 132

Diamonds 金剛 441-2, 443, 457

Dieri（部落）迪耶里 103

Dieus 蒂烏斯 66, 78, 80

Dingir 神 64

Dionysos 戴奧尼索斯 98, 99, 162, 249, 279, 291, 307, 365, 415, 421

Dioscorides 狄奧斯克里底 441

Dioscuri 狄奧斯庫洛伊 97, 98, 121

Donar 多納爾 80, 81；～的橡樹 54

Dragons 龍 207, 208, 209, 214, 215, 291, 442

Dravidians 達羅毗荼人 87, 217, 218, 218n, 246, 343

Durgā 杜爾迦 7, 280, 352

Dyaks 達雅克人 21, 160, 389

Dyaus 特尤斯 66, 67, 77, 78, 83, 84, 96, 144, 421

Dyāvaprthivi 特瓦波哩提毗 67

Dzingbe 津布 48, 49

•

Ea 伊亞 81n, 271, 272

Earth 大地 2, 133, 148, 149, 171, 239-64；大地的搖籃 249；大地的神諭 253；諸神 131, 132, 239, 240, 262, 263；女神 82, 83, 84, 132, 227, 241, 242；母親 2, 82, 91, 133, 163, 180, 190, 192, 239, 240, 245, 246, 247, 248, 249, 250, 251, 252, 253, 257, 261, 262, 263, 298, 303, 325, 332, 351, 416

Ecbatana 埃克巴坦納 106

Eckhardt, Meistet 愛克哈特大師 3, 419

Egg cosmogonic 宇宙起源於卵子 413-16, 423

Egypt 埃及 15, 91, 102, 122, 124, 138-42, 155, 162, 198, 199, 242, 279, 281, 284, 342, 363, 364, 365, 400, 421-422

Elam 以攔 268

El-Amarna 阿馬納 90

Eleusis 厄琉西斯 257

Elias 以利亞 90, 94

England 英格蘭 192, 222-3, 224, 296, 310, 312, 314, 442

Enlil 恩利勒 91, 93

Enil-Bel 恩利勒－貝勒 66

Erinyes 厄里倪厄斯 168

Eros 愛洛斯 325, 360

Eskimos 愛斯基摩人 23, 59, 60n, 93, 115, 120, 159, 165, 320

Estonia 愛沙尼亞 192, 332, 333, 334, 335, 336, 337, 348, 413, 415, 421

Etana, King 埃塔納王 290

Etaśa 伊塔沙 144

Euripedes 歐里庇得斯 143n, 195n, 261

Europa 歐羅巴 79, 91

Eustathius 烏斯塔修 15

Eve 夏娃 166, 168, 287, 293, 423

Ewe（部落）埃維 38, 45, 48, 241, 258, 354

"Exemplar history" 歷史的典範 430, 431

Ezechiel 以西結 194, 282

．

Fang（部落）樊 47, 49

Fecundity, fecundation, fecundators 豐產、生殖、豐產神 4, 75, 76, 77, 82, 83, 86-91, 92, 93, 109, 110, 127, 131, 133, 134, 136, 151, 163, 164, 165, 210, 218, 260

Fertility 豐產 4, 24, 66, 67, 71, 72, 78, 79, 81, 82, 85, 87, 92, 93, 131, 148, 149, 150, 154, 155, 161, 163, 167, 169, 180, 182, 184, 189, 190, 207, 219, 220-4, 233, 239-64, 308, 315, 331-66；～和死者 349-54；～崇拜 92, 93, 331-66；～神 3, 4, 66, 75, 81, 82, 85, 90, 93, 109, 119, 127, 131, 162, 164, 195, 262, 270, 272, 278, 352, 418, 421, 462

Fetishes, fetishism 拜物 拜物教 xii, 11, 21, 27, 30n, 50

Ficus religlosa 菩提樹 278, 280-1

Field of Offerings 獻祭之地 139, 140

Fiji Islands 斐濟群島 50, 137, 175, 357, 405, 406

Finland 芬蘭 100, 282, 332, 333, 334, 335, 336, 347, 348, 351, 413, 415

Finno-Ugrian races 芬－烏民族, 192, 194, 246, 445

Fjorgyn 斐約耳金 82

Fjort（部落）斐約特人 51

Flight, magic 巫術飛行 107, 108, 111

Force, sacred 神聖力量，可參見瑪納（mana）

Formosa 福爾沙（台灣）300

France 法國 162, 165, 200, 201, 218, 221, 222, 223, 224, 233, 298, 310, 314, 341, 365

Fras（部落）弗拉斯人 54n

Frezzi, Federigo 佛羅倫斯的費德里格 275

Frigga 芙里格 242

Frog (as lunar symbol)（作為月亮象徵的）青蛙 160-1, 164

Fuegians 火地島人 6, 23, 31, 33, 41, 44, 54, 128

Fulda, Rudolf of 福爾達的魯道夫 299

·

Gaia 蓋亞 76, 240, 245, 247, 253, 261

Gandharvas, the 乾達婆 297, 309

Gargomitch 伽格梅奇 42

Garotman 加羅特曼 172

Garuda 迦樓羅 277

Gaul 高盧 174

Geb 格布 242

Gemini, the 雙子座 98, 121

Genghis Khan 成吉思汗 62, 107

Gerizim Mount 基利心山 100, 375

Germany races, religion of 日耳曼種族的宗教 80 seq., 97, 118, 121, 148, 155, 192, 196, 203, 238, 242, 247, 277, 299, 318, 324, 334, 335, 353, 362, 363, 364, 375

Germany 日耳曼 165, 248, 306, 316, 317, 333, 335-6, 337, 340, 342, 348, 399, 415

Gervasius 格瓦修斯 295

Gilgamesh《吉爾迦美什》284, 285, 287, 289, 290, 328

Gilyak（部落）吉里亞克人 175, 300

God 神 xii, 4, 7, 27, 28, 29, 38, 40, 94, 95, 127, 197, 228, 229, 230, 231, 233, 282, 287-9, 293, 298, 402, 417, 419

Gods (as fecundators) 諸神（作為豐產神）86-91, 92, 93, 96, 110, 111, 127；希臘人的～從石頭進化而來 234, 235；～的巫術力量 70, 71, 72, 76, 80, 81；原初的一對神 51, 52, 239, 240, 241-2, 263, 423；亦可參見農業神（Agriculture, divinities

of）、月神（Moon gods）、天神（Sky gods）、天地諸神（Sky-earth gods）、風暴神（Storm gods）、太陽神（Sun gods）、植物神（Vegetation gods）、水神（Water gods）

Golgotha 各各他，參見髑髏地（Calvary）

Gonds 貢德人 132, 217, 218

Gorgon, the 戈耳格 168

Grāma-devatā 鄉村女神 51, 52

Gregory of Tours, St. 圖爾的聖喬治 201

Great Godness 大女神 2, 51, 75, 82, 91, 92, 93, 109, 119, 127, 143, 169, 181, 182, 195, 209, 227, 235, 245, 267, 280, 281, 283, 284, 285, 286, 360, 418, 452, 162；"Great Time", the, 392, 395, 396, 399, 430, 460

Greece 希臘人 75 seq., 98, 118, 142, 143, 150, 151, 153, 159, 165, 172, 178, 198, 202, 203, 204-206, 223-224, 235, 238, 239, 245, 246, 248, 249, 256, 261, 270, 279, 286, 295, 304, 307, 318, 352, 364, 365, 374, 413, 422, 441

Grogoragally 格洛戈拉加利 128, 135

Guadalcanal 瓜達爾卡納爾 22

Guatemala 瓜地馬拉 167

Guaycurus（部落）瓜庫魯斯人 171

Gurions（部落）古里昂人 248

Gyriamas（部落）基里馬斯人 49

·

Habés（部落）哈比斯人 54n

Hadad 哈達德 83, 88, 90, 91, 120

Hades 黑帝斯 143

Haidas（部落）海達斯人 175

Halakwulup 哈拉克烏魯普 41

Halieia, the 哈里伊阿 143

Hamingja 哈敏加 21

Hamitic race 含米特族 445

Hammurabi 漢謨拉比 65, 66

Hannat 哈拿 285

Haoma 豪麻 162, 193, 290；參見白毫麻（Hom）

Haraberazaiti (Harburz), Mount 哈拉貝拉棻提（又稱 Harburz）山 100

Haraiti, Mount 哈萊伊提山 290

Harappa 哈拉帕 280

Harvest 收穫：收穫物倫札神像 338, 339, 340, 341, 353, 364；收穫物的「神力」335, 336, 337, 338, 339, 340, 346, 365；收穫儀式, 335, 336, 337, 338, 339, 340, 341, 347, 348, 349, 364, 365

Hathor 哈托 91, 162, 284

Hawaii 夏威夷 103

Hecate 赫卡忒 159, 168

Height, sacredness of 高處的神聖 101, 102, 109

Helios 赫利奧斯 143

Heracles, Hercules 赫拉克勒斯 151, 256, 279, 291, 342, 427

Heraclitus 赫拉克利特 151, 198n

Hereros（部落）47, 48, 149

hermai 赫耳買 234, 235

Hermes 赫密士 171, 234, 235

Herodotus 希羅多德 72, 291 n

Hervey islands 赫爾韋群島 136, 137

Hesiod 海希奧德 75, 76, 77, 78n, 203, 204, 239n, 240, 247, 255, 261

Hesperides, Garden of the 赫斯珀里得斯 287, 291, 381

Hieropolis 赫利奧波利斯 138, 139

Hierophany 神顯，月亮的～ xiii, 93, 125, 157, 158, 182, 388, 390, 448, 449；植物的～ 8, 12, 323, 324, 325, 363, 390；天空的～ xiv, 40, 54, 56, 57, 64, 109；太陽的～ 124, 125, 138, 142-3, 144, 146, 147, 150, 151

Himingbjorg 希敏約格 100

Hintubuhet 興圖布赫 51

Hittites 赫梯人 88, 89, 127, 138, 174, 242, 400

Holi 霍利節 357-8, 414

Hom 白毫麻 282, 290

Homer 荷馬 181, 202, 205, 239

Hopi（部落）霍皮人 241

Horeb, Mount 何烈山 293

Horses 馬，和馬祭 96, 97, 105, 106, 107, 121, 122, 143, 144, 202, 214

Horus, 138, 140, 364 荷魯斯

Hos（部落）霍人 358

Hottentots 霍屯督人 49, 149, 166, 222

Hungary 匈牙利 248

Hurons 休倫印第安人 21, 241, 250

Hurrites 胡里人 88

Ibibios 伊比比奧斯人 55

Ice Age 冰河時代 154

Iceland 冰島 248, 275

Ideograms 表意文字 xiii, 8, 31, 32, 82, 265, 324

Idolatry, idols 偶像崇拜，偶像 25-30n

Iho 埃荷 40, 57, 58, 110, 114, 151

I-lai 伊萊 50, 130, 241

Ilat 伊拉特。參見托羅魯特（Torurut）

Lluyankas 伊魯揚卡斯 89, 400

Immersion 沒入水中 188, 189, 194-7, 212, 449, 450

Immortality 永生 96, 140, 141, 162, 169, 174-5, 207, 210, 278, 279, 286-92, 294, 295, 316, 280, 383, 415

Incarnation 道成肉身／化身：基督的～ 26, 29, 30, 463；神聖的～ 26, 158

Incas 印加人 138, 249

India 印度 3, 28, 66ff., 100, 102, 108, 117, 126, 129, 130-132, 135, 144-147, 153, 162, 165, 166, 167-168, 171, 172,

177-178, 179, 180-181, 187, 188, 190-191, 194, 209-210, 217-219, 220, 225-226, 246, 248, 251-252, 259-260, 265, 266, 267, 269-70, 273-274, 277, 278-279, 280, 281-2, 283, 294-245, 297, 299, 300-1, 304, 308-309, 311, 315, 333, 334, 343, 344-345, 350, 357-358, 370, 372-373, 375, 380, 404, 413, 418-419, 420, 421, 439-440, 441, 442, 446, 452-453, 459-460；諸神 7, 28, 66-63, 73-77, 80, 83-9, 96-8, 117, 118, 119, 130-2, 144-5, 153, 182, 190-1, 280, 418-19, 421, 424, 428-9, 452-3

Initiation ceremonies 入會儀式 2, 41, 42, 53, 56, 57, 78, 81, 96, 98, 104, 105, 108, 111, 135, 136, 137, 140, 142, 169, 74, 175, 176, 182, 183..18_6, 189, 205, 210, 267, 373, 407, 412, 425, 427, 428, 431；澳大利亞土著的～, 41-42, 53, 56, 57, 135, 75, 276, 425；密特拉教～ 104, 106；奧菲斯教～ 53, 104；俄塞里斯的～ 176；薩滿教的～ 5-6, 176

Initiation by labyrinth 穿越迷宮的入會禮 381

Indo-Aryans 印度－雅利安人 66, 67, 81, 87, 96, 117, 153, 154, 155, 206, 207

Indo-Europeans 印歐人 116, 117, 119, 121, 132, 143, 149, 155, 202, 203, 240n, 245, 277

Indochina 印度支那 266, 300

Indo-Iranians 印度－伊朗人 281

Indonesia 印尼 50, 51, 114, 132, 142, 209, 241, 305, 338, 413

Indra 因陀羅 69, 71, 80, 83, 84, 85, 86, 87, 89, 96-7, 119, 417, 443, 146

Indus valley civilization 印度河谷文明 218n, 280, 370

Io 艾奧 410

Iran, Iranians 伊朗，伊朗人 724, 86, 88, 96, 100, 114, 117, 121, 153, 159, 162, 162, 172, 187, 195, 256, 290-291, 292, 301, 328, 372, 375, 413, 417, 422, 423

Iroquois 易洛魁人 21, 39, 159, 241

Ishtar 伊施塔爾 162, 182

Isis 伊希斯 176, 364

Islam 伊斯蘭教 275, 295, 335, 364, 376

Isles of Blessed 福樂島 432, 433

•

Jacob 雅各, 107, 228, 229, 230, 231, 308, 377, 437

"Jack-in-the-Green"「綠傑克」312

Jade 玉 438, 451, 457

Japan, Japanese 日本，日本人 100, 121, 149, 153, 166, 238, 242, 247, 248, 300, 399

Jason 伊阿宋 291, 355

Java 爪哇 451

Jerusalem 耶路撒冷 293, 376, 378, 382；～聖殿 377

Jews 猶太人 173, 282, 377, 402

Jibaro Indians 基巴羅斯印第安人 258

John the Baptist, St. 聖施洗約翰 196, 201

John Chrysostom, St. 聖約翰‧克里索斯托 197

John of the Cross, St. 聖十字架的約翰 107

Josue (Joshua) 約書亞 230

Juna Capistrano Indians 朱安‧卡皮斯特拉努的印第安人 174

Juno 朱諾 305

Juok 約奧柯 27

Jupiter 朱庇特 66, 78, 79, 80, 83, 93, 111, 120, 305；～的橡樹 54, 79

•

Ka'aba, the 克爾白 100, 227, 231, 376

Kaffa（部落）卡法人 129

Kaffirs 卡費爾人 346

Kāla 時間 182

Kālī 迦梨女神 182, 418-19, 421

Kālī-Yuga 黑暗時代 182, 184

Kalmuks 卡爾穆克人 291

Kamilaroi（部落）卡蜜拉魯瓦人 42, 128, 135, 275

Kana（部落）卡納人 157

Kanaka（部落）坎納卡斯 367

Kansas Indians 堪薩斯印第安人 , 53

Kansu 甘肅 167

Karaja Indians 卡拉加印第安人 191

Karakarook 卡拉卡魯克 42

Karelians 卡勒里安 192

Karens 卡倫人 338

Kari 卡里 46-7

Kassunas（部落）卡蘇納斯人 , 54n

Kavirondo（部落）卡維爾隆多 129

Keisar Island 凱薩爾島 51

Khasis（部落）卡希斯人 219

Khond（部落）孔德人 131, 344, 345, 365

Kings, rulers 國王、統治者 16, 63, 65, 70, 76, 79, 101, 124, 135, 138, 139, 140, 208, 209, 215, 255, 405, 406

Kiru 基路 137

Kiskanu 吉斯卡努 273, 272

Ko 公牛 88

Kolaria（部落）柯拉里亞語 120

Komati（部落）科馬提 166

Konde（部落）孔蒂人 27, 55

Koran, the 《古蘭經》 255

Korea 朝鮮 300

Korku（部落）克庫斯人 135, 218

Koryaks 寇里雅克人 2, 53, 60n, 115, 175

Kostroma (Kostrubonko) 克斯托洛瑪（克斯托洛邦科） 320, 321, 322

Kronos 克洛諾斯 75, 76, 80, 205, 240n,

395, 422

Kṣatra 剎帝利 69

Kubu（部落）庫布人 54

Kulin（部落）庫林人 41

Kumana（部落）庫馬納 241

Kuri（部落）庫里人 43

Kurnai（部落）庫耐 23, 160

Labyrinth 迷宮 373, 381, 382, 384, 387

Ladder (asceasion symbol) 梯子（登天的象徵） 102, 103, 104, 107, 140；儀式性的～ 39, 102, 103, 104, 105, 133

Lakṣmī 吉祥天女 226, 418

Lapis lazuli 天青石 271, 441

Lapps 拉普人 215

Larsa 拉薩 101, 376

Lesa 勒薩 27

Leti archipelago 勒蒂群島 133, 356

Leto 勒托 143, 307

"Letter of Prester John"「約翰長老書信」 295

Levana 勒power拿 , 247

Leza 雷札 45, 48, 55

Lia Fail 費爾之石 232, 233

Libations（funeral） 奠酒（葬禮上的） 199, 212, 214

Lightning 閃電 54, 66, 78, 79, 85, 89, 90, 94, 157, 227, 446

liṅgam 林迦 7, 259

Lityerses 利特塞斯 342, 343

Lōcacārya 路迦阿闍黎 28, 29

Loki 洛基 206, 422

Lolos（部落） 116

Loritja（部落）洛里加 42, 56, 112, 134

Lotus 蓮花 , 179, 190, 281, 283, 449

Loyi（部落） 129

Lusitania 盧西塔尼亞 201n

Lykaios, Mount 利凱厄斯山 202

Macrobius 墨高庇 77n, 151, 374n, 377n

Madalagascar 馬達加斯加 15, 220, 301

Maffeius, Peter 彼得‧馬斐烏斯 295

Maga 瑪迦 372

Magic, magico-religious powers 巫術，
　巫術－宗教的力量 , xiii, 9, 10, 13, 14,
　17, 21, 23, 69, 70, 21, 76, 78, 80, 81,
　105, 108, 126, 127, 148, 149, 154, 156,
　158, 172, 178, 179, 189, 193, 194, 202,
　206, 207, 210, 213, 216, 225, 248, 297,
　380, 392, 393, 406, 439, 448

Mahāyāna mystics 大乘佛教的神祕家 3

Mahomet 穆罕默德 74, 107

Maidu（部落）邁度 220

Malacca 麻六甲 133, 375, 445

Malagasy 馬拉加西 15, 16, 21

Malaita 馬來塔 22

Malaya 馬來亞 333

Malekula 馬勒庫拉 381, 387

Mana 瑪納 19, 20, 21, 22, 23, 24, 30, 32,
　50, 52, 127, 306, 463

maṇ'ala 壇場 372, 373, 386

Mande（部落）曼德人 374

Mandeism 曼德教 , 285, 404

Manes 太陽 142, 172, 352

Mangu Khan 蒙哥汗 62

Manicheeism 摩尼教 172

Manito 瑪尼陀 22

Manoid 馬努瓦 47n

Manu, Law of《摩奴法典》250, 259

Maoris 毛利人 40, 51, 52, 103, 159, 240,
　248, 250, 252

Mara（部落）馬拉人 103

Marduk 馬杜克 65, 66, 81n, 89, 92n, 96,
　97, 127, 320, 400, 401

Mars 瑪爾斯 89, 305

Maruts, the 摩錄多 85, 86, 87

Masai（部落）馬塞伊人 21, 45, 138,
　149, 203

Masoka 死者的靈魂 48

Mawu 麻烏 45

May Day 五月節 310, 311, 312, 313

May King, Queen 五月國王／女王 313,
　314, 315, 316, 323

May processions 五月巡遊 265, 266,
　267, 312, 314, 324

Maya 摩耶 70, 372

Mayas 瑪雅人 276

Maypole 五月柱 310, 311, 313, 314, 316,
　318, 321, 323, 325, 414

Mbamba 姆巴姆巴 55

Mecca 麥加 227, 382

Medea 麻烏 143

Megaliths 巨石建築 137, 218, 219, 220,
　221, 222, 224, 233

Megabe 瑪格比 21

Melanesia 美拉尼西亞 19, 20, 31, 50,
　52, 114, 124, 142, 162, 217

Melanthos 墨蘭托 319

Menhirs 巨石紀念碑 217, 218, 219, 220,
　222, 273, 225

Mercury 墨丘利 80

Meriah, the 梅利亞 344, 345, 365

Merkyut 天鳥默庫特 105

Meru, Mount 妙高山 100, 375

Mesopotamia 美索不達米亞 64-6, 97,
　119, 127, 142, 152, 190, 198, 267, 268,
　269, 272, 273, 277-278, 284, 299, 342,
　364, 375, 376, 378, 400, 412, 441, 446

Meteorites 隕石 54, 226, 227-8, 233,
　234, 237

Mexico 墨西哥 124, 149, 137, 159, 160,
　161, 170, 192, 253

Micronesia 密克羅尼西亞 51, 124, 157,
　241

Midas 彌達斯 342

Mimir, fountain of 彌迷爾泉 276

Min 閔 83, 91, 171

Min-Ra 閔－瑞 138

Minangkabauers（部落）美南加保人 339

Minehassa（部落）米納哈薩 241

Mithra 密特拉 73

Mithra 密特拉 73, 96, 104, 150

Mitra 密多羅 64, 73, 84, 144

Mitra-Ahura 密特拉－阿胡拉 73

Mitra-Varuṇa 密多羅伐樓那 73

Mohenjo-Daro 摩亨佐－達羅 87, 270, 278, 280, 370

Moirai, the 摩伊賴 181

Moluccas 摩鹿加群島 161

Mongols 蒙古人 60, 61, 62, 63, 1137

Monotheism 一神論 xii, 38, 110, 111, 229, 230, 463；原始～ 38, 112'

Monster (as guardians) 鬼怪（守衛） 165, 290, 291, 380, 384, 427, 442, 443

Moon 月亮 87, 93, 125, 126, 127, 128, 129, 130, 131, 132, 134, 135, 136, 147, 154-185, 210, 439, 446, 441, 447, 448, 449, 450；～和字母表 178；～和死者 163, 171-6；～和豐產 87, 154, 155, 161-165, 167, 170, 142, 184；～和雨 64, 154, 155, 159-63, 171, 186, 189；～和怛特羅 179, 184；～和植物 161-3, 180；～和水 56-61；～和婦女 165-8, 170, 182；～座位衡量標準 184-5, 169, 177, 180, 183, 196

Moon god, goddess 月神，女月神 51, 68, 93, 142, 159, 162, 171, 441, 446

Mordvinians 摩爾達維亞人 192, 249

Moses 摩西 74, 94, 229, 230, 249, 298, 371

Moutain 山脈 17, 90, 99, 100, 101, 122, 375

Moutain, cosmic 宇宙山 100, 101, 111, 373, 376

Mummu 姆姆 81n, 151

Munda（部落）蒙達人 130, 131, 132, 152, 218

Mundus 壕溝 232, 373, 374, 377, 386

Mungangana 蒙甘迦納 42, 42n, 55, 112

Munsh（部落）蒙什人 129

Muring（部落）慕林人 41

Mycenae 邁錫尼 205, 286, 370

Myth, mythology 神話，神話學 75, 76, 142-143, 203-205, 206, 207-210, 235, 240, 249-250, 265, 295, 396, 397, 406, 407, 410-434

Myths, creation 創世神話 30, 97, 121, 130, 134, 190, 191, 192, 194, 212, 213, 240, 241-242, 281, 346, 377, 378, 380, 410-416, 428；大洪水～ 160, 161, 210, 211；作為典範的～ 410-13；月亮的～ 163, 165, 174-5, 186, 210；水的～ 190, 202-210

Nagi 龍女 209, 210, 215

Nagpur (paintings at) 那格浦爾（的繪畫） 167

Namu 納姆 167

Namuki 納姆基 417

nanama 納姆基 22

Nannar 納納珥 93

Nārada 那難陀 259

Nārayaṇa 那羅衍那 190, 191

Natchez 納切茲（部落） 138

Navaho Indians 納瓦荷印第安人 241

Nawroz, the 納吾魯孜 403, 404

Ndengel 恩登吉 50

Ndyambi 恩迪亞姆比 47

Negrilloes 尼格利羅人 49

Negritos, 46n 尼格利陀人 113

Neith 涅特 180

Neolithic Age 新石器時代 93, 155, 164, 167, 189, 200, 219

Nerthus 耐爾圖斯 422

New Caledonia 新赫里多尼亞 308, 367

New Guinea 新幾內亞 220, 394（荷屬）411

New Hebrides 新赫布里底 14, 51, 136

New Ireland 新愛爾蘭 51

New Zealand 紐西蘭 57, 136, 248

Ngai（神）恩該 45

Ngai 恩迦伊（瑪納的異體）21

Ngan-Yang 南陽 167

Nguruhi 恩古魯西 48

Niambe 尼雅比 129

Nicobar 尼科巴 258

Ningalla（Beltu, Belit）寧加拉（貝爾圖，貝利特）90

Noah 挪亞 95

Norway 挪威 340

Nous 諾斯 173, 174

Num（Num-Turem, Num-Senke）努姆（努姆－圖勒姆，努姆－申科）59, 60, 60n, 128

Numgahburran（部落）努姆加布朗 103

Nurrendere 努蘭德爾 42

Nut 努特 139, 242

Nyankupon, 尼揚庫蓬 45, 48

Nymphs 自然女神 204, 205, 210n, 214

Nzainbi 恩贊比 47, 48, 51, 57, 113, 241

Nzame（Nsambe）恩札米（恩桑貝）47, 49

・

Obatalla 奧巴塔拉 47

Objibwa Indians 奧布吉瓦印第安人 18

Oceania 大洋洲 103, 137, 152, 191, 241, 414, 423, 445, 461

Oceanos 俄刻阿諾斯 75

Ockham 奧卡姆 29

Odhin（odin）奧丁 80, 81, 242, 265, 276, 277, 299, 335, 353, 422

Oduna 奧敦納 241

Oedipus 伊底帕斯 256

Oedipus Rex 伊底帕斯王 255

Oke 奧基 40

Oki 奧吉 21, 39

Olorun 奧洛倫 47, 241

Olympia（oracle at）奧林匹亞（的神諭）253

Olympus 奧林帕斯 79, 99, 239

Omaha（部落）奧馬哈人, 53

Omphalos 大地之臍 231-5, 238, 285, 375, 377, 386, 437, 445

Oracles（水）202, 213

Oraon（部落）奧昂人 131, 132, 356

Ordeals 神判法；以石頭進行的～ 232, 233；以水進行的～ 201, 213

Orenda 奧倫達 21, 22, 39, 52

Orestes 俄瑞斯忒斯 232

Orgy, ritual 儀式性的狂歡 133, 356-360, 365, 398, 399-400, 412, 420, 424, 425

Orinoco Indians 奧里諾科 258

Ormuzd（Orhmazd）奧爾穆茲德（奧爾馬茲德）378, 403, 417, 422

Orphies, Orphism 奧菲斯（奧菲斯教）108, 151, 198, 198n, 415

Osiris 歐西里斯 98, 99, 139, 140, 141, 142, 153, 162, 176, 199, 279, 347, 356, 364, 415, 426

Ostyaks 奧斯佳克人 60, 6l, 107

Ouranos 烏拉諾斯 75, 76, 77, 80, 116, 118, 239, 240, 395

Ovid 奧維德 305, 373n

・

Pacific Islands 太平洋島嶼 211, 219, 276

Palace 宮殿 375, 379

Paleolithic Age 舊石器時代 189

Palestine 巴勒斯坦 198

Pangwe（部落）龐圭人 413

Pan'ku 盤古 97

Papa 帕帕 51, 240

Papoos （部落）帕婆人 166, 305

Paraguay 巴拉圭 248

Paris papyrus 巴力紙草卷 297

Parjanya 波羅闍尼耶 82-84, 252

Paternity, beliefs concerning 和父親有關
的信仰 244, 245,

Paul, St. 聖保羅 108, 196

Pausanias 保薩尼阿斯 143n, 165, 195,
202, 231, 234, 239, 280n

Pawnees 保尼斯人 46, 52, 241, 344

Pe 佩 163

Pearls 珍珠 439, 440, 452, 457

Perkunas 柏庫納斯 82

Persephone 波瑟芬妮 168, 171, 173

Persia 波斯 166, 414, 424

Peru 秘魯 93, 124, 238, 244, 338

Perun 佩隆 82, 119；～的橡樹 54

Pessinus, black stone of 佩希努斯的黑石
227

Philippines 菲律賓 300

Philostratus 斐羅斯特拉圖 254

Phœbe 福柏 75

Phœnicia, Phœnicians 腓尼基，腓尼基
人 90, 266, 320, 413, 433

Phorkys 福耳庫斯 82

Pilate 比拉多 286

Pillar, cosmic 宇宙之柱 106, 299, 300,
380

Pima Indians 皮馬族印第安人 52, 190

pitryāna 祖靈之道 172

Plains Indians 平原印第安人 52

Plants, magic, miraculous 巫術的、奇妙
的植物 268, 292, 294, 296, 297, 308,
328, 391, 393；有治療作用的～ 290,
298, 308, 383；人類來自～ 8, 300-3,
309, 329；人類轉化為～ 303-5, 309,
324, 329

Plato 柏拉圖 151, 174, 274, 423

Plautus 普勞圖斯 80n

Ple 普里 46

Pleiades 普勒阿得斯 82, 239, 241

Pliny 普林尼 292n, 441, 442

Plotinus 普羅提諾 108

Plutarch 普魯塔克 80n, 165n, 173, 176,
373

Poland 波蘭 341

Pole Star, 100, 106, 375, 376, 379

Polynesia 玻里尼西亞 50, 51, 62, 122,
137, 138, 161, 171, 410, 411, 413, 451,
458

Pomo Indians 波摩印第安人 175

Porphyry 波菲利 108, 181, 198n

Poseidon 波塞頓 203, 205, 206, 249

Prajāpati 生主 96, 97, 145, 177, 190, 411,
452

prāṇa 呼吸 180, 181

Pre-Aryans 前雅利安人 119, 132

Pre-Dravidians 前達羅毗荼人 87, 132

Pre-Indo-Europeans 前印歐人 119

Prc-Semitcs 前閃米特人 119

Priests, priesthood 祭司，祭司制度，
xiii, 6, 8, 17, 18, 19, 49, 55, 74, 138,
257, 344, 347, 354, 355, 356

"Primitives"「原始人」1, 6, 7, 8, 9, 11,
23, 24, 25, 26, 30, 31, 32, 39, 38, 50,
54, 55, 58, 71, 109, 128, 148, 155, 156,
157, 158, 163, 190, 216, 236, 242, 249,
298, 388, 397, 407, 416, 417, 430, 431,
445, 450, 456, 460, 463, 464；對於時
間的看法～ 388, 389, 394, 395, 397,
401

Proclus 普羅克洛 151

Prophets, Jewish 猶太先知 2, 4, 74

Proto-Turks 原始突厥人 64n, 116

Prṣṇi 波利濕尼 86

Pṛthivī 波哩提毗 75, 84

Pseudo-Dionysius 偽戴奧尼索斯 419

Psyche 靈魂 173, 174

Psychopomp, sun as 作為靈魂領路人的太陽 135-8, 142, 144

Puluga 普魯加 43, 44, 113

Pulyallana 普利亞納 42

puruṣa 補盧沙 69, 97, 144, 190, 421

Pygmies 俾格米人 21, 24, 30, 33, 46n, 49, 54, 113, 163

Pyramid texts 《金字塔文》 140

Pythagorism 畢達哥拉斯派 108, 172

•

Ra 瑞 102, 139, 140, 141, 142, 153, 199

Rabelais 拉伯雷 260

Rahab 海怪 402

Rain stone 落雨石 226-7

Rainfalll 降雨（月亮）87, 93, 160, 161, 171。參見儀式，求雨（Ritual, Rain-making）。

Rājasūya, 70

Ran 蘭 206

Rangi 蘭基 51, 52, 240

Ras-Shamra, lunar cults at 拉斯沙馬拉（烏加里特）月亮崇拜 186；文獻 229, 287

Reality, absolute, cosmic 宇宙的終極實在 22, 32, 33, 57, 126, 134, 156, 158, 159, 163, 197, 271, 286, 296, 300, 302, 306, 309, 324, 380, 381, 442, 443, 446, 452, 459, 460

Regeneration by contact with earth 和大地相對照的再生 251, 252；和水相對照的～ 160, 161, 188, 189, 194-9；月亮再生 169, 171, 172；總論 407-8；植物的再生 265-326, 各處 345-7

Resurrection 復活 98-99, 135, 175, 196, 197, 415

Rites, agricultural 農業儀式 331-66, 各處；誕生～ 248；喪葬～ 138, 189, 250, 251, 252；豐收～ 335-49；求雨～ 133, 161, 196, 201, 202, 207,

214, 226, 257, 404；春天～ 309-321

Rome, Romans 羅馬，羅馬人 118, 142, 165, 248, 374

Romowe, oak of 羅摩維的橡樹 54

Romulus 羅慕洛 80, 373

Roubruck, Wiliam of 魯布魯克的威廉 62

Rua（Rawa）魯瓦 48, 55, 129

Rudra 樓陀羅 83, 86, 87, 108

Rumania 羅馬尼亞 248, 305, 308, 366, 393, 417, 444

Russia 俄羅斯 64n, 320, 321, 338, 355, 366, 415

•

Sachs, Hans 漢斯·薩克斯 319

Sacred, the 神聖 1-37, 各處 39, 54, 158, 268, 370, 447, 460, 461-3, 459；～的歧義 13-18, 384, 460；地末態 7, 9, 10, 11, 20, 23, 25, 32

"Sacred places"「神聖空間」269-71, 367-85, 各處

"Sacred time"「神聖時間」388-409, 各處

Sacrifice 獻祭／祭品 2, 22, 55, 60, 64, 78, 88, 90, 96, 104, 105, 110, 121, 128, 130, 131, 132, 133, 202, 203, 204, 220, 226, 275, 278, 334, 374, 464；馬祭 96, 97, 105, 106, 107, 122, 143, 202-203；人祭 55, 78, 149, 342-346, 363-364

Sahagun 薩哈岡 343, 344n

Śakti 能量 421

Śālagrāma stones 石像 28, 226

Samoyedes 薩莫耶德人 23, 41, 59, 115, 128, 221, 379

Samrāj 宇宙之王 71

Śankara 商竭羅 3

Sardinia 薩丁島 201, 314

Sarmata archipelago 薩爾瑪塔群島 133

Sarpabali 拜蛇 171

Sarpedon 薩耳佩冬 96

Satan 撒旦 417

Sāvitrī 沙維德利 144, 145, 252

Saxons 撒克遜人 299

Scamander, River 斯坎曼德河 202, 203

Scandinavia 斯堪地納維亞 178, 296, 225, 247, 248, 251, 265, 267, 269, 277, 295, 299, 307, 320, 422

Scotland 蘇格蘭 310, 337, 340

Sea 大海 205-7, 208, 209, 210, 213

Selk'nam（部落）塞爾克納人 44, 46n

Semang pygmies 塞芒俾格米人 41, 46, 47n, 113, 128

Semites 閃米特人 , 3, 15, 173, 238, 270, 294, 295, 371, 403, 422

Semitic religion 閃米特宗教 4, 110, 228, 229, 233

Semnones（部落）塞姆諾內斯人 80

Senke 申科 60, 61

Seris 塞利斯 89

Serpents 蛇 50, 79, 164-71, 182, 186, 207, 209, 210, 214, 215, 231, 287, 289, 290, 291, 418, 442, 443；作為月亮象徵的～ 164-71, 182

Servius 塞維烏斯 15

Set 塞特 364, 365

Seth 塞特 292, 293

Shamanism, shamans 薩滿教，薩滿 2, 18, 51, 61, 81, 102, 105, 106, 176, 299, 306, 324

Shamash 夏馬西 142, 152, 446

Sheaf（first, last）莊稼（第一捆，最後一捆）336-341, 343, 348, 351, 353, 364, 365

Sheba, 示巴女王 292, 293

Shilluk（部落）石魯克人 27

Sia Indians 錫亞印地安人 57

Sicily 西西里 201, 314

Siduri 西杜麗 284, 285

Silesia 西里西亞 313

Simples 藥草 296-8, 393, 431

Sin（god）欣（神名）93, 142, 154, 159, 162, 441, 446

Sinai, Mount 西奈山 94

Sing-Bonga 辛－邦加 130, 131

Sioux 蘇族人 21, 22, 40, 52, 241

Sītā 悉達 260

Śiva 濕婆 7, 88, 419, 421

Sky 天空 38-123, 各處 240, 241

Sky, gods, goddesses 天神／女神 38-123 passim, 240, 241, 418, 462，見至上天神。

Sky-earth god 天－地神 51, 52, 67, 75, 82, 114, 117, 139 ～, 241, 263, 314

"Snake-stones, " 蛇－石頭 441, 443, 444, 445, 457

Society Islands 社會島 137, 413

Solomon, king 所羅門王 292

Soma 蘇摩 84, 85, 87, 159, 162, 193, 281, 282, 290, 294, 418

Sophocles 索福克勒斯 256

Sorcerers, sorcery 巫師，巫術 18, 21, 143, 333, 406, 439

Space, sacred 神聖空間 368, 371-4, 379, 380, 382, 383-6, 408

Spinning（和月亮）181-182

Spring「迎」春 317-319

Springs, sacred 神聖的泉水 199-202, 214；基督教 200, 201

Stones, burial 和葬禮相關的石頭 217, 218, 219, 221, 222, 225, 232, 233, 236；受孕 220-226, 233, 234, 237；巫術－宗教 437, 438, 441, 442, 443, 445, 451, 457；獻祭 11, 13, 19, 25, 26, 216-238, 367, 370, 437

Storm gods 風暴神 82-5, 88, 89, 91-5, 96

Stūpa 悉堵波 373

Subconscious the 次大陸 454, 455

Suk（部落）蘇克人 45

Sumatra 蘇門答臘 339

Sumbur（Sumur, Semeru）, Mount 妙高山 100

Sumerians 蘇美人 64, 89, 101, 190, 207, 307

Sun, sun god, sun-worship 太陽，太陽神，太陽崇拜 124-53, 各處

Sun gods 太陽神，矛盾的〜 143-144, 145, 146, 150；來自〜 134, 135, 138；埃及人 138-142；由天空神演變而來, 127-132, 139；希臘人 142-144；印度人 144-147；死後的靈魂 136-142

Sun heroes 太陽英雄 147-50

Supreme beings（天空）至上神 24, 25, 27, 28, 30, 40-42, 42n, 43, 44, 45, 46-52, 53-59, 60, 61-62, 64, 66, 67, 86, 105, 109, 111, 112, 114, 116, 120, 126, 128, 129-132, 134, 135, 139, 150, 152, 220；湖泊祭拜，43, 50, 75, 78, 129, 130, 133；順從的 44-9, 52, 67, 71, 82, 99, 126, 129；「太陽化」126-32

Sūrya 蘇里耶 144

Svarāj 自身 71

Sweden 瑞典 162, 310, 319, 333, 335, 337, 340, 341, 348, 350, 415

Switzerland 瑞士 323, 365

Symbols, symbolism 象徵，象徵主義 8-11, 13, 26, 31, 32, 33, 39, 46, 111, 437-458, 各處；洗禮的〜 196-197；中心的〜 380-386, 437, 445, 448；大洪水的〜 210-211, 450；〜的「幼化」443-6, 450, 454, 455；月亮的〜 154-159, 160, 163-9, 169-171, 176-178, 183, 184, 189, 407, 439, 440, 447-449, 450, 452；太陽的〜 125, 126, 147-148, 226, 450；樹 267- 9；植物

的〜 163, 321-3；水的〜 163, 189-215, 各處 282, 407, 449, 450, 452

Syria 敘利亞 198, 342

•

Ta Pedn 塔‧佩丁 46, 47n

Taboo 禁忌 xii, 14-18, 35

Tabor, Mount 他泊山 100, 293, 375

Tacitus 塔西佗 80, 155, 192

Tahiti 塔希提島 57, 241

Tammuz 坦木茲 307, 426

Tangaroa 坦加盧瓦 52, 114

Tanit 塔尼特 422

Tantra, Tantrism 怛特羅，怛特羅派 147, 177, 179, 184, 187, 372, 373, 421, 459

Taranis 塔拉尼斯 82, 118

Tasmania 塔斯馬尼亞, 54

Tatars 韃靼人 60-1, 192

Tawhaki 陶哈基 103

Tecciztecatl 特科希茲特卡特 157

Tel-Khafaje 特勒－哈法耶 90

Temaukel 特馬庫爾 44

Temple 神廟 101, 282, 371-373, 375, 376, 377, 379, 381

Tengri 騰格里 60, 64n

Tertullian 特土良 196

Teshub 特蘇蔔 88, 91, 120, 400

Themis 忒彌斯 75, 261

Theocritus 提奧克利圖斯 319

Theseus 忒修斯 381

Thetis 忒提斯 203, 204, 205, 210n

Thor 托爾 80-3, 206

Thrace 色雷斯 104

Thrax, Dionysius 戴奧尼尼索斯，色雷斯 178

Thunder 雷 42, 43, 53, 54, 64, 66, 78, 79, 82, 83, 87, 89, 90, 94, 129, 207

Thunder-bird 雷鳥 120, 128

Thunder-stones 雷石 54, 54n, 78, 225, 227, 236, 457

Thunderbolt 雷鳴 78, 79；84, 85, 207

Tiamat 提阿馬特 66, 81n, 89, 97, 191, 320, 400, 401, 402

Tibet 西藏 373

T'ien 天 62, 83, 94, 111, 116

Time 時間 mythical 神話 378, 380, 394-397, 400, 401, 405, 430；世俗的 388, 391, 393, 394, 397, 398, 401, 402, 429；獻祭 368, 379, 388-409, 431

Timor 帝汶 50, 132, 134

Timor Laut archipelago 帝汶勞特群島 133

Tirawa Atius 提拉瓦‧阿提烏斯 46, 52, 55

Tlaloc, 170

Tlingit Indians 特林吉特印第安人 53, 130, 175

Toci 托契 344

Todas（部落）托達斯 51

Togos（部落） 哥人 167

Tomo 托摩 43

Tomoris（部落）托莫里斯人 339

Tonga Island 東加島 430

Tongas（部落） 通加斯人 175

Toradja 通加斯人 130, 241

Tororut（llat）托羅魯特（伊拉特）45

Torres Straits 大堡礁, 136

Totem, totemism 圖騰 圖騰崇拜 xii, 2, 7, 21, 24, 30, 31, 43, 50, 52, 60n, 219, 269

Transmigration 變形 198

Tree 樹，宇宙～ 3, 8, 9, 106, 111, 190, 266, 267, 269, 271, 272, 273-274, 276, 277, 281, 285, 294, 297, 299, 300, 324, 327, 329, 380, 382, 384, 387, 431, 448；inverted, 272-275, 327；永生～ 284, 288；知識～ 282, 287-288, 327, 380；生命～ 193, 265, 267, 276, 277, 279, 282, 283-289, 291-3, 296,

298, 299, 324, 327, 328, 380, 383, 385, 442；五月～ 265, 310, 313；獻祭～ 265, 267, 268, 269, 271, 272, 277, 278, 281, 283, 286, 325, 327, 385

Trees 樹，「婚姻」265, 267, 308-309, 315, 325, 329；出生儀式 311, 317, 322, 323

Trobriand Islands 特羅布里恩德群島 190

Tschwi（部落）茲維人 45, 48

Tsuni-Goam 祖尼－哥安 49

Tuisco 圖伊斯科 422, 423

Tukura 圖庫拉人 42, 56

Tulasī 羅勒 28, 226

Tumbuka（部落）通布卡人 48

Tunguses 通古斯人 60n, 63

Tupi Indians 圖皮印第安人 53

Turco-Altaics 突厥－阿爾泰人 249

Turco-Mongols 突厥－蒙古人 64n, 107, 115, 122, 149

Turem 圖倫姆 60, 61

Tvaṣṭṛ 陀濕多 144

Typhon 提豐 89

Tyr 曲爾 242

Tyr-Zio 曲爾－吉爾 66, 80

U（IM）尤（伊姆） 88, 89, 242

Uganda 烏干達 257

Ugrians 烏戈里安人 115

Uighur 回鶻人 60n, 107

Ukraine 烏克蘭人 355

Ulgan, （Ylgen, bai Ulgen） 烏耳幹（玉耳根，白烏耳幹）61, 105, 106, 115, 116

Ulysses 尤利西斯 255, 285, 382, 431

Umatilla（部落）尤馬蒂拉, 246

Unity, unification 統一、聯合 147, 179, 180, 181, 184, 197, 420, 424, 455, 462, 463

Unkulunkulu 恩庫隆庫魯 52, 114, 222

Upaniṣads 奧義書 2, 3, 172, 173, 177,
　209, 273, 282

Upulero 烏普雷羅 133, 134

Ur（Wr：god）烏爾 139

Ur（地名）吾珥 88, 93, 101

Urabunna（部落）烏拉布納 167

Uralo-Altaic races 烏拉爾－阿爾泰民族
　61-4, 96, 100, 102, 105-107, 375

Urd, Fountain of 烏德的泉水 276

Urun ajy tojon（ar tojon）智慧的主人
　創造者（最高的主人）61, 63

Uṣā 烏莎 98

Usi-Afu 烏希－阿婦 132

Usi-Neno 烏希尼諾 132

Ut-Napishtim 烏納庇希提 289, 290

Utikxo 提克索 52

Uwoluwu 沃魯烏 40, 55

　　　　　•

Varro 瓦羅 231, 232, 247, 377

Varuna 伐樓那 68-73, 76, 80, 83, 84, 96,
　117, 118, 144, 145, 187, 190, 283, 297,
　418, 428, 429, 453

Vāyu 伐由 69

Vedic times, Writings 吠陀時代的文獻
　67-9, 71n, 72, 73, 75n, 76, 84, 84n,
　85n, 86, 96, 97, 104, 117, 128, 144,
　145, 146, 153, 162, 178, 181, 188, 252,
　257, 266, 273, 278, 281, 290, 372, 377,
　404, 405, 418, 421

Vegetation 植物 xiv, 8, 9, 90, 98, 127,
　161, 162, 163, 182, 186, 265-330；神
　的～ 92, 98, 127, 275, 279, 280, 321,
　325, 326, 421, 424, 425, 426

Vine 葡萄 284-286

Virgil 維吉爾 15, 319, 395n；見 405

Vitruvius 維托魯維烏斯 195n

Voguls（部落）沃古爾人 60, 61, 62

Votyaks（部落）伏佳克人 246, 415

Vṛthraghna 弗瑞斯勒格納 86

Vṛtra 弗栗多 84, 85, 89, 428, 429, 453

　　　　　•

Wachaggas（部落）瓦查加人 48, 55,
　129

Wahehes（部落）瓦赫希人 48

Wakan 瓦康 21, 22, 40, 52, 53

Wakan（神）瓦康 40, 53

Wakanda 瓦康達 53

Wakantanka 瓦康坦卡 53

Wakuta Island 瓦庫塔 190

Walber, the 瓦爾貝 312

Water, water symbolism 水，水的象徵
　188-215 各處

Water divinities 水神 195, 203-206, 209,
　210

Weaving 編織（與月亮女神）180, 181

Wemba（部落）溫姆巴人 48

West Indies 西印度 21, 52, 241

Wetter Islands 維特群島 50, 132

Wheels 輪子（作為太陽的象徵）147-
　149, 153,

Winter 冬季，消除～ 317-319, 349,

Wiradjuri（部落）維拉朱利人 42, 128,
　135, 275

Woden, wotan, 80, 81，見奧丁（Odin）

Woman 婦女（與農業）257-258, 332-
　334, 337-339, 341, 354-355；（與地
　球和豐產）239-64

Woman-field analogy 婦女－農田的類
　比, 256, 257, 259, 260, 264, 366

　　　　　•

Xanthos 珊托斯 319

Xvarenah 靈 21

　　　　　•

Yahweh 耶和華 94, 95, 96, 110, 111,
　121, 230, 402

Yakem 亞克姆 113

Yakṣas 夜叉 190, 267, 270, 283

Yakṣina 女夜叉 280

Yakuts 雅庫特人 60, 61, 63, 107, 284, 320

Yama 閻魔／伊瑪 102, 256, 423

Yami 閻蜜 423

Yang 陽 438

Yang-yin 陽－陰 , 438

Yap Islands 雅浦島 50

Year 年，新年 397-400, 402-405, 409, 412-414

Year 年，舊年 397-9

Yelafaz 耶拉法茲 50, 114

Yezidis 伊茲迪人 404

Yggdrasil 雨格德拉希爾 265, 176, 277, 278, 324, 327

Yima 伊瑪 290-291

Yin 陰 439

Ying 應龍 207

Ymir 尤彌爾 97, 206, 302

Yoga 瑜伽 Yogis, 108, 147

Yoni 約尼 225, 226

Yorubas（部落）約魯巴人 47, 241

Yuin（部落）猶英 43

Yukagirs（部落）尤卡吉爾人 129

Yume 雨彌 60

Yurak Samoyeds 尤拉克薩莫耶德人 60n, 128

Yuttoere 尤圖埃爾 51

•

Zacharias 撒迦利亞 194

Zarathustra 查拉圖斯特拉 72-74, 86, 88, 464

Zemi 則米 21

Zervan 察宛 417, 422

Zeus 宙斯 66, 72, 75-80, 83, 89, 91, 93, 96, 98, 111, 116, 118, 239, 249, 256；橡樹～ 54, 82, 279

ziqqrat 塔廟 101

Zulus 祖魯人 347

Zuñi Indians 祖尼印第安人 57, 241

Master 085

神聖的顯現：
比較宗教、聖俗辯證，與人類永恆的企盼
Traité d'histoire des religions
米爾洽‧伊利亞德 Mircea Eliade ── 著
晏可佳、姚蓓琴 ── 譯　蔡怡佳 ── 審閱

出版者－心靈工坊文化事業股份有限公司
發行人－王浩威　總編輯－徐嘉俊
執行編輯－徐嘉俊、趙士尊　封面設計－鄭宇斌
內頁排版－龍虎電腦排版股份有限公司
通訊地址－ 10684 台北市大安區信義路四段 53 巷 8 號 2 樓
郵政劃撥－ 19546215　戶名－心靈工坊文化事業股份有限公司
電話－ 02）2702-9186　傳真－ 02）2702-9286
Email － service@psygarden.com.tw　網址－ www.psygarden.com.tw

製版‧印刷－彩峰造藝印像股份有限公司
總經銷－大和書報圖書股份有限公司
電話－ 02）8990-2588　傳真－ 02）2990-1658
通訊地址－ 248 新北市新莊區五工五路二號
初版一刷－ 2022 年 12 月　ISBN － 978-986-357-274-9　定價－ 1100 元

國家圖書館出版品預行編目資料

神聖的顯現：比較宗教、聖俗辯證，與人類永恆的企盼 / 米爾洽．伊利亞德 (Mircea
Eliade) 著；晏可佳，姚蓓琴譯 . -- 初版 . --
臺北市：心靈工坊文化事業股份有限公司, 2022.12
面；　公分 . -- (Master ; 85)
譯自：Traite d'histoire des religions
ISBN 978-986-357-274-9(平裝)

1.CST: 宗教 2.CST: 現象學

210.12　　　　　　　　　　　　　　　　　　　　　　　　111020495

心靈工坊 書香家族 讀友卡

感謝您購買心靈工坊的叢書，為了加強對您的服務，請您詳填本卡，
直接投入郵筒（免貼郵票）或傳真，我們會珍視您的意見，
並提供您最新的活動訊息，共同以書會友，追求身心靈的創意與成長。

書系編號— Master 085　　　　　　　　　　　　書名—《神聖的顯現》

姓名　　　　　　　　　　　　　是否已加入書香家族？ □是 □現在加入

電話 (O)　　　　　　　(H)　　　　　　　手機

E-mail　　　　　　　生日　　年　　　月　　　日

地址 □□□

服務機構　　　　　　　　職稱

您的性別—□1.女 □2.男 □3.其他

婚姻狀況—□1.未婚 □2.已婚 □3.離婚 □4.不婚 □5.同志 □6.喪偶 □7.分居

請問您如何得知這本書？
□1.書店 □2.報章雜誌 □3.廣播電視 □4.親友推介 □5.心靈工坊書訊
□6.廣告DM □7.心靈工坊網站 □8.其他網路媒體 □9.其他

您購買本書的方式？
□1.書店 □2.劃撥郵購 □3.團體訂購 □4.網路訂購 □5.其他

您對本書的意見？
□ 封面設計　　1.須再改進 2.尚可 3.滿意 4.非常滿意
□ 版面編排　　1.須再改進 2.尚可 3.滿意 4.非常滿意
□ 內容　　　　1.須再改進 2.尚可 3.滿意 4.非常滿意
□ 文筆／翻譯　1.須再改進 2.尚可 3.滿意 4.非常滿意
□ 價格　　　　1.須再改進 2.尚可 3.滿意 4.非常滿意

您對我們有何建議？

□本人同意　　　　　　（請簽名）提供（真實姓名/E-mail/地址/電話/年齡/
等資料），以作為心靈工坊（聯絡/寄貨/加入會員/行銷/會員折扣/等之用，
詳細內容請參閱http://shop.psygarden.com.tw/member_register.asp。

心靈工坊
|PsyGarden|

10684台北市信義路四段53巷8號2樓
讀者服務組　收

免　　貼　　郵　　票

（對折線）

加入心靈工坊書香家族會員
共享知識的盛宴，成長的喜悦

請寄回這張回函卡（免貼郵票），
您就成為心靈工坊的書香家族會員，您將可以——

⊙隨時收到新書出版和活動訊息

⊙獲得各項回饋和優惠方案